财智睿读

国家社会科学基金重大项目（编号：15ZDB157）
国家社会科学基金项目（编号：18BJY108）
山东大学"2021年度教育教学改革研究项目"《智能会计》阶段性成果

智能会计

Intelligent Accounting

张玉明等　编著

中国财经出版传媒集团
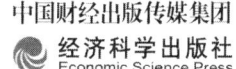
经济科学出版社
Economic Science Press

图书在版编目（CIP）数据

智能会计/张玉明等编著. —北京：经济科学出版社，2021.2（2024.12重印）
ISBN 978-7-5218-2404-9

Ⅰ.①智… Ⅱ.①张… Ⅲ.①会计信息-财务管理系统 Ⅳ.①F232

中国版本图书馆 CIP 数据核字（2021）第 034610 号

责任编辑：陈赫男　陈　晨
责任校对：郑淑艳
责任印制：李　鹏　范　艳

智 能 会 计

张玉明等　编著

经济科学出版社出版、发行　新华书店经销
社址：北京市海淀区阜成路甲 28 号　邮编：100142
总编部电话：010-88191217　发行部电话：010-88191522
网址：www.esp.com.cn
电子邮箱：esp@esp.com.cn
天猫网店：经济科学出版社旗舰店
网址：http://jjkxcbs.tmall.com
北京季蜂印刷有限公司印装
787×1092　16 开　24.25 印张　590000 字
2021 年 2 月第 1 版　2024 年 12 月第 3 次印刷
印数：6001—9000 册
ISBN 978-7-5218-2404-9　定价：85.00 元
(图书出现印装问题，本社负责调换。电话：010-88191510)
(版权所有　侵权必究　打击盗版　举报热线：010-88191661
QQ：2242791300　营销中心电话：010-88191537
电子邮箱：dbts@esp.com.cn）

前　言

信息技术革新引领数字经济浪潮冲击着社会中的各行各业。从移动支付到数字货币，从直播带货到移动办公，短短十几年间，人们的生活和工作方式发生着翻天覆地的变化。社会的发展搭乘上信息技术革新的高速列车，一刻不停地飞驰而去，许多行业顺势而起，蓬勃发展，还有一些行业则悄无声息地淹没在时代的浪潮中，比如公交车上已很难见到售票员，修自行车的师傅勤练手艺却没想到有一天取代其工作的会是互联网公司。会计行业处在变革的浪潮中不可避免地也会受到信息技术飞速发展所带来的冲击与挑战，其中最直观的是会计从业人员面临的职业危机：2005～2013 年，中兴通讯成功建立起"中兴财务云"——中国本土的第一个全球财务共享服务中心，负责公司在全球 90 个国家的核算业务，116 个国家和地区的资金管理，仅服务语言就多达 25 种，而令人诧异的是，这些工作仅由 300 名财务人员负责，人员数量大大缩减。[①] 同样，海尔集团从 2006 年开始着手打造财务共享中心，在此期间，近 1500 名从事基础会计工作的人员被裁员，相较于原来人数下降近八成。[②]

此外，近年来信息技术中人工智能技术的兴起给会计行业带来新的机遇和挑战。2016 年 3 月 10 日，德勤宣布与 Kira Systems 联手，在会计、审计、税务工作中引入人工智能；毕马威也宣布引入 IBM Watson 认知技术。[③] 财务机器人、专家系统、机器学习等人工智能技术的应用所展现的会计智能化的未来冲击着人们的想象，也将给传统会计理论、实务、教育和管理带来巨大的颠覆和变革。在数字化和智能化的时代背景下，一方面企业迫切寻求数字化转型，激烈的市场竞争刺激着企业挖掘数据背后的价值，实现敏捷性经营和实时化决策；另一方面企业共享财务管理模式发生变化，人才需求也发生变化，会计从业人员需要丰富自己的知识和技能以应对会计智能化发展所带来的职业挑战。智能会计如何发展，智能会计将带来怎样的变化，如何建立起对智能会计系统、全面的认知值得我们深入思考和探究。

会计的未来已来，最大的变革驱动力量将是技术。十九届五中全会公报指

---

① 关于中兴新云·财务云 [EB/OL]. http://www.ztessc.com.cn/aboutus.html.
② 李一硕. 财务共享：海尔从传统会计向管理会计的跨越 [N]. 中国会计报，2016-08-12 (005).
③ 王加灿，苏阳. 人工智能与会计模式变革 [J]. 财会通讯，2017 (22)：41-43.

智能会计

出，在将要拟订的"十四五"规划中，要坚定不移建设制造强国、质量强国、网络强国、数字中国……发展网络强国、数字中国，需要以"大智移云物区环"①的发展为高度依托，并着手实施科学技术的现代化发展。国家对信息技术的日益重视，推动着信息技术的不断革新，也促进了智能会计及其技术的更新与适用。大数据和云计算技术的运用网罗企业内外部的海量数据，将智能财务分析延伸到前端数据，实现精准高效的会计处理、风险控制和未来预测；移动通信和互联网技术将共享理念、共享模式纳入智能会计体系中，打破时空界限，推动数据交换和信息共享；物联网技术将实物资产数据化，实现人机物三者之间智能自动化的"交互与协同"，企业的物流和信息流在智能会计体系中融合共生；区块链技术利用块链式数据结构和分布式节点共识算法为智能会计信息数据的真实、安全提供保障；人工智能技术的更新演进模拟和扩展了人类学习、判断和决策等行为，使得智能会计可以感知社会、形成知识并得出最佳结果以帮助解决实际问题，是会计智能化的关键技术支撑；而环境体验则更加贴近未来，即各项技术已然嵌入到了社会环境的各个层面，智能会计具备更多的联想能力，主动为企业提供数据、方案和决策的支撑。顺应时代要求，依托大数据、人工智能、云计算、移动互联、物联网、区块链和环境体验等信息技术构建起的技术网络和架构，智能会计应运而生，以实时化、智能化、协同化为特征推动会计进入智能时代。

智能会计的出现必将颠覆传统会计的业务流程和工作重心，并更进一步地革新企业的管理理念和管理模式。自动化、智能化会计流程取代传统人工操作流程，会计从业人员被从烦琐重复的流程中解放出来，转向更具价值的分析、风控、预测、统筹等工作。风控、决策等职能取代记录、核算等工作成为智能会计的重心。随着"金税四期"项目的逐步推行，税务局实施大数据税务稽核同时搭建起各部委以及银行等参与机构之间信息共享和核查通道，防范化解税务风险，使有效税务管理受到更多重视。助力数字化转型，用数据驱动企业，深度挖掘数据背后的价值，为企业管理提供可视化的分析决策支持，智能会计的管理职能将进一步强化。与此同时，企业的管理流程和管理理念也随之革新，在以往业财融合的基础上将税务和管理决策纳入智能会计的体系之中，形成业财税管一体化的智能化生态系统，打破各环节间的信息壁垒，实现从源头到终点的全流程覆盖和数智化监控，最终落脚于全面、深度、实时、精确的预测和决策支持。

智能会计的理念自出现起就受到了会计从业人员和相关专家学者的广泛关注，越来越多的人对这一会计的新阶段进行研究分析，但大部分研究只是对企

---

① "大智移云物区环"是大数据、人工智能、移动互联网、云计算、物联网、区块链和环境体验这七大技术的缩写。

前　言

业实践的描述概括，缺乏深入的理论探索，或者仅从理论角度提出设想，与实践相去甚远，存在实践了解片面化和理论分析表面化的双重矛盾。不可否认的是，智能会计作为会计未来的发展方向，必然会对会计行业结构、企业经营管理和高校会计专业人才培养体系产生深远影响，因而从学科体系角度构建起智能会计的理论框架，并结合实践案例的剖析解读，实现对智能会计系统科学、全面深入学习认知是十分必要的。基于此，本书从理论层面探讨智能会计的内涵和范畴、功能和特征等，并基于大数据、云计算、区块链、人工智能等新技术结合百企慧集团多年来为数万家企业提供智慧财税服务的实践经验，展示智能会计在企业中的财务应用场景。本书创新性地提出了业财税管一体化的智能会计发展方向，不单单局限于核算、报销、记账等传统会计业务，而是深入浅出地分析了如何在组织架构、流程设计、账税处理、分析决策、预算和控制等方面实现业财税管一体化发展，推动会计在数字经济时代发现价值、挖掘价值、利用价值并创造价值。总而言之，本书旨在从理论和实践结合的双重层面，探究智能会计理论体系的构建以及未来的动态演进与实现，以期拓宽现有的研究思路，并为企业实践提供借鉴。

《智能会计》一书是山东大学管理学院会计学系张玉明教授、博导及其团队立足数字经济时代会计发展前沿的创新性成果，也是其共享经济系列成果的延展。本书由张玉明教授提出创意、思路及提纲，并与陈舒曼博士（北京大学会计学博士，山东师范大学会计系讲师）充分讨论，和单宝强总经理（百企慧）共同策划、组织、撰写主要内容并修改定稿。各章执笔撰写人如下：第1章为侯裕鹏、李晓磊（山东管理学院）、张黎（山东政法学院），第2章为李晓磊，第3章为刘嘉惠、徐贵丽（山东英才学院），第4章为田颖（齐鲁理工学院），第5章为孙香玉，第6章为王春燕（山东财经大学），第7章为王媛（山东师范大学）、翟一璇，第8章为李晶雅，第9章为陈林，第10章为李梦晗，第11章为邢宇辰，第12章为张瑜，第13章为郑萌萌、张明霞，第14章为刘睿智（中国海洋大学），第15章为刘晗，第16章为马晓喆，第17章为王玉森（浪潮集团）、丁如雪（原安永华明会计师事务所）。同时，借此机会向在写作过程中提供帮助并发挥编委作用的张会丽（北京大学会计学博士、财政部会计领军学术类后备人才、北京师范大学会计学博导）、路军伟（厦门大学会计学博士、山东大学会计学系教授、博导）、赵瑞瑞、杨凡、张娟娟、邢超、王浩臻、刘德胜和张新（齐鲁工业大学）、张会荣（山东管理学院）、迟冬梅（山东英才学院）、陈前前（北京物资学院）、殷宪峰（大华会计师事务所）、李晶（齐鲁银行）、陈爱莲（合肥经贸旅游学校）、潘华（山东省省立医院）等表示感谢！对陈舒曼、单宝强、刘睿智、王春燕、李晓磊在具体写作过程中起到副主编作用表示感谢！特别感谢百企慧集团和单宝强总经理、王亚南副总经理、黄传祺（小慧科技技术总监）提供丰富的管理实践一手资料并将后期

智 能 会 计

提供配套实训软件以及相关支持！未列单位均为山东大学会计学系研究生。写作过程中还参考了相关学者的研究成果，并从中得到了重要的启示，已尽量将所有贡献在书中注明，在此一并致谢！

特别感谢经济科学出版社的领导、编辑和专家对本书的编辑和出版给予的热情帮助和支持，尤其是吕萍副总经理对本书的出版付出了大量的辛勤劳动，并提出了很多宝贵的建设性意见。当然，由于本人水平有限，书中难免有不足之处，敬请各位前辈、同仁、读者批评指正。

本书配套实训软件由小慧智能科技（山东）有限公司提供。网址：https://daizhangmf.com/；二维码：  。

张玉明

2021 年 1 月 31 日

目录

第1章 智能会计时代来临 ... 1
- 1.1 数字经济时代到来 ... 1
- 1.2 数字经济的智能技术支撑 ... 6
- 1.3 时代呼唤新会计模式的出现 ... 19

第2章 智能会计的理论框架 ... 25
- 2.1 共享经济理论 ... 25
- 2.2 财务共享理论 ... 30
- 2.3 大数据理论 ... 34
- 2.4 云计算理论 ... 38
- 2.5 区块链理论 ... 42
- 2.6 人工智能理论 ... 49

第3章 智能会计的内涵和职能 ... 57
- 3.1 智能会计对传统会计的创新 ... 57
- 3.2 智能会计的内涵 ... 61
- 3.3 智能会计的职能和作用 ... 69

第4章 智能会计的目标与本质 ... 73
- 4.1 智能会计的目标 ... 73
- 4.2 智能会计的本质 ... 79

第5章 智能会计的功能与特征 ... 91
- 5.1 智能会计的功能 ... 91
- 5.2 智能会计的特征 ... 101

第6章 智能会计的基本原理 ... 110
- 6.1 智能会计原理概述 ... 110
- 6.2 智能会计共享平台的基本原理 ... 114
- 6.3 智能管理会计平台的基本原理 ... 118

	6.4　智能会计分析平台的基本原理	121
	6.5　业财税管融合平台的基本原理	124

第7章　智能会计的技术框架　128

7.1　概念框架与基本脉络　128
7.2　智能会计业务模块的技术框架　130
7.3　智能会计财务模块的技术框架　136
7.4　智能会计税务模块的技术框架　141
7.5　智能会计管理决策模块的技术框架　145
7.6　智能会计技术框架的整合　149

第8章　智能会计的组织架构　152

8.1　智能会计下企业组织架构趋向　152
8.2　智能会计下企业组织架构的构建　156
8.3　智能会计下财务人员职能转变　163
8.4　智能财务建设组织规划：中烟云南　165

第9章　智能会计的业务结构　172

9.1　智能会计与税务管理　172
9.2　智能会计与资金管理　178
9.3　智能会计与合规管理　182
9.4　智能会计与管理会计　187
9.5　智能会计与财务风险管理　191

第10章　智能会计业务流程　195

10.1　智能会计业务流程概述　195
10.2　智能会计业务流程优化策略　197
10.3　智能会计业务流程应用场景　199

第11章　智能会计的账务处理　218

11.1　账务处理流程自动化　218
11.2　会计信息数字化　232
11.3　数据资产化　234

第12章　智能会计的税务处理　238

12.1　突破税务困境　238
12.2　智能税务风险识别　242
12.3　智能税金处理　245
12.4　智能发票开具　249

目 录

    12.5 智能税务监控 ······ 254

第13章 智能会计报表体系 ······ 258
  13.1 智能会计报表的特点 ······ 258
  13.2 智能财务报告的功能拓展 ······ 261
  13.3 特色报告体系 ······ 266

第14章 智能会计分析与决策 ······ 285
  14.1 智能会计分析与决策体系的基础 ······ 285
  14.2 智能财务分析和决策支持库建立 ······ 291
  14.3 智能会计财务分析决策模型及诊断报告体系构建 ······ 297

第15章 智能会计的预算和控制 ······ 310
  15.1 智能会计的全面预算 ······ 310
  15.2 智能化全面预算管理 ······ 320
  15.3 全面预算执行与控制模块 ······ 327

第16章 智能会计重点领域应用 ······ 333
  16.1 中小企业融资 ······ 333
  16.2 供应链金融 ······ 336
  16.3 银行不良资产管理 ······ 339
  16.4 高新技术企业 ······ 342
  16.5 智能制造 ······ 345
  16.6 发票区块链 ······ 348

第17章 智能会计服务与实施保障 ······ 351
  17.1 制度保障 ······ 351
  17.2 人才培养 ······ 354
  17.3 实施保障措施 ······ 358
  17.4 持续改进和创新 ······ 364

参考文献 ······ 368

第1章 智能会计时代来临

世界正在逐步进入数字经济时代，由数字技术所引发的第四次工业革命通过改变信息的获取、检索以及储存方式，掀起了商业世界的变革。未来二十年，数字化的影响将深入到社会的各个方面，会计行业作为经济社会重要的组成部分，其内涵、模式也将被彻底颠覆。全球化、竞争加剧以及技术发展将促使会计行业进行持续的变革。由于互联网技术、智能算法、大数据引擎、机器学习等创新技术的参与而创造出的新的会计模式引起了人们的广泛关注，智能会计作为一种与传统会计相对应的理念应运而生。智能会计凭借其将业务、财务、税务、管理（以下简称"业财税管"）进行智能一体化集成的特点，开创了记账、报税、智能分析、管控的新型会计模式，迅速在实践中得到普遍运用，并给传统会计带来巨大的冲击。在数字经济时代，商业模式、产业环境、生产要素以及企业结构等方面发生了诸多变化，从而使得传统会计已无法满足时代变化要求，智能会计将以强劲势头引领全新的会计模式，智能会计时代已然到来。

1.1 数字经济时代到来

近年来以互联网为标志，数字革命浪潮广泛渗透于高科技领域，带来比工业革命更为迅捷、更加深刻的社会变革，促使着人类社会发生一场划时代的全球性变革，数字技术更将成为支撑未来世界经济发展的重要动力，推动人类更深层次跨入经济全球化时代。数字经济的出现，催生出全新的消费模式，推动全球产业整合与升级，孕育了新的生产模式，影响着包括会计行业在内的社会、经济、生活的各个方面。

1.1.1 数字经济的发展历程

以计算机、互联网、信息通信等为标志的现代信息技术革命，极大影响了社会与组织的生产方式、运行模式，改变了个体的生活方式，重塑了宏微观经济结构。数字经济由信息经济概念演化而来，相对应也曾经有网络经济、知识经济等叫法。美国经济学家弗里兹·马克卢普（Fritz Marchlup）早在1962年便认为"向市场提供信息产品或信息服务的那些企业"是经济中的重要组成部分，以此为基础奠定了"信息经济"概念并建立了"信息产业"体系[1]。1977年，马克·尤里·波拉特（Marc U. Porat）在其博士论文中首次

---

[1] [美]弗里兹·马克卢普. 美国的知识生产与分配[M]. 孙耀群, 译. 北京: 中国人民大学出版社, 2007: 39-40.

提出涵盖信息业的产业划分方法，在原有的农业、工业、服务业三次产业划分标准基础上新增信息业，并首次提出信息产业与其他产业的融合。在20世纪80年代，美国经济学家保尔·霍肯明确提出信息经济的概念，他认为："信息经济是以新技术、新知识和新技能贯穿整个社会活动的新型经济形势。"[①]

随着20世纪八九十年代互联网技术日趋成熟，信息经济出现了新的特征，全球互联网络产生的海量数据要求更高的存储、处理和计算能力。在这一互联网兴起的时代，"网络经济"概念被提出，网络经济也被称为互联网经济，是指以基于互联网络进行的生产、交换、分配和消费为主的新的经济活动，用以表明互联网的核心地位。在网络经济的形成与发展中，以电子商务、社交网络、搜索引擎、新闻等领域为代表的数字技术应用的成为网络经济最炙手可热的方向。麻省理工学院教授尼古拉斯·尼葛洛庞帝（Nicholas Negroponte）1996年撰写了《数字化生存》（Being Digital）一书，提出了人类生存于一个虚拟的、数字化的生存活动空间，在这里人们应用数字技术从事信息传播、交流、学习、工作等活动，数字化概念由此诞生。美国学者唐·泰普斯科特（Don Tapscott）在同年的著作《数字经济时代》（The Digital Economy）中正式提出了数字经济的概念。继学界之后，美国商务部在1998年、1999年和2000年正式出版了《浮现中的数字经济》（Ⅰ、Ⅱ）以及《数字经济2000》等研究报告。数字经济概念在20世纪末得以出现、传播并被广泛接受，与此同时，数字经济也在技术的飞速迭代和商业模式的广泛创新下持续快速发展，给经济、社会、政治等多方面带来深刻的变革。数字经济的演变，如图1-1所示。

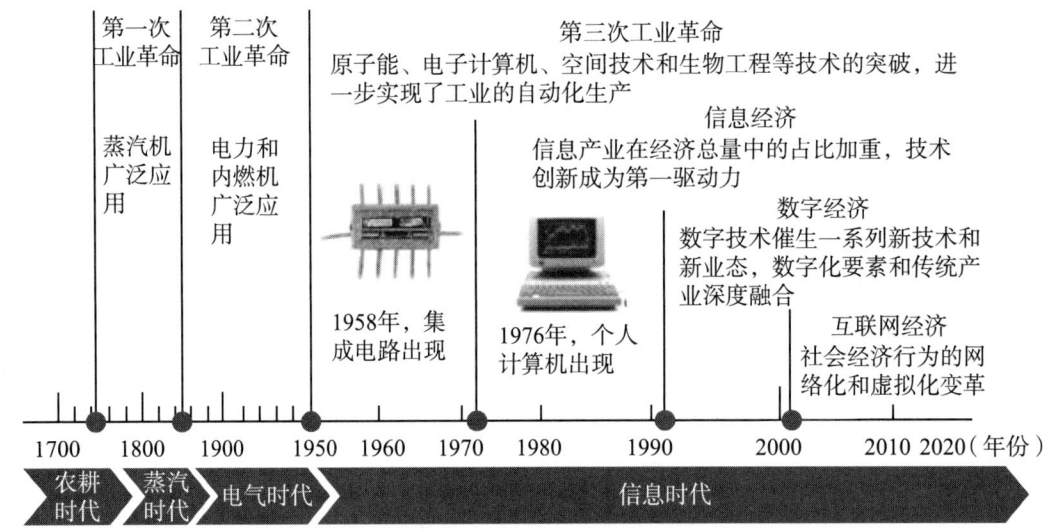

图1-1 数字经济的演变

资料来源：中投产业研究院。

1.1.2 数字经济的内涵

2016年二十国集团（G20）杭州峰会提出《二十国集团数字经济发展与合作倡

---
① 保尔·霍肯. 未来的经济 [M]. 北京：科学出版社，1985：73-74.

第1章 智能会计时代来临

议》，其中对数字经济定义为："以数字化的知识和信息为关键生产要素，以数字技术创新为核心驱动力，以现代信息网络为重要载体，通过数字技术与实体经济深度融合，不断提高传统产业数字化、智能化水平，加速重构经济发展与政府治理模式的新型经济形态。"[①] 自此，经 2017 年 G20 德国峰会、2018 年阿根廷峰会、2019 年日本峰会和 2020 年沙特峰会，数字经济已经连续 5 年成为 G20 国家讨论的核心议题之一，被视为关键的经济增长动力[②]。这在当时也成为数字经济的标准定义。2020 年 G20 峰会致力于形成一个衡量数字经济的共同框架，经过与各成员国磋商形成统一认识——"数字经济包括所有依赖数字投入或通过使用数字投入而得到显著加强的经济活动，包括数字技术、新型基础设施、数字服务和数据；涵盖经济活动中使用这些数字投入的所有生产者和消费者，包括政府"。

具体来看数字经济可以分为两个部分：第一部分是数字产业化部分，即一般的数字经济信息产业，信息产业增加值构成了数字经济中数字化产业的部分。第二部分是产业数字化部分，是传统经济与数字经济融合的一部分，其他部门通过整合数字元素来提升效率，信息技术推进农业、工业和服务业的发展构成了数字产业化的部分。数字经济已经超越了单纯的信息技术产业，其更多的是与社会各行各业融合发展，数字经济使得数据与信息成为新的生产要素，推动社会生产方式变革，重塑社会与经济发展模式。

总体来说，数字经济是在 20 世纪末随着人类社会步入信息技术时代而形成的，是一种不同于传统物质经济的新型经济运行体制。它是现代计算机通信技术在各种工业经济活动和商业交往中广泛应用的结果。随着越来越多的企业将信息通信技术（ICT）应用于生产经营管理，传统的实体经济企业与数字经济企业之间很难划清界限。在信息技术时代的今天，已经无法清晰地界定整个社会经济的某一个领域或部门属于数字经济的范畴，而其他经济领域或部门仍处于实体经济世界的传统经济领域。因此，与其说数字经济是一种区别于传统物理经济的新型经济运行系统，不如说数字经济是社会经济的信息化，它本质上应该是一种伴随着现代 ICT 技术的应用推广，而导致的社会经济信息化范围和程度不断扩大和深化的发展过程。在这种发展过程中，逐渐形成了有别于传统商业模式的新型交易方式和生产经营管理模式，即所谓的数字经济的商业模式，主要包含了电子商务、在线支付服务、应用软件商店、云计算、在线广告、参与式网络平台、高频交易等。数字经济具体形式如图 1-2 所示。

1.1.3 数字经济时代到来

以互联网为代表的新一轮科技革命和产业革命引领数字经济的发展，大数据、云计算、人工智能、区块链等新兴技术成为各个国家竞争的战略高地。数字经济的迅猛发展，联动全球经济形态发生深刻变化，领域数字经济逐渐成为撬动全球经济增长的新动能。

---

① 中国信息通信研究院. 中国数字经济与就业发展白皮书 2017 [R]. 2017: 3-4.
② 高晓雨. 二十国集团峰会及其数字经济议题探析 [J]. 中国信息化, 2020 (7): 5-8.

智能会计

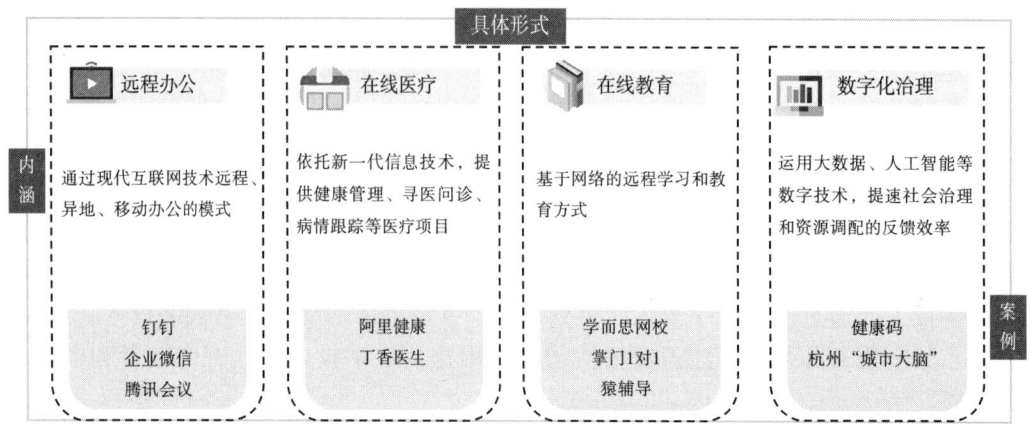

图 1-2 数字经济具体形式

以互联网企业为代表的数字经济体强势崛起，不断催生出新业态与新模式。据全球知名会计师事务所普华永道发布的《2020 全球市值百大企业排名》分析报告显示，截至 2020 年 3 月 31 日，全球市值排名前十的企业中，有 7 家属于数字经济范畴，它们分别是微软、苹果、亚马逊、Alphabet、阿里巴巴、脸书（Facebook）、腾讯，如图 1-3 所示。在过去，全球市值前十的公司主要以能源和金融企业为主，而随着数字经济时代的到来，互联网企业后来居上。这些互联网企业以数字技术创新以及多领域的应用为目标，同时开发多项技术，其产生的影响不局限于互联网领域，而是逐渐渗透到了各个产业的发展中。全球市值排名前十的企业所属行业的变化充分体现了数字经济的崛起。

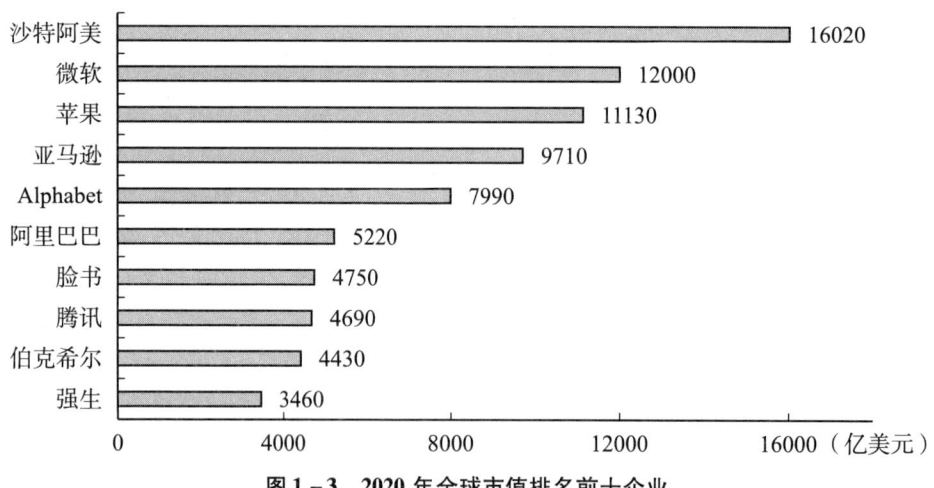

图 1-3 2020 年全球市值排名前十企业

资料来源：普华永道会计师事务所。

2019 年国际经济系统性风险上升，贸易保护主义进一步抬头，地缘政治冲突进一步加剧，整体经济下行压力增大，全球数字经济增速实现逆势上扬。全球数字经济名义增长率为 5.4%，高于同期全球国内生产总值（GDP）名义增长率 3.1 个百分点。数字经济增加值从 2018 年的 30.2 万亿美元扩大到 2019 年的 31.8 万亿美元，增长 1.6 万亿美元。除规

第1章 智能会计时代来临

模外,全球数字经济在国民经济中的地位也稳步提升。数字经济占GDP的比重已由2018年的40.3%增长至2019年的41.5%,提升1.2个百分点①。

我国数字经济发展势头更为迅猛。2019年,我国数字经济增加值规模达到35.8万亿元,占GDP比重达到36.2%,同比提升1.4个百分点。按照可比口径计算,2019年我国数字经济名义增长15.6%,高于同期GDP名义增速7.85个百分点②,如图1-4所示。

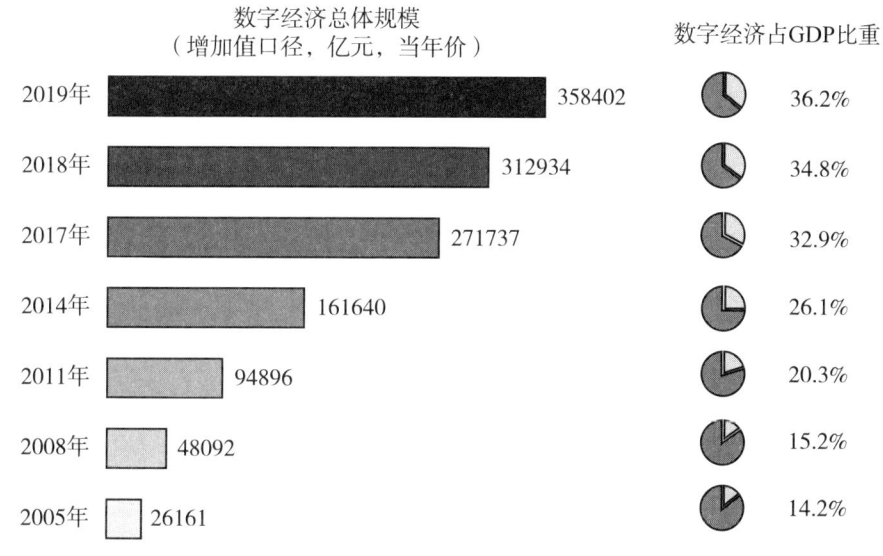

图1-4 数字经济总体规模

资料来源:中国信息通信研究院。

我国数字经济在国民经济中的地位愈发突出。2014~2019年,中国数字经济对GDP增长的贡献率始终保持在50%以上。2019年,数字经济对经济增长的贡献率为67.7%,成为拉动中国经济增长的关键力量。同时,数字经济对经济增长的贡献率明显高于三次产业。2019年,三次产业对GDP增长的贡献率分别为3.8%、36.8%和59.4%,均低于数字经济,如图1-5所示。

2020年,突如其来的新冠肺炎疫情正在深刻改变全球政治与经济秩序,在严重拖累经济全球化进程的同时,也对世界经济贸易格局造成了全方位影响。世界银行预测,世界经济陷入了第二次世界大战以来最严重的大衰退,2020年全球93%的经济体将陷入经济大衰退,发达经济体经济活动萎缩7%,新兴经济体和发展中经济体将收缩2.5%,将出现全球性企业破产潮、失业潮;世界贸易出现历史性下滑,世界贸易组织预测,2020年世界贸易将下降13%~32%,几乎所有地区的贸易额都将出现两位数下降。③

面对新冠肺炎疫情这一"黑天鹅"事件,数字技术以其无限潜力成为疫情防控的重要力量。中国科技抗疫的实践和成果令世界刮目相看,人们比以往任何时候都更深切地体会到数字化的能量。自新冠肺炎疫情爆发以来,数字经济为我国社会经济运行提供了有力而

---

① 中国信息通信研究院. 全球数字经济新图景 2020 [R]. 2020: 7-8.
② 中国信息通信研究院. 中国数字经济与就业发展白皮书 2020 [R]. 2020: 3-4.
③ 中国信息通信研究院. 全球数字经济新图景(2020)——大变局下的可持续发展新动能 [R]. 2020: 7-8.

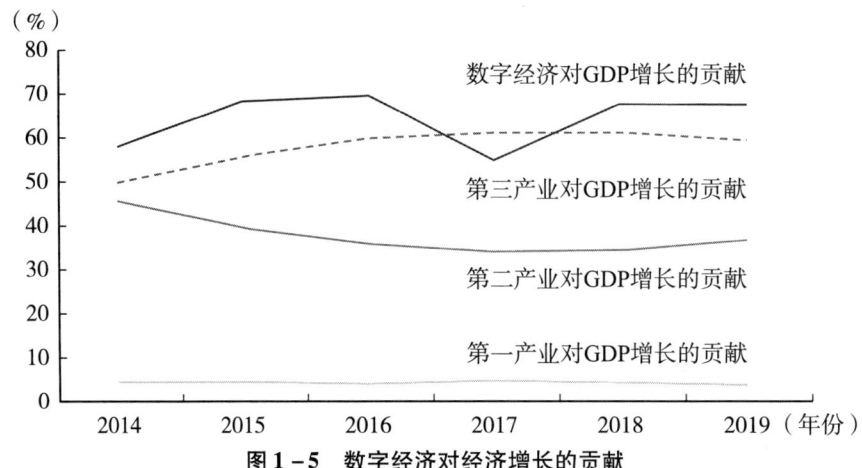

图1-5 数字经济对经济增长的贡献

资料来源:中国信息通信研究院、国家统计局。

有效的支撑。网购、直播带货、无接触配送等方式,极大地降低了疫情对社会生产生活的影响。网络零售一马当先,娱乐领域迅猛发展,在线教育迎来数字时代的新契机。《世界互联网发展报告2020》指出,新冠肺炎疫情冲击全球经济社会发展,数字经济被视为全球经济复苏新引擎,成为对冲疫情冲击、重塑经济体系和提升治理能力的关键力量[①]。以我国知名数字化经济企业阿里巴巴网络技术有限公司(以下简称"阿里巴巴")为例,根据其2020年5月22日发布的2020财年报告,阿里巴巴收入同比增长35%至5097.11亿元。2019年4月至2020年3月,在报告期内突发的新冠肺炎疫情对该公司业绩的影响仅为1个月,因此疫情的影响在该财报中基本没有体现。2020年11月5日,阿里巴巴公布了2021财年第二季度业绩。截至2020年9月30日的3个月内,集团实现营业收入1550.59亿元,同比增长30%;中国零售市场年活跃消费者达到7.57亿人。[②] 疫情至今,阿里巴巴持续支持商业复苏,并通过数字化的方式寻找新的发展机遇,其聚焦于内需、云计算和大数据、全球化这三大长期增长引擎,有效地把握消费者不断变化的需求,以及阿里巴巴数字经济体内各业务加速数字化所带来的机会。

数字经济为防疫应急、复工复产等提供了数字解决方案,新兴产业逆势增长,使得数字经济渗透到了社会生活中的各个领域,对商业模式、经济环境和生活方式都产生了根本性的影响。在新冠肺炎疫情的催化下,传统的经济模式已经一去不返,数字经济时代已经到来。

1.2 数字经济的智能技术支撑

在"大智移云物区环"等新技术风起云涌的数字经济时代,数据已然成为新兴的生产

---

① 中国网络空间研究院. 世界互联网发展报告2020 [R]. 2020:3-5.
② 阿里巴巴集团. 阿里巴巴集团公布2020年3月份季度及2020财政年度业绩 [EB/OL]. https://www.alibaba-group.com/cn/news/press_pdf/p200522.pdf.

第1章 智能会计时代来临

要素。当前,"上云用数赋智"成为主导经济发展的新动能[1],将智能化技术(5G、物联网技术、OCR文本识别、机器学习等)运用于财务会计的工作领域,并对传统财务工作进行模拟、延伸与场景拓展,将会给财务会计领域带来深远的影响,"智慧大脑"令会计工作更加数据化、流程化、便捷化、共享化。

1.2.1 5G技术

数字经济是经济增长的新引擎,而5G则是数字经济时代的新引擎,"可以把5G网络看作一把钥匙,它能够帮我们解锁原先难以数字化的现实场景,让数字技术以更小的颗粒度重塑现实世界"[2]。5G的商业普及推动了万物互联化与数据泛在化。由此可见,5G新动能架起了桥梁,打通了产业鸿沟,成为数字经济时代的加速器。

1. 5G的定义与阶段

5G是新一代移动通信技术发展的主要方向,具有"超高速率、超低时延、超大连接"的特点,是未来信息基础设施建设的重要组成部分,美国等已将其列为国家战略。它可以进一步提升用户的网络体验,满足未来万物互联的应用需求,是各行各业数字化转型与升级的重要途径。

(1) 5G的定义。5G(5th generation mobile communication technologies)指第五代移动通信技术,是最新一代蜂窝移动通信技术,其性能目标是高数据速率、减少延迟、节省能源、降低成本、提高系统容量和大规模设备连接[3]。2019年中国正式进入5G商用元年,美国、英国、瑞士、韩国等发达国家也开通了5G服务。2021年全球数据量将达到49EB(exabyte,百亿亿字节),是2016年数据量的7倍,4G的承载能力不足以支撑高清视频业务、VR/AR、物联网等应用。据估计,5G在2025年、2030年所带来的直接产出将分别增长到3.3万亿元、6.3万亿元;带动的间接产出将分别达到6.3万亿元、10.6万亿元,2030年5G将带动超过800万人就业[4]。5G通过与其他技术融合,实现对各行业的"赋能",真正的"5G改变社会"。

(2) 5G的发展阶段。移动通信技术基本保持了10年一代的发展规律,从1G到5G经历了五个发展阶段:1G(20世纪80年代)是以模拟通信为代表的模拟蜂窝语音通信,实现了移动通话功能;2G(20世纪90年代)是以时分多址(TDMA)和频分多址(FDMA)为主的数字蜂窝语音技术,引入了短信和无线应用协议(WAP),实现了大幅降低通话成本;3G(21世纪00年代)是以码分多址(CDMA)为核心的窄带数据多媒体移动通信,实现了视频和互联网业务;4G(21世纪10年代)是以正交频分复用(OFDM)和多入多出(MIMO)为核心的宽带数据移动互联网通信,开启了移动互联网

---

[1] 张懿玮.《关于推进"上云用数赋智"行动 培育新经济发展实施方案》解读[J]. 中国建设信息化, 2020, 114(11): 56-59.
[2] IT领袖峰会. 马化腾: 5G是一把钥匙,解锁产业中的数字化场景[EB/OL]. https://www.iyiou.com/analysis/2019033196243.
[3] 5G网络. 搜狗百科[EB/OL]. https://baike.sogou.com/v299325.htm?fromTitle=5G.
[4] 唐坚. 5G时代区域经济发展之路[J]. 现代商业, 2020, 565(12): 49-51.

的序幕;5G(21世纪20年代)是以空中接口三大关键技术为核心[①],多种技术融合与完善的有机数字生态系统[②],突破了传统带宽的限制,解决了时延性和大量终端接入的问题,实现了人、物、数据的互联互通,并通过进行智能方式传递,其具备了软件化、云端化、服务化的特性[③]。

2. 5G技术的功能特点

"4G改变生活,5G改变社会"。与4G相比,5G无论在网络速度还是网络容量方面,都有了质的飞跃与提高。具体而言,5G具有速度更快、功耗更低、时延更短、覆盖更广的特点[④]。

(1)速度更快。5G时代的极大优势即网络速度,5G网络的平均速率从25Mbit/s[⑤]提升到100Mbit/s,峰值从300Mbit/s提升到20Gbit/s[⑥]。在5G网络环境下,下载一部高清影片只需要1秒钟;用4G网络下载一集电视剧的时间,用5G网络可以下载20集电视剧,5G克服了4G网络带宽小、速率低和高延时的瓶颈,用户感知"弹指一瞬"的速度。

(2)功耗更低。智能产品、物联网服务的普及离不开能源与通信的支撑,而能源的供给更多依赖电(电池),故通信能耗的降低是"重头戏"。当前,美国高通公司的eMTC技术与中国华为技术有限公司(以下简称"华为")的NB-loT技术,前者由长期演进(LTE)演化而来,可以直接接入现有的LTE,后者基于蜂窝网络,可以直接部署于全球移动通信系统(GSM)网络,满足5G对于物联网等应用场景低功耗的要求。

(3)时延更短。超低时延是5G的重要特性,这是由于远程医疗、在线教育、财会管理等对网络时延和可靠性的高品质要求的结果。3G时代端到端的时延约几百毫秒;4G时代端到端的时延约为10毫秒左右,5G网络端到端的理想时延为1毫秒。5G实质上是以相关技术为驱动,从人与人、人与物、物与物的连接延伸到万物互联。

(4)网络覆盖广。4G网络虽然覆盖较广,但是仍存在高铁、隧道、电梯等网络"死角",而5G网络将覆盖社会生活的全方位,主要表现为两个方面:一是广度覆盖,指5G网络能够覆盖人迹所至的地方,包括偏远地区、丛林峡谷区域;二是纵深覆盖,指5G网络可以对移动通信质量(如信号不稳定等)进行更高品质的深度覆盖。

3. 5G+智能会计的融合应用

5G技术与财务会计的深度融合,能够提升会计服务质量、赋能企业财务转型、创新移动财会模式、提高风险的可控性,如图1-6所示。

---

① 指信道编码技术,三大信道编码候选技术分别是LDPC码、Polar码和Turbo码。
② 指移动互联网、物联网、人工智能、云计算、大数据、区块链、环境体验等新技术的应用与普及。
③ 陈晓华,吴家富.5G新动能:数字经济时代的加速器[M].北京:人民邮电出版社,2020,4:7-10.
④ 陈晓华,吴家富.5G新动能:数字经济时代的加速器[M].北京:人民邮电出版社,2020,4:96-101.
⑤ 数据传送单位:兆比特每秒。
⑥ 数据传送单位:千兆比特每秒。

第1章 智能会计时代来临

会计数字化+智能化+生态化					
管理变革	智能财务	实时会计	协同工作	数据聚合	决策预测
业财税融合	税收筹划	一点报税	电子发票管理	个性化报告	评估审查
业财融合	快捷支付	实时报账	精准报表	个性化报告	业务模式分析
业务创新	智慧采购	智能生产	精准营销	敏捷供应链	精细项目管理
前台	个性化(可定义)	角色化(门户)	场景化(工作台)	可视化(即时)	端口化(移动端)
中台	业务中台	数据 流程 项目 合约 组织 用户 任务 风险 评价 共享数据			
	技术中台	服务架构 容器技术 互联网中间件 集成中心 流程中心 运行平台			
	数据中台	移动报表 智能分析 大数据库 融合计算 智能搜索			
后台	财务管理	人力资源管理	资金管理	预算管理	合同管理 采购管理
智能会计平台					
相关技术支撑	移动互联网	云计算	大数据 人工智能	物联网	人工智能
移动通信技术	模拟通信	数字通信			
	可语言通信	可发短信	可上网	智能手机	智能社会
	1G	2G	3G	4G	5G
	1980~1990年	1991~2000年	2001~2010年	2011~2020年	2021~2030年

图 1-6 数字技术背景下 5G 与智能会计的融合

(1) 提升了会计服务的便利性。从物理的"财务部门"到网络的"指尖财务",会计服务的便利性与可得性"双提高"。5G 网络全面覆盖后,因采纳了人工智能、虚拟现实/增强现实(VR/AR)、生物识别等技术,线下的会计服务将会更加智慧化,线上的财会服务将成为主流,会计远程服务的质量和效率极大提升。例如,谷歌推出了一个叫 Assistant 的机器人,"他"已具备思考与学习能力,能够帮助人们打电话、预订机票,计划行程,现实中越来越多的财务机器人(RPA)已经进行发票处理、影像管理、税务申报、档案整理等服务。智能化设备的普及应用,使得财会工作的边界进一步"模糊化",并对其他业务工作产生了"溢出效应"。

(2) 创新了移动财会的新模式。传统财务承载资产、负债、费用等基础数据信息,随着 5G 技术与移动互联网的快速发展,网络的峰值速率可达 10Gbit/s,时延可低至 1 毫秒,可连接终端的密度可达 100 万台/千米。财务会计业务流程的网络时延问题得到解决,运用智能终端设备提供业务指导、远程审批、线上业务办理、发票上传核对等服务[①],为员工、顾客、供应商等提供沉浸式的服务体验,企业财会实现了"无人化""自助化""智能化"。例如,生物识别技术与 5G 结合,通过眼动识别、人脸微表情识别、声纹识别等,财务会计的"刷脸"支付核算业务带来丰富的数据支持与真实的场景体验。

(3) 提高了企业经营风险的可控性。5G 技术应用加速了传统风险控制模式向数据风险控制模式的转型,针对业务中的风险控制与成本控制问题提供及时有效的解决方案,能

---

① 陈晓华,吴家富.5G 新动能:数字经济时代的加速器[M].北京:人民邮电出版社,2020:210-227.

够实现资金流、信息流、物流的"三流合一"。第一，企业外部风险控制。5G技术融合大数据技术，辅助企业获得海量数据（如供应商金融数据、消费者行为数据、同行企业经营数据），通过整合大数据并进行分析，企业能够对相关组织与群体进行"精准画像"，据此判断其信用额度和发展潜力，极大地提高了风险的可控性。第二，企业内部风险控制。5G技术使得"万物互联"，大量设备与业务人员被"链接"到互联网，产生的丰富真实的业务数据、财务数据、税务数据，企业的经营行为、产品状况、营销收入、成本费用，都可以通过传感器、光器件、射频器件等实时传递到终端形成"企业名片"，从而为企业深入了解经营情况并做出精准的风险评价。

1.2.2 物联网技术

物联网被称为继计算机、互联网之后，世界信息产业的第三次浪潮。在美国国家情报委员会发表《2025年对美国利益有潜在影响的6项关键技术》报告中，物联网被列为六项关键技术之一[①]。物联网产业的发展将由信息网络向全面感知和智能应用两个方向发展、延伸，形成"云、管、端"的开放式网络架构[②]。随着信息（IT）技术的发展，互联网、物联网已经连接世界，其核心和本质即一切业务数据化，数据赋予智能财务以新动能。

1. 物联网的定义与特征

（1）物联网的定义。物联网（Internet of Things，IoT）最早是由凯文·艾什顿（Kevin Ashton）教授在1999年提出来[③]：一个由通信设备连接而成的世界，它们被称为"物联网"，根据2008年EPoSS的研究报告《物联网2020：未来之路》（*Internet of Things in 2020: A Roadmap for the Future*），中国物联网的理念和应用已经走在世界前列。物联网是通过装置在物体上的射频识别（RFID）、传感器、二维码等技术，通过接口与互联网连接，为物体赋予"智慧"，实现人与物体"对话"，达到物体与物体之间"沟通"的互联互通。简单地讲，"物联网"就是物与物的互联网，是利用最新信息技术将物互联互通在一起的新一代网络。实际上，物联网是互联网的延伸与扩展[④]，互联网时代接入的是电脑和手机，物联网时代几乎所有的东西都可以接入，比如空调、冰箱、电视机、扫地机器人可以接入物联网。

（2）物联网的基本特征。主要有三个方面：第一，物联网是各种感知技术的广泛集成应用。物联网部署了多种类型的传感器，其获得信息与数据具有实时性，并能根据环境变化与频率后期自我更新，据此衍生出新知识与信息，服务人们进行判断决策。第二，物联网是建立在互联网基础上的泛在网络。毋庸置疑，物联网的基础与核心仍为互联网，"Internet of Things"是手段，"Internet of Service"是目的，通过有线网络、无线网络与互联网融合，将物体信息实时准确的传送，传输机制通过泛在网络适应各种异构的网络协议，以保障信息的正确性、即时性、有效性。第三，物联网具备智能处理数据的能力。通

[①] 林昕杨. 物联网技术发展、机遇与挑战 [M]. 北京：人民邮电出版社，2019：196-200.
[②] 丁飞. 物联网开放平台——平台架构、关键技术与典型应用 [M]. 北京：电子工业出版社，2018：3-5.
[③] Kevin Ashton，施煜. 那个被叫做"物联网"的东西——在现实世界中，做实事永远比空想强 [J]. 中国自动识别技术，2011（3）：22-23.
[④] 裘炯涛，陈众贤. 物联网，So Easy! [M]. 北京：人民邮电出版社，2019：7-8.

第1章 智能会计时代来临

过融合传感器与智能处理，利用与计算、模式识别等智能技术，物联网可以实现分析、挖掘、加工海量信息，针对用户的差异化需求，提供异质性的信息服务和应用模式。

2. 物联网的技术与结构

（1）物联网的技术组成。物联网的核心技术是普适网络（Pervasive Network）、下一代网络（Next Generation Network）、普适计算（Pervasive Computing）。第一，普适网络指普遍存在、无处不在的网络；第二，下一代网络指可以在任何时间、任何地点互联任何物品，进行信息访问和信息管理的网络；第三，普适计算指普遍存在的计算方式。另外，为了提供综合性的智能信息服务，物联网还需要其他的技术支撑：射频识别、传感器与传感网、信息物理融合系统、无线通信网络、嵌入式系统、云计算等[1]。

（2）物联网的层次结构。物联网的基本体系包括信息感知层、物联接入层、网络传输层、智能处理层、应用接口层五个层面。各层之间既相互独立又联系密切，同一层次上的不同技术互为补充以适应不同环境。其中，信息感知层通过各种手段实时自动转化数字化信息，是物联网发展和应用的基础；物联接入层通过多跳移动无线网络（Adhoc）等技术将信息感知层采集的信息进行汇总整合；网络传输层则通过IPv6、Wi-Fi等技术将感知到的信息无障碍性、高可靠性、强安全性地进行传输；智能处理层进行物联网基础信息的运营与管理；应用接口层最后完成服务呈现工作[2]。物联网融合边缘计算与机器学习，最终目的是数据的快速响应，预测性计算成为主流[3]。

3. "物联网 + 智能会计"在物流业的融合应用

2021年全球的移动连接数将达275亿，其中物联网连接数达到157亿。智能物流、智能制造、车联网等连接数将呈指数级增长[4]。物流可以看作是制造商的产品生产通过物料采购和实物配送分别向供应商和客户延伸构造的供应链[5]。物联网在现代物流业的应用体现在集光、机、电、信息等技术于一体的信息技术在企业的物流系统的集成化、自动化、智能化与网络化，如图1-7所示。

（1）物联网升级了企业物流的信息化与水平。首先，物联网技术将RFID电子标签嵌入物流设施（托盘、物架、集装箱等）、电子设备（仓库门禁、装卸设备等），标签中的记录使得物流管理系统实时掌控物流进程，协助企业工作人员做出最优决策，从而提高了物流、财流、人流、信息流的资源配置效率。其次，物联网技术提高了企业运输的智能化能力。现代物流信息技术融入了计算机技术、条码技术、全球卫星定位系统（GPS）和地理信息系统（GIS），物联网技术将进一步升级运输的智能化管理。比如，运输线路的检查点能够实现车辆自动感应、货物信息自动获取并上传企业管理平台，方便企业即时了解货物状态与位置。

（2）物联网技术加速企业物流配送中心一体化。当货物入库时，货物附着的感知节点自动读取数据，与订单进行比对并更新库存信息；货物出库时，货物被送往装有感知接点

---

[1] 宗平. 物联网概论 [M]. 北京：电子工业出版社，2012：75-224.
[2] 薛燕红. 物联网导论 [M]. 北京：机械工业出版社，2014：4-17.
[3] 许小刚，王仲晏. 物联网商业设计与案例 [M]. 北京：人民邮电出版社，2017：2-12.
[4] 丁飞. 物联网开放平台：平台架构、关键技术与典型应用 [M]. 北京：电子工业出版社，2018：138-139.
[5] 杨鹏，张普宁等. 物联网：感知、传输与应用 [M]. 北京：电子工业出版社，2020：339-345.

智 能 会 计

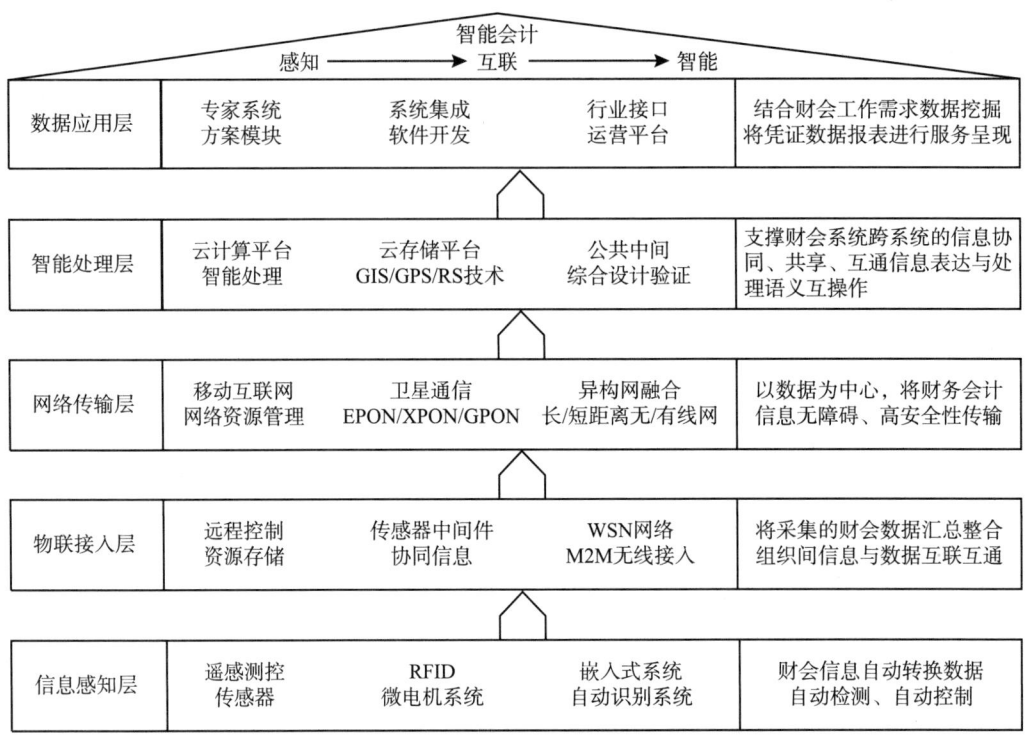

图1-7 物联网五层架构在智能会计中的应用模型

的传输带,配送中心根据客户需要进行配货;货物库存过程中,RFID[①]阅读器实时监控货物库存量,感知货物数量及货架位置,当货物库存量下降到一定水平时,系统自动向供应商发送订单进行自动补货;仓储货物二维码技术,贯穿产品生产、仓储、运输、销售、使用的全生命周期,通过信息编解码实现了物流、防伪、溯源大管理,打通生产、物流、销售、财务等各环节。出库入库一体化的智能管理,提高了企业的运行效率,降低管理和运营成本。物联网融合供应链与智慧生产,创新了智慧物流的网络开放共享模式。

（3）物联网赋能物联网业务分析平台（BAP）。通过与财务处理平台进行数据对接,BAP实现数据管理、数据处理、数据分析、任务引擎、平台管理。其中,数据管理指提供元数据管理（主要指非结构化数据、半结构化数据、结构化数据）；数据处理是提供数据仓库技术（Extract-Transform-Load,ETL）提取、加载、转换、聚合等服务；数据分析是指为系统平台提供数据挖掘、专家系统等服务；任务引擎指提供任务流程的执行容器、相关任务管理、任务监控等服务；管理平台是指提供系统配置、用户管理、故障管理、报表统计。物联网发展经历了"连接—感知—智能"三阶段,"一库六系统"的物流信息系统不断完善[②],其以企业内部运输、调度发运、在途监控、风险控制为主要功能,同时具有为生产企业增值服务的能力。

---

① RFID（radio frequency identification）又称无线射频识别或射频识别技术,是自动识别技术的一种,通过无线射频方式进行非接触双向数据通信,利用无线射频方式对记录媒体（电子标签或射频卡）进行读写,从而达到识别目标和数据交换的目的。

② 指物流信息客户端系统、物流手机WAP系统、物流短信系统、位置服务系统、物流门户网站、物流信息系统无线通信专网六个系统。

第1章 智能会计时代来临

1.2.3 OCR技术

财务人员通过光学字符识别（Optical Character Recognition，OCR）系统，及时获取发票上的信息（公司抬头、金额、编号等），不需要人工录入，直接导入数据库；把手机摄像头对准名片，即可实时导入客户信息，所有这些场景都用到一项共同的技术——OCR。因OCR技术软件的稳定性、便捷性以及通用性，已经普及推广到文档及证件识别、信息管理、图像编辑、财务管理等诸多方面。

1. OCR技术的定义与阶段

（1）OCR技术的定义。光学字符识别（OCR）是将任何手写或打印的图像转换为可由计算机读取编辑的数据文件。OCR通过扫描纸质的文章、书籍、资料，借助与计算机相关的技术将图像转换为文本，达到提高工作效率和改善文本存储能力的目的[①]。OCR技术可以分为传统OCR技术方法和基于深度学习的OCR技术方法。除了OCR之外，DAR（文档图像分析和识别）与STR（场景文字识别）是文档图像处理领域更宽泛的概念，前者针对文档的图像识别与处理；后者针对自然场景中文字的检测与识别，是OCR的重要分支。随着技术的不断发展，OCR的内涵也在不断拓展[②]。相比于传统的OCR技术，基于深度学习的OCR将繁杂流程解构为两部分：一是用于定位文本位置的文本检测；二是用于识别文本具体内容的文本识别，如图1-8所示。

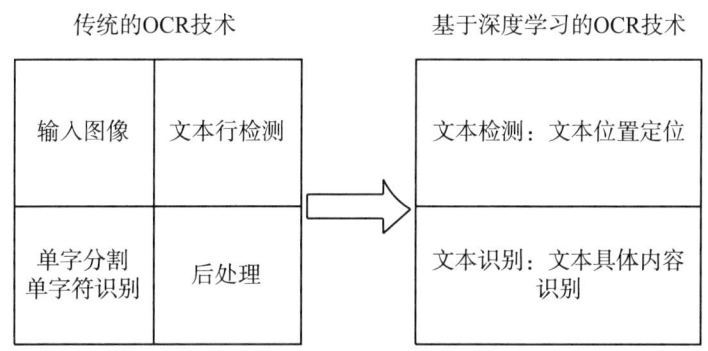

图1-8 传统OCR技术向基于深度学习方法的OCR技术演进

（2）OCR技术的发展阶段。第一阶段：产生萌芽阶段（20世纪20年代至20世纪60年代）。1929年德国科学家陶西格（Tausheck）最先提出OCR文字识别概念；1946年电子计算机诞生，使得OCR技术得以真正实现；1966年，汉字识别最早由IBM公司的工程师凯西和纳古（Casey & Nagy）通过模板匹配方式得以实现。第二阶段：缓慢发展阶段（20世纪60年代至20世纪90年代）。OCR技术真正发展到应用阶段是20世纪60年代，在专家学者的不断探索下，第一代OCR产品出现。Farrington公司和IBM公司率先研制成

---

① 冯亚南. 基于深度学习的光学字符识别技术研究[D]. 南京：南京邮电大学，2020：10-11.
② 刘树春. 深度实践OCR：基于深度学习的文字识别[M]. 北京：机械工业出版社，2020：5-10.

智 能 会 计

功了OCR系统Farrington 3010和IBM 1287[①],能够识别制定的印刷体的数字、英文字母和部分符号。20世纪60年代末到70年代初,在第一代产品基础上开发出第二代产品,实现了手写字体的字符识别。第三阶段:发展应用阶段(20世纪90年代至21世纪00年代)。20世纪90年代,LeNet 5网络的出现开创了深度学习的新纪元,OCR的应用中达到了商用的水平。第四阶段:快速发展阶段(20世纪10年代至今)。2012年AlexNet网络的出现使得视觉相关技术进入爆发期,识别网络和物体检测框架的创新促进了OCR技术快速发展。例如,文字检测领域发展了CTPN、TextBox系列的专用检测技术,文字识别领域演变出CNN + RNN + CTC等为主流的识别方式,OCR领域的发展日新月异[②]。

2. OCR技术的主要内容

基于OCR识别系统的目标是把图片信息内容转换为计算可以处理的字符,不仅减少了存储空间,方便查询和提升检索速度,而且减少了人力手动输入的时间,降低了出错率。当前OCR技术主要包括图像预处理、文字特征抽取、数据库对比识别、字词后处理等。

(1)图像预处理。图像预处理包括图片二值化、去噪、倾斜校正处理等方面。二值化能够将待处理图片区分为前景和背景,从而更好更快地识别文字;而针对扫描、发票等文档图片上的墨点和印章,去噪可以减少对OCR的干扰。

(2)文字特征抽取。文字特征抽取属于传统的特征提取方法,主要包括基于结构形态的特征提取和基于几何分布的特征提取。前者提取方法主要包括边界特征法、傅里叶特征算子法、形状不变矩阵法等;后者提取方法可以分为二维直方图投影法、区域网格统计法。

(3)数据库对比识别。对图片文字字符特征统计完成后,OCR产生一组数据或者向量匹配数据库,数据库的字集与待匹配文字由一样的特征抽取方法所得。匹配距离算法方法主要有松弛计算匹配方法、欧式距离空间的匹配方法、动态规划匹配法等。

(4)字词后处理。从数据库匹配得来的文字中,通常有一系列的相似候选字组产生。字词后处理通过联想词改错和纠正功能,依据前后的识别文字,通过贝叶斯统计概率算法找出最合乎逻辑的词,然后改正识别错的字,从而提高匹配的正确性。

3. "OCR技术 + 智能会计"的融合应用

OCR文本识别技术在会计业务上的应用,主要是进行凭证识别,如增值税发票识别、支票识别、银行票据识别、营业执照识别等。融合大数据、人工智能、云计算等新技术,OCR文本识别技术识别并存储纸质资料,拓展会计数据来源,丰富完善数据维度,降低企业内部风险,提高财会服务水平,如图1-9所示。

(1)拓展财会数据来源,丰富完善数据维度。在工作实践中,OCR工作主要流程环节涵盖待识别数据导入、OCR识别模块、识别数据存储、财务应用。首先,OCR辅助财会系统输入图像,对图像进行降噪处理,校正倾斜与变形部分,将图片发布到图形通道;

---

① Seethalakshmi R, Sreeranjani T R, Balachandar T, et al. Optical character recognition for printed Tamil text using Unicode [J]. Journal of Zhejiang University – Science A (Applied Physics & Engineering), 2005, 6 (11): 1297 – 1305.

② 刘树春. 深度实践OCR:基于深度学习的文字识别 [M]. 北京:机械工业出版社, 2020: 6 – 12.

第1章 智能会计时代来临

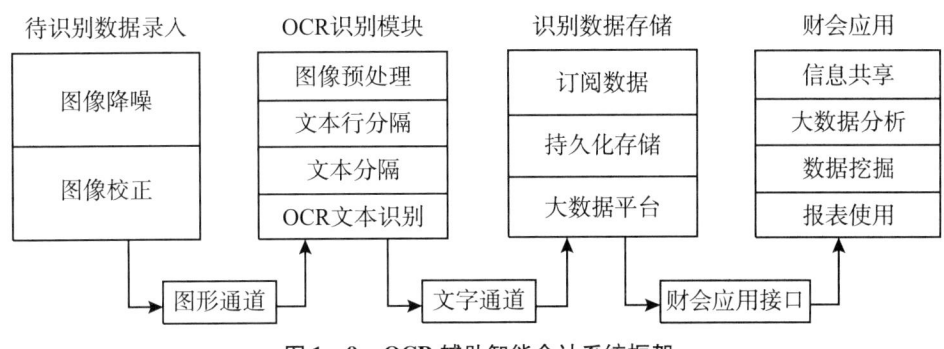

图1-9 OCR辅助智能会计系统框架

资料来源：张晶，李雅琴，王博文. 光学字符识别（OCR）技术在内部审计中的实践应用［J］. 纳税，2020（1）：275-275.

其次，OCR识别模块获取处理后的图片并进行预处理；然后，OCR进行文字检测，对文本行分隔与文字分隔；再次，进行OCR文字识别并发布到文字通道，对财会模块中的数据进行持久化存储；最后，开发数据应用接口供财会平台分析使用。随着数字化财会平台的建设，智能化会计模式已经形成。以电子发票为例，传统财会模式下，人工甄别很难在众多资料中发现两张发票存在同样内容（如发票识别号），采用OCR技术应用到智能会计中，可将所有业务活动电子化以建立数据库，实现了重复筛查以全面反映财会问题，另外，还可以依靠辅助系统提取会计数据进而建立模型。大大拓展了数据来源，丰富完善了财会数据维度，"点"或"面"的数据系统升级为立体式会计平台模型，从而构建业财税管一体化的财会立体架构[①]。

（2）促进会计核算模式革新，加快企业财务转型升级。传统会计核算属于典型的事后监督、单一口径，业务人员完成工作后，将业务数据上报财务人员，后者进行收入、成本、利润核算。当前企业生产经营强调信息的综合性、信息颗粒度的精细化、反馈时间的实时化，倒逼财务融入业务，由事后监督转向事前预测、事中控制、事后监督一体化。OCR融合5G技术助力业财融合、实时核算、精益管理，为经营及业务管控提供全面、精准、智能的决策信息[②]。作为世界知名500强企业阿米巴经营，借助数字企业的智能财务进行业务系统和财务系统融合，从业务源头进行数据处理形成会计账簿并得出分析报告，实现了阿米巴预算核算一体、阿米巴内部交易、业务财务一体，将"大企业做小，小企业做活"。

（3）提高财会服务水平，降低企业内部风险。文本信息是互联网资源的主要组成部分，文本正以指数级数量不断翻番[③]。首先，引入OCR技术，融入自然语言处理（NLP），在很短的时间内提供更多有价值的信息，不仅提高了业务财务的自动化水平，而且提高了财会工作效率。其次，利用识别技术进行信息加工、数据存储、知识挖掘、平台利用，不断地优化企业的工作流程，大大降低了运营管理成本。再次，将结构化数据、半结构化数据转换为可识别的文本数据，开放业务财务数据的接口服务，提高了用户体验效果，提升

[①] 业财税管即业务、财务、税务、决策管理。张晶，李雅琴，王博文. 光学字符识别（OCR）技术在内部审计中的实践应用［J］. 纳税，2020（1）：275.
[②] 用友网络科技股份有限公司. 企业数字化：目标、路径与实践［M］. 北京：中信出版社，2019：470-482.
[③] 代劲，宋娟，胡峰，伍建全. 云模型与文本挖掘［M］. 北京：人民邮电出版社，2013：5-9.

了财会服务质量。最后，基于财务大数据，OCR结合物联网、机器学习算法，建立智能分析模型，"观察"大数据集合，从无到有"创造"财务信息，从有到精"发现"业财规律，构建智能会计系统，转变会计核算职能，降低企业内部风险，赋能企业创造价值①。

1.2.4　机器学习技术

人们对机器学习和深度神经网络这两个密切关联的领域研究已经持续了几十年，机器学习是人工智能领域中最能体现智能的分支。从历史看，机器学习是人工智能中发展最快的分支之一②；从狭义角度看人工智能就是以卷积神经网络（CNN）为代表的深度学习算法。③ 以机器学习技术为核心的人工智能，推进智能财务平台建设，通过深度学习与进化计算，按业务驱动财务、管理规范业务和数据驱动管理推进，实现大共享、大集成、大数据和大管理④。

1. 机器学习的定义与类型

（1）机器学习（machine learning）是一个研究领域，让计算机无须进行明确编程就具备学习能力⑤（Authur Samuel，1959），汤姆·米切尔（Tom Mitchell）在1997年给出了更工程化的定义：一个计算机程序利用经验E来学习任务T，性能是P，如果针对任务T的性能P随着经验E不断增长，则称为机器学习。作为计算机科学的分支，机器学习致力于如何利用代表某现象的样本数据构建算法，这些数据可能是自然产生的，也可能是人工生成的，也可能是来自其他算法的输出⑥。

（2）按照是否在人类监督之下进行训练，机器学习分为五个主要类别：有监督学习、无监督学习、半监督学习、强化学习和深度学习。第一，监督学习是指提供给算法的包括所需解决方案的训练，例如，垃圾邮件过滤器是一个典型的案例：通过大量的电子邮件示例及其所属的类别（垃圾邮件还是常规邮件）训练，对有邮件进行分类。第二，无监督学习是指训练数据都是未经过标记的，系统会在没有"老师"的情况下进行训练。第三，半监督学习是无监督算法和有监督算法的结合，是指处理部分已经标记的数据。例如，谷歌（Google）相册进行照片托管服务，将家庭照片上传到服务器后，其会自动识别同一人物出现在哪些照片中，这是算法的无监督部分。第四，强化学习是指自行学习什么是最好的策略，它的学习系统（智能体）能够观察环境、做出选择、执行动作，从而随着时间推移获得最大回报，例如，很多机器人通过强化学习算法学习如何行走⑦。第五，深度学习多采用半监督式学习算法，是对人工神经网络的发展，通过多层非线性信息处理结构化模

---

① 朱小平．自动识别技术及其应用［J］．合作经济与科技，2012（2）：127-128.
② 周志华．机器学习［M］．北京：清华大学出版社，2016：前言．
③ 用友网络科技股份有限公司．企业数字化：目标、路径与实践［M］．北京：中信出版集团，2020：160，237-238，270-277.
④ 刘梅玲，黄虎，佟成生，等．智能财务的基本框架与建设思路研究［J］．会计研究，2020，389（3）：181-194.
⑤ 蒋鲁宁．机器学习，深度学习与网络安全技术［J］．中国信息安全，2016，5（5）：94.
⑥ 安德烈·布可夫（Andriy Burkov）．机器学习精讲［M］．韩江雷，译．北京：人民邮电出版社，2020：12.
⑦ ［法］奥雷利安·杰龙（Aurélien Géron）机器学习实战：基于Scikit-Learn、Keras和TensorFlow（原书第2版）［M］．宋能辉，李娴，译．北京：机械工业出版社，2020：32，42-60.

第1章 智能会计时代来临

型,因其可自动提取的特征,更适合处理大数据①。

2. 机器学习的历程与方法

(1)机器学习的历程。机器学习是人工智能(artificial intelligence,AI)发展到一定阶段的产物,目前共有五个发展阶段。第一阶段:机器"推理期"(20世纪50年代至70年代)。人们认为只要能赋予机器逻辑推理能力,机器就具有智能。第二阶段:机器"知识期"(20世纪70年代中期至80年代)。费根鲍姆(E. A. Feigenbaum)等认为要使机器具有智能,必须设法使机器拥有知识,基于逻辑表示的"符号主义"(symbolism)学习技术蓬勃发展。第三阶段:机器学习"学习期"(20世纪80年代至90年代)。美国卡耐基梅隆大学举行了第一届机器学习研讨会,1986年第一本专业期刊《机器学习》(Machine Learning)创刊,"从样例中学习"的主流是符号主义学习,其代表包括决策树(decision tree)和基于逻辑的学习,机器学习开始成为一个独立的学科领域,各类机器学习技术百花齐放。第四阶段:机器学习"统计学习期"(20世纪90年代中期至21世纪初)。"统计学习"(statistical learning)取代连接主义技术占据了主导地位,其代表性技术是支持向量机(support vector machine)和核方法(kernel methods)。第五阶段:机器学习"深度学习期"。连接主义学习卷土重来,掀起了"深度学习"的热潮。深度学习实际上就是"很多层"的神经网络。虽然深度学习技术设计的模型复杂度非常高,但是由于大数据、云计算的辅助支持,"调参"后容易"过拟合",为机器学习走向实践提供了便利②。

(2)机器学习的方法。第一,统计分析。统计分析是机器学习的基本方法,是指对信息进行搜集资料、整理资料、量化分析、推理预测的过程。例如,进行财务预测、市场分析、文本识别等,都与统计分析关系密切。第二,高维数据降维。高维数据降维是指采用某种映射方法,降低随机变量的变量,主成分分析(principal component analysis)是最常用的线性降维方法。例如,将数据从高维空间映射到低维空间中,从而实现维度减少。第三,特征工程。特征工程是指从原始数据提取特征的过程,目标是使特征能表征数据的本质特点,基于特征建立的模型在未知数据上的性能可以达到最优,最大限度地减少"垃圾进入,垃圾出来"。第四,模型训练。模型训练是指建模后的数据收集与机器训练过程,实现训练过程的可视化、模型保存与数据应用。例如,某些社交网站会给用户提供好友分组或标签标记的功能,其实这些标签就是用户的标志,用户通常不知道自己在为公司提供免费标记服务。第五,可视化分析。可视化分析是指利用人类的形象思维将数据关联,并映射为形象的图表的一种数据分析方法。例如,箱形图提供了一种定义异常值得方法,可以直观地比较变量X对变量Y的影响,比如房子的位置、楼层对房价的影响等③。

3. 机器学习+智能会计的融合应用

2017年德勤宣布与Kira Systems联手,在会计、审计、税务工作中引入人工智能,毕马威引入IBM watson认知技术,人工智能与机器学习迎来"井喷式"创新,进入了发展

---

① 何瑛,李壤爽,于文蕾. 基于机器学习的智能会计引擎研究[J]. 会计之友,2020(5):54.
② 周志华. 机器学习[M]. 北京:清华大学出版社,2016:29-33.
③ 赵卫东,董亮. 机器学习[M]. 北京:人民邮电出版社,2018:48-74.

的黄金时代①。机器学习促进企业财务会计向数字化、智能化转型,并与业务发展、税务筹划、管理决策紧密交融②。机器学习与智能会计的融合主要包括再造业务财务流程、变革智能账务模式、强化决策支持功能等方面。

(1)再造业务财务流程。飞速发展的互联网、物联网产生的海量数据,使得人们从数据中获取更大的价值,而云计算的蓬勃发展扩展了数据的存储能力,基于机器学习及深度学习的算法平台,通过大量高效的机器算法组件,企业可以快速实现业务流程优化,解决业务财务中的信息不对称问题③,实现会计信息的高速传递与整合,提供及时、准确、全面的会计信息④。针对传统财务报表滞后单一、会计处理流程缓慢的"痛点"。智能会计系统同步财务数据处理,将公司的生产经营与账务处理紧密结合,根据需要随时出具各种业务的动态指标与财务报表。分析型的管理会计将取代传统核算型的会计将成为主流,提高了会计对管理决策的支持力度。挖掘差异化的会计信息分析功能,使得会计功能从传统的反映与控制向经济决策支持、风险管理和组织治理过渡⑤。

(2)变革智能账务模式。第一,人工智能技术赋能智能账务,账务处理软件根据发生的业务,自动匹配会计科目、自动生成摘要凭证、自动审核,最后生成各类账表。第二,作为连接业务端与财务端的重要桥梁,智能会计引擎经过大量标签化数据的训练之后,能准确识别业务信息并转换为记账凭证,通过明细账和总账的财务信息转换,实现了业务发展与财务管理的协同配合,以机器学习技术为核心的智能化技术则在最切合的层面上提高了会计引擎的效应。第三,通过影像扫描技术实现原始凭证电子化后,智能会计引擎将从业务系统中提取信息并进行转换,通过监督式学习的机器算法,提高了记账效率与准确性。第四,机器学习再造的智能会计成为集高效率财务核算流程、多维度财务管理职能于一体的平台工具,推动企业的财务模式由核算向管理不断进化⑥,如图1-10所示。

(3)强化决策支持功能。第一,机器学习技术助力智能会计获取有效、丰富的数据信息。机器学习的过程可分为训练与预测两个阶段,训练指将存储的历史数据通过机器学习算法进行处理并产生模型;预测是在该模型的指导下,输入新的数据之后能够输出相应的结果。机器学习提高了经营预测模型的准确性,为企业进行决策活动提供指引。第二,机器学习对会计系统中端的智能化改进,可以兼容结构化程度较高的财务数据、半结构化与非结构化特征突出的非财务数据,将数据来源由企业内部拓展至企业外部,优化了智能会计在业财税融合、经营预测和风险管控等维度的职能。第三,机器学习技术是支持智能会计决策的强有力工具。通过监督式学习与无监督式学习,智能会计平台能够有针对性地解决不同类型的决策问题,基于数据的内在关联得到特定的决策模型与决策规则,实现决策过程的自动化,为企业管理者进行决策提供高效辅助。

---

① 王加灿,苏阳. 人工智能与会计模式变革[J]. 财会通讯,2017(22):41-43.
② 何瑛,李壎爽,于文蕾. 基于机器学习的智能会计引擎研究[J]. 会计之友,2020(5):52-58.
③ 杨旭. 机器学习在线:解析阿里云机器学习平台[M]. 北京:电子工业出版社,2017:4-6.
④ 程平,张洪霜. 基于JiTT模式的"互联网+会计"MPAcc课程教学设计——以重庆理工大学"机器学习与智能账务"课程为例[J]. 财会月刊,2018(23):29-33.
⑤ 彭启发,王慧秋,王海兵. 会计人工智能存在的风险与对策研究[J]. 会计之友,2019(5):114-119.
⑥ 韩向东,余红燕. 智能财务的探索与实践[J]. 财务与会计,2018(17):11-13.

第1章 智能会计时代来临

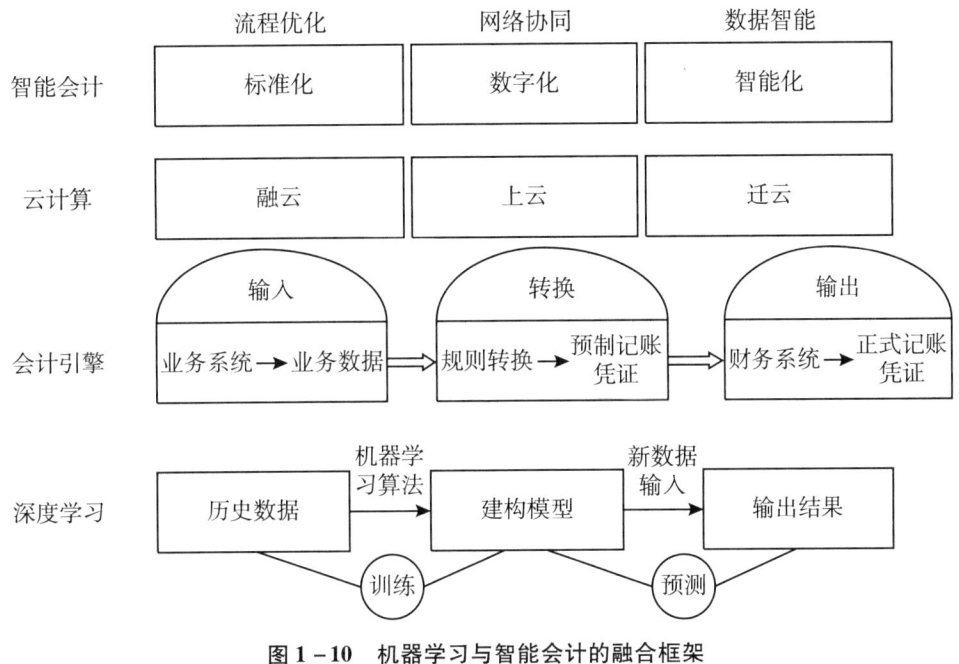

图 1-10 机器学习与智能会计的融合框架

1.3 时代呼唤新会计模式的出现

数字经济时代的到来，使得商业模式、产业环境、生产要素以及企业结构等方面发生了诸多变化，从而使得传统会计已无法满足时代变化要求，智能会计是会计发展的必然要求。

1.3.1 商业模式深刻变化

商业模式主要是指企业定位自身、产品和服务、选择消费者、获取和使用资源，从而进入市场、创造价值和获取利润的系统。简言之，商业模式是企业为了获取收益和维持经营而采取的商业发展模式，是企业调动各种资源创造价值的模式。随着互联网时代的到来，商业模式有了很大的变化，打破了传统意义上能够依托的壁垒，以往的经营经验毫无用处，所以黑莓和诺基亚等企业被兼并或者倒闭，苹果公司一跃成为世界上市值最高的企业，我国的小米公司仅成立7年就市值飞涨。这些实例表明，数字经济时代的商业模式，需要让消费者直接参与到企业生产以及价值创造中。

数字经济模式借助互联网等信息技术，凭借其参与性和公众性等特征，有效地促进了商业模式的创新发展。首先，互联网使企业的组织环境变得模糊，使企业的经营进入边界模糊、内外难以分离的领域，传统的产业分工和商业模式被淘汰；其次，因为互联网使市场环境具有不确定性，所以企业的商业模式也具有一定的不固定性以及随机性，促使企业不得不进行商业模式的创新；最后，互联网在很大程度上推动了去中心化，互联网时代背景下，人们会通过共建共享的方式了解世界，自媒体的出现实现了互联网的中心原子化，使人们参与到信息的发布、传播和接收中。

智能会计

新兴技术的发展,消费者不再像以往一样单方面地被迫选择市场中的商品,消费者的个性化需求被摆在了更加突出的位置,企业也因此变革原有的商业模式,以适应时代新要求。因此,新的商业模式其实是以消费者为中心的商业模式,在此商业模式下,企业定位大众,利用互联网技术缩小与用户的距离,更加深层次地及时了解用户需求,提升生产能力和创新水平,更好地抢占市场份额;通过引进研发资源平台、资源云平台等先进资源,为商业模式更好地推广和实现提供资源保障;通过自建用户平台以及与外部社交平台合作加强与用户的交流,实时动态准确定位了解用户不断变化的需求。

以客户为中心、快速更迭、平台化的新商业模式需要个性化定制、财务信息反馈更为迅速、去中心化的新会计模式出现。

1.3.2 数字化产业以及产业数字化迅速推进

作为数字经济的两个主要表现形式,无论是数字化产业还是产业数字化,都实现了快速发展。

首先,近几年数字产业化总体实现稳步增长,如图1-11所示。2019年,数字产业继续奠定坚实的基础,不断优化其内部结构。从规模上看,2019年,数字产业化增加值达到7.1万亿元,占GDP比重达到7.2%,同比增长11.1%。从结构看,数字产业结构继续软化,软件产业和互联网产业比重继续小幅上升,分别比2018年提高2.15个和0.79个百分点。

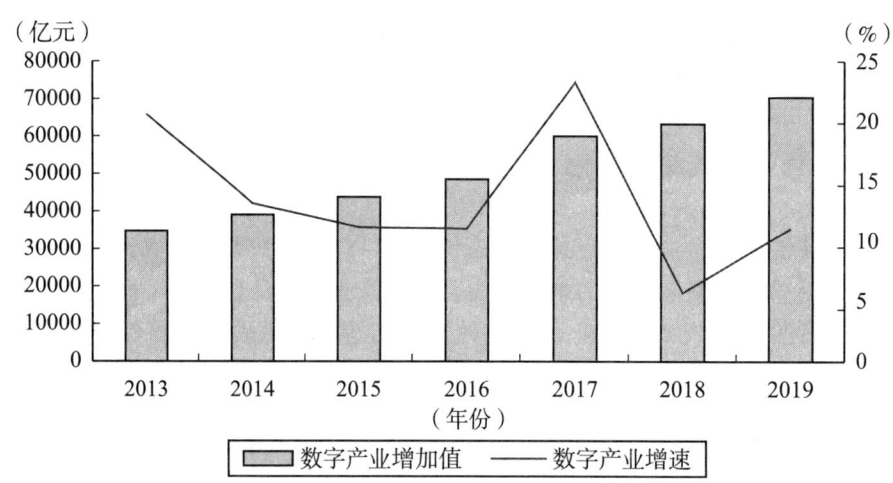

图1-11 产业数字化规模及增速

资料来源:中国信息通信研究院。

作为数字化产业的重要组成部分,软件和信息技术服务业平稳较快增长。2019年,我国软件和信息技术服务业呈现平稳良好的发展态势,收入和利润快速增长,从业人员稳步增加;信息技术服务加快云发展,软件应用服务平台化趋势明显。总体来看,软件业务收入保持快速增长。2019年,我国软件和信息技术服务业主营业务年收入500万元以上的企业超过4万家,软件业务累计收入达到7.2万亿元,同比增长15.4%。信息技术服务加快

第1章 智能会计时代来临

云化发展，实现收入 4.3 万亿元，比上年同期增长 18.4%。其中，电子商务平台技术服务收入 7905 亿元，比 2018 年同期增长 28.1%。云服务和大数据服务收入 3460 亿元，同比增长 17.6%。①

另外，产业数字化进一步推进。产业数字化转型由单点应用向连续协同演进，传统产业利用数字技术进行全方位、多角度、全链条的改造提升，数据集成、平台赋能成为推动产业数字化发展的关键。2019 年，我国产业数字化增加值规模约为 28.8 万亿元，2005～2019 年的年复合增长率高达 24.9%，显著高于同期 GDP 增速，占 GDP 比重由 2005 年的 7% 提升至 2019 年的 29.0%，产业数字化加速增长，已成为国民经济发展的重要支撑力量。② 我国产业数字化发展情况，如图 1-12 所示。

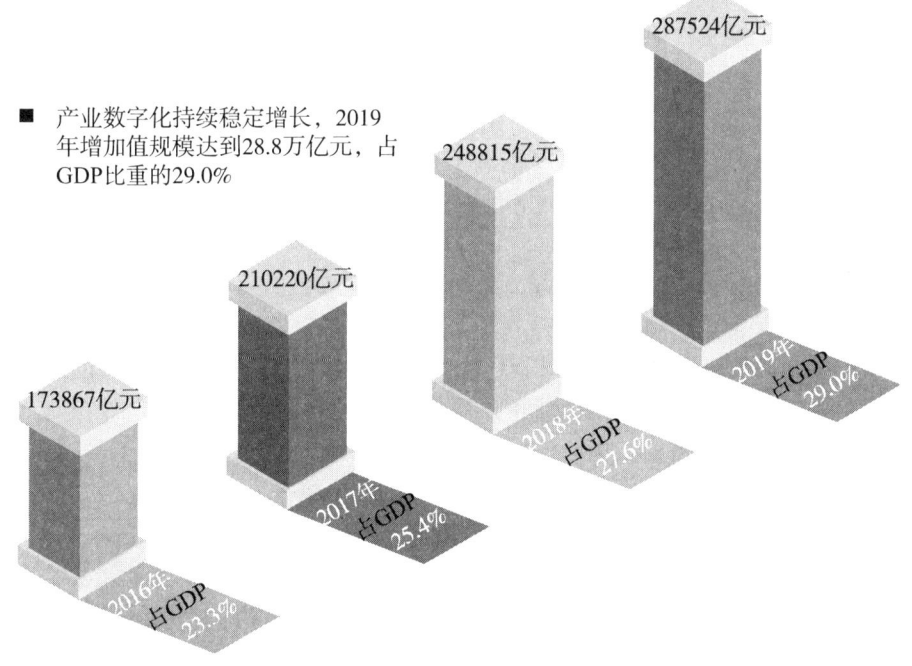

图 1-12 我国产业数字化发展情况

资料来源：中国信息通信研究院。

制造业已成为数字经济的主战场。制造业企业数字化基础能力稳步提高。2018 年，规模以上工业企业生产设备数字化率、关键工序数控化率、数字化设备联网率分别达到 45.9%、48.7%、39.4%。随着工业软件的日益普及，重点行业企业正在加快计算机辅助设计（CAD）、制造执行系统（MES）、产品生命周期管理系统（PLM）等工业软件的应用。2018 年，工业企业数字化研发设计工具普及率达到 68.7%，为进一步推进制造业数字化转型提供了支撑。制造业的新模式、新状态正在蓬勃发展。新一代信息技术与制造业融合加快，新技术、新产品、新模式、新业态不断孕育。据统计，2018 年，全国分别有 33.7%、24.7% 和 7.6% 的企业开展网络化协同、服务化制造和个性化定制，成为制造业

---

①② 中国信息通信研究院. 中国数字经济与就业发展白皮书 2020 [R]. 2020：21-23.

发展方式转变的新动力。①

产业数字化进程的迅速推进也为传统企业财务信息共享、实现业财税管一体化提供了基础条件，加深了传统的会计模式与企业数字化转型后的财务管理需求之间的矛盾。同时，数字化产业蓬勃发展也需要数字化、智能化的新会计模式。

1.3.3 资产趋于多样化

数字经济时代的到来使得企业的资产不再局限于流动资产、长期投资、固定资产、无形资产等传统意义上的资产。作为数字经济最基础的要素，数据资产随着企业信息化水平的不断提升以及产业互联网的普及和效能提升，在企业资产中的比重不断提升，成为企业不可或缺的重要部分。数据资产不仅在积累中形成并增强了企业的数据采集、分析能力，而且与物质资产和金融资产融合，创造出新的资产价值。

人类社会实时产生大量的数据，包括行为数据、交易数据、通信数据等，人们通过对这些数据的收集和分析，组织社会生产、消费、融资、投资等活动。数字经济时代，移动互联网的普及和物联网产业的蓬勃发展带来了全球数据量的激增，大数据概念应运而生。所谓大数据，指的是需要新的处理模式才能获得更强洞察力、决策力和流程优化能力的海量、多样化和高增长率的信息资产。

与农业生产要素中的土地和劳动力、工业生产要素中的技术和资本一样，数据已经成为数字经济时代的关键生产要素。党的十九大报告提出，"推动互联网、大数据、人工智能和实体经济深度融合"②，培育新增长点、形成新动能；加快科技创新，建设网络强国、数字中国、智慧社会。数据驱动的创新正扩展到科技研发、经济社会等各个领域，成为国家创新发展的关键形式和重要方向。

例如，家电零售连锁企业国美电器专注于对供应链系统的升级和改造，打通了线下2100多家实体店线上商城、国美App和社交电商"国美美店"，实现了全渠道融合。管理者能够实时掌握企业销售大数据，对每个产品、每家店铺的销售情况都能了如指掌，实现了企业数据资源的优化配置。又如一些数据公司专门对病历文书的语义进行分析和结构化存储，形成了高质量的医疗大数据。数据公司将这些医疗大数据应用到健康管理、临床诊疗、新药研发等方面，对开发精准的健康管理方案、降低医疗成本以及针对性药物的生产等具有重要意义。

随着数字经济的不断发展，数据量爆炸式增长。数据资源的重要性日益凸显，成为企业未来可持续发展的关键资源。谁掌握了数据，谁就掌握了经济发展的主动权。数据的流动和共享推动业务流程跨越企业边界，编织新的生态网络和价值网络。因此，挖掘数据价值、激活新的增长点正在成为企业创新发展的关键形式和重要方向。

随着企业数据资产重要性的提高，财务数据作为企业管理的重要依据，反映了企业资金的运行情况。在梳理相关信息的基础上，深入分析和处理，有助于判断企业经营的薄弱环节，从而为管理决策提供准确依据。在大数据环境下，财务管理和财务信息涉及的范围更广，需要处理的信息也更多，这使得财务管理更加繁重。一是随着财务数据的增加，工

---

① 中国信息通信研究院. 中国数字经济与就业发展白皮书2020 [R]. 2020: 21-23.
② 习近平. 决胜全面建成小康社会 夺取新时代中国特色社会主义伟大胜利 [N]. 人民日报, 2017-10-28 (001).

作量也会增加。财务数据来源和采集渠道更加多样化,数据更新速度更快,迫切需要解决的问题是提高数据处理效率;二是业务信息与财务信息的沟通更加顺畅,管理更加有力。企业收集的财务信息不仅包括现有的会计信息,还包括企业生产、销售等环节的信息,以及第三方会计信息。信息采集的范围更广,这就要求企业提高财务工作效率,更深入地挖掘财务数据的价值。要想实现这一目标,就必须采取更具智能化、实时性、高效性的新会计模式。

1.3.4 企业组织形态呈现新的态势

数字经济的发展不仅带来了企业资产元素的改变,而且对企业等微观主体的内外部组织形态也带来了变革性影响。新制度经济学的诞生是由于经济学未能解释企业存在的意义,通过打开企业内部的"黑盒",发现企业的诞生是由于市场的交易成本远高于企业内部。数字经济的出现或许又将使一切发生变革。一方面,企业内部的科层制正在遭受破坏,越来越多的企业愿意将企业的复杂架构扁平化,以提高创新效率和执行力;另一方面,企业的外部环境也在变化,企业不论规模大小都在积极组织或参与产业生态组织,数字化手段的丰富也推动了网络化平台组织的出现和壮大。

数据驱动的企业和产业组织结构已经从科层制向柔性化、扁平化和平台化发展。企业管理结构有两次重大变革,一个是美国福特创立的流水线作业的"工业化大生产"模式,另一个是以日本丰田为代表的"精益生产"模式。大数据技术和数字化应用正在推动企业组织再次出现颠覆性创新,实现从精确的大规模标准化生产向个性化的柔性生产的转变。企业组织模式变革,如图 1-13 所示。

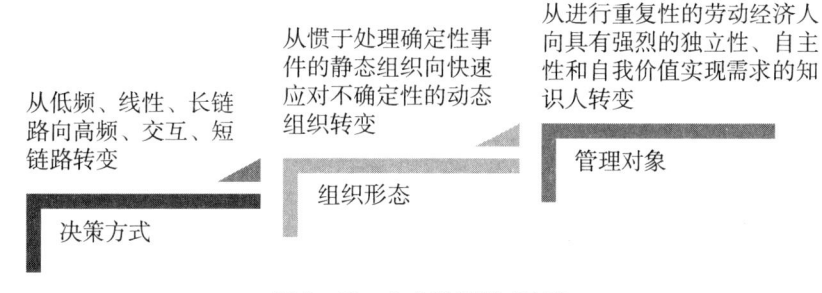

图 1-13 企业组织模式变革

以青岛海尔股份有限公司(以下简称"海尔集团")为例①,海尔集团被认为是新一轮生产模式变革的引领者,经过 15 年的互联网转型,不仅创立了较完善的柔性生产模式和适于创业创新的扁平组织形态,并且通过数据驱动重塑企业活力,实现了年均 30% 的高额利润。

海尔集团从 2000 年起关注互联网转型战略,经过 10 多年努力,已经成为全球白色家电创新的引领者,不仅完全创立了新的生产模式和组织形态,并且获得了高达 30% 的利

---

① 李艺铭,安晖. 数字经济 [M]. 北京:人民邮电出版社,2017:209 - 210.

智能会计

润。这对于一个过了而立之年的中国老牌制造企业来说,是一个前所未有的奇迹,赢得了哈佛商学院高度赞誉。海尔式创新有两大亮点:

一是引领了从福特模式向海尔模式的生产模式变革。在海尔集团的实地调研走访中可见,海尔集团已经实现了精准、高效、个性化的生产模式,并成为当前全球新一轮生产模式的引领者,这是具有历史意义的跨越。第二次世界大战后全球制造企业都在推行美国福特的流水线作业"工业化大生产"模式,实现了从单件产品生产到大规模标准化生产;滞胀危机后,全球制造业主流模式转向以日本丰田为代表的"精益生产"模式,核心是在福特模式基础上实现更精益的成本控制;如今,在互联网助力下,海尔集团实现了从精准的大规模标准化生产向个性化柔性生产的转型,这是对福特模式、丰田模式的颠覆式创新,对全球制造模式变革具有重大意义。

二是构建了鼓励创业创新的扁平组织架构。海尔集团的创业创新战略是简明清晰的,2012年,海尔集团提出了"企业平台化、员工创客化、用户个性化"的策略,在实践过程中,海尔集团已经实现了从科层组织向节点组织的成功转型,将多层级组织转变为只有平台主、小微主和创客的平台,并建立了"用户付薪"的价值体系。无层级组织和用户价值评价体系的建立,为海尔集团内部员工创业提供了强大的动力。在此基础上,海尔集团演进为创客孵化和创业创新的公共服务平台,已聚集了4700家外部机构、30亿元创投资金、1330家风险投资机构、100余家孵化器,并成功孵化1160个创业项目,在全社会创造了100多万人的就业机会。

扁平化、柔性化的企业结构要求会计系统能够着眼全局,实施"事前控制"措施;精简财务机构、会计集中核算,缩短财务管理链条,克服财务信息孤岛、信息传递速度衰减以及内容失真等传统会计的缺点。传统会计作为企业管理的一环,很难适应企业经营的需要,迫切需要创造智者思维。从企业的组织结构来看,随着信息技术的发展和分工的细化,企业组织结构呈现扁平化的发展趋势。同时,企业各部门的组织边界呈现模糊化的趋势,各部门间的功能逐渐趋于融合。这在很大程度上拓展了会计发展的外延。数字经济时代,企业对会计的需求不再仅仅是一个反映和监督的管理工具,而是具有全局思维的、对企业经营管理具有掌控能力的新职能。要想满足企业对会计变化的需求,必须应用全新的会计模式。

充满变革色彩的数字经济时代不仅改变了财务人对管理实践和技术逻辑的认知,而且对财务组织的业务模式有了新的探索。智能会计是现代会计与数字经济紧密结合的产物,是新经济、技术环境迭代发展所带来的商业模式、产业环境、企业资产组成、组织形态颠覆式变革对会计新要求的结果,是传统会计转型发展的必然方向。智能会计时代已然来临!

第 2 章 智能会计的理论框架

随着移动互联网、大数据、云计算、物联网、区块链、人工智能等技术的应用，注重核算的传统财会管理正处于转型，以智能核算、智能预算、智能共享与智能分析为核心的智能会计体系正在形成。智能会计对传统会计进行了重构与颠覆，实现了报表分析、成本预测、风险控制、科学决策，推进业务、财务、税务、决策管理不断融合向一体化发展。从智能会计的内容与功能视角来看，财务、业务的集中处理和流程优化，其核心在于"共享"；业务、财务、税务的自动化与协同化，其核心在于"互联"；业财税管深度一体化，其核心在于"智能"。从价值理念与整体效果来看，智能会计实现了信息互联互通、业务数据化、组织扁平化与决策智能化。第 2 章构建了智能会计理论模型，围绕共享经济、财务共享、大数据、云计算、区块链、人工智能等对智能会计的理论支撑进行阐述：共享经济实现了信息共享；财务共享聚焦业务财务融合；大数据赋能企业内外数据价值；云计算助力企业业财税数字化；区块链实现资源服务与记账安全；人工智能辅助科学的管理决策，如图 2-1 所示。

2.1 共享经济理论

基于"随时使用，人人共享"的理念，借助云计算、大数据、互联网、通信技术等技术，共享经济实现了实体资源的虚拟化和数据处理的高效率，通过海量的共享空间与全方位的数据分析，为平台化的财务架构提供了强大动力①。

2.1.1 共享经济内涵与特征

共享经济的迅猛发展，不仅对传统的会计假设、计量方法与会计核算产生了巨大冲击，而且给传统的会计职能、报告模式带来了机遇与挑战。构建实时共享的财务业务数据平台，对于会计数据的智能化处理与即时获取意义重大。

1. 共享经济的内涵

美国得克萨斯州立大学的马科斯·费尔逊教授、伊利诺伊大学的琼·斯潘思教授首次

---

① 张玉明. 共享经济学 [M]. 北京：科学出版社，2017（6）：前言.

智 能 会 计

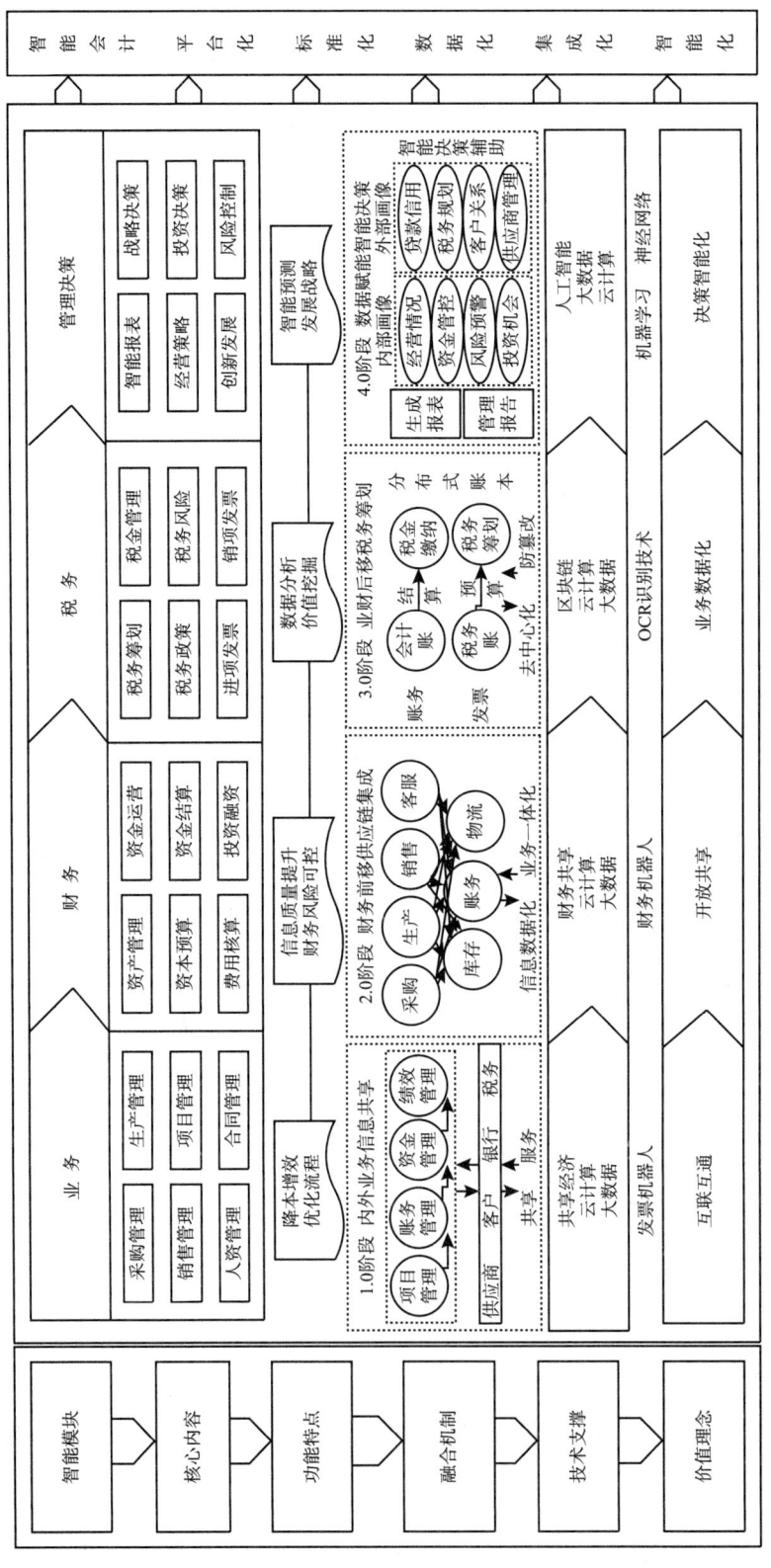

图2-1 智能会计的理论架构与技术路线

第 2 章 智能会计的理论框架

提出了"协作消费"的概念（Markcus Felson & Joel Spaethn，1978）[①]，指拥有闲置资源的机构或者个人有偿让渡资源使用权给他人，让渡者获取回报、分享者利用闲置资源来创造价值（黄骏，2016）[②]，这种以获取报酬为目的而进行对闲置资源的更合理活动的商业模式（张玉明，2017）[③]，核心在于共享"share"，"使用而不占有"和"不使用即浪费"是共享经济的核心概念。故此共享经济又称为分享经济（sharing economy），是指以获取报酬为目的而让渡一定的物品使用权，通过对闲散资源使用权的暂时转移，使得更广泛的用户以更低的成本获取产品或服务的一种资源配置模式[④]。从经济学角度看，共享经济实质上是将社会海量分散的闲置资源进行平台化、协同化的集聚、复用与供需匹配，从而实现经济与社会价值创新的新形态。

2. 共享经济的特征

共享经济提供了标准化、集约化的资源配置新模式，创造了共享服务的商业理念和价值，具有人人共享、成本低、效率高、全时空、全要素、全开放等特征。

（1）大众参与，人人共享。

共享经济是新型的经济形态，其产生前提是互联网、云计算、大数据、物联网等现代信息技术及创新应用的快速发展。大量分散的群体和个人依托互联网平台进行有效率的交易是共享经济的重要特征[⑤]（王璟珉等，2018）。智能会计平台的各方参与主体性共享信息与财务数据，业务处理的协作性强。

（2）成本低与效率高。

共享经济模式下的企业或个人，能够通过财务共享平台获得服务、技术、数据，表现为低成本的特征；同时，共享经济模式赋能智能会计，提高资金利用效率，控制企业运作成本，释放创新的活力，呈现出高产出、高收益的特征。

（3）全时空、全要素、全开放。

共享经济强调去中心化、个性化，意味着每个人都成为所分享资源的主人。另外，共享经济模式重构了多环节的流程环节，呈现出全时空、全要素、全开放的特征。以共享经济为基础的智能会计，通过信息的广泛收集与精准匹配，开创了更为精细与高效的资源配置模式。

3. 共享经济的理论演进

共享经济理论的演进分为三个阶段：理论萌芽阶段（1948~2007年）、理论发展阶段（2008~2013年）和理论成熟阶段（2014年至今）。

（1）理论萌芽阶段。

互联网的兴起受到时间和空间限制，共享经济处于不成熟状态。马科斯·费尔逊和琼·斯潘思（Felson M & Spaeth J L，1978）首次提出"协作消费"概念，描述联合活动过程中消费

[①] Marcus Felson, Joe Spaeth. Community Structure and Collaborative Consumption: A Routine Activity Approach [J]. American Behavioral Scientist, 1978 (21): 614-624.
[②] 黄骏. 对我国共享经济发展的研究 [J]. 经营管理者, 2016 (2): 245.
[③] 张玉明. 共享经济学 [M]. 北京: 科学出版社, 2017 (6): 87-89.
[④] 高志强. 共享经济模式下的会计处理探究 [J]. 财会研究, 2020 (7): 22-24, 29.
[⑤] 王璟珉, 刘常兰, 窦晓铭. 共享经济理论演进、发展与前沿 [J]. 经济与管理评论, 2018 (4): 68-81.

经济产品或服务的行为。相关的理论有礼品经济理论、开源经济理论、循环经济理论等。

（2）理论发展阶段。

随着 Airbnb、Uber 等新型数字化分享平台相继出现，共享经济实践进入起步发展阶段，2008 年莱斯格（Lessig）首次提出"共享经济"概念，指不拥有商品的情况下共享、交换和租赁资源所产生的协作消费活动，相关的理论有交易成本理论、双边市场理论、颠覆性创新理论、消费行为理论等。

（3）理论成熟阶段。

随着共享经济模式与业态在全球范围的扩张与渗透，共享经济的研究呈多角度、多层次、多方位。相关的理论有创新扩散理论、社会交换和自我选择理论、理性行为理论等。罗宾·蔡斯（Robin Chase，2015）对"人人时代，人人共享"共享经济理念及商业新模式的重构进行了探索；马化腾（2016）等对分享经济在供给侧改革的新经济方案进行了实践总结；张玉明等（2017）对共享经济的运行机制、资源配置、商业模式、价值创造进行了剖析与研究。

2.1.2 共享经济理论对智能会计的支撑

随着共享经济的快速创新与蓬勃发展，共享制造、绿色金融已成为共享经济发展的主战场（张新红，2020）。共享经济在智能会计中的应用是会计与信息的共享化与信息化，智能会计的核心目标是业务、财务、税务、管理决策四位一体融合。共享经济理论对智能会计的支撑分企业内部信息共享与企业外部信息共享。企业外部信息共享分为银企信息共享、税务信息共享、利益相关者信息共享，如图 2-2 所示。

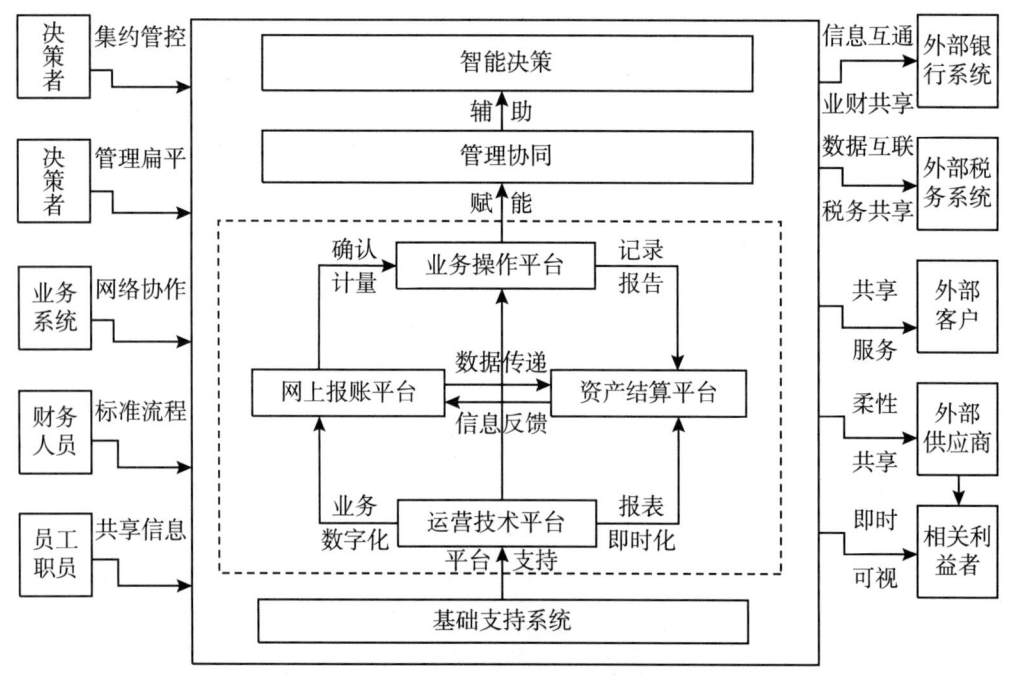

图 2-2 共享经济对智能会计的支撑

第 2 章 智能会计的理论框架

1. 企业内部信息共享

智能会计不仅能实现企业内部信息共享，促进业务、财务、管理决策的融合，而且推动企业的变革与创新。第一，移动互联网的即时、分享、开放，使得企业基于 App 方式的财务在线业务成为趋势。比如，移动报账与审批方便了企业员工随时随地办公，极大地提升了用户体验，企业内部实现了信息共享。第二，企业通过云计算、云存储建立财务云，快速简便地对接商旅云、采购云、营销云、发票云等平台，实现企业的数据全互联。第三，企业基于业务数据、财务数据的内部大数据，生成多维度的智能报表，不仅将内部经营向事前审批业务延伸，而且能够在移动端进行事后报账处理，有利于业务部门管理者实时掌控关键业务报表与指标。第四，在人工智能（AI）的支撑下采用 OCR 技术，财务机器人（RPA）自动将数据信息录入会计信息系统并进行整理处理[1]，替代员工进行重复性高、附加值低的工作，提升了工作效率与准确性，实现了资源优化配置。

2. 银企信息互通互联

智能财务通过采购发票、回款通知、凭证处理的信息收集及银行对账的自动化运行，实现了多家银行、支付机构的一点接入。以中信银行手机 App 为例，智慧平台将存款、贷款、理财、基金、保险、电商等集成到一个 App，连接银行与客户 7×24 小时的不间断服务。贷款审批业务方面，因监管机构对关联贷款有严格的规定，银行在审批贷款前需要对企业客户进行关联方认定，过去人工检验需要 10 分钟以上，中信大脑利用图计算技术，将时间缩短到 2 秒以内[2]，极大地方便了企业的相关业务开展。再以一家服饰公司为例：之前每月手工录入申报的出口报关单 35 份，增值税发票 62 份，平均需耗时 8 小时，现在全部申报过程耗时不足 50 分钟，企业端退税申报速度提高了 10 倍左右[3]，企业与各大银行现实信息的互联互通，对于全面推进中小微企业业务、互联网金融和共享经济的发展，形成可持续发展的新模式。对于企业而言，实施资金管理共享，统筹推进资金计划、银企互联、资金支付等功能，打通业财系统、银行系统的"任督二脉"，能够强化企业集团财务管控，实现资金价值的最大化。

3. 税务信息共享

税务信息是企业经营的反映，大量完整与精确的数据是税务信息披露准确性的前提与保障。企业基于智能会计的税务平台对接税务局，实现企业税务信息共享与税收筹划。以山东省百企慧企业管理咨询有限公司为例，采用区块链技术，共享数据库，为中小微企业进行税务代理，搭建信息网络系统化平台"税魔方""代魔方"，使得企业财务部门在网络环境中，实现与税务部门、税收企业的对接，形成财务税务信息内容的科学共享，缩减了企业税务工作的成本消耗。另外，产品的产地信息共享，因其不可篡改和可溯源性，对于工商局、税务局等资质认证、信息的整合与管理，起到积极的沟通作用。税务信息共

---

[1] 毛清. RPA 如何驱动企业管理会计转型升级——基于四家企业案例分析的证据 [J]. 管理会计研究，2020（3）：83－85.

[2] 中信银行力推"有温度"服务　智慧金融让生活更美好 [EB/OL]. http://www.chinanews.com/business/2019/10-19/8983472.shtml.

[3] 张斌. 实施"三化融合"推进数字经济发展. [EB/OL]. http://www.echinagov.com/viewpoint/247239.htm.

享，一方面有利于管理者进行财税分析，根据行业数据生成报告，合理进行税收缴纳与税务筹划，极大地提高了财税部门的工作效率。另一方面，相关部门借助财税信息系统与设备，自动审核与录入发票，提高了税务披露信息的公开性与实效性。

4. 利益相关者信息共享

在"ABC+IoT"① 的技术支撑下，企业对大数据进行采集与存储（经营数据、区块链数据、互联网数据、政府数据等），进行流程优化、价值链提升。从业务功能来看，智能会计不仅包括业财税管的共享；而且涵盖人力资源、市场管理、采购管理、绩效管理；上游供应商、下游客户也纳入了共享服务的范畴。以2014年搭建电子采购平台的K集团为例，通过对接集成原有的企业资源计划（ERP）信息系统，K集团很好地实现了对接生产需求数据与采购需求数据信息。K集团电子采购平台供应商有600多家，当存在采购需求时，子公司可以直接从网络平台中搜寻、筛选采购信息，从而摆脱了不定向调研、多人分头的被动局面，克服了信息不对称，实现了供应商优选与议价能力②。同时，企业的产品从销售到收款均与客户关系密切，分析客户付款行为、评估客户信用等级对于整个商业模式影响意义重大。故此，智能会计平台通过与客户、供应商等利益相关者的对接，企业数据和流程由内部延伸到整合产业链，实现产业链信息共享协同。

2.2 财务共享理论

在经济全球化和并购浪潮下，财务变革势在必行。财务共享服务基于云计算推进全球化与数字化，财务共享服务基于大数据实现流程优化和数据价值挖掘。与传统财务服务相比，财务共享具有成本较低、服务质量与效率高、增强企业规模等优点。

2.2.1 财务共享内涵与发展阶段

财务共享促进业务与财务互联互通，加速企业标准化进程，实现资源整合与流程优化，已经成为智能会计"破坏性创新"财务管理模式的必然途径。基于此，需要厘清财务共享的内涵与四大发展阶段。

1. 财务共享的内涵

财务共享概念起源于20世纪80年代初的美国，福特公司率先实施财务共享服务，后来，杜邦公司与通用电气公司也建立了财务共享中心，其他企业如海尔集团、新奥集团纷纷效仿。财务共享又称为财务共享服务（shared services），是通过对人员、技术和流程的有效整合，实现组织内公共流程的标准化和精简化的创新手段③。当前，财务共享服务模式已经逐渐成为企业提升财务效率，推动财务职能转型，实现集团管控精细化、服务化、

---

① ABC，即人工智能（AI）、大数据（big data）、云计算（cloud）；IoT为物联网（Internet of Things）。
② 王兴山. 数字化转型中的财务共享 [M]. 北京：电子工业出版社，2020：82-83.
③ 柏思萍. 财务共享应用 [M]. 北京：中国财政经济出版社，2020：3.

第2章 智能会计的理论框架

智能化的重要途径。英国注册会计师协会的调查研究表明：80%以上的《财富》500强企业和50%以上的欧洲跨国公司已经建立或正筹划建立财务共享服务中心。管理会计协会（Institute of Management Accounting）通过对《财富》500强企业中的100家企业进行了对比研究，结果表明实施共享服务的业务成本平均下降了83%[①]。

2. 财务共享的发展阶段

财务共享理论诞生于西方国家，经过不断发展、成熟，应用于企业已近四十年。财务共享模式在降本增效、加强管控等方面的优势有目共睹，按照时间进程与应用范围，财务共享发展大致有四个阶段，如图2-3所示。

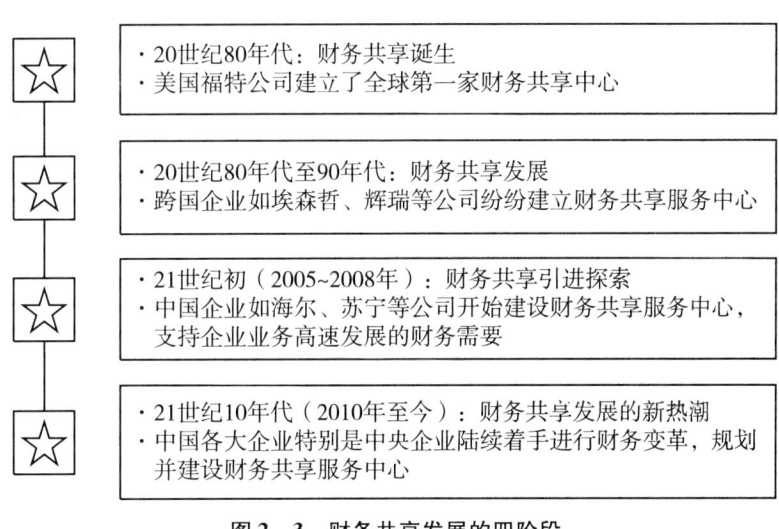

图2-3 财务共享发展的四阶段

（1）初步运用阶段。20世纪80年代初，福特汽车公司建立了全球第一家财务共享服务中心（FSSC），表明共享服务的诞生。

（2）逐步发展阶段。20世纪80年代前期，共享服务被广泛地应用在IT、财务等领域，并且从制造业向信息产业、零售、金融、通信等行业拓展。

（3）成熟应用阶段。20世纪90年代初，财务共享服务在欧美成熟化，并很快扩展到亚洲、澳洲和其他地区。

（4）持续发展阶段。21世纪以来，随着新兴经济体的发展与跨国公司的并购，为了降低财务核算成本与费用，财务共享得到更加快速的发展。

自2012年以来，许多中国企业开始进行财务变革，规划建设财务共享服务中心，支持企业高速发展。未来，财务共享将不断优化，进一步向云化、自动化、智能化的方向发展。

---

① 杨姝. 关于财务共享服务研究的文献综述［J］. 财会研究，2020（8）：46-49.

3. 财务共享基本理论

（1）信息不对称理论。信息不对称是指在市场经济活动中，交易双方对有关信息的掌握存在差异，从而对市场交易行为和运行效率产生一系列的重要影响。掌握信息比较充分的一方，往往处于比较有利的地位；而信息贫乏的一方，则处于相对不利的地位（李功奎和应瑞瑶，2004），信息不对称可划分为交易双方信息占有量的不对称、交易双方信息占有时间的不对称（黄小平和刘叶云，2006）。存在信息不对称的情况下，会出现"逆向选择"和"道德风险"，导致资源不能有效匹配。信息不对称理论同时指出：解决逆向选择的方法是建立信号显示机制，使信息能够充分披露（张维迎，1996）。财务共享降低了信息成本，提高了数据价值，企业内部实现信息对称与数据互通，提高了信息效益；企业外部实现信息透明与知识共享，形成溢出效应。提供更符合质量要求的会计信息，对于满足政府、企业、社会、用户等信息需求具有重要意义。

（2）企业数字化转型理论。数字化转型是企业战略层面的概念，指基于数字化技术的发展，对传统企业原有业务与数字化技术融合并进行创新，实现企业业绩增长与持续发展的变革要求（雷万云，2020）。企业数字化的本质是通过数字技术与数学算法切入企业业务流，并形成智能化数据闭环，使得企业生产经营的全过程可度量、可追溯、可预测，重构基于成本、质量与效率的企业竞争力。企业数字化分为内部运营管理数字化、外部商业模式数字化和行业平台生态数字化。对应到技术层面，即系统的内部垂直集成、外部的横向集成、端与端的链接集成。财务共享形成了财会大数据，移动互联是财务共享的发展趋势，云计算为财务共享提供了技术支撑，数字化转型中的财务共享有利于客户体验升级、企业效率提升、企业业务创新、资源配置优化。

（3）多边平台市场理论。多边平台市场是对双边市场概念的延伸，指将两个以上的相互依赖但又明显区别的市场参与方（如供给方、需求方、网络平台、第三方支付等）集合在一起的平台结构。多边平台的特征表现为间接的网络效应、交叉网络外部性、价格的非中性、需求的互补性等（苏华，2013）。金融交易所、操作系统平台、社交网站、搜索引擎、电子商务等都是典型的多边平台，其通过整合多方资源提供优势互补、协同创新的渠道（张玉明，2017）。平台经济和平台模式是数字化转型的主要实现方式，对于中小企业而言，需要借助财务共享平台实现数智化、流程化、共享化，最终形成增值价值链与行业生态链。

2.2.2 财务共享理论对智能会计的支撑

智能会计是统筹业务活动、财务会计活动与管理会计活动的全功能、全流程、智能化的管理模式（贾小强，2020），财务共享是走向智能会计的必由之路，财务共享形成的财务大数据，从管理、组织与数据等方面，为企业财务税管一体化奠定了坚实的信息基础。财务共享理论对智能会计的理论支撑，根据发展进程分为业财融合、业财税融合、业财税管融合三个方面，如图2-4所示。

第 2 章 智能会计的理论框架

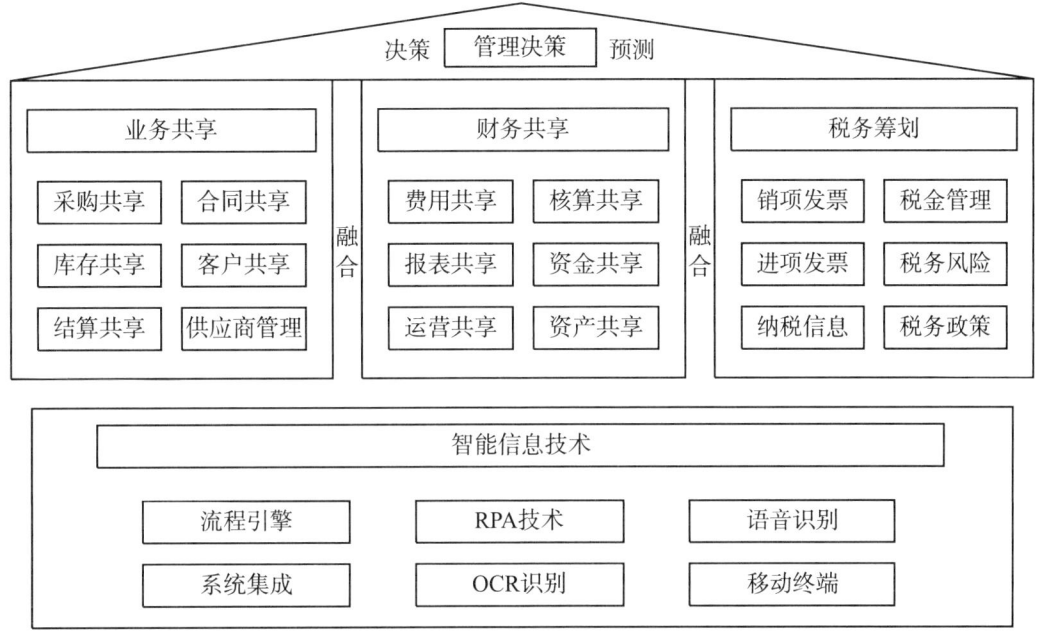

图 2-4 财务共享在智能会计中的业财税管应用

1. 业务、财务融合

财务共享的业务、财务融合在标准财务共享（指核算共享、报账共享、前期规划设计）的基础上，将财务管理向前拓展延伸，以报账为起点调整为以业务为起点，将管控链条前移，降低财务风险，实现精细化管理与内部控制。例如，一个企业最重要的业务部分通常是采购部门、生产部门、销售部门，其财务业务分别是应付账款、成本支出和应收账款，以金融、服务为主的企业，因费用比重大，建设财务共享中心时，应以费用共享为主；以制造业为主的企业，由于客户、经销商等下游环节众多，财务共享中心需要加强应收账款的管控。实现业财融合经过三个阶段的转型：第一，业务和财务在数据层面上互通有无；第二，财务部门对业务数据进行分析，为战略决策提供数据支持；第三，财务部门能够承担业务部门工作，实现业务、财务深层次共享，达到"一点结算、一点支付、一点核算"。

2. 业务、财务、税务融合

业财税融合是在传统财务共享（指业财融合）的基础上，将税务纳入业财融合，打破税务数据与业务交易的"壁垒"与"鸿沟"，改变企业集团在不同地域、不同部门间各自为政的业务模式，实现集团企业内税务的一体化申报、处理以及税务策划、税务风险的一体化管控。当前税务部门管理出现了两大变化：一是税务从各省市网络隔离状态转变为全国联网管理模式，二是税务开票从以往的独立分散方式转变为统一开票模式。企业集团的税务管理核心诉求表现为在线开收发票、发票在线认证、全税种的纳税申报、税务分析等①，客观上为实现"一点开票、一点算税、一点看税"创造了政策保障与技术支持。例如，元年集团借助金税三期平台与电子发票技术，建立"税+票+会计"一体化平台，实现发票处理、会计核算、税务处理、结算处理的集中化管控，将企业税金信息直接推送到税务机关申报系统，形成数据的闭环流转，企业与税务部门进行信息共享，不仅能够实现纳税申报数据的事后追溯，而且通过平台进行风险识别与税务预警。

3. 业财税管一体化融合

从业务与财务融合，到业财税融合，再到管理决策服务，财务共享不断创新，未来发展趋势是业财税管大共享。根据自身类型与特点，企业集团对面临的风险进行科学管控，横向上打通业务系统与财务共享平台，纵向打通与税务系统、银行系统、采购平台实现互联互通。基于智能财务共享中心，企业集团整合外部资源（供应商、客户、经销商等）与内部资源（人力资源、财务数据、物料材料等），优化内外资源配置，以交易管理为核心，进行业务指导及事前预测、事中管控、事后监督，重构传统财务处理流程，实现财务数据资产化、管理智能化。例如，作为世界500强企业的L集团，为了避免二级单位的恶性竞争，集团把工程分段交给不同的二级、三级单位承担，建立以项目为主线的共享中心，集团财务中心对大项目统一记账，二级单位审批完成后交总部进行会计审核并付款，集团总部有效地实现了对项目的监控②。

2.3 大数据理论

大数据时代的预言家维克托·迈尔－舍恩伯格在《大数据时代》中阐述了对大数据的看法：第一，世界的本质就是数据，大数据将开启一次重大的时代转型。第二，大数据发展的核心动力来源于人类测量、记录和分析世界的渴望。第三，从因果关系到相关关系的思维变革是大数据的关键，建立在相关关系分析法基础上的预测才是大数据的核心。这种"推崇理性和知识，用数据创新"的思维与大数据在智能会计中的融合是不谋而合的。

2.3.1 大数据理论内涵与特征

随着移动通信技术和智能终端设备的发展，全球数据通信总量逐年激增。一方面，数据产出方式从人工到自动化的转变，大量传感器的24小时无间歇采用，加快了数据的爆炸式增长；另一方面，人类活动与数据传递密不可分，大数据的时代"未来已来"。基于此，需要界定大数据的概念、特征与应用阶段。

1. 大数据的内涵

近年来，"大数据"一词被人们津津乐道，多数人认为大数据就是大量的数据，大数据技术是海量数据的存储技术。其实不然，大数据是指无法在一定时间范围内用常规软件

---

① 柏思萍. 财务共享应用 [M]. 北京：中国财政经济出版社，2020：37-40.
② 王兴山. 数字化转型中的财务共享 [M]. 北京：电子工业出版社，2020：86-88.

第2章 智能会计的理论框架

工具进行捕捉、管理和处理的数据集合。简而言之,大数据就是利用新的手段存储并分析海量数据,挖掘其数据价值的过程[①]。传统意义上的"数据"是指"有根据的数字",进入信息时代之后,"数据"的内涵不仅指有根据的数字,还统指一切储存在电脑中的信息[②]。20世纪80年代,美国的学者提出了"大数据"的概念,相比于"数据","大数据"的内涵更加丰富:一是指数据容量更大;二是指数据的价值较大。二者关系如下:

大数据 = 传统的小数据 + 现代的大记录

2. 大数据的特征

根据大数据的产生范围、发展速度、应用价值,可将大数据的特征区分为巨量性、多样性、实效性与价值性四个方面。

（1）巨量性（volume）。大数据处理的是普通计算机和常规软件无法应对的海量信息。随着互联网的崛起,人们处理数据的量级从 GB 上升到 TB,再到 PB 甚至 EB。英特尔创始人戈登·摩尔提出了"摩尔定律"之后,随着信息技术的升级,数据量级呈现几何级增长趋势,人类以前所未有的能力使用海量的数据,从中发现新知识、创造新价值。

（2）多样性（variety）。大数据时代处理的数据包括结构化数据和非结构化数据,过去人们处理的大多都是结构化数据。目前全世界 75% 的数据都是非结构数据,比如 Office 文档、图片、音频、视频文件。除此之外,人们在互联网上生产数据,如发推特、微博和微信,记录自己的活动和行为(行为数据),数据的大爆炸使得大数据呈现出多样化特征。

（3）实效性（velocity）。互联网每一秒都产生大量的数据,但实际上往往只有很少一部分数据是我们需要的,这要求能够快速地从海量数据中挖掘出有价值的信息。云计算的出现极大地支撑了大数据的广泛采用,当前云计算的运算速度可以达到 10 万亿次/秒,只有数据的处理速度大幅提升,才能将大数据应用到更多的场景中去。2014 年美国零售巨头亚马逊宣布了一项新专利:预判发货。网购时顾客还没有下单,亚马逊就将包裹寄出,依据是顾客之前的消费记录、搜索记录和心愿单,亚马逊通过预测,借助算法自动发货,实现智能化。

（4）价值性（value）。"价值"是大数据的核心特征。大数据的价值特征表现为价值密度低、商业价值高:价值密度低指在数据呈指数增长的同时,隐藏在海量数据中的有用信息并未按比例增长;商业价值高是指从大量不相关、多类型的数据中找到相关关系,从而预测未来趋势,阿里巴巴凭借长期以来积累的用户资金流水记录,涉足金融领域的情况,几分钟之内就能判断用户的信用资质,以确定是否为其发放贷款。

3. 大数据应用四阶段

"如果数据是燃料,那么分析就是引擎",企业的数据应用能力通过技术、业务和人才的相互作用发挥出来,根据数据创新能力、决策支持程度两个维度,大数据的应用可分为四个阶段,如图 2-5 所示。

[①] 贾小强,郝宇晓,卢闯. 财务共享的智能化升级——业财税一体化的深度融合 [M]. 北京:人民邮电出版社,2020:14-15.

[②] 涂子沛. 数据之巅 [M]. 北京:中信出版集团,2014:298-300.

智能会计

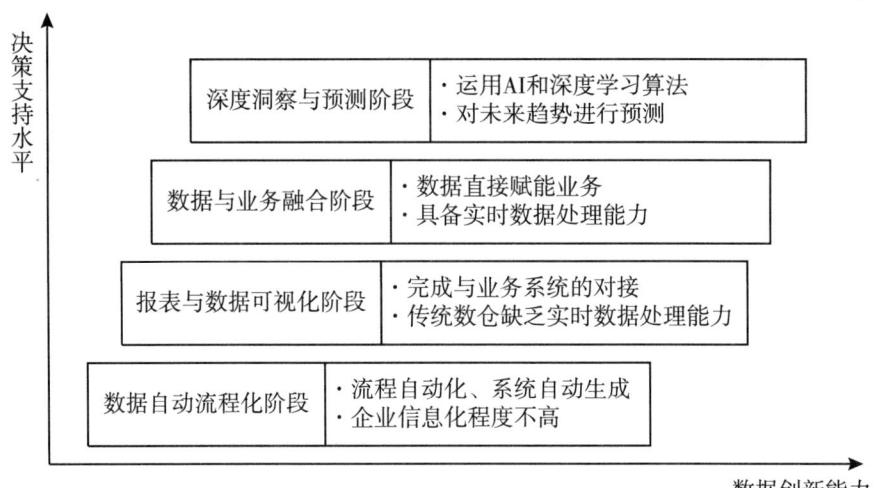

图 2-5 大数据应用四阶段模型

（1）数据自动流程化阶段。指数据从产生到使用的流程是自动化的，中间没有人工操作，全部通过系统集成实现。不少企业由于信息化程度不高或"数据资产"意识不足，大量外部数据和手工维护的数据还没有实现自动化采集与处理。

（2）报表与数据可视化阶段。指通过传统的数据仓库技术收集并整理企业数据，通过报表工具向业务人员、管理人员提供生产、销售、市场、财务、供应链等报表。目前大多数传统企业都处于该阶段，缺乏实时数据处理能力，易陷入无法处理非结构性数据的"瓶颈"。

（3）数据与业务融合阶段。指数据驱动型企业具备了大数据处理能力之后，借助AI和机器学习而达到更加智能的信息化水平。相比于第二阶段对数据的"描述"及报表的"辅助性"功能，该阶段的数据可以直接赋能业务，并融合多维度的数据，具备了数据处理能力。

（4）深度洞察与预测阶段。指运用AI和深度学习算法对数据进行深度洞察，基于现有数据对未来趋势进行预测，这也是目前企业能够达到的最高层次的数据应用能力。以智能客服系统为例，很多物流企业例如顺丰、申通、中通等设置了机器人助手，能够针对顾客提出的问题进行语义识别，然后在其知识图谱的数据库中进行搜寻，匹配准确、符合要求的答案[①]。

2.3.2 大数据理论对智能会计的支撑

在业财税管融合的大背景下，智能会计平台收集企业大量的数据与信息，包括业务数据、财务数据、税务数据，在此基础上辅以物联网数据、互联网数据、客户数据、供应链数据等，推动财务会计向业财税融合与管理决策的转变。目前，大数据对智能会计中的理论支撑主要有以下三个方面，如图2-6所示。

---

① 耿立超. 大数据平台架构与原型实现：数据中台建设实战 [M]. 北京：电子工业出版社，2020：6-12.

第2章 智能会计的理论框架

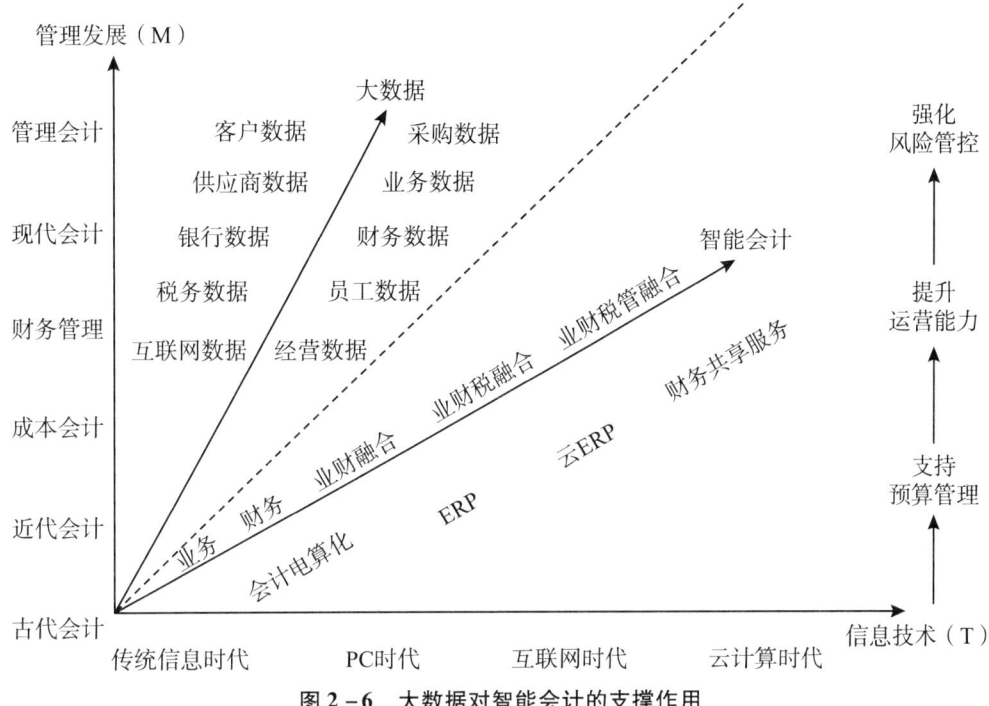

图 2-6 大数据对智能会计的支撑作用

1. 大数据辅助企业进行风险管控

企业的财务风险识别与预警工作，在很大程度上依赖财务人员的经验与判断，由于财务人员素质与能力良莠不齐，而风险识别的工作又比较复杂，所以财务风险预警的准确性大打折扣。在智能会计中运用大数据进行风险管控，大数据利用财务小数据、企业中数据、社会大数据，结合非结构性数据进行相关性分析，能够实现大概率地发现风险事件的可能特征；并根据这些特征找到潜在的风险事件进行事先预警，有效地规避战略规划风险、组织管理变革风险、人员变革风险、税务法律风险等；提高了集团企业管控水平，加强了企业应对风险的能力。

2. 大数据提升了智能会计的运营能力

大数据对智能会计的运营能力提升包括流程管理与绩效管理两方面。流程管理方面，根据专业化分工原则，将业务、财务流程标准化后，业财流程可视为标准化环节下从端点到端点的"无缝"链。大数据的挖掘技术与相关性分析能"识别"所谓的"拥堵环节"，据此进行业财流程优化，提高智能会计的效率。在绩效管理方面，大数据可以实现对员工的多维度考核，在线记录员工的工作行为后，通过构建模型从操作时间、准确度、工作难度、数量等方面量化员工的工作任务，针对满意度、工作效率、工作能力、工作质量对员工进行绩效考核，有效地促进员工持续学习与发展，从内而外提升客户满意度，最终实现了企业的价值增长。

3. 大数据有效地支持预算管理

大数据应用之前，由于信息不对称，每当财务部门编制下一年度预算时，业务部门会夸大所在部门的业绩以获得更多的资源配置，财务部门在不了解业务部门的实际业绩的情况下，只能根据经验按照业务部门的需求进行预算，造成预算的准确性低、指导性差。当前，通过运用大数据技术，企业可根据历史数据与经营现状，结合行业发展、企业成长、竞争对手的情况，综合行业专家的观点与评论等非结构化数据，从而做出更精准的预算编制，辅助业务部门进行更科学有效的决策。智能会计整合大数据技术，能够为企业财务部门提供满足内外部精细化要求的管理报告，对预算过程进行事先预测、事中控制和事后指导。

2.4 云计算理论

"大数据的真实价值就像漂浮在海洋中的冰山，第一眼只能看到冰山的一角，绝大部分都隐藏在表面之下"[1]。发掘数据价值、征服数据海洋的"动力"就是云计算。大数据与云计算是一个硬币的两面：一面是问题；一面是解决问题的方法。通过云计算对大数据进行分析、预测，使得决策更为精准，释放出更多数据的隐藏价值。

2.4.1 云计算理论内涵与特征

云计算代表了一种崭新的方式来组织和管理虚拟化资产。因为简单、无线扩展的处理能力与价格低、质量高的成本优势，在新一代云数据中心建设中，绿色是主体，云计算是未来。云计算到底是什么？有什么特征？云计算的服务模式如何？本节将沿着这个思路展开。

1. 云计算的内涵

通常关于"云"，指的就是云计算。基于互联网的大规模分布式计算技术，云计算是一种全新的能让人们方便、自助地使用远程计算机资源的模式[2]。"云"通过网络"存储"和"计算"从有形的产品变为无形的、可以配送的服务，对于企业而言意味着不用投入大量的资金购买服务器和软件。小企业通过租用云就可以享受到以前只有大公司才能购买、装配的软硬件能力[3]。根据美国国家标准与技术研究院（NIST）的定义，云计算是一种按使用量付费的模式，该模式提供可用的、便捷的、按需的网络访问，进入可配置的计算资源共享池（网络、服务器、存储、应用软件、服务），这些资源只需要投入很少的管理工作，本质上是通过网络按需提供IT资源。

---

[1] 维克托·迈尔－舍恩伯格，肯尼思·库克耶. 大数据时代 [J]. 盛杨燕，周涛译. 杭州：浙江人民出版社，2016：序.
[2] 张玉明. 云创新理论与应用 [M]. 北京：经济科学出版社，2013：19－20.
[3] 涂子沛. 数据之巅 [M]. 北京：中信出版集团，2014：379－380.

第 2 章　智能会计的理论框架

2. 云计算的服务模式

从使用者的角度了解云计算的服务模式及部署模型，云计算的服务模式分为基础设施即服务、平台即服务、软件即服务三种类型。

（1）基础设施即服务（IaaS），指云服务提供商把 IT 系统的基础设施层作为服务租出去，消费者自己安装操作系统、中间件、数据库和应用程序，如亚马逊（Amazon）的弹性计算云、谷歌的 Google App Engine 等。

（2）平台即服务（PaaS），指云服务提供商把信息技术（IT）系统中的平台软件作为服务出租出去，消费者自己开发或者安装程序，并运行相关程序，如微软公司、谷歌公司等都提供此类服务。

（3）软件即服务（SaaS），指云服务提供商把 IT 系统中的应用软件作为服务出租出去，消费者不用自己安装应用软件，直接使用即可，如此便降低了云服务消费者的技术门槛，苹果公司的 App Store 提供类似服务[1][2]，如表 2-1 所示。

表 2-1　　　　　　　云服务的类型、服务内容及实例

	种类	服务内容	实例
云计算	云软件服务 SaaS	只通过网络配送应用程序，即软件	Salesforce，Google Apps
	云平台服务 PaaS	通过网络配送应用程序和操作系统，用户可以在平台上部署自己的新软件和应用	Google App Engine，Windows azure
	云设施服务 IaaS	不仅通过网络配送应用程序和操作系统，还提供硬件资源	Amazon EC2，Rackspace
云存储	云存储服务	就像去银行租用保险箱一样，租用存储空间	Dropbox，Google Drive

资料来源：涂子沛. 数据之巅［M］. 北京：中信出版集团，2014：380.

3. 云计算的特征

云支持方便、按需地通过网络访问可配置计算资源的共享池，其具有规模化、虚拟化、自助化和低成本化的特征。

（1）规模化，指"云"的规模大、用户的访问量大。Amazon、IBM、微软、苹果等公司的"云"动辄拥有几十万台服务器，一般企业的私有云拥有数百台服务器，用户可以随时随地使用任何云端设备接入网络并使用云端资源。

（2）虚拟化，指云计算支持用户在任意位置、使用任意终端设备获取服务，云计算采取虚拟化技术，用户并不需要关心硬件情况，只要选择云服务提供商，注册账号登录云控

---

[1] 王良明. 云计算通俗讲义（第 3 版）［M］. 北京：电子工业出版社，2019：39-41.
[2] 张玉明. 云创新理论与应用［M］. 北京：经济科学出版社，2013：20-21.

制台，购买和配置所需要的服务即可。

（3）自助化，指用户根据实际需要来购买云服务，并且根据使用量进行精准计费，不仅可以较大地节省费用，而且提高了网络资源的利用率。

（4）低成本化，指企业采用云计算部署数据资源，实际上远远比传统的数据中心部署服务器简单方便，由于"云"的规模可以动态伸缩，满足应用与用户规模的增长，可根据用户数量规模进行弹性管理，在很大程度上节省了"云成本"。

4. 云计算的部署类型

按照云的使用范围和目的用途不同，云计算的部署分为私有云、社区云、公有云、混合云四种类型。

（1）私有云，指云端资源只提供给一个单位或组织内的用户使用，这是私有云的核心特征。私有云可以由单位组织本身构建，也可以由云提供商进行构建。

（2）社区云，指云端资源专门给固定的某几个单位组织内的用户使用，并且这些单位具有类似一致的使用诉求，比如安全要求、规章制度、合规性要求、云目标使命等。

（3）公有云，指云端资源开放给社会公众使用。公有云是创新的主要形态，根据市场参与者类型不同，可以分为政府部门主导的公有云平台、电信基础设施运营商主导的通信公有云、互联网巨头打造的互联网公有云等。

（4）混合云，指由两个或两个以上的不同类型的、彼此独立的云组成，通过使用标准的专有技术将其彼此相连，以实现云之间的数据与程序的转换。

私有云和公有云构成的混合云是当前非常流行的模式，当私有云的资源短暂性地云爆发时，云单位会根据实际情况租赁公有云资源来满足私有云的需求高峰。

2.4.2 云计算理论对智能会计的支撑

云作为企业数字化转型与新旧动能转换的重要手段，开启了企业财务服务的新模式。随着数字化的加速，企业上云是大势所趋[①]，"财务上云，共享先行"，云计算理论对智能会计中的理论支撑主要体现在以下四个方面，如图2-7所示。

1. 云计算降低了企业数字化成本

云计算既包括后台硬件的云集群、软件的云服务，也包括人员的云共享。在硬件方面，云计算通过充分共享网络硬件资源，有效地降低了智能会计系统的IT投入，云存储可以降低存储成本；软件方面，云计算降低了企业的软件开发之"苦"与硬件投入之"困"。另外，企业引入云计算打造智能会计平台，有利于实现财务资源的共享，减少了人员冗余及软硬件系统的重复建设，降低了总体运营成本。同时，企业只需向云计算服务商购买服务，按照实际使用量交费，后者为企业提供软件安装、系统维护等服务，相比于传

---

① 根据中国信通院数据：2017年全国54.7%的企业已经应用云计算，企业上云增速持续扩大，涉及领域从互联网向金融、工业等行业。截至2018年11月，全国已有20个省市出台了企业上云政策文件，明确了工作目标和重点。2019年3月14日，工业和信息化部信息化和软件服务业司在北京组织召开企业上云工作座谈会，强调了企业上云的战略意义。

第2章 智能会计的理论框架

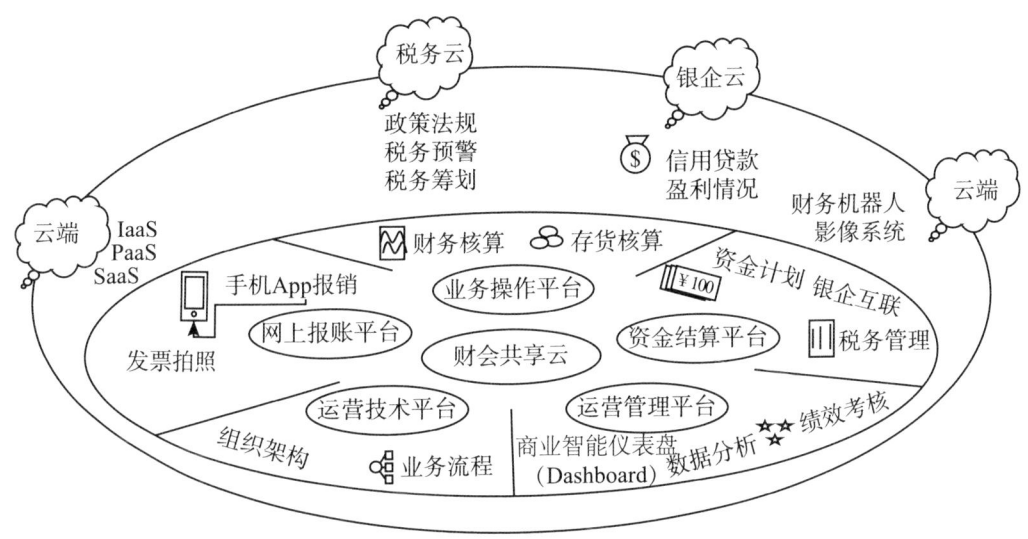

图 2-7 云计算对智能会计的支撑作用

统的信息化建设,智能会计云计算大大降低了企业的信息化成本。2018年浪潮提出新时代的云计算战略3.0:云中心、云服务、大数据、智慧城市、智慧企业、云生态,现为全球113个国家和地区提供产品和服务,承建的中国铁塔、金螳螂等业财税一体化平台,取得了很好的数字化效果。

2. 云计算促进了企业内外部协同

企业会计的智能化、数字化转型是以"互联、共享、智能"为发展理念:"互联"是起点,"共享"是模式,"智能"是目标,"上云"是动力。企业借助云计算平台建立的智能会计共享中心,连接企业内部的主要信息系统,比如电子报销系统、ERP系统、档案管理系统、票据影像系统、报表系统等,实现信息流、票据流、审批流三流合一,达到业财融合。同时,基于云端的智能会计平台可以快速、便捷地对接商旅云、发票云、采购云、营销云等平台,实现企业信息的全互联,构建企业"智慧大脑"。同时,智能会计平台借助云计算,与企业外部的银行、税务机关、客户、供应商的业务、资金、信息对接,实现了企业边界模糊化、业务智能化、流程一体化、组织扁平化。企业流程从内部延伸到整个产业链,实现产业链协同,推动业财税管一体化融合。

3. 云计算创新财务"众包"模式

财务众包是指企业通过互联网平台,把本应由企业内部员工和外部合作伙伴完成的任务,分包给网络大众群体来完成。基本工作原理是将工作流程进行标准化与拆分,评估出专业技能要求较低的环节,然后将这些环节"极致拆分"为一个个微任务,再通过互联平台分发出去,比如,一个任务可以小到只是查看发票影像,整理发票抬头的工作。众包商通过清单的方式进行作业,符合预期要求的单据将根据规定的价格标准进行结算[1]。以海

---

① 贾小强,郝宇晓,卢闯. 财务共享的智能化升级——业财税一体化的深度融合[M]. 北京:人民邮电出版社,2020:160-165.

智能会计

大集团为例,在智能会计服务模式下,财务工作被流程化为诸多环节的"任务池",系统根据设置的"缓冲量",进行自动派工。"云抢单"模式是非常流行的功能模式:A企业拥有42个区域中心,每个中心配备1~2名出纳人员负责收款与记账,B地区的出纳人员无法完成业务量增大时的资金及时准确入账工作,A企业通过搭建"共享大抢单"平台,让会计人员"云端办公",在线员工通过云平台查看订单池信息,然后通过抢单确保财务信息的及时入账,有效解决了财务资源时间、空间难以协同的困境,运营效率大大提升,如图2-8所示。

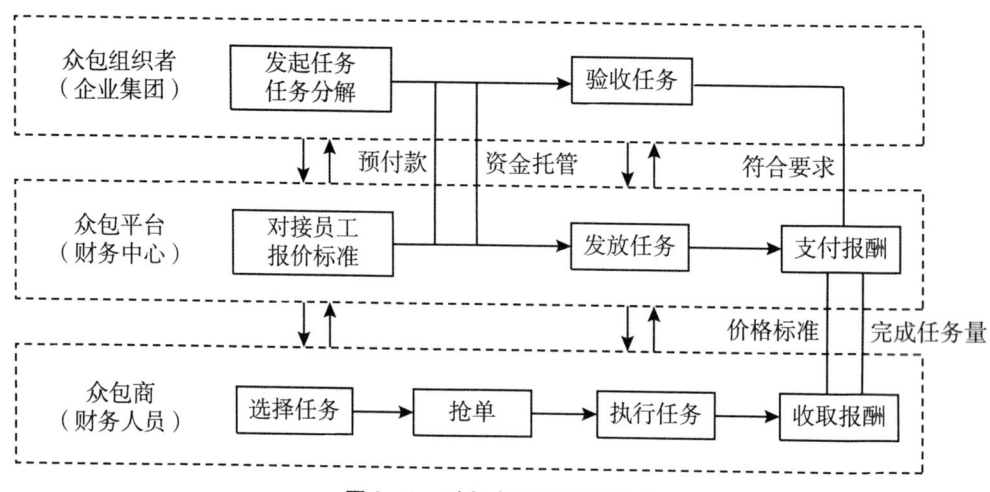

图2-8 财务众包的运行模式

4. 云计算助力企业构建风险管理体系

在技术层面,云计算有助于企业构建财务管控系统与风险管理体系,通过全程监控并寻找经营管理的薄弱环节,针对关键风险指标、经营数据进行判断与预警,化解经营中的潜在风险,提升整体抗风险能力。在流程方面,智能会计实现了以"柔性共享、智能决策、精细管控"为核心,将财务管理环节向前延伸,以报账为起点变为以业务为起点,通过深度的业财税管一体化,推动会计活动从注重结果到注重过程、从管控为主到管控与服务并重、从格式报表到智能决策,完成从业务记录到价值创造。中储粮集团利用"物联网+互联网+大数据+云计算",搭建了全球最大的智能仓库系统平台,接入数万个摄像头、数百万个检测探头,实时掌握储备粮库存总量、地区分布、粮食质量等粮情状态,据此进行智能分析、风险预警,大大缩短了国家掌握粮情的周期,提高了科学预判水平与决策能力[①]。

2.5 区块链理论

从2009年1月比特币诞生,比特币网络已经运行了10多年,以"区块链"为基础的

---

① 王兴山. 数字化转型中的财务共享 [M]. 北京:电子工业出版社,2020:86,10-11.

第2章 智能会计的理论框架

分布式账本技术在税收服务、供应链金融、物联网等诸多领域具有巨大的应用价值。高德纳咨询公司（Gartner）在《预测：全球区块链的商业价值（2017~2030年）》中提出：区块链带来的商业价值在2025年将超过1760亿美元，2030年区块链的商业价值将达到3.1万亿美元。

2.5.1 区块链理论内涵与特征

区块链是脱胎于比特币的分布式技术，同时还是完美的信用系统。很多人对区块链的认识还停留在"币时代"，本节旨在厘清区块链的内涵与特征。

1. 区块链的内涵

中本聪在《比特币：一种点对点的电子现金系统》中将"区块"和"链"用来描述进行比特币交易账目的数据结构，其重点是讨论比特币系统。区块链的定义分为狭义与广义两个层面[①]，从狭义上讲，区块链是一种按照时间顺序将数据区块以顺序相连的方式，组合成的一种链式数据结构，并以密码学方式保存的不可篡改和不可伪造的分布式账本。从广义上讲，区块链是利用块链状数据结构来验证和存储数据、利用分布式节点共识算法来生成和更新数据、利用密码学的方式保证数据传输与访问的安全性、利用由自动化脚本代码组成的智能合约来编程和操作数据的一种全新的分布式基础架构与计算范式。实际上，区块链的基本原理即交易（deal）、区块（block）、链（chain），交易是指一次对账本的操作，导致账本的状态变化；区块则是一段时间内所有的交易结果与状态，是当前交易各方对账本状态的一次共识；链则是指区块按照发生顺序串联而成，是整个账本发生的日记记录，如图2-9所示。

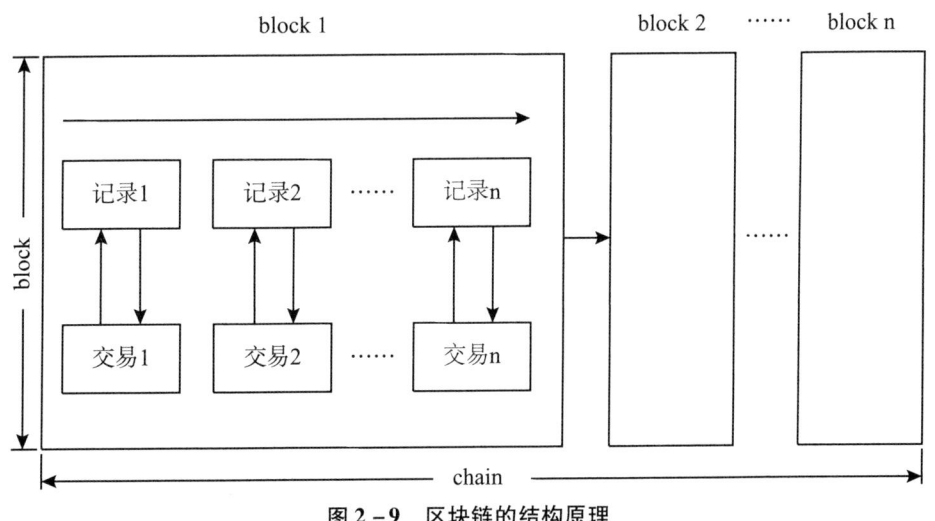

图2-9 区块链的结构原理

---

① 工业和信息化部. 中国区块链技术和应用发展白皮书 [R]. 2016.

2. 区块链的类型

根据参与的网络范围与节点特征，区块链可分为公有链（public chain）、私有链（private chain）、联盟链（consortium chain）三种类型。

（1）任何参与者可以自由出入区块链。公有链是指任何人都可以参与区块链数据的维护与读取，不受任何中心机构的控制，数据完全公开透明，比特币系统就是典型的公有链，用户只需要下载客户端、创建钱包、转账交易、参与挖矿等功能是免费的。

（2）参与各方的数量和节点状态通常确定与可控。私有链是指由集中管理者进行管理与限制，信息并不公开，只有少数人可以使用，私有链与传统的中心化记账系统的差别并不明显。私有链虽然规模比较小，但是更加高效，具有更好的安全隐私保护优点。

（3）严格的身份认证和权限管理，适合处理组织间需要达成共识的业务。联盟链介于公有链与私有链之间，是由若干组织一起合作（如商业金融机构）维护一条区块链，用户必须具有权限允许才能访问、使用该区块链，相关信息与隐私会得到保护，比如超级账本项目。

3. 区块链的特征

区块链是多种已有技术的集成创新，主要用于实现多方信任和高效系统。通常，区块链系统具有信息透明可信、防篡改可追溯、交易成本低、隐私安全保护四个特征[①]。

（1）信息透明可信。指在去中心化的系统中，网络中所有的节点都是对等的，人人可以读取、写入、确认交易内容，达成共识后，数据透明可见，信息实现公正与共识。

（2）防篡改可追溯。"防篡改"指一笔交易一旦在全网范围内经过验证并添加到区块链，就很难被修改或删除，"可追溯"是指区块链上发生任意一笔交易都有完整记录，可以针对区块链上的某一状态追查到与之相关的全部交记录。马士基集装箱物流公司在将冷冻货物从非洲运输到欧洲，要经过30个相关组织与人员参与，进行超过200次交流与沟通，区块链技术能够实现将文字记录转换为无法篡改的数字信息，出现问题容易追查和处理。

（3）交易成本低。指区块链技术可以通过自动化合约带来更快的交易，区块链的"去中心化"特点决定了"去信任性"特性。不需要第三方"背书"，构建了可靠的社会关系，本质上即是降低了交易成本与管理费用。全球航运商业联盟（GSBN）采用了甲骨文公司的区块链技术，针对传统货运追踪困难、容易出错、信息孤岛的问题，实现了整个货运生命周期的数字化。

（4）隐私安全保护。指区块链技术有利于安全、可靠的账目处理，减少犯罪风险。区块链节点上的用户通过使用"私钥"进行交易，并不需要依赖其他节点的身份进行交易有效性的判断，保护了用户的隐私与安全。

2.5.2 区块链理论对智能会计的支撑

区块链提供了一种在不可信环境中进行信息与价值传递交换的机制，其推进了智能会

---

① 华为区块链技术开发团队. 区块链技术及应用［M］. 北京：清华大学出版社，2019：34－37.

第 2 章　智能会计的理论框架

计在数据记录、数据存储、数据挖掘等工作模式的转型。区块链对智能会计的支撑主要包括会计业务与信息管理、税务申报与贷款审批、供应链管理三个方面。

1. 区块链对会计业务与信息管理的影响

区块链技术本质上是点对点直接交易的分布式记账，企业财会应用是区块链的"主战场"。区块链对会计业务与信息的影响主要包括重构会计业务模式、有效地促进业财融合、增强了内部控制的效果三个方面。

（1）区块链技术重构了会计业务模式。传统会计业务由于信息不对称、人工录入与核对容易出错，导致效率低下，区块链模式下的交易各方都是独立记账，并不需要第三方中介参与，参与者之间互相监督，保证了会计记录信息的准确性，提高了工作效率；使用区块链技术生成的财务报告具有即时性、个性化、准确性特点，信息使用者可以在公有链上提取自己需要的信息，判断企业运营情况，生成精准的会计报告，突破了传统财务报表时间、格式、内容固化的缺点，解决了信息来源主要是上市公司财务报表的局限性，提高了报表信息的灵活性与实效性。

（2）区块链技术有效地促进业财融合。区块链的时间戳技术实现了发票全流程管理，将每条记录写入时间加入区块，使得数据不可篡改，然后将数据加密传送到各交易节点，实现了交易各方的信息连接与信息传递，创新了自动制证与自动记账的模式。2018年深圳国贸旋转餐厅开出全国第一张区块链电子发票，降低了纸质发票无限复制的道德风险。经营业务发生后，区块链的所有节点对业务记录、确认，随后主体节点进行首次记账，企业、银行、税务等进行自动复核，这些工作都是由"财务机器人"来完成，"财务机器人"使得财会信息的记录、传递、审核一体化，促进了业务与财务的融合，简化了以前"原始凭证—记账凭证—会计账簿"的记账过程，从"凭证"环节直接进入"账簿"环节[①]。

（3）区块链技术增强了内部控制的效果。区块链的分布式记录与密码学算法，构建了去中心化的全网监督网络，节点的平等性使得交易各方互相校验与确认，甚至下属对上级的业务行为进行监督，防范会计舞弊与造假，降低了会计监督成本，增强了内部控制效果。另外，区块链技术的编程和协议运行机制实质上是各方的共识机制，其技术要求达到区块链总数的50%以上的共识才能更改数据，由于区块数据的改变需要在全部区块的账本同时备份，这实际上形成了无层级全方位监管模式[②]，从源头上减少了会计信息错报舞弊的动机与行为。

2. 区块链对税务申报与贷款审批的影响

企业与个人的贷款、纳税与每个人息息相关，现有行业现状存在不少"痛点"，区块链技术实现了"让数据多跑路，让群众少跑腿"，其对税务申报与贷款审批的影响主要体现在显著地缩短税务申报与贷款审批时间、有效地解决中小企业的贷款需求两个方面。

（1）区块链技术显著地缩短税务申报与贷款审批时间。对于企业而言，传统的税务申报与贷款审批的流程如下：首先由贷款需求的企业向银监局提出贷款需求，银监局要求企

---

① 杨熳.基于区块链技术的会计模式浅探［J］.新会计，2017（9）：57-58.
② 戚伟欣，杨帆，盛晓莉.分布式记账与区块链技术对财务会计的影响［J］.财务与会计，2019（19）：75-76.

智能会计

业提供纳税信息;然后企业到税务局查询纳税信息,税务局根据要求将相关信息提供给银监局;银监局再将信息转发给商业银行。商业银行根据企业的税务信用等级、盈利能力(销售收入、净利润、增值税、所得税等)信息判断企业的贷款能力。然而,由于企业、银行、税务部门信息不对称,我国税务系统"以票控税",纳税人需要提交完税证明,很多业务需要到税务服务厅、银行大厅才能办理,导致银行、税务审批效率低,甚至会出现"一票多报""打款背书不同步"的问题,如图 2-10 所示。

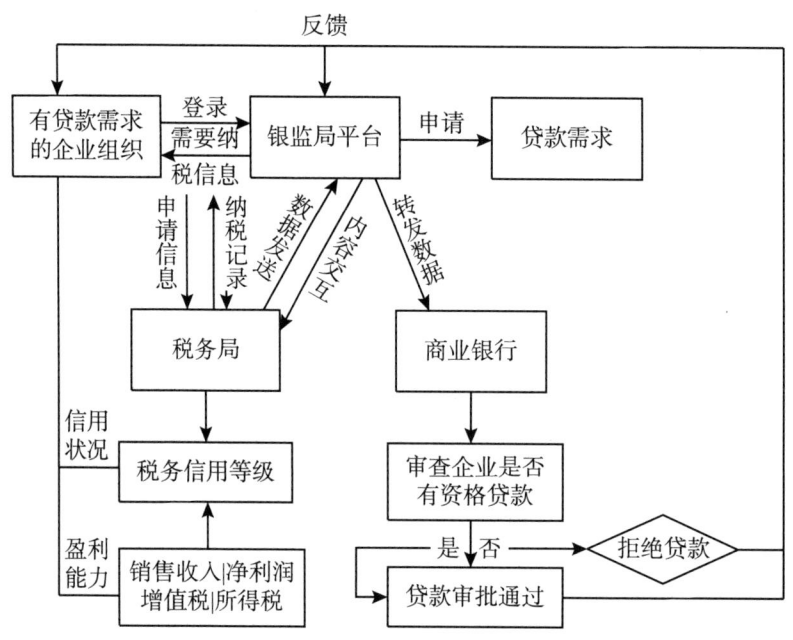

图 2-10 传统商业模式下银企税业务流程

(2)区块链技术有效地解决中小企业的贷款需求。传统金融贷款模式下,因中小企业贷款具有"短、小、频、急"的特点,银行进行资格审核、信用确定、贷款发放周期"长、少、滞、慢",致使中小企业融资困难。采用区块链技术后,电子发票同步企业、银行、税务、个人四方,实现"交易即开票,开票即报销"。针对中小企业的贷款审批,区块链技术应用到在线税银服务,能够实现电子纳税凭证的鉴真,智能合约保证数据授权执行:首先,企业向银行提出贷款申请,贷款企业授权银行查询纳税数据,银行确定企业的授信额度,快速实现企业、银行、税务的数据对接。区块链技术在电子发票开具中可以实现税务局、开票方、流转方、报销人四方共同参与记账,发票信息难以篡改。此外,区块链技术确保了从领票、开票、流转到入账、报销全流程的可追溯,如图 2-11 所示。

3. 区块链对供应链管理的影响

针对供应链"信息孤岛"的局限性,区块链能够解决供应链和溯源类场景的两大问题:一是提高参与方的造假成本;二是商品出现问题后准确定位和提高召回率,使得整体行业的效率提升。区块链对供应链管理的影响主要包括赋能供应链管理信息化与自动化、颠覆传统的供应链模式两个方面。

第 2 章 智能会计的理论框架

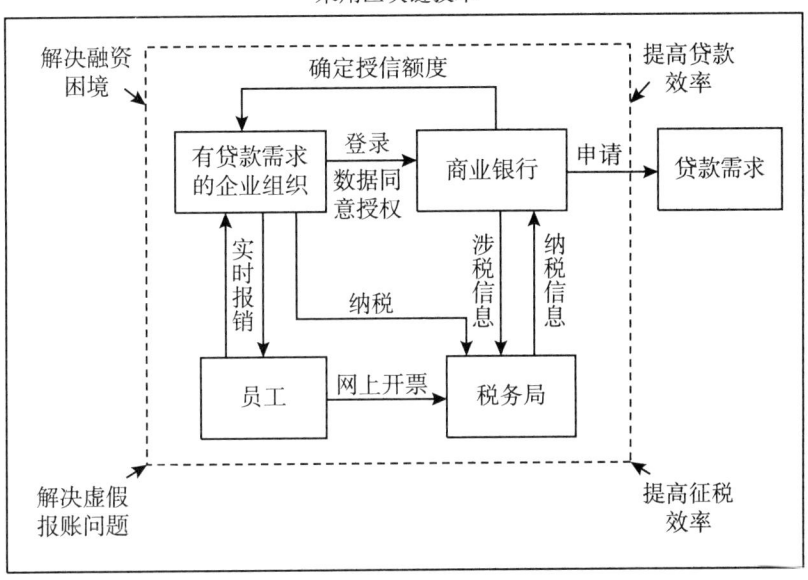

图 2-11 区块链技术下银企税业务流程

（1）区块链赋能供应链管理信息化与自动化。物流与供应链是非常有前景的应用方向，基于区块链的供应链方案，每年为航运业节省数十美元资金。Gartner 的一项调查显示：约 60% 的物流企业计划采用分布式记账技术。2015 年，IBM 与三星合作研发"去中心化的 P2P 自动遥测系统"，将区块链作为物联网设备的共享账本，打造去中心化的物联网[1]。由于物流与供应链涉及诸多经济实体，经济单位之间存在大量的业务往来与协作交互，涵盖了企业的物流、信息流、资金流，而传统的商业模式下，不同企业保存各自的供应链信息，彼此之间缺乏透明与公开，时间成本与交易成本较高，一旦出现问题难以追踪与核查。区块链从协议层解决了数据的高可靠性；账本数据解决了数据篡改的困境；智能合约保障了各方的相关业务的权利与义务，区块链技术与供应链管理的"双链融合"被看作供应链创新的必然趋势。

（2）区块链技术颠覆了传统的供应链模式。传统模式下企业之间的合作是基于业务需求的合作，订单发出、原料采购、商品生产，彼此之间并未形成基于共识的沟通机制，采用区块链技术，其去中心化、链状系统能够互联上中下游的信息沟通渠道，点对点的分布式记账方式能够协同供应链各方点对点的交流，智能合约的共识机制能够有效整合供应链数据，通过信息的完全透明、安全可信，从源头上避免了供应链利益相关方的信息造假与徇私舞弊行为，优化并提高了供应链流程。传统商业模式下企业提出贷款申请，银行根据核心企业提供的经营信息、纳税记录判断是否予以信贷支持，存在较大的信用风险与操作风险。采用区块链的传播机制与验证机制，银行可以根据企业的采购信息、发货信息、缴税数据，判断企业的经营情况与盈利状况，不需要第三方信用机构，减少了审批确认环节，降低了贷款融资成本，提高了融资贷款的时效性，如图 2-12 所示。

---

[1] 杨保华，陈昌. 区块链原理、设计与应用 [M]. 北京：机械工业出版社，2020：45-46.

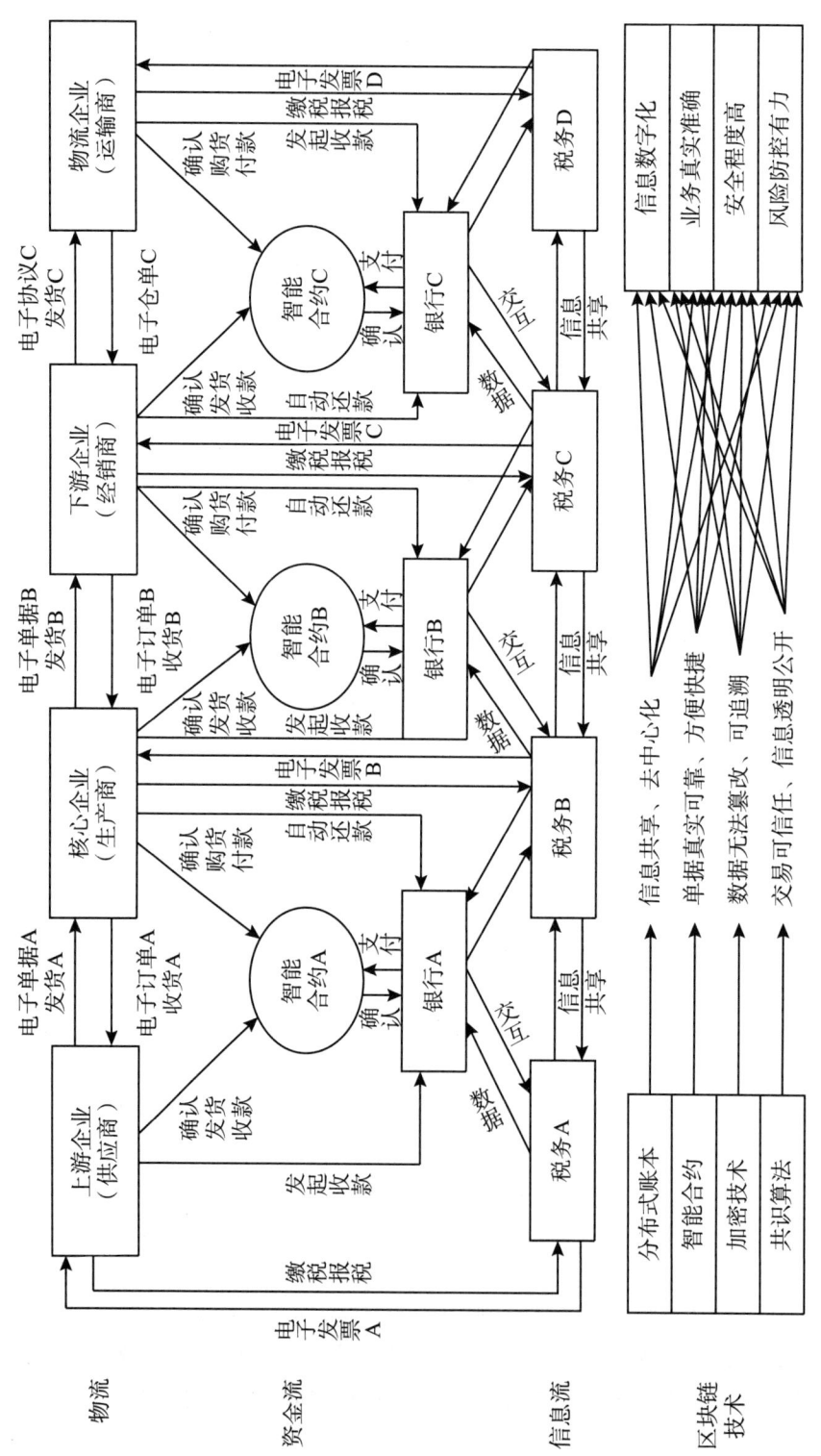

图2-12 区块链技术赋能供应链管理

第 2 章 智能会计的理论框架

2.6 人工智能理论

自从阿兰·图灵（Alan Turing）破解了恩尼格玛密码机，到 1956 年达特茅斯研讨会（Dartmouth Conference）上约翰·麦卡锡创造了"人工智能"这一词，人工智能已经经历了 60 多年的发展历程。2016 年人工智能投资已达 300 亿美元，2017 年上半年在此基础上增长 45%[①]。借助深度学习算法的"春风"，在大数据、云计算、区块链、移动互联网"四位一体"的协助下，人工智能正在引发链式突破，推动人类社会经济的各个领域从数字化、网络化向智能化全面发展[②]。借助机器学习算法人工智能辅助智能会计实现业务数字化、流程标准化、财务智能化。

2.6.1 人工智能理论内涵与特征

思维与智能的概念引发了人们对图灵测试的讨论，这种讨论和争论逐渐过渡到人工智能的早期历史与最新发展，以及某个领域是否适合使用人工智能？这些问题的逻辑起点在于人工智能的内涵、特征与层次。

1. 人工智能的内涵

人工是指"人工合成"，对应于"自然生成"，而"智能"源于拉丁语 Legere，字面意思是采集、收集，进而进行选择，是"个人从经验中学习、理性思考、记忆重要信息，以及应付日常生活需求的认知能力"。（Sternberg, 1994）。史蒂芬·卢奇等认为人工智能是由人类（people）、想法（idea）、方法（method）、机器（machine）和结果（outcome）组成，拉斐尔（Raphael）对人工智能的评价比较贴切：人工智能是一门科学，这门科学让机器人做人类需要智能才能完成的事情。从计算机应用系统的角度看，人工智能是研究如何制造智能机器或智能系统，来模拟人类智能活动的能力，以延伸人类智能的科学[③]。简言之，人工智能是计算机科学的一个分支，主要研究和开发模拟、延伸与扩展人类智能的理论方法、技术与应用系统，涉及机器人、语音识别、图像识别、自然语言处理和专家系统等方向[④]。

2. 人工智能的特征[⑤]

根据智能功能与应用范围的不同，人工智能的特征主要包括深度学习、跨界融合、人

---

① 人工智能简明知识读本编写组. 人工智能简明知识读本 [M]. 北京：新华出版社，2017：引言.
② 2017年国务院发布《新一代人工智能发展规划》关于印发新一代人工智能发展规划的通知 [EB/OL]. https://mp.weixin.qq.com/s?src=11&timestamp=1609900850&ver=2811&signature=uh44nQtTkIOzVeNzuZ1A22Kf-pgs9KwDY0-WhoDrYeXzt0SftR30sZbFQal9M27TcnTBurZw8D6l-SF3PRZmBfWT-GZ8LbLM9aYtFg0TtOeGkXMbRQ0CeC7qHRXvvVsU&new=1. 2017-07-24.
③ 王莉，宋兴祖，陈志宝. 大数据与人工智能研究 [M]. 北京：中国纺织出版社，2019：33-35.
④ 史蒂芬·卢奇，丹尼·科佩克. 人工智能（第2版）[M]. 北京：人民邮电出版社，2020：前言，3-11.
⑤ 万钢：发展人工智能 社会科学必须同步跟进 [OL/EB]. http://science.caixin.com/2019-11-04/101478749.html.

智能会计

机交互、自主操控四个方面。

（1）深度学习。深度学习（deep learning）是机器学习（machine learning）的一大分支，通过拥有多个处理层的神经网络计算模型来学习具有多层次抽象数据，即深度学习能够发现大数据中的复杂结构。Alpha Go 围棋软件特别强大的原因就是策略网络与估值网络，其最核心的就是深度学习技术[①]。

（2）跨界融合。人工智能技术作为新一轮产业变革的核心驱动力，基础技术研发和应用落地双头并举，与各行业的融合不断深化，逐步进入商业化阶段，重构传统各行业的生态格局。根据德勤 2019 年发布的《全球人工智能白皮书》预测，2025 年全球人工智能的市场规模将突破 6 万亿美元，2017~2025 年的增长率将达 30%[②]。未来人工智能企业的发展将趋向于健康的商业模式。

（3）人机交互。指人和机器在信息交换和功能上接触或互相影响[③]，心理学家利克莱德（J. C. R. Licklider）提出人机交互（human-computer interaction）是向智能机器前进过程中的一个过渡阶段。诸如苹果的 Siri、微软的 Cortana 和谷歌的 Google Now 这一类的智能助手与数以亿计的人类用户互动，这本身就定义了一种机器人与人类互动的关系。

（4）自主操控。人工智能不仅能够解决特定领域的具体任务，而且能像人类一样解决不同领域和类型的问题，进行判断和决策，是提供为全产业升级的技术工具。谷歌无人驾驶汽车在加州道路上试行，7 辆车使用摄像机、雷达感应器与激光测距机来"看"道路交通状况。Facebook 公司研发的 Deepface 系统可以识别照片中的人物，在全球权威的人脸识别 LFW 数据库的识别准确率达 97.25%。

3. 人工智能的层次[④]

根据结构化层级与应用发展阶段不同，人工智能可分为基础设施层、算法层、技术层、应用层四个层次。

（1）基础设施层。主要包括硬件、计算能力、大数据。21 世纪互联网大规模服务集群的图形处理器（GPU）与低功耗芯片的出现，提升了计算机的运算能力，促进了深度学习能力，显著地推进了算法层与技术层的演进，而数据的爆发式增长，激发了人工智能的浪潮。

（2）算法层。主要包括各类机器学习算法、深度学习算法等，所谓"机器学习"是指利用算法使计算机能够像人一样从数据中挖掘使用信息，"深度学习"使用了更多参数，通过神经网络算法（BP）、决策树算法等，从原始特征出发，自动学习高级特征，最终输出最优解。

（3）技术层。主要包括计算机视觉技术、语音技术、自然语言处理技术、规划决策系统、大数据/统计分析技术等，以计算机视觉为例，根据建立的"先验知识库"，采纳全球定位系统（GPS）、数字信号处理（DSP）等图形处理技术，引入高级的统计算法，自动从海量数据中总结物体特征，然后进行匹配、识别与判读。

---

① 刘韩. 人工智能简史 [M]. 北京：人民邮电出版社，2018：148-155.
② 尹丽波. 人工智能发展报告（2019-2020）[M]. 北京：电子工业出版社，2020：26-30.
③ 王莉，宋兴祖，陈志宝. 大数据与人工智能研究 [M]. 北京：中国纺织出版社，2019：47-50.
④ 腾讯研究院. 人工智能 [M]. 北京：中国人民大学出版社，2017：34-56.

第 2 章 智能会计的理论框架

(4) 应用层。基于人工智能技术的应用已经开始成熟,目前主要的应用场景在智能金融、智能医疗、智慧家居、在线教育、智能交通、艺术创作等领域有较大突破。例如,智能机器人(Robot)在外形上和人相差无几,从事搬运、拾取等工作,甚至进入极端环境进行作业[①],如图 2-13 所示。

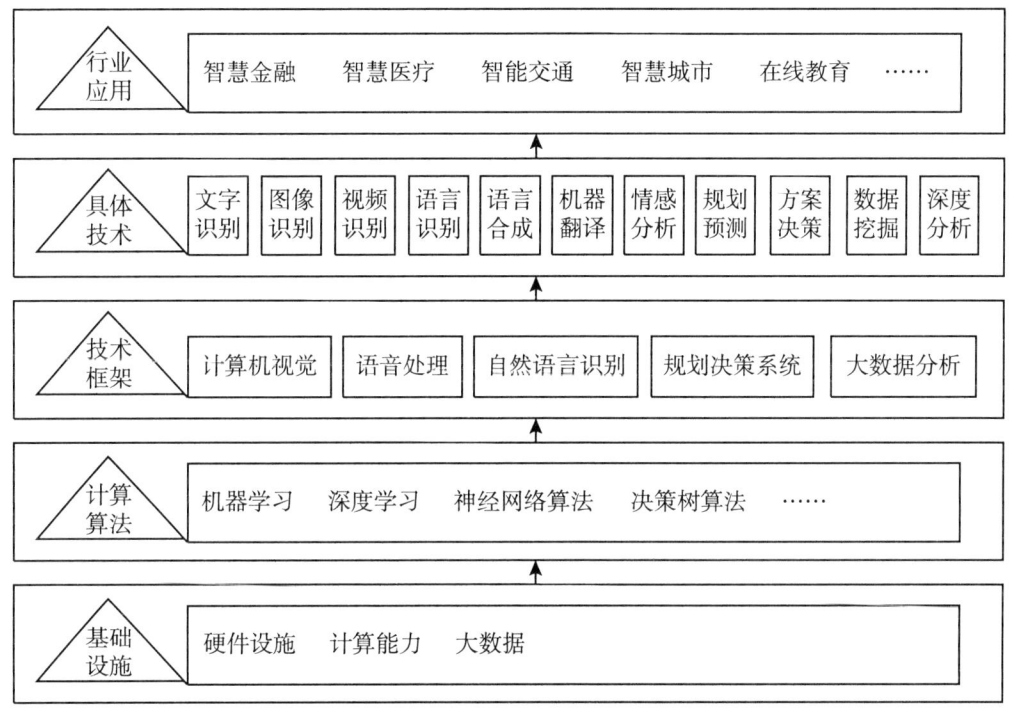

图 2-13 人工智能的结构化层次

2.6.2 人工智能理论对智能会计的支撑

RPA[②] 智能机器人与核心 ERP 业务流程紧密结合,在技术上满足更多的客户业务需求。由于 RPA 适合重复性高、规则清晰、稳定性强的流程,RPA 正在"井喷"式地取代重复性高、流程规范化的工作与职位,"RPA 是我们的一双巧手",还需要借助"AI 的聪明大脑"。人工智能的深度学习网络、图像识别与转换等技术"智能"扩展了 RPA 的能力边界与敏捷流程。根据 Everest 调研机构的报告,对于行业属性不明显的业务流程,RPA 应用占比最大的是财务会计领域,达到 21%[③]。人工智能(AI)对 RPA 的影响体现在智能会计方面,主要包括财务业务、税务业务、银企对账、决策管理四个方面,如图 2-14 所示。

---

① 陆建峰. 人工智能:智能机器人 [M]. 北京:电子工业出版社,2020:8-23.
② 机器人流程自动化(robotic process automation, RPA)。
③ 王言. RPA:流程自动化引领数字劳动力革命 [M]. 北京:机械工业出版社,2020:218-221.

智能会计

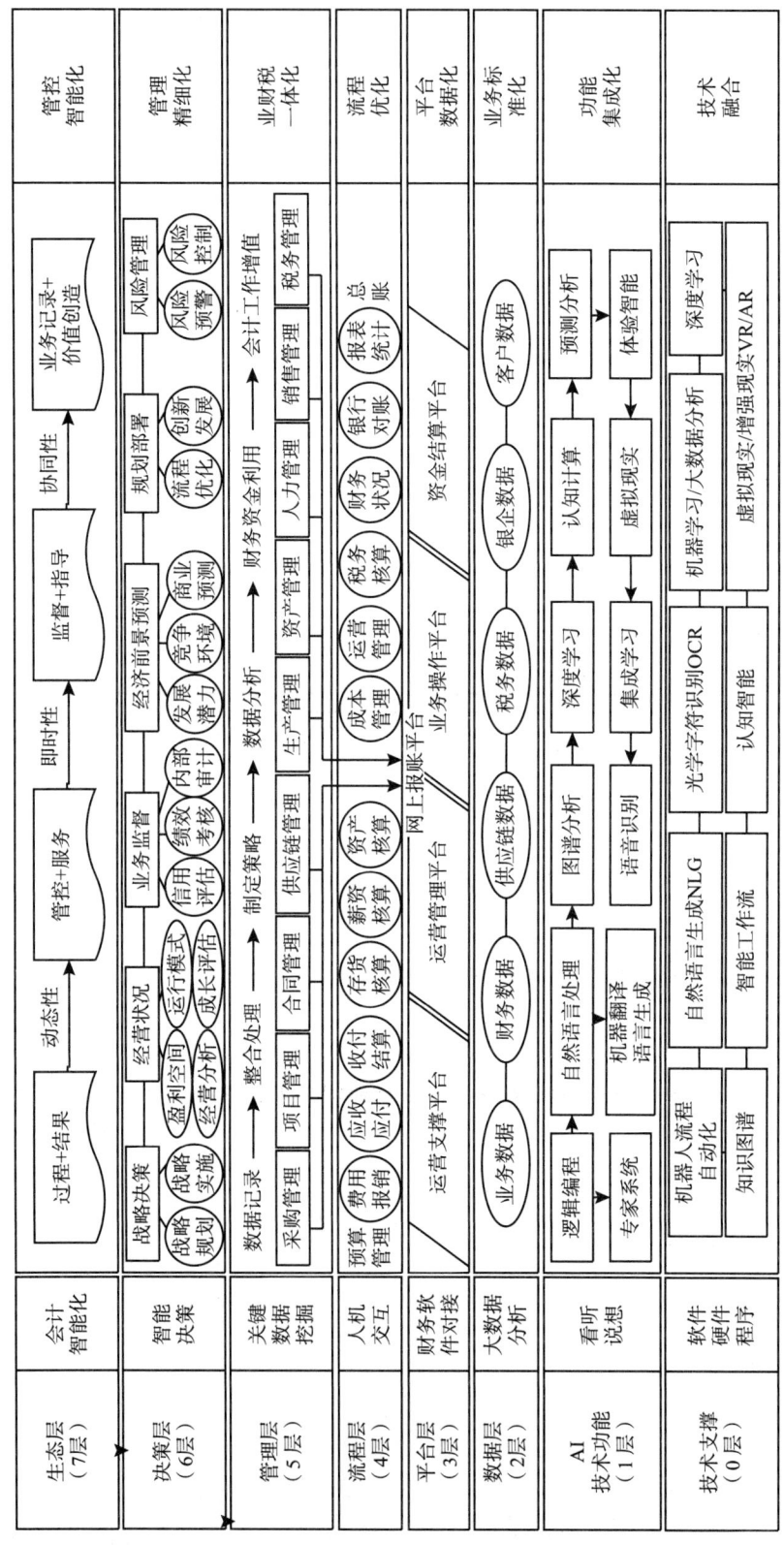

图2-14 AI、RPA对智能会计的支撑

第 2 章 智能会计的理论框架

1. 人工智能在财务业务中的应用：RPA 财务机器人

RPA 财务机器人在财务领域的主要应用场景包括：应收应付账款、票据接收审核、结账核算、银行对账、发票开具、发票查验、费用审核、税务申报、差旅报销、报表出具等方面[①][②]。根据《2018 年中国共享财务领域调研报告》的调研结果显示，企业财务共享服务中心的现有的 14 项业务流程中，排在前五位的业务及 RPA 覆盖比例为：费用报销 96.0%，采购到付款 76.1%，资金结算 72.1%，总账到报表 71.1%，固定资产核算 66.7%。将 AI、RPA 引入到财务管理领域，纸质信息、电子信息、影像信息"三位一体"，有利于实现财务精细化、智能化、数据化。以费用报销为例，传统的人工报销模式下，财务人员每天收到上百笔财务报销单据，需要对上千张报销凭证与报销单（交通票、住宿票、餐饮票等）进行整理、审核、复核、结果通知，工作内容单调重复，工作量大易出错。采用费用报销审核机器人后，运用 OCR 技术自动识别报销凭证与报销单的信息，基于 NLP 技术对报销金额进行标准判断和自动校对，采用 RPA 技术登录企业邮箱发送给业务领导审核，再将业务处理结果通知报销员工邮箱。发票的识别率、审核的精细度、业务的实效性得到了大幅提升[③]，如图 2-15 所示。

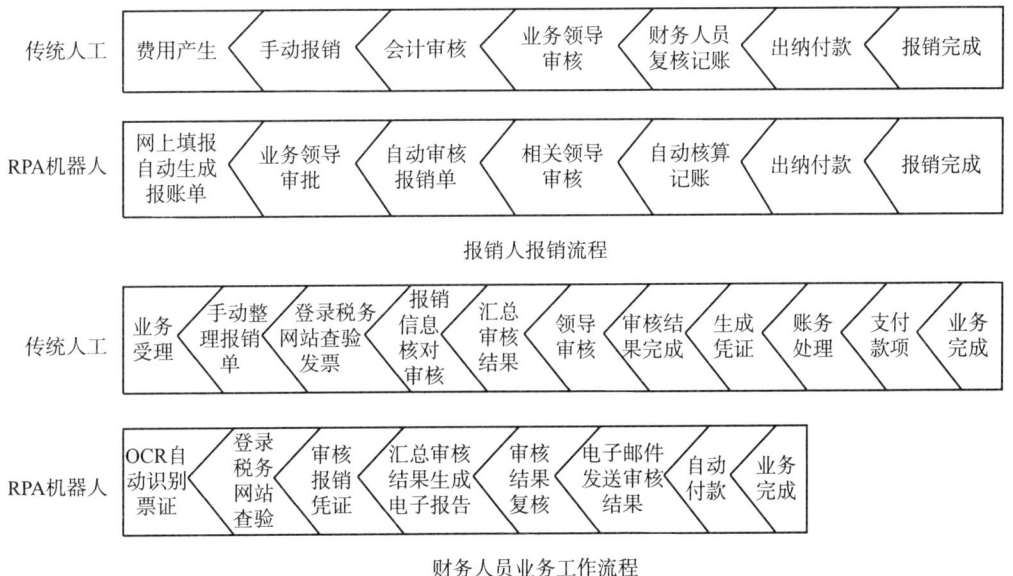

图 2-15 传统人工模式、RPA 财务机器人费用报销流程

2. 人工智能在税务业务中的应用：RPA 税务机器人

随着金税三期的深入，RAP 税务机器人（批量开票机器人、自动开票机器人、自动报税机器人等）的采用是企业集团内部管理精细化、规范化的必然要求。以批量开票机器人为例，传统批量开票业务流程如下：税务部门根据统一的格式、编号、内容进行印刷，然

---

① 郭奕，赵旖旎. 财税 RPA：财税智能化转型实战 [M]. 北京：机械工业出版社，2020：前言.
② 王言. RPA：流程自动化引领数字劳动力革命 [M]. 北京：机械工业出版社，2020：226-227.
③ 达观数据. 智能 RPA 实战 [M]. 北京：机械工业出版社，2020：281-283.

智 能 会 计

后使用单位去税务机关登记、领用、使用、核销①。其中,企业税务人员获取开票申请单数据后,根据标准与要求进行人工整理汇总,逐笔生成发票并打印,将发票号码等信息登记到企业内部信息系统,形成发票台账,人工发送邮件通知申请人领取发票,发票清单繁多,操作效率低,错误率高。采用 RPA 批量开票机器人,可通过税务网的电子开票系统获得网络电子文本(防伪码),使用 OCR 技术验证发票真伪,使用税务软件对接财务核算系统,机器人自动进入税控系统批量开具发票,解析关联企业的发票申请数据,并将发票自动登记到企业内部系统,发送台账给税务人员,自动发送邮件给申请人,实现高效开票的全自动化②。RPA 机器人成本远远低于雇用人工所花费的成本,提高了企业对新兴业务趋势的反应能力,被认为是通过人工智能的第一步,如图 2-16 所示。

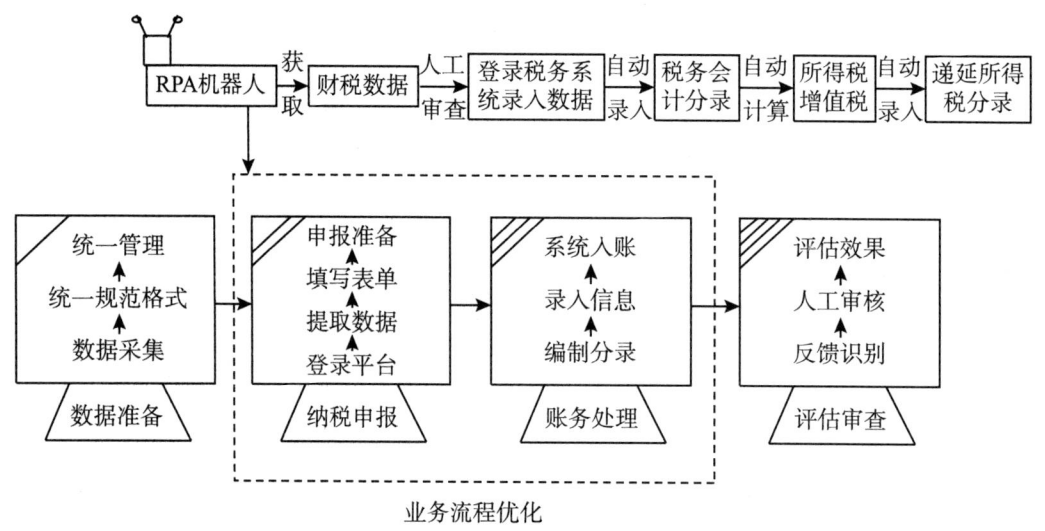

图 2-16 RPA 机器人在税务业务中的应用

3. 人工智能在银企业务中的应用:银企对账机器人

在银企对账业务中,银行和企业需要对当期发生的业务进行核对,由于企业资金往来频繁,需要及时查询账务信息,匹配往来账款,但是由于企业规模扩大带来的账单数量与日俱增,人工对账出错率高,并且企业与银行的账务处理与入账时间不一致,往往会发生"未达账项"。传统工作模式下,由于日记账与每笔账务往来的拆分记账、合并记账方法并不一致,增加了记账的难度与对账的时间成本。另外,企业银行开户账户较多,多数并未实现银企对账直连,跨系统操作等待时间长,效率低下。银企对账机器人通过 RPA 可以自动提取企业、银行系统、第三方(企业)的账务信息,然后根据人工智能自动匹配账单信息,自动生成对账报告以及汇总的余额调节表,并通过邮件发送报告给指定人员,大大降低了人为错误的发生概率。实践证明,银企对账 RPA 智能机器人工作效率是原来人工

---

① 顾维萍. 浅议电子发票推广中存在的问题及对策 [J]. 信息化建设, 2020 (22): 113-114.
② 田高良, 陈虎, 郭奕, 薛宇婷. 基于 RPA 技术的财务机器人应用研究 [J]. 财会月刊, 2019 (18): 10-14.

第2章 智能会计的理论框架

工作效率的6.7倍,准确率高达100%[①]。经测算,银企对账业务中的90%的手工工作量都可以通过RPA智能机器人来完成。企业核对银行对账单能够防范操作风险、管理风险与外部风险,是保证资金安全的重要手段[②]。蚂蚁金服将人工智能应用于征信、保险、互联网贷款、客户服务等方面,智融金服月均放款120万笔,机器审核速度用时仅8秒钟[③],如图2-17所示。

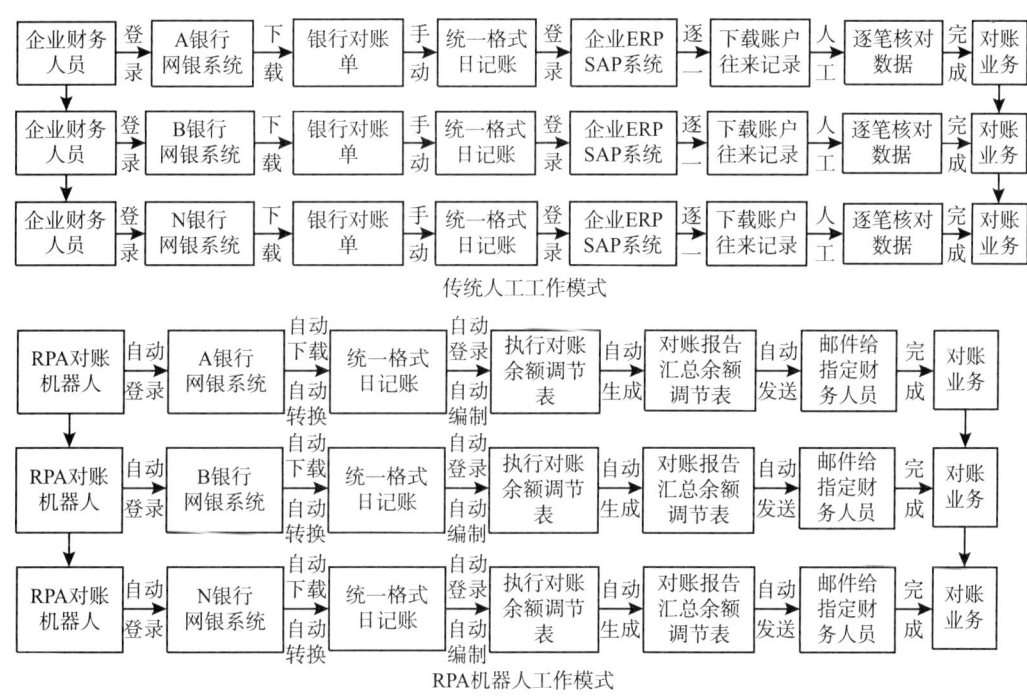

图2-17 传统人工模式、RPA机器人的银企对账业务流程

4. 人工智能在决策管理中的应用:RPA智慧机器人

传统工作模式下的财务报表生成过程烦琐漫长:数据催收—汇率查询—科目余额汇总—合并抵销—财务报表生成—核对校验。因财务报告具有规则明确、频率较高、用时较长的特点,可采用RPA机器人进行流程自动化:第一步,RPA机器人从财务系统中导出数据,合并国内外数据,处理并计算期末余额。第二步,财务机器人结果检查无误后,月初向各分子公司发出数据催收邮件,实时监控并搜集分子公司的月报文件。第三步,RPA机器人对财务报表进行自动化解析,并转换为电子化财务数据。第四步,RPA机器人汇总分子公司财务数据,生成合并财务报表抵销分录。第五步,RPA机器人依据生成的数据形成财务报告,按时发送到指定负责人邮箱,企业集团上报监管机构。作为财务会计工作的

---

① 朱龙春,刘会福等. RPA智能机器人:实施方法和行业解决方案 [M]. 北京:机械工业出版社,2020:181-182.
② 朱龙春,刘会福等. RPA智能机器人:实施方法和行业解决方案 [M]. 北京:机械工业出版社,2020:168-173.
③ 李开复,王咏刚. 人工智能:李开复谈AI如何重塑个人、商业与社会的未来图谱 [M]. 北京:文化发展出版社,2017:189-190.

智 能 会 计

重要组成部分,企业财务部门需要提供财务报告,提交给董事会与相关利益者,以展示其经营业绩与成果。RPA 智慧机器人能够统筹各部门、众渠道、多维度的信息来源,按照预先编排的格式进行撰写与编排,最后自动生成财务报告,自动发送给指定的接收者,替代人工执行大量基础重复的工作,推动财务会计向数字化、自动化和智能化发展。RPA 智慧机器人还可以结合前沿技术,基于企业账务与报告,对企业经营状况进行"画像",对供应商、用户进行"贴标签",对市场竞争者"刻画定位",深入分析并挖掘数据价值,生成个性化智能推荐,为企业集团投融资理财提供信息渠道,为主营业务的战略方向提供科学决策,如图 2-18 所示。

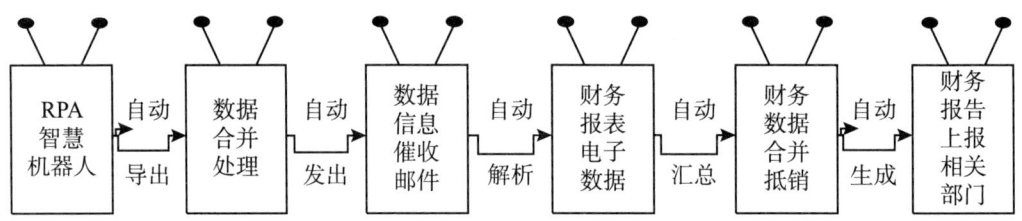

图 2-18　RPA 智慧机器人财务报告自动化流程

第3章 智能会计的内涵和职能

随着信息化时代的到来,企业需要处理越来越多来自内外部事务的海量数据,大大加重了企业财务人员的工作负担。如何对这些数据进行精准的分类汇总,是企业财务分析面临的首要问题。云计算和大数据等技术的不断使用和创新,为企业管理数据资产提供了新的思路。对于不断发展壮大的集团企业来说,业务数据和财务数据对企业的管理模式、决策投资、人员调度和生产运营有着重要的影响,数据的使用方式、利用效率及企业各部门基于数据的互动方式和决策速度对企业发展的影响更加直接和深远,大数据已经成为企业发展和壮大的重要工具。人工智能的应用对于解决这一问题提出了新的思路。人工智能被会计行业所广泛应用于会计管理模式识别、财务核算和财务分析等领域,人工智能转变了会计行业的传统工作模式,使财务核算和财务分析更加便捷精准。

本章在总结智能会计对于传统会计革新的基础上,对智能会计的对象进行说明,概括其内涵和范畴,最后界定其职能和作用。

3.1 智能会计对传统会计的创新

随着大数据时代的到来和人工智能技术的兴起,企业结构日益复杂,经营业务愈发多样化、复杂化,交易产生的业务数据、财务数据和市场外部环境数据量巨大,通过财务分析,有效利用数据信息实现正确经营决策显得愈加重要。传统会计所能提供的分析工具和基于传统会计的管理决策方法无法及时分析财务报表,因而造成决策失灵、内控不到位、系统对市场反应迟钝等后果,数据信息的价值无法被充分利用和发挥出来。智能会计是在传统会计"真实记录交易"的基本功能的基础上,顺应大数据时代对会计系统的新要求,发展出的"智能化的数据采集、数据分析和管理模型生成,促进业财税管融合"的新型会计系统。

3.1.1 大数据时代对会计系统的新要求

在人工智能和大数据时代,传统会计中那些流程性和高重复性的工作势必将由人工智能来完成,但这还仅仅是问题的一个方面,系统地看,人工智能和大数据所蕴含的新的理念、新的技术和新的手段将会对会计工作产生广泛而深远的影响。

1. 财务会计和管理会计一体化转型

在传统的会计理论和会计实践中,财务会计和管理会计有着较为严格的区分,其中,

智能会计

财务会计侧重于对外报告,管理会计侧重于对内报告,两者在职能目标、会计主体、核算依据、资料时效、精确程度、编报时间和法律效力等方面均有所不同。但是,随着人工智能和大数据技术的发展,一方面,财务会计工作中那些规则明确的程序性的工作将由人工智能来完成,RPA 可以在几分钟以内完成财务人员几十分钟乃至几个小时才能完成的基础工作,而且机器人可以在零差错的前提下实现 7×24 小时不间断工作,这势必会极大地解放传统财务会计岗位中的会计人员。另一方面,企业的精细化管理又要求会计人员要把更多的精力投入到流程再造和价值管理中去,不断强化会计的管理职能,加强管理会计在企业实践中的推广和应用。毫无疑问,存量财务会计人员只有拥抱变化,加强学习,积极转型,突破财务会计和管理会计固有的认知边界和岗位限制,才能真正顺应人工智能等新技术给会计工作带来的现实挑战。

此外,在人工智能和大数据时代,我国的管理会计也面临着体系和模式的转型问题。在企业生产经营和管理活动日益数字化、智能化的背景下,传统管理会计的观念、技术和方法都亟待更新。从数字经济的视角看,在管理会计和财务会计一体化的进程中,我国管理会计现阶段急需确立数据资产的意识,着力打造合法可靠的数据基础,建立企业的数据治理体系,加强数据标准管理、数据质量管理和数据安全管理等相关工作。

2. 会计将向业财税管融合的方向发展

在传统的会计理论和会计实践中,会计是反映性的,会计是一面镜子,是对企事业单位各类业务活动(资金运动)过程和结果的反映。但是,随着人工智能和大数据时代的到来,会计已经不再仅仅是反映性的,而越来越多地呈现出和业务高度融合的特征。一方面,企事业单位业务的发展需要财务、内控等各项工作的协同配合,适时参与;财务管理不再局限于单一的财务领域,而应延伸到计划、供应、生产、销售、研发、人力资源和战略制定等更广泛的领域,换言之,财务管理的主要任务和中心工作应当是收集、处理、分析和管理与企事业单位业务有关的一切数据。另一方面,人工智能和大数据的发展又为业务和财务的融合提供了技术上的支撑,今天当业务人员在信息系统中输入相关业务数据的时候,传统意义上的会计记录工作也就同时完成了,我们已经没有必要去区分哪些是业务处理哪些是会计处理了。同时,人工智能和大数据技术还能够让财务人员及时收集和挖掘企事业单位内外部的各种数据,进而深入分析其业务活动可能面临的各种风险,并据此做出科学的预判和风险管控。

需要说明的是,这里所提及的和业务融合的财务、内控等工作,如果从会计职业的角度看,都可以用广义的会计来概括,当然,也有人主张用综合财务管理等概念来概括,这里面涉及的仅仅是概念的选择问题,至于传统意义上的会计(含财务会计和管理会计)和财务管理的边界、财务管理和综合管理的边界事实上早已被突破。放眼未来,会计和财务的融合、财务和业务的融合都必将是大势所趋、管理所向。

3. 信息的呈现、获取和使用方式将发生改变

众所周知,会计信息特别是财务会计信息主要是面向过去的,且具有很强的专业性,表现在会计确认环节要以已经发生的业务凭证为依据进行核算,在会计计量环节要以历史成本为基础进行计量,在信息披露环节要以会计分期假设为前提进行报告。一方面会计信

第 3 章 智能会计的内涵和职能

息质量特征强调信息的及时性,另一方面上市公司的年度报告只要在下个年度的四月底之前报送出去都符合及时性的要求;一方面会计信息质量特征强调信息的可理解性,另一方面上市公司的会计报表只要不违反会计准则的规定也就都符合可理解性的要求。这种理念上的及时性、可理解性和操作上的滞后性、晦涩性之间所存在的差异,不仅严重影响了会计信息在投资者决策中的有用性,而且也使很多市场参与人士无法理解和难以把握。

在人工智能和大数据时代,信息的呈现、获取和使用方式都将发生根本改变。大数据的一个重要特点是多样性(variety),即大数据可以有很多种不同的形式,其中可视化又是其多样性的一个重要的表现。可视化分析技术是从人作为分析主体和需求主体的视角出发,强调基于人机交互的、符合人的认知规律的分析方法,目的是将人所具备的、机器并不擅长的认知能力融入数据分析过程中;可视化将极大地增强信息的可理解性,其囊括了数据可视化、信息可视化、知识可视化、科学可视化以及视觉设计方面的所有发展和进步。大数据的另一个重要特点是快速性(velocity),一方面是数据的增长速度快;另一方面是数据的处理速度快。快速性将极大地改变我们对及时性的认知,人工智能和大数据技术已经可以提供实时信息(real-time information),这必将从根本上改变现行定期财务报告无法支撑企业各项业务运营和投融资决策的局面。另外,在数量大、多样性和快速性数据系统的支持下,传统会计的时空观念和工作模式将会被颠覆,作息时间限制、地理空间限制以及对纸质凭证的时空依赖等都将被大大弱化;企业内部的部门分割和数据非格式化的状况将会被改变,一种全新的集约共享的观念将会成为未来会计理论和会计实践发展的重要基础,会计也将很有可能发展成为提供"自助式"信息服务的职业。

4. 非会计信息成为会计信息的重要补充

在现行财务会计领域,会计需在诸多会计假设的前提下严格遵循会计准则的要求提供信息,其中,会计假设中的货币计量要求在众多的计量尺度中选择货币作为主要计量尺度提供会计信息,而一项生产要素或业务能否计量又是其确认的前提,换言之,如果一项要素或业务不能用货币准确地计量,它就不可能进入会计信息系统,从而也就不会在会计报表中得到反映。随着经济的发展和技术的进步,上述假设前提下的会计信息的局限性日益凸显,有些方面已经逐渐发展成为社会各界对会计信息和会计工作的诟病。

以无形资产为例,由于无法满足货币计量的要求,现行会计准则把很多企业生产经营中重要的无形资产项目都排除在会计报表之外,如客户资源、供应商资源、人力资源、流量资源、数据资源、公司信誉等,而事实上,很多时候正是上述资源形成了公司的经营特色和竞争优势,它们对于公司股东和其他利益相关者都是极具价值的。在人工智能和大数据时代,现行会计准则的上述局限性将可能得以弥补。例如,在大数据技术的支持下,我们可以为特定的目标资产(资源)设定一些关键指标,而这些指标可以通过数据挖掘算法(date-mining algorithms)被累计、处理和分析,如此得到的信息将会有及时的潜在价值并随之传递给股东和其他投资者。从短期看,这些信息可能在很大程度上是定性的,并作为会计报表的附注加以披露;从长期看,这些信息可能在逐步满足会计计量的要求后成为会计报表中的正式列报项目。总之,利用大数据技术,股东和其他投资者可以实时获取很多现行准则下的非会计信息,并将其作为会计信息的重要补充,帮助其做出正确的投资决策。

智能会计

3.1.2 智能会计是数字经济时代下传统会计的发展和升华

随着信息技术的发展和知识经济时代的到来，企业的经营环境正在发生翻天覆地的变化。随着企业管理的信息化发展，会计环境也在信息技术的驱动下发生了显著的变化。

从技术环境来看，互联网促进的信息技术进步是企业外部环境变化的一个非常重要的因素，以互联网商务应用为手段的电子商务正在影响着组织，也迫使整个行业和领先的企业改变它们的商务模式，否则将会遭遇失败。在这些模式变化时，组织中的会计和财务部门的职能也在发生着转变。2009年IBM提出了"智慧地球"的愿景，即在企业层面、产业层面以及社会生活等各个领域推动智慧时代的发展，以"物联化、互联化、智能化"的深刻洞察和对于科技趋势的精准把握，让社会进入"智慧时代"。智慧时代体现出以下特征：敏锐的感知——高效业务信息化，业务系统要具有洞察力；互联互通——信息资源资产化；智能化——会计知识化、决策科学化。进入2012年，随着云计算、社交网络、物联网的完善与发展，社会信息化的浪潮扑面而来，社会进入以信息生产力为主要标志的新阶段。以知识化、协作化、服务化、共享化为特征的信息经济发展愈加明显。

同时全球知名咨询公司麦肯锡也提出"大数据"时代已经到来，并在全球广泛引起巨大反响。Orange实验室首席执行官（CEO）乔治·纳汉更是提出世界已经发展到以数据为中心的范式上——"大数据"时代。时代已经发生了巨大的变化，会计领域过去所使用的计算工具已经不能适应时代发展的需要。会计领域需要采用新的方法来解决数据库、数据存储以及其他计算机信息处理方面的问题。

从经济管理发展的角度看，随着我国改革开放的不断深化和发展，很多国内企业纷纷走向世界舞台，经济业务类型、领域的不断拓展对传统会计提出了新的挑战。面对繁杂的业务类型和业务数据，如何能够准确及时地做好会计工作，为信息使用者提供有效的信息，对于会计工作者来说是一个全新的挑战。

从企业内部环境来看，信息技术的发展给企业的生产和管理活动带来了根本性的变革，使企业组织内部从经营管理到组织结构等都发生了深刻的变化。从企业的生产经营管理方面看，随着知识经济的发展，企业不再单纯地依靠传统生产方式去追求价值创造，更多地将精力放在研发、调研等信息活动之上，关注对数据资产（data asset）[①]的管理和经营。在这样的管理环境下，信息资源得到了企业经营者的重视。向信息索要价值成为经营者追求价值创造的首选方式。这对会计而言，是一个改变自身、突破发展的机遇。传统会计作为企业管理的一环，很难适应企业经营的需要，迫切需要创造智者思维。从企业的组织结构来看，随着信息技术的发展和分工的细化，企业组织结构呈现扁平化的发展趋势。同时，企业各部门的组织边界呈现模糊化的趋势，各部门间的功能逐渐趋于融合。这在很大程度上拓展了会计发展的外延。会计不再仅仅是一个反映和监督的管理工具，逐渐发展成为具有全局思维的、对企业经营管理具有掌控能力的新职能。

在这样一个大数据时代背景下，与传统会计相比，智能会计在企业管理活动中的优势

---

① 数据资产是可以被数据化的，并且能通过数据处理技术给企业带来经济利益的数据的集合，包括有数字、文字、图像、方位等甚至是沟通的信息等，总之是一切可"量化"、可数据化的信息资源都有可能成为企业的数据资产（刘玉，2014）。

第3章 智能会计的内涵和职能

主要体现在以下四个方面：

（1）支持业务过程的柔性化。柔性（flexibility）是指系统所具有的处理变化环境或处理由环境引起的不稳定性的能力（Buzacutt，1985）。过程柔性则可描述为企业流程所具备的处理环境变化或处理由环境变化引起的不稳定性的能力，也就是流程具备对外界环境的感知能力、分析能力和反应能力。业务过程的柔性表现在两个方面，即主动柔性和被动柔性。主动柔性是指过程对企业内外部环境变化所具有的控制力和影响力；被动柔性是指过程对企业内外部环境变化所具有适应能力。在早期的传统会计系统中，活动、参与者、角色、数据源一般情况下不具有柔性，即业务过程在执行时只能通过不同路径的选择来适应内外部变化；而在智能会计系统中，过程的柔性可以表现在各个要素上，既可以通过不同的路径选择完成任务，也可以通过合理的其他要素的重新配置和组合完成任务。

（2）支持业务过程的智能控制。按照控制论的观点，控制是指为了改善系统的性能或达到某个特定的目的，通过对系统输出信号的采集和加工而产生控制信号施加到系统的过程。一般通过反馈控制的方式对过程施加影响。传统会计体系下企业管理层对于会计信息的利用往往通过结果的绩效评价对执行过程进行评价并予以调整，从时间上看有一定的滞后性；而智能会计可以通过过程监控工具监控过程的执行情况，并用于过程控制的改进。在智能的信息系统中，控制过程体现在两个层面：一是对过程涉及资源（人员、信息、应用程序等）的控制；二是对过程中任务执行路由的控制。同时，控制逻辑从应用程序中抽取出来，由用户加以定义，实现了控制逻辑的"显式"表达，可以帮助管理者了解信息系统控制的方式，有利于控制过程的实现。

（3）支持业务过程的协同。协同是指协调两个或者两个以上的不同资源或者个体，一致完成某一目标的过程或能力。智能会计的突出特点之一就是根据业务流程目标，通过应用程序和模块间的组合和协同，高效快速地完成任务。任务执行中涉及的各类资源在过程模型的支持下，迅速组合又迅速释放，在此期间，协同成为连接各项资源、任务的关键技术。从协同内容层面看，智能的信息系统可以支持企业内部或企业间业务、流程、服务和数据四个层面的协同。

（4）与日常经营管理决策融合。财务会计数据以货币形式描述了企业当前的经营现状，是财务分析、财务预测与决策的数据起点。同时也是管理会计的基础，管理会计是在财务会计的基础上对企业经营和融资活动的进一步分析核算。使用管理会计数据进行财务分析可以更加准确地了解企业的财务绩效，进而做出高质量的财务决策。智能会计系统的应用，使财务会计与管理会计在会计核算阶段就开始相互融合。伴随经营活动、投资活动和融资活动的展开，智能会计系统通过实时数据收集，直接对企业业务、财务、税务信息按照财务会计和管理会计的要求分别进行分类、计算和存储，实时更新管理会计信息，避免管理会计信息的滞后性，从而提高了财务决策的及时性。同时，管理会计信息的实时更新也为监督决策执行效果提供了数据支持，可以推动会计由事后核算向事中控制和事前决策延伸。

3.2 智能会计的内涵

智能会计的出现并迅速发展得益于新兴智能管理技术等理论的支持。可以说，它的产

智 能 会 计

生是会计由简单核算型向经营决策型转变的重大突破。为了提高企业参与竞争的快速反应能力，及时高效地为决策服务，这对企业的会计和财务管理系统提出了更高要求：要强化企业财务分析准确性、系统性、及时性。在这种大趋势下，智能会计的推广应用可以带来企业管理的革命性变化，带来企业经营效率的普遍提高，进而导致社会经济水平的进一步发展。智能会计是企业会计与财务管理发展的方向，其出现引发了学术界和实务界对智能会计这一新兴概念的关注与研究。因此，在对前述章节进行学习的基础上，本部分将在与传统会计进行对比的过程中，进一步地阐述智能会计的对象，对智能会计的内涵进行总结，同时对智能会计的研究范畴进行讲解。

3.2.1 智能会计的对象

传统会计的对象是指会计所要反映和监督的内容，是社会在生产过程中的资金及资金运动。会计对象是会计记录经济活动的依据，在这种理论下，无论是企业、政府或是其他形式组织，无论其规模大小，会计工作的对象就是原始单据。原始单据按其取得方式分类为外部原始单据和内部自制原始单据，传统会计工作就是对所取得的原始单据进行审核、分类、序时记录的基础上展开记账、编制报告和分析工作。

而在数字经济发展的大环境下，企业在日常运作中产生了大量的业务数据，这些数据表面看起来杂乱无章、并无关联，而其内部隐藏着关于企业运作模式、经营状况和发展趋势的信息。由于数据数量庞杂且并不直观，传统的数据方法难以及时发现这些信息，更遑论利用数据中隐藏和反映的信息改善企业经营状况和财务状况了。而智能会计中的数据挖掘技术结合数理统计和分析功能，可以对这些庞杂的业务数据进行深层次的分类和分析，利用计算机的强大算力发现蕴含于大量业务数据中的有价值的信息，构建模型并对未来发展趋势进行预测。

综上所述，智能会计的工作对象是对于业务数据的挖掘和应用，利用数据挖掘技术和文本挖掘技术对业务数据进行聚类分析，发现数据间潜在的关联关系，对会计报告进行智能处理，自动地进行财务数据的关联性分析及财务指标逻辑判断，辅助甚至代替人工整合企业内外部的庞杂信息，建立管理模型，识别企业的经营风险、财务风险和盈利商机，将系统分析结果及意见通过人机交互界面呈现给用户，实现真正的业务核算规范化、财务管理便捷化、经营诊断自动化、管理决策模型化，通过智能会计系统的数据分析处理，满足企业高效决策和管理的需要。

3.2.2 智能会计的内涵界定

智能会计的出现是经济发展和"大智移云物区环"技术的必然产物，当经济发展和计算机科学技术发展到一定程度，传统会计已无法满足企业核算、分析、管理、决策的全部需要时，智能会计便应运而生。简单而言，智能会计的发展是建立在电子商务浪潮风起、互联网技术飞速发展、企业经营环境的革命性变化以及企业经营管理模式向精细化数据化转变之上的。随着智能化财务的兴起与发展，智能会计的概念开始受到学术界和实务界的关注。本部分将在总结智能会计发展起源和发展现状的基础上，提出本书的更进一步认识。

第3章 智能会计的内涵和职能

1. 智能会计的起源和发展现状

自1956年达特茅斯会议[①]正式提出用计算机来模拟人类智能以来，人工智能研究一直致力于解析并模拟人脑信息处理过程，意图用机器智能代替人类智能。学者认为，无论是人类的显意识还是潜意识，都是一个人脑信息加工的过程，这与人工智能的信息处理逻辑是一致的。"智能+会计"系统就是在会计信息的加工、处理和输出环节嵌入人工智能技术。

智能会计最早可以追溯到20世纪80年代。彼时我国的会计核算正在经历从会计电算化阶段过渡到会计信息化阶段的过程。80年代的会计电算化阶段，纯人工的会计核算已经不再盛行，取而代之的是使用微型数据库和简易型的计算机财务软件来进行会计处理，逐步实现了从固定资产核算、成本核算、工资核算等从单项简单的独立核算到计算机辅助账务综合处理的转变（杨纪琬，1985）。国内外学者针对智能会计的定义、特征、标准等各个方面进行了大量的研究，丰富并推动了智能财务管理的理论发展。从90年代开始，财务管理又进入了新阶段——即信息化阶段，此时，随着互联网在全球掀起一股浪潮，供应链随之而生（周金华，2003），各行业利用互联网的优势，将业务与财务相结合，逐渐将核算型的财务管理转化成管理型（杨周南，2004）。财务信息化的重点在于人工和智能工具分工合作。2005年，财务共享服务模式诞生，短时间内就得到了广泛推广，加上大数据、云计算等互联网技术也在很大程度上加快了财务信息化的步伐，推动了发展进程。进入2010年后，人工智能技术取得了突破性进展，人们对其利用也逐渐增多，不仅结合高性能的计算机能力和大数据分析技术，将专家系统、模式识别、机器推理等技术附加了很多新的应用场景，深入研究了基于神经网络和遗传算法的机器学习，提出了新一代人工智能的发展目标（杜传忠等，2018）。在大数据的时代背景下，智能会计迅速发展，世界各国企业受到启发纷纷开始了财务管理和会计核算智能化，金蝶在2017年中国管理全球论坛中，将基于云端的财务机器人发布，使得财务更加聚焦于公司的战略财务和业务财务决策上；用友云财务以全球司库、智能财务和实时会计三者结合为核心，以人工智能和财务共享等技术为支撑，为企业成本核算、财务管理和投资融资提供了有针对性的解决方案。2017年开始，国际四大会计师事务所相继推出人工智能化产品——财务机器人，在税务、审计等方面投入使用，但因为发展阶段位于初期，因此只能替代传统业务流程中重复性强、耗费时间长的简单工作，中化国际积极引入财务机器人，将其应用到智能财务共享中心，主要由其负责部分基础的工作。响应国家大力发展智能产业的号召，上海国家会计学院积极应对，根据目前财会行业缺少人才的现状，推出了智能财务师这一职业能力认证。财务会计智能化，已成为企业会计信息化发展的重要趋势。智能会计不再只停留在理念阶段，在企业管理实践中有越来越多的利用，为企业经营在识别并控制风险、提升运营效率、洞察业务漏洞等方面带来重要价值。

由此可见，随着数字经济时代的到来和企业信息化建设的加强，智能化财务软件的需

[①] 1956年8月，在美国汉诺斯小镇的达特茅斯学院中约翰·麦卡锡（John McCarthy）、人工智能与认知学专家马文·闵斯基（Marvin Minsky）、信息论的创始人克劳德·香农（Claude Shannon）、计算机科学家艾伦·纽厄尔（Allen Newell）、诺贝尔经济学奖得主赫伯特·西蒙（Herbert Simon）等科学家正聚在一起，讨论用机器来模仿人类学习以及其他方面的智能。会议确定了"人工智能"的命名。因此，1956年也就成为人工智能元年。

求也会不断增大，智能会计有可能真正促成财务软件由核算型向决策型的转变。可以预见，智能会计这一新兴学科分支成为学界讨论的热门话题，在应用领域也是未来财务软件市场的一个新热点。

2. 智能会计概念讨论

在定义方面，"智能会计"这一名词虽然已诞生许久，但对此学术界并没有给出一个明确且具有权威性的定义，按照学术界研究学者对"智能会计"的分析，通常将其定义为：智能会计是通过人与机器的有机协作，来进行公司的会计核算和财务管理活动，并逐渐完善与发展，直至实现能够逐步代替某些专职财务人员进行的财务管理行为。简而言之，"智能会计"是一种全新的企业会计核算和财务管理方式，它以最新的财务管理理论以及会计核算工具等为基础，是一种具有全功能、全过程智能管理等显著优势的新型模式（张瑞君等，2014；高宏亮等，2005；刘岳华等，2013）。熊玲（2014）认为，智能会计主要是将财务作为核心。在传统会计范畴中，一般会将其划分为财务、会计两项分支，其中会计就是管记账，将非结构化信息转为数据，提供会计报表给外部使用者；财务就是财务管理，将分析过后的财务数据信息提供给企业内部管理人员，进而将其运用到决策当中。随着互联网技术的发展，企业中财务与会计的职能越来越模糊，企业的快速发展使得已经不能将财务和会计两者严格地区分开来，需要重新认识和定义企业财务。张庆龙（2021）将目前比较有代表性的观点分为五类，分别是技术应用观、系统模式观、应用场景观、管理活动观和交叉学科观。技术应用观认为智能会计主要是指人工智能技术在会计工作中的应用；系统模式观强调其是一种系统或新型管理模式；应用场景观重点强调智能会计的应用场景是战略层面、业务层面和核算或者财务共享层面的各类应用场景；管理活动观的观点是智能会计是基于智能化环境产生的一种经营管理活动；交叉学科观将智能会计界定为人工智能及其相关技术的理论与会计理论相结合形成的一门新的交叉学科。

在作用方面，随着智能会计的应用逐渐成熟，以智能会计为核心的各种系统应运而生，这些系统多为企业服务，旨在实现提高企业效率、降低成本、增加效益、辅助管理决策的目标。2016年，以卡瓦尔坎特（Cavalcante）为代表的研究学家明确表示，智能会计能够利用多种高科技技术，如财务机器人、专家系统、神经网络等，极大地提高财务管理工作的效率，同时能做到工作内容准确无误，财务人员也可以有更多的时间处理其他事物。孙逸和董志强（2017）认为，财务信息化阶段同智能化阶段存在一定差异，前者更聚焦于财务和商业信息的集成、高速处理和即时共享，而后者更关注公司信息处理效率的高低以及能够为公司带来的收益等，例如利用互联网、财务机器人和专家系统等技术实现财务处理流程的自动化，达成缩减成本、错误最小化和增加效能的目的。何丽和张新中等（2018）指出，运用智能会计可以把公司富有价值的财务管理活动和传统的财务部门分隔开来，将其置于公司集团和业务层面，以此来解决在世界税收筹划以及各种财务条例下产生的财务政策，多产品和多业态的预算分配及管理，良好的公司激励制度与绩效评估系统等。刘勤和杨寅（2019）曾说明，智能财务为现代财务工作提供了极大的便利，实现了财务流程自动化、整体优化和更新再造，对财务管理模式和理念进行革命性变化，可以借助人机的深度融合实现新型财务管理功能。

智能会计是人工智能、商业智能与会计、企业管理结合而衍生的概念。智能会计是覆

第 3 章　智能会计的内涵和职能

盖企业整个经营活动财务流程的智能化，涵盖三个层面：一是基于业务与财务相融合的智能财务会计共享平台，这是智能会计的基础；二是基于商业智能的智能管理会计平台，这是智能会计的核心；三是基于人工智能的智能会计平台，这代表智能会计的发展。需要注意的是，智能会计并不等同于会计机器人，会计机器人主要指利用人工智能技术代替过去需要人工进行的简单却高度重复的工作，如会计核算，主要目的是提高会计核算的准确性与核算速度。智能会计的核心是商业智能，商业智能是针对企业业财融合得到的大量数据，利用合适的筛选、查询、分析建模等功能进行数据的分析与处理。商业智能可以利用计算机快速运算的功能，及时、有效、准确、可靠地为企业管理者及其他信息使用者提供多样化、立体化的财务分析结果。智能会计的两大内容是会计核算与财务分析，而数据和分析是财务分析的两大核心，财务分析始于数据，重在分析。智能会计系统利用人工智能技术与大量企业电子化财务数据，为传统财务分析模型设立计算机模型，从而得出企业的经营分析诊断报告。

3. 智能会计的特点

综合前面所述，智能会计是在数字经济时代大数据、云计算等技术发展的背景下应运而生的，其天然就融合了计算机大数据技术的相应特点。总体来说，智能财务分析具有流程化、分析结果可视化、精准化、动态实时化、可比性、智能性等特点。

（1）流程化。智能会计分析的数据来源于业财税管融合中企业的业务流程、会计核算和管理流程，财务人员根据预设程序进行数据的填列并上传至下一个环节，环环相扣，实现智能会计分析流程化作业。例如，会计的核算工作就是把会计分录预先设定好，智能会计系统根据填列的基础数据按设定规则进行会计账务处理，实现会计核算工作流程的智能化。以此类推，智能会计系统再将三大流程数据的初步采集及核算分类数据结果传递至下一个环节，即提前建立的财务分析模型，进行智能会计分析，最后得出分析结果，并自动传送至不同信息使用者。整个分析过程无须人工参与，体现了智能会计分析的流程化特点。

（2）分析结果可视化。传统的财务报表分析无论是过程还是结果，都是数字与公式的堆积，对于报表使用者来说，分析结果并不直观。而智能会计分析可以对财务分析结果进行绘图，通过图表将复杂的数据分析结果直观地呈现出来。例如，分析企业的资本结构时，可以利用饼状图将长期债务、普通股和优先股的比例展现出来，更为直观。

（3）精准化。智能会计的精准化可以分别概括为数据收集的精准化和适用对象的精准化。由于智能会计所采集的数据来源于业财融合的统计结果，对不同部门、不同工作流程的数据都按"分类—审核—汇总"的流程进行。如果企业的管理人员要抽查基层工作情况，可以直接从系统中调取相应部门的流程数据，实现数据收集的精准化；企业的利益相关者都是财务分析结果的使用者，包括股东、管理人员，以及市场股票散户等。通过智能会计分析平台，可以利用系统用户加密等方式，使不同使用者有且仅有其对应财务分析结果模块查看的权限，实现了分析结果的使用对象精准化。

（4）动态实时化。传统的财务报表分析只能基于过去的数据进行相关分析，分析结果具有一定延迟性。管理者分析企业现状时只能根据企业最近经营情况，结合最近财务报表分析结果进行估计。而应用智能会计分析后，在具备业财融合条件下，企业的信息都与日常经营状况密切联系，并在智能会计平台实时更新，使企业的发展动态实时可观测。企业

智能会计

管理者只需进入智能会计平台查看相关数据，即可了解企业近期的营运能力、偿债能力及盈利能力。例如，新冠肺炎疫情爆发后，很多企业无法复工复产，即便复工复产的企业，其日常开支和收入也因疫情而受到严重影响。利用智能会计平台，管理人员就可以实时监测企业具体状况及因疫情产生的特殊收支，并采取措施加以应对。而传统财务分析要经过层层传递、加工才能将分析结果呈现给管理者，管理者再根据分析结果采取相应的应对措施，这对企业来说可能为时已晚。

（5）可比性。智能会计分析可以对分析结果进行对比性研究。企业可以将同行业相关公开数据导入智能会计系统进行同期的横向对比，同时也可以选择行业内的佼佼者或竞争者进行不同时期的纵向对比，另外也可以将本企业不同年度财务分析结果进行自我纵向对比。利用商业智能与人工智能的模型及深度学习经验，可以分析企业自身与其他企业相比存在的不足之处，提出改进建议，同时通过对自身不同时期的分析，总结企业发展过程中存在的问题及应对措施。

（6）智能性。智能会计是传统会计维度和技术上的升级，其手段是借助人工智能技术，尤其是机器学习和算法引擎技术，实现会计核算、企业管理和业务流程的深度实时无缝融合。智能会计的智能性特点主要体现在 AI 系统、RPA 等智能工具以及大数据分析模型三个要素中。AI 系统的功能类似于人脑，能够将管理人员的指令进行分解；RPA 等智能工具的功能类似于人的四肢，能够根据 AI 系统下达的指令自动运行，高效地完成任务；大数据分析模型的功能类似于人的循环系统，能够通过实时地抓取企业内部经营数据及外部经营环境数据进行模型构建和分析，推动会计工作由传统的核算型向管理型发展。智能会计系统能够智能地帮助企业实现自动化、精细化管理，具体工作包括自动、准确地编制合并财务报表、纳税申报表等，构建业务流程地图和适用于企业的管理模型，节约人力物力财力，带来企业经营模式的变革。

4. 智能会计的内涵

传统意义上的会计是以货币为主要计量单位，反映和监督一个单位经济活动的一种经济管理工作。在企业，会计主要提供企业财务状况、经营成果和现金流量信息，并对企业经营活动和财务收支进行监督。

会计体系和会计制度是随着人类社会生产的发展和经济管理的需要而产生、发展并不断完善起来的。人类文明不断进步，社会经济活动不断革新，生产力不断提高，会计的核算内容、核算方法等也得到了较大发展，逐步由简单的计量与记录行为发展成为主要以货币单位综合地反映和监督经济活动过程的一种经济管理工作，并在参与单位经营管理决策、提高资源配置效率、促进经济健康持续发展方面发挥积极作用。

基于前述智能会计的发展历程回归、学界概念讨论和特征分析中，本书将智能会计定义为：

智能会计是以大数据、人工智能、区块链、云计算、移动互联等技术为支撑的业务结构流程化、账务处理自动化、信息提供精准化、管理决策智能化，可即时高效地实现各类市场主体业务、财务、税务、管理高度融合的数字经济时代的新型智能化会计系统。其中，业务结构流程化是指智能会计系统能够根据企业需求自动分析业务流程和涉及部门，确保流程环环相扣，数据自动传递；账务处理自动化是指系统通过文字识别和文本分析技

第3章 智能会计的内涵和职能

术,基于系统内预先构建的业务场景,在前端业务发生时由系统自动化地生成会计凭证,同时一键生成财务报表或自动进行复杂股权架构的集团内财务报表的合并工作;信息提供精准化是指智能会计系统能够利用大数据技术搭建企业内外部信息数据库,在海量数据中精准识别有效信息,解决数据过载问题;管理决策智能化是指智能会计系统能够基于精准抓取的有效数据信息,智能构建符合企业经营特点的个性化模型,聚合海量数据进行模型化分析,提高会计控制和管理决策效率。

智能会计的应用要求企业构建一套智能化会计系统,将企业业务活动和财务活动相互联系起来,作为一个整体,实时监控各个环节,通过提供更加有效的数据,为企业内外部管理者提供有海量数据支撑、有科学模型测算的更加合理、高效的企业经营管理决策。

3.2.3 智能会计的研究范畴

哲学上将范畴解释为最一般的概念,这些概念反映着客观现实现象的基本性质和规律性,规定着一定时代的科学理论思维的特点。范畴是反映事物本质属性和普遍联系的基本概念。在哲学中,范畴概念被用于对所有存在的最广义的分类,如时间、空间、数量、质量、关系等都是范畴。在分类学中,范畴是最高层次的类的统称。因此智能会计的研究范畴可以理解为智能会计所涵盖的经济和商业活动范围,通俗地讲就是现在哪些经济或者商业活动属于智能会计的研究范围。本章对智能会计研究范畴的划分实际上是在总结学者对智能会计概念和分类的基础上,以智能会计所研究的核算与分析对象的有效性作为划分标准,确定智能会计的研究范畴。

1. 基于企业内部业务流程的智能会计

近年来,大数据、物联网以及互联网等新技术的出现改变了企业成本管理方式、经营模式以及组织形式,企业高层对高质量信息的需求大大增加,而以会计核算为核心构建的传统会计体系已经无法满足企业发展需求,财务需要与业务相结合,才能确保企业的高质量发展。

业财融合是在企业资源有限的条件下,整合企业的财务和业务活动,使得企业财务人员能够对企业运行状态和财务目标进行同时掌握,从而为企业实现资源配置的合理化提供帮助。

在目前市场经济压力下,企业财务管理的需求不再局限于传统单一核算型会计,尤其是一些业务交易量大、分支众多、规模庞大的大型集团企业,其更需要发展建立起顺应企业内部整个业务流程的业财融合的智能会计体系,使得智能会计的核算体系符合企业业务活动的流程和逻辑,建立"采购—生产—销售—应收账款"的过程性核算。将财务参与到业务经营管理当中,并充分利用管理会计工具,辅助业务部门对业务流程进行改进优化,参与供应链的构建,结合市场进行预测,参与产品定价决策,判断客户价值,制定合理的信用政策等。

基于单个企业内部业务流程的智能会计体系的建立,能帮助企业科学及时地进行数据分析,从战略决策、研发设计、采购、生产、销售到供应链管理,贯穿整个经营管理过程,通过全方位的实时信息化系统,在数据处理、分析和披露上更加及时,帮助企业提升决策效率。

智 能 会 计

2. 基于供应链上下游企业间的智能会计

在建立基于企业内部业务流程的智能会计体系的基础上,我们可以将智能会计的运用推广至企业供应链和产业链的上下游,完成对银行、供应商、客户等方面账务的"智能监控"和"智能管理"。供应链企业通过统一提供的财务共享服务,将搜集的财务数据按照标准化、规范化流程整理归集,录入到统一的数据库。包括供应商、制造商和销售商在内的供应链成员,通过智能会计系统上传财务信息和资料,主要分为财会信息和战略信息两类,智能会计系统将上下游企业信息自动进行匹配对比,预测市场需求和原材料供应情况,动态地调整整条供应链上各节点各企业的生产规模。

通过对往来账项的集中管理,发现账务存在金额差异,对于到期账款进行及时催收,避免坏账发生;通过对自身生产规模的估算和管理,及时发现上游原材料采购过程与企业实际生产经营需求的偏差,实时调整采购量并将信息传递给上游供应商,避免因原材料短缺导致产能利用不足;通过与下游客户的沟通,及时发现市场对产品需求的变化,调整生产数量和经营策略,一方面能及时抓住市场机会;另一方面也避免生产过剩所导致的产品积压。通过对供应链往来账务的监控,实现对账的流程化处理,为实现整条供应链往来账务的同步做出贡献;通过对产业链上下游需求信息的及时沟通与同步,增强对上下游供应链企业的控制,提高生产和销售销量,消除和控制企业内部的库存,在存货数量控制的过程中解决传统经营模式下存在的资源浪费问题,避免由于上下游某一环节出现的失误造成的生产问题。

3. 基于同行业企业间的智能会计

任何一家企业的发展状况必然要受其所处的经济环境的影响和约束,不会长期严重偏离其行业的整体发展水平。因此,在财务分析时进行行业分析和同业比较可以显示出企业的行业地位和发展前景,提高企业管理者对于企业目前所处行业状况、行业地位和行业前景的认识,提高管理者决策准确性和有用性。

智能会计通过大数据采集和分析手段,能够自动抓取同行业企业公开的财务数据信息并进行分析,一是能够判断企业所处的行业的生命周期,有助于了解该行业的发展前景以判断企业的发展前景——如果企业所属行业处于发展阶段,则其财务状况有进一步改善的空间,如果是处于衰退期,即使目前尚好,也存在着财务风险;二是能够确定行业的竞争程度,有助于判断是否应进行经营业务行业结构的调整,是否是进入或退出某一行业的最佳时机——如果行业中各个企业的各项财务指标趋于一致,一家企业也很难长期处于领先地位,而在成长阶段的行业,由于竞争度不强,企业有可能由于技术领先等原因在财务上领先于同业水平;三是能够分析企业在行业中所处的行业地位,对了解其竞争力、发展状况进而分析其财务状况有着重要的意义——通过比较分析企业的市场占有率、技术领先度、生产规模和管理团队的效率等重要因素,确定企业在生产经营、管理模式中的优势和劣势,确定企业在行业中的成长空间。

4. 基于政府政策的智能会计

2020年底国家税务总局发布了"金税四期"项目的政府采购意向公告,这意味着税收

第 3 章 智能会计的内涵和职能

管控将进入"金税四期"时代,系统升级意味着税务监控趋于严格。"金税四期"相较于已全面实施的"金税三期",实现了对企业业务的更全面监控:不仅仅局限于税收方面,还将纳入非税业务。同时"金税四期"搭建了各部委、中国人民银行及企业各大开户行等金融机构、监管机构之间信息共享和核查的通道,实现企业纳税状态、企业登记注册信息、企业相关人员手机号码核查三大功能。由此可见,"金税四期"时代的到来需要企业在经营过程中更加注重合法合规,对外申报给税务局、统计局、人社局和公积金中心等监管部门的每一个数据都可做到相互印证,这对企业合法合规经营和财务会计处理都提出了更高要求。

智能会计能够搭建起一个全面的政府财政政策、税收政策和地区政策库,自动收集所有企业可能用到的政府政策,并通过文本分析技术自动抓取关键词,形成政府政策数据库。基于此数据库,智能会计系统可以自动结合企业所处行业、企业规模、企业运营情况寻找其适用的财税政策以供管理人员参考,且系统可自动分析提出建议辅助管理人员进行企业经营决策,切实提高企业的管理水平、运营效率和决策有效性。

另外,智能会计系统能够搭建一个丰富的税收筹划案例库,根据企业的经营情况、收入构成等信息在庞大的案例库中自动搜索类似的税收筹划案例,智能嵌入并自动做出分析和税收筹划方案建议,帮助企业合理避税,降低经营成本。

3.3 智能会计的职能和作用

由前面可见,智能会计是指建立在"大智移云物环"等新技术基础上的,具备智能化、自动化等特征,能够实时提供高度决策相关信息并致力于提升管理的价值创造力的新型会计学科分支。智能会计系统的目标在于提高企业效率、降低成本、增加效益。智能会计利用计算机智能工具对信息数据进行搜集处理,相对于传统的财务会计来说,有着实时反映、过程管控、整合信息、辅助决策等显著优势。同时由于人工智能信息获取、处理和分析工作的快速性、准确性等特点,智能会计能够更加游刃有余地应对数字经济时代决策过程中面临的数据过载问题和报告对象多样性问题,提供有效的决策信息,辅助管理层进行有效决策。

3.3.1 智能会计的职能

传统会计系统和体系下,会计的职能是对组织的经济活动进行反映和监督,会计目标是为信息使用者提供以财务信息为主的经济信息服务,随着智能会计的运用,会计反映的职能更多地由计算机和会计信息系统自动完成,通过系统内部和系统间数据交换、数据分析和数据运用等人工智能活动,将智能会计的职能扩展为包括立体动态反映、过程监管控制、信息资源整合、价值创造管理四大类会计活动。

1. 立体动态反映

传统会计所要反映的经济活动即实体活动(业务流)、货币收支(财务流)和信息沟通(数据流),反映分成了两个阶段:第一阶段是将经济活动使用会计的方法进行确认和

智 能 会 计

计量，目的是真实准确地记录会计活动的发生；第二阶段是将记录下来的会计数据整合成为会计报告，呈现给会计信息的需求者，财务报表阅读者再通过分析还原企业的经济业务活动和整体财务状况。这样将企业经济活动的对外反映过程人为地分为两个阶段的做法让企业的业务流、财务流、信息流"三流分立"，分立的最终结果使财务报告中的会计信息成为了解、认识和管控经济活动的唯一依据。然而财报信息只能滞后定期反映，并止于货币的计量，缺乏即时的运用价值。

智能会计所追求的会计信息化的目的就是使会计第一阶段和第二阶段均在结构与功能上发生根本性的变化，实现同一时空和三流合一，达到实时反映、信息集成和知识共享的最高境界。

立体动态反映是指会计确认、计量、记录、收集、处理和报告的内在会计最基本的职能，不仅继承了传统会计的核算职能，还重点强化连续动态的反映过程，反映企业经济活动的立体信息结构。对于会计的立体动态反映职能，徐国君教授通过三维会计来实现。三维会计是在资产、权益两个基本要素的基础上，将"行为"作为第三维基本要素纳入会计系统而形成的三维立体动态会计系统。徐国君教授强调三维会计是人本会计、是人权会计、是动态会计、是立体会计、是一个立体动态反映与信息资源整合的系统。无独有偶，杨雄胜教授提出未来会计的发展是实时会计（连续会计、同步会计）、全息会计（全面会计、立体会计）和整体会计（社会会计、宏观会计、全局会计、总体会计）。他认为，传统会计只关注基础上能够计量的方面，这需要建立在整个社会彻底货币化的资本主义制度环境的，而忽视了未能在货币化方面有所体现的社会和个人，因此"反映"这一职能就显得没那么必要了。在信息化环境下，需要研究人类行为的各种自然表现形式（属性），例如，时间、空间、地点、数、方向、量、力度、速度、影响、关系等，如何反映在实时会计系统中，由此延伸形成了全息会计。

2. 过程监管控制

将会计工作重心从核算型和收益管理型向风险控制型转变，做到能够分析企业内外风险，制定风险控制预案，主导生产经营活动，实施价值链管理，支持领导决策。国内外企业的成功经验表明，企业实施过程监管控制最有效的手段是推动信息化管理，是规范财务业务流程，确保监管控制机制在企业各部门得以"落地"，实现"开源"与"节流"，为企业运营提供有力决策支持。在确定了企业经营目标之后，通过制定一系列相互联系、相互制约、相互监督的制度、措施和方法，发挥财务监管控制职能，保障企业可持续发展。它包括了对货币资金、往来结算、存货、投资、固定资产、在建工程及销售收入等多方面的过程监管控制。在职能实施时，还可以根据适应性原则和发展性原则，以及企业自身的业务特点、管理需求、发展阶段和所处内外环境的变化，及时修订财务管理制度，调整信息化软件的功能应用，实现精准过程监管控制，既可提高全员工作效率，又能保证企业的财务政策贯彻实施。以资金收付业务的会计监管控制为例，对资金收付的监管控制主要是通过企业资金的集中管理和对下属分公司资金情况的实时监控完成的。通过信息化手段，让用户可以综合业务信息生成资金预算，应付账款、应收账款、总账系统中的日记账分录调节银行清单，还可以与各家商业银行实现银企直联，实现银行业务数据与企业资金交易数据充分信息共享，满足过程监管控制的要求。

第 3 章 智能会计的内涵和职能

3. 信息资源整合

信息资源整合是指对来自企业内部和外部的各种信息资源，通过联想、分析、推理、判断等智慧性加工手段，整理合成能够实现经济实体价值增值的信息。其特点是：强调信息的广泛性；重视信息与价值的内在联系；运用智慧性信息加工手段；提供增值性信息；参与管理之中。由于涵盖了与企业活动有关的全部价值方面的信息，会计无疑就成为经营管理的主要信息源；会计既能为信息资源整合提供增值性信息，又大大扩充了信息源，同时开始成为管理思维的一部分，可称之为管理者的"外脑"；信息资源整合是对管理机制的制度安排的体现，直接起到价值创造管理的作用。如果我们把企业比作在商海中航行的一条船的话，那么，会计的地位可以比作"上层建筑"的一部分：航行（经营）的罗盘、船长的外脑（参谋）、航向的舵轮。信息资源整合系统提供增值性信息，以使有关方面进行科学的价值管理，最大限度地实现经济价值。通过会计信息系统实现的信息资源整合，可以使各种会计数据从业务源头自动采集，从而做到"数出一门、资源共享"，以此提高会计信息的质量，加快信息的传递，提高企业的管理水平。

4. 价值创造管理

价值创造管理是指通过会计的内含机制、制度或规则、方法、信息等对行为者创造经济价值的管理，这种管理主要是促进、规范、引导、影响性的自我管理，以及利用会计信息和价值管理方法进行的管理，这种管理是强化性的统一管理。价值创造管理将是会计的内含性职能，其特点是：重构会计系统为人本会计；以行为管理作为价值管理的基础；实现自我管理与统一管理的结合；实现技术方法与艺术方法的统一；实现内在机制与外在规则的协调。因此，面对复杂多变的外部挑战，会计应拓展其价值创造管理的职能。

3.3.2 智能会计的作用

智能会计的任务是通过一系列会计程序提供决策有用的信息，并积极参与经营管理决策，提高企业经济效益，服务于市场经济的健康有序发展。具体来说，智能会计在人工智能时代社会主义市场经济中的作用，主要包括以下四个方面。

1. 提供决策有用的信息，提高企业透明度，规范企业行为

企业会计通过其反映职能，提供有关企业财务状况、经营成果和现金流量方面的信息，是包括投资者和债权人在内的各方面进行决策的依据。比如，对于作为企业所有者的投资者来说，他们为了选择投资对象、衡量投资风险、作出投资决策，不仅需要了解企业包括毛利率、总资产收益率、净资产收益率等指标在内的盈利能力和发展趋势方面的信息，还需要了解有关企业经营情况方面的信息及其所处行业的信息；对于作为企业债权人的银行来说，他们为了选择贷款对象、衡量贷款风险、作出贷款决策；不仅需要了解企业包括流动比率、速动比率、资产负债率等指标在内的短期偿债能力和长期偿债能力，还需要了解企业所处行业的基本情况及其在同行业所处的地位；对于作为社会经济管理者的政府部门来说，他们为了制定经济政策、进行宏观调控、配置社会资源，需要从总体上掌握

智能会计

企业的资产负债结构、损益状况和现金流转情况，从宏观上把握经济运行的状况和发展变化趋势。所有这一切，都需要会计提供有助于他们进行决策的信息，通过提高会计信息透明度来规范企业会计行为。

2. 加强经营管理，提高经济效益，促进企业可持续发展

企业经营管理水平的高低直接影响着企业的经济效益、经营成果、竞争能力和发展前景，在一定程度上决定着企业的前途和命运。为了满足企业内部经营管理对会计信息的需要，现代会计已经渗透到了企业内部经营管理的各个方面。比如，企业会计通过分析和利用有关企业财务状况、经营成果和现金流量方面的信息，可以全面、系统、总括地了解企业生产经营活动情况、财务状况和经营成果，并在此基础上预测和分析未来发展前景；可以通过发现过去经营活动中存在的问题，找出存在的差距及原因，并提出改进措施；可以通过预算的分解和落实，建立起内部经济责任制，从而做到目标明确、责任清晰、考核严格、赏罚分明。总之，会计通过真实地反映企业的财务信息，参与经营决策，为处理企业与各方面的关系、考核企业管理人员的经营业绩、落实企业内部管理责任奠定基础，为加强企业经营管理、提高经济效益发挥积极作用。

3. 考核企业管理层经济责任的履行情况

企业接受了包括国家在内的所有投资者和债权人的投资，就有责任按照其预定的发展目标和要求，合理利用资源，加强经营管理，提高经济效益，接受考核和评价。会计信息有助于评价企业的业绩，有助于考核企业管理层经济责任的履行情况。比如，对于作为企业所有者的投资者来说，他们为了了解企业当年经营活动成果和当年的资产保值和增值情况，需要将利润表中的净利润与上年进行对比，以反映企业的盈利发展趋势；需要将其与同行业进行对比，以反映企业在与同行业竞争时所处的位置，从而考核企业管理层经济责任的履行情况；对于作为社会经济管理者的政府部门来说，他们需要了解企业执行计划的能力，需要将资产负债表、利润表和现金流量表中所反映的实际情况与预算进行对比，反映企业完成预算的情况，表明企业执行预算的能力和水平。所有这一切，都需要会计提供信息。

4. 促进社会财富流动，促进多产业蓬勃发展

一项新兴技术的产生和发展必然会促使多个产业的发展，在财务方面智能技术会推动财务管理的发展，可以优化流程步骤，降低企业成本，控制企业财务风险，加快公司财务转型步伐。智能会计系统的运用把外部的供应商、客户、分销商、经销商、工商、税务等都纳入平台，打通和连接内外，把内部的人财物等资源配置管理起来，通过虚拟内部交易进行资源获取、资源配置、商品交易这样一个完整的内部价值链条，借助"互联网+"实现以电子交易票据为媒介的业务流（借助信息化实现所有业务环节的业务信息全流通）、票据流（伴随业务环节，产生多种业务票据，作为交易的原始凭证）、信息流（打通业务链各环节，借助互联网构建无边界信息平台）的"三流合一"，把管理的重心延伸到交易端，交易和发票数据都在系统中，可以做到会计核算过程自动化，同时通过消费在线化，实现交易前端的管控，真正打通企业内外部信息壁垒，将信息流动效应扩大到全社会范围，促进产业链上下游企业乃至更多产业的蓬勃发展。

第4章 智能会计的目标与本质

随着大数据、云计算、区块链等技术走进人们的视野并日渐为大众所熟知,财务领域也在接受这些新技术、新理念,逐渐融入"互联网+"的时代浪潮。一直以来,一说到会计工作的目标,一般认为应是提供与企业财务状况、经营成果和现金流量有关的会计信息,反映管理层受托责任的履行情况,帮助企业利益相关者做出经济决策。而对于会计的本质,则是指以货币为主要计量单位,采用专门的方法和程序,对经营主体的经济活动进行核算和监督。那么,在引入了智能技术后的会计系统相比于传统会计体系又会有哪些更新、更深入的目标呢?智能会计系统的本质又是什么呢?在明确了智能会计的理论框架、内涵和范畴之后,这一章中,大家将一起来探讨智能会计的目标和本质,为后续智能会计功能、特征等内容做铺垫。

4.1 智能会计的目标

在智能时代已经明确到来的当下,无论身处其中的财务从业者感知是否明显,智能技术对于会计领域的影响正在实实在在地发生着,这些影响也使得传统会计体系的目标发生了改变。目标是动力的源泉,明确智能会计的目标不仅为会计工作内容和方式的变革指明了方向,也为会计从业人员知识结构和职业素质明确了新要求,帮助企业把有限的资源放在最有意义的事情上,促使企业更快、更好、可持续地发展。任何活动的目标都有一般、浅层次的目标和核心、终极的目标。

下面就分别来论述一下智能会计系统有哪些更新、更深入的一般目标和核心目标。

4.1.1 智能会计的一般目标

智能会计的一般目标,就是通过广泛、深入地收集经济信息,客观、精确地分析这些信息,并提供完善、可靠的会计报告来提高经济决策的有用性,实现各项工作的高效与准确完成,同时降低经营成本与经营风险,从而保证资源的合理配置,从根本上弥补传统会计体系的不足。具体而言,智能会计的一般目标主要包含以下几个方面:

1. 提高决策有用性

帮助管理层做出最大效用的经济决策是财务活动的最终目的。因此,提供即时、准确的财务信息以提高经济决策的有用性是会计工作的重要目标之一。传统会计系统受多种因素的影响使得管理者做出的决策有用性受到限制,而智能会计体系的首要目标就是改善管

智能会计

理者经济决策的有用性，这一改善主要体现在以下几个方面。

(1) 提高经营预测的准确性。

准确的经营预测是正确的经营决策的重要前提，想要提高经营预测的准确性，全面、深入的信息收集和客观、精确的数据分析必不可少。在信息收集方面，要兼顾信息的广度与深度，就信息的广度而言，宏观的国家政策、中观的行业市场及微观的企业背景三个层面都需要企业的关注。而信息的深度是指，无论对于哪个层面的信息收集，都需要在能力所及、兼顾成本的前提下挖掘尽可能多的细节信息。在掌握了广泛且深入的信息之后，将庞杂的信息库提炼、转变为可为经营管理服务的有效数据也是一项艰巨的任务。在传统会计体系中，无论是信息的收集还是分析，均受到现有技术水平的客观影响和人为经验直觉的主观影响，以致经营预测工作的效率和准确性均受影响。而在引入智能会计系统之后，智能会计借助于大数据、人工智能、云计算等信息技术，充分挖掘各类信息，实现全面、深度的信息收集。同时建立智能化管理会计平台，实现有效利用各类信息进行精确的分析，从而减少人为判断造成的误差，提升预测的精确性，为提高决策的有用性保驾护航。例如电商平台通过大数据的分析发现每天的晚间12点左右是达到一天24小时中成交量的峰值，原因是许多年轻人都有睡前刷手机的习惯。因此，各电商纷纷推出"零点秒杀"的活动，大大增加了交易额，这就是利用智能技术做出成功决策的实例。

(2) 完善会计报告披露体系。

全面、可靠的财务会计报告是利益相关者做出正确决策的直接依据。智能会计系统对于会计报告在披露内容和形式上都做出了优化调整，主要体现在：首先，在披露内容上，扩展了会计报告披露的时间跨度和数量范围。在人工智能这个巨大的信息系统下，财务信息、非财务信息、历史信息、现时信息和未来信息的发布不再受到数量和时间的制约，同时既可以发布期中、期末报告，又可以发布实时报告，既能实现发布整体报告，也能实现发布部分报告，为决策者作出财务决策提供全面信息（王加灿和苏阳，2017）。其次，在披露形式上，财务数据由以结构性数据为主转化为以非结构性为主，如图像、视频、表格等，实现财务报告丰富化、个性化，增强了财务报告的可读性，迎合财务报告信息使用者，方便他们更好地做出相应的财务决策。

2. 提升工作高效性与准确性

在瞬息变化的市场环境和飞速发展的经济状况下，一个组织工作效率的高低和工作成果的准确性极大地影响着其生存与否和发展前景。随着"互联网+"时代的到来，传统会计体系下各项工作的效率日渐吃力，在工作结果的准确性上的弊端也日益暴露。引入了大数据分析、云计算、区块链等技术的智能会计系统的亮点之一便是大大提高了组织日常工作的高效性与准确性。

(1) 提高日常工作效率。

在信息化、大数据和"互联网+"的大环境下，无论公司、会计师事务所或是行政事业单位，依据传统会计工作流程，会计人员将会花大量时间做繁重的基础工作，耗时费力，甚至不能按时完成当期业务的处理。虽然目前的财务系统已经实现了部分自动化操作，例如财务报表的生成等，但需财务人员从事整理、录入数据、凭证等烦琐的基础。而人工智能运用到会计领域后，利用信息自动集成技术，自动将信息录入公司财务系统中，

第 4 章 智能会计的目标与本质

并进行数据处理和分析，快速、高效地处理这些简单、重复的工作。如将各类原始票据如发票、火车票、飞机票等进行数字化识别和存储，自动进行凭证填制；通过与以银行等第三方机构进行数据对接，自动汇总和计算各类会计科目的发生额和余额，例如出纳信息、现金信息、应收信息、应付信息、成本信息、资产信息等。财务人员从繁重的基础工作中解放出来后，会有更充足的时间和精力去完成预算分析、投资决策等更高附加值的工作。同时，借助大数据、云计算、区块链等新技术，智能会计系统也为各项高附加值的工作提供了数据收集、分析和建议的帮助，大大提高了企业经营管理方方面面的工作效率。

（2）增强日常工作准确性。

同传统会计体系一样，智能会计体系也遵循会计的确认、计量、核算、报告等一系列工作流程。在会计的确认和计量阶段，任何单位都要遵守国家政策法规有关会计确认和计量的相关规定，但市场环境复杂，企业日常事务繁多，难免存在许多无法依据现行会计准则明确判断确认计量方法的经济事项，比如，对于附有销售退回条件的商品销售，存在诸多原因导致企业往往无法准确估计退货率，这直接导致本期主营业务收入和主营业务成本确认的准确性，如果高估退货率则会降低当期收益，反之则会虚增当期收益。在智能会计系统下，依托人工智能和大数据通过对往期经验的总结和生产过程中产品质量的监管合理估计退货率，从而保证财务工作的准确性。

在会计核算和报告方面，传统的会计体系中，随着 ERP 系统和会计电算化的普及，目前虽已实现部分自动化业务处理，但仍需大量的人为参与，不仅费时费力，日复一日冗杂的工作内容本身就增加了工作纰漏的可能性。智能会计系统下设置的智能财务会计平台快速、准确、24 小时不间断地工作，帮助财务人员告别反复冗杂的单据、账簿填制、对账等基础工作，实现从经济业务的信息采集到财务报表的一键生成全部自动化处理。同时，智能财务会计平台的自动化处理程序也大大降低了人为舞弊的风险，为增强企业经营工作的准确性树立了另一道屏障。

3. 降低经营成本与风险

任何经济主体的每一步发展都会面临不同代价的成本和不同程度的风险，如何在保证经营过程和产出的前提下尽量降低经营成本，如何及时规避风险或最大限度地进行止损直接关系到一个经济主体能否持续稳定的发展。智能时代的会计系统相比于传统会计体系更进一步地实现了上述两个方面的目标。

（1）降低企业经营成本。

人工智能与会计领域的融合，在降低企业经营成本，提高企业经营效率方面做出了重要贡献。主要体现在：一方面裁减大量冗余工作人员，虽短期内造成一定程度上财务人员的失业，但就长远来看，智能系统在会计领域的引入加速了财务人员知识体系、技能结构和工作性质的转型，使得日后企业的会计工作人员"少而精"，大大降低了人力资源成本。另一方面，智能系统在财务工作中的运用，使得几乎所有基础会计工作和部分高级财务决策通过线上平台完成，也减少了实物物资的耗费和财产管理成本。

（2）完善风险管控能力。

任何企业的生存发展都不是一帆风顺的，多方面因素的影响会给企业带来各种风险，一旦这些风险不能被及时发现或合理评估以致未作出及时、正确的应对措施，当这些风险

智能会计

真正发生时，必然会给企业带来不同程度的损失。因此，降低风险事件发生的概率及减少风险事件发生时带来的损失一直都是企业管理的重要工作。在传统会计体系下，对风险事件的识别、分析采取的规避或处理方法及事后的反馈主要取决于管理者的直觉和经验，而过于依赖主观判断本身就具有相当大的风险性。智能会计系统能够建立不同类型的风险评估模型，基于企业大量的交易信息和外部环境的大数据评估，对企业的业务、财务、税务各个领域所面临风险进行识别和分析，及时拦截和报告潜在风险事件，加强企业对事前风险的防控能力，如自动识别和归纳预收款销售、分期收款销售、赊销、现销、托收承付销售、委托代销、折扣销售、售后回购及融资销售等方式，整理各种方式的收款期、坏账率等信息，结合市场环境合理选择销售方式，减少坏账损失，避免税务风险。而从事中控制的角度来看，智能会计系统可以为企业确定风险事件的风险等级，帮助管理者及时妥善采取与之匹配的措施应对相应风险，将风险事件造成的损失降至最低甚至得以避免。如自动校验存货发出明细账，关注客户签收情况，根据客户信用评级、销售额、宏观经济形势，按照模型公式推算违约风险或坏账率，及时做好预案。最后，从事后反馈的角度来看，智能会计系统还可以建立不同类型的风险线索分析模型，巩固风险线索挖掘能力，增强风险审计，提高企业发现风险的敏锐度、分析风险的准确性和解决风险的成功率。

4. 有效进行资源配置

如何做到资源利用效率的最大化一直都是企业运营过程中困扰管理者的难题之一，资源所有者与使用者之间的信任问题，资源配置的标准、效率、效果的检验等，都是企业管理活动中令人头疼的事情。在传统财务系统中，为解决上述问题，一般做法是通过签订契约合同来保障信任问题，通过既定模型来选择资源投放对象，通过编制预算来提高资源配置效率，通过"以收定支"来评价资源配置效果。而在智能会计系统中，企业能实现更为有效的资源配置方式。

（1）完善资源投放安排。

在企业发展过程中，资源是否能够合理投放关乎企业的前途命运，企业往往要么依靠管理者对于行业市场的经验判断，要么借助某些既定模型的计算结果来确定一个投资项目是否予以投入、投入多少资源。然而，主观的直觉经验风险性高，而瞬息变化的市场情况也使得过去的理论模型不能适用于所有投资分析的情形。智能会计系统的引入解决了上述问题。智能会计系统以企业战略目标为出发点，通过大数据分析，挖掘与企业的战略定位相匹配的关联投资点，并且帮助企业实现层次化资源配置，即以战略定位为圆心，企业预算范围为辐射半径展开资源配置，接近圆心的投资项目投入最多的资源，由近及远以此类推。如此一来，既实现了资源配置的风险最小化，也实现了资源利用的效益最大化。

（2）加强资源配置和经营结果的相关性分析。

在传统的投资结果分析中，一般认为只要达到或者超过了既定目标，那这项投资就是值得的。然而，每项投资有回报也会有代价，究竟利与弊孰轻孰重取决于不同的评价标准，如现金流量法、投资报酬率法等，很难做到客观考核。在智能会计系统中，通过构建模型，我们可以将每一项投资的资源投入与产出数据化，并形成二者的量化关联指数，即资源投入的变化引起的产出结果的变化的强度（董皓，2018）。这样一来，企业能更客观、有效地评价经营结果的绩效，优化资源配置策略。

第4章 智能会计的目标与本质

4.1.2 智能会计的核心目标

如上所述，智能会计体系可以帮助经济主体提高决策有用性、提升工作高效性与准确性、降低经营成本与经营风险和有效进行资源配置，但这都只是智能会计的基础目标，并非终极目标。其核心目标应是在一般目标的基础上，实现业财税管四位一体的深度融合。通过业财税管的融合使得会计工作乃至企业管理的各项工作成本最小化、效率最大化，实现整个企业的可持续发展。

1. 业财税管融合的机理

智能会计与传统会计一样，也具有一定的体系构架，而二者有所不同的是，传统会计领域各个职能部门，如税务部门、资金管理部门、报表部门等各自各司其职，职能划分泾渭分明，资源共享不足，工作效率难免低下，工作结果与事实不免出入。而智能会计系统分业务、财务、税务和管理决策四大模块，各个模块不仅各司其职，还能做到相辅相成、环环相扣，不仅使得财务工作高效有序开展，同时也打通了原有传统会计领域各部门之间的信息壁垒，大大提高了工作结果的准确性，大幅降低了财务风险和经营风险。

总体来说，智能会计以大数据、人工智能、移动互联网、云计算、物联网、区块链和环境体验这七大技术为主要技术支撑，打造业财税管四位一体的综合体系。在业务模块，智能会计借助于各类信息技术，将企业的人力资源管理、运营生产管理和供应链管理归纳进了同一个生态系统之中，做到人力资源信息数字化、各项资产的高效精确计量以及各类票据的数字化记录和储存，将传统的会计难以全面记录的每一项经营活动各个环节的全部细节都进行存储和挖掘，实现全经营流程的覆盖，做到从源头到终点的数智化监控和记录。在财务模块，智能会计同样是在各类信息技术的帮助下，建立起智能财务会计平台，一改传统会计流程繁复，工作冗杂的弊端，将高强度、低复杂性的基础工资全权交由财务机器人自动处理，甚至为高附加值的财务管理工作提供辅助职能。同时，资金管理和数据管理也能够全面实现数据化管理，并依托智能财务会计平台实现了管理会计的智能化，使得整个财务体系简洁化、一体化、高效化。在税务模块，智能会计能够通过数字窗口全面对接企业和政府税务部门，保证信息的真实性，提高了信息传输时效性，减少信息不对称和税收舞弊风险，同时利用 RPA 财税机器人模拟人类操作实现全流程自动化处理，节约了大量的人力物力，大大降低了时间和空间上的束缚，实现税务活动的一键化和数字化。最后，在管理决策模块，智能会计体系提供了信息收集利用、管理报告出具和决策方案制订等方面的功能服务，不仅能通过与其他三个模块的连接获取全方位的内部数据，同时出具完整性强、耦合性高、不易被操纵的各类会计报告，还能做出智能建议，弥补了传统的依靠人的经验和直觉做出管理决策的主观影响，以更加客观、准确的分析能力，提升了预测的精确性和决策的有用性。

将这四大模块统筹来看，首先，业务模块将企业日常的经营活动全部量化为数据，随后，财务模块和税务模块基于这些数据实现高效化和一体化的财务流程作业及一键化和数字化的报税工作。其次，管理模块充分利用其他三大模块提供的信息做出全面、深度、精确的管理分析、经营预测和各项决策。由此可见，智能会计为财务体系乃至整个企业的经

智能会计

营管理模式都带来了根本性的变革,在提升工作效率、降低工作成本等方面向前迈出了一大步。业财税管四大模块的钩稽关系,如图 4-1 所示,其各个模块的具体技术结构、运作流程将在第 7 章详细介绍,这里不做过多赘述。

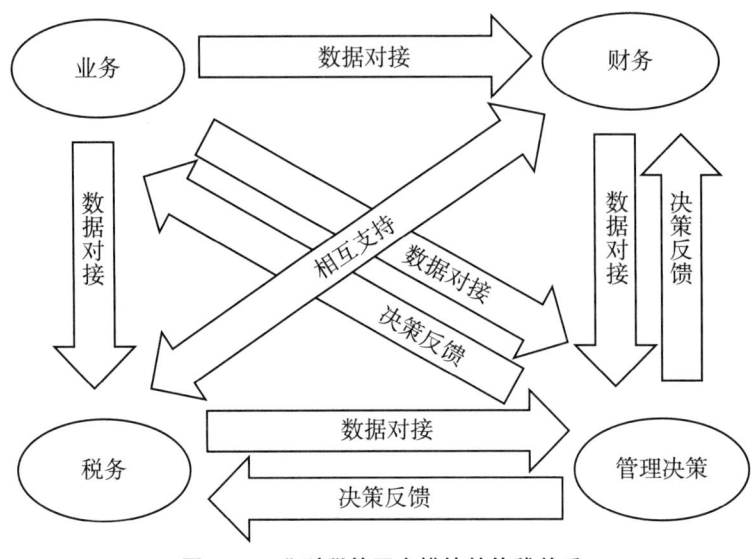

图 4-1 业财税管四大模块的钩稽关系

2. 智能会计探索的实施实例

我国目前已有不少企业开始探索智能会计系统,如海尔集团、长虹集团等。这里以海尔集团为例[①②],自 2006 年开始,海尔集团为保障其全球化战略目标的实现,以财务共享服务为切入点,将传统的财务组织向为管理决策提供信息服务的管理会计型财务组织进行财务转型。通过几年的努力,将组织、流程和人员进行再造,基本形成了目前的财务管理模式。在该财务管理模式中,财务人员被分为三类:业务财务员、共享财务员和专业财务员,具体工作关联如图 4-2 所示。

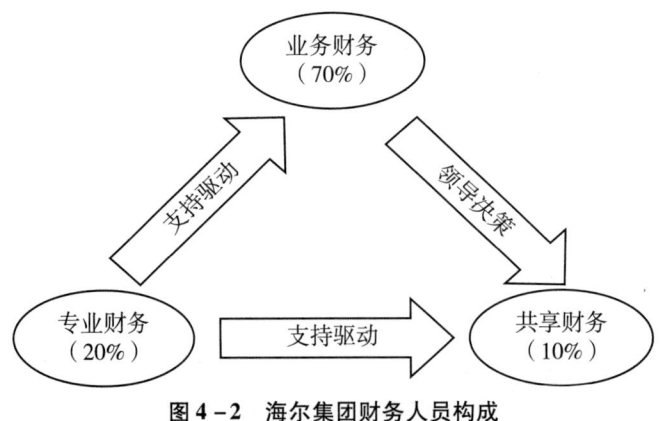

图 4-2 海尔集团财务人员构成

---

① 成畅. 企业集团财务共享服务创新研究——基于海尔集团的管理实践 [J]. 会计之友,2019 (3):90-94.
② 陈晓珊,蔡舒婕. 海尔集团的财务共享服务 [J]. 财会研究,2020 (5):59-63.

第4章 智能会计的目标与本质

其中业务财务员相当于管理会计职能，占比约70%，主要为企业提供战略领导和决策支持。专业财务员占比约20%，主要负责设计企业的财务管理模型、建立业务流程等结合相关专业知识为企业创造价值的活动。共享财务员相当于财务会计职能，占比约10%，通过会计核算平台，将海尔集团下属各分支机构的相同业务提取出来归集在共享中心即全球价值信息化系统（HGVS）进行统一处理。集团财务共享中心有两大平台：会计平台和资金平台，前者主要负责企业交易事项的处理和核算，后者主要负责企业的投融资管理和资金管理。两个子平台共包含12个模块120多个流程，为旗下900多家法人公司提供财务共享服务。海尔集团财务共享中心具体结构如图4-3所示。

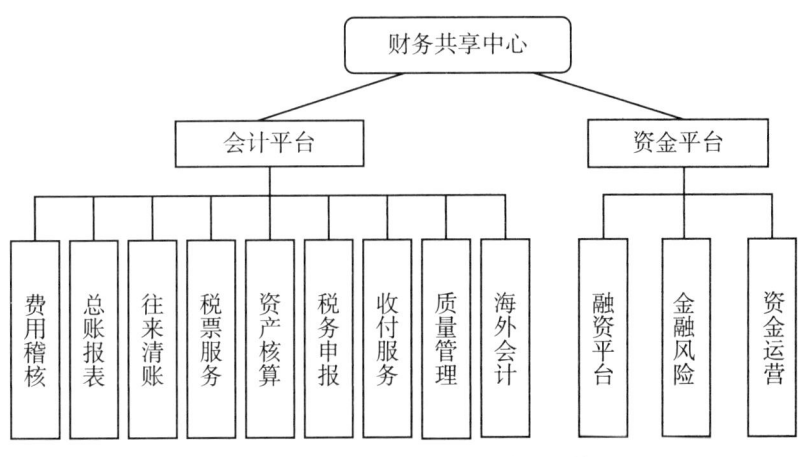

图4-3 海尔集团财务共享中心结构

海尔集团的财务共享服务通过十几年的实践发展，在业财税三者的融合方面已形成相对成熟的智能化体系，还基于大数据和智能算法搭建了全球资金管理平台。这不仅帮助集团内部准确、高效地处理各项经济业务，也为集团管理层各项经济决策提供有效的支持，向集团外部各经济利益相关者提供更全面、准确的财务信息。此外，海尔集团将风险控制点嵌入业务流程并固化至信息系统，通过流程穿刺、信息反馈、风险预警等方式有效规避业务流程各环节的风险，并通过定期对加入共享服务平台的经营主体进行合规评价，实现全员内控。目前财务共享服务帮助海尔集团逐渐形成了"人单合一"的海尔特色，即建立一个订单池，人手一张损益表，所接订单与绩效考核收入挂钩，实现"人人都是CEO"的企业文化。然而，海尔集团现有的财务共享模式在信息技术日新月异的人工智能时代还有很多可以进行功能性升级的地方，在向实现业财税管深度融合发展的道路还很长。

4.2 智能会计的本质

辩证唯物主义观认为本质就是事物的根本性质，是一类事物区别于其他事物的基本特质，是决定该类事物性质、面貌和发展的固有属性。同理，会计的本质就是指会计本身所固有的、能够决定会计性质、面貌和发展的最重要的特点。会计本质体现了会计的内涵，

智能会计

是会计理论体系最基本的问题之一,直接影响着会计理论的结构。

4.2.1 本质是为企业创造价值

智能会计脱胎而又升华于传统会计,因此,在探讨智能会计的本质之前,有必要先回归到"会计的本质"这一古老的研究命题上。只有理解清楚了会计的本质究竟是什么,智能会计的本质问题也就呼之欲出了。

1. 会计本质的论述

会计学的发展史上存在多种关于会计本质的不同观点,其中"信息系统论"和"管理活动论"是长期以来最主要的两大流派。信息系统论以葛家澍、余绪缨等学者为代表,其核心观点是:会计是旨在提高企业和各单位的经济效益,加强经济管理而建立的一个以提供财务信息为主的经济信息系统(葛家澍和李翔华,1986)。20世纪70年代,美国会计学会发布的《会计基本理论公告》中,将会计定义为"识别、计量和提供经济信息,以便信息使用者得以有根据地做出判断和决策的过程",并进一步指出"实际上,会计就是一个信息系统",这是国际上对信息系统论观点强有力的支持。而以杨纪琬、阎达五教授为代表管理活动论的核心观点则认为随着市场要素的不断完善,企业规模的不断扩大,会计应向经营管理多领域、深层次地进行渗透,会计的内向服务功能开始凸显(杨纪琬和阎达五,1982)。即会计是以货币计量为基本形式,对经济业务进行核算与分析、做出预测、参与决策、实行监督,旨在提高经济效益的经济管理活动。

这两种观点看似对立,实则殊途同归,反映的都是会计工作最终的指向是解决信息不对称问题,只是反映的角度不同。一方面,对于信息系统论,该学派强调会计是一个为利益相关者提供以财务信息为主的信息系统,而其对信息的收集、加工、提供、反馈的过程即是一个包括核算与监督的会计信息管理的活动过程。这个信息系统缓解了商品市场、资本市场以及企业内部的信息不对称问题。在商品市场,作为供应链的上游供货方,可以依据下游购买方披露的经济信息判断其支付能力,而购买方也可以根据供货方的经济信息评估其商品质量,从而减少买卖双方的信息不对称。在资本市场,投资者依据潜在投资对象的经济信息选择最佳的投资对象。在企业内部,全面、客观的信息系统能够有效缓解所有者(委托人)和管理层(代理人)之间的信息不对称,减少道德风险问题。另一方面,如果把会计看作是一种旨在提高经济效益的经济管理活动,该活动的顺利开展亦是建立在完善的信息系统的基础上的。同理,这一经济管理活动最终的目的也是实现商品市场、资本市场及企业内部的信息不对称问题得以缓解。

信息不对称问题虽然很难完全避免,但健康运行的会计系统帮助经营主体企业无论是在市场交易还是内部经营中都很大程度上减轻了这一问题,也就很大程度上降低了各类成本,进而帮助企业内部管理者和外部信息使用者做出理性经济决策,达到资源合理配置,最终实现为企业创造价值的目的。科斯(Coase,1937)的研究发现也支持了这一观点:企业这种组织形式的存在是为了降低市场过高的交易成本,从而节约资源配置成本。因此,会计的本质追根溯源体现为追求企业价值的创造。

第4章 智能会计的目标与本质

2. 智能会计本质的论述

大数据、云计算、共享平台等智能技术确实给人类社会带来了许多变化,但是,人类社会的本质未必发生根本性变化。同理,随着智能技术融入会计领域,的确为传统会计体系注入了新的活力,创造了新的会计工作方式和途径,但新技术本身并不产生价值,它们并不能改变会计的本质。作为脱胎于传统会计体系的智能会计系统,自然也保留了会计最初的本质,而智能会计系统同时又是传统会计体系的升华,它在先进的智能技术的帮助下将会计工作减少信息不对称、提高决策效率、实现资源合理配置、最终实现为企业创造价值的目的职责发挥得更加淋漓尽致。

智能会计系统在帮助企业降低内外部的信息不对称问题,为管理层决策服务的作用主要体现在以下三个方面:首先,借助人工智能技术可以进行大量相关信息和资料的整理与分析,为管理者提供全面、系统的信息依据,帮助管理者在日常经营当中做出合理决策。人工智能技术可以通过一系列有效的数据挖掘算法,实施数据共享,对企业内部信息化建设,发挥了积极的推动作用。更重要的是,这些可视化的运用模式能为企业的管理者所用,使企业管理者的决策更加优化。例如,通过商业智能搭建成本核算模型,通过ABC作业成本法的运用,借助云计算、大数据的支撑,能够遵循作业环节,精准地摊销和分配作业环节,为企业提供更加全面的成本数据信息。其次,智能手段可以帮助企业更好地看到自身的优劣势,并通过持续的企业内外部环境的分析,帮助管理者及时了解企业内外部相关信息,以提升管理者对自身发展前景、市场行情的掌握,进而帮助企业在面对竞争激烈的市场环境时,可以快速地提出可行的应对措施。最后,随着人工智能技术的应用,企业可以迅速对问题做出反应,提出科学的解决方案,这样有助于企业及时纠正发展中的问题,不断提升企业的竞争实力。智能会计最终不仅为传统财务管理提供了便利,满足企业精益求精的管理需求,还优化了管理层的决策职能,满足企业现代化管理的要求。

如上所述,智能会计系统相比于传统会计体系能够更好地为管理层决策服务,促进企业内外部资源合理分配,实现企业增值。因此,智能会计的本质属性就是在传统会计的基础上帮助企业更好地实现企业价值创造。智能会计的本质具体体现如图4-4所示。

图4-4 智能会计的本质

4.2.2 智能会计实现企业价值创造的机理

企业价值一般通过贴现现金流量法体现,贴现现金流量法计算的企业价值的基本模式应为:$V_0 = \sum_{t=1}^{n} \frac{NCF_t}{(1+k)^t}$。其中:$V_0$为企业价值;$NCF_t$为企业第$t$年获得的现金流量;$k$为每年所获现金流量进行贴现时所用的贴现率;$t$为企业取得现金流量的具体时间;$n$为

智 能 会 计

企业取得现金流量的持续时间，当计算企业总价值时，n 取 ∞（假设企业持续经营）。由上述公式可以知道，企业价值 V_0 是由企业第 t 年获得的现金流量 NCF_t、每年所获现金流量进行贴现时所用的贴现率 k、企业取得现金流量的持续时间 n 三个因素决定的，且企业价值与贴现率成反比，而与现金流量和持续经营时间成正比。因此，实现企业价值增值的三大常规途径为：降低资本成本、增加现金流量、促进企业持续发展。智能会计实现企业价值增加的具体途径如图 4-5 所示。

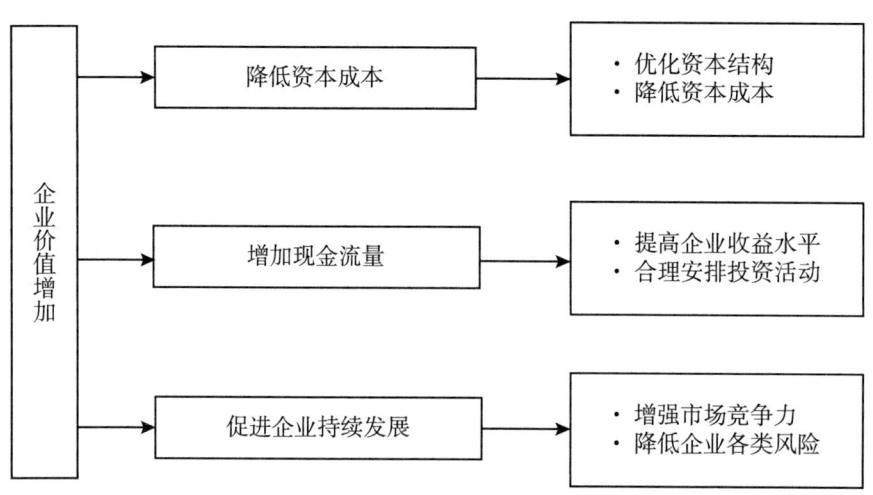

图 4-5 智能会计实现企业价值增加的机理

1. 降低资本成本

因为企业价值 V_0 与每年所获现金流量进行贴现时所用的贴现率 k 成反比，即降低贴现率 k 能增加企业价值 V_0，而贴现率 k 通常用加权平均资本成本 K_w 来表示，所以降低资本成本将促使企业价值增加。企业价值归属于企业的索偿权持有者，所以企业加权平均资本成本就是债权人和股东根据投资机会获取的投资报酬率和投资承担的风险程度索取的基本报酬率的一个平均值。加权平均资本成本的高低取决于一定时期企业的资本结构及股权和债权的资本成本。因此，要降低资金成本，关键从以下两个方面来进行：

（1）优化资本结构。

企业可通过确定现有资本结构条件下的资金成本，再预计资本结构变化时的资金成本变化情况，以资金成本最小化为目标来选择适宜的资本结构。目前最常用的资本结构决策方法是 EBIT-EPS 分析法，即息税前利润—每股利润分析法，指的是利用每股收益与息税前利润之间的关系来确定最优资本结构的方法。但利用 EBIT-EPS 分析法进行资本结构优化决策时，并没有考虑风险因素，直接认为每股收益最大时企业股票价格就是最高的，这是片面的考虑。如果充分考虑风险因素对企业资本结构的影响，企业发展周期、经营状况、资产结构等都是影响资本结构的重要因素。

①企业资本结构的影响因素。首先，企业面临的风险主要归为经营风险和财务风险，不同的发展周期，企业面临的这两种风险大小各不相同。例如，在初创阶段，经营风险高，此时进行资本结构决策时，应注意负债资本比例的增加；在企业成熟阶段，市场稳

第4章 智能会计的目标与本质

定,销售量稳定增长,经营风险低,在进行资本决策时,就可以适度增加债务资本的比重,充分发挥财务杠杆作用。其次,在企业经营状况良好时,企业经营风险也就比较低,此时可以适当放宽资本结构中的负债比例,使其发挥财务杠杆效用,反之则需要减少负债比例,降低财务风险。最后,不同的资产结构也会影响企业的资本结构决策。比如,对于固定资产占比大的企业来说,由于固定资产变现能力差,企业需要长期占用资金,因此,通常选择通过发行股票和长期负债来进行融资。反之,则需要通过流动负债融通资金。除此之外,企业财务状况、所有者态度、所得税率高低等也是影响企业资本结构的因素。

②智能会计优化资本结构的机理。要做到优化资本结构,除了政府的扶持和资本市场的完善等外部对策外,更关键的是企业内部的做法。企业应积极调整财务政策,不能只注重营运资金的应急安排,缺少对资本结构的整体规划,这必然导致在融资决策时"慌不择路",无法达到最优资本结构(史晓娟和杨良,2016)。智能会计优化资本结构的基本原理如图4-6所示。

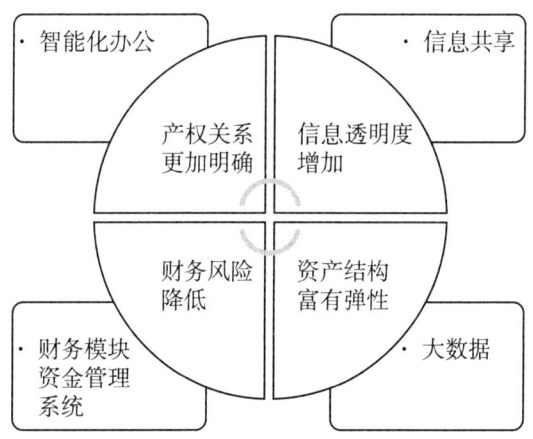

图4-6 智能会计优化资本结构的机理

第一,明确产权关系,使企业的所有者、经营者和生产者之间相互制约,调动每个成员的积极性,不断提高经营管理水平。过去对于产权关系的制约一般都是通过契约的规范来实现,具有强制性,而智能会计系统下的高度智能化办公克服了人的主观性短板,保证了工作流程和内容的公正,有利于维系各方利益的均衡。

第二,增加信息透明度,树立良好的信誉。传统会计体系中的经济信息由于受到专业水平、职权范围等因素的影响,存在大量的信息不对称,而共享平台的建立一方面使企业经营方方面面的信息对企业内部从高管到基层均可视,可以广集经营建议,做出更加理性的资本结构策略。另一方面,也为外部信息使用者,如政府部门、潜在投资者等提供更全面、客观的经济信息,发掘更多的筹资渠道。

第三,要增强财务风险的防范意识和能力,合理举债,合理规划债务结构。目前我国企业,尤其是众多中小企业,其筹资方式以债务资本居多,债务融资能够快速获取大量融资资本,成本低,还能够为企业创造财务杠杆和利息节税的作用。但凡事都要掌握好度,要充分考虑企业本身的偿债能力,加强企业风险意识,切勿盲目举债,还要顾及不同负债业务数量的占比情况。举债的多少与管理者的专业知识储备、过往经验及风险偏好程度有密切的关系，保障整体负债比例和各债务种类比例处于可控状态具有较强的主观性，财务风险也会随之升高。智能会计系统财务模块能够对各债务成本和风险作出综合考量，结合企业当前的规模、销量、利润等情况预测资金需求量，并作出详尽的融资规划，保证企业所获收益不得低于资本成本，同时经营管理模块出具的管理报告也会对融资业务进行及时反馈和提出建议。

第四，还要保持适当的资本结构弹性。企业资本结构状况对财务目标变动及理财环境的适应程度以及相应调整的幅度和余地称为资本结构的调整弹性（林俐，2013）。一般来说，企业已经形成的资本结构具有相对的稳定性，但这种稳定性并不排斥资本结构调整的必要性和可能性。由于股权契约无须强制性地要求企业周期性地支付利息，在利润分配上能给予管理者较大的自由度，所以，权益资本比债务资本具有更大的弹性。而如上所述，由于我国企业融资方式以债务融资为主，且现实中存在诸多融资约束，致使很多融资行为是一种被动选择，资本结构弹性较小。大数据库的建立使得企业可以实时掌握企业经营环境的变化，获取企业资金成本、市场前景、盈利能力等信息，以此调整企业融资方式的比例，既充分利用财务杠杆效益，又及时控制财务风险，实现优化资本结构的目标。

（2）降低融资成本。

融资成本是资金使用者为获得资金使用权所付出代价。企业融资分为直接融资与间接融资，直接融资是指利用金融工具在资本市场直接融资，需要中介机构如银行、券商在资本市场发行企业债券、票据、资产支持证券等进行融资。而间接融资是指银行贷款，即银行以合法的方式筹集资金，再按一定的利率和归还条件将资金出借给企业。企业融资成本包括两部分：资金使用费和融资费用，前者是企业因使用资金而向其提供者支付的报酬，如股票融资向股东支付股息、红利，发行债券和借款支付的利息，使用资产支付的租金等，后者是指企业在筹资过程中发生的各种费用，如手续费等。

①融资成本的影响因素。一方面，企业"信贷类"融资成本上升。近年来，利率市场化与金融化，如大量发行高收益的理财产品，提高了银行负债成本。此外，银行和中介机构的贷款有很多不合理的隐性收费，其中既有无服务的收费和低投入服务的高收费，也包括以捆绑业务的形式转嫁的成本，如银行常常通过以存抵贷、购买理财产品、保险及办理信用卡等附带条件转嫁部分成本。这些不合理、不合规收费提高了企业的综合融资成本。另一方面，由于融资需求旺盛、银行融资受限等因素的影响，信托贷款、理财融资、委托贷款等"影子银行"活动增长很快。尽管"影子银行"在一定程度上也满足了企业的融资需求，但由于其链条长、不透明，其融资成本远高于一般银行贷款（丰秋惠和刘少英，2014）。

②智能会计降低融资成本的机理。要想有效降低融资费用。首先，要选择一个经验丰富、技术全面，最好能与企业有良好关系的中介机构（券商、银行等）。企业往往通过业内口碑、个人关系等途径选择中介对象，但事实上未必是最适合自身需求的。如有的银行由于需要转嫁自身高负债的需求而要求贷款企业至少存入一定量的资金购买理财产品，这对于资金原本就紧张的企业而言，融资成本的负担雪上加霜。而如果通过人工智能手段，企业将自己的融资需求录入智能会计业务模块，接着通过大数据的海量信息自动将这些需求与金融市场中的银行、券商提供的融资业务相匹配，选择最合适的中介机构合作，不仅可以降低时间成本，还减少了信贷环节，降低融资额外成本。

第4章 智能会计的目标与本质

其次，加强企业主体信用评级，注意企业信誉形象。主体信用评级是基于企业长期发展状况的客观判断，主要包括两方面：一是外部方面即国家产业政策、调控措施、所处的行业的发展趋势、所处区域的经济环境；二是内部方面即企业基本经营情况、核心竞争力、财务实力等。这些评价直接影响到企业长短期负债能否偿还或股东未来收益的保障程度。优质的企业更容易吸引投资者投入资金，也可以在债务融资时获得较低的利率。财务共享中心可以有效减少融资主体与投资者之间的信息不对称问题，促使企业信息透明化，促进资本市场公平、公正、公开，推动资源的有效配置，使得评级机构可以全面、客观地分析企业，为监管机构、金融机构和投资者提供可靠的信用评级，也鞭策了企业管理者脚踏实地为企业谋发展，努力提高企业形象，既减少了融资约束，又提高了经营效益，实现可持续发展。

最后，还要选择合适的融资时机。无论哪种融资方式都要把握时机的选择，这与企业所处的经济周期阶段、对应时期的利率水平及向投资者展现出的企业发展前景等相关，例如同样金额的一笔贷款在不同时期的利率成本有时会有20%~40%的差距。企业采取融资行为往往是由于资金紧张或扩大再生产急需资金投入等被动的客观需求，很少结合经济形势和投资者偏好未雨绸缪。智能会计系统管理决策模块可以根据企业日常经营情况和对外部环境的大数据分析编制管理会计报表，有效预判经济走势和利率变化，推算企业未来资金需求，帮助管理层选择恰当的融资时间，合理安排融资行为。

当然，要想最大限度降低融资费用，需要里外结合，除了企业内部的措施以外，政府也要采取行动，如盘活信贷存量，提高资金的周转速度和使用效率；加快收回沉淀在低效、产能过剩行业的资金，加大呆账的核销，及时处置资产损失，腾出新的信贷空间，增加实际资金供应量；加大对银行业金融机构不合理收费的整改力度等。智能会计降低融资成本的基本原理如图4-7所示。

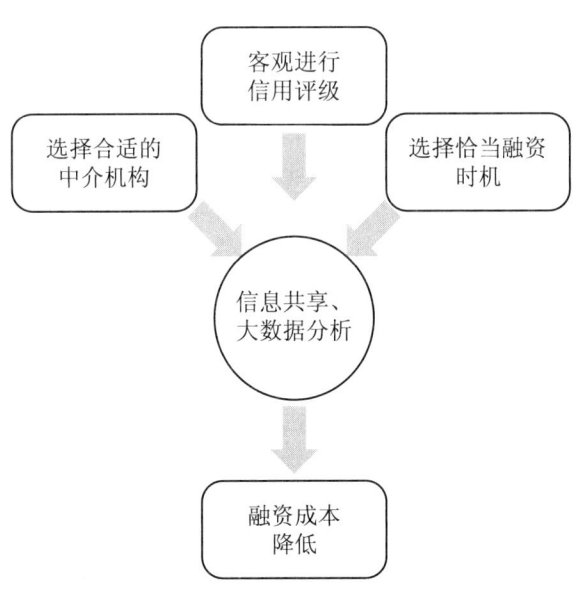

图4-7 智能会计降低融资成本的机理

智能会计

2. 增加现金流量

从上述企业价值的计量公式可以看出，现金流量对企业价值的重要影响，即现金净流量越大，企业价值越大。而为了提高公司的现金净流量以实现企业价值增加，最常用的两种方式是提高企业收益水平、合理安排投资活动。

（1）提高企业收益水平。

企业要想获得更高的收益，首当其冲就是提高经营性收益，即扩大产品或服务的销量，增加主营业务收入，同时降低成本费用。在现代市场经济条件下，产品或服务销量的增加不能只聚焦于销售终端，同样，成本费用的控制也不能只局限于生产或提供服务的环节。企业应从整体战略出发，全方位、多视角地来寻求提高企业收益的途径。

①企业收益水平提高的途径。如上所述，提高企业收益水平的主要途径为扩大商品和服务的销量、降低成本费用。为了扩大销售，企业首先要把握好质量关，因为产品或服务本身是一切销售活动的起点也是终点，而消费者对产品或服务质量的认可是实现销售的前提和保障。如果一个企业能持续改进和保证自身产品或服务的质量和可靠性，它就拥有了一种持续的竞争优势。其次要把握恰当的销售领域。企业既要巩固本公司长时间立足的成熟销售领域，保证销量的主要来源，防止新进入者、替代者和现有竞争者的威胁。例如，以生产冰箱起家的海尔集团从一个资不抵债、濒临倒闭的小厂成长为走向世界的家电集团，其业务范围早已涉足各类电器，一路走来始终牢牢维护冰箱市场的龙头地位不动摇，不会顾此失彼，还要进行市场细分，针对不同年龄、性别、收入和社会背景的客户群体实施差异化销售策略。要做到这一点，需要企业敏锐地开发潜在销售领域、挖掘有价值的空白销售领域。例如，2015年底我国正式放开二孩政策，很多有先见之明的商家预测在未来相当长一段时间，母婴及儿童用品市场需求会大大增加，立即着手进驻相关商品市场。再次，企业还应采用合适的销售渠道和销售方式。随着电商的兴起和物流的发展，许多实体企业纷纷寻求线上线下融合的销售渠道，除了打折、满减附赠、明星代言的等传统促销方式，直播带货、网红打卡等新的促销手段也风靡起来，通过多途径的销售渠道和多样化的销售方式为企业的商品大开销量之门。最后，可观的销售业绩也离不开优秀的销售团队。通过为销售人员提供专业的培训提高他们的业务水平，同时制定恰当的激励政策鼓励员工化动力为努力，双管齐下打造强执行力的销售团队。

对于降低企业生产经营的成本费用，当一个企业基于所处行业中最低成本进行生产经营，同时其产品或服务的质量至少不低于其他竞争者所提供的同种产品或服务时，它就把握住了成本领先战略。为此，企业可以通过扩大生产批量、鼓励技术创新来提高生产效率、降低单位生产成本；通过纵向一体化等途径降低采购成本；通过现代化生产设备和管理技术压缩人工成本、管理费用。例如沃尔玛就在成本领先方面做得十分出色，沃尔玛的办公室装修陈设都精简实用，没有任何彰显其全球最大零售商的华丽装饰，但其产品的质量却从不精简，可与其他竞争者的同种产品相媲美，或者至少能被消费者接受。

②智能会计提高企业收益的机理。在扩大销量方面，企业可以通过引入机器学习（通过大量的数据来"训练"，使用训练过的算法来解析数据，然后对真实世界中的事件作出决策和预测。如电商平台根据消费者的购买记录和收藏清单识别其消费偏好并针对性地进行商品推送，原理就是构建算法模型，通过机器学习完成分析和推送任务）把控产品和服

第4章 智能会计的目标与本质

务的质量关，精确识别不合格产品和低效服务，避免传统人工质检可能发生的疏忽，为企业打开销路奠定品质基础。此外，目前许多企业销售渠道和销售方式的选择以及细分市场的划分大多靠市场跟风或管理者的经验判断，具有滞后性和主观性。智能会计系统下，企业可以通过大数据库广泛收集有关合伙人、消费者、员工、市场需求等方方面面的信息并予以量化，管理者就可以借助这些可计量的数据发现潜在市场、细分市场类别、制定合理的销售策略。例如，沃尔玛通过查看它的商品销售数据库发现一个奇怪的现象：每逢周末，啤酒和纸尿裤的销量都很大，通过调查发现，原来是在有孩子的家庭中，太太经常叮嘱丈夫下班后为孩子买尿片，而丈夫们在买完尿片后常常顺手拿几瓶啤酒，因此啤酒和尿不湿的销量一同增加。在挖掘到这样一种商机后，沃尔玛打破常规的商品摆放方式，将啤酒和纸尿裤两个风马牛不相及的商品安排在同一个货架，结果使得二者的销量双双激增。

在降低生产经营成本方面，智能会计系统更是显现出相比传统会计体系更大的优势。首先，说到智能会计系统的建立，就少不了财务机器人（一种通过执行重复的基于规则的任务来将手工活动自动化的技术）的使用。一直以来，财务人员的大部分精力都聚焦在烦琐、冗杂的基础工作中，即使会计电算化的普及一定程度减少了人工工作量，但财务人员仍要花费大量的精力完成填制、核对凭证等低端工作。财务机器人可以全权代替人工完成耗时耗力的基础财务工作，不仅减少了大量初级工作占用的人力，精减财务人员队伍，降低了人力成本，还开发了财务人员的大脑。精减后的财务人员跳出低专业要求的基础工作，需要具备更深、更全面的会计素养，将工作重心转移到高附加值的任务上去，大大提高了经营效率，即在人力成本最小化的基础上实现收益最大化。在国际上，四大会计师事务所已相继上市财务机器人及其解决方案。在国内，2018年，南方航空为加快推进集团数字化进程，在财务管理工作中引入机器人流程自动。南方航空财务共享中心从实施投入、商业价值及流程操作评估三个维度对所有流程进行了考量，最终敲定对国内起降费核算、银企系统资金支付、成本系统月报以及餐食系统核算四个流程进行财务机器人的试点实施。

同时，互联网共享平台借助先进的现代通信技术和网络技术，打通了企业内部管理和供应链各环节，有效降低了资产管理、资金管理和市场交易方面的成本费用。现代企业尤其是制造业企业，资产种类丰富、内容繁多，其计量和管控难免出现困境，智能会计系统利用物联网技术，对各类资产的存续和使用情况进行实时观测，大大提升了资产管理的效率，减少了资产管理费用。资金管理是传统财务管理的核心，也是智能会计影响最大的工作领域之一。智能会计系统下资金计划、资金结算、融资管理、资金监控、利息管理等多个方面均实现数字化，有效提高了财务管理的效率，降低了手续费、佣金等财务费用。而对于市场交易发生的交易成本（信息收集、谈判、执行、监督及违约等契约双方为达成交易而发生的一切成本），共享平台公开的资源、海量的数据使得信息收集难度降低，市场交易中的信息收集成本减少。同时，将传统供应链的采购、委外、销售、发运等环节进行一体化整合，并记录相应的数据，用以分析不同供应商和客户的偏好及信誉，选择合适的交易伙伴，减少了信息不对称，提高了交易的成功率，从而降低交易成本。

智能会计提高企业收益水平的基本原理如图4-8所示。

智 能 会 计

保障产品质量	选择合适的销售渠道和方式	低端工作机器化	内部管理和供应链各环节成本下降
· 机器学习	· 大数据分析	· 财务机器人	· 物联网 · 大数据 · 信息共享

图 4-8　智能会计提高企业收益的机理

(2) 合理安排投资活动。

投资活动是企业发展的另一个重要途径。无论是一般项目投资，还是证券投资；无论是营运资金投资，还是固定资产投资，现金流量都是评价投资报酬、做出投资决策的主要依据。合理的投资方案带来的直接收益就是增加了企业现金流量，使企业保持健康的运行状态，减少债务危机，甚至可能拓展新的业务领域，创造更大效益来源，进而实现企业价值的增长。

①合理安排投资活动的策略。首先，投入资金之前要做好前期调研工作。这意味着务必要对打算进入的市场或购买的资产以及企业内外部环境进行深入的了解。财务部门或专门的投资管理部门应全面收集有关国家政策、宏观经济环境、企业近年的财务状况、投资目标的变化趋势等信息并予以量化，科学地分析和判断此次投资项目的风险和收益，做成可行性分析报告来为投资决策提供参考，寻找最佳的投资时机，及时避免错误的投资行为。曾经风光一时的乐视网在没有充分了解自己不熟悉的领域的情况下急于盲目扩张，2010年登陆创业板后的短短几年就将业务线延伸至影视、电视、汽车、手机甚至农业等7个行业，最终这个曾经的创业板"一哥"变成了一个问题公司，昙花一现，令人唏嘘。

其次，资金投入之后，要对项目实施的各个环节都进行把关。一方面要建立良好的投资项目运行制度，保证项目各环节之间衔接有序、资金充足并有效运转。另一方面还要建立完备的监督体系，保证项目资金的去向透明，让每位员工清楚地了解投资项目进程并拥有提出建议的权利，通过广泛采纳意见来修正各环节经济行为，同时有效避免贪污渎职的现象，使得投资活动高效开展。

最后，要将风险控制贯穿于整个投资活动始末。从投资一开始就要对项目各环节进行风险评估，尽量规避可预见风险，并事先设计好应急预案，将风险实际发生时带来的损失降到最低。此外，通过多元化投资使企业的风险尽可能的分散，更好地保障企业的预期收益。

②智能会计提高投资管理效率的机理。在投资前期的调研阶段，有很多企业只依赖于市场的表象，采集的数据不够全面，无法进行科学有效的规律分析，投资决策的有效性不高，投资风险也会增大很多。智能会计系统所依赖的大数据库为投资者提供了潜在被投资者详细的经济信息和分析结果，助其选择最佳的投资对象，降低投资失败的风险，减少错误决策带来的损失。在投资项目进展过程中，每一个环节的执行和反馈、投入资金的监控均实现可视化和数据化，接受参与投资项目的每位成员乃至整个企业全体员工的监督，保证投资项目顺利进行。

3. 促进企业持续发展

延长企业存续期，保持企业可持续发展，也是实现企业价值积累的一个重要途径。企

第4章 智能会计的目标与本质

业保持持续发展能力需要管理、财务、销售等方方面面的努力,全方位地构建一个管理制度合理、财务运行良好、市场竞争力强的组织。

(1) 企业持续发展能力的影响因素。

从企业财务管理角度出发,保持企业持续发展能力具体体现在以下几个方面[①]:

①强市场竞争力是实现持续发展的首要内容。扩大营业额和市场占有率、改良生产工艺、提高客户满意度等都是增强市场竞争力的有效手段。企业根据自身的特色和市场空缺建立自己的核心竞争力,这份核心竞争力可能来自极高的商品品质、独特的服务、别具一格的设计,或者非同一般的正面品牌形象。如施华洛世奇、蔻驰等品牌就靠设计理念和品牌形象享誉全球,我国的海底捞餐饮以宾至如归的服务理念在火锅市场争得一席之地。

②盈利是企业存在和发展的基本目的。因此,获利增值能力是衡量企业持续发展能力大小的又一重要因素。投资收益率、营业利润率、成本费用利润率等都是评价获利能力的关键指标。需要注意的是,提高获利能力要把握原则和度,否则就会回到利润最大化目标的老路。

③偿债能力是保障企业发展可持续性的重要前提。资产负债率、流动比率、速动比率等指标是企业偿债能力的主要体现。凡偿债能力强的企业一般具有良好的发展势头,如果企业不积极付诸行动去及时足额地偿还债务,势必使企业的信誉大打折扣,逐渐失去债权人的支持,严重影响其持续发展能力。

④营运能力也是影响企业持续发展能力的重要因素。一般通过应收账款周转率、存货周转率等反映资源配置效率的指标来衡量企业的营运能力。通常反映营运能力的财务指标高,即资源配置效率高,表明企业的经营状况良好,供、产、销的周转能力强,发展态势乐观。反之,则表明企业销售渠道不畅,资金回收缓慢,很难做到持续稳定的发展。

⑤风险总是贯穿于经营活动的全过程,如何规避和止损有时甚至直接决定企业的存亡。一般情况下,风险的大小和报酬的多少正相关。企业要追求较大的利润空间,就必须承担较高的风险。如果顾虑风险损失,很可能失去扩大再生产的机会;如果一味追求盈利而枉顾风险,很有可能给企业带来重创,大大削弱企业持续发展能力。企业经营的艺术就在于风险和报酬达到最佳的结合,实现资源配置的最优化,促进企业发展良性循环。

(2) 智能会计促进企业持续发展的机理。

企业的持续发展能力受多种因素的影响,实现企业的可持续发展也需要多方面的努力,而智能会计系统相比于传统会计体系在促进企业持续发展方面的突出优势主要体现在以下两个方面:

①人工智能技术的广泛应用是企业增强核心竞争力的强有力手段。传统的经营管理模式下,人们思维的局限性和对市场需求变化反应的滞后性限制了企业核心竞争力的培养。在智能会计系统下,大数据、云计算、共享平台的建立帮助企业发现意想不到的盈利机会,推行其他竞争者没有或不及自己,同时又被广泛客户认可和重视的核心竞争力。美剧的出品方兼播放平台 Netflix 在筹拍影视剧之前在网上开通共享平台,广征建议,拍什么、谁来拍、谁来演、怎么播,都由广大的观众群体来决定。Netflix 能够一个季度新增超 300 万流媒体用户,都与其一改出品方自行决定主创团队和剧情内容的拍摄惯例,而是与"一

---

① 冯燕. 企业财务管理目标:"持续发展能力最大化"[J]. 当代财经, 2000 (5): 57–59.

智 能 会 计

切安排"从数据库3000万用户的评论里总结这一新型方式分不开的。

②智能会计系统也有效降低了企业的经营风险和财务风险。在传统会计体系中，受人的有限理性、机会主义和信息不对称的影响，各类风险无处不在，经营成本也随之加大。人工智能引入会计领域后，首先，将冗杂、机械的基础事项交给智能系统进行处理，除了大量降低人力成本外，自动化操作也可避免一些如账目的错记、漏记等低级错误，减少由于记录、计量错误带来损失的风险，从而降低由此带来的勘误和补救成本。其次，在智能会计系统的税务模块，企业内部依托大数据计算、分析技术对税务信息进行集中管理、实时监控，同时，税务局一侧则利用RPA技术实现税表自动生成。企业与税务局实现"零距离"对接、一键报税，大大减少了偷税、漏税等违法行为，降低了税收舞弊风险。例如中化国际在2017年引入财务机器人之后，机器人定时对税务数据进行归档，实现税务数据共享化，同时将自动根据每月归档数据构建税务数据仓库，为未来全面的税务风险管控打下坚实基础。再次，如上所述，大数据库的使用可以帮助企业选择合适的投资方向、融资金额和方式，降低投融资失败的风险。最后，在商品交易市场，同资本市场一样，大数据分析技术帮助供需双方快速、准确地进行匹配，降低信息收集、协商等交易成本和交易失败的风险。同时，智能会计系统针对交易活动建立的声誉反馈、信用评级等信息记录有效减少了交易过程中的监督成本，降低了监督风险（张玉明等，2017）。

智能会计促进企业持续发展的基本原理如图4-9所示。

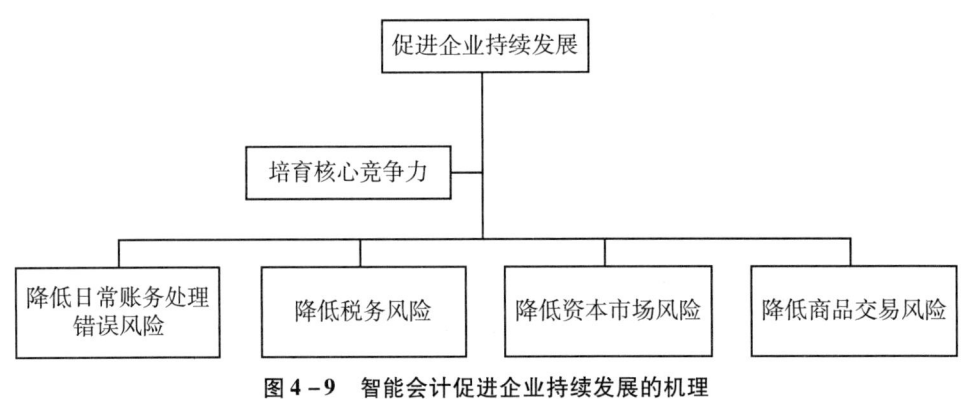

图4-9 智能会计促进企业持续发展的机理

第 5 章 智能会计的功能与特征

本章所要阐述的智能会计的功能与特征和前文的智能会计的目标、本质以及新时代对智能会计的需求是一脉相承的。智能会计的功能源于对会计的需求，同时又引领着各个子模块的不断完善，透过智能会计的功能对总结出智能会计的特征，同时功能部分也对后文智能会计各个模块的出现起到了一定的引领作用。

2020 年 5 月发布的《中共中央 国务院关于新时代加快完善社会主义市场经济体制的意见》也明确提出，要加快培育发展数据要素市场，完善数据权属界定、开放共享、交易流通等标准和措施等。此外美国发布《联邦数据战略与 2020 年行动计划》，欧盟委员会公布《欧盟数据战略》，均体现了全球各国越来越重视大数据产业的发展都在争取国家安全和国际竞争中的数据资源优势。[①] 数据资产在企业中发挥着日益重要的作用。随着数智化时代到来，企业对财务等信息的时效性、准确性和共享开放性要求也越来越高，本章总结和阐述了为了应对报表使用者对信息的个性化需求，充分挖掘企业数据资产价值，满足企业管理的需要，智能会计所要实现的功能和特征。

5.1 智能会计的功能

智能会计的功能和需求之间是紧密联系的，功能的变革是为了满足使用者对会计财务信息的需求的。同时，功能又是智能会计系统子模块要实现的目标，对会计的需求推动着子模块和系统的不断完善和进步。传统的财务管理模式无法满足财务信息使用者对于财务信息的个性化需求，呼吁智能会计系统在功能上实现突破和创新，新技术的迅速变革和应用为智能会计的进一步发展提供了技术上的支撑。智能会计是传统会计核算管理在"大智移云物区环"技术支持下实现的新发展，但从实现的效果来看，又不仅仅是新技术与传统会计的简单结合，智能会计系统在传统会计的基础上，通过新技术的支撑和链接，促成企业财税管深度融合，透过企业财务数据，掌握企业全流程的基础信息并对其进行分析，分析企业在发展中出现的问题和机遇，促进了企业管理的智能化历程；智能会计系统突破了传统会计在时间和空间上的局限性，使会计向业务和管理层面进一步延伸，实现了 "1 + 1 > 2" 的效果。

---

① 盛斌，张子萌. 全球数据价值链：新分工、新创造与新风险 [J]. 国际商务研究，2020，41（6）：19 – 31.

智能会计

5.1.1 智能信息获取

智能设备的出现和应用解决了智能会计的数据来源问题。随着科技的进步和现代信息技术的发展,通过互联网、工业物联网和大数据等将企业各个方面的信息实现信息化、数据化。

物联网包括感知层、网络层和应用层,通过计算机网络,把传感器、人和物等连接在一起,从而达到信息化和智能化,其中物联网的感知层从源头上解决了会计数据信息化的问题。感知层是物联网的核心层,主要作用是感知并收集外部信息。该层主要由RFID、传感器、摄像头、读写器等各种智能感知设备构成,能够感知信号、对物体进行识别,并将识别的信息通过传输系统进入数据分析处理阶段。此外,还能够将数据处理系统的信息指令转化为相应的动作指令,控制相关设备的完成动作。物联网结构如图5-1所示。

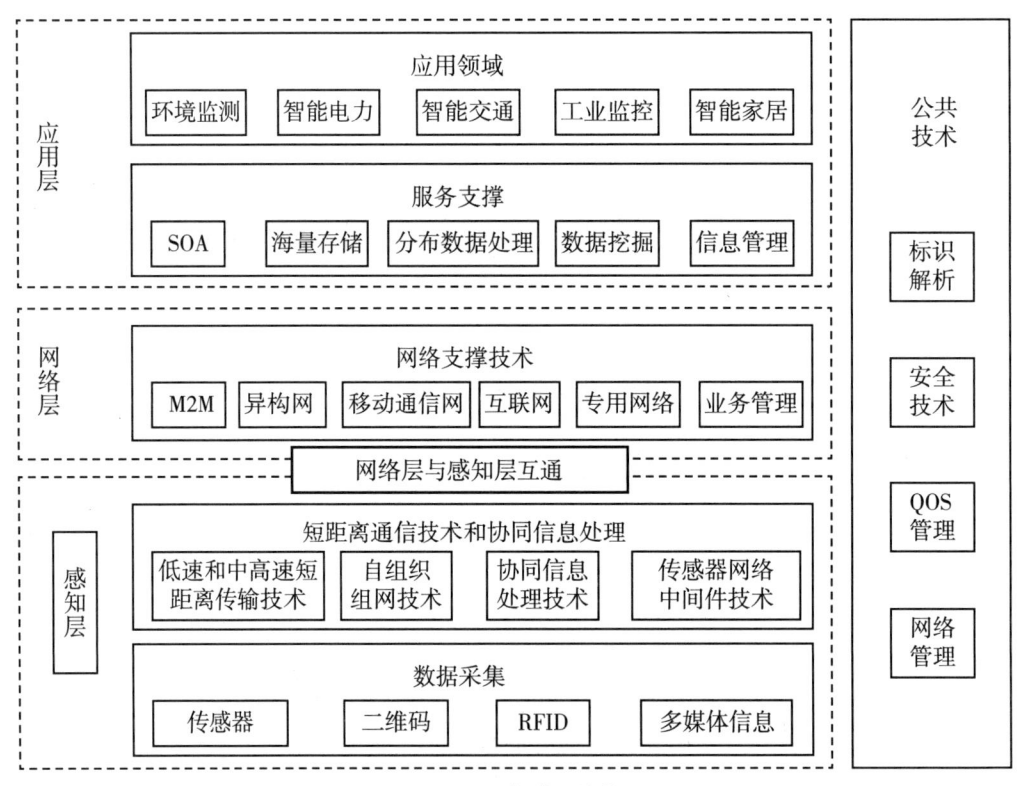

图 5-1 物联网结构

RFID 技术的应用解决了会计信息数据的来源问题。RFID 是一种"电子标签",它通过射频信号来识别对象并获取数据,识别过程无须人工干预的自动识别技术。而且 RFID 技术操作快捷方便,高速运动的物体和多个标签均同时能够被识别。RFID 标签进入 RFID 天线工作范围,RFID 读写器通过其发出射频信号,标签遇到该信号即产生感应电流从而被激活经由标签内置天线,存储在电子标签芯片中的物品编码信息被发送出去,读写器对标签发送来的载波信号进行解码然后送到后台系统处理,根据运算判断结果,在后台系统

第5章 智能会计的功能与特征

可以进行各种业务数据处理。[①] 通过 RFID 等技术手段在瞬间就可以完成从实物信息到会计信息的转化,这些获取的信息通过传输进入会计核算系统,并随产品生产在系统的数据流流动。

会计信息的标准化使得 RFID 电子标签的应用性增强,提高了会计信息来源的质量。传统会计信息系统在信息获取阶段仍然需要会计人员依据会计原始凭证录入,这样不仅在输入时可能会产生错误,也存在伪造单据凭证的可能性,物联网技术的运用则规避了这些风险。在智能会计时代,企业所需的产品物料在生产进入生产之前,就具有了原生产厂家赋予的丰富信息,包括产品物料的通用名称、外形、体积、规格、质地、产地、产生批次、产生流程、产品编号和原产厂家信息等,这些信息以数据的形式存储在 RFID 电子标签内,并嵌入或者附着在相应的产品物料之上。企业在采购时,伴随着产品入库,这些标签所存储的信息将会随着产品进入企业而进入企业的会计系统,产品和设备的出库、运输、采购验收入库等环节都能在购销双方的会计信息系统中得以实时反映,减少了会计数据的人为操纵。

保证上述产品流和信息流统一的关键在于每个物品所载的 RFID 电子标签都是标准且唯一的,电子标签所载信息的标准化是实现不同生产企业之间信息互联互通、解决会计信息孤岛的关键。这就要求相关数据在 RFID 电子标签内的存储形式是全行业统一的,且不存在对于同一标签的不同理解上的偏差。统一的电子标签的设立标准自然形成对该标签的统一解读,解决了对同一标签的不同解读的问题,使得同行业不同企业之间的信息可理解性更强,物品在不同企业之间的流通不再需要专门的解码软件,有效降低了信息获取的成本。

数据信息交流均随物品流转而自动进行,使业务数据能及时准确获得。伴随产品物料的流通传递,上述产品物料相关的属性特征可能会在人为或不可抗力等外在因素的作用下发生改变,如作为原材料参与企业生产并被进一步加工成新的产品或作为固定资产被使用,这些属性的改变过程也会被记录存储下来,同步传输至企业的会计信息化系统,被数据库动态识别、完整读取和即时处理,实现数据的实时更新和传输。对于数据存储量大的标签,能够记录在物品流通的每个环节的信息,原材料主要包括采购、入库、加工生产、生成产成品并入库、产品出售以及损耗,固定资产主要包括入账、折旧、减值和报废等,包括财务和非财务方面的信息。大量相关数据的存储,有效解决了会计数据源中的数据的完整性问题,会计信息的可追溯性增强。

物联网的感知层和 RFID 电子标签实现了对海量基础数据的搜集,物联网的网络层、大数据和云端数据库则实现了随着产品的流动,不同企业之间的数据的存储和共享,以及最终数据的计算和处理。但孤立而纯粹的数据是没有价值的。只有将企业获得的数据应用到具体的、带有不确定性的业务场景,为决策提供数据支持,为企业发展赋能,数据才能体现出真正意义上的价值。

5.1.2 智能数据处理

智能会计系统将已获取的数据形成的数据库导入数据的会计处理系统,对数据进行会

[①] 段小明. 基于物联网技术的会计信息化发展研究 [J]. 教育财会研究, 2016, 27 (2): 88-91.

智 能 会 计

计智能化处理,自动生成企业的财务数据、预算数据和纳税申报数据。

1. 智能生成企业财务数据

智能会计可以利用大数据等数据处理技术对采集的数据实施进一步的加工处理,并按照特定的企业模型将不同的业务按照设定的符合企业实际情况的会计处理方法进行业务处理,编制记账凭证,根据银行流水等数据编制银行存款日记账,并依据会计准则和财务报表编制规则将科目的对应数据实时同步到企业的财务报表中。此外,智能会计系统每月可以根据银行给出的对账单数据与银行存款日记账进行快速核对,对存在未达账项的同时生成银行存款余额调节表,若余额调节表仍不能实现银企金额一致,则系统会将此类消息通过给相关人员发送邮件的方式告知,由主管人员对该不符事项进行处理。

2. 智能预算编制

企业预算包括经营预算和财务预算,智能会计系统存储了企业历年来的产销数据、资金规模、成本费用和投资利润等信息,凭借其强大的数据处理功能,可以为企业预算的编制形成精准的数据支撑,提高预算数据采集的效率和质量。机器学习除了输入数据的处理和掌握之外,机器人还可以像人一样学习,做出判断并进行决策,基于历史训练形成模型,利用模型形成预测、解决问题。机器人通过在设定的模型中利用已有的数据不断的测算分析,进行深度学习,运用数据的聚集效应和数据之间的关联关系来寻找数据本身蕴含的经济规律。结合行业发展的数据,对企业未来发展的预期,以及企业内外部发展环境,智能会计系统可以评估企业未来发展,按照一定的预算编制模型,生成企业全面预算。对可能采取的方案通过剧增的数据、预测性的分析工具,可视化的展示,进行预算模拟,利用大数据和模型推演出可能的结果。同时,从结果开始反向逆推,关注企业各层级与之业务态势,实时掌控变化。由于智能会计系统中数据可追溯性,使得在预算执行过程中的可控制性增强,对于出现预算偏差的相应处理的针对性更强;对预算执行过程中出现的出现不可抗力影响企业预算或企业外部客观环境发生变化时,可以及时对预算进行调整。

3. 智能税务处理

智能会计系统可以根据企业发生的应税事项,智能开发票并进行相应的账务和税务处理,根据税务系统的要求自动生成纳税申报表,按照税法的有关规定在合理期限内进行纳税申报。智能会计系统实现了财务数据和纳税数据的统一,能够减少企业为了少纳税而进行虚假纳税申报以及财税"两张皮"的状况,对为了实现首次公开募股(IPO)而大规模虚增收入的行为也能实现一定的监督和控制。此外,机器学习相对于人的学习有着难以超越的优势。首先,通过输入相关政策法规,系统就可以对政策法规形成完整的掌握,比人类的学习更快、更准确,在遇到符合政策条件的匹配上,机器可以通过测算快速地选出更为有利的政策,人脑可能会存在一时间想不到相关政策的问题,对新政策的学习和掌握也需要一定的时间和成本。智能会计系统能够根据企业的实际情况实施智能税务筹划,帮助企业合理避税,在企业符合税收优惠条件时,能够及时适用优惠政策对相关业务进行处理,当企业满足两个及以上税收优惠条件时,企业可以设置默认选择最优惠的政策或者让系统给企业税务人员发送邮件,有管理层结合系统出具的详细数据报告,合

第5章 智能会计的功能与特征

理选择本企业使用的税收优惠政策。

5.1.3 智能财务分析

随着信息化智能化在会计领域的不断应用，财务分析在内涵、方法以及结构等方面不断向外延伸，除了传统的指标数据分析之外，在财务分析领域也考虑企业非财务指标、政策环境等对企业的影响。此外，财务数据的可追溯性使得财务数据分析的价值和意义增强，从财务追溯到业务层面，便于企业对预算等做进一步的管控，关注数据资产的价值。

1. 企业财务数据分析

智能会计系统除了可以对企业财务数据进行传统的财务分析，如运用杜邦分析法、哈佛财务分析框架等通过企业的资产负债表、利润表等相关数据计算企业的资产负债率、流动比率以及资产收益率等来对企业的营运能力、盈利能力偿债能力等进行测算分析，还能够将企业的非财务数据信息化并按照对企业影响程度分大小赋值，当某项指标超过了企业预设的报警值时，可以向管理人员发出预警信息，提醒其关注相关的风险。该方面的财务分析是智能会计系统根据事前输入的模型自动计算生成的，在管理者需要的时候经授权后可以随时调取。

此外，智能会计系统之下，大数据与智能制造、工业互联网相结合，企业实现了业财税管的一体化，使得企业可以从财务数据追溯到原始业务数据。企业对财务信息进行深层次分析，不再囿于具体的财务指标数据，而是通过物联网大数据，实现业务场景交互，推进生产制造智能化升级。通过分析整合产品数据、制造设备数据、订单数据以及生产过程中产生的其他数据，显著提升生产控制的准确性，大幅增强生产制造的柔性化水平和协调度。大数据是企业发展的核心要素之一，企业通过工业大数据来提高资源配置效率，提高市场响应能力与应急保障能力，优化生产方式，促进供需匹配与创新，减少浪费、降低成本，增加透明度、提高产品质量，提供更多个性化产品与服务，提高企业生产率和竞争力，能够促进经济高质发展[①]。

2. 挖掘数据资产价值

数字经济的发展带来极为庞大的数据流，获取数据和将数据转化为数字智能的能力已经成为企业竞争力的关键。数据是一种重要的资产，利用财务信息和挖掘到的企业或行业的底层数据，对企业业务整体进行分析和预判，多个代表性的企业数据的联合分析构成行业发展分析。通过分析，充分挖掘数据资产的价值，发挥数据资产对企业的价值，实现企业价值最大化。

近年来，随着数字经济的进一步发展，出现了数据资产化和资本化的概念。数据资产是指企业在生产经营管理活动中形成的、可拥有或可控制其产生级应用全过程的、可量化的、预期能给企业带来经济效益的数据。数据资产化的过程，就是实现数据可控制、可量化与可变现属性和体现数据价值的过程。2016年3月，麻省理工科技评论与甲骨文公司联

---

① 赵姗. 深挖工业数据价值 打造创新发展新引擎 [N]. 中国经济时报，2020-10-27 (004).

合发布的《数据资本的兴起》指出,数据已经成为一种资本,同金融资本一样,能够产生新的产品和服务。数据资本化,就是通过数据交易和数据流通活动将数据资产变为资本的过程,是通过对数据资本的利用为企业带来资金的过程[①]。但不管是数据的资源化、资产化还是资本化,都表明企业的数据是有价值的,只有对其进行深入的挖掘与剖析,并将其与企业实际相结合,才能充分发挥其价值。当前,数据已经渗入各行各业,逐步成为企业不可或缺的战略资产,企业所掌握的数据规模、数据的鲜活程度,以及采集、分析、处理和挖掘数据的能力,决定了企业的核心竞争力。

分析挖掘数据资产的价值。企业的资产、存货和人际关系等都是企业发展的能源,同样,企业数据,不管来源于企业内部(内部主要是企业自身业务发展和日常活动形成的数据)还是外部(外部主要是与上游供应商和下游客户之间的数据共享以及公开数据库),都是企业成长的能源,智能会计系统借助大数据、物联网把这些企业的数据挖掘出来,并利用系统分析的方法对所获取的企业底层数据进行分析和利用,为企业发展助力。例如,企业可以对客户进行画像,根据客户企业所在的地址信息,合理安排提供售后服务或物流的时间和顺序,使得企业既能够达到高效配送又可以节省人力物力和时间。

智能会计除了能够对企业数据进行分析之外,还可以突破企业间的界限对数据进行分析,形成行业性的发展报告,若干不同类型的行业数据之间的结合,汇总能够展示整个地区经济的状况。该报告的形成可以使得企业更好地了解所在地区和行业的发展状况,同时也为政府等相关部门的决策提供数据支持。

5.1.4 智能数据共享

智能会计时代会计的目标之一是为报表使用者提供决策有用的信息。此处的报表使用者主要是指企业外部的报表使用者,包括外部投资者、债权人、潜在的投资者和债权人、供应商、政府及其机构、雇员和工会、中介机构等,不同的使用者对报表信息的需求不同,对企业信息的开放程度要求也不同,实现企业财务数据共享,提供差异化信息服务可以有效解决这一问题,有效增强财务信息的可理解性和决策性。

企业与外部报表使用者共享企业财务信息,通过区块链技术对信息进行加密,只有在取得不同的数据读取权限时,才能够真正地接触到企业数据,既保障了企业数据的安全可靠性,也使得数据在企业信息使用者之间实现共享,此外,智能会计时代,会计信息的即时性、开放性、去中心化等不断增强,有效降低了外部信息使用者和企业之间的信息不对称,减少信息孤岛问题,使外部使用者能够更好地了解企业信息,及时发现影响其决策的因素,并做出应对。

1. 投资者

对于投资者而言,企业的财务报告既要反映受托责任的履行情况也要能够为投资者提供决策有用的信息。智能会计时代,物联网、区块链技术的应用使得财务造假难度加大,财务数据智能化处理降低了信息处理过程中会计人员主观判断导致的偏差,会计信息的可

---

① 张莉. 资源、资产、资本:数据的价值 [N]. 中国计算机报,2019-10-28 (012).

第5章　智能会计的功能与特征

靠性增强，对受托责任履行状况反应的真实性增强。相较于反映企业过去经营和责任履行情况的财务报表，投资对企业未来的发展的关注度更强。传统会计出具的财务报告反映的是企业过去的交易事项形成的信息，缺少企业发展潜力信息的预测，难以满足投资者的需求。智能会计时代，智能会计系统可以将企业自身发展数据与行业数据分析比对，结合企业发展的宏观经济环境以及自身发展战略，形成对企业未来发展的预测报告，并结合图表数据形式出具并配以文字解释，更好地满足投资者对企业信息的需要。通过企业未来发展预测报告，形成对企业发展的初步判断，为投资者的投资决策提供有力的数据支撑。

2. 债权人

债权人是指银行等金融机构借贷人和供应商。他们或者给予了公司贷款，或者为公司提供了存货物资和设备。债权人相对更关注企业的发展状况，以及企业是否有充足的资金偿还债务。为决定是否给企业贷款，要分析贷款的报酬和风险；为了解债务人的短期偿债能力，要分析其流动状况。银行、信托等金融机构对企业资信进行评价，以及贷款额度的确定都依赖报表数据。传统会计时代，债权人对企业信息的掌握主要包括企业公布的财务报告和企业在银行的信用状况，而对企业内部数据的了解较少，对企业的预测和判断难免形成偏差。智能会计时代，可以根据大部分债权人的需求，形成面向债权人的专项报告，形成企业的借贷关系网络图和投资者结构图，结合企业内部数据对企业的偿债能力进行分析，而不仅仅依赖资产负债表等财务数据形成的对偿债能力的指标性分析，关注企业未来的发展。潜在的投资者和债权人关注企业未来发展潜力，有吸引力的投资项目，发展潜力高的企业往往更能获得融资。

3. 供应商

供应商向企业及其竞争对手供应各种所需资源，包括提供原材料、设备、能源、劳务和资金等。供应商把东西卖给公司，关注交易是否能足额收回资金，关系到供应商对企业选择何种结算方式，是否采用信用付款（包括应收账款、应收债券等）。买方企业的经营是否良好对卖方企业给出的信用政策有很大的影响，当企业的现金状况不佳，企业的经营能力一般，销售难以为企业带来充足的现金流量时，供应商一般会选择减少或者不采用信用收款。他们通过分析来判断是否能与企业进行长期合作，了解销售信用水平，并决定是否对信用政策进行调整。传统财务报表呈现的数据对企业真实的经营状况的反映是有限的，而且是间接的，需要对数据进行分析整理才能得出相关结论，阅读性和可理解性较差。智能会计时代，可以直接将企业与经营有关的现金流量、企业销售能力分析，以及企业的原材料需求信息结合起来，对企业的整体状况进行分析，形成专门针对供应商的报告，满足供应商对本企业的信息需求，为供应商的决策提供支持和帮助。

4. 政府机构

政府及相关机构要通过财务分析了解企业纳税情况、遵守政府法规和市场秩序的情况、职工收入和就业状况。这些在传统会计报告中很难有直观的呈现，需要对企业财务报告进行分析和比对才能得出相关数据。此外与企业直接相关的政府及其机构主要是税务部门，但由于会计核算和税法对企业所得等计算差异的存在，长期的财税分离，很多企业会出现财税"两张皮"的现象。财税"两张皮"主要是指企业给税务机关的财务报告和给投资者的财务报告两者表现的企业的经营绩效存在较大的差距,美化给投资者和债权人的报表吸引投资,"丑化"给税务机关的报表以达到少交税的目的。智能会计时代,企业应纳所得税等数据由智能会计系统自动计算得出,并依照法规进行纳税申报,减少了申报过程中的人为操作。智能会计系统还可以按照企业的纳税情况出具企业纳税报告,企业员工的职业收入和就业情况也会在所得税纳税申报明细中呈现,方便了政府部门及时了解企业的情况。

5. 雇员和工会

企业的雇员和工会要通过分析判断企业盈利与雇员收入、保险、福利之间是否相适应。智能会计借助区块链使得财务信息可被经授权的节点上的员工读取,极大地降低了雇员和企业之间的信息不对称问题。员工可以在系统选择与收入保险福利以及企业盈利有关的信息,利用大数据分析,排除掉非相关信息,筛选出决策有用的信息,从而为工会对企业福利发放标准的判断提供数据支撑。

6. 中介机构

智能会计系统为中介机构了解企业提供可靠性较高的数据支持。这里的中介机构主要是指券商、审计等对企业财务数据要求较高的机构。区块链技术打破了原有的财务报表编制方式,将企业每一笔真实的交易信息按照时间顺序排列成一条数据链条区块链的去中心化监督模式与信息透明化保证了数据链的真实性与准确性,能够自动披露应公开的信息。审计人员可以通过企业相关部门的授权便可以获得全部交易数据,不存在企业刻意隐瞒重要信息的风险,提高了审计的效率。

5.1.5 智能风险管控

智能会计将要实现的是业财税管一体化,业财税一体化只能帮助完成基础的会计工作,出具会计报表,但并不能真正实现企业的创造价值。从财务报表提取数据,通过报表数据延伸到业务层面,所取得的数据能够为决策提供依据(管理),才能为企业发展创造价值。企业的管理的出发点是从财务数据出发,利用财务呈现出的数据和指标,穿透到业务数据(如销售数据),对企业业务层面的决策需要整体数据的支持。管理涉及企业的风险问题,风险是管理的核心。智能会计系统的风险管控功能主要表现在三个方面。

1. 风险预警

智能会计系统可以通过人工智能技术对专家决策系统进行优化,通过深度学习算法建立风险预警模型,对财务数据进行长期跟踪,以便及时识别财务风险,化解安全隐患。财务报表不同科目之间的数据是有一定的勾稽关系的,设立相关比率的风险预警值,例如,财务指标(资产负债率、营运能力指标等),当该项指标偏离企业预设的合理范围(该合理范围可以由企业根据同行业规模水平相当的企业,并结合企业自身发展特质来确定)的时候,系统会自动向企业发送风险预警信息,提醒管理层关注该项风险,并注意此类信息

第 5 章　智能会计的功能与特征

可能会对企业产生的不利影响。对于应收应付款项和其他应收其他应付款项这类相互之间联系紧密的报表项目，依据该项目涉及的内部数据之间的关联，设置预警值，把报表项目呈现的信息分析到具体的业务执行层，从具体业务层面来实现风险管控。

2. 风险评估

智能会计通过建立不同的企业分析模型，对企业数据进行评估，并出具出风险评估报告。例如，智能会计可以根据设定的指标体系，对企业发票、纳税数据、营业收入支出情况以及是否有异常扣税等进行分析。系统能够根据管理层的需要自动对企业的涉税风险进行评估，并出具企业涉税风险监测报告。风险管控模块仅限于把企业可能存在的风险分析出来，并把分析结果反馈到企业层面，而依据风险评估结果对企业实际发展情况进行判断，是否需要采取进一步措施来预防此类风险，以及采取何种措施，则需要企业专业会计人员做相关的职业判断。

3. 风险控制

企业对风险的控制一方面表现为通过特定的技术手段减少造假。如智能会计系统利用物联网技术通过特定的技术从实际业务中读取数据，利用区块链的算法和程序实现对数据的控制，从而减少数据在获取和传输层面的造假。在企业取得相关原始凭证之后，通过智能会计系统预设的凭证类型对凭证进行录入分析，自动生成记账凭证；同时，系统实现了与税务系统的对接，把发票融入业务系统，将发票信息化，减少了企业做两套账的概率。另一方面是加强岗位之间的相互监督，智能会计系统的红色预警功能便承担了此类角色。当企业出现风险如适用不合适或过时的会计政策时进行报错，即时向相关工作人员和财务主管发送预警信息，使出现的问题能够及时让相关负责人员知晓，当得到恰当处理时，系统恢复日常工作状态，绿灯常亮；倘若该项风险事件未能得到及时有效处理，出现黄灯，并会再次向负责人发放预警信息；逾期（处理的时间限制可以由公司人员自行设定）仍未处理的，红灯警告，直接由系统通知管理人员。

5.1.6　智能决策分析

智能财务对传统财务工作的延伸，包括在资金管理、资产管理、税务管理、预算管理、成本管理、投资管理和绩效管理等方面的精细化和前瞻性，将大幅提升财务规划指导和规范管理的职能。智能会计为企业提供财务会计、税务和管理方面的报告，大数据区块链的使用使得信息的真实性和可靠性增强，报表信息可追溯到原始凭证数据，海量数据分析降低了企业财务分析成本的同时，也为管理层的决策和管理提供了更加精准即时的数据支持。智能会计系统可以根据输入的模型，利用已有数据进行深度学习，对企业的内外部数据进行分析，实现智能决策。

1. **提示企业目前的可获得融资区间（融资弹性）**

企业解决资金问题主要通过内部渠道和外部渠道。内部解决资金问题可以通过减少企业库存、降低应收应付款项、实行固定资产抵押以及利用社会责任取得资金、股权融资和

智能会计

平台化。而企业外部融资则主要是举借外债，包括银行贷款、高利贷、担保贷款等，向银行贷款使企业解决资金问题的一个重要渠道。

银行确定能否为企业提供贷款以及提供贷款的数额所采用的分析指标基本上是一致的。智能会计系统通过对企业相关财务指标（包括企业的资产负债率等指标）按照银行的分析体系进行分析，结合企业在税务系统上的税务信用等级（其中税务信用等级为A级和B级是银行规定的能够放贷的指标之一），根据其所缴纳的税款额度乘5~10倍计算企业可以从银行等信贷机构可获得的贷款融资数额，提醒企业可获得的融资机会，为企业解决现金流问题提供决策建议。

2. 基于大数据做企业画像

通过企业的财务指标、所处地区、行业等做企业画像，根据企业画像，判断出企业能否申请高新技术企业，是否属于国家规定的行业，例如，属于传统行业的企业可以通过改造转型到高新技术行业。在此基础上，通过获得的财务数据对客户企业进行分析，发现可以申请高新技术行业等能够增加企业税收优惠或者提高企业贷款额度等特点的企业，依据取得的数据为企业的进一步发展提供建议。并对企业可以通过如何改造可以获得税收优惠或者提高企业贷款额度资格提供合理化建议，并出具相关报告。例如，我国现有高新技术企业的指标有8个，如果客户企业已经满足其中的3~4个条件，且通过发票看到企业的产品也符合高新技术企业要求，则可以推荐企业申报高新技术企业，并为企业提供高新技术企业转化服务的建议，例如，通过申请专利，达到高新技术企业规定的指标。通过对企业改造，使其成为高新技术企业，从而提高企业可获得贷款的额度。对于不能进行高新技术企业转换的行业，可以通过合理化改造，让企业的产业链变得更值钱，得到更大额度的银行贷款。

3. 企业成长模型分析

第一，建立模型。智能会计系统通过对发展比较成功的企业底层会计信息所获得的数据进行分析，采用相关指标建立企业成长模型，指标包括客户数量、专利、所在行业、公司规模、财务指标数据等，并为这些指标赋值，对这些指标进行量化分析，计算得出企业成长能力的数值。并能够结合行业的发展特性，评估企业的成长性、成长能力和创新性，从而建立不同的企业成长模型。

第二，验证模型。智能会计可以通过大数据获取中小企业的底层数据，代账平台的出现使得只要经过授权，获得被代账企业的数据的便捷性增强。以百企慧代账魔方为例，可以利用该平台已有的大量中小企业的数据验证已建立的模型的正确性，通过数据验证之后，选择合适的样本企业实施符合模型发展方向的企业改造计划，并把实施的结果通过报告的形式展现出来，对计划实施的有效性进行分析，形成最终的企业成长性模型，若干不同类型的企业模型就形成企业成长的模型库。

第三，应用模型。利用智能会计在数据采集方面的优势，结合不同企业的行业以及成长性评估，有针对性地选择合适的企业成长模型，把模型匹配到企业。由于不同企业的基础数据不一样，在企业成长性模型的匹配过程中可能会有差异，但企业大致的方向与模型是一致的，应当根据企业发展的实际情况，在具体实践中结合实际情况进行分析

第5章 智能会计的功能与特征

处理。

企业成长模型在与企业匹配过程中,既能够发现企业在发展成长方面存在的问题,也能展示出企业自身发展相比设定模型的优势所在。企业成长模型的建立和应用为中小企业的进一步发展提供了管理建议和思路,比较模型和企业实际之间的差异为企业决策提供数据支持,具体的企业发展决策应当根据企业风险评估等数据,由企业财务主管结合企业的实际情况决定采取何种措施来促进企业发展。

4. 提高企业的成本管理、预算管理、绩效管理等方面管理水平

业财税管一体化打通了业务和财务之间的联系通道,企业可以通过财务向业务前端进行延伸。智能会计系统的应用极大地降低了企业的管理和分析成本,提升了企业的管理效率和水平。

第一,传统"四表一注"直接生成,自动提取数据。在智能会计体系中,除了原有的资产负债表、利润表、现金流量表和所有者权益变动表(以下简称"四表")之外,还可以根据管理者的需求个性化定制报表。原先的四表通过系统设置模板,系统可以自动生成报表,在需要的时候提取出来供报表信息使用者所用。区块链技术在财务领域的应用使得智能会计的财务报表突破了传统财务报表报告周期的限制,可以根据财务报表使用者的需求出具特定时间和内容的报表。财务智能机器人的出现,使得四表的编制和读取都不需要会计人员,如果管理层想要了解前一天的现金流量情况,可以直接跟财务机器人对话,财务机器人根据要求,自动完成报表数据的出具和读取,并选择相关现金流量信息向管理层汇报。可以让管理层及时了解企业的相关信息,满足决策需要,及时发现和控制公司的财务风险与经营风险,推动管理者的高效管理。

第二,个性化报表的出现。可以根据管理层在决策预算等方面的需要,将特定的项目整合形成新的报表。例如,产品销售报表。可以将企业的库存明细、与销售有关的应收款项和现金流量、已销售产品的明细以及由销售产生的人财物的消耗等生成报告,结合各项目之间的内在逻辑关系,对销售的情况进行分析,发现销售环节存在的问题,为管理层的决策提供数据支持,以便企业实现更好的发展。

报表整体更加体系化、完整化。智能会计报表体系不同于传统会计的四表一注,出具的财务报告涉及企业的业财税管各个层面。业务层面是企业不同项目的成本分析报告以及企业整体费用的消耗,财务层面在传统四表一注基础上对报表项目出现了新的定义,税务层面企业的各项纳税申报明细在系统记录和保存,管理层面是根据前三个层面并结合企业实际发展情况,利用底层数据之间的勾稽关系,对企业进行分析,为企业采购、销售和生产等管理出具的报告。

5.2 智能会计的特征

智能会计是传统财务会计与人工智能相结合的产物,智能会计借助物联网、区块链和大数据从数据的取得、生成、处理到出具报告的整个流程层面进行把控,以其及时性、高效性、智能性强化了传统会计信息质量特征。同时随着会计智能化的深入发展,计算机技

术的不断进步和互联网、物联网、区块链技术在企业购销等管理层面的应用进一步加深，智能会计呈现出去中心化、智能性、即时性、网络性、开放性、决策性和价值创造性等特征。

5.2.1 去中心性

智能会计下会计的去中心化主要表现为去信任性，会计信息真实对称。区块链在财务领域的应用为会计的去中心化提供了技术上的保障，使得信息不对称、财务信息造假状况大大减少，保证了财务信息质量。

1. 区块链技术提供保障

区块链是一个分布式账本系统，基于一定的共识机制，采用多方决策、共同维护的方式进行数据的存储和复制。区块链技术具有高度透明、去中心化、开放性、信息不可篡改、匿名等主要特点。其中去中心化是区块链技术的最显著特征。它不再使用中心化的硬件或管理机构，而是采用分布式核算和存储的方式，使得各个节点处于平等地位。每个节点都是中心，各节点之间相互独立，任意节点的交易者都可以参与区块链的网络链路，交易可以按照信息秘钥自由匹配，自动完成。同时，区块链技术拥有特殊维护功能的节点共同负责维护系统中的数据块信息，节点之间的数据只需按既定的规则进行交换。任何达成一致协议的双方可以直接交易，无须相互信息确认，节点间不存在欺诈的可能性，不需要第三方中介机构或信任机构背书，大大提高了交易的效率。不同节点上的独立单元既可以通过其他节点的相互验证保证交易的真实性和可行性，又可以降低信息丢失的风险。区块链的分布式结构能够在一定程度上降低信息不对称风险。其次由于区块链技术的去中心化，攻击单个节点无法控制或破坏整个网络确保了系统的安全。在"大智移云物环"的时代背景下，区块链技术在证券交易、电子商务、智能合约、物联网、社交通信等各个领域广泛应用，并且取得了卓越的成效[①]。

2. 传统中心记账模式弊端较多

区块链在会计领域的应用加速了会计的去中心化。传统的中心记账模式下，只有财务部门的人员有权限进行账务处理。任何办理业务的员工，只能将相关业务资料的原始凭证整理好移交财务人员，由财务人员统一审核记账。这种记账模式存在很大的弊端，财务人员不懂业务，可能会导致记账出现错误；财务人员对不了解的业务需要去咨询相关业务部门、业务部门为了减少在业财两部门来回跑的次数将相关凭证累积到一定程度再移交财务部门等情况降低了工作效率，增加了财务人员的负担。

3. 财务共享中心的建立实现财务的去中心性

企业财务共享中心的建立有效解决了上述难题。财务共享中心重点在"共享"而非按照原先的方式再建一个"中心"。财务共享中心借助基于共享理念、由众多节点共同组成

---

① 刘朝阳. 区块链技术对会计行业的影响研究［J］. 财会学习，2019（21）：86-87.

第 5 章 智能会计的功能与特征

的一个点到点的网络的区块链技术，采用分布式记账方法使得财务去中心化。企业由原来的财务记账到企业人人都可以记账，所有对业务最了解的员工将可以及时进行此业务的登记记账。节点上的员工只是通过节点（也就是智能财务终端）将原始凭证和相关材料上传，节点内部通过设定的程序（如与扫描设备相连接的数据读取程序）对凭证上的有效信息进行获取，在智能财务系统中自动进行会计处理并生成相关会计信息，系统自动完成账目处理和登记记账，并在完成后将相关信息上传至会计链条，只有得到一定数量的同级节点的认可之后，该数据才会上传至主链，形成不可篡改的区块链的一部分，提高了会计信息的真实性和准确性。此外，每个员工通过自己的节点将发生的账目上传到数据链条中，该链条上的每个节点的用户都可以查看该项信息，相较于中心化记账模式下只有财务人员或经授权的人能查看该项信息的情况，降低了企业内部信息不对称，可以有效避免信息孤岛现象。

5.2.2 智能性

智能会计之所以称为"智能"的会计，不仅仅表现在其将人工智能应用到了会计领域，而且实现了会计全流程的智能化（即信息获取的智能化、信息处理的智能化、信息存储的智能化和信息输出的智能化四个方面）。

1. 信息获取的智能性

会计信息获取的智能性主要借助于物联网技术在会计领域的应用。传统的会计电算化系统在获取信息阶段仍然需要会计人员依据会计原始凭证进行人工录入，不仅存在输入错误的可能，也存在单据伪造的可能，物联网技术的运用规避了这些风险。在物联网系统中，所有的采购进入企业的物品都会载有 RFID 电子标签，企业通过 RFID 读写器将电子标签所载的信息导入仓库库存系统，库存系统与智能会计系统相连，信息也是共享的。这些商品在进入企业之后再进行深加工、出库、销售、毁损等情境时，发生的相应改变都会在电子标签进行记录，并在会计信息系统中得以实时反映，减少了信息获取时的人为操作，提高了会计信息获取的效率和质量。

2. 信息处理的智能性

人工智能计算能力的提升以及大数据、云计算技术的发展解决了技术层面的难题，这些技术在会计领域的应用，使得传统的账务处理不再需要人的参与，通过编写一定的程序，机器即可实现对会计核算、账务处理的自动化。例如，在企业成本核算方面，由于种种制约瓶颈的存在，标准成本核算法在传统会计中较难实现。会计信息化系统中采购模块和库存模块的有效合理设置，让标准成本核算法能够应用到企业成本核算中。大数据的应用使得系统可以根据采购产品的历史资料以及当前的公允价值测算出企业消耗该资产的标准成本，根据采购资料和企业在生产过程中的耗费计算出产品实际成本，并根据销售系统数据结转销售成本，在标准成本、实际成本均得以明晰计算界定的前提下，月末时系统可以自动将两者之间的差额在库存产品和售出产品之间按比例进行合理分配。

智能会计

3. 信息存储的智能性

云存储为企业提供了海量的信息存储空间，提高了企业从外部获取信息的能力。云计算从本质上来说是一个用于海量数据处理的计算平台，网络服务提供者借助云计算瞬间即可处理亿计的数据信息。通过云计算，企业根据需要随时随地从合作伙伴、供货商、代理商处获得相关会计数据，由于在云端直接实现数据的传递和索取，因而有效节省了公司本身的存储空间，效率也更高①。

区块链技术的应用则大大增强了信息存储系统的安全性和保密性。区块链采取密码学中的哈希算法技术，利用哈希算法的输入敏感和冲突避免的特性保证区块链的完整性。区块链的任何客户端都可以保存所有的数据信息，即使某一端点的网络出现故障，在其他节点中仍能够查询到数据副本，不会影响整个会计信息系统的正常运行。

4. 信息输出的智能性

智能化出具财务报告。可扩展商业报告语言（XBRL）能够依据财务信息自动生成财务报表和简单的财务分析报告，并将财务报告内容分解成各种不同的数据元，赋予唯一的数据标记，实现了财务报告标准化。财务报告信息的标准化处理有利于实现其跨语言、跨平台、高效率和低成本利用。也使财务信息可比性、相关性、及时性和可获得性得以提高，信息交换成本得以降低，从而使得财务信息相关各方能够方便地使用财务信息，也一定程度上降低了信息供给成本，提高财务报表编制效率。

5.2.3 即时性

随着第四次工业革命的深入发展，对会计行业产生了多方面的影响。大数据、云计算带来了技术上的变革，也使得会计信息获得更加及时，信息的时效性更强。

1. 会计对信息的即时性需求

会计信息具有一定的时效性，需要企业及时收集、报告和处理各事务和交易中心产生的信息。传统会计的及时性要求对发生的交易或事项进行及时的确认和计量，不得提前或延迟确认，但其对企业整体上的数据很难实现即时出具。传统方式下数据一般是在业务发生或者已经完成之后才进行处理，如果企业管理层想要查看本月度经营状况，则需要会计在完成本月度全部数据的记账并进行结账之后，才能得到相应的数据，财务数据获取的即时性得到限制，同样，对财务信息的及时应用和分析也存在很大障碍，需要财务人员花费很大精力去对报表相关数据进行计算整合，对相关财务指标进行分析比对。

2. 数据获取和处理的即时性

新技术在财务领域的应用给财务会计在会计信息的采集处理方面提供了极大的便利。物联网技术实现了信息实时共享，物联网条件下的会计信息处理系统可以在业务发生时就

---

① 段小明. 基于物联网技术的会计信息化发展研究 [J]. 教育财会研究，2016，27（2）：88-91.

获取以及更新数据,保证了数据的及时性,当会计信息发布时就可以及时了解相关信息作为参考,使企业在最短时间之内做出最正确的决定。技术的应用节省了会计信息在传播和加工方面的时间,让会计信息能够被及时的归纳整理,并根据相应的数据模型及时出具相关的会计分析报告,使得会计信息的获取更加便利,对会计信息的利用效率更高。

3. 信息变更和报告的即时性

在智能会计时代,企业对财务数据的需求能够得到即时的满足。区块链技术的应用突破了传统会计的会计分期假设,倘若管理层需要某一方面的数据信息,只需要对相关信息进行选中,并根据系统提示进行操作,即可得到企业即时的数据,不必等到月末结账就能看到企业的经营有关的信息。例如,现代销售平台和销售方式多样,企业发展更为迅速,特别是规模较大的企业,其产生的交易更为频繁。通过以互联网大数据为支撑的智能会计,企业各部门在前端销售采购进行数据录入,集团总部财务在当天便可得到整个集团的财务数据,在传统会计时代,这几乎是不可能的。大数据技术在会计方面的应用使得会计信息可以被及时地处理,并形成较为直观的结果为管理层应用,会计信息的及时性加强。

5.2.4 网络性

网络化的发展给企业带来了充足的信息流,上下游之间的链接、不同部门之间的密切配合都离不开网络的发展,企业的网络化推动会计在网络层面的变革与发展,智能会计的网络性主要表现在以下几个方面。

1. 以移动互联网为基础

互联网的发展提供基本技术支撑。计算机网络技术和云计算的发展为大数据、物联网技术的实现提供了可能,互联网的普及、大数据云计算、物联网以及与物联网等相关智能设备的使用为会计的智能化提供外在技术条件。通过互联网,企业的生产销售采购所产生的数据能够直接通过智能设备读取,并将其进行自动化处理上传至企业云端;企业与客户和供应商之间的关系也可通过大数据进行分析。基础信息的采集智能化、信息处理智能化、对已有信息进行分析,为企业智能财务的会计信息数据获取、智能化账务处理、生成财务报告并分析以及将智能会计生成的信息通过网络实现共享提供了技术上的支持和保障。

2. 企业生态网络

随着互联网和移动互联网的普及,商业元素间的可连接性大大增加,打破了原本栅格分明的商业关系:行业边界趋于模糊,企业竞争与合作范围无限扩大,我们进入一个"无疆界"的竞合时代。在这样的背景下,疏于连接的企业即使核心竞争力再强大,也可能面临被边缘化的危险。要在新的环境下生存和发展,企业须撬动自己所在商业生态圈的价值。

企业生态圈是指企业与其上下游企业以及投资机构、咨询机构、政府等组成的社会网络结构,每个企业都是其社会网络的一个节点。如同生态系统中处在各个不同位置的生物一样，每个企业在全球/全国的经济系统中都有自己的位置。生物之间由于捕食与被捕食关系形成食物链条，企业与上下游客户和供应商之间形成了生产链条；每种生物的食物不止一种，又被多个捕食者捕食，食物链的错综复杂形成食物网，企业的供应商和客户都不止一家，企业的供应销售链条交错形成了企业的关系网络；生态系统中，还包括不直接参与食物链的细菌等分解者和阳光、水等自然资源，在以企业为中心的生态圈中，除了与企业生产有直接关系的供应商和下游客户之外，还包括不直接参与生产的部分，包括以银行为代表的金融机构、以税务机关为代表的政府部门，以及科研和咨询机构等，企业间的信息流沿着企业的社会关系网络，随着物质资料生产的转移实现在不同主体之间的流动。生态圈并非固定的，具有一定的流动性和开放性，并随着企业的发展和交易范围的扩大而不断发展壮大。

智能会计时代，企业不再是一个孤岛，仅凭一个企业的单打独斗无法实现更好的发展。企业生态圈的构建，圈内的技术和数据信息共享，企业获得信息的网络化增强，数据之间不再是单纯的线性关系，各个数据之间的联动关系增强。通过与上下游企业以及关联企业和有关机构，建立一个适合自身发展的企业生态圈，能够增强企业的外部协作，将物联网与智能会计系统融合，提高企业与价值链上各企业之间的协作效率，有利于提升整个价值链的竞争能力。

3. 企业内部组织网络

企业内部组织的网络化。财务不再是一个以财务部门为中心的机构，其他部门和财务部门之间的关系也不局限于报账，财务会通过数据分析业务部门的成本与绩效，业务部门的数据关系到财务分析的准确性，企业的每个部门都是组织关系的一个节点。物联网技术的发展淡化了部门之间、企业之间的边界，为会计信息资源的共享和整合提供了条件。部门之间的信息共享既提高了会计业务的处理效率和质量，其他部门也能随时查看与本部门相关的会计信息，形成相互支持的协作模式。

5.2.5 开放性

智能会计时代，云计算、大数据、人工智能等科学技术的应用使得企业实现了万物互联互通，信息共享，也使得组织边界柔性化、模糊化。通用公司前任总裁杰克·韦尔奇提出了无边界组织的概念，无边界组织是指企业打破固有的科层制的管理模式，将僵化的机械的组织结构转变为灵活的有机的组织结构。组织边界变得更具有渗透性和开放性，使得组织内部能够及时传递信息、共享资源，以便使组织保持活力，能够及时应对内外部的变化和挑战，灵活地进行结构和人员的调整[①]。

无边界组织是一个灵活的有机组织结构，在同一组织目标的引导下，组织内部的各部门和各职能之间密切联系配合，实现信息即时开放共享，调动一切资源以完成企业目标。无边界组织既包括企业内部各部门之间边界性减弱，也包括企业整体与外部组织之间的边界被打破。

---

① 刘丹琦. 浅析无边界组织及其实践方式 [J]. 中外企业家, 2019 (26): 220-222.

第5章 智能会计的功能与特征

1. 企业内部部门间的开放性

企业内部部门之间的边界主要是指组织内部纵向的管理层级之间的垂直边界和由分工带来的组织内部横向部门之间的壁垒。智能会计时代财务和业务进行衔接，打破部门之间的壁垒，增强数据之间的联通。企业实现对业务数据、财务数据进行一体化归集，以跨部门、多类型报表数据的共享和透明展现，透视集团各个单位业务流、资金流和信息流。会计的智能化方便了企业财务处理，简化了账务处理流程，企业组织结构扁平化，各部门的数据信息通过智能会计系统直接上传至企业的智能财务共享中心，通过共享中心的数据，对全集团经营数据进行追溯及原因分析，初步形成对集团经营活动的动态监控和过程管控能力，提高企业资源配置效率，降低部门之间的信息不对称，沟通的便捷性增强，有利于提升组织效率，降低交易成本。

2. 企业同外部主体间的开放性

企业整体与外部组织之间的边界主要是指产业链上下游、金融机构、税务以及具有其他相关性的不同类型的合作伙伴，如供应商、渠道商以及外包服务商等。区块链和物联网在财务领域的应用为打破企业的外部组织边界提供了技术上的支持，物联网技术可以加深企业与供应商、金融机构以及会计师事务所之间的联系，实现信息共享，使有限的资源产生更多利用价值；通过区块链技术对涉及商业机密的数据进行加密，企业可以将该系列的区块链设置成私有链，不予公开和授权。通过区块链的加密技术，可以实现参与同一交易过程的各方之间对该项交易信息的开放共享，同时该项交易数据对不参与该项交易的企业来说只是一个加密的信息，实现交易方之间数据的即时开放共享。

智能会计系统实现的是一种全面共享，包括整个企业对于智能财务相关平台、智能财务相关数据、智能财务相关人员和智能财务相关组织的共享。

5.2.6 决策性

智能会计信息的决策性主要表现在智能会计系统通过提供高质量的财务会计信息，包括但不限于使得会计信息更加准确、相关、可靠以及提高信息的及时有效性，为企业的经营管理决策提供支持。

1. 财务信息质量提升

智能会计通过物联网、大数据、区块链等技术从技术上强化了传统会计信息质量的特征。大数据技术使得会计信息能够及时获得和处理，区块链技术的使用提高了会计信息对相关性和可靠性。区块链技术由于其开放透明等特性，可以最大限度地防止信息篡改，保证会计信息的质量。大数据可以提升会计信息的真实性和完整性，很多数据的获取所使用的样本，从原来的抽样样本转化成总体样本，数据缺失、片面的可能性减少，会计工作人员自身的主观性和能力差异对数据的影响减少，会计信息更加客观和真实[①]。

---

① 马喆. 大数据对会计信息质量特征的影响 [J]. 当代会计, 2019 (24): 21-22.

2. 数据间的关联性增强

在物联网环境下，可以将存有物品信息的电子标签带到产品入库、销售出库等环节之中，设备就可以自动识别物品，将与其相关的信息同时提供到数据仓库，大大增加了数据的关联性，增加分析价值。财务报表所呈现的不再仅仅是一个数值，数字之间的联系也不仅仅是报表的逻辑层面，由于物联网和区块链技术增强了报表数据的可追溯性，企业可以通过数据实现对企业经营数据进行追溯及原因分析，形成对企业经营活动初步的动态监控和过程管控，为管理层决策提供重要保障。例如，通过对企业成本数据的分析，企业可以追溯到该项目数据发生的时点，发现企业在成本管控中存在的问题并从根源上提出解决方案。

3. 个性化财务报表

财务报表即时出具，多样化、个性化的报表为决策提供支持。智能会计时代数据的即时可获得性打破了传统会计对于会计分期的假设，可以根据经营管理的需求即时出具会计报表，并按照设定的程序对报表进行简单的分析，一些简单数值、比例、趋势等分析可以由系统直接出具并呈现在财务分析报告中并形成直观的图表展示，管理层可结合企业发展目标，经营管理策略对该数据加以运用，让数据支撑企业决策。

4. 财务部门主动发力

财务部门应发挥财务部门是各类数据的汇集地的这一优势，深入研究业务活动，与业务部门积极配合，主动延长工作链条，全面渗透到业务活动各环节，加大数据搜集、整理、分析、挖掘力度，为企业战略决策提供数据支持和合理化建议。全面整合集团管理、业务及市场数据，打破专业、部门壁垒，实现财务、业务、资源基础数据的深度关联。在此基础上，对企业数据进行多维度分析研究，深入分析集团财务状况、管理情况以及经营绩效，为业务发展提供服务和保障。

5.2.7 价值创造性

智能会计的价值创造性一方面表现为智能会计借助人工智能以其高效率和准确性相对于传统会计而言极大地降低了企业的成本；另一方面，从冗杂的记账工作中解放出来的财务人员对智能财务系统出具的财务报告进行深入的分析和运用，深入挖掘企业底层数据的价值，为企业决策提供有力支持。此外，智能制造和智能财务相结合，提高了企业资源配置的效率。

（1）降低传统会计成本。

智能会计系统实现了整个业务流程的智能化，人工智能在信息处理方面有着人类难以比拟的优势。人工智能具有强大的学习与计算能力，能快速地将数据自动进行整合分析、深度学习，也能通过对已有数据的分析结果做出预测、调整。并且在计算和测量的效率和准确性上也远超过人类，此外，人工智能可以24小时全天候工作，且维护成本相较于传统对于会计人员的支付等费用相对更低。智能会计时代会计的高效率、低成本以及高准确

第 5 章　智能会计的功能与特征

性降低了决策风险，成本的节约本身就是一种价值的增值。

（2）会计人员价值创造。

人工智能技术是科技与经济发展的必然产物，智能会计的到来并不意味着财务人员被完全替代了，相反，人工智能技术作为一种辅助工具帮助财务会计人员更高效地工作。财务机器人所擅长的是数据整合、语义情感分析和报告生成，可部分地替代传统会计人员的核算工作，使财务人员可从烦琐的会计核算工作中脱离出来，减轻了会计部门原有的核算压力。智能会计时代，财务部门人员需求更多地为复合型、高端型、管理型人才，财务人员由财务信息的搜集者与提供者转换为信息的解释者和咨询者，由为多项任务、交易导向活动提供信息转变为业务部门提供决策支持和信息分析。这就要求财务人员具有良好的沟通协调能力，能够与企业的营销、采购、技术和经营管理人员保持良好的合作关系，综合运用财务系统的财务与业务信息，能够及时发现企业业务中存在的问题和风险，为问题的解决提出创造性的可行方案，发现企业资源配置中存在的问题并提出优化建议，发现新的利润增长点，为企业创造价值。

（3）提高资源利用效率。

与智能制造相结合，实现资源优化配置。物联网为智能财务系统对企业生产制造的价值创造提供了技术上的基础。物联网使得"物物互联"成为可能，借助于物联网，企业实现了对所有原材料、产品、设备的实时、动态控制和记录，企业可以根据需要获取生产经营的各种实时信息，加强对物资的管理效率，提高会计核算速度，真正做到经营管理过程的动态化控制。企业通过智能会计系统联合企业库存、销售、采购系统的信息，对企业合理的库存和生产量进行测算，从而达到从财务端对企业采购生产销售整个流程的把控，实现零库存甚至负库存；利用技术工具有效监管，更好地控制数据流，实现全面的内部控制与监督，为管理者的决策提供数据依据；降低库存成本和资源的内部消耗，提高企业资源配置的有效性，有利于企业的进一步发展。

（4）发现企业价值增长点。

业财税管深度融合，为企业管理助力。智能会计系统实现了企业中业务、财务、税务和管理的高效融合，以及财务专业分工、各级财务组织，业财税管各部门之间的深度协同。智能会计系统使得交易数据和过程数据的采集更细微，借助智能化的预测和管理系统可以实现基层业务单元层面和流程环节层面的精细化管理。在已有数据的基础上，可以借助大数据处理技术，分析企业的融资弹性，按照既定企业成长模型分析和预测企业发展路径。

对企业整体进行分析。智能会计系统能够通过分析企业以前年度数据，和行业性数据横向对比分析，找出企业发展存在的问题，通过数据分析指出解决问题的相关可能措施，指导和完善企业管理；通过对企业基础数据的分析，关注企业自身政策、外部上下游产业链数据的变化、整个行业发展环境的变革，利用人工智能实现对企业的智能化分析，帮助企业发现新的价值增长点，开发新的业务，使企业不拘泥于某种特定的行业或业务，增强企业的抗风险能力，提升企业整体活力；通过不断地深入学习和系统分析，找出企业发展的突破口，在管理和实践中不断优化该项业务，提高企业竞争力。

第6章 智能会计的基本原理

会计是一个以提供财务信息为主的经济信息系统，它要收集、加工和输出以财务信息为主的经济信息，并将这些信息传达给那些希望了解企业财务状况和经营情况的利益相关者，以便于他们做出正确的决策。财务信息来源于数据，数据是会计进行核算、做出决策的源头和起点，不仅是企业最有价值的资产之一，更是企业管理和发展的核心。智能会计背景下，企业的信息源不再仅仅局限于生产经营过程，传统的竞争手段也发生了改变，正从"渠道为王"向"平台为王"的理念进行转变，通过平台将企业的资金流、业务流、信息流进行整合以发挥渠道优势，从而为企业创造价值[①]。企业通过结构重组将大量重复的、易于标准化、流程化的核算业务集中到全新的业务单元，进行业务集中化、智能化处理。概括来看，智能会计平台主要包括基于业务和财务相融合的智能会计共享平台、基于商务智能的智能管理会计平台、基于人工智能的智能会计平台以及基于"大智移云物区环"的业财税管融合平台。本章将在从逻辑上分析智能会计总体框架的基础上，具体通过对四个平台运行的分析来阐述智能会计的基本原理，明晰会计信息实现价值增值的过程。

6.1 智能会计原理概述

智能会计是将企业战略、业务、财务、税务、管理决策进行集成的一个载体。智能会计系统通过对业务、财务数据的智能化收集和处理以实时、动态地为管理人员、业务人员提供决策相关信息，实现企业资源的优化配置，为企业未来的经营提供更加科学合理的预测。图6-1是智能会计系统的总体架构，包含了数据采集、数据集成与存储、数据分析应用以及信息呈现几个层次。会计信息从获取数据开始形成，在后续的处理、挖掘、分析中为企业的价值创造贡献力量。

数据采集主要是将数据、文字、图片等大量的信息通过恰当的方式，转换成系统可以识别的信息。企业在日常的经营活动中会产生大量的数据，这些数据杂乱无章，质量参差不齐，导致这些难以发挥完全的价值。在智能会计背景下，企业能够从交易的源头获取内部各单位和外部供应商、客户真实、完整的数据。通过数据爬取、智能解析、挖掘、可视化展现等技术，管理人员可以进行科学、精准的战略、经营决策，还可以利用虚拟现实技术实时指导业务场景的工作，为业务发展提供强有力的支撑。一些电子商务企业在相关方面积累了丰富的经验。例如，用户在浏览京东、淘宝等网站时，电商平台能够自动将用户

---

① 冯梅笑. 大数据背景下智能会计信息系统构建与应用 [M]. 北京：经济管理出版社，2020.

第6章 智能会计的基本原理

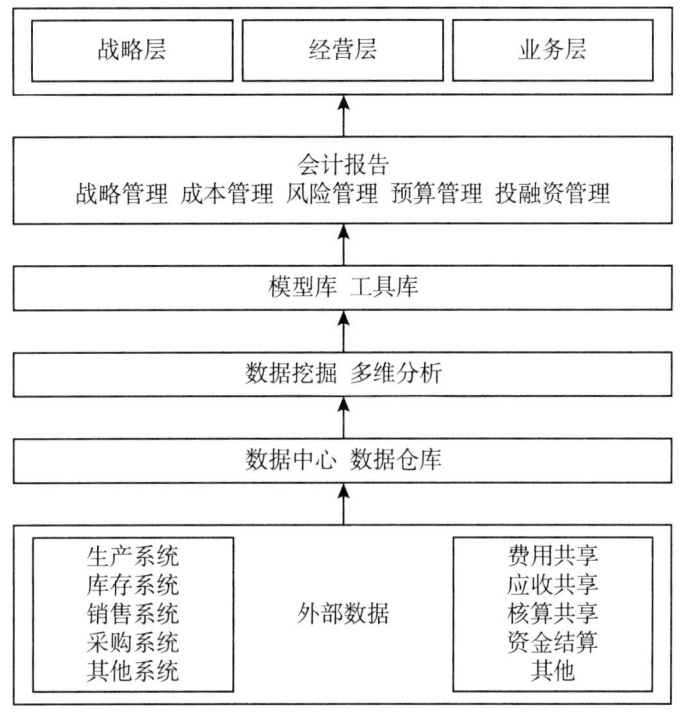

图6-1 智能会计系统总体架构

的访问记录下来,并将这些信息传至后台,而后台通过对这些网站信息进行分类、分析,进而可以实时为客户提供个性化的商品推荐。智能会计的相关系统还可以对企业前端的业务数据进行实时的记录和传输,后台可以对这些数据进行分析,分析结果可以为业务前端提供场景化的指导,也可以为业务部门提供可视化的分析报告,真正使数据在企业中发挥作用。

在智能会计背景下,会计各项工作的开展必须要以企业的内外部数据为基础,在保证安全性的前提下,所有数据的连接应该是开放的,企业能够从不同的系统进行数据的采集。对于采集或输入的信息进行多维度的处理和分类,通过数据的自动处理功能,根据数据的分类,有的进行财务维度的处理,有的进行业务维度的处理,同时把财务维度无法展示的信息也纳入分析系统中,有效实现财务与业务数据的融合,为后续的挖掘和深度分析工作提供基础。

6.1.1 数据的集成

传统会计中,由于企业信息系统开发时间或者开发部门的不同,企业资源计划、客户关系管理系统、供应商管理系统等在系统中都是相互独立的,每一个系统单独形成一套完整的体系,它们的结构和运行平台都不相同,每个系统的数据源之间是彼此独立、相互封闭的,数据没有办法在各个系统之间实现共享和融合,形成了大量的"信息孤岛",资源浪费和数据损耗问题严重。

随着信息技术的发展,企业对内外部数据和信息的交互有强烈的需求,需要对已有的数据进行深度的整合,打破"信息孤岛",实现信息的共享,智能会计可以高效、便捷地实现数据互联互通。智能会计下的企业的信息平台必须是一个集成的数据平台,集成化的数据平台打破了原有的信息化架构,在会计数据的前台和后台之间增加了一层系统,这样可以实现信息系统之间的互联互通,解决"信息孤岛问题",提升数据采集和转换的效率。集成性的数据平台其共享的特点能够避免数据收集的冗余现象,数据的利用效率得到提升,实现底层基层数据的共享。利用工具对数据进行选择,从相应的模块中抽取数据,按照固定统一的格式整理数据,实现数据的整合,将这些集成的数据通过数据仓库的形式存储。在数据仓库中存储的数据具有实时和完整的特征,即除了保证数据是实时的,还能把数据相关的历史记录保存下来,这也是数据仓库优于普通关系数据库的一点。①

集成的数据平台一方面包括反映企业核心业务的数据,这些数据可以被直接调用,另一方面包括一些从原始数据中获取、整理的数据,这些数据更多的是有关业务的非结构数据,通过对两种数据的集成可以打通业务与财务之间的通道,提高数据的利用效率,为后续的分析提供良好的基础。数据仓库可以对数据进行高质量的管理,在数据仓库的前端,有丰富的、面向多维的数据模型,通过数据智能分析技术可以深入挖掘数据仓库中存储数据的价值。因此,可以根据企业业务关注的重点,在数据仓库的基础上形成具有特定主题的数据集市,这样在后续进行分析的时候,不需要反复访问模块中的原始数据,可以直接根据主题词调取数据仓库中的数据,提高了数据访问以及数据分析的效率。

6.1.2 数据的呈现

企业丰富的原始数据形成了会计信息,会计信息需要通过特定的形式展现出来。智能会计下,数据分析的结果可以通过图、表、报告、文档、音频文件、视频文件等多种方式进行呈现。具体地,智能背景下的呈现有以下的特点:第一,内容上,扩展了时间范围和数量。在人工智能巨大的信息系统下,财务信息、非财务信息、历史信息、现时信息和未来信息的发布不再受到数量和时间的制约。第二,在报告时间上,既实现发布期中、期末报告,又实现发布实时报告,为做出财务决策实现时效性。第三,在披露形式上,既实现披露全面的整体报告,又实现了披露局部、部分报告。第四,在智能会计下数据的形式发生变化,转化为以非结构性为主的会计数据,比如图像、视频、办公文档等,实现财务报告个性化,完成财务报告印象管理,迎合财务报告使用者,展现良好企业形象和实现自身利益。

信息的呈现主要依赖于商务智能软件,具体可以分为如下的步骤:第一,把需要呈现的会计数据集成在平台上;第二,对数据进行规范化处理,口径统一,指标的名称、定义、对应的数据源也要统一;第三,制定标准值,这个标准值可以来自企业的预测,也可以是行业的标准值。通过实际值和标准值的比较,反映企业实际运营过程中各项经济业务的完成情况。这些内容通过可视化的图表展现出来,管理者和员工都可以在平台根据权限查阅,可以提高员工的工作效率,为管理者制定决策提供清晰的实践依据。

---

① 靳新媛,张雪梅. 结构洞理论下企业集团财务共享中心信息传递机制探究 [J]. 财会月刊,2020 (17): 26-32.

第6章 智能会计的基本原理

6.1.3 数据的分析应用

业财一体化是未来企业管理的趋势，业务、财务和管理的流程需要充分的融合。智能会计下的数据分析应用是一个不断推进、持续反馈的过程，要想在企业中实现业务财务数据管理的深度融合，就要求业务人员能够看懂财务提供的信息，进而实现财务支持业务的功能，同样地，财务人员也需要快速、准确地把业务信息转化成财务语言，两者要进行充分的相互反馈。在企业以往的工作过程中，会计人员以原始凭证为起点，记账凭证为载体，财务报表为展示工具，其他会计人员看了之后能理解经济业务背后的意思，但是业务人员看了之后不知所云。如果直接用业务活动来展示经济事项，虽然容易理解，但是业务活动没有统一的规则，企业有多个部门，发生的经济业务种类多样，除了业务的相关参与者，其他人员也没有办法理解其含义，数据也就没有办法充分利用。

随着经济的发展，企业的经济业务也日渐丰富，会计处理也越来越复杂。在智能会计下，利用会计引擎将业务数据快速、准确地转换成会计语言是十分有必要的。会计引擎介于会计系统和业务系统之间。系统会预设好会计规则，这个规则会随着《企业会计准则》等的变化进行不断调整，当一项经济业务发生后，会计引擎能自动识别并收集业务产生的各项信息，转化成会计数据，同时可以通过对会计数据进行分析，提供给业务人员阅读、使用，此时业务财务数据实现融合。业务人员也可以根据实践经验对会计人员以及会计引擎形成反馈，为引擎规则的制定和后续管理决策的分析提供实践的支撑，如图6-2所示。会计引擎可以实现业务和财务系统之间的集成，将业务系统提取出来的数据信息进行拆分，按照核算上的要求进行财务的处理，同时可以按照管理的要求提供相应的分析报告。

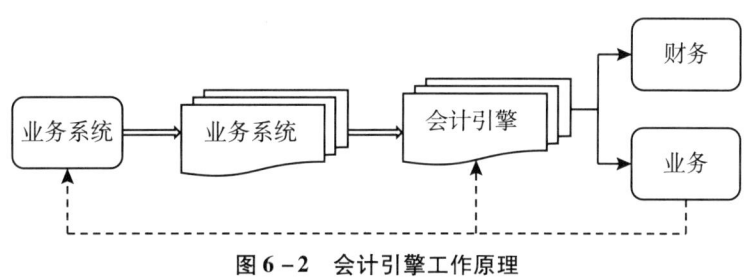

图6-2 会计引擎工作原理

进一步地，利用数据挖掘等智能工具可以深入挖掘数据之间的关系，进行数据建模。智能会计平台提供了丰富、多维的模型库和工具库，可以对企业集成进行多维的分析，满足不同利益相关者的需求。根据企业实际的需求，借助设定的模型，对企业的战略、成本、风险、预算等模块进行分析，为管理者制定决策科学的依据。当需要调用相应的模型和工具来解决特定主题的问题时，可以随时从平台中获取，保证了数据分析结果的可靠性。

智能会计

6.2 智能会计共享平台的基本原理

业财融合,"业"的含义是企业日常生产经营中各环节涉及的业务,"财"的含义是在涵盖财务会计的具体事项同时,也涉及相应的各类管理职能,也就是业务财务一体化。业财融合具有协同性、全局性、开放性和过程性的特点。它的协同性体现在业务部门与财务部门可以实现深度的融合,在数据标准上达成统一,从而推动问题的解决;全局性体现在它贯穿整个企业的经营发展,涉及的工作范围广,需要在企业管理层的支持下不断完善管理机制,要在整个企业中贯彻执行;开放性体现在它涉及企业不同的部门和流程等,在实际运营管理中不受财务管理边界的限制,随着企业的发展进行不断的更新和变化;过程性是指业财融合应结合企业的实际情况,根据企业的发展不断的调整和改进,分步开展、稳步推进。业财融合需要把企业的业务流程、会计核算流程和管理流程进行有机的融合,建立基于业务驱动的财务一体化信息处理流程,使财务数据和业务数据融为一体,最大限度地实现数据的共享,使管理者能够实时地掌握企业的经营状况。[①]

众所周知,在传统的财务管理模式下,受限于技术和业务模式,大多数企业的财务是与业务交易隔离的。会计工作存在大量的人工审核合同、订单、发票等简单重复劳动,尽管会计机器人的出现提高了人工审核的效率,但只能作为传统财务管理的加速器,本质上并没有消除不增值的会计处理环节。[②] 伴随着企业管理工作内容的横向扩展与纵向延伸,企业面对新的竞争局势与经营环境,迫切需要建立起更加完善的内部生产协作、信息共享及管理控制体系,智能会计共享服务便随着企业管理机制的发展应运而生。智能会计共享中心作为企业信息资源的共享池,将在核算处理集中化、业务流程标准化、财务业务一体化、技术手段信息化、风险决策智能化以及企业发展战略化等方面发挥重要作用。在智能会计共享平台下,大量不增值的审核、结账环节都由系统自动化实时完成,财务人员从重复的劳动中解放出来,聚焦在管理控制、预算分析、风险识别等相关工作上。

以业财融合为核心的智能会计共享平台总体上主要分为四大层次,借助四大层次并且凭借人工智能以及大数据技术,可以将公司业务往来中产生的原始票据进行数字化处理,将其变为数据进行储存并方便财务模块进行提取。财务模块提取的原始数据可以根据业务模块实现票据与单据的一一对应,并可以结合公司的基本情况、会计准则和会计政策等管理信息进行进一步加工和处理,从而得出各种财务数据和报表。这种实现了业财融合的智能会计共享平台不仅能够极大限度地减少重复性工作,从而降低人力物力成本,还可以为管理者做出决策提供依据。

6.2.1 基于业财融合的智能会计共享平台的构建

在智能会计共享服务模式下,企业通过结构重组将公司中大量重复的、易于标准化、流程化的核算业务集中到全新的业务单元即智能会计共享中心,调动财务资源实现业务集

[①] 陈文静. 财务共享平台下企业业财融合研究 [D]. 郑州:河南大学,2020:13-14.
[②] 韩向东. 智能财务"未来"已来 [J]. 新理财,2017 (12):52.

第 6 章 智能会计的基本原理

中化、智能化处理,并根据实际工作的特殊性重新界定业务核算范围,从整体上形成了四大层次,分别是数据层、关联层、合约层、应用层,如图 6-3 所示。

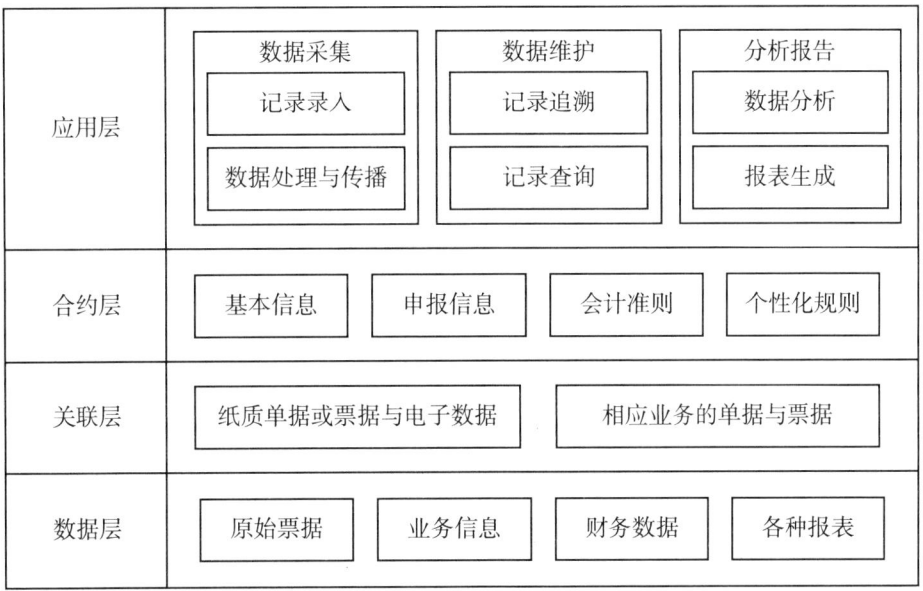

图 6-3 基于业财融合的智能会计共享平台内部结构

(1) 数据层。主要包括企业的原始票据、业务信息、财务数据以及各种报表等。数据层由类库文件组成,负责对数据库中的数据进行添加、删除、修改和查询等操作,并将数据传递给上层的业务逻辑层进行处理。数据层实现了软硬件资源共建共享和按需分配、多维度接入、高可靠与扩展性的目标,能够有效降低信息化建设整体成本、提升信息安全保护能力,为智能会计共享平台建设提供基础设施能力支撑。通过数据采集与整合为企业建立业务、财务及相关主题数据库,帮助企业集团跨部门、系统、层级互联互通,打破信息壁垒和数据孤岛,为管理层宏观决策分析提供数据支撑,加快业务、财务信息传递、处理效率,提升业务、财务人员工作效率,从而有效降低人财物力成本。

(2) 关联层。使导入数据库的电子信息与纸质票据或单据一一对应,在数据层提取的各种票据与各种单据一一对应,相互关联。其中所有节点交叉核验,无中心模式,数据传输分散在各节点,共同对财务数据进行审核、验证、维护和储存。当某个节点的财务数据出现了差异且不被其他节点认可,验证机制便会拒绝写入并自动恢复,所以若某一节点被侵入或被故意篡改财务数据,甚至网络遭到破坏,对系统整体的影响不大,恢复也容易。

(3) 合约层。合约层封装智能会计共享平台系统的各类脚本代码、算法以及由此生成的更为复杂的智能合约。如果说数据、关联和应用三个层次作为智能会计共享平台底层"虚拟机"分别承担数据表示,数据对应、验证和数据输入、维护、分析功能的话,合约层则是建立在智能会计共享平台虚拟机之上的商业逻辑和算法,是实现智能会计共享平台系统灵活编程和操作数据的基础。在本系统中,主要包括会计科目、业务中的数据钩稽关系、记录调整的规则、数据分析的需求、财务报告编制的要求、稽查和内控的关联规则、预警的机制等,把国家统一的会计准则和内控制度都有效地编写在智能合约中。

(4) 应用层。应用层主要集成智能会计共享平台的各种应用功能模块,是财务人员具体操作、直接体验的现实场景。应用层拥有财务数据收集、财务数据维护、生成财务报告等功能。其中财务数据收集功能,可以利用影像系统对财务数据进行记录录入、数据处理与传播。财务数据维护功能,可以对数据库里的财务或业务数据进行记录查询或者记录追溯。生成财务报告功能,可以根据本企业的智能合约生成报表,并依此进行数据的分析,为企业的决策提供帮助。并随着技术开发的日渐成熟还可不断加入新功能模块。应用层同时还对企业的智能财务管理和管理会计智能化提供数据支持,有利于对企业的财务和企业本身进行管理。[①]

每当企业发生销售、采购或者其他业务产生相应的单据或者票据时,工作人员就可以从应用层借助影像系统将发生业务时相应的单据或票据中的记录依照合约层中企业采用的智能合约将其录入到数据层中,并且会受到关联层中纸质单据或票据与电子数据,以及相应业务的单据与票据是否一一对应的检验,如果检验无误则通过,如果检验出现问题则会拒绝将信息录入数据层,并且将其反馈给工作人员。

当管理人员需要依照企业的财务数据或者各种报表进行决策时,可以将经过关联层检验无误的储存在数据层里的各种原始票据或单据提取出来,并按照企业合约层提前建立好的商业逻辑和算法进行整合与合并,最后在应用层进行财务数据的分析与报表的生成。

6.2.2 智能会计共享平台的实现逻辑

数据库主要包括两部分数据,一部分是依靠人资管理平台、运营生产体系以及供应链管理系统将人力的"点"、资产的"线"、供应链的"面"整合到一起的业务信息,一部分是增值税发票、火车票、其他发票等原始票据。数据库的数据都要经过应用层,根据应用层的数据导入功能将最原始的纸质票据或单据变为电子数据。比如原始票据可以通过应用层的票据影像系统形成电子数据,票据影像系统是报销人员拿着纸质票据,经过机器扫描,可以生成电子版的票据,实现原始票据的信息化管理,避免纸质票据在流转过程中出现的磨损、缺角等其他问题。而且一旦电子数据形成,就会被永久地存储下来,因此可以保证电子凭证的高度稳定性和可靠性。

依照关联层的运行逻辑对数据库的数据进行提取,可以使纸质的票据或单据与电子数据一一对应,使相应业务的增值税发票、银行流水、工资信息等票据信息与组织人员、关联合同、会计处理等单据信息一一对应。如果某个票据或者单据的财务数据和与它相对应的票据或单据出现了差异,验证机制便会拒绝将其生成财务数据或绘制成报表并提示有关人员核对其真实性,对数据真实性提供保障。

智能会计共享平台会根据企业的基本信息、申报信息、会计准则以及个性化规则等管理信息,使得票据和单据的对应过程更加贴合企业的实际。接下来,经过会计处理的票据和单据会自动转为数字化的会计信息,如根据基本业务的票据和单据生成现金、资产等信息和数据,根据供应链管理系统生成应收、应付等信息和数据,对接银行等第三方机构实现银行付款单的获取、存款信息的查询等。这类数据通过人工智能技术的智能会计职业判

---

① 伍晓云,冯俊萍. 区块链技术在会计与内控共享平台的构建研究[J]. 广西职业师范学院学报,2020,32(3):27-32.

第6章 智能会计的基本原理

断,能够自动生成会计凭证,并计入对应的会计科目,形成完整的数字化会计账簿,且能够实时地汇总报告出资产负债表、利润表、现金流量表和所有者权益变动表,当某一会计期间结束后,智能会计共享平台还能够根据以上数据初步填写附注。然而,这些数据不仅仅会被整理成各类报表,更是会及时地反馈给数据库并且储存起来,作为企业财务管理和其他管理工作的基础数据。

智能会计共享平台的首要任务是将企业日常中产生的业务信息与原始票据进行数字化的处理,并将其进行进一步的归类和整合。因此当企业发生业务往来时,首先是由报账人员进行,报账人员登录智能会计共享平台,在平台上录入各种账单和结算单,并把费用报销申请单打印出来,把各种单据附件粘贴在粘贴单上。然后根据应用层的影像扫描系统对单据或票据进行扫描,影像资料会直接上传到关联层,如果资料的内容和报销申请单一致,然后由关联层对此进行全面审核,如果审核不通过,出现了影像资料与纸质资料不对应或者单据与票据不对应的情况,关联层将会拒绝将其导入智能会计共享中心,并且等待智能会计共享中心相关人员进行进一步的审核。如果线上审核通过,则会将其上传到智能会计共享中心。再经过业务审批、财务审核以及财务复核之后,依据合约层已经封装好的智能会计共享平台系统的各类脚本代码、算法以及智能合约生成财务凭证,并进行资金的收支。同时,应用层可以根据合约层中会计科目、业务中的数据钩稽关系、记录调整的规则、数据分析的需求、财务报告编制的要求等智能合约将关联层中一一对应的电子数据进行深入的整合与合并,从而生成像出纳信息、现金信息、资产信息等这样的财务数据以及现金流量表、资产负债表等各种报表,并将其反馈给数据库储存起来,为之后企业管理人员管理企业提供帮助。通过智能会计共享平台的搭建,企业能够实现业务单据自动接入共享平台,共享平台单据自动生成财务凭证,在降低人为干预风险的同时,能够降低错单率,提高工作效率,极大地节省了人财物力。

智能会计共享平台的实现逻辑,如图6-4所示。

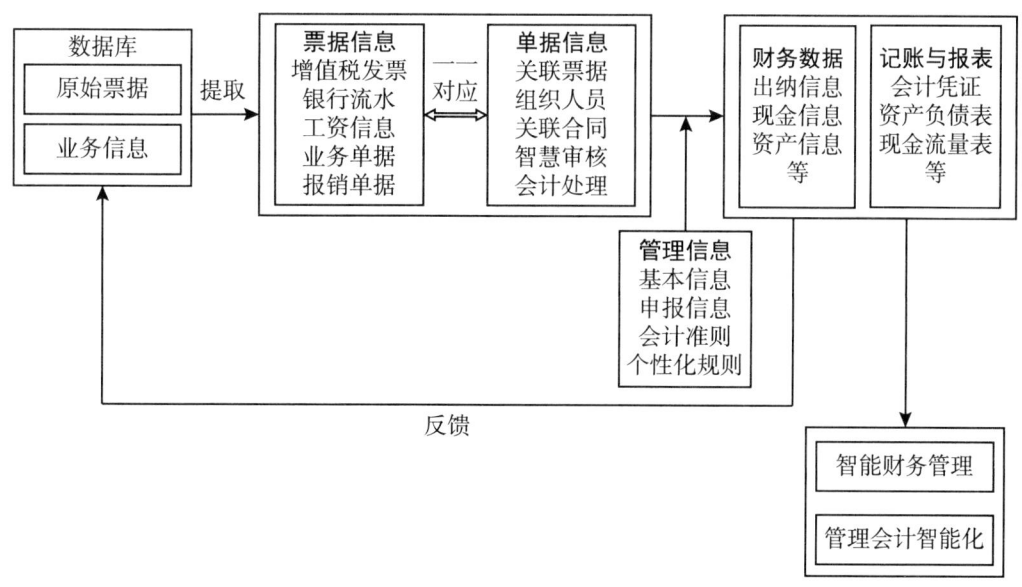

图6-4 智能会计共享平台的实现逻辑

智能会计

6.3 智能管理会计平台的基本原理

智能管理会计平台是基于商务智能的管理会计平台。商务智能是一套商业方面辅助决策的解决方案，其最早在1996年由加纳特集团提出①，现已获得较快的发展，也形成了诸多商务智能产品。概括来讲，商务智能是一个包含构架、工具、数据库、分析工具和方法的术语，它通过数据仓库技术，组建企业级的数据仓库，在此基础上，利用数据挖掘、分析处理技术、查询工具等对数据进行分析和处理，形成有用的信息后通过数据展现技术呈现出来，以实现商业价值的增加。强大的建模能力、多维度的架构体系、专业的数据处理技术以及灵活的技术特点，与管理会计对平台的要求十分契合，基于商务智能的智能管理会计平台成为智能会计的重要内容之一。

6.3.1 基于商务智能的智能管理会计平台的构建

通过构建智能管理会计平台，可以获得多维度、立体化的海量数据，对管理者的决策提供智能化的支撑。作为智能会计体系中负责创造价值的那部分，智能管理平台需要具备模型化、多视角、大数据和灵活性的特征②。前述基于业财融合的智能会计共享平台中已经形成了大量实时记录的详细数据，企业可以获得及时、完整、真实的内外部数据，这为智能管理会计平台的运行提供了保障。

1. 商务智能的系统结构

智能管理会计平台通过对业财融合的数据资产进行深度的挖掘和分析，实现财务团队向业务团队提供建议的能力，逐步建立完善管理会计体系。商务智能系统的结构由交易系统层、基础设施层、功能层、组织层和商务层5个层面构成，如图6-5所示。具体来讲，交易系统层主要是指企业的业务系统，在这里强调的是基于业财融合的智能会计共享平台形成的数据中心，智能管理会计平台可以通过应用程序接口来访问数据中心；基础层需要对数据中心的数据进行抽取、转换等加工，加工完成后在保证数据质量的前提下将数据装入数据仓库中；功能层是系统的核心层，其主要是借助于模型库、知识库等相关工具对清理完成的数据进行分析，在这个过程中要对用户关注的信息进行管理，以起到辅助企业运营和战略实施的作用；组织层是把系统前后台、绩效管理等各方面的内容集中起来管理，中间需要组织成立技术部门，利用联机分析处理以及数据挖掘等工具；商务层则是把战略推向执行，在衡量财务指标与非财务指标衡量的基础上，往复循环地向数据中心提供反馈信息，以使平台形成更加良好的运行过程。③

---

① 马俊，周建波. 国外商业智能创新研究进展与展望 [J]. 哈尔滨商业大学学报（社会科学版），2018（6）：72-79.
② 韩向东. 构建基于商业智能的管理会计信息系统 [J]. 财务与会计，2015（9）：12-13.
③ 陈晓红，寇纲，刘咏梅. 商务智能与数据挖掘 [M]. 北京：高等教育出版社，2018：23-26.

第6章 智能会计的基本原理

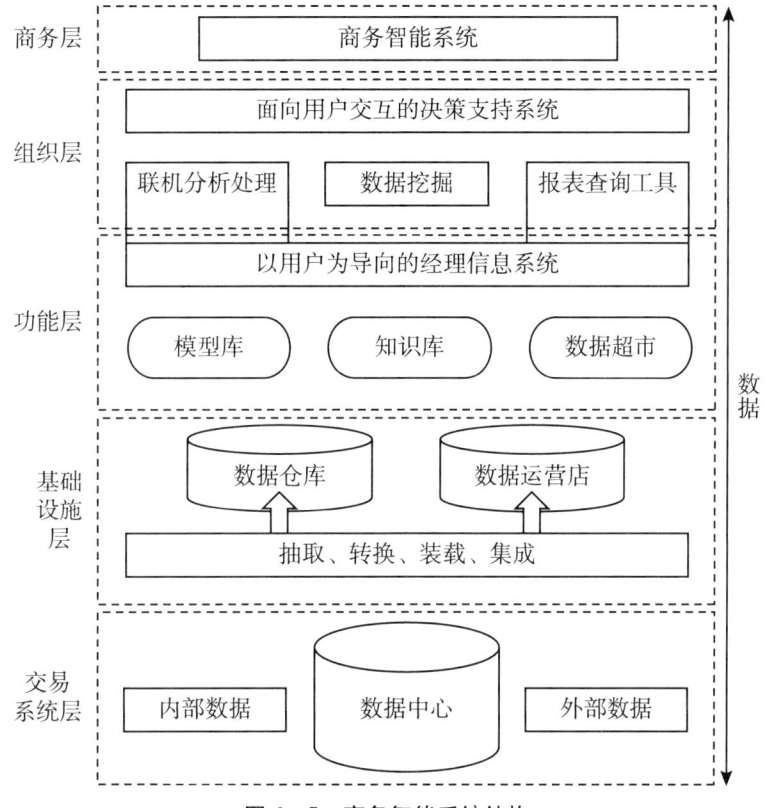

图 6-5 商务智能系统结构

2. 智能管理会计平台的基本功能

传统会计下,企业在进行决策的过程中由于缺乏数据支撑,犹豫后难以做出正确判断,决策后也反馈不及时。智能管理会计平台,既要实现以知识推理形式解决定性分析问题,又要发挥以模型计算为核心的解决定量分析问题,做到定性和定量分析有机结合。智能管理会计平台的基本功能包括战略管理、全面预算管理、成本管理、风险管理、投融资管理、绩效管理、管理会计报告等。

(1)战略管理主要为高层管理人员服务,要结合对企业内外部数据的多维分析结合企业的愿景制定符合企业的战略目标,同时对目标实现的情况进行实时的反馈,以保障战略能够落到实处。

(2)预算是战略落地的重要保证,在预算管理过程中,基于云计算、大数据等技术可以把预算计划划分得更加细致,由于各系统之间的"信息孤岛"现象被打破了,预算执行情况可以更好地反馈到各个系统,使得调整更加有依据,预算管理的流程一般包括设定预算目标、预算编制、预算执行、预算分析、预算评价以及预算调整等过程。

(3)投融资活动是企业财务管理的重要内容,因此智能会计框架应该包含投融资管理。投资分析一方面获取企业共享平台上的数据,另一方面可以利用爬虫技术获取投资项目的充分信息,把两方面的信息融合后,利用系统中内置的投资分析工具计算净现值、内含报酬率等,为投资决策提供支持;企业的融资过程一般与政策密切相关,且政策是随时变动的,所以智能会计系统中应该内置政策分析工具,实时搜集政策信息,以确定融资方式是否满足政策需求,随后利用融资分析工具对融资成本等内容进行测算,为融资决策提供支持。

(4)风险管理要将企业的风险控制在合理范围内,系统中通过对历史数据和行业数据等的分析预设一个风险预警值,当企业的风险水平触到预警值时,系统会进行风险提示。同时可以对风险事件的成因、特征等进行规律总结,形成反馈信息,为以后的风险管控提供基础。

(5)在智能会计体系下,绩效管理可以分成更小的业务单元,且任务的完成情况可以在系统里实时监测到,部门或员工之间可以形成良好的工作氛围,提高员工工作的积极性。

6.3.2 基于商务智能的智能管理会计平台的实现逻辑

数据是企业重要的一种资产,数据在企业的流动可以为企业创造价值。在智能管理会计平台中,数据中心的数据流向数据仓库,通过模型、工具对数据仓库数据的分析和挖掘形成各种的报告,辅助管理者进行决策。

数据中心的数据主要分为两部分,一部分是企业的主数据,反映企业的核心业务,具有较高的数据价值,这是已经在智能会计共享平台形成的,这些数据可以直接调用,供企业各个模块分析使用,比如可以直接生成可视的财务报表。还有一部分数据是从海量的原始数据中获取到的数据,数据中心中的所有数据按照企业业务关注点的不同形成不同的数据超市。比如客户数据超市、供应商数据超市等,数据超市中的数据既包括内部的数据,也包括企业外部的数据。有了数据超市,在后续进行分析的过程中,平台可以直接根据分析决策的内容访问相应主题的数据超市,而不需要对原始数据进行重复的访问,这样提高了数据使用的效率,避免了数据处理工作的重复,同时也能保证数据的安全性。

智能管理会计平台中,在获取了数据超市的数据后,需要利用相关工具对数据间的逻辑关系、关联关系等进行深入的分析,从而进行数据建模。平台上有丰富的分析工具,利用这些工具可以对数据仓库的数据进行快速多维、多层次的分析。因为企业要分析的业务内容是多元的,所以智能管理会计平台上要有相应的模型库、工具库和知识库。在数据仓库的前端部署了各种各样的、面向多维度的数据模型,例如,SWOT分析模型、波士顿矩阵、投资测算模型、风险评估模型、成长评估模型等;工具库中包含丰富多样的工具,如聚类分析、本量利分析和标准成本分析等;知识库中有相关的知识和经验,同时知识库中的内容也是可以实时进行补充的。根据要分析的内容,利用模型、工具和知识形成基础的报告,然后对基础的报告进行深度的交互分析,最后提供决策的建议。

当需要调用模型、工具解决相关问题时,可以随时从平台中调用。例如,如果企业要进行战略分析,要对行业数据、指标企业的数据进行收集整理,结合本企业的历史数据,利用战略分析模型库和一些已有的知识经验,帮助企业进行战略规划。分析过程中既结合了本企业的数据,也有行业的平均数据和标杆企业数据,形成了多维的分析结果,在一定程度上保证了结果的可靠性,为人工分析提供了更多的决策参考依据,提高了数据分析结果的有效性。

基于商务智能的智能管理会计平台的实现逻辑,如图6-6所示。

第6章 智能会计的基本原理

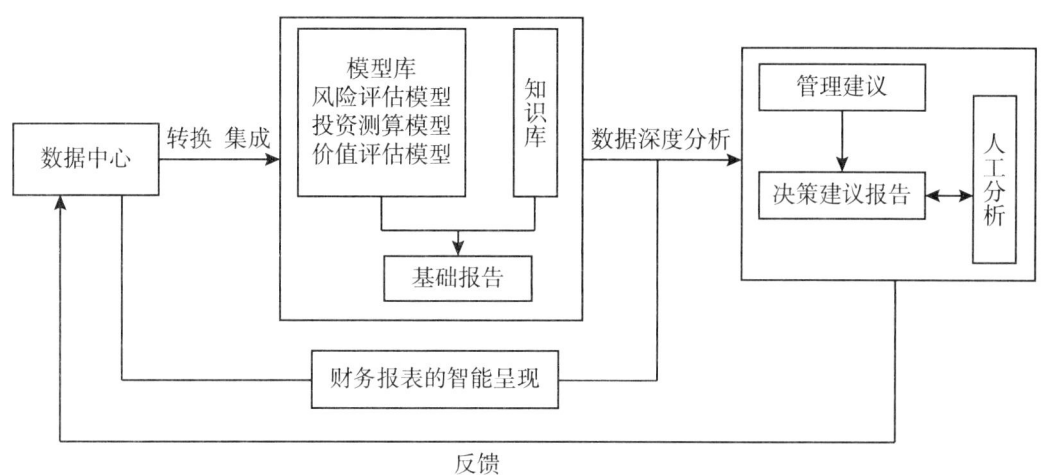

图6-6 基于商务智能的智能管理会计平台的实现逻辑

6.4 智能会计分析平台的基本原理

以人工智能为代表的新一代信息技术的发展给会计学带来了新的发展契机，使会计逐步向智能化阶段转变。在大数据时代，数据不但容量大、类型多，而且对海量数据进行交换、整合和分析后，能够提供巨大的决策帮助。当受到科学技术限制的情形下，会计大数据并没有发挥真正的内在价值，会计信息对财务决策也未能实现充分利用。智能会计时代，人工智能技术的发展和突破对数据的获取和收集、分类和处理、辅助决策方面提供了可行的技术支撑，大大提高了数据资源采集能力和数据的质量，使企业决策更加精准、科学和有效，从而更好地预测企业未来的发展。

6.4.1 基于人工智能的智能会计分析平台的构建

智能会计分析平台充分利用了人工智能大数据、灵活性的特点，能够最大限度地挖掘贴合企业需求的数据信息，对后台管理者的决策提供智能支持。企业的财务工作中心从核算发展至管理是人工智能背景下的大势所趋，因为管理会计的本质就是建立在收集来的数据之上的一种财务分析管理。传统的人工财务分析数据来源于财务数据和结构化的业务数据，而大量的非结构化的业务数据和社会大数据，例如客户喜好、消费行为习惯等，由于难以被提取，往往处于沉睡状态。随着人工智能技术的发展，这些对于企业经营具有重要意义的财务、业务和社会数据都将经过精密、准确的提取和计算，并加以有效的应用。比如企业下一年度的经营利润预测，传统方法是财务人员依靠有限的数据和意识经验进行判断，容易出现误差较大的情况，而智能会计分析平台可以启用强大的数据核算和分析功能，不仅考虑到企业自身的情况数据，还可以顾及行业以及社会情况，利润金额的判断将会更为精准，大大降低了企业的风险，提高了工作效率。[1]

---

[1] 洪韵华.人工智能视域下企业智能财务的体系构建和应用研究[J].中国注册会计师，2020（8）：98-102.

智 能 会 计

1. 人工智能

人工智能以大数据为基础,现在已经应用到了经济预测、商业零售、交通等多个领域。例如,零售商对销售额、人口统计学、天气等数据进行分析,根据分析结果产品上架的合适时间并决定合适进行减价;推特(Twitter)上的情绪词通过人工智能技术的分析用来预测道琼斯指数等。人工智能的出现主要是依托大数据积累、高性能计算和深度学习的算法。首先,随着信息技术的发展以及系统之间的连接,数据呈现级数的增长,除了有结构化的数据还有非结构化的数据,大数据的积累和沉淀使得之前在小规模数据中无法发现的规律可以被揭示出来,人工智能可以解决更多的实际问题。其次,高性能计算能够更快地训练机器学习系统和深度学习系统。深度学习算法现已成为人工智能近年发展的驱动力,相关技术实现了快速的突破。

人工智能分为"强人工智能"和"弱人工智能"。"强人工智能"指的是计算机像人一样聪明,具有和人一样的判断能力,但目前在技术上还不太成熟,一般不应用于财务会计的分析中。"弱人工智能"是计算机在某些方面具有智能性,可以根据预定的一些规则学习从而具有判断能力,比如说机器下棋,机器人可以掌握下棋的规则,因为其能计算好每一步的应对措施,所以能够轻松地赢得人类。当前,"弱人工智能"技术已经发展得相对比较成熟,可以广泛地应用于会计工作中。未来,随着人工智能技术的进一步发展,智能会计的发展趋势是将智能决策支持系统大规模地应用于会计工作中。将从基于人工经验进行分析决策转变为基于实施进行分析决策,最终实现智能的分析决策,由系统提供可供选择的具体方案,具体如图 6-7 所示。

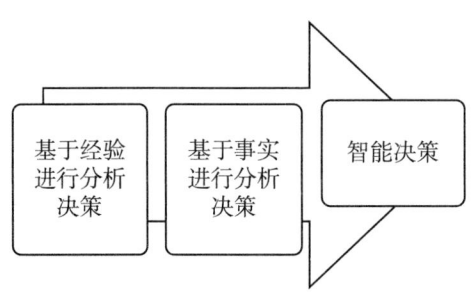

图 6-7 企业分析决策演进模式

2. 人工智能技术在智能会计分析平台中的应用

智能会计分析中经常所用的人工智能技术主要包括机器学习、自然语言处理、自动生成摘要、利用文本进行情绪分析等。

(1) 机器学习。

机器学习是要使机器像人一样,通过学习做出判断分析,最后进行决策,如图 6-8 所示。机器学习与人的学习类似,人的学习是基于自身的经验,而机器学习则是基于历史数据,形成诸多模型,机器利用模型形成预测、解决相关问题。

诸多的实践表明,机器学习技术的预测准确度要高于人工的预测,会更加接近于实际的数值。智能会计共享平台中存在大量集成的数据,既有结构化的数据,也有非结构化的

第6章 智能会计的基本原理

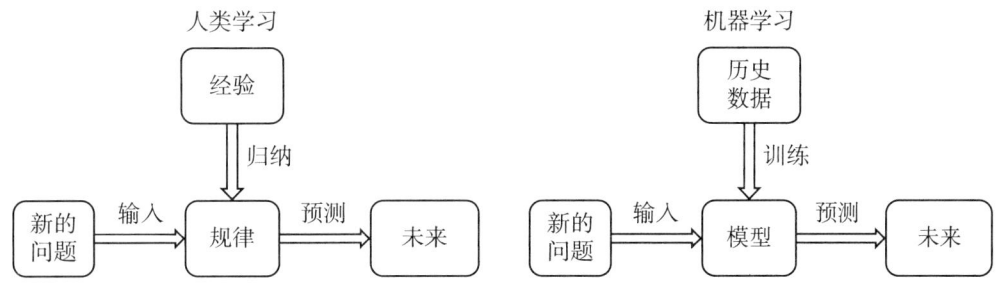

图 6-8 人类学习和机器学习

数据,这些数据都可以用来开发,企业利用机器学习开发系统可以对数据进行深层次的分析,根据挖掘分析的结果对模型不断修正,提高预测的准确性,用来预测企业未来的绩效、风险等内容,使机器学习能为管理和决策提供科学、合理的辅助服务。比如,机器学习在企业贷款中的应用。传统模式下,银行通过计算一些标准的指标来判断是不是要为企业贷款,这种情况下的贷款门槛比较高,这样才能保证较低的违约率。智能会计分析平台中,利用人工智能中的机器学习技术,银行可以全面地评估企业的状况,为贷款决策提供更加可靠的依据,既能降低贷款的门槛又会使违约率尽可能的少,银行的损失也相应会减少。

(2)自然语言处理。

自然语言处理是让机器学习人类的语言,最终能够实现人与机器的沟通。如可以把报纸上的历史文章输入到机器中,基于这些历史数据训练机器模型,预测未来可能会成为头条的新闻,并在将来把预测结果与实际结果做比较,对模型进行修正。这属于"弱人工智能"在实践中的应用,具体到企业会计实践中,可以利用这项技术分析企业的文本信息,如年报、公告等,利用训练的模型帮助企业自动生成财务报告和审计报告等。

(3)自动生成摘要。

自动生成摘要指的是利用自动文本分析技术,生成文章的摘要,这为企业的分析工作提供了极大的便利。在企业进行分析的过程中,可能会面临大量的非结构化的文本信息,需要使用者花费较多的时间去阅读、总结主要内容,利用自动生成摘要技术,可以把舆论信息、内部会议纪要、内部业务总结等信息输入到系统中,自动生成简报,使用者可以快速、准确、全面地了解企业的相关信息,大大节省了阅读的时间。

(4)利用文本进行情绪分析。

情绪会隐藏在文字中,当文字的写作者自身有情绪存在的时候,他会在文中使用一些乐观或者悲观的词语来表达自己当时的情绪。智能的文本分析系统可以根据文章使用词语的情况来判断情绪。智能会计背景下,在分析供应商、客户等利益相关者的投资、融资等问题时,可以对其进行情绪分析,如果有些是悲观态度,那么在决策的时候要充分考虑。

6.4.2 基于人工智能的智能会计分析平台的实现逻辑

过去的财务管理或会计分析工作由财务人员负责,其直接提供标准化的财务会计信息,对这些信息进行分析,以为管理者提供决策支持。但在智能会计背景下,首先由不同的使用者提出需求与目标,且分析所需要的信息不需要再由财务人员采集,而是由系统自动抓取,包括标准化的财务信息和非结构化的相关数据,这些海量的数据形成基于大数据的数据库,数据库的数据是集成的。智能会计分析系统主要利用人工智能技术,辅助以会计分析技术、审计分析技术、统计分析技术等对数据库的数据进行分析,根据分析的结果按照平台内预设的报告标准程序编写智能会计分析报告,并把报告打印出来呈现给信息的需求者。当然,信息需求者在后续会根据系统预测的结果与实际值做对比,对提出的需求进行细致地反馈给智能会计分析系统,修正系统中的模型,以使后续的分析更加科学、合理。例如,当管理层想要对企业的下一步发展做出决策时,就可以先提出自己的需求以及要制定决策、计划的目标。然后输入相关的关键词或者关键数据,在基于大数据技术的数据库支持下,由系统进行结构化以及非结构化数据的采集、抓取和集成工作。整合完成的各种数据将在以人工智能技术为核心,会计分析技术、审计分析技术、统计分析技术、财务分析技术为辅助的智能会计分析系统中进行数据分析,从而形成有利于管理层做出决策的分析报告,并将纸质版呈现给管理者。仅以管理层为例,其实在企业中不同的工作人员和不同的管理人员所提出的需求和目标是不同的,那基于人工智能的智能会计分析平台则体现出了它自身的优势,它可以根据不同的需求及目标从而提取特定的数据,最后生成针对某一特定需求或者目标的智能会计分析报告。智能会计分析平台的实现逻辑,如图6-9所示。

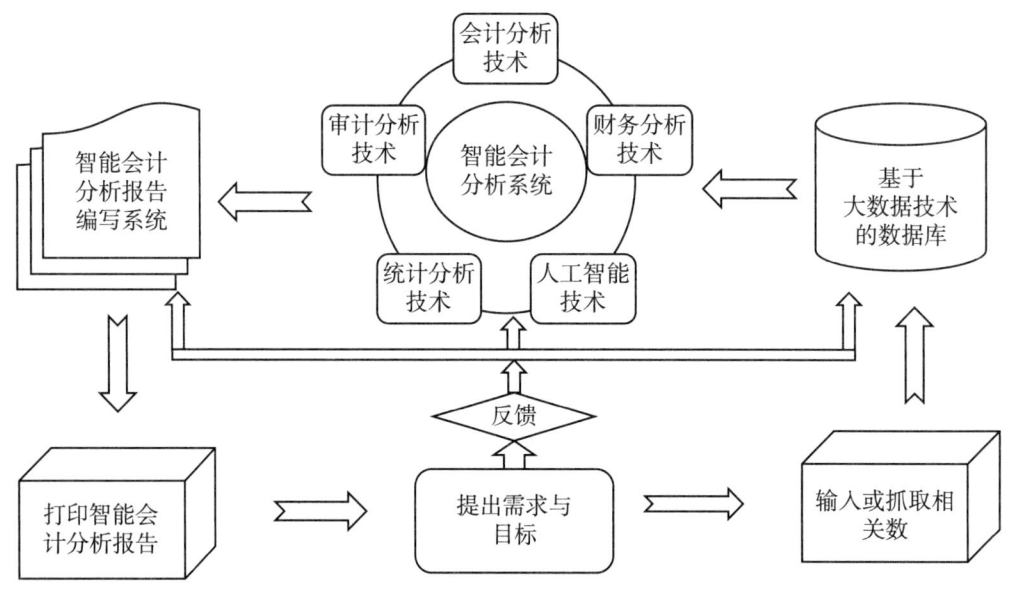

图6-9 智能会计分析平台的实现逻辑

6.5 业财税管融合平台的基本原理

在企业发展的过程中,作为一项重要的基础工作,财务管理工作一直以来备受重视。企业需要结合自身的实际,按照国家和行业规范等要求不断细化财务管理流程,优化财务管理体系,这样才能更好地提升财务管理科学化实施成效。伴随信息时代的到来,越来越多的信息技术融入企业财务管理工作中,加强企业财税管一体化建设,建立相关的业财税

第6章 智能会计的基本原理

管融合平台,为企业开展财务管理等各项工作提供了重要的工具支持。

业财税管智能一体化将企业运营中的主要流程:业务流程、财务流程、税务流程和管理决策流程有机融合为一体,建立基于业务驱动的业财税管智能一体化融合平台,最大限度地实现数据共享、智能管理,实时掌控企业经营、财税状况,使企业达到智能、高效管理的目的。随着大数据、人工智能、移动互联网、云计算、物联网、区块链等新兴技术的兴起,进一步深化企业流程改革、管理创新,将数据与先进的管理模型、工具、方法相融合,实现业财税管智能一体化对赋能企业领先发展具有重要意义。

6.5.1 业财税管平台的构建

在如今的大数据背景下,精细化管理是实现企业做强做大的保证,而其根本便是看其管理上的优劣及其应用信息化技术的广度和深度。一个企业信息系统的建设、管理与应用是企业高效发展、管理维度精细化的大前提。业财税管融合平台以"财务+共享"模式为核心,通过在共享平台上分别建立业务模块、财务模块、税务模块、管理决策模块四大模块,将其融合为业财税管平台,实现对企业运营单元管控、业财税管一体化的纵横贯通,为企业实现监管和管控决策提供技术支撑。

(1) 业务模块。在大数据储存、移动互联网、人工智能、云计算、智能分析等信息技术支撑的前提下,通过员工门户系统,包括员工的薪酬、绩效、任务等与人资管理平台,包括薪酬管理、绩效管理、合同管理等。首先实现企业员工与企业点对点的一一对应。然后在智能办公自动化(OA)协同平台能够解决企业门户、员工事务以及日常审批的前提下,实现资产管理与生产管理的一一对应。包括资产管理的资产信息、资产使用、维护维修等与生产管理的需求管理、销售运作、流程管理等的对应。最后由供应链业务管理为供应链票据管理提供业务基础的同时,由供应链票据管理为供应链业务管理提供票据信息支持,从而实现二者包含内容的一一对应。包括供应链业务管理中的采购管理、委外管理、销售管理等与供应链票据管理中的中心企业票据、票据信息数据化等的对应。从而业务模块实现了由人力资源管理这个点,到运营生产管理这条线,再到供应链管理这个面的综合管理。

(2) 财务模块。以大数据引擎、储存等技术为技术支撑,将业务模块中生成的各类原始票据如发票、火车票、飞机票等进行数字化识别和存储,形成真实且完善的票据信息;同时,对接业务模块的人力资源管理平台、运营生产体系和供应链管理系统,获取各类单据信息,实现票据信息和单据信息的一一对应。然后按照企业提前设定好的基本信息、会计准则、个性化规则等管理信息将一一对应的票据和单据进行整合,从而生成像出纳信息、现金信息、应收信息、应付信息、成本信息、资产信息等一系列财务数据,以及会计凭证、账簿和资产负债表、利润表、现金流量表等各种报表,及时地反馈给数据库并且储存起来,作为企业财务管理和其他管理工作的基础数据。

(3) 税务模块。主要包括角色层以及系统层,其中角色层的主体就是企业方以及税务局方,系统层包括基础管理平台、统计分析平台、进销项管理平台等。首先由角色层为系统层提供各种数据、设备上的支持,企业方根据前面所介绍的业务模块中的人资管理平台、运营生产体系、供应链管理系统和财务模块中的智能财会平台、智能财管系统、单据票据管理系统为系统层提供企业的各种数据。税务局方面则为系统层提供税控设备、增值发票认证、增值发票查验、其他发票认证的支持。当角色层和系统层对接成功之后,以基础管理平台为基础的系统层才开始运作,基础管理平台主要负责门户管理、系统管理和防伪税控管理。其中系统层的核心是进销项管理平台,其主要分为进项管理和销项管理。进销项管理平台可以对发票进行 OCR 识别、入账控制、利用税务局提供的税控设备进行发票认证、开具纸质发票、电子发票等,同时也可以对印花税信息、房产税信息等其他税种信息进行管理。最后可以实现向统计分析平台输出业务统计、进销项统计、抵扣统计等,为决策做参考。更实现了智能报税功能,由纳税申报平台进行基础管理、台账管理、智能申报、报表管理等。

(4) 管理决策模块。管理决策模块的形成是以业财税一体化为基础的,由于企业实现了业务、财务、税务数据共享,形成了业财税融合一体化平台,才形成了管理决策模块。管理决策的出台首先需要和业财税融合一体化平台进行数据的对接,由业财税融合一体化平台为其提供数据以及各种信息,然后利用已经设定好的风险评估模型、成长评估模型、投资测算模型、开发测算模型、价值评估模型等对企业的业财税信息进行初步的分析,从而出具企业的业务风险报告、财务风险报告、税务风险报告、经营性报告、成长性报告等。最后再对企业的业财税状况进行全面的深度分析,管理决策模块拥有自己的管理建议库,可以自动收集各种建议以及各种专家的咨询意见,可以讲企业的具体情况以及具体案例进行理解分析,从而在自己的建议库中找出类似的案例来进行对比分析。另外,管理决策模块还可以进行冲突评估,对冲突进行预警分析,提供冲突事件的具体报告,以及为冲突提出最优的解决方案。在管理建议库和冲突评估的作用下,加上人工分析的干预,最后就形成了决策建议报告。具体包括:业务改进建议报告、财务改进建议报告、税务改进建议报告、总体经营改进建议、成长能力改进建议等。

6.5.2 业财税管平台的实现逻辑

业财税管平台的实现首先得益于高新技术的发展和应用,由大数据、人工智能、移动互联网、云计算、物联网、区块链、环境体验共同构成了业财税管平台的底层技术架构。其中大数据是一种数据的集合,能够将企业所发生的所有业务、财务、税务信息以及后期的管理决策意见进行储存,并且能够随时被提取。人工智能是指具备感知、理解、行动和学习能力的信息技术系统。由多种技术组成,这些技术使电脑能够理解世界,分析和理解收集到的信息,做出知情决策或提出行动建议,并吸取经验教训等,例如,财务模块需要录入电子票据或单据时应用的影像系统。移动互联网是通过将移动通信与互联网二者结合到一起形成的,打破了智能会计的时空限制。云计算实现了对资源的有效管理,将各种资源通过信息技术实现虚拟化,达到不限时间、空间,满足按需分配的效果。物联网是可以按约定的协议将任何物品与互联网相连接进行信息交换和通信,以实现智能化识别、定位、跟踪、监控和管理的网络。区块链相当于是一个共享数据库,存储在其中的数据具有不可伪造、可以追溯等特性,其保证了平台的安全可靠。环境体验是指平台可以根据环境主动地去适应,并为企业提供数据、决策建议等。这些技术并不是单一的存在和应用,业财税管平台的实现得益于所有技术的相互配合、相互支撑。

在高新技术的应用下,业财税管平台中的四大模块——业务模块、财务模块、税务模块、管理决策模块各司其职,为企业的运营、发展、管理提供各种数据上的支持以及决策

第6章 智能会计的基本原理

上的建议。但是在业财税管融合一体化平台中这四大模块并不仅仅是自己完成自己的任务，孤立的存在。而是四大模块之间相互影响、相互作用、相互依托，实现了数据共享、四大模块融合发展。其中业务模块实现了业务流程全覆盖、经营业务全程监控以及业务数智化，从而可以满足对企业的所有业务往来进行全面覆盖，通过前面所介绍的业务模块由点到线再到面的一体化管理平台对经营过程实现全面实时监控，最重要的是业务模块实现了业务数智化，可以将企业所发生的各种业务进行数字化、智能化处理，从而在业财税管平台为财务模块和税务模块提供真实有效的原始业务数据，并为管理决策模块做出决策而提供数据支持。相应的只有基于业务模块提供的数据，财务模块和税务模块的工作才能开展。财务模块相比于传统的会计，实现了过程简洁化、领域一体化和体系高效化。财务模块通过智能财务平台建立起特定的算法，将传统会计中简单的容易大量重复的工作进行自动化处理，从而提高了企业财务的工作效率，降低了出错概率，极大地节省了企业的人力物力和财力。由于业务、财务模块与税务模块数据共享，税务模块可以直接利用前面业务和财务模块形成的电子数据，再加上将税务信息也进行数字化处理，然后根据税务局方提供的税控设备对企业申税、报税、交税流程实现一键化管理。与以往的税务活动不同，税务模块不需要大量的人力物力进行对接，解决了税务活动在时间和空间上的限制，还能够将企业所发生的每一笔税务信息进行储存和分析。管理决策模块通过整合业务、财务、税务三个模块的数据和信息，实现了管理综合化、决策有用化以及预测精准化，所以说管理决策模块的运行离不开与业务、财务、税务三个模块的紧密连接。可以说管理决策模块的技术框架综合了"业、财、税"模块的内容，并将企业的管理职能推升到新的高度。业财税管平台的实现逻辑。

第7章 智能会计的技术框架

会计作为一项古老的技术手段,在数百年来的不断探索中形成了一套全面的技术框架和应用体系。近一百年间,会计学科的理论发展和信息科技的有效应用为这一框架和体系带来了全面的变革。20世纪中叶,会计尝试从"记录员"到"管理者"的角色转型。20世纪80年代初,计算机产业的蓬勃发展为会计的角色转变带来了新的机遇,会计开始进入电算化时代。进入到21世纪,互联网应用进一步加强了会计的管理职能,相关应用解决了以往会计领域中"信息孤岛"的困境会计信息化时代到来。但是,在会计的技术框架和应用体系中,仍有诸多问题尚未解决,最为关键的便是会计信息的挖掘、剖析和决策支持仍未达到企业和社会的预期。不过,在大数据、人工智能等高新技术的帮助下,会计的智能时代已然来临。智能会计凭借其更为全面和高效的运行机制,为以上问题提供了有效的解决方案,实现了业财税管全面融合。本章在承接前文的基础上,旨在搭建和分析智能会计的技术框架,描绘智能会计各个模块的技术路线和相互的关联机制,从总体上展现智能会计的系统构成。

7.1 概念框架与基本脉络

智能会计的技术框架复杂而又自成体系。智能会计的主要驱动力是高新技术的发展和应用,"大智移云物区环"为主的信息科技构成了技术框架的底层支撑。在此基础上,智能会计的业财税管四大模块得以各司其职,为不同类型企业的运营和发展提供多样化的支持。不过,智能会计的四大模块并非是各自孤立的状态,彼此之间的相互影响和钩稽协同同样是智能会计技术框架的核心落脚点。因此,本节从信息技术基础、理论基础、智能会计模块以及模块协同影响三个层面对智能会计的技术框架及其基本脉络进行总体上的梳理。

7.1.1 智能会计的概念框架

智能会计的概念框架依托于信息技术和理论基础的共同支撑。在信息技术方面,高新技术的应用为传统会计向智能会计的转型升级奠定了技术基础,各类技术之间相互联系、共同作用,实现了业财税管等业务流程智能化处理。在理论基础方面,为防止理论实践"两张皮"现象,其概念框架还需依赖六大理论基础,以构建智能会计概念框架的完整体系。

首先,智能会计的技术框架需要信息技术的有效支持,主要包括大数据、人工智能、

第7章 智能会计的技术框架

移动互联网、云计算、物联网、区块链和环境体验等高新技术。这七大技术具有鲜明的物理特性和应用特征：大数据技术实现了在短时间内捕捉大量的信息和数据，借助该技术，智能会计能够拥有更强的决策力、洞察力和流程优化能力；人工智能模拟和扩展了人类学习、判断和决策等行为，使得智能会计可以感知社会、形成知识并得出最佳结果以帮助解决实际问题；移动互联网是移动通信与互联网结合的产物，通过无线接入设备和无线通信网络连接进行数据交换，帮助智能会计打破时空的界限；云计算为用户提供了各类共享计算、存储、网络资源，解决了智能会计的算力瓶颈并降低了运行成本；物联网实现了对物品的实时定位、控制和管理，并通过对企业生产全过程的实时监管和协调，促进了管理会计和成本会计的智能化；区块链是一种以密码学方式保证数据传输和访问安全性的分布式账本技术，大大提高了智能会计中会计档案的真实性和有用性；而环境体验则更加贴近未来，即各项技术已然嵌入到了社会环境的各个层面，智能会计具备更多的联想能力，主动为企业提供数据、方案和决策的支撑。但是，以上各类技术并不是单一孤立的概念，而是一套交互整合的技术体系，其中更是包括了诸如 OCR、机器学习、规则引擎、数字签名等细分技术。这些高新技术共同为智能会计奠定了信息技术基础，是智能会计技术框架中的基石，也是智能会计发展的动力源泉。

其次，为构建起理论与实践结合的完整智能会计体系，需依托六大理论基础，分别是共享经济理论、财务共享理论、大数据理论、云计算理论、区块链理论和人工智能理论。六大理论共同作用，为智能会计的落地提供强有力的支撑：共享经济理论实现了会计与信息的共享化和信息化，企业内外部的信息可以实时地互联互通互享；财务共享理论使得企业财务工作更加智能化，其形成的财务大数据能够为业财税管的融合提供充分的信息基础；大数据理论为企业提供大量的数据与信息支撑，帮助企业进行风险管控，提升智能会计的运营能力，有效地支持预算管理；云计算理论使得在数字化的背景之下，众多企业上云，降低了企业的信息化成本、促进了企业内外部协同、创新了财务"众包"模式、助力企业构建风险管理体系；区块链理论下以密码学方式保存的分布式账本，体现了区块链技术不可篡改和不可伪造的特点，对会计业务与信息管理、税务申报与贷款审批以及供应链管理均产生了影响；人工智能理论将劳动力从重复性高、流程规范化的工作与职位中释放出来，并应用于财务业务、税务业务、银企对账以及决策管理中。

7.1.2 智能会计的基本脉络

在各类信息技术的支撑下，智能会计打造了集业务模块、财务模块、税务模块和管理决策模块，即业财税管四位一体的综合体系，形成了智能会计的基本脉络。从业务角度分析，智能会计将企业的各类业务模式归纳进了同一个生态系统之中。由于各类经营活动流程的复杂性和多样性，传统的会计难以记录每一项经营活动之中的每一个细节，更加难以将之转变为数据和信息进行存储和挖掘，而借助于各类信息技术，智能会计实现了全经营流程的覆盖，以及从源头到终点的数智化监控和记录。从财务角度而言，智能会计将整体的财会体系简洁化、一体化、高效化。传统的财务会计存在流程繁复，工作冗杂的弊端，仅仅是簿记过程就包含了原始凭证到审核到记账凭证最后到入账的过程，而智能会计的财务模块借助于各类信息技术和工业技术，完善了高重复度环节的自动处理，并将各项财务管理工作进行一体式集成。站在税务的视角，智能会计全面对接了企业和税务局数字端口，从而实现了税务活动的一键化和数字化。与以往税务活动需要大量的人力物力进行对接不同，智能会计不仅大大降低了时间和空间上的束缚，更是能够进一步将税务信息归纳为数据进行进一步的储存和分析。而在管理决策的立场上，智能会计带来了更加准确的分析能力。传统分析决策更易受到不同人的个性因素影响，而智能会计的管理决策则更加客观，从而降低人为造成的偏差，进一步提升预测的精确性和决策的有用性。由此可见，无论是哪一模块，智能会计都为其带来了根本性的变革，解构又重塑了不同模块的技术框架，使之成为一套综合的信息、分析和决策系统。

虽然智能会计借助信息技术的发展形成了四大模块，但业财税管之间并非是孤立的，而是表现出相互联系和彼此影响。业务模块的智能化实现了公司经营的全覆盖和全监控，进一步，这一模块能够将企业日常的经营活动全部量化为数据。基于业务模块生成的数据，财务模块的高效化和一体化，以及税务模块的一键化和数字化才得以开展。现代企业的财务活动和税务活动均是由业务活动而决定的，通俗来说，无论是财会工作中的账记、报表、投资、融资，还是税务工作中的报税、统计、筹划，都必须基于真实的公司业务。因此，只有当业务模块的技术框架搭建完成且有效运行之后，财务模块和税务模块才能够真正地利用其生成的数据实现完整的功能，且两模块之间数据实时连通、相互支持。与此同时，管理决策模块则更加深入，不仅仅是通过信息技术而生成的简单模块，更是业务模块、财务模块和税务模块共同支撑起的集大成者。一方面，管理决策者所使用的所有信息均是来自其他三大模块，从而保证其能够全面了解企业的各项发展状况；而另一方面，再度借助各类信息技术，管理决策能够充分挖掘已获取的各项数据，实现全面、深度、精确的分析和预测。

总之，如图7-1所示，智能会计技术框架的概念和脉络以信息技术为基础，以业财税管四大模块为核心，再以模块融合为最终形态。在后文中，本章将利用以上概念框架和基本脉络，结合信息技术的概念和应用，详细剖析四大模块各自的技术框架和路线，并探讨相应的融合机制，最终提出完整的智能会计技术框架。

7.2 智能会计业务模块的技术框架

企业因业务而出现，在现代企业的理论和实务中，不断扩张的业务领域虽然为公司带来了更多的发展机会，但也加大了监督和管控的风险。智能会计时代的到来全面改变了企业的业务方式，借助各类信息技术，使原本的现实业务能够全面地转变为信息和数据，从而为财务、税务、管理提供依据和支持。本节的焦点即为智能会计的业务模块，在对该模块进行概述的基础上，提出其技术框架和路线，并针对这一模块的技术框架做出评析。

7.2.1 技术框架概览

不同公司的业务种类繁多，企业所在的行业、所处的环境和所希望达成的目标决定了业务流程的多样性和复杂性，如何对这些业务进行总结归纳是智能会计业务模块的首要问

第7章 智能会计的技术框架

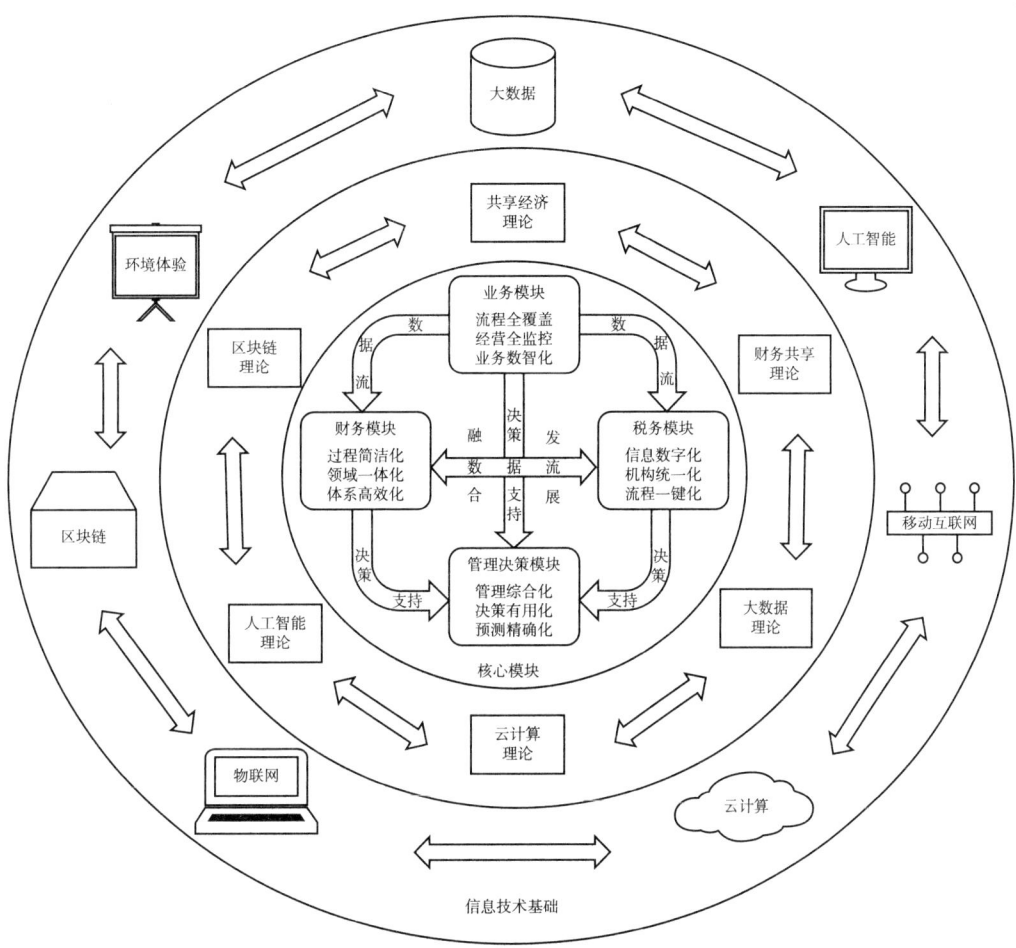

图7-1 智能会计技术框架的概念框架与基本脉络

题。然而，公司的业务并非杂乱无章，无论是怎样的企业，都需要考虑"人"的因素，每个员工都是一个"点"，是公司业务能够开展的根基和保证，在人的基础上，业务流程中的财和物才能够有效流转，从而形成"线"，进一步，供应链整体的协同和管理这一"面"的概念也能够得到实现。因此，总体来看，智能会计的业务模块是借助信息技术的力量，对人力资源管理、运营管理和供应链管理的"点、线、面"的整合。

对于人力资源的"点"的层面，智能会计通过不同的技术将个体的"人"更加紧密地联系在一起，形成了统一的整体并确保不同人员的工作能力均能发挥出来，从而在根本上提高了业务的运行效率。当前的企业形式中存在着两大主体，即作为管理方的企业和被管理的员工，两者均因智能会计的出现而受益。对于员工而言，智能会计借助大数据储存、移动互联网搭建了一套完善的员工在线门户体系，但与以往的员工管理系统不同，该门户体系实现了员工信息的全面数字化，对员工薪酬、任务、绩效、培训等工作进行全面的记录，并直接对接企业的财务、税务、管理等其他模块中的系统，彻底打通了员工和公司所有业务之间的信息阻碍。而对于企业来说，智能会计的人力资源管理系统则充分利用了员工门户所收集的数据，进一步利用人工智能技术，将员工业务、能力、合同等层面的信息进行分析和展现，且在此过程中，无须过多地人工干预，所有员工的信息均可以实时自动报告，企业通过该报告可以及时地对特定员工进行反馈，实现了员工管理的智能化，也为公司业务的整体管控和记录提供了基础。

　　智能会计大大提高了不同人群的工作效率，在人力资源的"点"的基础上，公司内部的业务运营这条"线"得以顺利且高效的开展，涵盖了资产管理、生产管理和业务协同的全流程。智能会计业务模块在公司业务运营层面的首要体现是改变了资产管理的工作模式。现代企业由于资产种类丰富、内容繁多，出现了难以计量和管控的困境，智能会计利用物联网技术，对各类资产的存续和使用情况进行实时观测，大大提升了资产管理的效率。在此基础上，由于资产信息已十分清晰，生产制造管理环境也更加合理，智能会计业务模块利用逻辑控制技术集成企业资源计划（ERP）中的销售运作计划（SOP）、主生产计划（MPS）和物料需求计划（MRP），将整体的生产流程和资产数据进行对接并纳入统一的系统之中。不过，将资产管理和生产管理进行对接的过程中仍然需要协调人的因素，因而智能OA协同平台则有效地填补了两个环节之间的空隙，串联起整个企业内部业务运营的逻辑主线。

　　当智能会计成功地将人力的"点"和资产的"线"整合之后，企业能够进一步完善供应链的"面"。由于供应链涉及多家企业，如何在不限制自身能力的前提下实现供应链的管理和整合成为关键问题。智能会计业务模块则给出了相应的答案。首先，智能会计利用多项信息技术如云储存、云计算编写了完整的供应链管理平台，在资产可视化的前提下，为供应商、客户和其他合作企业提供了议价和商讨的空间，并将传统供应链的采购、委外、销售、发运等环节进行一体化整合，在此过程中，智能会计还会记录相应的数据，用以计算和分析不同群体的偏好。另外，票据的多样性也是传统供应链管理的一大难点，而智能会计将供应链的不同票据进行统一协同，利用该平台的数据化能力，以中心企业的业务流程为核心，将其他不同主体的票据、合同和其他文字资料进行数字化储存和对接，实现中心企业对供应链的系统化管理。

　　总之，智能会计业务模块的技术框架涵盖了人力资源管理、运营生产管理和供应链管理三大"点、线、面"的结构体系，并借助多项信息技术的支持，进一步渗透进多个分支领域。综上所述，智能会计业务模块的技术框架概览如图7-2所示。

7.2.2　业务模块技术框架的内容与流程

　　智能会计业务模块的技术框架概览从整体出发分析了"点、线、面"的要素构成和三者之间的关系，然而，仍有诸多细节尚不清晰，例如，人力资源管理中员工门户系统和人力资源管理平台是如何发挥其作用的？智能会计影响资产管理和生产管理的具体方式是什么？供应链业务管理和票据管理又是怎样相互影响和支撑的？因此，在技术框架概览的基础上，本节进一步探讨了其中更为具体的技术构成及其内容和流程。

　　对于业务模块的人力资源管理环节而言，其技术路线全面基于员工门户系统和人资管理平台。如前面所述，员工门户系统的主要针对对象是企业员工，借助移动互联网、移动终端和移动应用，任一员工均可以随时随地连接该系统，并完成相应的事项和任务。员工门户系统的主要功能包括消息通知、报销申请、绩效考核、任务分配、薪酬薪资、社保情况、建议咨询、工作台、培训计划、邮件系统十大内容。通过不同的内容，不仅员工能够

第7章 智能会计的技术框架

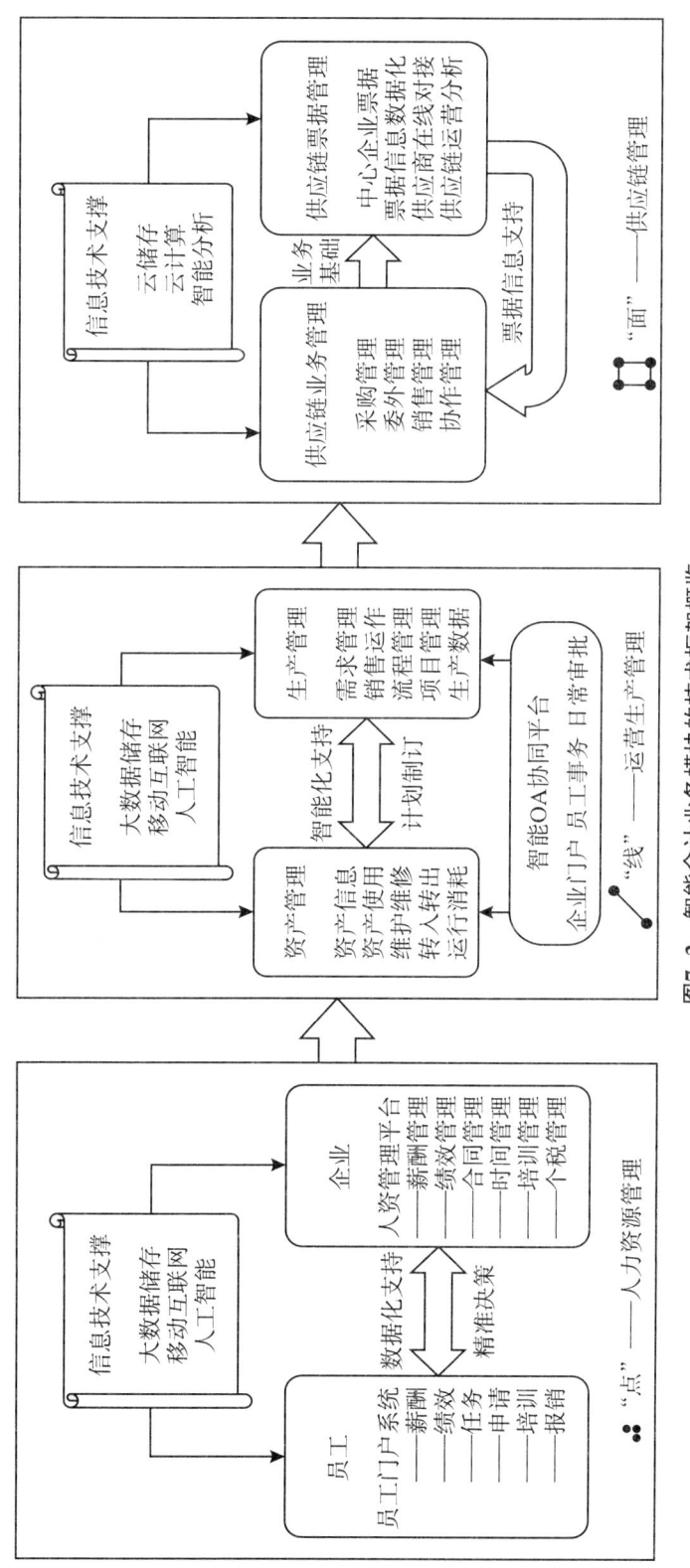

图7-2 智能会计业务模块的技术框架概览

智 能 会 计

接触到企业全部的资源,企业也能够实时掌握员工的工作动向,此时,员工的所有行为均会变为数据,十大内容分别对应了员工活跃度数据、报销数据、绩效数据、任务(量)数据、薪资数据、社保数据、员工态度数据、员工基本信息数据、培训日程数据和沟通数据。进一步,借助数据管理系统,该信息和数据会被记录和保存下来,成为后续财税管理环节的有力支撑。当以上数据进入到企业的人力资源管理平台层面之后,企业便可以进行相应的分析并优化人员结构。例如,通过员工的绩效、任务和基本信息数据,借助大数据分析技术和人工智能技术,人力资源管理平台能够实时计算出该员工所领取的薪酬是否符合其付出的劳动,从而及时向企业提出员工薪酬的修正方案。反之则相反,即面对一定薪资水平的员工,该系统也能够判断其绩效是否符合要求。同理,在该平台的之中,员工合同的管理、人才选拔、个税管理、培训发展、员工福利发放等均可以整体化完成。总之,在人力资源管理环节,员工门户系统为人力资源管理平台提供了重要的数据化支撑,人力资源管理平台又反之对各类员工制订了更为精准的决策方案。

当进入到业务模块的运营生产环节之后,人、财和物的交互开始体现出来。在资产管理方面,智能会计将每一类资产均接入企业的物联网系统,资产信息从而变得透明和可控。此时,物联网系统以数据的形式保存着企业所有资产的信息,能够帮助企业完成资产管理的信息管理、使用管理、维护维修管理、转入转出管理和运行消耗管理等统计工作。例如,企业库存商品的件数和公允价值能够出现在同一界面之中,当任一资产有所变化,即购入、售出或损毁时,该系统的数据也能够进行实时的动态调整,同时将资产信息传递给智能会计的其他模块,形成完整的资产管理和计量体系。相应地,在获悉了资产状态的前提下,企业的运营生产也将更加高效,不同部门之间的隔阂被智能会计彻底打破。具体而言,智能会计对企业运营生产过程的优化体现在产品需求管理、销售运作管理、制造流程管理、生产项目管理和生产数据记录五个领域。例如,运用智能会计,生产部门和销售部门的数据彼此联通,原材料、在建品、成品和商品的数量更加清晰,销售运作直接对接了产品的需求,进而再度直接对接了生产制造流程,大大降低了供需失衡的可能性。同时,根据企业自身的供需情况,智能会计利用人工智能技术实现了生产项目的自动化管理,对项目可行性、计划进展和潜在风险均可以做出完整的分析。更为重要的是,生产管理的整体过程也会被智能会计的记录系统转变为数据,成为智能会计整体生态中的有力支撑。不可否认的是,以上过程中仍需要员工和管理人员的参与,为此,智能OA协同平台的作用便凸显出来。将企业的生产概况集成于企业门户之中,并进一步对接人力资源管理平台和员工门户系统,以及打造智能在线审批系统,能够克服传统生产业务流程中的时空局限,在有限的人的能动性的前提下大大提高了办事效率。因此,在运营生产管理这一"线"的环节中,资产管理为生产管理提供了资产数字化的支持,生产管理则为资产管理提供了计划制订和改善的依据,同时,智能OA协同平台起到了"润滑剂"的作用,连接了人、财、物,提升了该环节的运行效率。

运营生产管理从企业内部视角描述了智能会计的技术路线,而在更为广阔的视角下,智能会计还实现了供应链管理环节的革新。在供应链业务管理层面,企业的整体业务流程主要包括了采购管理、(委外)生产管理、销售管理、供应链协作管理四个方面。智能会计借助智能分析、云计算和大数据技术,对不同供应商的原材料价格、质量进行数据收集、汇总和分析,并通过运行运筹算法自动确定最优供货商。同样地,委托外部生产管理

第 7 章 智能会计的技术框架

(委外管理)的申请、发料、入库等程序也能够借助智能会计而达成。在销售管理中,智能会计则将各类客户的信息转变为数据,对报价、订单、合同均实现智能化记录和管控,以确保各类销售政策的有序运行。另外,智能会计还将各类经销商统一协同管理,生成协同管理数据库,针对不同市场类型、消费者类型、渠道类型做出不同的定价、供货和销售策略。不过,在实现以上供应链业务管理的同时,还会产生大量的供应链票据,这类票据的种类繁杂且格式各异,但又包含着整体供应链业务流程的信息。智能会计的重要功能便是将该信息收集并转变为数据进行储存。为实现这一目的,智能会计首先需要确立以中心企业票据格式为核心的数字化票据体系,通过人工智能、机器学习等手段,自动整理各类票据,识别不同票据背后所体现的信息,同时,智能会计还能够将供应链的不同企业纳入统一的对接平台中,并全面实现供应链的数字化进行运营分析。可以认为,在智能会计技术模块的供应链管理环节,业务管理是主体流程和基础,各类票据的智能化和数字化又进一步提供了信息支持,完成了供应链管理的闭环。

综上所述,智能会计业务模块的技术框架以人力资源管理为始点,以运营生产管理为核心,再以供应链管理为拓展,实现了"点、线、面"的整体融合,以及流程全覆盖、经营全监控、业务数智化,为企业的业务开展提供了更加全面、高效和智能的保障,同时也为智能会计的整体技术框架构建了业务的基础。

7.2.3 业务模块技术框架的评价分析

以上分析完整地将智能会计业务模块的技术框架进行了描绘,然而,与传统的会计相比,智能会计的优势体现在哪里仍未得到解答。本节内容便是结合智能会计和传统会计,对该业务模块技术框架进行系统的评价分析。

首先,与传统会计相比,智能会计业务模块的技术框架囊括了人力资源管理的内容。传统会计主要针对财和物进行计量和报告,对人这一因素的关注并不突出,没有建立起完整的人力资源管理系统或平台,更没有将人的行为状态转变为数据。而智能会计颠覆了这一固有的模式,不仅全方位地将人力资源纳入智能会计业务模块的技术框架之中,更是通过一系列的信息技术手段实现了对不同类型人员的属性、活动甚至心理的量化、记录和分析。

其次,智能会计进一步提升了资产计量的精确度和业务流程的覆盖程度。传统会计往往是有经验的财务会计人员运用特定的会计估计和会计政策来对企业的资产进行衡量,但智能会计借助多项信息技术,克服了不同会计处理方式带来的偏差,寻找到最为准确的资产评估方式。同时,利用这一精确性,完成了传统会计所无法实现的精细化制造生产。可以认为,智能会计使得企业的业务流程更加透明,价值链也更为清晰。

最后,受制于主体多样性和票据多样性的特征,传统会计对于供应链的管理能力普遍较弱,而智能会计则成功地在供应链层面实现了自身的职能。传统会计在供应链业务的流程中仅仅扮演了票据信息记录的角色,且由于票据格式不统一等问题,这一能力的发挥也十分有限。智能会计则突破了这一瓶颈,完善了供应链的票据管理,实现统一化和数字化,并以此作为媒介实现了对供应链具体业务的记录、监督和改善,将不同企业、客户、供应商联系在一起,缩小了彼此之间的距离,形成了完整的供应链生态。

智能会计

综上，智能会计业务模块技术框架的评价分析如表 7-1 所示。

表 7-1　　　　　　　　智能会计业务模块技术框架的评价分析

项目	人力资源管理	运营生产管理	供应链管理
传统会计技术框架	不设置人力资源管理平台；较少参与人力资源管理活动	仅通过特定的会计政策和会计估计进行判定；对接生产部门的效率低，较少参与生产活动	无法有效地统一和收集供应链各方的票据信息；无法实现对供应链业务的记录和参与
智能会计技术框架	设置人力资源管理平台和员工门户体系；人力资源信息数字化；人力资源信息成为企业运行的关键基础数据	能够精确高效地评估和计量各项资产；全面参与生产活动并提供数据和决策支持；进一步促进了人、财、物的协作	将供应链管理的内容纳入统一的会计记录体系之中；实现了各类票据的数字化记录和储存；形成了完整的供应链生态

7.3　智能会计财务模块的技术框架

在智能会计的技术框架中，业务作为最为基础的模块，实现了企业"点、线、面"的整体互联，并为进一步的深度应用提供了有力的数据支撑。在现代企业之中，会计已然超脱了传统的记录与统计职能，涵盖了财务管理、资金管理、集团财务等各个层面，形成了多维度、多领域的大财务模式。本节的主要内容便是详细介绍了智能会计第一大深度应用——财务模块的技术框架。类似地，本节的总体安排分为技术框架概览、财务模块技术框架的内容与流程、财务模块技术框架的评价分析三部分。

7.3.1　技术框架概览

智能会计财务模块的运行目的是更加高效地计量、汇总和分析企业的财务数据，并以此全面优化财务管理的流程。因此，如何对传统的财务会计进行改革是智能会计财务模块的关键工作，在此基础上，财务管理的主要内容包括资金管理、投资管理，以及管理会计便可以同时借助智能财务会计体系实现各自的智能化。此外，智能会计还覆盖了财务模块中其他特殊问题，如财务报表的智能化管理和集团财务的智能化管理。

首先，作为财务模块的核心，智能会计建立了智能财务会计平台。该平台以人工智能技术和大数据引擎技术为支持，将业务模块中生成的各类原始票据如发票、火车票、飞机票等进行数字化识别和存储，形成真实且完善的票据信息；同时，对接业务模块的人力资源管理平台、运营生产体系和供应链管理系统，获取各类单据信息，实现票据信息和单据信息的一一对应；此时，结合公司的基本情况、会计准则和会计政策，以及与以银行为代表的第三方机构进行数据对接，智能会计能够自动汇总和计算各类会计科目的发生额和余

第7章 智能会计的技术框架

额,例如出纳信息、现金信息、应收信息、应付信息、成本信息、资产信息等。在此基础上,各类信息能够自动生成会计凭证和账簿进行数字化存储,并自动生成公司的各类财务报表。总之,智能财务会计平台是业务模块的数据进入财务模块的首要环节。

在智能财务会计平台对企业的财务状况进行全面的计量、统计和归纳之后,企业财务管理也能够实现全面的智能化。资金管理是传统财务管理的核心,也是受到智能会计影响最大的环节之一,总体而言,资金管理也能够全面转变为数据,主要体现在资金计划、资金结算、融资管理、资金监控、利息管理等多个方面的数字化,这一转变大大加快了财务管理的效率,克服了传统财务管理各个领域的断裂现象。而随着资金管理的智能化完善,投资管理的地位更为突出,且会因智能会计而走向全面的智慧投资阶段,即投资的全流程移植到了线上。此时,智慧投资以移动互联网、大数据存储和人工智能为依托,囊括了有限合伙人管理(LP管理)、不同投资项目的差异化管理、基金管理和资料管理等内容。

与此同时,智能会计的财务模块还实现了管理会计的智能化。简而言之,是企业的产品成本、标准成本、利润中心会计、利润中心存货以及利润中心交易等全部依托于智能财务会计平台,为企业的进一步成本分析和生产管控提供重要的参考。在此基础上,智能会计的财务模块大致形成了一套完整的逻辑闭环,不仅如此,智能会计还考虑了其中的部分特殊情况,最为突出的是财务报表的智能化和集团财务管理的智能化。财务报表的智能化体现在各类报表出具的高效性和及时性;而集团财务管理的智能化体现在集团组织架构、集团财务政策和制度、基础数据统一平台的统一化和数字化。

另外,如上所述的智能财务会计平台、智能财务管理、智能管理会计以及多种智能化特殊情形的处理并非是相互独立和单方面影响的。虽然智能财务会计平台主要为其他各环节提供数据和手段的支持,但其他环节也是智能财务会计平台的主要记录和分析对象。并且,财务管理、管理会计、报表管理和集团管理之间也互相影响,可以认为,智能会计的财务模块全面打通了不同财务领域和不同关联公司之间的闭塞,塑造了全面的智能财务生态体系。

智能会计财务模块技术框架的概念框架和基本脉络如图 7-3 所示。

7.3.2 财务模块技术框架的内容与流程

智能会计业务模块自企业的原始票据和基本业务开始,以智能财务会计平台为核心,实现了智能财务管理、管理会计智能化,并解决了多种财务领域中的特殊问题。在此过程中,仍有诸多细节问题需要进一步探讨,例如智能财务会计平台的结构是怎样的?票据、单据、管理信息是如何转变为财务数据并最终体现在账表之中的?智能财务管理又是怎么运作的?因此,本节的主要内容便是讨论智能会计财务模块的具体流程,以厘清其完整的技术框架。

智能会计财务模块的首要任务是将企业的业务信息和原始票据进行数字化并进一步归类和整合。利用大数据引擎和人工智能技术,智能会计把公司业务中各类票据如发票、火车票、飞机票等全部识别转变为数据,并将业务模块的人力资源管理平台、运营生产体系和供应链管理系统的数据进行导入,归类为相应的票据信息和单据信息,前者主要对应了原始的票据,后者则是将其整理为财务会计平台的标准化单据并进行自动审核和会计处理。

智能会计

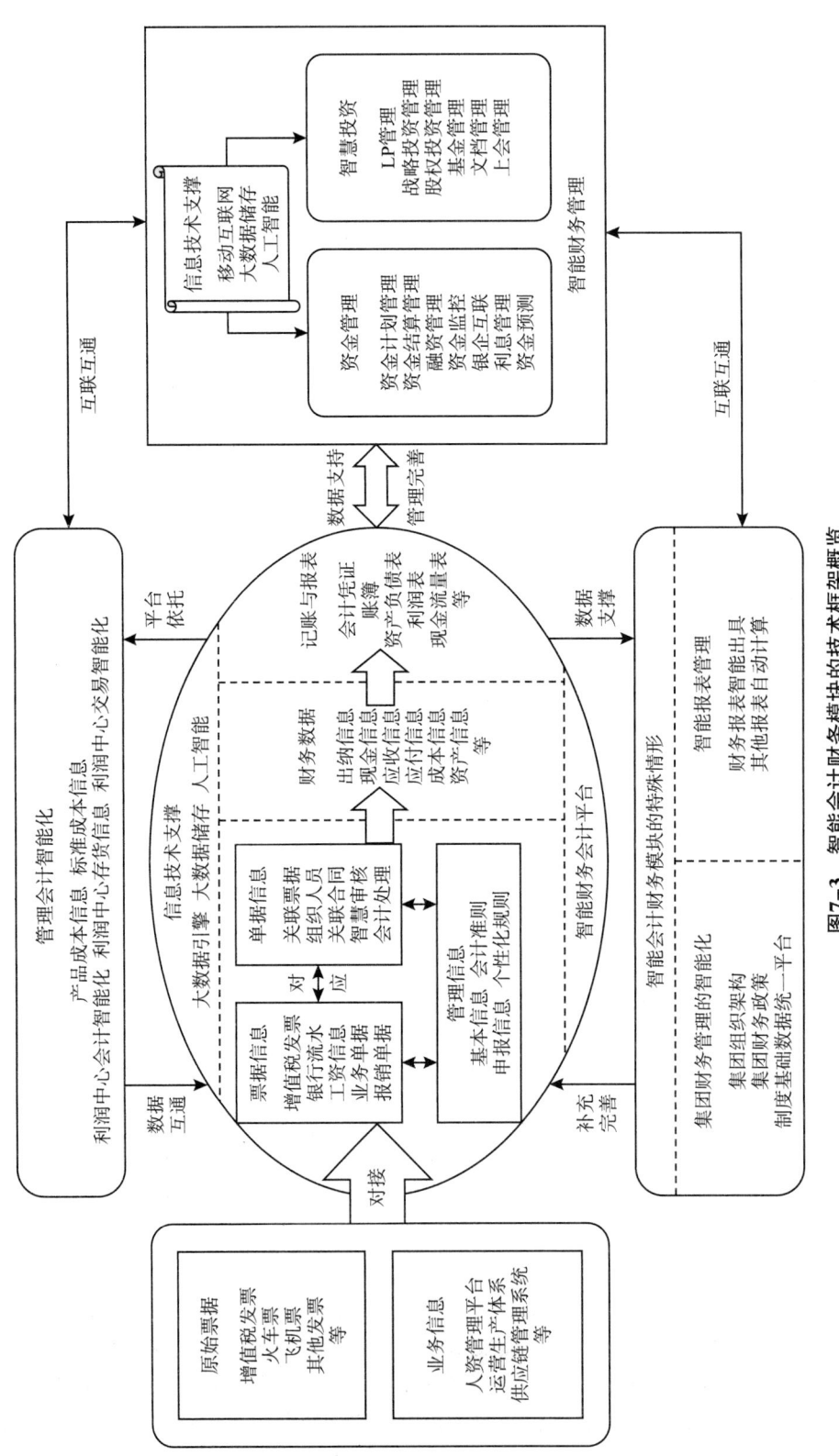

图7-3 智能会计财务模块的技术框架概览

第 7 章 智能会计的技术框架

在这一过程中，票据和单据能够实现一一的对应，同时，企业的管理信息也将融入其中，结合公司的基本情况、会计政策的选择以及一些其他的个性化规则，使得票据和单据的对应过程更加贴合企业的实际。接下来，经过会计处理的票据和单据会自动转为数字化的会计信息，如根据基本业务的票据和单据生成现金、资产等信息和数据，根据供应链管理系统生成应收、应付等信息和数据，对接银行等第三方机构实现银行付款单的获取、存款信息的查询等。这类数据通过人工智能技术的智能会计职业判断，能够自动生成会计凭证，并计入对应的会计科目，形成完整的数字化会计账簿，且能够实时地汇总报告出资产负债表、利润表、现金流量表和所有者权益变动表，当某一会计期间结束后，智能财务会计平台还能够根据以上数据初步填写附注。然而，这些数据不仅仅会被整理成各类报表，更是会及时地储存起来，作为财务管理和其他管理工作的基础数据。

在智能财务会计平台的数据支撑下，智能财务管理也进而得以实施。财务管理的核心问题是资金管理，包括了投资管理、融资管理、运营资金管理等，但是，在智能会计财务模块的技术框架中，投资管理的地位不断提高，借助移动互联网、大数据、人工智能等信息技术转变为了智慧投资，形成了独特的体系和流程。一方面，智慧投资结合智能 LP 管理，自动挖掘和对接潜在的客户，并对 LP 出资情况做出初步统计，计算 LP 的收益情况。另一方面，基于项目的基本信息，智慧投资根据不同类型的投资项目设立了差异化的智能投资模型，大致包括了房地产投资、商业投资、战略股权投资、资本市场投资等。各类项目的投前管理均包括了线上审批、线上立项和付款签约环节，自动对接查询标的企业或被投资方的信用状况、成长能力和历史收益，大大缩短了项目立项的时效性；当投资完成后，投资信息能够动态地传递回智能财务会计平台和公司其他财务业务系统，作为新的底层数据储存和分析；若企业最终退出了相应的投资项目，智慧投资能够完成对该项目的审核、维护并生成相应的记录。类似地，智慧投资也可以实现基金业务的全流程覆盖，并完善了基金设立、运营、备案等一系列基金业务的特有工作。对于除了智慧投资以外的其他财务管理领域的环节，智能会计财务模块也进行了深度的改革。第一，得益于完备的业务数据和会计数据，资金的结算、监控全部移植于同一个平台之中，其工作变得十分高效；第二，智慧投资的成熟降低了融资的难度，银行等投资者能够直接对接企业内部获取投资项目的必要信息，削弱了信息不对称的影响；第三，由于智能财务会计平台与财务管理彼此联通，资金计划和资金结算的方式也发生了改变，主要体现在资金计划的制订更有依据也更为合理，资金结算的灵活性和时效性大大增强。

正如前面所述，依托于智能财务会计平台的高效运行，管理会计也发挥出了更突出的作用。智能财务会计平台为管理会计流程提供了全面的信息，不仅包括了各项基础财务数据，更是结合背后的实际业务体现了公司的全部运营细节。此时，结合大数据和人工智能模型，产品成本和标准成本的测算更为准确，各项成本均可以计算出相应的误差区间，提高管理会计的稳健性。另外，利润中心的轮廓也变得更加清晰，通过人工智能系统准确地判断各类业务和财务活动的类型，利润中心的会计处理、存货计量、交易分析得以全部线上化和智能化。可以认为，智能会计财务模块中的管理会计流程实现了与智能财务会计平台的全面对接。

不过，无论是智能财务会计平台、智能财务管理环节还是智能管理会计，都面临着因不同企业而无法完全适用的问题。首先，对于拥有众多业务、不同会计计量方式的集团公

智能会计

司而言，智能会计财务模块有效加强了集团公司的整体性，借助人工智能、区块链等信息技术，在保持子公司独立核算性质的基础上，将不同的信息转变为统一的数据，包括了统一的财务政策和制度、编码规则、核算口径、往来物料信息设置、合并范围及汇报关系，最终保存在同一个数据库中，并能够根据新的会计准则进行自动的深度学习和修正。其次，对于不同企业的财务报表管理，智能会计也可以实现有针对性的处理，如利用机器学习技术，对企业以往的报表习惯进行挖掘学习，达成使用同一智能会计模块实现不同企业、个性化报表、自动出具和修正的目标。

综上所述，智能会计财务模块的技术框架分为了智能财务会计平台、智能财务管理、智能管理会计、财务特殊问题智能化四大内容，且智能财务会计平台作为核心，向前对接了企业的业务基础，向后则连接了其他三大内容，使得智能会计财务模块中不同内容、不同流程的互联互通，实现了财务过程的简洁化、不同财务领域的一体化以及整体财务体系的高效化。

7.3.3 财务模块技术框架的评价分析

智能会计财务模块的技术框架涵盖了智能财务会计平台、智能财务管理、智能管理会计等内容及其之间的关联关系。与传统的企业财务相比，智能会计财务模块的优势体现在会计信息的计量和报告、财务管理的效率和精度以及不同企业的兼容和应用三个层面。

首先，传统的财务会计仍然需要大量的人工实现对业务的计量和入账。该问题体现在两个层面，一是传统会计无法将原始票据快速、自动地转变为数据，而是需要会计人员的手工录入和审核，二是记账和报表统计过程需要有经验的财务人员在特定会计政策和会计估计下进行主观的职业判断。显然，智能会计攻克了这两项难点，通过信息技术的帮助，原始票据能够准确地与会计单据进行对接并及时转变为会计数据，同时，记账凭证的制作也实现了全程的数字化和智能化，通过大数据引擎得出的职业判断不仅效率更高，客观性也更强。另外，伴随财务会计的智能化，管理会计也挖掘到了更加深入的企业数据，从而实现成本管理、利润中心管理等多领域的智能化。

其次，长久以来的财务管理工作不仅面临着企业内部流程断裂的问题，还受到外部信息不对称的困扰。因为盲目扩张、过度自信等主观因素，许多企业进行财务管理的起点并不是企业的会计表现，且财务管理的结果也没有体现在会计之中，出现了诸多例如"大存大贷"的现象。而智能会计将企业的财务会计和财务管理紧密联系在一起，两者互相影响，形成了完善的生态闭环。同时，在外部层面，传统投融资行为无法将企业的真实信息传递给投资者或被投资者，造成投融资机会的丧失，同样地，智能会计的财务模块通过搭建多边平台接入多方机构解决了这一问题，在提高信息真实度的同时也使得各方的信息更加对称。

最后，不同的企业具备不同的财务习惯，集团层面既无法实现统一化管理，也在财务报表、财务分析等多个层面面临着阻碍，严重影响了集团财务战略的实施。不过，智能会计的出现改善了这一问题，通过大数据储存、云计算和机器学习等信息技术，集团公司之间的财务管理结构能够实现实质上的统一化，且报表管理的内容也能够实现自动化和一致化，进而加强了集团公司的运营效率。

第7章 智能会计的技术框架

综上，智能会计财务模块与传统会计的差异分析如表7-2所示。

表7-2　　　　　　　　　智能会计财务模块技术框架的评价分析

项目	财务会计	财务管理	集团财务
传统会计技术框架	简单的重复性工作占比高；会计人员的主观职业判断较多	财务管理与财务会计的联系不够紧密；企业财务管理活动面临着严重的内外部信息不对称	无法完全统一子公司之间的会计政策和会计估计；集团公司的财务战略施行较为低效
智能会计技术框架	设置智能财务会计平台；将重复性的财务工作集成化和在线化；职业判断智能化且更加客观真实	以智能财务会计平台为依托实现了各项数据的互联互通；财务会计为财务管理提供了更为准确的数据支撑；将更多第三方机构接入实现了内外部信息的对称性	在保证各子公司财务个性化的前提下利用信息技术实现了实质上的财务一致性；集团公司的财务报表管理整体统一化和智能化；财务战略的实施更加高效

7.4　智能会计税务模块的技术框架

依法纳税是企业的最基本的义务和责任，企业的税务管理是其经营发展中不可或缺的重要环节，对税务信息的处理与整合不仅影响企业运行效率，还密切关系到企业的自身收益。前面介绍了智能会计为业务和财务领域带来了巨大的变革，而信息技术的应用也同样加速了税务领域的数字化进程，税务工作则以此为前提展开。本节聚焦于智能会计的税务模块，先对税务模块进行了整体描述和框架总览，然后讲解了该模块的内容及运行流程，最后对比传统税务工作做出评价。

7.4.1　技术框架概览

企业在日常运营中面临繁复的税务相关事项的流程运行和统筹管理工作，包括发票的开具与收集、税表填制、税务申报、税款缴纳等。与传统的税务工作类似，智能会计的税务模块也包含常规的税务工作，然而借助信息技术的发展，智能会计实现了税务工作的信息数字化、机构统一化、流程一键化。总体来说，智能会计税务模块的技术框架以大数据、人工智能、云计算、区块链等信息技术为支撑，涵盖了角色层和系统层两个层次：角色层指定了税务模块中进行税务信息交互的主体，即企业和税务局；系统层则集成了多个平台，展现了税务模块中以发票为主要驱动因素的关键税务信息处理工作。智能会计税务模块的正常运作则倚赖于角色层之间以及系统层内部税务信息的流转和互动。

税务模块信息交换与处理围绕企业和税务局两大核心角色展开。企业作为市场经济活动的主要参与者，自然也是税务模块的纳税主体。在采购、销售商品和提供、享受服务等经营活动中，企业每日都会产生以发票数据为载体的海量税务信息。在智能会计税务模块

智能会计

中,结合业务模块生成的基础业务数据和财务模块的各项环节,企业在基本税务信息管理的基础上,将直接对接系统层的基础管理平台,能够联通内部业务、财务子系统,从而消除"数据孤岛"。进一步,企业利用人工智能技术对系统中发票信息进行智能采集,并主导了智能会计税务平台对发票信息全流程的统筹管理工作。税务局则是税务模块的征收主体,负责相关税收政策的拟订和执行。在税务模块中,税务局依托互联网、大数据和云计算技术建立税收系统统一管理平台,并与企业智能会计平台进行数据对接,不仅为企业提供了缴税便利,也有利于税务征收工作的开展。

面向税务模块角色层企业和税务局两大主体,系统层则是智能会计税务模块的关键所在。在企业与系统层成功对接之后,以基础管理平台为首,进销项管理平台、纳税申报平台、统计分析平台得以开始运作。智能会计税务系统的核心为基于进项、销项发票的增值税处理业务。作为对传统税务领域升级的一大亮点,智能会计进销项管理平台应用云数据对接技术连通税务局提供的税控设备与增值发票认证与查验平台,将脱节的发票进项管理和销项管理予以整合,实行统一的管理规则,协同管理进项发票的智能采集查验、认证管理、对账结算与销项发票的纸票电票开具、档案存储、信息抄报以及进、销项发票的匹配等功能,驱动税务模块的整体运行。在此基础上,智能税务系统层的各平台与角色层实现了良好的互动,并对应两大主体分别延伸出两项工作:一方面,在企业端,表现为企业内部依托大数据计算、分析技术的税务统计分析,对税务信息的集中管理便于及时了解掌握业务状况,分析自身与行业动态;另一方面,在税务局一侧,则表现为 RPA 技术驱动的税表自动生成,一键报税的高效、智能化纳税申报工作。

总之,智能会计税务模块的技术框架涵盖了企业与税务局为主的角色层与智能会计税务系统层两大层次结构,以大数据、人工智能、云计算、区块链等信息技术为支撑,实现了税务流程和管理的自动化、智能化整合。智能会计的税务模块的技术框架如图 7-4 所示。

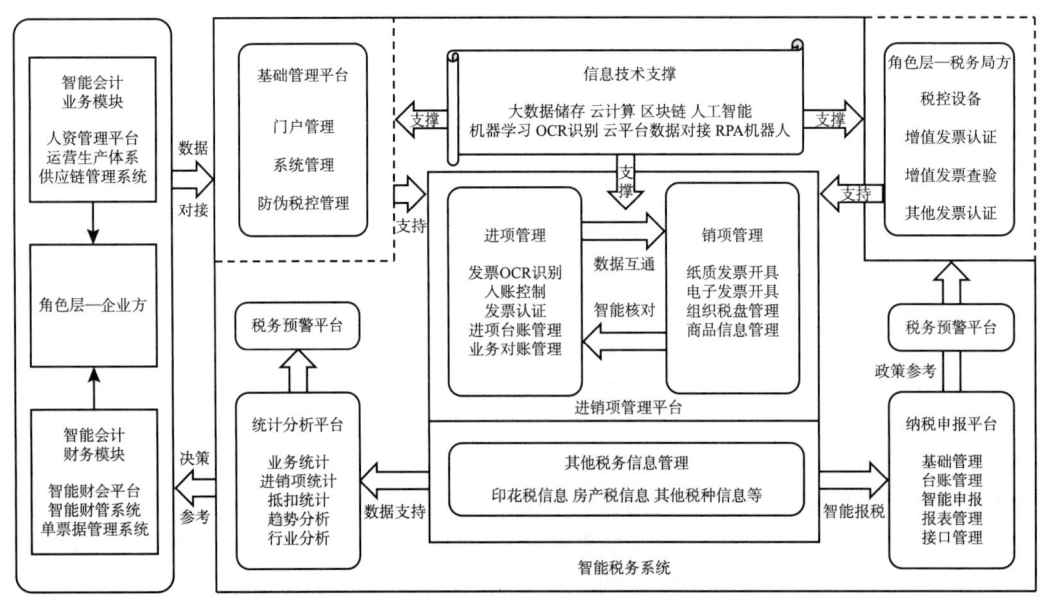

图 7-4 智能会计税务模块的技术框架概览

第7章 智能会计的技术框架

7.4.2 税务模块技术框架的内容与流程

正如前面所述,智能会计税务模块在传统税务工作的基础上运用信息技术搭建智能税务系统,保障企业和税务局间税务信息的连通交互和涉税业务的平稳运行。那么企业如何进行底层税务数据与平台基础管理?智能税务平台怎样筹进销项管理进行统计分析与纳税申报的流程运作?税务局在税收方面具体采取哪些措施并提供什么便捷服务?以及税务模块整体的涵盖内容与其之间的钩稽关系是怎样的?这些问题还需进行进一步的梳理。

税务信息的获取既是整个税务模块的起点,也是角色层中的企业对接智能税务系统的前提。税务模块通过系统集成接口与智能会计业务模块的人资管理平台、运营生产体系和供应链管理系统对接导入相关业务数据,并采用同样的方式与智能会计财务模块的智能财会平台、智能财管系统、单票据管理系统进行对接导入相关财务数据,利用大数据技术对业务、财务模块进行大数据分类处理,提取税务有效信息作为税务数据信息管理底层基础。当以上工作完成之后,企业便可根据税务相关信息并结合日常税务业务需求,对接系统层的基础管理平台,并以此为前提主导整个智能税务系统的工作。而作为征收主体的税务局,则以增值税为主体税种建立税制体系,提供税控盘等税控设备并以此为依据指导并监管涉税流程的运行。同时,为加强发票管理和优化纳税服务,国家税务局建立统一增值发票查验、认证平台,帮助企业高效处理发票鉴别与抵扣工作。更为关键的是,企业在云平台数据对接技术的支撑下,能够有效获取税务局方的税控设备和发票网上查验、认证平台等信息,并可将其转变为数据反馈给企业自身,为智能税务系统的运行提供数据支持。

当企业对接进入智能税务系统层之后,首先需要对基础管理平台进行设置。基础管理平台主要针对税务模块对所需信息进行初步设定和规范,包括了门户管理、系统管理以及防伪税控管理。门户管理用以显示并提醒各项待办事项,以及根据事先建立的与企业业务相关的政策法规知识内容库及时筛选并发布的政策法规,供工作人员参考;系统管理主要对涉税业务中黑名单、白名单企业,是否为集团供应商,是否为集团客户信息进行界定,规范税务处理业务规则并分配不同工作人员的操作权限;另外,防伪税控管理则接收来自税务局的信息和数据,核对发票信息的真实可靠,保障税务信息的安全性。

在完善基础管理平台的基础上,智能税务系统的关键,即进销项管理平台的运作得以开展。该平台以增值税发票为主要内容,将进项、销项予以整合进行集中管控处理。在进项管理中,可对业务移动终端和云平台数据对接等渠道上传的发票进行 OCR 和 AI 智能识别,并连通税务局电子底账库和发票查验平台验真验重,获取发票清单和全票面信息,自动进行入账控制并归集形成数字化台账和影像库。对于发票认证方面,该平台可在保留手工勾选、手工提交功能的基础上,实现自动化的导入提交、申请统计和结果查询等管理操作。进一步,通过解决企业与供应商之间发票和结算单的匹配情况,支持查询发票和结算单的对账,确认是否一致。而在销项管理中,可对应业务数据及处理要求,根据申请使用手工或导入方式自动赋码、批量开具纸质或电子发票,并对待开发票和已开发票信息进行管理以及发票管理记录查询、开票情况统计、建立票证关联联系、登记实物归档信息等发票档案管理工作。同时,销项管理还可以对品名、税率、税收分类编码等商品信息以及集团企业子公司税盘信息进行统一管理。智能税务系统利用端口对接实现了进项管理和销项管理的数据互通与智能核对。此外，智能税务系统针对印花税、房产税等其他税种信息也能够实现智能化收集与统筹。

以进销项管理平台数据为支撑，智能税务系统的另一项重要组成是纳税申报平台。纳税申报平台通过预设和维护实现业务组织、纳税主体等基础信息的数字化。进一步，该平台利用大数据存储等信息技术完成了对增值税台账、印花税台账等台账管理工作。在此基础上，根据取数规则自动提取相关数据生成纳税申报表，并通过企业端与申报平台接口交互实现报表报送。同时，在企业内部根据集体规则完成税金的智能计提计算。

智能税务系统不仅整合了进销项管理平台数据进行纳税申报工作，还能够以此帮助企业进行统计分析。该统计分析平台基于进销项管理平台信息与其他税务信息，对涉税过程中的业务信息进行整体的统计，尤其在进销项信息层面，能够成功实现对此类数据的统一收集，计算出相应的抵扣信息；另外，智能税务系统的统计分析平台还可以根据以上统计的信息进行简单的趋势分析，结合不同的行业，实现初步的对比分析。该平台将智能税务系统和企业联系起来形成完整的闭环，通过统计分析，企业拥有更加丰富的决策参考，从而有助于智能会计整体框架中的管理决策模块的顺利运行。

总之，智能会计税务模块以发票信息为切入点，以智能会计税务系统为运作载体，利用信息技术连通企业与税务局两大主体角色，保障企业与税务局的数据交流，实现智能会计税务模块工作的智能、高效运行。

7.4.3 税务模块技术框架的评价分析

智能会计的税务模块以增值税为主要税种建立集发票进销项管理、纳税申报、税务预警、统计分析为一体的智能税务系统进行企业和税务局间税务信息的处理和流转。与传统企业涉税工作相比，智能会计的税务模块的优势体现在税务信息准确合规、税务处理流程自动高效、税务平台集中管理等方面。

首先，税务模块通过系统集成与业务数据和财务数据直连并设置审核规则，利用OCR智能识别、云平台数据对接等方式，借助移动终端、高速扫描仪、应用程序接口（API）等工具，实现发票信息的电子化采集，提高了税务信息收集过程的工作效率和准确度，同时与税务局查验、认证平台的云对接保证了信息的真实性。而在传统的税务工作中，税务信息大部分倚赖于人工录入和审核，不仅费时费力、效率低下，高强度的重复工作使得差错率较高，由此带来的反复核对也为税务工作带来了诸多不便。

其次，税务模块对接税务局系统实行业务驱动一键开票、电子交付，利用RPA财务机器人实现业务对账、归集核算、统计分析、税表申报等方面全流程的自主判断、智能筹划、自动执行处理。由此避免了传统税务工作中占用大量税务处理工作岗位来进行操作复杂、工作量巨大的重复性工作，节省了人力成本并提高了整个税务流程的运作效率。

最后，税务模块针对传统会计的税务工作存在税务环节脱节、数据不能互通、处理过程繁复等问题整合了多个税务处理平台，对税务工作进行统一规范化处理，并及时根据国家政策和税收规则变更处理流程、更新平台系统，对可能存在的风险进行及时的税务预警，有效降低企业税务风险，提高整体税务管理水平。

综上，智能会计税务模块与传统会计的差异分析如表7-3所示。

第7章 智能会计的技术框架

表7-3　　　　　　　　　智能会计税务模块技术框架的评价分析

项目	税务信息	税务流程	税务平台整合
传统会计技术框架	审核程序需要较多人力参与、费时费力；反复核验比对工作量大、效率低下	税务工作人员投入较多；操作复杂、工作量巨大、重复性高	收票和开票等税务环节脱节；各项工作数据不能连通，为税务处理带来诸多不便
智能会计技术框架	系统集成对接获取准确高效；与税务局平台实时交互保证信息的真实性；利用通信技术大大提高了信息传输时效性	利用RPA财税机器人模拟人类操作实现全流程自动化处理；简化流程、减少人工参与，可7×24小时不间断执行	针对不同税务处理工作的税务平台协同整合；及时收集政策信息指导平台运行管理；集中管控、及时预警，有效降低税务风险

7.5　智能会计管理决策模块的技术框架

前面述及数字经济时代的新技术使智能会计的业务、财务、税务模块的技术框架和运行模式相比于传统会计产生了全新的变革和全面的升级，而在"业、财、税"数据共享共同服务于企业基层运营的基础上，智能会计的核心则是利用大数据技术和人工智能算法对企业底层数据的数据挖掘为企业提供管理决策建议，指引企业战略发展方向。本节围绕智能会计的管理决策模块，首先提出了管理决策模块的技术框架，然后介绍了管理决策模块技术框架的内容和流程，最后与传统会计相比对此模块进行了评价。

7.5.1　技术框架概览

企业管理层是否能够洞悉企业业务、财务、税务方面的情况，运筹帷幄做出精准的管理决策从而对企业资源进行合理配置，关系到企业的生存和发展方向。智能会计的管理决策模块针对以往信息利用不充分导致管理人员的认知偏差等问题，对"业、财、税"模块接入的底层数据与企业搜集而来的外部信息，依靠信息技术强大的存储和算力支持，进行了更加全面深入的处理。并且，管理决策模块应用各类模型得出企业基础管理报告，以此为根据进一步深度分析直接出台管理决策建议的过程，以满足企业更高层次的决策需求。

企业内部业务模块、财务模块和税务模块的搭建与运行是智能会计管理决策模块运作前提，也是该模块的后台核心，每个模块产生的数据经历收集、存储、整合的电子化过程，归集为涵盖各个模块内部相应信息的数据流，模块间的端口对接与网络传输使业务模块交易经营数据向财务和税务模块传递，加之"财、税"模块间的数据互通与联动打造业财税融合一体化的大数据基础。然而除了关注于企业自身价值创造过程，作为经济活动的主体，企业发展更是与市场环境的变化息息相关，因此，管理决策模块底层数据的获取不能仅仅局限于企业内部，还需掌握企业外部的信息，把握国家政策导向、经济形势与行业

智能会计

动态,了解竞争对手与合作伙伴等详细信息,及时根据环境变化做出相应的调整。

在获得企业基础数据源之后,下一步面临的问题是如何抽取有效信息并对这些信息进行价值挖掘,即管理决策模块的中台内容。基于大数据存储技术,将各类信息进行有分类的存储和组合,实现"随调随用"的功能。在实现全面存储的基础上,智能会计的管理报告流程得以运行。首先,利用大数据风控、云计算等信息技术,设计完备的后台评估和测算模型;并进行多流程综合性的测试运行,基于机器学习和文本分析技术的模型将能够实现不断的自动学习、更新和完善,模型精度将随着数据流的增多不断提高;其次,各类报告能够依据后台的模型和设定的模板自动出具,并通过此类报告对模型设计进行进一步的优化和反馈,形成完整的生态闭环。

报告出具仅仅完成了智能会计初步的管理职能,而对于决策的帮助还需要更为深入的分析。智能会计的决策建议出具方式基于管理报告,但又融合了更多的管理知识和智能技术。根据管理报告的内容,智能会计能够自动匹配自身管理建议库中与目标企业经营状况相近的以往真实案例,并以案例为重点分析目标企业在未来可能出现的种种情况。但是,以管理建议库为基础的决策建议存在着顾此失彼的冲突,这是因为企业经营过程中由于限制条件的影响,企业往往无法同时兼顾到多个层面,例如在资金有限的前提下无法同时满足研发和生产的共同最大化投入。此时,智能会计能够对这类冲突进行评估,以求得最为妥善的处理方式。与此同时,加之有经验的管理者的介入,整体的管理决策模块的技术框架得以完善,形成了全流程智能化的决策建议链条。

总之,智能会计的管理决策模块的技术框架串联起"业、财、税"融合基层、模型运行与基础管理报告、决策建议出台三大部分并通过决策建议的反馈完成此模块的闭环,即基层数据经过正向分析处理至展现决策建议,再由决策建议反向回馈指导实践工作的过程。智能会计管理决策模块的技术框架概览如图7-5所示。

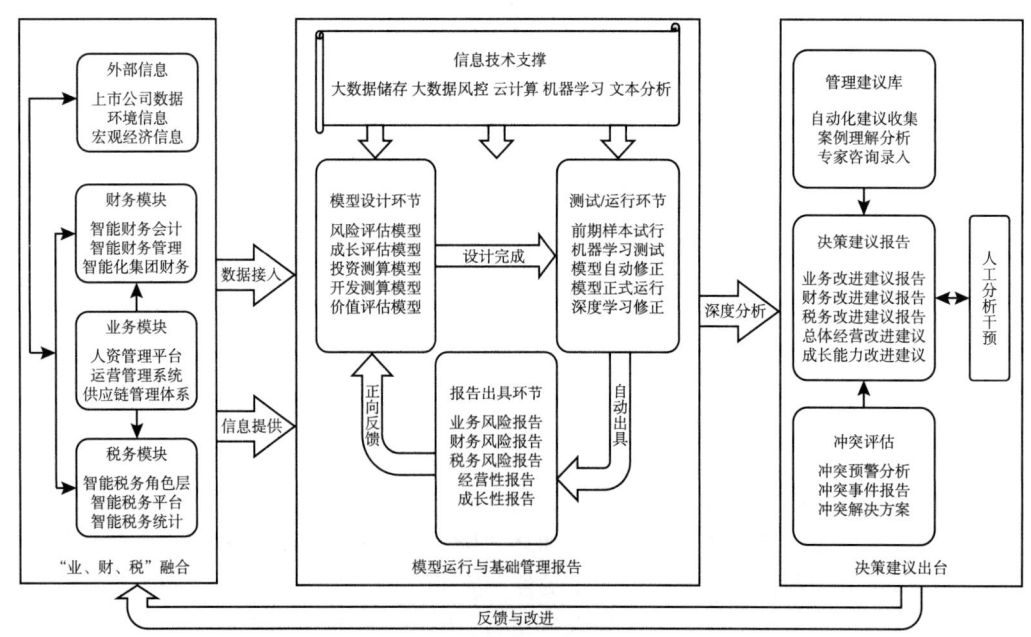

图7-5 智能会计管理模块的技术框架概览

第7章 智能会计的技术框架

7.5.2 管理决策模块技术框架的内容与流程

上节内容大致描绘了智能会计管理决策模块的基本技术框架，而在本节中，则进一步介绍该框架中存在的更为关键和详细的流程与模式。首要问题便是管理报告出具的流程需要哪些基础数据的支持？而在模型设计、测试运行和报告出具环节中，又有哪些类型的模型和报告？最终，管理建议库包括了哪些内容，而对于其进行冲突评估的内容又是怎样进行的？回答以上问题对智能会计管理决策模块技术框架的整体完善颇为重要。

管理决策模块的后台数据基础来源于两大层面，即内部层面和外部层面。对于内部数据而言，主要是与智能会计的业务模块、财务模块和税务模块的数据信息互相打通，例如业务模块的人力资源管理平台提供了各个部门、各个环节的人力资源配置数据，运营管理平台则将整体生产经营流程的数据进行了导入对接，而供应链管理体系把其他相关企业的数据和供应链管理的信息提供了出来；财务模块的数据则更加重要，智能财务会计平台作为企业的数据核心，为管理报告的出具提供了最为直接的数据，智能财务管理平台则将资金管理、投融资管理的信息进行一体化呈现，智能化集团化财务则集成了母子公司之间的所有关键数据；而在税务模块数据之中，各类角色的信息将全部转化为数据融入管理报告的生成过程之中，税务平台及其税务信息统计也会形成特定的数据流，在纳税申报、税金缴纳和应税评估等领域为接下来的管理报告的出具提供支持。对于外部数据而言，管理决策模块所需的数据更加丰富。一方面，智能会计能够收集专业性数据，例如所有上市公司的披露数据进行一体化整合，国家统计局、地区统计局和各省各类统计年鉴数据的电子化储存，国际企业数据和经济数据的对接和挖掘等；而另一方面，智能会计也能够将各类社会非专业信息进行采集，如媒体报道的信息、舆论倾向等，这类信息经过文本分析技术，亦能够转化为数据的形式，为报告的生成提供全方位的参考。

管理决策模块的中台即管理报告的生成是链接前后台层面的重要组成，其运行效率直接决定了管理决策模块的有效性。在管理报告背后的模型设计环节，大致包括了五类模型，即将企业的"业、财、税"各个领域所面临风险进行判断的风险评估模型、识别和分析企业所处环境能够实现成长性能的成长评估模型、以投资管理为核心预测其投资汇报和准确性的投资测算模型、以生产建设为侧重点的开发测算模型以及最终对企业进行总体价值计算的价值评估模型。这五类模型均会通过一系列标准化的流程进入运营之中。首先，智能会计会利用一定小样本进行预测试的前期试行环节；在此基础上，利用机器学习技术对试行的结果进行分析和测试，并实现模型的第一次自动修正；之后，将修正后的模型投入到正式运行环节之中；不过，该环节模型并非一成不变，由于随着时间的推移，模型的准确性会有所下降，因此智能会计的深度学习能够即时调整模型的精确度，实现长期有效的运行。结合模型设计及其测试运行，管理报告也进一步能够实现自动出具，包括了业务风险报告、财务风险报告、税务风险报告、经营性报告、成长性报告等。与传统的管理报告不同，智能会计的报告均具有数字信息互通能力，即报告中的所有判断、数据和信息可以展开并追溯至底层的数据。因此，管理报告能够以良好的反应模型和数据的交互能力，并对模型的进一步深化提出了现实的需求。

基于精准的模型设计和测试修正，决策建议出台的过程变得更加高效和稳定。不过，正如前面所述，智能会计建立了管理建议库以对模型和管理报告中的数据进行对比分析，该建议库通过三类途径获取不同企业的案例：一是在全网范围内进行自动寻找、收集和整理的爬虫技术；二是已成型的外部管理案例的导入、理解和分析；三是结合企业自身的专家咨询和调研经历录入的案例信息。当管理建议库完善之后，智能会计便可以根据模型运算的结果、管理报告的内容和案例库中的案例进行匹配，找到最为贴切的案例，并通过一系列的或有事项分析将企业下一步的发展进行预测，生成业务、财务、税务、总体经营、成长能力等多方面的管理建议。与此同时，智能会计能够按照企业自身的偏好对管理建议中的冲突进行分析预警，对冲突事件的侧重点、可能出现的结果和最佳的路径偏向进行系统阐述，并形成报告供最终的决策者进行定夺以解决这一问题。这一功能说明，智能会计在管理决策层面并未完全摒弃人的主观智慧，而是基于更多的客观事实大大提高了个人智慧的准确性，因此，在管理决策意见出台之后，企业的决策者和相关负责人可进一步根据自身的经验进行判断，最终实现人类智慧和信息智能的全方位交互。

可以认为，智能会计管理决策模块的技术框架综合了"业、财、税"模块的内容，并将企业的管理职能推升到新的高度。在这一技术框架下，会计能够更好地实现其"管理者"的使命，达成管理综合化、决策有用化和预测精确化的目标，为企业的高质量发展提供坚实的保障。

7.5.3 管理决策模块技术框架的评价分析

智能会计管理决策模块的技术框架脱离了传统会计的固有模式，但并没有降低对人的智慧的尊重，是一项具有突破性而又结合了人的主观能动性的决策模式。与传统会计相比，智能会计管理决策模块的优势主要在于数据的系统式整合、模型分析的自动化以及决策建议的全面性。

首先，智能会计的管理决策模块对于信息和数据的收集利用效率更高。在信息的提取和运用层面，传统会计大多按照管理人员自身的主观经验进行判断，往往从单方面的现象出发，既无法掌控全局，也无法将观察到的信息进行综合整理，甚至其决策都没有数据作为依据。而智能会计的出现大幅改善了这一问题，在突破了业务、财务、税务"信息孤岛"的困局之后，更是全面将其转变为决策可用的数据。不仅完备地反映了企业各方面的运营情况，更是将各类数据进行交互分析，实现不同层面不同领域的动态耦合。

其次，传统会计的管理决策没有完备的一体化分析报告的出具流程。在智能会计管理决策模块的技术框架中，一大核心便是管理报告的出具，智能的管理报告并非是单纯的信息文件，而是转变为数据的载体，通过数字化的管理报告能够实现自顶层指标到底层数据的一体化查询。而传统会计的管理报告只展现了最终的结果，既无法对指标进行穿透，更是存在信息精度差、易被操纵的固有缺陷。智能会计有效地化解了这一问题，通过不同种类的模型和严密的智能修正机制，实现管理报告的准确性和可穿透性。

最后，智能会计借助案例库这一技术工具，更加充分地发挥了个人的智慧。传统会计的管理决策框架往往需要管理层或决策者针对某一现象进行一定的主观判断后进行决策，在该过程中此类人员甚至不会参考已有的任何资料。事实上，这一方式并不是对个人智慧的有效利用，决策者在这一过程中也无法完全地将自身的能力发挥出来。智能会计管理决

第7章 智能会计的技术框架

策模块的技术框架虽然突出信息技术的作用,但在决策分析阶段为企业的管理层提供了多层次多类型的数据支持,并在案例库的帮助下自动为人工的决策提供历史经验的保障,这一模式一方面能够弥补传统会计决策过程中的信息缺失;另一方面也能够有效增强决策者的信心并提升其在弱势领域的技能。

综上所述,智能会计管理决策模块技术框架的评价分析如表7-4所示。

表7-4　　　　　　　　智能会计管理决策模块技术框架的评价分析

项目	信息收集利用	管理报告出具	决策方案制订
传统会计技术框架	信息收集范围小,仅局限在企业或集团内部,利用率低; 数据转化难度大,易出现信息孤岛现象	管理报告多为简单的文本信息和财务数据; 信息穿透性差,仅阐述了最终的指标,易被操纵	决策者通常根据自身的经验和直觉进行判断,失误率高; 决策过程繁复,易出现决策冲突的情形
智能会计技术框架	通过与"业、财、税"等模块相连接,形成全方位的内部数据获取通道; 通过信息技术的支持实现外部信息的实施获取和标准化储存	利用模型算法,实现各类会计报告的自动出具; 报告内容所涉及的指标、信息和数据可穿透至各个层面; 报告完整性强,耦合性高,不易被操纵	借助案例库实现管理建议的自动化出具; 决策者能够根据自动化的建议内容进行深入的判断; 提供全方位的冲突分析解决了决策冲突的问题

7.6　智能会计技术框架的整合

在如今科学技术日新月异的数字经济时代,智能会计对于传统会计进行了全方位的升级和优化,为企业智能化转型和高质量发展赋予了新动能。智能会计基于共享经济、财务共享、大数据、云计算、人工智能、区块链等理论的融合与应用,依托于"大智移云物区环"信息技术综合运用的新兴技术平台,将企业底层数据进行收集、处理、输出成为企业有效信息,实现了数据资源向数据资产演变的价值创造和企业内、外部信息的共享与挖掘。在此过程中,智能会计对业务模块、财务模块、税务模块、管理决策模块技术框架进行了内容与流程上的整体重构与变革,而业财税管各模块的运行与协同自然形成了智能会计技术框架的一体化融合。

在智能会计技术框架中,业务模块实现了全经营流程的覆盖,数智化的监控和记录为后三个模块的开展提供了底层数据的建设。在企业内部视角下,业务模块借助信息技术的力量,对人力资源管理、运营生产管理和供应链管理的"点、线、面"的整合。通过大数据储存、移动互联网、人工智能等技术对员工信息进行全面数字化,在实现员工管理智能化的基础上,以智能OA协同平台为桥梁,借助物联网技术颠覆了传统的资产管理模式,促成数据驱动的运营生产流程,在企业外部视角下,智能会计的业务模块可以延伸至整个供应链,实现了对供应链管理的革新。以人力资源管理为起点,以运营生产管理为核心,再以供应链管理为拓展,业务模块在整个智能会计的技术框架中提供了基础的业务驱动的

智 能 会 计

财务和税务信息，并产生了员工心理量化分析、消费者偏好类型等传统会计所无法形成的决策支持信息，使得企业业务整体管控更加精准、生产制造环境更加合理、供应链管理更加数字化、智能化等。

财务模块以智能财务会计平台为核心，实现了智能财务管理、管理会计智能化，并解决了多种财务领域中的特殊问题。智能财务会计平台借助大数据、人工智能技术将业务模块的原始信息进行数字化处理，自动生成报表作为财务模块的基础数据，提升了财务会计工作的效率以及精确度。智能财务管理平台在资金管理智能化完善的基础上，强调了智慧投资的地位，通过数字化的资金管理提高了财务管理的效率、克服了财务供应链断裂的问题，借助大数据、人工智能等技术形成有别于传统会计投资管理的体系与流程，实现了自动挖掘对接潜在客户、搭建差异化的智能投资模型以及线上投前管理，提高了项目立项的时效性、降低了企业融资难度、削弱了银企信息不对称性等。智能管理会计平台以智能财务会计提供的财务数据和业务运营数据为支撑，借助人工智能、大数据信息技术，使得企业的成本分析和生产管控更加精准。高效一体的财务模块是税务模块以及管理模块数据共享、消除信息孤岛的基础。

企业和税务局以及智能税务系统层内部间信息的交互流转，实现了智能会计税务模块的正常运作。税务模块依靠大数据分类处理技术，从业务模块和财务模块的数据中提取税务相关信息，形成税务数据。税务数据与基础管理平台进行对接，在完善的基础管理平台之上，进项管理和销项管理实现了数据的互通并且进行智能化的核对。另外，智能化税务系统也实现了印花税、房产税等其他税种的智能化收集。在进销项管理平台的数据支撑之下，智能税务系统还形成了纳税申报平台和统计分析平台，帮助企业实现了基础管理、台账管理、智能申报、报表管理、接口管理，并且为企业提供了更完善的决策参考。智能会计税务模块相对于传统会计来说，数据传递更加及时准确高效，并且全流程的自动化提升了税务工作的效率，有利于提高整体的税务管理水平。该模块的开展依赖业务模块和财务模块提供的相关数据，另外，财税模块之间数据联通，促进了两模块间数据的及时交换，支持了两模块的运作。

管理决策模块依靠信息技术，搜集企业内部的业务、财务和税务模块数据以及企业外部数据，对数据进行有效的挖掘来提取有效信息出具各类管理报告。基于管理报告、管理知识和智能技术，决策建议更加高效化和智能化。管理决策模块在信息和数据的搜集和利用上面效率更高，各类管理报告的准确性和可穿透性更强，并且在充分发挥个人智慧的基础上，使得决策方案的制订更加有效。该模块依靠业财税模块的数据集成，能够充分挖掘企业的各项数据，保证了管理决策者全面了解各个模块的数据，从而做出更加准确的分析与预测。同时，管理模块的运作也是对业务、财务、税务模块数据流的反向回馈，前三模块可通过此模块获得的决策和建议进行内部流程的提升和改善。

从上述分析可以看出，数智化的业务模块作为智能会计技术框架中最有力的数据支撑来源，为共享智能会计四个模块的数据资产，消除模块间的信息孤岛提供最底层的数据建设，财务模块、税务模块与业务模块之间数据互连、数据共享，基于此管理决策模块才能够对企业内外信息进行充分挖掘，并智能化地选择决策建议链条。基于业财税管的深度融合的理念，智能会计可以追溯至底层数据并不断迭代深化模型，可以看出相比于传统会计，智能会计体系是一个更加一体化、灵活、多层次的生态体系。业财税管四个模块之间

第7章 智能会计的技术框架

的相互联系与影响,使得各个模块发挥了其最佳作用,提升了整个智能会计系统的有用性。另外,业财税为管理决策模块提供数据的同时,管理决策模块也能够通过决策反馈,进一步提升业财税三个模块的能力,智能会计四大模块之间形成了一个完整的逻辑闭环,最终形成了一个全方位、多层次的智能会计生态系统。

智能会计的技术框架,如图7-6所示。

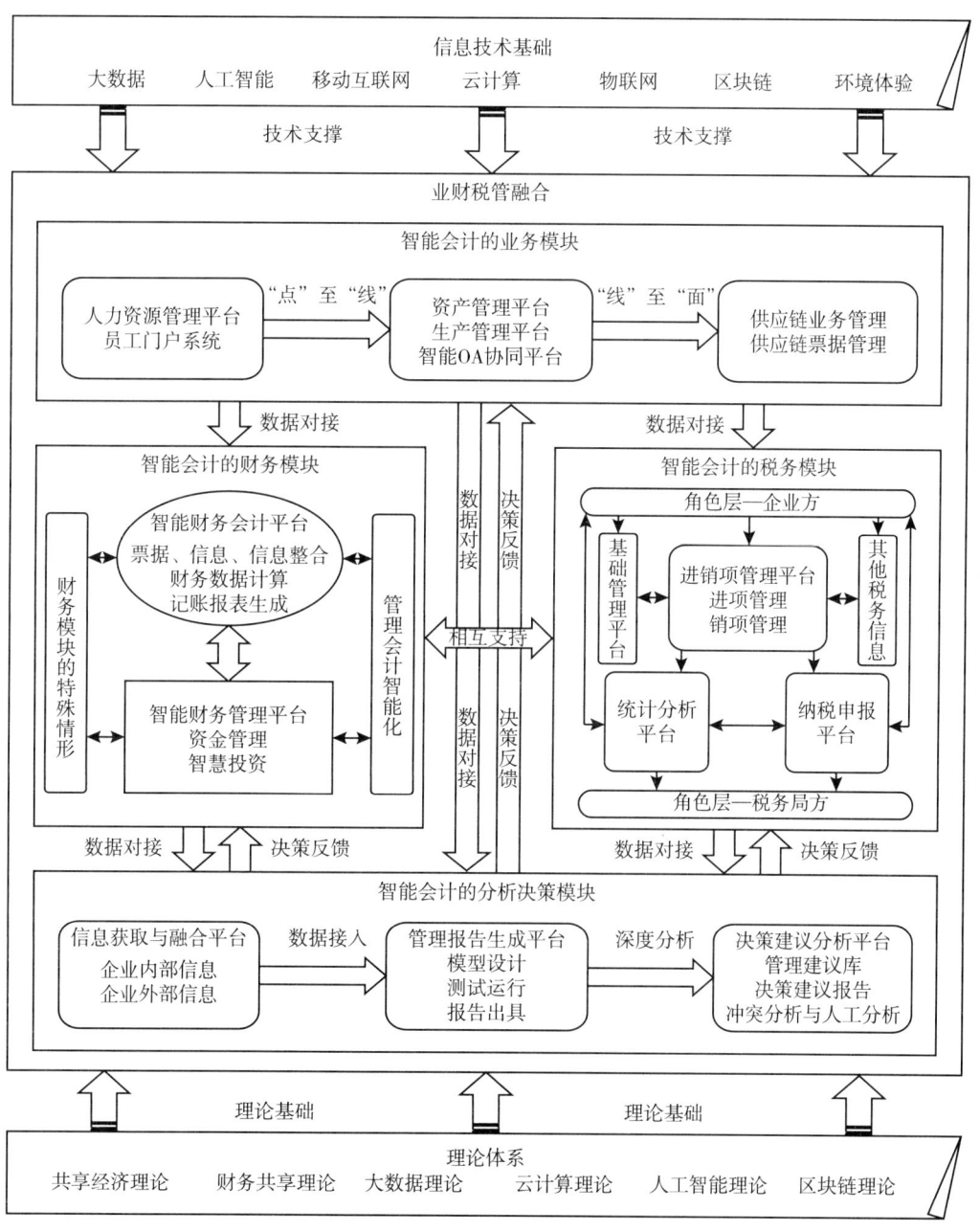

图7-6 智能会计的技术框架

第8章 智能会计的组织架构

组织架构是企业组织内部将不同的职能模块按一定要素有机构成的生产或管理实体，涉及决策权的集中程度、管理幅度、组织层次、管理权限、职责分配等。组织架构变革则是指组织根据内外部环境变化，对组织架构进行调整、改进和革新的过程。随着信息技术的飞速发展，我国进入信息化时代。传统的工业经济逐渐向新型的知识经济转变，信息和知识已成为现代企业组织的核心资源。大数据应用分析、5G通信、物联网信息技术等的快速发展，以及在会计工作中的大范围应用，为企业快速收集和处理信息提供了方便的工具，给企业的经营管理带来了巨大影响，特别是对企业组织结构的调整和优化提出了新的要求。

8.1 智能会计下企业组织架构趋向

传统的"金字塔"式组织结构注重对物质资源要素的合理配置使用，有管理幅度小、管理层次多的特点，主要用层次等级设置和严格的管理制度保证工作效率，满足当时工业社会企业组织的管理要求，如图8-1所示。当前市场环境复杂多变，对企业组织内部沟通、组织之间的协调和企业组织对外部环境变化的反应等方面提出了更高的要求。在互联网、大数据等技术的依托下，传统的企业组织结构受到了严峻挑战。为提高工作效率，增强核心竞争力，企业组织必须适应企业生存环境的巨大变化，大力开展组织结构变革。智能会计下的组织结构主要呈现出以下变革趋势：

8.1.1 平台化

在信息化时代，市场环境瞬息万变。为了在市场竞争中抢占更多份额，企业需要提高对市场变化的反应速度，增强市场信息的处理能力。在工业社会中形成的企业组织，管理机构庞杂，管理等级体系严格，严重制约了信息处理的效率。信息处理技术的进步，加快了信息的收集、传递和处理效率，计算机网络系统担负起传统组织结构的中间管理层级担负的沟通、协调和控制方面的"中转站"职能，传统的命令沟通方式变为协商式的沟通方式，缩短了企业高层管理人员与基层员工的信息传递距离，重新界定企业内部分工，打破了原有的管理跨度局限，高层能够对基层直接进行工作指令的监督控制。目前，国内企业优化组织结构框架大都从平台型组织的构建着手。

第8章 智能会计的组织架构

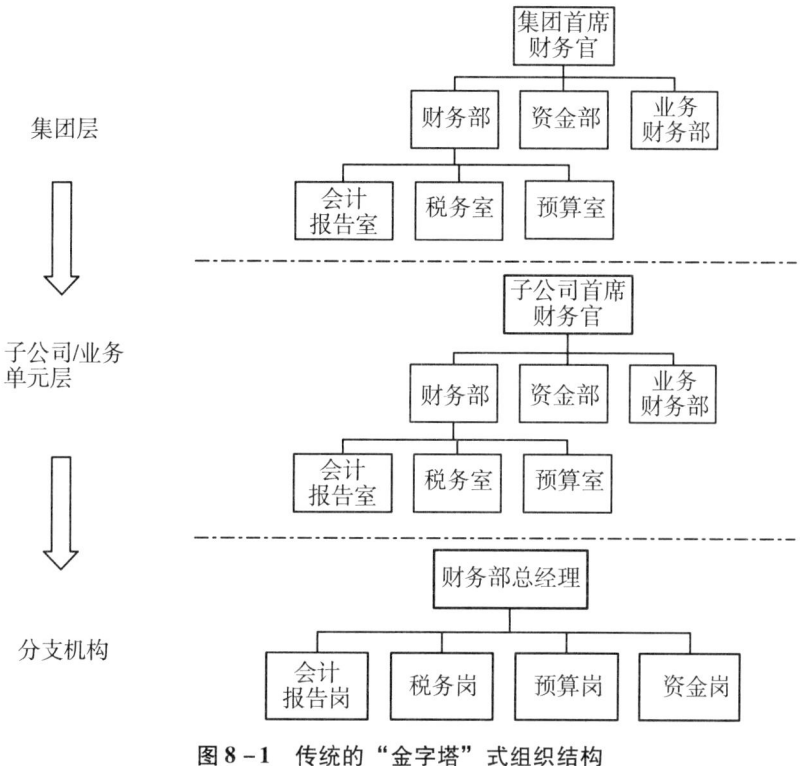

图8-1 传统的"金字塔"式组织结构

1. 平台化结构的定义及特征

在以大数据、人工智能等技术为基础的"智能时代",企业如何捕捉客户不断变化的新需求并对此快速做出反应,生产出满足客户不断变化的需求的产品,成为企业生存的关键,而平台化结构正是基于互联网时代而出现的充满活力的新型结构,它以消费者为中心,收集大数据产生的海量信息,并给予员工充分的管理自主性,在短时间内充分整合信息和现有资源,灵活应对外部变化。平台化结构有着明确的不同于传统科层型组织的专业化、开放化等特征。

(1) 专业化。

平台化结构以平台治理层、中台资源层、前台创业层为基本架构,中台更多的负责内外部资源的整合,以备前台随时调用,而充分赋权前台,让其拥有更多的敏捷度应对市场需求的迅速变化,而治理层的主要作用在于明确平台存在的意义和目标。专业化可以帮助企业智能配置相关资源,同时由于每一层的相关人员都被赋予了适配的权力,资源的有效利用也得以保障,从而极大地提升了企业的运行效率,降低了运行成本,同时对于员工的自我提升与自我实现也有所帮助。

(2) 开放化。

平台化结构依托于互联网而生,它能够将大数据产生的海量信息以及企业自身资源充分整合,将企业打造成一个开放式的平台,突破规模和范围的界限,获得叠加效应,从而能够呈现指数增长。农贸市场等交易地点我们通常理解为平台的传统交易场所,受制于规模和范围的限制,无法使依附于它们的买家和卖家呈现数量的无限扩张,但基于"智能时

智能会计

代"的新型平台,可以打破物理意义上的时空限制,使用户之间获得双边效应,具有即时交互性,能够呈现指数增长。使得智能会计能够获取海量的数据,同时使用多个决策终端为企业进行数据的搜集、运算、分析,极大地提升了企业决策的准确性与及时性,为企业的运营提供了良好的数据保障。

2. 平台化结构的构建

目前平台化结构在国内企业中大规模应用,还没有形成成熟的理论,但通过对现有构建平台型组织的企业总结分析,发现基本结构的构建需要满足以下几点。

(1) 去中心,权力下放。

传统科层型组织权力高度集中在金字塔顶部,需要通过去中心化,将权力下放到和消费者密切接触的一线员工以获得更大的自主权,使决策更加贴近客户,贴近市场,敏捷应对客户需求的变化,做出真正符合市场需求的决策,而后方起保障作用,要为一线提供精准的火力输送,对灵活度有很高的要求。因此,平台化结构要以客户的迭代需求为核心,以更加灵活、开放的方式抓取和组合所需的各种能力,结构呈现扁平化和柔性化,边界极度开放,在此基础上形成极致的应变能力,企业能与外部利益相关者进行动态调试。在智能会计的运行过程中,把直线管理型组织变成网络化组织,让节点自由选择中心,在组织之中使得生产资料围绕生产力要素进行配置,这样生产力要素更为活跃,资源配置也更加灵活,实现了管理效率的提升,同时也增强了基层组织和一线员工的活力。

(2) 团队集成,打造敏捷前端。

平台化结构要灵活应对时刻变化的消费者需求,在充分放权基础上形成组织的高效执行力,如华为员工在和客户沟通时,组成的"客户经理、解决方案专员和交付专员"三人小组,这也是赫赫有名的"铁三角"的原始模型,以项目为中心组成小团队,延伸到以客户为中心建立流程和职位,加入更多的角色,形成更多的"铁三角",这样做好处显而易见,原来一个客户经理对客户,层层上报,内耗非常大,在"铁三角"模式下,三人组成一个小团队,直接对客户负责,团队拥有极大的自主权,团队内的每一个成员都能够实现自身的高度自治,同时又与其他成员交流合作,成员之间有非常好的互动,以创造尽可能大的价值。在智能会计的运营决策流程中,这个模式可以很好地将资源与决策权配置到一线,既可以保证其可以得到及时的应用,也减少了由于资源过于集中而被迫增加的内控流程,降低了运营成本。

(3) 去边界,整合开放资源。

组织边界的存在把密切相关的任务、人员、流程以及产物等要素与其他事物相隔离,为组织或者组织内某部门创造了一个稳定的内部环境。但是封闭的组织边界会降低组织内部的沟通效率、抑制组织对外部资源的整合,使组织缺乏柔性。互联网时代,客户需求多样且变化迅速,如何灵活应对客户迅速变化的需求成为企业生存和制胜的关键,组织通过去边界化以应对外界变化已成为大势所趋,因此企业需要树立开放融合的发展观念,可以采用业务外包等方式吸收优质资源,实现企业间的协同发展。在智能会计的组织架构中,处于成长阶段的组织可以通过职能配合策略加强同一层级各部门之间的合作,形成价值模块,并最终实现内部边界的横向突破。而成熟阶段的组织则以业务为载体在行业上下游进行整合,形成贯穿上下的价值体系,进而实现组织外部边界在垂直方向的延伸。

第 8 章 智能会计的组织架构

8.1.2 柔性化

传统金字塔式企业组织结构是具有稳定性的刚性结构。信息技术的发展使企业的核心资源由资本转为知识与人力资源，按业务链划分的传统组织结构优势不再，过分僵硬的机构分工界限束缚了企业的创新活力，企业原有的刚性结构势必趋向于柔性化特征。随着信息技术的推广应用，企业组织职能部门之间的界限越发模糊，固定不变的核心部门机构设置开始转变为围绕市场效益的团队型组织结构。这种结构由不同专业和部门的员工按产品、市场或区域划分组成，具有多变性、高弹性、高流动性、高度分权等特征。在信息共享、横向协调的前提下，这种组织结构能够针对业务需求的变化进行随意搭配和个性化调整，内部人员没有明确的单一分工或岗位，只负责承担相应的综合性团队角色，强调发现和解决问题的能力，能够提高整个企业组织的信息传递、扩散、渗透和应用水平，使企业更加灵活地适应市场变化的需求。

1. 流程化

对于财务工作来说，从流程角度出发也能够带来组织的柔性创新，并借助流程的穿透能力打破组织的刚性壁垒。流程型的组织在财务共享服务中心的应用最为常见，但是可以扩大流程型组织的适用范围，比如将共享服务的流程向端到端进行拓展，将经营分析、预算管理、成本管理、税务管理等非共享运营类流程引入流程型组织中。

2. 团队化

在团队结构的组织中灵活地设置暂时性或永久性团队，这样的组织形态可以改善横向关系，并且可以有效地解决横、纵钢板问题。团队的设置可以是横向组合，也可以是纵向组合，甚至可以是横纵共同组合的形式。在团队中可以纳入一个或多个管理者来共同解决问题。团队结构的好处是在面对重大问题的时候，可以让部门的局部利益让步于整体利益。团队往往还结合着项目来进行工作，项目化团队在柔性管理中有着重要的价值。在智能会计的组织结构中，项目化团队可以使传统的组织结构在保留完整性的基础上更加灵活，从而提高了决策的及时性与整体性，使整个组织的运行更加有效率。

3. 扁平化

扁平化的结构是指组织规模已定，管理幅度较大、管理层次较少的一种组织结构形态。本处所指的组织结构扁平化就是通过减少管理层次、裁减冗余人员来建立一个紧凑而干练的新的组织结构，它具有灵活性，快速性和高效率的优点。扁平化组织结构建立基于流程和淡化部门职能的组织结构；对于企业管理组织而言，它有助于垂直管理水平得到简化，管理范围得以扩大；有助于企业资源和权力下移，决策更加民主；有助于确立了客户需求驱动的业务流程，实现真正的客户价值。

扁平化的管理组织结构作为现代企业管理组织结构的一种新形式，在当前的企业组织管理中得到了广泛的应用，并对企业的发展产生了重大影响。特别是面对当前新的复杂的经济环境，企业逐步构建扁平化的企业管理组织结构，极大地提高了企业对市场经济发展变化的适应能力。它有利于企业管理幅度的扩展,能够提高企业对市场的灵活应变能力,培养人才,控制成本,进而提升企业整体市场竞争能力。

扁平化管理的核心就是竞争效率的提高。企业组织结构的扁平化是一个复杂的系统工程,并不是一朝一夕就可以完成的事情,可以通过提升管理层与员工综合素质、建立和创新完善的管理制度体系、不断创新企业管理模式、整合相关的企业管理流程以及对企业管理方式进行信息化改造等多种途径实现组织结构扁平化管理。

通过扁平化管理,可以压缩传统科层制结构,以业务流程的优化为导向,通过缩短管理链条,提升组织灵活度,从而提升人力资源利用效能。而由于市场的需求存在弹性,要求组织需要具备一定的决策灵活性。扁平化管理提高了信息传递效率,使得每一个流程的推进都更加顺利,这无疑大大增强了决策活动的灵活性,提高了企业运行效率。除此之外,组织结构的扁平化可以有效提高信息的使用率,以 IT 技术为基础,通过大数据、人工智能等新技术,以客户需求为准绳,客户满意度为核心,最大程度上集成以及提升业务办理的效率。同时也让部分依赖人力的传统岗位被计算机取代,从而进一步降低企业的运营成本。

8.2 智能会计下企业组织架构的构建

企业利用大数据、云计算、移动互联网、人工智能、区块链等先进数字化,构建智能会计下企业组织架构,落实业财税管深度融合的智能会计终极目标。合适的组织架构,对内能够加强会计智能化水平,促进会计核算、财务分析与预测、风险控制的智能化,减少人工操作,降低误判和漏判,同时有效释放财务人力,提升企业整体运营效率和可靠性;对外主要针对战略决策和业务的展开,支持公司业务拓展,并在资本市场上发展,为公司和顾客创造价值,高效的组织结构同样能够推动业务的发展,加强业务信息网格化管理。通过财务在绩效管理、风险控制和经营预测能力方面的提升,使会计渗透到业务环节并重新结构企业业务,为业务部门提供高质量的数据信息,为企业管理层真正赋能。围绕不同的目标职能,企业可以由上而下构建战略决策中心、综合管理中心、智能会计中心三大中心,如图 8-2 所示。

8.2.1 战略决策中心

对战略理解越深,财务人员和管理者在公司发展中发挥的作用越大。在进行公司战略规划时常用的几个模型包括:波特五力模型、麦肯锡 7S 模型、波士顿矩阵模型、平衡计分卡、SWOT 分析等。战略决策中心可以以平衡计分卡为核心,聚焦于公司战略,通过高层推动变革,进而有效传达战略,实现组织的整合和统一,可以设置类似战略管理办公室的机构来负责监督与战略有关的活动。

第 8 章 智能会计的组织架构

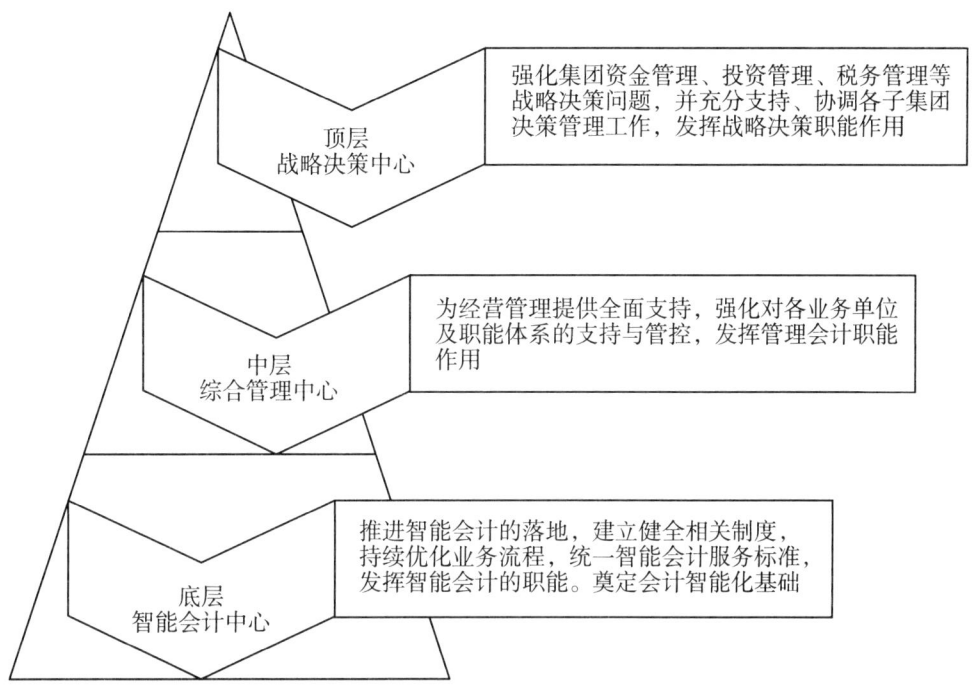

图 8-2 智能会计下整体组织架构

8.2.2 综合管理中心

管理会计强调全面与业务融合，深入业务运作的各个环节，为业务决策、风险防控和业绩考核提供全方位的支持，尤其强调以过程管理为主，因为仅以结果为主无法反映企业最实时准确的财务状况。在综合管理上还要加强对业务的支持和服务，实现在提供资源服务、决策支持、成本管理、风险控制和绩效评价上的全覆盖，如图 8-3 所示。

图 8-3 综合管理中心职能

8.2.3 智能会计中心

如今越来越多的中国企业已经建立了财务共享中心，基于标准化、流水线的作业模式对财务会计工作进行了集中式处理。很多企业认定财务共享能带来组织变革和财务转型，同时还有很多企业将其作为强化管控的有力工具并寄予厚望。然而，共享中心在实际应用中往往效果达不到预期。建立了财务共享中心之后，尽管有好几百人集中处理各种单据，却依然忙不过来，甚至人员和成本不但没有减少反而增加了，并且报表也不能及时做出，

智能会计

在企业的规划、决策、控制、评价以及价值创造方面作用依然不大。

业财税管深度一体化的智能会计中心是传统财务会计在"互联网+"时代转型的结果，其本质是基于新一代信息技术，实现对企业更广泛业务（从记账、算账到报账、采购、税务等）的数字化，并对企业财务体系、业务流程、商业模式进行颠覆性升级。

1. 智能会计中心概况

基于业财税管深度一体化的智能会计中心可以以传统财务共享为出发点，包含费用管理、资金管理、应收、应付、总账管理、预算执行等核心模块，以及一系列运营支撑体系以及底层基础平台。同时它将共享从传统财务会计的记账算账领域向业务端进行延伸，包括采购共享、财务共享和税务共享系统，智能技术引擎作为技术支撑贯穿于整个流程，如图8-4所示。

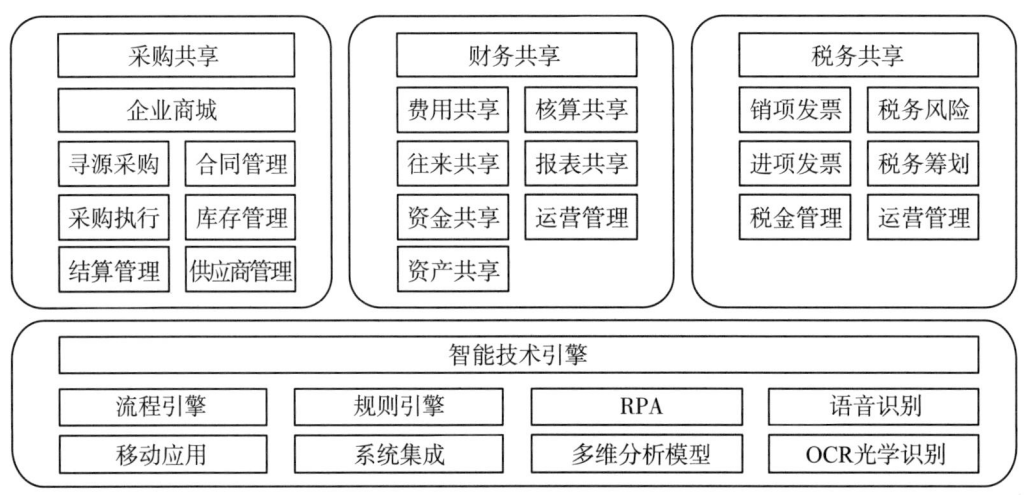

图8-4 智能会计中心架构

在采购业务方面，借助成熟的电商平台实现对企业的差旅服务、办公用品、公务车、内部资源和大宗商品的在线采购，使财务数据和业务数据融为一体，消灭信息孤岛，从而确保交易的透明化和数据的真实化。

在税务共享阶段，借助金税三期平台和电子发票技术，打破税务数据与交易的壁垒，改变大型集团企业不同地域、不同组织间各自为政的税务处理模式，实现集团内部税务的一体化申报、处理及税务筹划、税务风险的一体化管控。

在智能技术引擎方面，智能会计中心借助机器学习、语音识别、规则引擎等人工智能技术，实现会计核算流程的自动化，大幅提升会计处理的效率。

2. 对传统会计模式的影响

传统会计模式已经滞后于社会发展需求，信息时代需要有相关信息技术的融入。随着人工智能的普及，传统会计行业受到了深远影响，人工操作逐渐被人工智能所取代，而智能会计中心的应用，更是提高了会计行业的工作效率，提高了会计信息的准确性、可靠

第 8 章　智能会计的组织架构

性、真实性，降低了企业成本，增强了企业核心竞争力，智能会计中心对传统会计模式的影响，具体体现在以下方面：

(1) 会计流程自动化。

智能会计中心集中了海量结构化、规则导向、可重复的工作任务，这些工作的技术含量低，却占用了财务人员大量的精力和时间。例如在财务结算流程中，经常会有十几个甚至上百个需要执行的小任务，并且每项任务之间环环相扣。此外，财务部门处理发票时，工作量极大又烦琐，需要长时间的复核工作，以防出现作业失误的情况。

基于智能会计中心的机器人流程自动化（RPA）系统，企业可以将传统财务共享中心最枯燥的工作自动化、机器人化，重构和削减大量财务流程，例如资金收付、自动纳税申报、自动对账清账、表单审核、发票处理、报表自动化、工资核算、费用报销审核、凭证打印、业务数据传递、数据智能采集等基础工作均可由 RPA 全天 24 小时自动完成。

(2) 会计处理电商化。

基于智能会计中心，企业可搭建在线"消费商城"，将差旅服务（携程、艺龙等）、办公用品（京东、国美等）、公务用车（滴滴、神州等）、大宗采购及内部资源采购"互联网化"，并与共享服务平台紧密集成，实现企业消费业务和采购业务的自动化结算。同时基于电子发票信息，打破税务数据与交易壁垒，实现自动化的会计核算。

在商旅共享系统中，企业可实现对差旅行为的事前控制，过程的透明化和自动化对账、结算；在采购共享系统中，企业基于采购的"互联网化"，打破了原有以基层单位为边界的业务内部循环，大大提高了采购业务管理的集约化程度；税务共享系统可以全面支持发票管理、纳税和自动申报，大数据税务风险及筹划，企业可以实现税务数据信息的集中。

基于智能会计中心，企业得以将外部供应商、客户、分销商、经销商、税务和内部的人、财、物等资源配置在一起，打通内外，回归以交易管理为核心的企业运营本质，颠覆和重构传统财务处理流程，实现交易透明化、流程自动化和数据真实化。本质上企业也实现了财务处理数字化。

(3) 交易数据资产化。

企业在日常经营中会产生大量数据。过去这些数据杂乱无章、口径不一、质量参差不齐，数据价值难以被挖掘和释放。而基于智能会计中心，企业能够从交易源头上实时获取到内部各单位和外部供应商、客户之间真实、完整、准确、口径一致的财务和业务数据。通过利用数据捕获、数据智能解析、数据挖掘、数据治理、数据可视化展现等技术，管理层可以进行战略、经营管理决策，而且可以基于可视化报表实时指导业务场景、控制业务风险、支撑业务发展。

在日常生活中，大数据分析技术被广泛应用。例如，用户在访问淘宝、京东时，电商平台会实时记录用户的访问记录并将其传输至后台，后台会迅速进行大数据分析并反馈回前台界面，实时为用户进行个性化的商品推荐。而智能会计中心，同样可以对业务数据进行实时记录和传输，并基于大数据分析为业务端提供场景化、可视化的业务分析报告，让数据真正为业务赋能。

(4) 业务管理智能化。

随着人工智能的深度发展，机器学习、嵌入式分析、数字助手、语音识别、图像识别

智 能 会 计

等智能化技术纷纷落地共享系统，使系统变得越来越"聪明"。通过以下几个例子，来对这一点有更透彻的理解：

①当对一张发票进行 OCR 扫描时，系统会将财务人员关注的信息导入台账，并对这些信息进行逐一验证。如果此时员工重复扫描这种发票，系统会提醒员工；如果员工扫描其他公司的发票，系统也会立刻提醒员工。针对通过验证的发票，系统可以迅速将票据上的结构化信息提取出来以帮助员工完成智能账单。

②如果员工担心项目合同付款跟踪信息、供应商付款信息、客户开票回款信息有误，可以安排系统快速通过移动化的方式实时开展复核，实时发现指标的异常、并层层追溯直至找到问题根源。

③人工智能技术可以实现人机互动，管理层通过语音输入指令，系统接收指令并转换为计算机语言，其理解之后会对管理层的要求进行反馈。

④基于知识图谱的智能财务规则引擎使系统能够快创建规则。当管理者发现项目分摊有问题时，可以立即创建一条新的单据控制规则，并且用自然语言告知系统，系统会自动识别、创建并保存这一规则，员工再次提交单据时，就会收到新规则的提示。

8.2.4 智能会计中心的建设路径

智能会计中心可采用多种建设路径，可根据企业自身发展需要、企业发展的不同阶段选择不同的路径。智能会计中心建设强调的是管控组织和共享组织双维度。管控组织是相对刚性的，而共享组织是服务组织，是相对柔性的，可以根据企业特点而调整。智能会计中心可以作为集团总部财务部下属的独立业务单元，也可以设置成与财务部门并列的部门，可根据企业对智能会计中心的定位设定不同的组织模式。智能会计中心建立之后，组织的财务架构可以保持现状不变，智能会计中心作为业务服务单元，面向组织下的所有机构提供服务。结合国内大多集团企业的经验，智能会计中心的建设路径可以分为以下四种模式：集中模式、产业模式、区域模式和项目模式。

1. 集中模式

集中模式，就是在集团层面建设完全集中的智能会计中心，面向整个集团提供服务，此时集团业态往往比较单一，由集团总部牵头并主持智能会计中心的建设，各项具体工作也由集团来统筹完成。集团总部制定全集团智能会计中心的总体规划路径，组织并负责实施推广。各业务单元在集团总部的统一领导下，全力配合智能会计中心的建设工作。因此，智能会计中心的建立往往是一鼓作气完成的，上线的时候就是一个统一的完整的智能会计中心，如图 8-5 所示。

一般业务集中度较高的企业会建设集团统一的智能会计中心。比如中国移动、中国联通和中国电信三家运营商合资成立专门负责信号发射塔建设和维护公司。铁塔公司成立的初衷就是采用共享模式，减少重复建设，实现资源利用最大化，因此，这种情况下适合采用集中模式建设智能会计中心，按统一核算标准、数据标准，实现单塔核算的目标，确保每个铁塔都能出具独立的资产负债表和利润表，以及各维度的管理分析报表。

第8章 智能会计的组织架构

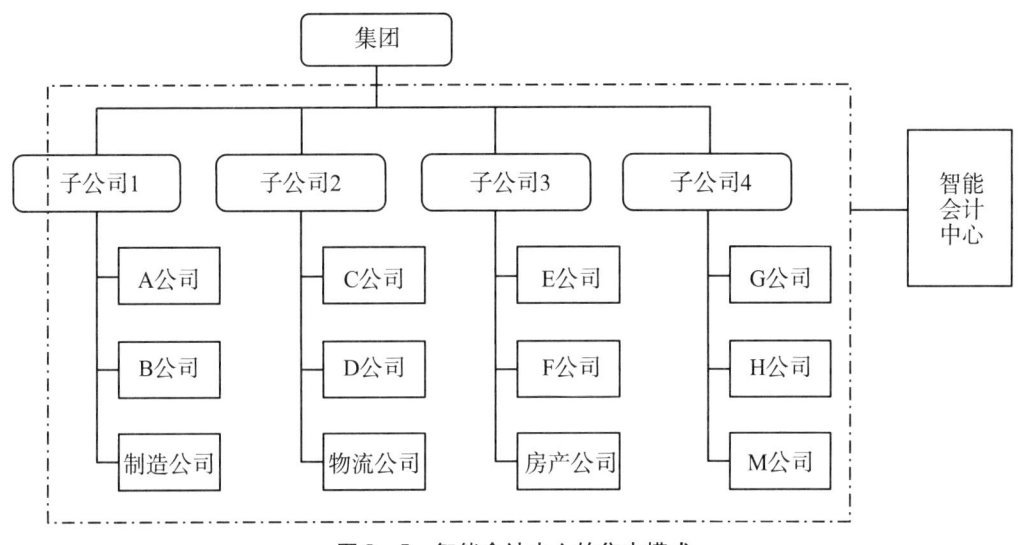

图 8-5 智能会计中心的集中模式

2. 产业模式

产业模式，就是按照集团产业业态不同，建设每个业态服务的不同智能会计中心，这种模式下，集团业态单一或者各业态的相关程度较高。集团总部在各业务单元分别选出几个试点单位，各业务单元试点单位分别建设各自的智能会计中心。之后，由集团总部根据各试点单位的建设成果，组织专人统一分析、提炼，形成集团统一的智能会计中心，并指导各板块其他成员单位进行推广与优化，如图 8-6 所示。

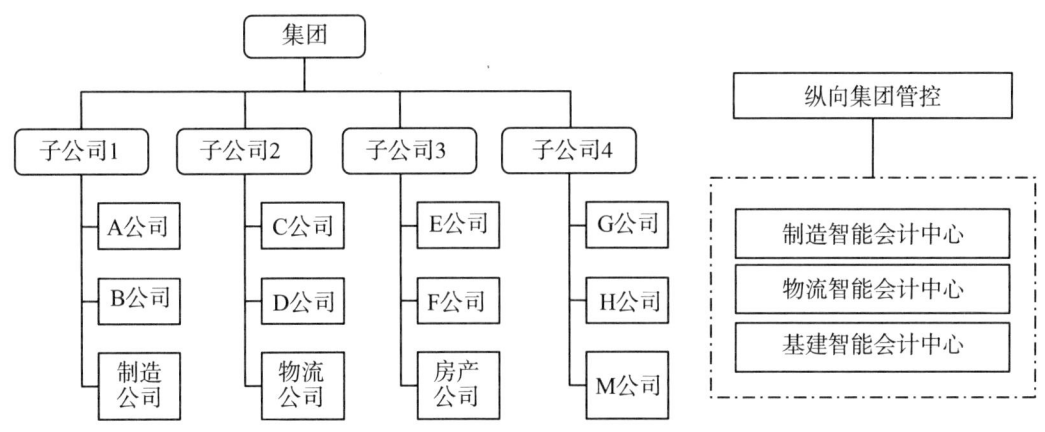

图 8-6 智能会计中心的产业模式

一般多元化的公司可以选择产业模式，涉足很多行业领域，比如山东鲁商，一家涉足超市零售、酒店旅游、地产、金融等多行业的综合性多元化集团公司，每个行业在管理上都各具特色，如超市零售主要注重商品的进销存管理及资金的收支管理，而房地产公司主要注重项目成本管理、合同管理、资金流管理等方面，关注各不相同，因此鲁商可就其不同的产业设计不同的智能会计中心，先在某产业板块试点运行，再逐步推广到其他产业模块。

3. 区域模式

区域模式,是按照区域集中的原则建设智能会计中心,为区域运营单元提供服务,如图 8-7 所示。

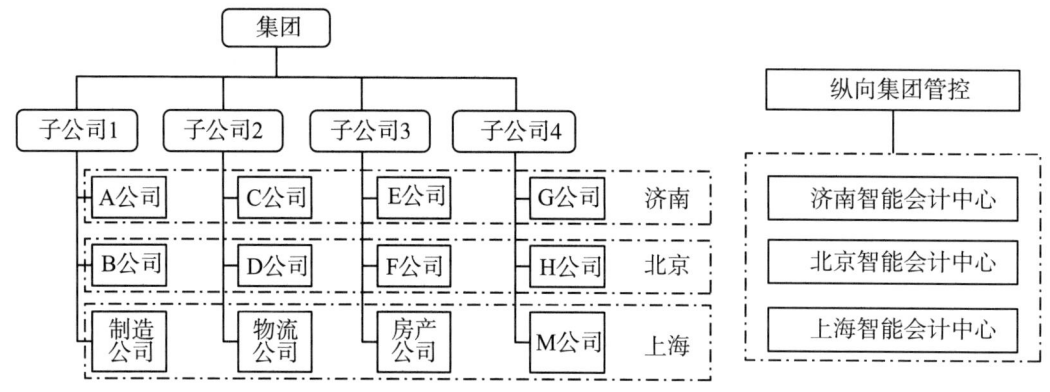

图 8-7 智能会计中心的区域模式

以区域模式建设智能会计中心是一种比较直接的建设路径。例如中建集团在北京、济南、武汉等全国很多城市都有业务,此时它就可以选择一个中心区域作为核心,辐射周边附近的分支机构,统一纳入智能会计中心集中管理。

4. 项目模式

项目模式,就是以项目为服务对象建设智能会计中心,是参与特大型项目建设的多个法人单位为实现资金封闭运作、项目税务统筹规划而成立的智能会计中心,具体如图 8-8 所示。

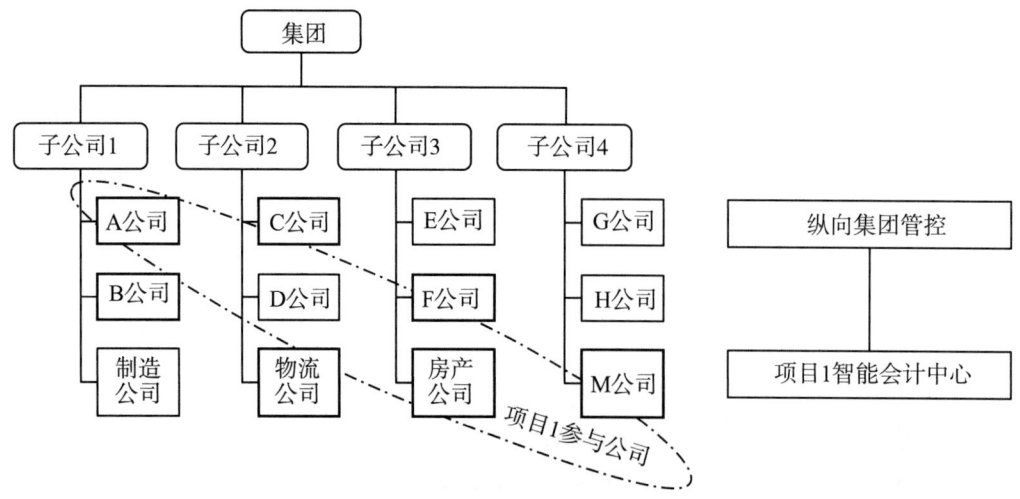

图 8-8 智能会计中心的项目模式

第8章 智能会计的组织架构

集团企业为建设某一个特大型项目，通常会有众多二级单位、三级单位参与进来，此时针对项目建立智能会计中心比较合适。以中国交通为例，有很多重大项目，比如城市地铁项目，如果由多个二级单位单独承包可能会由于竞争力不足而丧失机会。但是可以以集团的名义承包，再把项目分段后由二级单位承建。这种对于跨法人的大项目管理需要建立基于项目的智能会计中心。

8.3 智能会计下财务人员职能转变

人工智能时代背景下，将计算机信息技术应用于企业财务工作当中，降低了财务工作难度、强度，使得财务人员拥有了更多研究其他领域的时间，自身的价值作用得到了充分的发挥。现阶段，数据的价值越来越高，企业管理人员迫切希望能够通过对数据价值的深层次挖掘，为接下来的决策工作打下良好基础。人工智能时代背景下企业财务会计与管理会计融合已经成为必然趋势。作为企业的财务人员，应做到顺势而为，切实提高自身的综合素质，更好地满足企业发展需求。

8.3.1 人工智能时代财务会计与管理会计融合

人工智能时代的到来，给当前我国企业财务会计工作带来了巨大的发展机遇，但同时也带来了一系列严峻的挑战。新形势下，如果依然采用以往传统的工作模式，必然无法满足企业发展需求，甚至会给企业带来巨大损失。在这种情况下，财务会计与管理会计融合成为重点，在这一过程当中需要掌控好要点来展开该项工作。

首先，要分析会计的变与不变。智能时代，会计呈现出"八变""一不变"的态势。变的是技术的"形"，不变的是会计的"魂"：一变：对象在变。组织运行模式和商业变革导致会计服务的对象发生了很大变化；二变：重点在变。会计工作的重点从核算反映向决策支持转型。三变：组织形式在变。会计组织形式将从有形财务部门向共享服务转变。四变：技术手段在变。大数据、人工智能、区块链、云计算等新的信息技术都将成为会计的核心技术手段。五变：方式方法在变。财务云、RPA、在线审计、共享服务等将成为会计服务经济的新的方式方法。六变：内容在变。信息服务和决策支持的内容在变。七变：效率在变。借助智能化技术手段会计工作的效率将大大提升，能够实现瞬间响应。八变：质量在变。借助新的信息技术，会计将能够实现精准服务和智能决策，从而服务经济的质量将大幅提高。"一不变"：功能未变。

无论技术如何变化，会计的根本职能没有变，仍然是"过程的控制和观念的总结"，即会计的监督、反映、决策支持的功能没有变。事实证明，随着每一次技术变革，会计不是消亡，而是变得更加强大。智能时代，随着大数据、智能化的赋能，会计的功能将更加强大。所以，会计智能化转型的定位应该是：坚守会计根本，数据智能赋能。

其次，在融合发展的过程当中，应最大限度地避免出现职能重叠的现象。因此在融合之前要树立良好的短期、中期以及长期目标，并严格地按照既定的路线来融合，进而为接下来各项工作的开展打下良好的基础。

智 能 会 计

8.3.2 人工智能时代财务会计与管理会计融合的对策

人工智能时代,会计数据不仅量巨大,而且还具有真实性,可以以最快的速度对数据做好收集和处理。企业在经营期间,会获取到非常多的数据,只有正确地采用数据处理方式,确保数据的完整,才可以给多项决策工作带来具有价值的参考依据。而想要做好这些工作,就要成功将财务会计与管理会计融合,在第一时间找到财务管理中不完善的方面,并做好风险控制等工作。对于各个企业来讲,要充分地意识到大数据背景下财务会计与管理会计融合的必要性,并制订出完善的方案,以此让企业得到良好的发展。

1. 构建智能会计平台

智能会计应包括智能共享和智能决策。智能共享是智能决策的基础。所有的转型都必须依赖智能共享服务。智能共享服务又需要以自动化和数字化为基础,只这样才能将非结构化行动转化为结构化数据,形成决策有用信息。因此,智能共享是对财务共享、业财一体化共享的升级,它是在业财融合的基础上进一步将战略、业务、财务(资金流)、核算(财务信息)、法务(合规性)、利益相关者、时间等多维度的信息实现共享,并体现它们之间的关联性。智能决策是在智能共享的基础上实现智能决策支持。智能会计需要物联网、互联网、移动互联、区块链、大数据分析、机器学习等新技术的支持,它们分层次、分功能的共同构成智能会计的技术支持系统。其中,物联网的主要功能是收集数据;互联网、移动互联、区块链的主要功能是传递数据;大数据技术、机器智能的主要功能是分析数据。

2. 转变会计工作方式

会计从核算反映型为主向智能决策型为主转型,需要企业从财务管理模式、管理内容等方面进行改革。具体来说,工作重点从"事后算账"转向"规划未来";管理模式从"链式管理"转向"网式整合";管理对象从"货币资本"转向"多元资本";资产管理从"经营性资产管理"转向"战略性资产管理";价值层次从"总价值核算"转向"责任单位价值管理";工作内容从"定期的算账报账"转向"瞬时的价值分析和风险管理";价值报告从"传统三大表"转向"多维报告、过程报告";成本管理从"产品成本管理"转向"多维成本管理";绩效管理从"结果管理"转向"多维过程管理";参与部门从"会计、财务"转向"全员、全方位、全过程"。

会计提供的信息划分为三大层次:第一层次是按照统一会计准则对外披露的标准化会计报告;其核心作用是不同主体之间进行比较,由于可比性要求,其内容一定是不完全的,但一定是关键性的、可比的;第二层次是会计主体愿意对外披露的个性化报告,这一类信息是组织愿意对外发布的,是对标准化信息的补充;第三层次是会计主体仅对内披露的个性化报告,这一类信息则是组织内部使用的决策信息。

3. 加强风险防控

人工智能时代的到来,给企业带来了巨大的发展机遇,但同时也带来了一系列严峻的

第8章 智能会计的组织架构

挑战。在这一过程当中，必然会出现一系列的风险问题，因此积极地做好风险防控工作就显得尤为重要。否则，将会给企业带来巨大的损失。首先，基于业务需求分析提出系统实施的详细方案，确认相关功能需求，明确信息系统功能、接口架构及配套技术解决方案。其次，要想更好地把控融合风险，离不开当前先进的智能软件的防护；明确主数据清理及统一管理方案，启动数据接口建设，满足系统间数据互联互通的要求；对系统配置、权限配置、系统开发情况进行最后的检查，完成相应的用户培训、数据转换、系统切换等工作。最后，在风险防控的过程当中，尤其要重视人工风险，切实提高财务人员的综合素质，更好地完成企业管理会计工作。

8.4 智能财务建设组织规划：中烟云南[①]

在"大智移云物区环"等新技术风起云涌的当前，无论对于理论界还是对于实务界，智能会计建设和运营都是一项创新性的探索性工作。组织规划是智能会计建设过程中的重点工作之一，同时也是智能会计建设过程中最为复杂的一项工作。本节基于中国烟草总公司云南省公司（以下简称"中烟云南"）智能财务建设的理论研究和实践探索，主要从整体架构、组织结构两方面着重阐述智能财务建设过程中财务组织规划问题，以期给智能会计中心的建设提供有益参考。

8.4.1 智能财务组织的整体架构

基于中烟云南财务管理和人事管理实际情况，中烟云南将智能财务运营管理的总体原则确定为"集中管控、分级负责，上下联动、协同共享"，具体体现为：成立智能财务中心（Intelligent Finance Center，IFC），集中管控智能财务工作的运营管理，二级单位财务部门做实管理、人员加强，三级单位财务部门职能缩小、人员调减。基于该原则，从财务人员长远发展和持续高效为企业创造价值考虑，中烟云南智能财务组织的整体架构，如图8-9所示。纵向而言，依然划分为省公司财务处（包括智能财务中心和省公司机关财务两部分）、二级单位财务科和三级单位财务股（室）三个智能财务组织层级。横向而言，总体上划分为财务会计、管理会计和综合管理三个智能财务工作组，以及财务专家一个智能财务工作团队。

8.4.2 智能财务中心的组织架构

智能财务中心的组织结构设置需要解决组织架构、岗位职责、人员配备等事项。其中组织结构是关键，它既包括智能财务中心内部的组织架构设置，也包括其与企业其他部门的关系定位，即隶属关系。

---

① 刘梅玲，黄虎，杨寅，李文生. 智能财务建设之财务组织规划［J］. 会计之友，2020（17）：141-146.

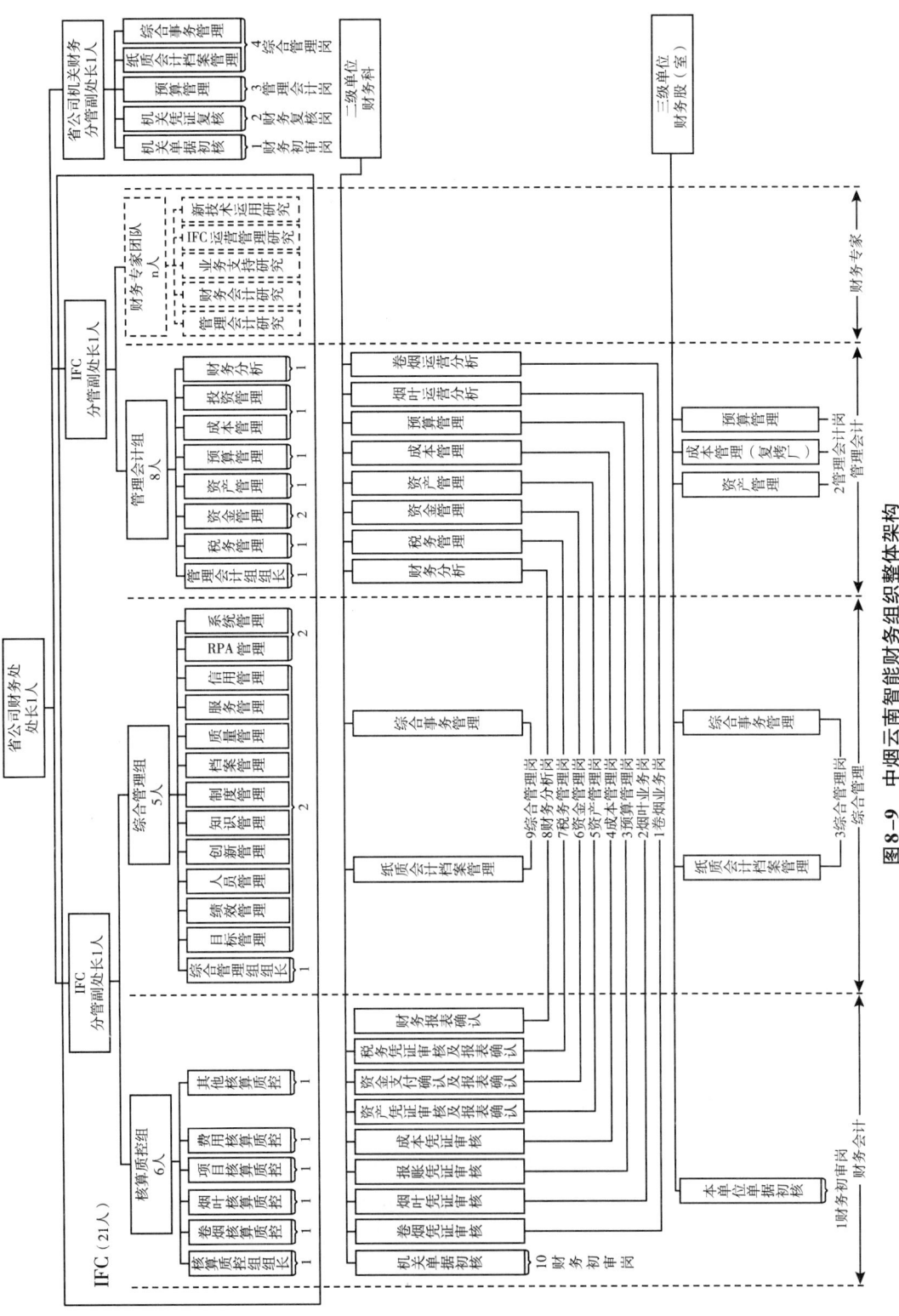

图8-9 中烟云南智能财务组织整体架构

第8章 智能会计的组织架构

1. IFC 的职能定位

为将智能财务建设过程中的智能财务共享平台和新型财务管理模式有效落地,中烟云南将 IFC 定位为财务管控服务中心、数据处理中心、价值创造中心和人才培养中心。其中,财务管控主要体现在政策研究与制定、规则研究与制定、质量监控与跟进、管理会计落地等方面;服务主要体现在系统共享与支持、技术共享与支持、数据处理与推送、财务分析与业务支持、财务预测与决策支持、电子会计档案的保管与利用管理等方面;数据处理主要包括定时任务的自动推送、证账表的自动生成与推送、财务事项的自动处理、业财数据的多维分析与关联分析等;价值创造主要是指,通过规范业务管理、强化过程控制提升企业管理水平,通过服务业务经营、辅助决策支持实现财务价值增值;人才培养主要是指借助智能财务建设和运营带动财务人才培养工作,通过智能财务中心的日常运营管理,着力培养具有全局视野、数据思维的精财务、懂业务、会管理、知技术的复合型人才。

2. IFC 的行政隶属

从财务人员长远发展和持续高效为企业创造价值考虑,中烟云南的智能财务中心直接隶属省公司财务处,即将省公司财务处直接划分为智能财务中心和省公司机关财务两个部分。

属地财务包括中烟云南二级单位财务部门和三级单位财务部门。为将智能财务共享平台和新型财务管理模式有效落地,中烟云南将二级单位财务部门定位为智能财务分中心,发挥财务审核中心、数据确认中心、管理会计中心和业务支持中心的作用。其中,财务审核主要体现在单据初核、凭证审核、资金支付确认等方面,数据确认主要体现在各类财税报表确认,管理会计主要体现在预算管理、成本管理、资产管理、资金管理、税务管理和财务分析等方面,业务支持主要体现在对卷烟业务、烟叶业务等主营业务的专项分析和经营管理支持。各三级单位财务部门是其隶属二级单位财务职能的延伸,发挥本单位的财务审核职能和管理会计职能。

3. IFC 的岗位设置

根据岗位工作职责不同,中烟云南智能财务中心的岗位可分为五类,分别是智能财务组织运营相关的岗位、智能财务业务运行相关的岗位、智能财务平台运转相关的岗位、智能财务管理提升相关的岗位、智能财务专题研究相关的岗位,具体情况如表 8-1 所示。

表 8-1　　　　　　　　　中烟云南智能财务中心岗位设计

组别	岗位名称	岗位工作职责	岗位性质
总体负责	IFC 财务会计和综合管理分管副处长	分管 IFC 核算质控组/分管 IFC 综合管理组	智能财务组织运营相关
	IFC 管理会计和财务专家分管副处长	分管 IFC 管理会计组/分管 IFC 财务专家团队	智能财务组织运营相关

智 能 会 计

续表

组别	岗位名称	岗位工作职责	岗位性质
核算质控组	核算质控组组长	总体负责核算质控工作/总体负责核算质控沟通协调工作/兼职牵头财务会计研究工作	智能财务业务运行相关 智能财务组织运营相关
	卷烟核算质控岗	负责卷烟核算政策研究/负责卷烟核算质量控制	智能财务业务运行相关
	烟叶核算质控岗	负责烟叶核算政策研究/负责烟叶核算质量控制	智能财务业务运行相关
	项目核算质控岗	负责项目核算政策研究/负责项目核算质量控制/负责资产核算政策研究/负责资产核算质量控制	智能财务业务运行相关
	费用核算质控岗	负责费用核算政策研究/负责费用核算质量控制	智能财务业务运行相关
	其他核算质控岗	负责其他核算政策研究/负责其他核算质量控制	智能财务业务运行相关
综合管理组	综合管理组组长	总体负责 IFC 运营管理工作/总体负责 IFC 运营沟通协调工作/兼职牵头 IFC 运营管理研究工作	智能财务业务运行相关 智能财务组织运营相关
	目标管理岗	总体目标管理/阶段目标管理	智能财务组织运营相关
	绩效管理岗	财务初核绩效管理/财务复核绩效管理/IFC 绩效管理/IFC 人员绩效管理/IFC 小组绩效管理	智能财务组织运营相关
	人员管理岗	IFC 岗位与编制管理/IFC 人员配置管理/IFC 人员成长规划/IFC 人才培养管理	智能财务组织运营相关
	创新管理岗	IFC 创新计划管理/IFC 创新组织管理/IFC 创新绩效管理/IFC 创新评估与控制/IFC 创新平台管理	智能财务管理提升相关
	知识管理岗	IFC 知识规划/IFC 知识形成管理/IFC 知识转移管理/IFC 知识维护管理/IFC 知识平台管理	智能财务管理提升相关
	制度管理岗	IFC 制度的整体规划/IFC 制度的梳理/IFC 制度的编写组织/IFC 制度的发布管理/IFC 制度的持续优化	智能财务管理提升相关

第8章 智能会计的组织架构

续表

组别	岗位名称	岗位工作职责	岗位性质
综合管理组	档案管理岗	会计档案管理研究/电子会计档案归档/电子会计档案保管/电子会计档案利用/电子会计档案鉴定销毁	智能财务业务运行相关
	质量管理岗	IFC业务时效管理/IFC业务质量管理/IFC服务质量管理	智能财务业务运行相关
	服务管理岗	IFC服务研究/服务管理工具/服务水平协议管理	智能财务业务运行相关
	信用管理岗	员工信用评价对象/员工信用评价指标/员工信用评价方法/员工信用评价实现方法/员工信用评价等级划分/员工信用评价结果运用	智能财务业务运行相关
	RPA管理岗	RPA运行监控/RPA异常处理/RPA日常维护/RPA开发	智能财务平台运转相关
	系统管理岗	IFC数据标准优化研究/IFC信息系统优化研究/IFC数据质量管理/IFC数据安全管理/IFC信息系统日常运行维护管理/IFC信息系统变更管理/兼职牵头新技术运用研究工作	智能财务平台运转相关
管理会计组	管理会计组组长	总体负责管理会计工作/总体负责管理会计沟通协调工作/兼职牵头管理会计研究工作/兼职牵头业务支持研究工作	智能财务业务运行相关 智能财务组织运营相关
	税务管理岗	税收政策研究/涉税风险管理/纳税情况分析	智能财务业务运行相关
	资金管理岗	资金政策研究/银行账户管理/资金结算监控/资金结算异常处理/资金风险管理/资金运营监管	智能财务业务运行相关
	资产管理岗	资产管理政策研究/国有资产日常管理/资产状况分析/资产风险管理	智能财务业务运行相关
	预算管理岗	预算政策研究/全面预算管理	智能财务业务运行相关
	成本管理岗	成本政策研究/成本日常管理	智能财务业务运行相关
	投资管理岗	多元化投资管理/项目投资管理	智能财务业务运行相关
	财务分析岗	财务会计报告/内部管理报告/财务预测分析	智能财务业务运行相关

智能会计

续表

组别	岗位名称	岗位工作职责	岗位性质
财务专家团队	财务会计研究岗	财务会计政策研究/财务会计制度研究/业务流程优化研究/表单附件优化研究/标准事项优化研究/核算规则优化研究/稽核规则优化研究	智能财务专题研究相关
	管理会计研究岗	管理会计政策研究/管理会计制度研究/税务管理专项研究/资金管理专项研究/资产管理专项研究/预算管理专项研究/成本管理专项研究/投资管理专项研究/财务分析专项研究	智能财务专题研究相关
	业务支持研究岗	经营活动支持研究/经营决策支持研究/战略活动支持研究/战略决策支持研究	智能财务专题研究相关
	IFC运营管理研究岗	IFC运营管理优化研究	智能财务专题研究相关
	新技术运用研究岗	新技术发展运用跟踪/智能化场景设计研究/新技术匹配运用研究	智能财务专题研究相关

4. IFC 的人员配备

根据大共享理念，限于国有企业人员定岗定编的人才管理体系，中烟云南构建集约高效的财务人员管理体系。IFC 由核算质控组、综合管理组、管理会计组和财务专家团队四个团队组成。其中，三个小组涉及岗位编制。经测算，各小组的主要职责和人员配备建议如下：核算质控组，负责全省的核算政策研究和核算质量控制，包括组长、两烟核算质控、项目核算质控、费用核算质控和其他核算质控，共计 6 人；综合管理组，负责 IFC 的运营管理，包括组长、目标管理、绩效管理、人员管理、创新管理、知识管理、制度管理、档案管理、质量管理、服务管理、信用管理、RPA 管理和系统管理，共计 5 人；管理会计组，负责全省的管理会计工作，包括组长、税务管理、资金管理、资产管理、预算管理、成本管理、投资管理、财务分析，共计 8 人。为此，除分管副处长之外，省公司智能财务中心共计需要固定财务人员 19 名，由省公司财务处财务人员和下属单位财务人员联合组成。其中，下属单位财务人员通过选拔确定，采用"属地管理、中心兼职"的组织管理方式，以"远程办公、虚拟共享"的业务运行方式，借助智能财务会计共享平台参与 IFC 日常运营管理工作。而财务专家团队，是中烟云南智能财务的智囊团，负责专项研究性工作，包括管理会计研究、财务会计研究、业务支持研究、IFC 运营管理研究和新技术运用研究等，财务专家团队均为流动兼职，不涉及岗位编制，不设人数上限。

8.4.3 启示

随着大数据时代和互联网的发展，智能会计中心的建设已然成为集团管理的必然趋

第8章 智能会计的组织架构

势。企业应当重视智能会计中心的建设及后续的优化，搭建科学适用的组织架构，建立统一标准的业务流程，组建高效的财务团队。智能化流程不仅能大幅度地增强企业内部对财务的管控力度，还能实时对企业的运营效率进行把控，在降低企业风险、优化资源配置、增强企业市场竞争力方面发挥重要作用。

财务组织规划是智能财务建设和后续运营的关键，涉及智能财务整体的运营管理原则设定、整体财务组织架构的调整，不同层级财务组织之间的职责划分，以及各级财务组织内部的职能定位、岗位设置和人员配备等，需要企业重点关注和着力推进。

智能会计中心的推进是一场全面的改革，它考虑到了各个层面的组织建设，包括整体架构以及流程管控。当然这并不是一个短期的工作，不能一蹴而就，而是需要长期的积累，需要一步一步的努力才能取得成果。从长远的发展角度来看，智能会计中心并不会有完成建设的一天，因为企业集团正不断地发展，每一天都会有不同的地方，这也就要求智能会计中心随之变革，共同提升，相互呼应，以在最短的时间内完成转型。

第 9 章 智能会计的业务结构

智能会计的业务结构包括智能会计与税务管理、资金管理、合规管理、管理会计、财务风险管理等业务,以及对于上述内容如何处理和实现的具体说明。业务结构是企业运行的框架,是每一项具体业务开展前的重要依据。在智能会计的背景下,每一个传统的会计模块中都出现了可以为之所用的新概念、新技术,而业财税管融合概念的提出无疑也是对企业财务人员的全新要求。本章将会联系传统会计与智能会计,对于业财税管融合在企业中的具体应用进行介绍,同时新技术对会计业务的提升也是本章的重要内容之一。

9.1 智能会计与税务管理

随着 IT 和互联网技术的不断发展,共享服务模式得到广泛应用。企业税务管理升级的第一步就是利用互联网技术实现智能税务,打造票税一体化平台。企业运用信息数据网络化思维,更新传统的企业税务制度规则,架构从企业内部税务活动到税务机关征管平台的税务信息共享路径,从而承载企业集团全税种、全主体、全业务、全流程的税务管理应用工作,实现低成本、高效率、低风险的税务管理目标。

9.1.1 当前税务管理面临的问题

随着我国市场经济的不断发展,我国的税收政策和税收征管体制也在加快改革。全面实施"营改增"后,我国共有增值税、企业所得税、个人所得税、消费税、房产税、土地增值税、印花税等 18 个税种,数百个地方附加税。可以说,企业的每一项经济行为都与纳税密切相关。税费构成复杂多变,税收征管局限性大,管理不统一,对企业内部税收管理提出了更高的要求。我国当前的税务管理面临的问题如下:

1. 企业管理者税务法律意识不足,重视程度不够

从我国企业税收风险管理现状看,企业的部分员工甚至管理人员对企业税收风险的认识不足,对涉税法律法规的认识相对薄弱,导致企业税收风险管理未能有序实施。有的企业存在拖延付款、最低金额支付甚至偷税的侥幸心理。这些都是由于企业相关管理人员税收负担法律意识淡薄所致,在不提高管理者对税收负担的重视程度的前提下,企业税收管理体制的建立和完善是困难的。

第9章 智能会计的业务结构

2. 税务风险管理缺乏相应的专业人才

税务风险管理要求员工具有较高的专业知识和专业技能，不仅要掌握会计相关内容，还要具备税务、风险管理与控制的专业知识，以及相关法律法规的内容，以及一定的管理能力。近年来，国内一些知名的金融机构开展了风险管理专业培训。但由于培训对象主要是企业的管理人员和部分财务人员，不能满足企业发展的人才需求。因此，税务风险管理专业人才尤其是高级专业人才的缺乏，大大提高了企业税收风险。

3. 税收风险管理绩效评价缺乏准确的量化指标

目前，我国企业的纳税信息主要是通过财务报表的资产负债表和利润表中的"应交税金""税金及附加""所得税费用"栏目列示，没有单独反映企业税务信息的报表。虽然企业每年都要提交税务审计报告，但与财务报告相比，缺乏一套可量化的指标来衡量税务风险管理的绩效，因此企业税务风险管理的价值无法直接体现出来。这样一来，一方面影响了企业高层管理层对税务风险管理的重视程度；另一方面也使企业管理者无法建立相应的激励约束机制，提高相关人员的积极性，不能为企业改进税收风险管理提供参考和指导。

4. 税收专项管理信息系统尚未建立，信息传递与沟通机制不完善

目前，我国大多数大型企业集团基本建立了内部信息处理系统，但尚未建立专门的税务管理信息系统，无法及时完成税务信息数据的记录、汇总、统计和处理工作，影响纳税申报和纳税的准确性和及时性。子公司一旦出现处理涉税事项不当的问题，集团公司财务或税务总监只能亲自处理相关问题，不能通过有效的信息传输渠道进行远程指挥。另外，由于税务机关和企业没有约定具体的纳税信息和传递沟通的时限，当企业对一些重要的税务信息未及时上报或迟报时，如果税务机关不能及时发现，就会形成税收风险的来源。

在当今的数字经济时代，税收环境变化无疑对企业税务管理提出了新的要求，为了实现该要求，税务的智能化势在必行。

9.1.2 智能税务简介

要解决我国现行税务管理中存在的诸多问题，最可行、最直接的办法就是利用互联网技术实现智能税务，打造票税一体化平台。企业运用信息数据网络思维，更新传统企业税收制度规则，构建从企业内部税收活动到税务机关税收征管平台的税收信息共享路径，开展各类税种、全主体、全业务、全过程的企业集团税务管理应用工作，实现低成本、高效率、低风险的税务管理目标。

智能税务是以企业税收集中管理为核心，通过信息共享、服务共享、知识共享，实现税务机关、企业和下属单位有机结合的过程，通过信息共享、服务共享、知识共享，实现税务资源的优化配置。

智能税务的基本目标是建立统一的平台，管理集团所有涉税和发票相关数据，进行全

方位的大数据分析;通过智能税务构建系统,规范集团所有税收、发票和税务核算的管理,确保税收处理的合规性和可控性;通过智能税务、统一发票、认证、稽查、纳税申报等工作构建制度,提高工作的准确性和效率。推进智能税务,需要从以下三方面入手:

1. 独立化

智能税务中心把人员从简单重复的税务工作中分离出来。风控将有更多的专业人员进行分管理,运维控分离将逐渐成为一种独立的管理模式。这种模式颠覆了传统的集中财务管理模式,更加注重与细节的融合,将服务功能落实到更具体的业务活动中,独立控制、分散服务,使企业的经营活动更加高效顺畅。

2. 盈利化

随着智能税务中心的逐步成熟和运营效率的迅速提高,公司内部业务已成为其职能的一部分。智能税务中心可以通过与其他税务专业服务机构的业务调研,统一纳税服务的规范化和前沿化,推出相关纳税服务产品,为外部客户提供智能税务服务。

3. 智能化

智能税务可以提高税收管理效率,降低经营成本,实现企业价值最大化。在这个过程中,信息技术起着重要的作用。随着人工智能的应用,这些隐藏的智能税务数据将被智能系统利用,挖掘更深层次的企业信息,进行更全面的数据分析,提供更有效的解决方案。智能税务管理不同于简单的信息处理。它将对数据进行多层次的整合和分析,给出一个近乎完美的解决方案。

9.1.3 智能税务的发展阶段

企业智能税务可以分为三个阶段,分别为以发票开具和认证为主的初级阶段、以税务管理为主的中级阶段和以风险管理为主的高级阶段。处于智能税务建设不同阶段的企业可以结合自身的信息化基础、业务规范性、智能中心成熟度等维度来探索智能税务。

1. 初级阶段:基础智能税务

基础智能税务主要用于共享中心的发票处理。有三种类型的业务涉及发票处理:费用业务、应付业务和销售业务。

(1) 费用业务。

费用业务是一种标准化程度高、业务量大的业务。发票的处理主要包括发票的核对和防伪。在传统模式下,发票通过登录地税系统进行验证,但是没有相应的工具和手段来防止重复。在共享模式下,企业可以通过智能会计中心的发票管理模块对增值税发票进行验证,不仅可以提高业务的合规性,还可以解决重复报销的问题,如图9-1所示。

第9章 智能会计的业务结构

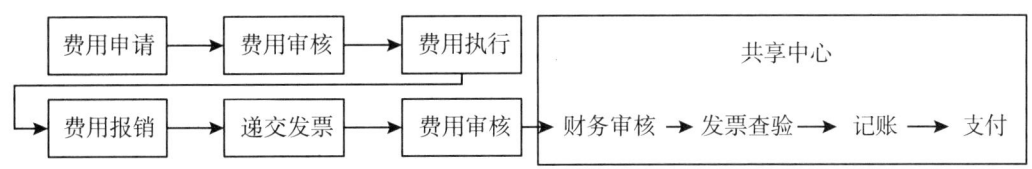

图 9-1 费用类业务流程

（2）应付业务。

如图 9-2 所示，增值税专用发票的自动认证有两个步骤：第一步是提取增值税专用发票信息，然后通过图像识别技术提取发票信息并形成结构化数据；第二步是自动认证，自动将抽取的结构化发票信息与省级发票账户系统的数据进行比对，完成认证过程。此链接不需要人工干预，可以执行批处理身份验证。对于进项税发票较多的企业来说，发票认证工作费时费力。增值税专用发票实现自动认证后，可以提高发票认证的效率。它还可以降低劳动力成本。

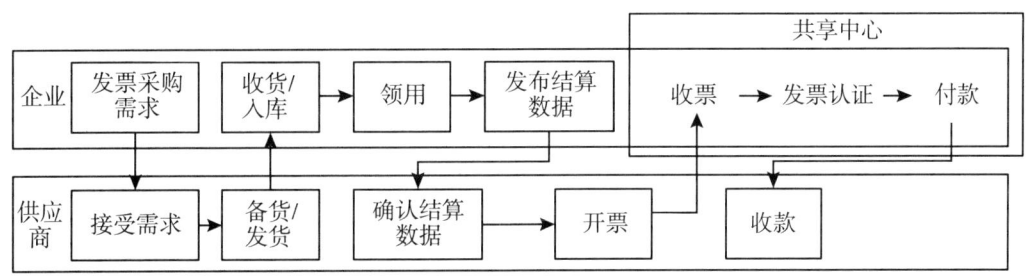

图 9-2 应付类业务流程

（3）销售业务。

企业销售业务中的发票处理主要在开票阶段进行。由于法律的规定，购进单位和个人只能在省、自治区、直辖市开具发票，企业销售业务开具发票应遵循"本地化"原则。但是对于在一定区域内子公司较多的企业，可以考虑在共享中心集中计费。如图 9-3 所示，通过相应的软件，我们可以将 ERP 系统中的销售订单信息转换为销售发票信息，分批开具发票并在金税系统中打印。

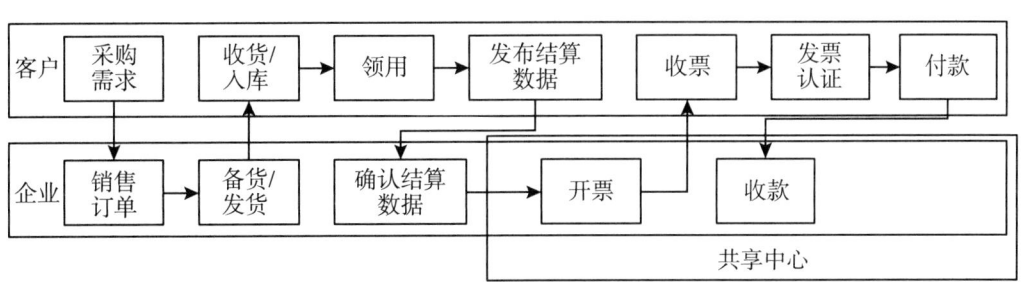

图 9-3 销售类业务流程

智能会计

2. 中级阶段：纳税申报自动化

纳税申报自动化是分税制的中间阶段。目前，大部分企业的智能税务都处于这一阶段。如图9-4所示，在这个阶段，企业首先需要集成税收管理功能，独立的税收管理职责和基本的税务操作功能分支机构和子公司，形成一个多层次的网络与税务管理部门的总部税务相关管理业务服务平台、子公司的财务部门的业务支持平台、以分税制服务中心为基础的涉税业务处理平台，实现了税务管理网络化组织模式。

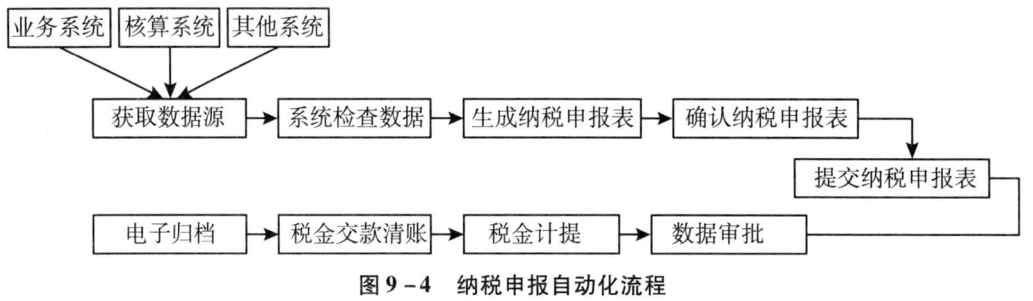

图9-4 纳税申报自动化流程

通过税务信息平台的建设，实现税基管理、应计税金、纳税申报、纳税统计等涉税业务管理：税务信息平台与前端系统紧密相连，自动获得数据，并在申报过程中，将保险信函和处理规则提交业务信息平台，以实现业务信息和会计信息在业务发展的过程中可以转化为税收信息，实时自动纳税申报表，动态掌握企业的纳税情况，嵌入的填报逻辑使纳税申报更加标准化。税务相关数据由综合会计系统录入，实现税务申报数据的事后追踪。

3. 高级阶段：税务预警自动化

智能税务的高级阶段是税务预警自动化。企业通过税收管理信息平台，嵌入和巩固了规则、逻辑和模型相关的税收业务的税务信息，使平台可以自动识别税务风险和预警，企业可以及时发现税收风险，确保税务相关数据的准确性、完整性和有效性，降低税务风险，减少人为错误造成的企业利润损失。税收预警自动化的关键在于结合不同地区的税收政策，通过税收信息平台建立风险识别模型和预警模型。

实现企业智能税务不仅可以实现企业的成本降低和效率提高。同时，在税务机关的税收征管过程中，一方面，税收管理信息平台可以实现通过企业纳税申报信息的可追溯性，对企业涉税业务处理的规范性和纳税申报的准确性有更直接、快速的掌握和了解，可以帮助企业有效地纠正偏差，从而提高税收征管的质量和效率；另一方面，税收管理信息平台的相关数据都来自企业的前端系统，这就实现了匹配和交叉检查的业务信息和税收征管，使得主管税务机关可以扩大对税收管理的广度和深度，这有利于推进税收信用体系的建设。

第9章 智能会计的业务结构

9.1.4 智能税务服务中心

由于我国税制的复杂性,各类税种与财税之间存在差异,企业税基多样化,税收管理的基础数据来源多渠道。分税制服务中心必须满足跨系统协作的需要。智能税务服务中心在"以票治税"的税收征管理念下,以发票为核心,推动税收管理创新。根据管理规则和会计规则,对纳税计算进行自动处理,实现管理目标的集约化、自动化和计划可视化。

如图9-5所示,智能税务服务中心通过建立"税收+发票+核算"一体化平台,实现交易管理、发票处理、税务处理、账务结算处理的集中控制。针对外部发票与内部发票的差异,建立从发票纸质单据、使用流程、风险提示到录入归档的完整管理制度,从而有效控制发票数据的准确性、报销的及时性,降低税务风险。

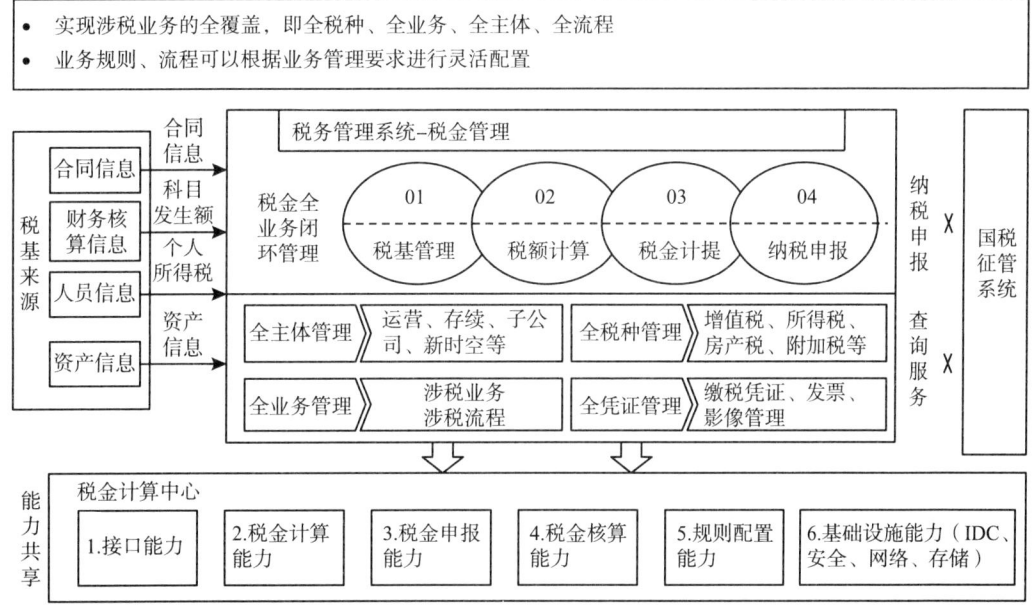

图9-5 智能税务服务中心

在增值税销项税额管理方面,业务系统对销售数据进行集中管理,如企业在收到客户账单之后,就会以集团业务与法律法规为基础,将具体业务与税率进行匹配,将收入与税收进行拆分,分别传送到ERP核心系统销售收入与销项税额进行入账。税务管理系统通过与ERP核心系统接口实现税基的自动获取,并根据税率和业务类型按照统一规则进行匹配和核对。通过与金税系统直接对接,将企业纳税信息直接推送到税务机关申报系统,形成闭环数据流,实现企业与税务机关之间的信息共享,实现精准纳税申报。

在增值税销项发票管理方面,税收管理系统还包括增值税发票与增值税销项税直接匹配,从发票申请、发票分发、发票开具、发票盘存、发票核销等环节进行生命周期管理。特别是可以实现会计系统与开票系统的闭环直接连接,实现对发票信息的系统化提取,杜绝增值税专用发票虚假、错开的行为。同时,税务管理系统通过与金税系统和统一结算系统的直接对接,可以及时将开票信息和结算信息推送给下游合作企业,达到信息共享的目的。

在税收核算系统的建设中,税收管理系统采用税收计算模型,根据不同税基计算应纳税额,采用模块化,提供"一点计税"的能力。税务管理系统充分考虑了进行预付和总体结算增值税与营业税的企业,进而设立了企业所得税的两级预付模式、总部清算模式以及税收征管模式等,还建立分级会计核算制度以解决以上难题。税收管理是企业的一种内部控制行为。不同层次的企业和子公司的税务管理能力是不同的。因此,大型企业集团应构建基于"互联网+"技术的平台,进行税收信息采集、上下游企业融合、税收管理系统对接等税收管理服务的收集与共享。

9.2 智能会计与资金管理

资金管理是智能会计中心从企业集团业务发生到财务核算、支付、凭证归档全过程的重要内容之一。随着信息技术的快速发展和互联网金融模式的成熟,企业资金管理模式也在逐渐发生变化:企业资金收付管理流程不断优化,企业资金管理的可见度和可控性日益增强。在企业共享中心中,资金计划管理和资金结算是企业资金管理系统中自动化程度较高的两个功能模块。银行企业直连和自动资金对账技术在资金规划管理和资金结算模块中的应用,充分体现了其对企业资金管理信息化进程的影响。

9.2.1 资金计划管理

资金计划管理模块是资金管理平台不可或缺的重要功能。主要提供资金计划上报、资金计划审批、资金计划配置、资金计划分解等系统功能。资金计划管理模块获取企业年度和月度资金计划数量,与预算管理系统相关联。因此,集团的资金收支管理可以了解整个集团或其下属单位或部门在一段时间内的情况,从而使管理决策系统能够及时制定。资金计划管理模块通过连接网络报销系统和 ERP 会计系统,获取资金计划的实际执行金额,完成每笔资金计划的填写、控制、发生、记录的全过程跟踪,实现"过程控制"。资金计划管理模块通过对资金计划的分析和预警,完成资金来源和使用的多角度分析,帮助企业提高决策能力,增强竞争力。资本计划管理是企业进行资本安排的重要依据。计划的准确性和及时性有利于企业资本成本的最小化和收益的最大化。目前,我国许多企业在进行资金计划管理时仍采用传统的融业分离模式。也就是说,集团各成员企业要用 Excel 格式编制自己的资金计划,提交总部资金管理部,由集团审核编制资金总结计划。集团总部资金管理部根据企业调拨资金的资金计划汇总后,将资金计划报送下属成员。具体来说,传统的资金计划管理模式存在以下问题:在资金计划编制方面,传统的资本计划编制任意性强、滞后、片面;从资金计划实施的角度来看,传统的资金计划实施存在效率低、难控制、灵活性差的问题;从资金计划的比较分析来看,传统的资金计划比较分析结果不可靠,流于形式,难以与业务中实际支付过程进行比较达成一致。

然而,在对共享项目进行了探索创新后,资金计划管理很好地解决了之前的难点,主

第9章 智能会计的业务结构

要表现在以下四个方面:一是以周计划、日计划为管理手段,贯穿资金计划全循环:编制→审批→执行→调整→反馈,实现计划申报、审批、执行的时间性标准统一。二是适应实际业务场景的复杂性。通过对众多场景讨论分析设计形成业务方案,其中最关键的三个场景为资金不足、单据调整、采购集中支付。以此为依据,针对集团的计划调减、需求方的计划追加提供系统化解决方法。三是资金计划与资金支付的关系得到很好的解决。共享结算组可以完全根据资金计划付款,很好地解决了管控及执行的操作性风险。四是提供资金计划的事后偏差率分析,实现资金计划偏差率评估标准的统一。

9.2.2 资金结算

资金结算是日常财务工作的重要内容之一,也是自动化程度较高的财务流程之一。在智能会计服务模式下,企业通常采用统筹、集中结算的资金结算方式。

以应付流程为例,应付流程是共享服务中实现最广泛的业务流程,具备高度的规范性和大量业务的支持。以采购结算共享为例,在传统模式下,一个完整的应付账款流程通常是:采购部门根据业务计划制定相应的采购计划→采购部根据采购计划选择供应商→确定供应商和采购商品型号后,采购部与供应商签订购销合同→根据购销合同的内容,供应商及时发货→物料控制部收货后及时验收并进行仓库操作→物料控制部扫描并上传相应的人员数据库数据到业务系统→业务信息完成后系统传输到财务系统,财务部门根据图像数据对货物进行审核,并将入库明细登记到财务系统中的财务系统→财务部门,根据入库明细建立相应的应付台账→采购部向供应商索要发票→采购部收到发票后提交付款申请。总经办批准付款申请→批准后,财务部审核付款信息,确认后付款。

随着技术手段的逐步成熟,企业的上述采购结算流程正在实现自动化和智能化。如图9-6所示,目前大多企业通常在智能会计中心或成本管理系统的基础上建立企业商城。企业在采购时,不仅有京东、苏宁等电子商务平台,也有由接收企业通过招标确定的民营物资和服务供应商。供应商按照约定的价格在商场公布商品和服务,企业通过价格比较、预算审批等方式完成下单流程。此时,订单将根据不同的物料供应商自动分解和分发,并在到货签收或服务确认后,按规则自动确认收货。

在这种模式下,资金的结算也是自动的。结算过程中,系统根据结算对象和结算规则自动生成结算单据,并自动检查订单状态。通过与税务平台的数据对接,平台自动获取完整的发票信息。同时,系统将支付信息转换为银行网络银行接口标准的支付数据,通过网络银行或银行企业互联完成支付。

在结算过程中,企业经常会遇到信息错误、重复支付、紧急支付等问题。图9-7中资金支付的自动申请结合了日常和特殊场景,适用于正向、反向等多种支付场景,支持企业日常资金支付的自动申请。对于支付业务,可生成支付建议,并推送到企业原有资金系统进行统一支付。智能会计系统起到了事前控制和事后跟踪的作用。支付方案与资金系统之间的映射配置,使支付方案既满足企业对资金计划管理的要求,又满足资金系统的支付场景。日常及特殊情况下资金支付的自动化流程。

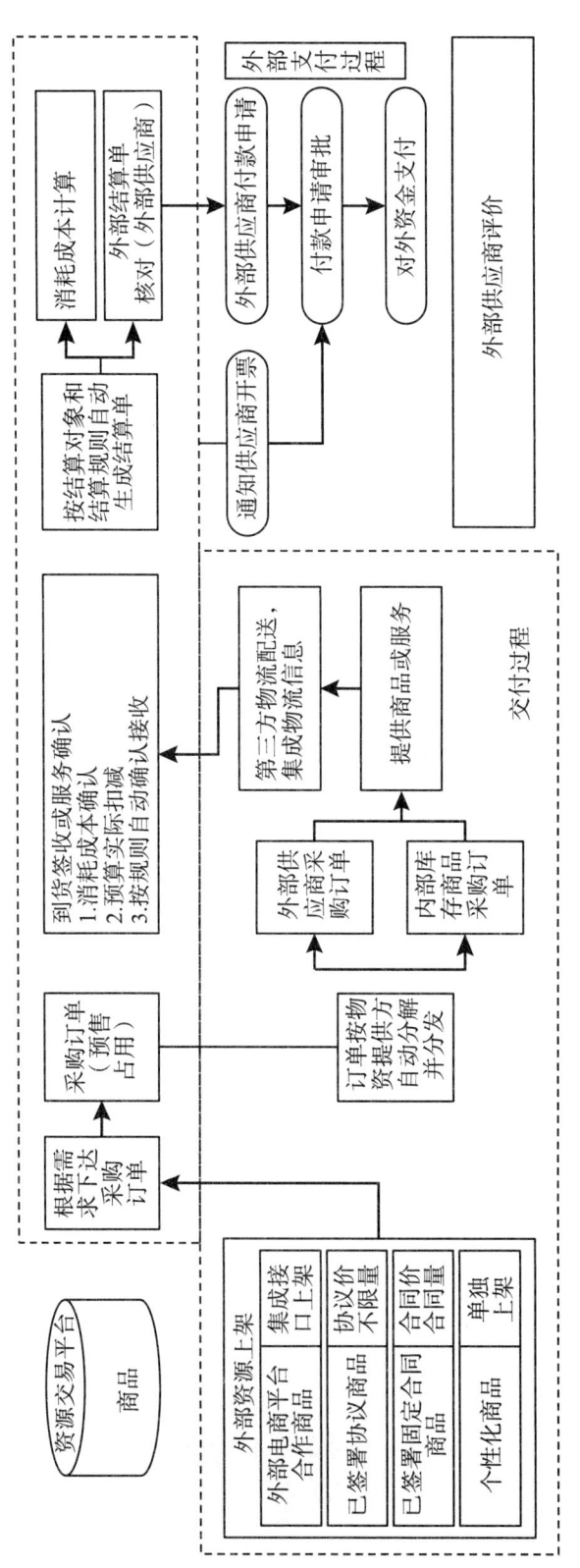

图 9-6 共享中心采购结算流程

第9章 智能会计的业务结构

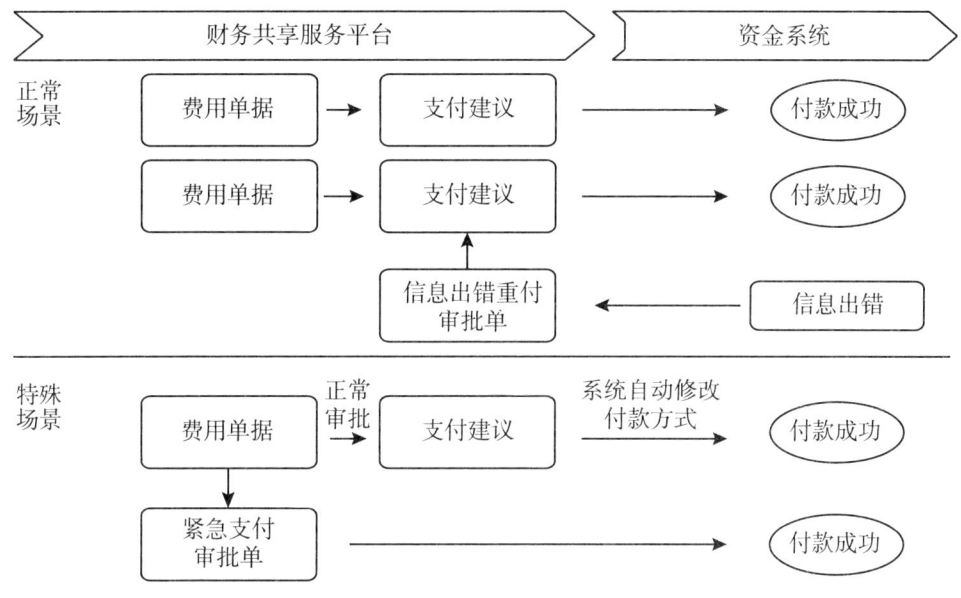

图9-7 日常及特殊情况下资金支付的自动化流程

通过创新的结算流程，企业智能会计项目成本从根本上解决了线下通信资金计划部署和手工记录的问题。分支机构和子公司的形式基金计划和分销计划手册大大减少人工维护的成本，并进一步加强资本支付风险控制，通过自动化审计过程的优化和升级文件丢失的付款和重复付款，这个过程效率大大提高。

9.2.3 银企互联与融资弹性

实现银企互联互通通常是资金结算智能会计的基本技术要求。在柜台转账支付、网上银行支付、银行企业互联支付等常见的支付方式中，银行企业互联支付是最便捷的支付方式。

银行企业互联是指银行系统与企业金融系统之间的互联。企业可以通过金融系统直接办理账户管理、转账支付等银行业务，并可以根据自身需要在金融系统中定制更为个性化的功能。银行企业互联为企业用户提供综合、全面的信息收集，定期自动基金收集和分配，不规则的基金收集和分发，账户余额预订，电子工资单和其他功能，可满足企业用户的综合现金管理需求。

通过银行企业互联技术，实现了银行企业会计信息的同步。银企互联将企业财务系统与银行业务处理系统有机地连接起来，整合双方系统资源，解决了银行与企业之间会计信息不一致的问题，为企业财务决策提供实时、准确、全面的会计信息支持。同时，企业可以根据自身财务管理需要，通过财务软件系统对银行提供的交易进行自由组合和控制，并灵活定制内部授权机制，从而拥有自己的自营银行。此外，企业财务人员不需要反复输入指令信息。一旦输入外部会计指令，所有的会计信息一经外部会计系统批准就会进行更新。该程序简单易用。除采用与网上银行相同的安全机制外，在转账交易中增加了"签名时间"和"包序列ID"等字段，有效防止黑客攻击和重复提交指令。

除此之外，银企互联还可以用于增加企业的融资弹性，从而降低财务风险。融资弹性是指企业是否有选择融资来源的余地。通过分析，已有研究发现：企业的规模越小，银行融资占总资产的比重越小；更重要的是，企业的规模越小，银行融资相对于股权融资的比例越小。换言之，相对于股权融资，银行融资对于小企业的抑制更加严重。在中国这个银行体系占主导，直接融资相对不发达的国家，中小企业可能会受到更多的融资抑制。当企业财务状况恶化，急需外部资金来度过困境时，往往无法得到银行的贷款。因为银行要考虑能否收回的风险，将贷款提供给经营状况不佳的企业，会增大银行坏账的可能性。反而是经营状况良好、资金流充裕的企业，会得到银行的贷款。

在这样的融资背景下，银企互联就可以发挥重要作用。市场上的每个银行对于是否提供贷款会有自己的一套评估体系，对于提出申请的企业的经营状况、财务状况、信用等信息进行评价。企业可以通过建立智能系统，借助银企互联，得到相关银行的评估标准。同时对于企业目前的相关财务指标进行对应，对符合标准的贷款来源进行筛选。这样在企业经营状况良好时，也可以了解到可行的融资渠道，从而未雨绸缪，降低企业未来的财务风险。

9.2.4 其他资金管理技术

除了上文提到的银行企业互联技术外，在国内企业现有的实践中，一些企业智能会计中心往往会提供其他更为系统的功能，如资金的自动调拨、资金凭证的自动生成、进账资金的智能清算等。

资金自动调拨是指根据系统设置规则，定义横向和纵向的资金调拨方式，横向的资金调拨是指在平行的部门中间进行的资金调拨，而纵向的资金调拨则是上下级部门之间的资金运转。当前的资金调拨系统可以实现在规定的时间内自动完成相应的调拨划拨。资金的自动调拨功能的出现，一方面降低了 FSSC 日常运营的难度；另一方面有效地支持了企业集团资金池的建立和管理。

在传统模式下，在完成资金的结转后，需要手工记录会计凭证这个过程不仅烦琐，而且可能因为无意的失误或者人为的错误，导致凭证的准确性不能令人满意。而自动凭证的功能则是在资金系统中建立会计引擎，按照规定的规则自动完成结转凭证的处理，从而有效地提高凭证编制的效率和准确性，很好地满足现有企业的运转对凭证的要求。

来款智能清分则是通过事先定义的规则，我们可以识别传入的企业资金的性质，如区分是否属于销售收据，是否属于银行借款等等。在此之后，再进行进一步的客户匹配，将上述的资金与相应的客户进行对应，以使企业对各种传入的资金进行初步的分类。而由于有了后续流程的支持，核销等账务处理流程可以更快更简单地完成。

9.3 智能会计与合规管理

合规管理是企业生存与发展的基础，目前国内企业合规管理存在较多不足之处，如管理体系不健全、重视不够、缺乏可操作性较强的管理流程、技术手段落后等。监管部门应充分认识不足，采取具有针对性、可操作性较强的合规管理对策与措施，建立健全合规管理长效机制，提高管理水平，加强内控合规文化建设，建立大数据背景下的合规管理信息

第9章 智能会计的业务结构

化平台，确立以风险防范优先的合规性审核制度，明确切实有效的合规问责机制，将合规管理由部门控制转变为流程控制，逐步实现银行内部合规管理目标的可持续发展。

9.3.1 合规管理的主要内容

合规管理是指企业制定和实施合规管理制度，建立合规管理机制，培育合规文化，防范合规风险的一系列行为。合规不仅要遵守法律、法规、规章等规范性文件、行业规范和行业自律规则，还要遵守公司内部的规章制度，以及诚信、公平交易等职业道德和行为准则等。

在此过程中，企业需要对监管政策进行研究，积极获取监管政策和信息的变化，及时高效地拆解和消化企业内部政策，并形成匹配的响应机制。不同的监管部门有相应的对接和管理，形成配套的制度流程。监管沟通和检查反应也很重要。通过及时沟通，我们可以与监管部门形成顺畅的沟通对话机制，可以进行预防性的监管沟通，减少不必要的损失。积极响应监督检查，对各类检查制定相应的工作计划，避免被动响应和消极响应，帮助企业尽可能减少检查损失。监管信息的报送应及时有效。能够及时准备各类监管信息数据，按照监管部门的要求提交监管信息，并做好提交后的数据解释和查询响应工作。企业应该在满足监管申报要求的前提下，平衡自身的信息安全。在违法事件发生后，对企业违法行为的风险管理是检验企业危机管理能力的重要方面：需要能够根据下属组织的违规行为及时总结信息并提供风险管理指导，对于违规行为，可以从各个层面对危机进行管理，减少舆论的负面影响，努力恢复监督的信任关系。

9.3.2 合规管理的现有问题

随着现代企业的发展，合规管理越来越受到人们的重视。然而，我国的企业合规管理还处于起步阶段，需要规范化、系统化。这方面还存在诸多问题，主要集中在立法、执法、合规文化、制度建设等方面。

1. 对合规管理重视不够，管理体系不健全

企业一般重视业务发展、业务目标和任务考核。风险管理存在一些不足，如重视岗位管理，忽视预防，重视基层人员管理，忽视高层管理的约束等。合规管理缺乏有效的政策支持，没有形成完善的管理结构，现行管理制度没有考虑到实际情况和区域差异，现有管理制度缺乏权威性、适用性和可操作性。此外，合规管理部门主要源于原有的管理模式、有限的观念、能力、工作模式等因素。通过合规风险识别、评估和技术标准，难以实现合规管理的连续性和系统性，难以实现对风险来源和过程的控制。

2. 可操作性较强的管理制度与流程缺乏

企业合规管理多采用非标准的分散模式，缺乏系统的风险识别机制、运行管理体系和流程，缺乏定量的风险评估标准。许多部门都有自己的职责。大多情况下，企业的合规管理已集业务发展、合规管理等于一体，但是不清晰的分工设置以及不明确的权责安排，使得原有合规管理缺乏系统整合、权力制约以及风险识别活动，再加上随机分散和固有局

限，这就要求一种成熟的合规风险模型或是其他定量技术以弥补上述不足之处。合规管理的主要信息来源包括日常检查、询问以及各种机构的合规风险报告，这使得企业很难及时、全面地获得相关信息，缺乏可供识别以及量化的关键风险点。目前，合规管理主要依赖的是风险预警，属于事后的定性分析，其结论大多是投机性的、对策性的内容，这种风险预警的效果是有局限性的。

3. 合规文化理念亟待建立

"每个人都要对合规负责"的文化理念在企业中尚未建立。对于分支机构是否应该设立合规部门，并没有硬性规定。基层银行内部控制管理缺乏主动性，对合规管理的认识不深入、不到位。风险识别和评估侧重于分散的风险问题和具体措施。风险识别与评估的对象主要是信用风险和操作风险，合规审计业务的缺乏会影响开发和建立新的客户关系和新产品的研发，而缺乏对业务流程、交易过程等内容缺乏有效的合规风险检验，可能会出现封闭管理或是重复检查的现象，这些都可能增加业务部门的接待压力，进而降低管理效率。

4. 合规风险报告制度存在不足

没有任何机制可以免除或减少报告责任。基层银行的合规报告大多由兼职合规经理负责。记者获取合规风险数据的渠道有限。绩效考核与合规部门之间没有直接的关系。报道的覆盖面、有效性和真实性在很大程度上取决于记者的知识和态度。为了避免处罚，组织负责人可能会通过人工干预降低报告的及时性、全面性，减少与潜在或现有的合规风险相关内容，使得报告中包含较多的性能报告和较少的风险报告，这将大大削弱风险报告的可靠性、及时性以及可预测性。

5. 合规管理专业队伍建设亟须加强

目前，大多数企业缺乏精通风险管理理论和风险度量技术的专业人员，合规风险的识别、评估和处理不够科学。通过常规检查、抽查、员工培训等常用方法难以形成准确的风险评估。同时其效果取决于检查员的专业素质和风险意识，无法进行准确的风险评估，而且信息资源经过技术处理后，合规风险监测与违规行为之间存在一定的时间差。法律法规、法规政策的变化以及合规风险都会对企业经营管理的产生影响，因此要针对企业的发展进行现代合规管理专业队伍建设。

6. 大数据背景下的风险信息库建设滞后

由于企业合规管理信息的数据源单一，未能在信息共享和数据管理技术的背景下完善大数据，无法与企业运营和风险监控管理系统有效配合，除了法律法规和监管政策的及时预警外，内部风险只能在事件发生后才得以梳理，对合规管理的多维度分析显然是有限的。

9.3.3 合规管理与舆情监控

在合规管理方面，可以考虑将大数据技术应用于舆情监测。在大数据技术的帮助下，企业可以对行业的舆论监督、下属部门的监督以及政府的相关监督部门提前做出预判，化

第9章 智能会计的业务结构

被动为主动,提前制订应对计划,以更好地应对舆情风险。

随着大数据时代的到来,人们对数据本质和数据使用的认识发生了根本的变化,形成了一种与时俱进的思维方式:大数据思维。互联网舆情的特征与大数据是一致的,相互影响并逐渐融合。例如,信息量大、多样性、转换快,以及碎片化、价值低。其次,实现对网络舆情的监测,并将其应用到企业的日常管理中,对大数据分析处理技术有很强的需求。在这种背景下,如图9-8所示,我们使用大数据和大数据技术建立一个公众舆论监测和应用程序模型,从公众舆论的角度监控数据,并将网络舆论监控工作划分为四个步骤:数据收集、数据处理、数据分析和数据应用。将大数据思维技术与舆情监测、合规管理紧密结合,使网络舆情监测工作顺利开展,企业可以对当前社会形势做出合理判断,从而对相关政策和行为做出分析判断。未雨绸缪是很重要的。

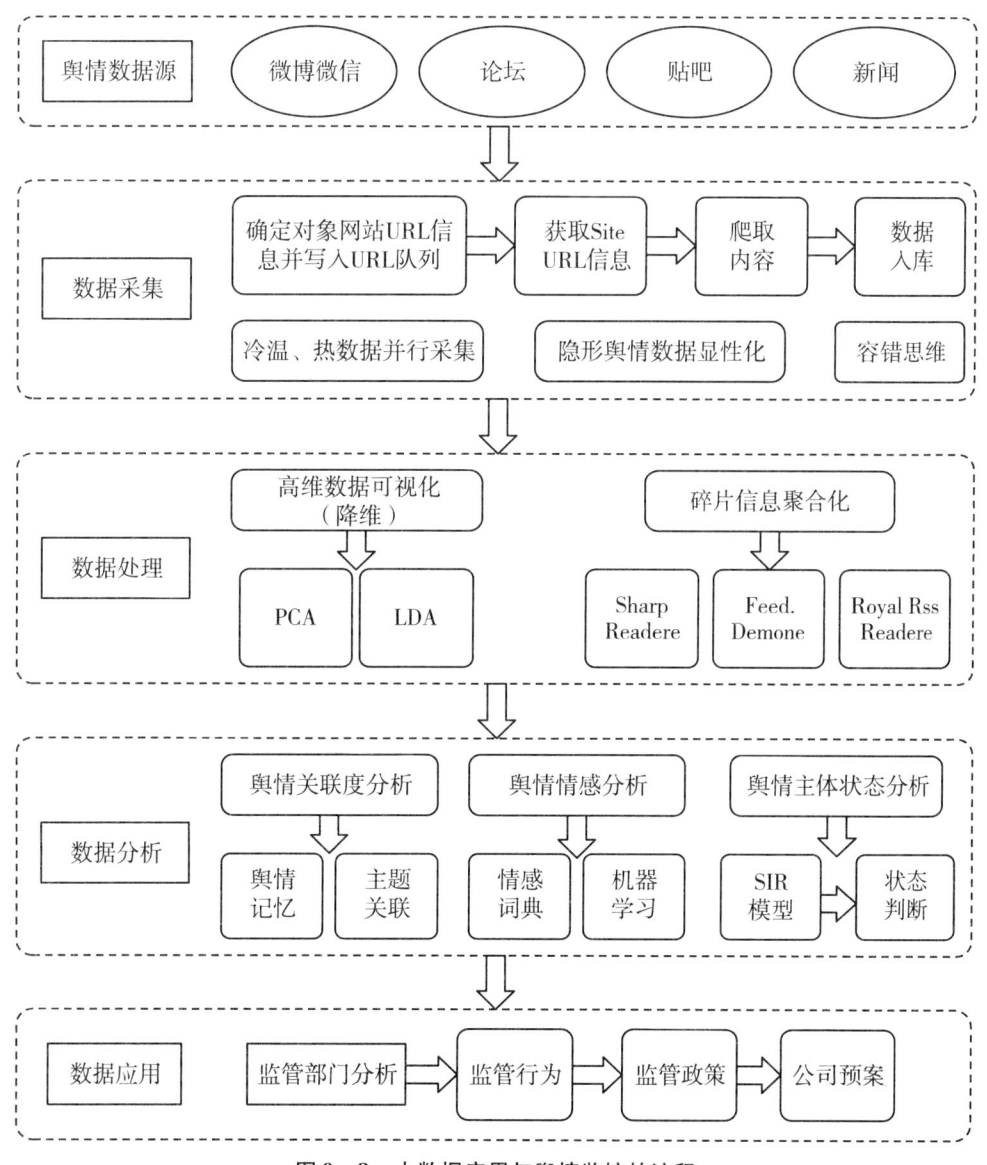

图9-8 大数据应用与舆情监控的流程

智能会计

随着大数据技术的飞速发展，网络舆情监测既有机遇也有挑战。在应用的过程中，也必须注意一些问题。例如，由于大数据技术自身的缺陷，过分强调数据之间的相关性，忽视因果关系，分析结果可能会产生偏差，从而影响决策者的理性判断。数据安全和个人隐私是最重要的问题。在利用大数据技术进行舆情监测的过程中，个人信息的收集和分析是不可避免的重要环节，因此必须重视数据安全和个人隐私保护问题。企业需要制定相关法规对数据进行保护。只有利用大数据技术掌握网络舆情，同时兼顾对网民隐私的保护，才能发挥大数据技术的真正价值和积极作用。

9.3.4 XBRL与监管信息报送

在当今社会，电子财务报告已经成为经济生活常态化的一部分，可扩展商业报告语言（XBRL）是最流行的电子财务报告语言。XBRL是一个开放、跨平台、跨系统的国际标准。它是各个经济体的各种会计信息和经营信息实时、准确、高效存储、操作、重用和交换的标准。它是一种基于技术层和业务层的非结构化格式语言。XBRL技术生成的信息可以反复调用，任意转换成当前主流格式文件。XBRL技术可以应用于财务会计报告、上市公司年报、金融机构、政府部门和监管机构。XBRL是一种标准化的网络语言，是对会计数据进行提取、转换和解构的工具。使用XBRL不会改变原始的电子数据。

在监管信息报送方面，考虑建立与监管体系的对接，确保报送信息的可靠性和及时性。目前，国内监管部门对XBRL在监管信息报送中的应用持比较积极的态度。企业可以基于XBRL构建相应的信息转换系统，提高信息提交的信息化水平。

监管信息的准确性和可靠性不仅取决于对各个要素的准确计量和确认，还取决于一系列生成监管报告的过程。现有流程存在以下问题：一是不同系统和平台之间的数据传输存在大量人工操作，增加了机械误差的概率；二是系统中数据归并的级别越高，对原始数据的追踪就越困难，出现问题时也不容易准确定位错误。XBRL提供解决方案和各种灵活的技术手段：第一，依赖计算机操作准确、速度快的特点，自动建立"放手"数据传输环境中各种系统自动完成传播过程，避免机械错误，确保数据的准确性。第二，XBRL技术通过对每个元素的唯一标记，使监管信息的基本单元根据实际需要划分有一个标准化的身份标识。应用软件通过搜索标签读取相关信息，使用XBRL标准化定义的分类标准对索引信息进行准确处理，并通过标签实现任何级别数据合并的可追溯性。第三，XBRL技术可以为审计验证提供线索。在录入数据时，同时记录了相关的上下文信息，在数据传输过程中始终携带着这些信息，以保证审计信息的检索需求。第四，XBRL技术通过供应链中的每个链接信息可以提高信息的准确性和有效性，由于XBRL提供交换验证原则，包括基本数据单位的验证原则提供的扩展模块的分类标准，扩展模块的公式作为分类标准，定义和公式的验证原则和数据之间的逻辑关系。技术上，验证公式从接收方发送给发布方，以提高监管信息的可靠性。在现有的网络传输环境下，监管信息的可靠性也突出体现在安全提交和传输上：一方面，可以确定XBRL实例文档来自报告公司；另一方面，有必要确保监管报告在整个信息供应链中保持不变。在XBRL模式下，通过将XBRL实例文档内容与XML数字签名技术相结合，验证了信息和签名者的身份以及文档的完整性，提供了高级的报告身份验证功能。

第 9 章 智能会计的业务结构

由于现行的财务报告模式缺乏及时性，财务报告信息在披露前就失去了有效性，信息不再有意义。及时性是会计信息的灵魂，只有及时的信息才可以说是有效的信息。建立标准化的数据和动态传输是及时甚至实时生成财务报告的关键。实时财务报告难以实现，部分原因在于技术。XBRL 技术打开了不同系统之间信息无缝传输的大门，基本消除了数据重用的时间滞后，有助于实现及时甚至实时的报告。

9.4 智能会计与管理会计

在企业当中，管理会计与财务会计的角色定位是迥然不同的。财务会计侧重于财务数据的记录和呈报，而管理会计则更着眼于对财务数据的使用、分析和决策，致力于利用财务数据，改进企业经营业务的效率，发现潜在风险并对企业的各项决策提供有力的数据支持，是企业管理和内部控制的自我要求。在智能会计的背景下，管理会计的各个层面都出现了不同的内容和方法，为企业的管理提供了新的思路。

9.4.1 管理会计的主要内容

管理会计起源于现代企业内部管理的需求，其职能是对于企业经营绩效的静态偏差进行纠正，即通过成本核算、预算与差异分析、经营决策和投资决策三个层次的管理会计职能来满足企业经营业务控制的需求。

首先是对于产品成本的准确核算。产品是为客户创造价值的载体，是企业成功的核心，因此准确核算产品成本至关重要。产品成本核算的准确性可能是一个公司成功的关键。准确的成本核算不仅可以从外部指导企业确定市场价格，也可以从内部帮助企业确定生产效率和经营流程的改进措施。它是企业内外许多决策的数据基础和最终依赖。

将全面预算管理作为企业经营管理和绩效评价的全部依据和标准是第二个内容。如果没有预算作为依据，即使能够准确计算出产品的成本，也没有基准来判断企业的实际运营是好是坏。在这个基础之上，我们不仅会分析比较各组件之间不同产品实际成本与标准成本之间的差异，还会比较每个部门的实际成本和评估部门制定的预算成本，进而对该产品的费用以及性能进行把控。

而基于成本会计和全面预算的经营和投资决策是管理会计应用的最终目的。下文在准确核算产品成本数据和对比分析预算差异的基础上，利用前两个层次的数据结论，为企业内部经营层面和外部投资层面提供各种决策支持。例如，与竞争对手相比，成本和效率优势在哪里；产品定价策略是什么；企业应该关注哪些客户才能给我们带来更大的利益；企业应该投资哪条生产线以获得更大的效益等。

9.4.2 管理会计当前的主要问题

管理会计自 20 世纪开始在我国受到广泛重视和应用，到目前已经有许多企业都达到了一定的管理成效，国家政策重视推动管理会计的全面应用和水平提高。但是，从实际的

智能会计

企业应用情况来看，不难发现，尽管一些国企和大型企业对管理会计的应用重视程度不断提高，但很多企业却是零星应用，未形成完整的管理会计体系，存在许多不足之处。

一是企业的管理会计意识薄弱。采用数据应用与分析技术，能够提升企业的经营效益，但是从实践情况来看，很多企业认识不到数据技术对于企业管理会计工作的重要性，不仅对于数据技术所知不足，对于管理会计的工作内容、职责权限、作用意义也缺乏清晰认识，导致企业管理会计工作的混乱或失效。与此同时，由于数据技术的应用需要花费一定的资金与人力，国内很多的中小型企业出于节约成本、技术实力不足等原因，不能够采用数据技术，从而限制了管理会计的效率提升。

二是企业的管理会计数据分析与应用水平有待提高。国内很多企业的管理会计能力较弱，应用数据信息进行分析与评估的技术不足，对于数据信息收集与存储的水平较低，限制了管理会计的最终效果。由于部分企业不具备信息数据分析与储存的技术条件，从而降低了管理会计的质量与效率，难以确保信息分类、数据评估的准确性。此外，由于数字时代信息的数量巨大，原有的管理会计工作方式已经无法适应当前经济发展、企业经营管理的需求，只有学习并掌握最新的数据信息管理与分析技术，帮助企业监控市场动向、制定发展策略和计划才能助推管理会计应用水平的提高。

三是管理会计核算手段也缺乏创新。核算是会计的主要职能之一，现代会计的核算职能不仅仅是对经济活动进行事后反映，还包括事前核算、事中核算和事后核算。核算手段是直接影响企业管理会计水平的重要指标。尽管电算化软件早已作为先进的金融系统被广泛应用，但是多处于事后记账的最初阶段，尚未有事前预警，事中控制的作用，并且当前企业中电算化主要是适用于财务会计，真正应用于管理会计软件系统并不常见。所以，当前企业管理会计核算手段未得到创新，影响着企业管理会计的质量提升。

由于上述问题的存在，导致管理会计的功能无法充分实现。但是在智能会计的背景下，一系列新技术的出现为解决上述问题、实现预期功能提供了可能性，下面的两节会对相关技术作具体介绍。

9.4.3 智能成本核算

在成本核算过程中，几乎所有企业在管理中都会遇到类似的问题，即公共成本的分配问题。在实践中，公共成本的分配方式有所不同。有的企业按成本动因分配，有的企业按工时比例分配，有的企业按人员比例分配，有的企业按业务量比例分配。公共成本的使用对象复杂，成本发生的过程分散琐碎，成本与分配对象之间的因果关系往往难以准确跟踪。由于这些瓶颈，大部分成本的分配是基于分配标准，且因果关系不明确，存在一定的假设。作业成本法在公共成本核算中占有重要地位。然而，随着智慧金融共享中心的出现，公共成本商业化的新型内部资源交易模式无疑为公共成本的有效分配提供了更直观、更有效的方法。

架构于互联网和"云"上的消费商城，利用电商化平台，可以将企业的差旅服务、办公用品、公务用车以及大宗采购"互联网化"，并与智能会计服务中心紧密集成，实现企业消费业务和采购业务对供应商的直接结算。同时，智能会计服务中心基于电子发票信息，实现自动化的会计核算。

第 9 章 智能会计的业务结构

而在内部交易中,共享中心的价值同样巨大。基于智能会计中心,企业能够开展内部资源交易,解决企业公共成本的分摊难题,并有效配置企业内部资源。

一方面,企业可以基于网上商城平台,将内部人员、设备、场地、车辆等公共资源的使用权定价,作为商品放在商城的货架上,让不同的业务单位在网上订购,如图 9-9 所示。订购时,业务人员可以记录消费数量、消费价格和消费成本,并与预算执行管理起到相互促进作用,同时在这个过程中,避免了成本信息失真造成的粗糙分配。

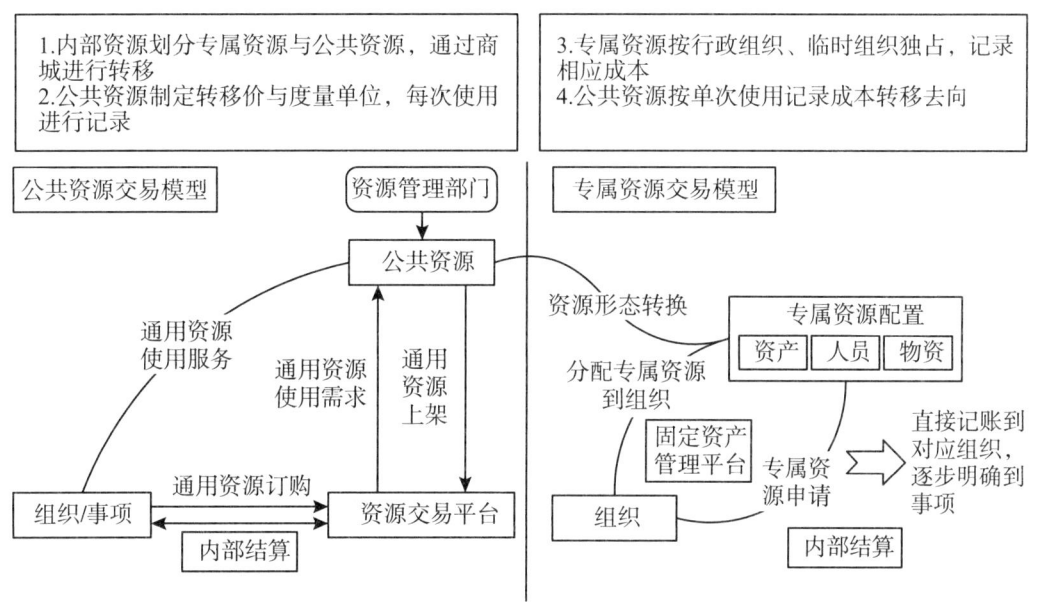

图 9-9 企业内部资源交易模式

另一方面,企业内部的独家资源也可以通过网上商城进行定价,由企业内部的其他人员购买。业务人员在申请时可以明确具体事项,这不仅有利于内部资源的合理配置。降低资源闲置成本,提高资源利用率,还为后续的精细化成本管理提供基础数据。

在流程方面,基于网上商城,相关人员在使用资源前需要在网上选择资源物品,输入用户部门、使用时间、具体事项等信息,系统将自动生成总成本。相关人员可以在线下单完成订单,系统确认后自动收取费用。例如,一个部门在使用会议室前,部门人员会在商场平台上记录交易主体、使用时间段等信息,系统会根据预制件单价自动计算金额。如果选择了要分配的项目,如共享金融服务,则需要确认服务内容和数量。系统会自动计算金额,确认后会自动收取费用。

9.4.4 智能预算管理

在传统的财务模式中,财务与交易分离,自动化程度低,以过程控制为控制;ERP 系统中的财务信息失真,数据口径不能满足管理需求;管理会计信息依赖 ERP 系统生成,及时性差。企业预算编制大多依赖历史数据,而年度预算是基于战略目标的分解,这使得

智 能 会 计

预算编制依据不足,质量不高。而大数据在预算管理中的应用,可以在企业目标承诺和资源承诺之间找到平衡,从而制定出股东和经营者都能接受的资源分配方案,极大地完善了现有的预算管理模式。

1. 预算的编制更加准确

智能会计中心可以将企业各分、子公司的交易端数据汇集在一起,使预算编制所需要用到的历史数据更真实、更完整、更有效、更具可比性,这使得预算管理部门可以提取经智能会计中心标准化处理后的各机构的财务数据,通过对历史数据的分析与比较,在集团层面制定更加准确的总体预算方案。

和传统财务管理模式下的预算编制相比,智能会计服务模式下统一的预算编制能够更好地利用集团大数据,并通过数据分析技术预测各科目预算的发生额。同时,通过共享中心,企业可实现数据集成共享,有利于保证预算分析的及时性、准确性和全面性,为预算编制提供更可靠的信息。

以滚动预算的编制为例,企业在编制滚动预算时,可随时从智能会计服务平台查询企业下属所有分、子公司上一年度同期的预算执行数据、上一月份的预算执行数据以及预算评价结果,能够通过大数据技术采集市场情况等外部数据,并结合企业当月的生产目标、销售计划等按月进行预算编制,使得编制的滚动预算在满足集团战略目标的同时,更加符合集团下属分、子公司的生产经营情况和同行业竞争现状。

2. 预算的执行更加有效

在智能会计模式下,通过搭建智能会计中心,集团及各分、子公司的交易过程集中到共享中心完成,集团通过对共享中心设置预算管控,可以轻松有效地对分、子公司的资金往来进行过程管控,共享中心能实时监控和反馈集团和各单位的预算执行情况,确保预算编制内容的有力实现。

具体而言,智能会计中心可以将预算的部分流程嵌入系统,在应收、应付、费用报销等流程中融合预算的审批、执行和控制过程,控制刚性预算,自动审批成本费用的发生是否在预算内,比较预算数与执行数的差异,与预算总额对标,整体把控预算的执行过程。

智能会计中心通过将预算执行的控制流程全面移至事前,可以进一步简化预算控制的流程和提高控制效率。以采购结算的执行为例,当采购业务发生时,相关人员直接在共享商城平台上下单进行订购,下单时选择部门和费用科目,系统自动根据相关预算标准确定是否通过下单,对于预算内项目自动进入审批程序,超预算项目则无法进入审批。进入审批程序的订单,由相关领导根据事项的合理性结合相关规定完成审批,对于通过审批的业务,系统自动下单完成购买,并按与供应商之间的约定自动按期统一结算。

3. 智能运算中心使预算分析及考核更有效

作为企业管理体系的核心工具之一,预算管理本身具有可考核性。企业可通过预算执行情况考核工作成效、分析差异和改进工作。然而,在传统的财务模式下,企业集团各分、子公司的预算编制和预算执行是独立进行的,由于考核结果事关单位、员工的切身利益,往往会引发极其严重的部门博弈,使预算考核流于形式。

第9章 智能会计的业务结构

预算管理考核与评价的核心是建立一套科学的评价体系，例如，平衡计分卡或绩效棱柱模型等。而评价体系的核心内容是一系列的评价指标，评价指标的获取与衡量需要更加系统化、精细化的数据做支撑，而智能会计中心恰恰提供了这种精细化、系统化的数据。实施智能会计模式后，一方面，企业可通过智能会计中心获得各分、子公司的真实、完整的交易端数据，从而对各分、子公司的预算执行进行统一管控，使其预算执行结果可以运用统一的标准进行衡量，从而加大考核的公平性，实现有效的预算考核与激励；另一方面，企业还可以在共享中心中应用大数据技术获取销售费用率、库存周转率等外部数据，对比同行业其他企业进行预算分析，并与本集团企业的预算管理进行横向对比，据此构建全面、科学、合理的评价体系，将预算考核和评价结果与员工绩效挂钩，对员工实施公平合理的激励制度。

9.5 智能会计与财务风险管理

智能会计模式改变了传统财务管理模式的弊端，提高了集团的管理水平，加强企业应对风险的能力。然而，实施智能会计将面临组织结构重组、财务人员转型、财务业务流程新设计等问题，这使得实施过程充满风险。以下主要介绍集团企业建设和实施智能会计服务过程中存在的风险、风险防范措施以及智能技术在风险防控中的作用。

9.5.1 财务风险的识别

通过风险识别，智能会计服务建设及运营过程中有五类风险，分别是战略规划风险、组织管理变革风险、流程变革风险、系统建设风险、税务法律风险。每类风险涉及几个主要风险项目。下面对具体风险项目和涉及的问题进行说明：

1. **战略规划风险**

战略规划阶段主要是完成智能会计实施前的准备和策划工作，包括确立智能会计中心的定位、目标、运作模式、业务范围、选址等内容。该过程的主要风险包括以下三点：首先是对于风险认识的不足，领导者期望快速实施智能会计且对智能会计实施后的效果过于乐观，会使其缺乏风险意识，从而导致风险管控力度不够。此外对于计划的准备不足也会带来风险，实施者缺乏对系统差异、信息化水平、财务核算基础的充分评估，会使智能会计实施计划推行受阻，会影响企业战略规划的落地与执行。而业务范围的界定不合理、管理层对智能会计的业务范围没有清晰界定，可能会引发业务部门利益冲突，引发强烈反抗，导致项目流产。

2. **组织管理变革风险**

组织管理变革是实施智能会计引发的组织层面变革，包括组织结构的重新调整、职能权限的重新划分、组织制度的制定、业务变更后组织的适应性等。组织管理变革风险主要包括以下四点：一是组织内部冲突，建立智能会计中心，会使下属单位财务权限上移，容易使下属单位产生反对心理,影响工作情绪。二是业务变更不适应,智能会计服务是一种创新的工作模式,工作模式的变更使得财务与业务部门不适应,无法达到预想的工作效率。三是组织结构调整不适当也会带来后果。四是建立智能会计中心后,必然会使得组织结构重塑,职能与职责重新划分,这就需要企业根据自身情况,因地制宜。不当的组织结构会使得流程不畅通,影响企业效益。合理的制度也是必要的保障,集团企业未充分考虑组织内部的利益关系,对财务制度与管理制度的重新制定不够清晰,引发问题推诿,导致制度操作性不强。

3. 流程变革风险

智能会计的本质是流程的变革,它改变了原有以部门设置为中心的情况,向业务流程为中心转变,提倡流程的规范化、标准化、统一化和精简化。流程变革包括流程设计、新旧流程的衔接、流程执行、后续优化等。流程变革风险主要包括以下几点:一是流程标准化统一与设计不合理,集团未能对下属单位在财务工作流程、核算方法、财务体系的差异上进行有效规整划一,导致新流程设计不合理,财务业务工作不协调。二是流程执行不力,智能会计中心不能按规定的流程进行执行,流程执行流于形式。三是对新流程应变力不足也会导致对智能会计中心的负面影响,智能会计中心极强的流程规范与标准使其灵活性降低,对内外变化不能及时调整和修正。除此之外,流程优化风险也需要引起重视。共享中心的建设是基础,重要的是流程的不断优化及改进。如果仅维持建设完成后的现状,不加以优化及改进,就违背了建立智能会计中心的初衷,从而影响企业长远效益。

4. 系统建设风险

智能会计系统平台搭建,需要对原系统进行优化或开发新系统,需要对财务系统和业务系统进行集成与整合。系统建设风险最大的问题是系统集成与整合能力不足,智能会计中心的技术支撑就是信息化,如果企业信息化水平低,系统差异大,缺乏对系统整合的能力,则无法建立有效的智能会计中心。系统支撑力薄弱也是重要因素之一,系统无法协调统一,缺乏有效的系统组成部分,相关功能不足,导致整体支撑力薄弱。此外,系统的安全性和稳定性不足也会带来很大的问题。系统缺乏安全和稳定,会容易使信息丢失、泄露、被篡改和删除等。数据的共享风险亟待解决,因为智能会计导致系统内存储大量数据,对数据的存储、传递、加工、提取的安全性要求很高,任何环节出问题,均会影响财务数据的安全可靠性及财务人员日常办公。

5. 税务法律风险

税务和法律来源于外部环境,包括税务稽核、税务筹划、实施税收政策、保证运营的合法合规。实施智能会计使本应由下属单位各自进行属地纳税和税务管理的情况转移到智能会计中心,因而造成税务法律的外部风险,主要内容包括以下几方面:首先是税务稽核难度大。由于地区税务差异大,智能会计中心距离税务部门远、与税务人员沟通难度大,无法有效进行各地纳税工作和税收管理,会引发税务稽核问题。其次,对税务政策反应不及时也需要引起企业的重视,智能会计中心不能及时获取新的税收和优惠政策,不能及时履行税收政策,会引发处理税收问题的滞后性,增加税务成本。最后,法律法规方面的风

第9章 智能会计的业务结构

险同样不可忽视，对组织架构的重新构建、操作流程的重新梳理、档案归集和管理的方式都可能面临不合法律法规的问题。

9.5.2 财务风险的防控

针对企业实施智能会计在现有情况下存在的五类主要风险，防控措施可从如下五方面入手，分别为战略规划风险防控、组织管理变革风险防控、流程变革风险防控、系统建设风险防控、税务法律风险防控。

为了应对战略规划风险，公司高层要重视财务中心的建设和后续的运营优化，加强风险意识，不要急功近利，要一步一步地实施改革。根据企业的战略目标，做好评估工作，根据公司的具体情况，建立自己的智能会计中心。

智能会计服务必将给企业带来新的组织结构。在这样的背景下，为了应对组织管理变革风险，集团企业应在新的组织结构中重新定义角色和职责，明确端到端的流程所有者、智能会计中心的绩效和管理总监。明确相应人员职责，建立健全组织和管理标准。

智能会计中心的核心是流程变更。为了更好地应对流程变革风险，企业应该根据业务影响和收益优先考虑流程变化，并优先考虑重要的流程。此外，集团应根据基准信息（成本、其他比率等）发现低效流程和标准化机会，优化低效流程；评估现有的技术和架构是否能够支持不同的流程，确保智能会计中心的顺利运行。

在系统建设方面，系统建设风险防控使得集团公司应考虑技术架构如何支持智能会计服务目标。对智能会计中心的控制也是对数据的控制。数据库的建设和保护尤为重要。在系统建设过程中，需要明确数据处理模型和数据保护方法，以提高数据安全性。

为了应对税务法律风险，集团企业可以建立一个灵活的税收管理平台，加强税收法律团队的建设：建立一个知识库的税收法律法规，获得最新信息的外部税务机关，税务咨询机构和行业税收法律、法规，并及时更新知识基础的税收法律法规。同时，企业内部税务管理人员也可以及时维护和发布相关的税务管理和操作制度和规定，有必要实现税务管理的预警。此外，还可以通过税收管理平台建立税收风险控制模型，及时对税收风险进行预警，提供给财务管理人员作为参考，及时对税收风险进行自查，制定规避措施。

9.5.3 财务风险防控

通过智能技术，可以从"前、中、后"三个层面防范金融操作风险。从事前防范的角度来看，在传统模式下，我们构建的关键绩效指标（KRI）系统是基于经验和分析的，这种构建方法存在认知完整性的缺陷。而在现有的模式下基于大量的交易数据和风险事件数据的发现，可以找到新的 KRI 规则，并通过机器学习方法，补充和完善 KRI 体系，加强提前防范风险的能力。

从事中控制的角度来看，基于经验的规则系统化可以实现初级人工智能的应用。通过大量的规则，可以发现金融交易中潜在的风险事件，有些风险事件可以直接拦截。此外，在数据积累的基础上，可以对每个文档进行风险分级，并针对不同的风险级别配置不同的控制流程，提高风险管控能力。同样，基于经验的规则积累可以借助机器学习技术不断优化训练，不断提高风险控制能力。通过对企业内外大数据的积累和挖掘，可以建立更加丰富的文档风险分类规则模型，使单个披露的风险分类更加准确。

从事后分析的角度来看，可以建立不同类型的分析模型来寻找风险线索，如基于决策树的模型、社会网络模型、聚类分析模型等。这些模型的构建有助于在事件发生后进行进一步的运营风险审计和问题发现。通过对交叉交易文件的分析，可以找到更广泛的风险线索，进而根据风险线索发现问题并解决问题。同样，大数据和机器学习帮助不断完善各种分析模型的规则，从而提高风险线索发现的准确性。

第10章 智能会计业务流程

随着经济全球化的发展以及国内经济的转型升级，企业面临的社会网络关系日趋复杂，市场需求日新月异，"大智移云物区环"等新技术风起云涌，企业需要对复杂多变的环境做出及时有效的应对，以更好地生存和发展。管理者、投资者以及利益相关者个性化、多样化的信息需求呼唤着企业对财务部门的业务流程进行升级改造，以提供实时的、相关的财务信息和非财务信息，为其决策提供更多前瞻性的信息支持。在技术发展和管理需求的驱动下，企业会计经历了会计电算化、会计信息化（狭义）等阶段，逐步向会计智能化阶段迈进。相对于财务信息化阶段注重财务和业务信息的整合以及信息的快速处理和实时共享，智能化阶段则更注重企业各类信息处理的效率、效益和智能化的程度[①]，各种新技术的应用，如物联网、RPA财务机器人、数据挖掘和分析技术等，推动着会计业务流程的信息化、数字化和自动化，实现对财务预测、决策的深度支持。同时，这一阶段再造的不仅是会计业务的流程和模式，而且在更高层面上对企业管理模式和管理理念产生影响，在企业内部将业财税管深度融合，有效实现对数据资产的管理和精准智能化决策，同时打破企业边界，实现信息共享，加强供应链协同，提高企业应对风险的能力。本章从改造会计业务流程的指导理念、现有会计业务流程存在的弊端、如何对会计业务流程进行智能化改造，以及智能会计业务流程在企业的具体应用场景等几个方面探究会计业务流程智能化的实现。

10.1 智能会计业务流程概述

企业在经营过程中的实际流程可分为经营业务流程、会计流程和管理流程。企业经营业务流程产生大量业务信息，会计流程对这些信息数据进行采集、加工、存储并输出给管理流程，搭建起业务流程和管理流程的桥梁。管理流程根据会计流程提供的信息对企业经营进行计划、控制和评价。因而会计流程设计的有效性将直接影响管理活动的质量和效率。随着管理实践的发展，传统会计流程难以满足企业及时、多样化的管理需要，运用新技术、新思维对会计流程进行改造升级是现代会计行业发展的必由之路。对会计业务流程进行智能化的改造需要以实现会计目标为方向、以业务流程重组理念为指导，提高会计信息处理的及时性和有效性，提升业务流程运行的效率。

---

① 刘勤，杨寅. 智能财务的体系架构、实现路径和应用趋势探讨[J]. 管理会计研究，2018，1（1）：84-90+96.

智能会计

10.1.1 会计目标决定会计业务流程设计

会计业务流程是财务会计部门为实现会计目标而进行的一系列活动。会计目标是财务会计活动的逻辑起点,决定着会计业务流程的设计。20世纪70年代以来,会计界逐渐形成了关于会计目标的两种主流观点:"受托责任观"和"决策有用观"。

自工业革命完成以来,以公司制为代表的企业开始出现并迅速发展,随之而来的是所有权与经营权分离带来的委托代理问题,所有者要求经营者以提供财务报表的方式,反映其受托责任的完成情况。受托责任观由此产生,其基本思想是:资源的受托方接受委托,管理委托方交付的资源,受托方因此承担了合理、有效管理与应用受托资源,使其尽可能保值、增值的责任;同时,资源的受托方还承担了如实向资源的委托方报告其受托责任履行过程与结果的义务。此会计目标更强调会计信息的可靠性。随着资本市场的迅速发展,证券市场将有资金需求的企业和投资者联系起来,两方不是直接地沟通交流,这使所有者与经营者间的委托代理关系变得模糊,对于经营绩效差的企业,所有者可以通过买卖股票的方式来"用脚投票",市场上信息的使用者也由原来的所有者扩大到潜在的投资者[①]。基于此,"决策有用观"认为,会计的根本目标是向信息使用者提供对他们决策有用的信息,主要是关于企业现金流动的信息和关于经营业绩与资源流动的信息。因此"决策有用观"更关注会计信息的相关性。

21世纪以来,互联网技术迅速发展,"大智移云物区环"成为新的时代技术背景,资源和信息在更大的范围内实现流动和共享,大量潜在的交易买方的存在,使潜在的投资者、潜在的债权人等成为会计信息的使用者,因而"决策有用观"的会计目标对会计信息的及时性和相关性提出了更高的要求。面对复杂多变的市场环境,管理者、投资者以及其他利益相关者希望可以随时获取企业最新的会计信息,以便对市场变化迅速做出反应,减少风险。同时信息使用者的投资决策趋向多样化、个性化,需要企业提供更多前瞻性的财务信息和非财务信息为管理和决策服务。然而,目前的会计业务流程无法满足这些需求,因此根据会计环境的变化和会计目标的要求对会计业务流程进行重组优化是必然之举[②]。

10.1.2 业务流程重组理念指导会计业务流程优化

业务流程重组(business process reengineering,BPR)于1990年首先由美国著名企业管理大师迈克尔·哈默先生提出:BPR是对企业的业务流程作根本性的思考和彻底重建,其目的是在成本、质量、服务和速度等方面取得显著的改善,使企业能最大限度地适应以顾客(customer)、竞争(competition)、变化(change)为特征的现代企业经营环境。业务流程重组理念产生的原因是美国企业在信息技术方面进行了巨额投资但对经营效率和业绩的提升却收效甚微,这主要是因为"企业试图用技术实现原有业务流程的自动化。他们

---

① 田璧. 会计目标的发展和演变——兼论"受托责任观"与"决策有用观"[J]. 财务与会计,2012(9):16-18.

② 吴旺盛. 论网络时代会计目标下的会计业务流程重组[J]. 会计研究,2000(6):42-47.

第10章 智能会计业务流程

原封不动保留原有流程,利用计算机仅仅是希望提高速度"[1]。

在国内,伴随着计算机技术和信息技术的发展,会计信息化(广义)也成为一大趋势,会计信息化的历程大概经过三个阶段:①部门级信息集成阶段。20世纪70年代末,计算机技术被应用于会计领域,用于处理工资计算、存取款、库存材料的收发核算等数据处理量大、计算简单且重复次数多的经济业务,会计信息系统只是对手工会计处理进行模拟或仿真。信息集成和数据的共享局限于部门内部,会计信息系统在物理上独立于其他部门的信息系统,信息输入被动地依赖业务部门提供数据。②企业级信息集成阶段。20世纪90年代,随着数据库技术和联机事务处理(OLTP)的发展,以企业资源规划(ERP)为代表的企业范围的集成应用出现并推广。原本孤立的应用集合起来形成一个协调的企业信息系统,会计信息系统被嵌入企业的业务流程中,从原来的以会计核算为主要任务开始转向为企业的管理决策服务。③网络信息集成阶段。从21世纪至今,互联网技术的飞速发展使企业ERP系统增强了与客户或供应商实现信息共享和直接的数据交换的能力,从而强化了企业间的联系,会计信息在更大范围内实现了共享与使用[2]。在上述发展历程中企业对以往的会计流程做出了一定的优化,但仍有不合理的流程被锁定在新的信息系统中,大量的数据沉积在会计信息系统中没有得到充分利用,因此我们需要利用BPR的思想不断地提出"为什么?""如果……将会……?""这是一个控制环节还是一个决策点?"等问题,来对会计业务流程重新进行思考,摆脱传统思想和组织界限的束缚,利用信息技术创造一个新流程,而不仅是现有流程的自动化。

10.2 智能会计业务流程优化策略

传统会计业务流程是基于帕乔利的会计理论发展起来的,会计业务流程的起点是业务活动产生的原始凭证,经过对原始凭证进行数据加工,形成记账凭证并登记账簿,最后编制财务报表提供给会计信息使用者,会计工作是事后核算事后报表[3]。

随着经济发展和企业规模扩大,为处理日益复杂的业务,计算机技术被引入会计核算中来,会计开始电算化之路,计算机代替人工完成部分核算、记录工作,实质上是对手工处理进行简单模仿。随后,互联网、数据库技术的发展推动会计进入信息化阶段,我国会计软件开始由核算型向管理型转变,企业财务管理向"业财融合"发展,但这种融合仍是在传统财务模式下有限的、表面化的融合,没有真正打破财务与业务之间的鸿沟,信息孤岛依旧存在,与"用技术再造企业业务流程"的核心相去甚远。从2005年开始,以中兴通讯为代表的大型集团企业开始建立财务共享服务中心,进一步推动了会计信息化的进程。财务共享服务中心通过对原来相对分散的各类财务工作和财务相关职能进行整合,有效地提高了会计处理效率,降低了会计工作成本[4],并因此受到企业和会计界的密切关注。但同时财务共享中心也存在着仍未解决的局限性,如财务共享中心只适用于大型企业;大

---

[1] 迈克尔·哈默. 再造:不是自动化改造 而是推倒重来 [J]. 知识经济, 2004 (4): 48-50.
[2] 张广, 陈翔, 朱朝华. 会计信息体系结构的发展 [J]. 会计研究, 2002 (10): 48-52.
[3] 李光凤. 利用BPR再造财务会计流程 [J]. 商业研究, 2004 (3): 65-67.
[4] 陈潇怡, 李颖. 大数据时代企业集团财务共享服务的创建 [J]. 财会月刊, 2017 (4): 17-21.

智能会计

量数据汇集到共享中心却未能得到有效的挖掘利用;强化了的流水线式劳动分工模式致使人员离职率高等[①]。

综上所述,以往企业会计流程在信息化方面做出了诸多努力与探索,业财融合的渠道也被搭建起来,但距离智能会计提倡的业财税管一体化仍有距离。业财融合仍是表面融合,税务管理甚少被纳入考量,数据资产未能得到成分利用,管理上的决策与风控功能未能充分实现,实现智能会计之路任重而道远。要想从根本上解决上述问题,企业就需要跳出传统财务模式,建立基于业务驱动的业财税管一体化会计信息化处理流程。一方面打通业财税管各个环节,重构会计流程,消除大量冗余环节,实现流程联动,数据联通,打破信息孤岛。另一方面,将业务流程、财务流程和管理流程全部在线化和显性化,使财务端所有业务能够基于线上交易信息实时进行处理,从而实现将事后记账报账转变为业务发生时的记账报账。同时充分挖掘数据价值,利用业务数据、财务数据、税务数据形成的数据资产为企业的运营分析、预测、决策提供支持,只有这样,企业才能彻底改变传统财务模式下财务流程、业务流程、管理流程各自为战的局面,实现业财税管一体化,并逐步实现会计智能化。

10.2.1 事件驱动

"事件驱动"是一种计算机术语,是指当某一特定事件要求代码进入工作时程序指令开始执行。基于"事件驱动"的信息处理流程,将会计信息系统嵌入业务系统中,由业务的发生触发会计的处理。当业务发生时,按照业务事件的规则对业务数据和财务数据进行采集、编码和储存,建立起业务数据库,这样的信息处理系统能够根据每一项交易或事项自动生成凭证、账簿和报表,给经济事项留下"脚印",从而使业务流程具有可视性和还原性[②],实现业务和财务的深度融合。业务数据与财务数据经过标准化的处理,汇总到共享的综合数据库形成数出同源、易于共享的数据资产,实现企业业务活动、财务活动数字化。

10.2.2 自动化会计处理

智能财务建立在财务数字化的基础上。智能化是基于海量数据,结合计算机技术、互联网技术、数据挖掘技术和人工智能技术等,为企业管理提供基于机器学习的算法推荐的最优的下一步行动选择[③]。没有数字化就无法获取海量数据,智能化也就无从谈起。实现会计智能化的初步应用表现是实现自动化处理,这也是目前多数企业所处的阶段。浪潮集团将智能财务应用分为三个发展层次。首先是基于规则的自动化,具体表现为财务机器人的自动对账、智能报告等;其次是基于对话式用户界面(UI)的数字助理,语言交互、人机协作是其重要特征;最后是基于深度学习的企业大脑,以大数据为基础的智能决策和风险内控是典型场景。RPA技术的出现推动了会计处理自动化。RPA的核心是通过自动化和智能化技术"替代"人员进行重复性、低价值等固定流程操作,从而有效提高工作效率和减少错误。RPA技术的应用对会计流程和会计工作职责产生巨大影响,使会计人员的工作

---

① 张庆龙. 财务共享服务中心的优势及局限性 [J]. 中国注册会计师, 2017 (11): 114-116.
② 陈益云. 基于价值链管理会计的会计业务流程再造研究 [J]. 会计之友, 2016 (19): 26-29.
③ 张庆龙, 张延彪. 我国财务信息化的发展历程与趋势 [J]. 新理财, 2020 (10): 29-32.

第10章 智能会计业务流程

重心从会计核算转移到为管理决策提供服务,创造更多价值。

10.2.3 实时、同步信息处理

基于"事件驱动"的信息处理流程和会计自动化处理,企业的信息处理过程与业务活动过程同步,实现数据实时采集、实时处理、实时报告。当企业执行业务时,实时触发多个业务驱动程序,通过执行业务规则、会计规则和信息处理规则进行自动化处理,并将生成的信息集成到共享综合数据库中,实现物流、资金流、信息流的同步生成[①]。会计控制规则被嵌入业务活动中,实现会计的事中控制,并及时向负责人报送异常情况。实时凭证和动态账簿建立起来,管理者能根据决策需要实时提取信息,生成报告,改善事后核算事后报告的现状,提高会计信息的及时性。

10.2.4 信息披露多元化与智能决策

智能会计下的核心环节不在于会计核算,而在于智能决策,建立起能够实现分析、推理、判断、决策的高度人机融合的智能处理平台[②]。信息是决策的依据,借助数据库技术、网络技术、区块链技术、数据分析技术等,实现信息的实时更新与共享。建立与共享综合数据库相关联的模型库,设立财务报告模型、预测模型、决策模型、风险分析模型等,信息使用者可以根据需要发出指令,利用共享数据库和区块链上的数据,以人工智能和数据分析为支持,建立起个性化的财务报告,形成满足多种用途的全面反映历史信息、实时信息及未来预测信息的财务报告体系,实现会计信息披露多元化[③]。

人工智能利用庞大的共享综合数据库,进行深入的机器学习,在提供信息使用者所需分析报告的基础上给出基于算法推荐下的最优的决策参考。未来,随着人工智能的深度发展,财务智能机器人或许可以进一步消除财务人工作业流程,基于强大的深度学习能力、计算能力和反应能力,像人类一样进行自主信息搜集、信息分析,并代替人类做出经营决策。

10.3 智能会计业务流程应用场景

企业通过建设智能财务会计平台来实现对会计业务的全流程管理。智能财务会计平台与企业 ERP、OA 系统等互相连通,对业务、财务、税务信息进行及时准确的捕捉,同时利用 RPA 财务机器人技术、数据分析技术等对捕捉到的各类数据进行加工和处理,输出管理者所需各类信息;智能财务会计平台还可与外部系统建立连接,如银行、税务局、供应商等,实现信息共享,加强协同协作,打破信息孤岛,降低信息不对称程度,提高企业运行效率。基于企业内外部的互联互通,智能财务会计平台能有效进行供应链管理、资产

[①] 李光凤. 利用 BPR 再造财务会计流程 [J]. 商业研究, 2004 (3): 65-67.
[②] 刘勤, 杨寅. 智能财务的体系架构、实现路径和应用趋势探讨 [J]. 管理会计研究, 2018, 1 (1): 84-90+96.
[③] 刘汉文. 业务流程重组理论与会计业务流程重组 [J]. 现代管理科学, 2003 (12): 63-65.

智能会计

管理、费用报销管理、信息管理、税务管理、资金管理、报表和档案管理。

10.3.1 供应链管理

在企业内部，往往会有较成熟的 ERP 系统，用于内部信息化、标准化管理，但是这些系统只能对内管理，不能与其他企业的系统进行无缝便利的信息交互，这堵无形的"防火墙"，阻断了企业的"互联网+"道路，也给供应链管理带来了诸多问题。传统邮件、电话、微信的沟通方式费时费力，一旦出现问题不易溯源，需要反复沟通确认；企业间结算对账信息不能及时有效地透明共享，各自为战，容易导致信息不对称、数据不统一；由于信息的不对称、沟通方式的落后，责任划分不清，一旦出现问题，极易产生冲突；传统的结算对账方式岗位多、流程多、系统建设不完善、信息化落后，影响了工作效率；业务流程和财务之间的数据是隔离的，财务部通过数据抽取、分析、展现等都是事后分析，财务没有对业务形成洞察力和控制力。

因此智能会计时代，需立足核心企业，构建订单协同、合同协同、物流协同、发票协同、结算对账协同的供应链综合服务平台，将计划、采购、生产、分销、服务等活动紧密衔接在一起，实现企业内部产供销、业财税一体化；通过社会化协同，将上游与下游企业涉及的供应商、生产商、分销商，以及电商、物流服务商等企业间的商流、物流、信息流、资金流形成一体化运作；通过开放的生态融合服务，为企业提供更多的供应链服务。从而不断提升企业供应链管理水平，保证供应链稳定，实现敏捷供应、高效协同。供应链管理总体框架如图 10-1 所示。

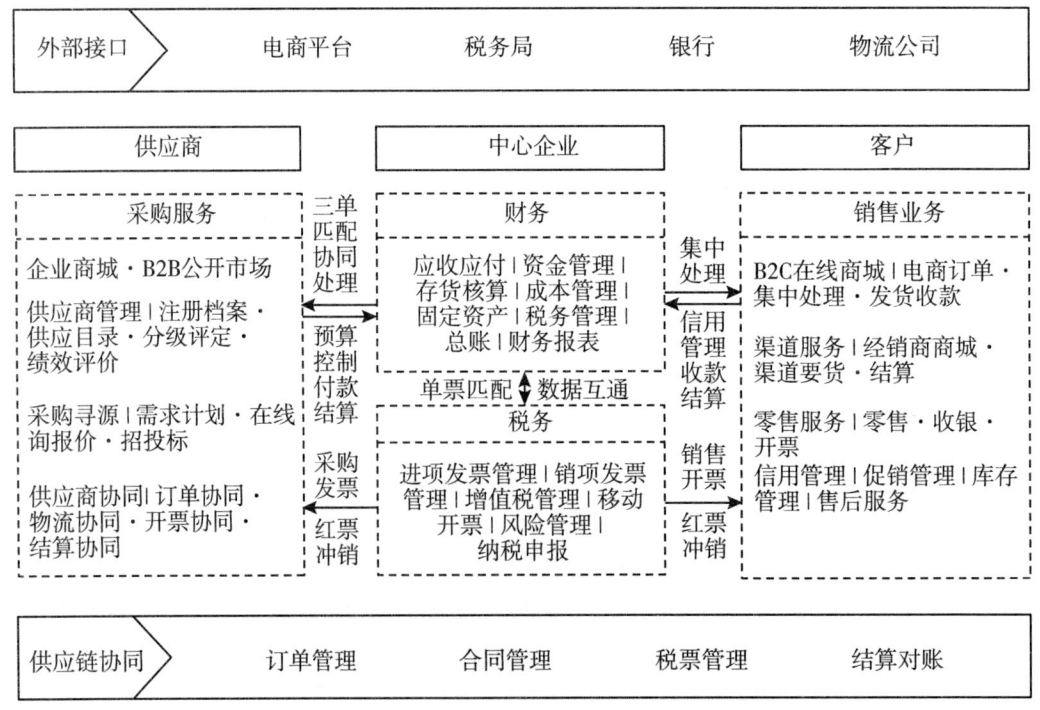

图 10-1 供应链管理总体框架

第10章 智能会计业务流程

从采购活动看,在传统采购模式下,需要经历询价、报价、请购、审批、下单、收货、付款、报销等环节,流程冗长,效率低下。采购活动从寻源环节就遭遇种种困难:采购物资种类多、乱、杂,供应商分散且数量多,采购员作业压力大;供应商寻找难度大,采购批量、价格、交期缺乏协作,企业采购成本高,供货质量难管控,进而影响企业成本;企业难以广泛寻源,采购策略优化空间不足,采购执行不透明,采购跟踪效率低。到开票接收环节,发票数量多,人工操作工作量大,烦琐易出错,效率低下;线下与供应商、经销商之间进行核对交涉,交涉及错票重开时间成本高;无法及时统计发票数据,运营情况掌握难度大。最后在结算付款环节,因发票接收延迟,导致付款期时间紧张,有时甚至超过付款期限,存在结算风险。针对以上问题,智能会计供应链服务平台实现全品类、全流程线上化、可视化、全覆盖,提升和整合采购管理能力。首先全网寻源,降低采购难度和复杂性。建立起整合电商平台、资信平台的统一采购门户——企业商城,在线询价报价、在线招投标、在线采购下单,平台支持大数据高性能交易处理和智能化匹配推荐,让采购交易更简单。其次进行供应商管理,建立起供应商准入申请、分级认证、交易画像、绩效评估、黑名单、退出等全生命周期管理体系,在线记录交易数据,实现采购交易可追溯,形成稳定可信的供应商关系。然后互联互通,实现全流程协同。通过云端接口,上传订单、物流、发票等信息,与供应商实现合同协同、订单协同、物流协同、开票协同、结算对账协同,提升采购业务、发票业务处理效率,加速供应链周转效率,节约人工和时间成本,提升行业竞争力。最后在企业内部进行智能化、自动化的发票处理、记账、结算、对账处理,打通业财税之间的障碍壁垒,实现数据的集成和共享,并在业财税数据的基础上进行可视化的数据分析,为管理决策提供支持。

从销售活动来看,通过全渠道业务中心,将B2C商城、渠道服务、零售服务纳入一个体系进行上下游订货协同、库存共享、在线对账等业务协同,赋予整个渠道网络协调性,以对抗风云变化的市场不确定性。全渠道业务平台将促销、返利、信用控制变得灵活而多变,不同经销商给予信用政策,不同产品给予不同价格政策,让市场政策能够第一时间抵达渠道终端,让经销商能够随时随地知晓自身的返利信用余额情况,使渠道数据透明化,构建起企业与经销商的利益共同体。在企业内部实现线上线下业务订单处理、发货、售后、开票管理、收款及运费对账等业务的在线化、自动化,满足企业的大批量订单业务处理需求,全面提升企业销售业务处理效率。

1. 采购流程

具体来看,采购活动在企业内的业务流程如图10-2所示。其他部门向采购部门发送采购需求,采购部门在预算范围内通过企业商城向供应商下单。供应商接收订单并根据订单发货,通过与物流公司的外部接口,供应商与企业能实时共享物流信息。企业收到货物后,将货物验收入库,编制入库单,并与合同、订单生成对账信息,与供应商连接,在线对账协同。供应商根据业务系统结算信息,直连税控,一键开票,其中开票规则与税收分类编码预置,无须手工录入,避免由于人工操作,出现开票项目不对、订单号不对、金额不对等各种意外情况。企业收到纸质发票,利用OCR技术对发票批量扫描,通过超高识别率的深度学习智能识别,采集发票电子信息,并快速配单,同时对电子发票和已扫描批量自动验真,返回全票面信息,将发票电子信息、影像及配单关系回传智能财务会计平

智 能 会 计

台。RPA 机器人流程自动化功能抓取采购订单、入库单、发票信息进行三单匹配，并在信息相符的情况下触发规则，自动生成结算单并记账。与此同时，税务系统通过外部接口与税务局电子底账库联通，支持扫描认证和底账认证，可按企业要求智能选择认证方式、自动认证，并对异常发票及时预警。最后根据结算单通过网上银行或银企互联发起付款结算，形成采购活动完整闭环。

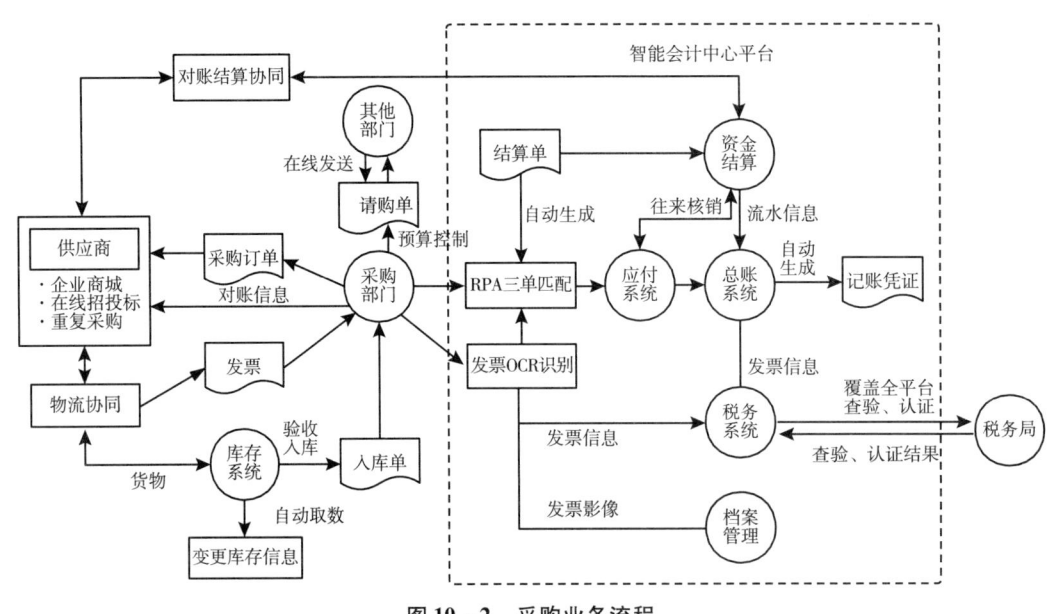

图 10-2　采购业务流程

2. 销售流程

销售活动在企业内的业务流程如图 10-3 所示。客户下达订单，销售部门在线实时查看库存情况，通知生产部门及时生产或直接通知仓储部门发货，并与客户建立物流协同，

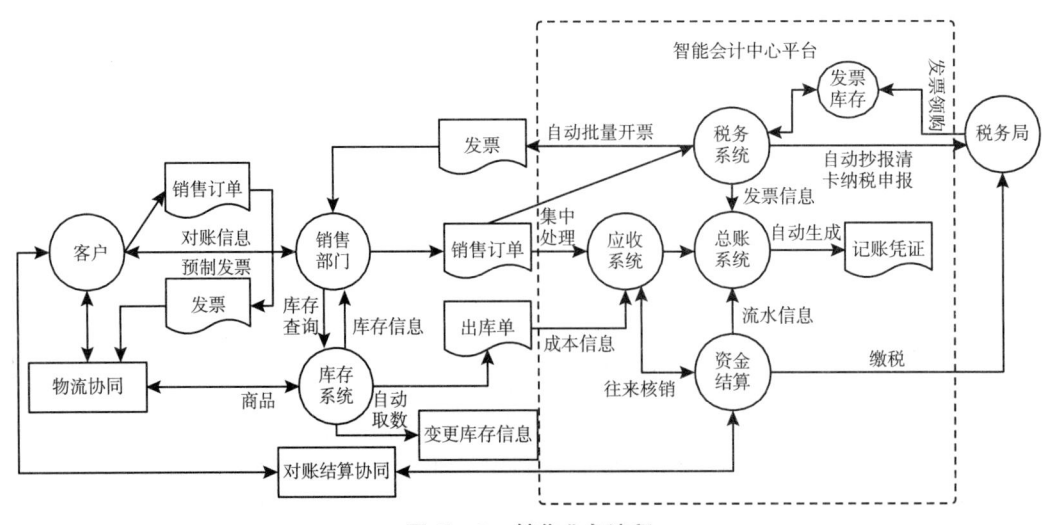

图 10-3　销售业务流程

第 10 章 智能会计业务流程

共享商品物流信息。根据销售订单、出库单和客户共享的对账单,完成智能对账和差异预警,提高对账环节的效率和准确性,支持 RPA 机器人流程自动化功能批量生成发票,开票与合同关联,有效防范发票错开风险。税务系统通过税控设备直连开票,并与税务局的外部接口在月底自动抄报清卡。智能财务会计平台制定统一收入确认规则,业务单据触发自动生成收入凭证,库存系统根据出库单自动进行存货成本核算,生产凭证并记账。最后通过网上银行或银企互联完成与客户的收款结算。

通过供应链综合管理服务平台,打破企业间的传统边界,支持供应链上下游有效多方协作交易,信息共享,数据互通;在企业内部,横向打通以往断开的环节,实现产供销、业财税一体化,数据融合,打破信息孤岛。来自企业内外部的数据经过多维度、多层次、自定义的分析加工,为企业提供个性化的决策支持。例如,在生成销售订单时,订单上会添加一个跟踪项,跟踪项是用来跟踪每一笔发生业务的具体分类,这个分类标准是由用户出于管理和会计核算目的自定义的跟踪类目。例如项目、成本中心、产品线、销售代表等。销售单标记跟踪项信息后,用户在后期可以分别从一个跟踪项或多个跟踪项组合的角度分析销售收入、收款、利润等情况,便于用户从各种角度或维度分析、管理和控制销售业务。所有的跟踪项信息是可以携带至总账会计凭证中的,也方便会计人员从不同的核算维度对会计科目进行核算,并编制管理报表。采购、生产、销售、库存等业务协同,通过单据追溯可以联查所有上下游单据,实时掌握各环节进展情况,使数据能够穿透式查询,财务数据不再是一个个的数字,而是具体的、有迹可循的业务活动。基于供应链上下游物流、信息流、资金流和价值流的集成,在业务协同基础上追求包括战略合作伙伴关系、协同运作管理的各层次的战略管理协作,打造供应链独特的核心竞争力。据此做出的管理决策既具有战略高度,又拥有落地之基。

10.3.2 资产管理

对于集团企业或者大型制造业企业而言,它们通常拥有大量资产,但对于资产的管理却相对匮乏,部分企业甚至仍采用原始的表格来管理和盘点资产,或即使采用了资产管理系统,由于无法满足资产管理每个环节的需要,很多环节依然需要人工录入数据,在需要的时候仍然需要手工进行汇总和数据分析。并且资产分散在不同地区、不同部门,集团统筹管理难度大,存在资产闲置和处置不规范等问题。除了日常的固定资产管理工作,集团每年的固定资产盘点也是一项巨大的工程,为了实时监管集团整体的固定资产情况,总部需派出固定资产盘点小组进行逐一盘点,耗费大量人力、物力,但效率和准确性不高,还增加了企业的管理成本。此外,由于资产分散化、信息共享不充分,资产管理部门和财务部门之间往往存在"信息孤岛",从而可能造成单位资产的最终财务统计信息失真、账实不符。

随着物联网等技术的出现,企业资产管理出现了新的解决方案。智能化资产管理系统在信息技术、物联网技术、智能控制技术的基础上,采用条形码技术、RFID 等定位识别技术,能实现对企业的资产从预算管理、采购管理、入库管理至日常的修理维护、计提折旧、出库管理再到处置管理进行全生命周期的动态管理[①]。其中主要依托的是 RFID 技术。

---

① 雷亚敏,杜剑,黄晓静. 智能资产管理软件的应用现状研究[J]. 全国流通经济,2019(32):43-44.

智能会计

RFID 是自动识别技术的一种，通过无线射频方式进行非接触双向数据通信，利用无线射频方式对记录媒体（电子标签或射频卡）进行读写，从而达到识别目标和数据交换的目的。RFID 与条形码相比优点在于：RFID 采用电子芯片存储信息，可以免受外部环境污染，同时其数据可以通过编码实现密码保护，其内容不易被伪造和更改；RFID 标签的容量可以做到二维条码容量的几十倍，可以随时记录物品在任何时间的任何信息，并且可以很方便地新增、更改和删除信息，满足信息量不断增大、信息处理速度不断提高和信息反馈即时性增强的需要。条码一次只能被扫描一个，且要求条码和读写器的距离较近，而 RFID 采用的是无线电波进行数据交换，RFID 读写器能远距离同时识别多个 RFID 标签，并可通过计算机网络处理和传送信息。基于以上特点，RFID 能够帮助企业自动采集资产信息，实时进行数据更新，快速构建完整的资产信息链条，解决资产实物清查的瓶颈问题，大大提高清查效率，同时也增加了资产形态方面的管理，有效解决了企业资产的管理难题，使企业更轻松、更有效地管理资产。

如在盘点管理方面，系统可通过区域布设的基站自动盘点绑定有 RFID 标签的资产，管理员也可使用手持数据采集终端进行盘点。然后按状态、部门、人员、位置等信息建立盘点表，在盘点作业后将数据同步到数据库中心，资产管理系统会自动对数据库中资产的存储信息和盘点的数据信息进行核对，若盘点结果与数据库数据不符，系统会自动显示出差异资产信息供相关人员进行处理核查。在出入库管理方面，通过在资产存放位置的出入口安装信号基站，当附有 RFID 标签的资产经过出入口时，系统会自动在数据库中产生资产出库、入库记录并生成相应的出入库单；操作人员也可手动增加资产出入库信息。系统根据信号基站采集的信息以及管理员录入的出入库信息，还可自动修改对应资产的出入库状态以及库存信息[①]。

1. 固定资产管理

固定资产管理系统涵盖资产的入库、领用、借用及归还、变更、转移、调拨、报废、维修等过程，可用于企业进行固定资产的精细化管理，并提高固定资产的利用率，使企业能够实时监控资源的使用和流动情况，从而保证实物与账面相符。固定资产管理流程如图 10 - 4 所示。

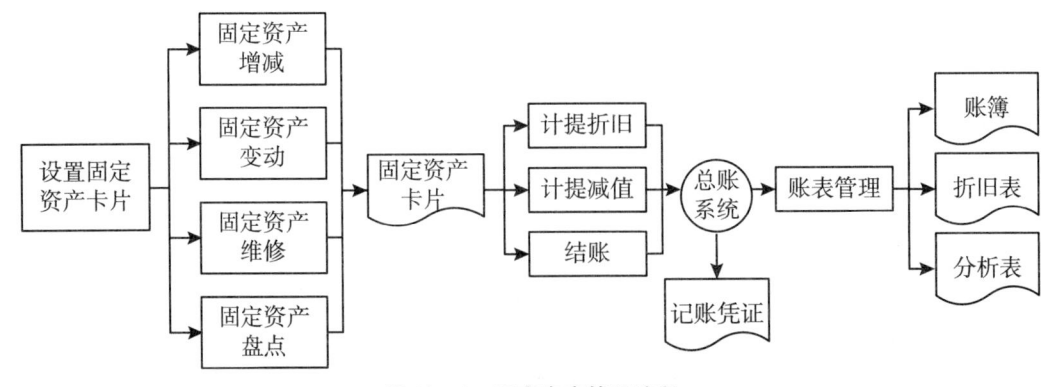

图 10 - 4　固定资产管理流程

---

① 王海涛. 神东煤炭集团智能资产管理系统的设计与展望 [J]. 陕西煤炭，2018，37（2）：148 - 150 + 154.

第10章 智能会计业务流程

当企业采购了新的固定资产时,财务人员在系统中设置固定资产卡片,录入固定资产及资产库存信息,并将数据导入 RFID 标签卡中,标签卡可贴在相应资产上,实现账面信息与实物资产信息相关联。对于固定资产日常的领用、借用、退回、调拨、维修等作业申请,可自动生成对应的申请操作记录供资产管理员查看,从而进行审核和驳回,规范了资产使用流程,避免了资产流失的情况出现。在资产盘点时通过 RFID 的实时数据采集,实现对资产信息的快速登记和实时更新,同时自动保存盘点历史记录,并可随时查询,生成各种不同的盘点结果报表,如盘盈、盘亏、库存、位置报表等。在财务系统中,根据预设的规则自动对固定资产计提折旧和减值并生成记账凭证。相关人员可以在系统中通过资产台账功能查询当前资产的使用状态,实时了解资产的更新情况,保证账、卡、物一致,有效发挥资产使用价值。结合 RFID 实时传输的实物数据和财务系统中的记账信息,能够根据管理者的需要生成不同的分析表,推动企业资产使用部门、财务管理部门、资产管理部门等部门之间固定资产管理信息的互通共享,促进部门之间信息的准确对接,保障企业固定资产财务信息的真实性和有效性,为资产管理、成本管理和预算管理提供信息支持。

2. 库存管理

随着企业业务的不断发展,多组织、跨区域库存管理问题日益增多,如库存动态掌握不及时、库存占用不合理、全局库存难掌握等,如何更好地管理并及时掌握库存动态是企业库存管理者需要思考的问题。企业的存货管理系统需与采购系统、销售系统、生产系统、财务系统等建立密切关联,互相传递、共享信息,打破不同系统间的信息孤岛,构建起信息、数据间的关联关系。企业存货有两种来源:一是外部采购;二是内部生产。存货入库时采用选定的物品编码方案对入库物品进行编码,并把编码信息写入电子标签,考虑到标签成本,为了方便电子标签的回收,一般采用悬挂的方式把标签固定到物品上。如果不回收则可以采用粘贴方式固定。基于此可实现批量录入资产,只需要由 RFID 设备自动扫描入库,就可将存货的入库信息同步更新到后台,从而提升入库效率。销售部门和生产部门领用存货时也能同样批量出库,自动生成出库信息,并更新存货总量。借助存货电子标签,能实时监控存货的数量及位置,实现企业全局库存透明可视,合理分布,全局调配。每次存货出库,RPA 财务机器人都会根据出库信息自动计算存货成本,按照预设好的规则进行成本分摊,并在系统中自动生成凭证并记账。管理者可以在系统中同时查看所有仓库分布,实时查询安全库存、最高库存、最低库存、可用量,及时掌握库存现状。临近采购到货或超期未到货时,系统会及时发送预警消息,有效指导企业及时发现短缺物料,及时采购。通过多维度库龄分析和定期存货盘点,全景展示物料在库时长,避免出现产品滞销或者因被遗忘而出现大量的临期产品,有效指导采购政策。基于全局库存可视化,企业可以实时掌握产供销全局动态,及时制定采购、营销策略等。具体的存货管理流程如图 10-5 所示。

智能会计

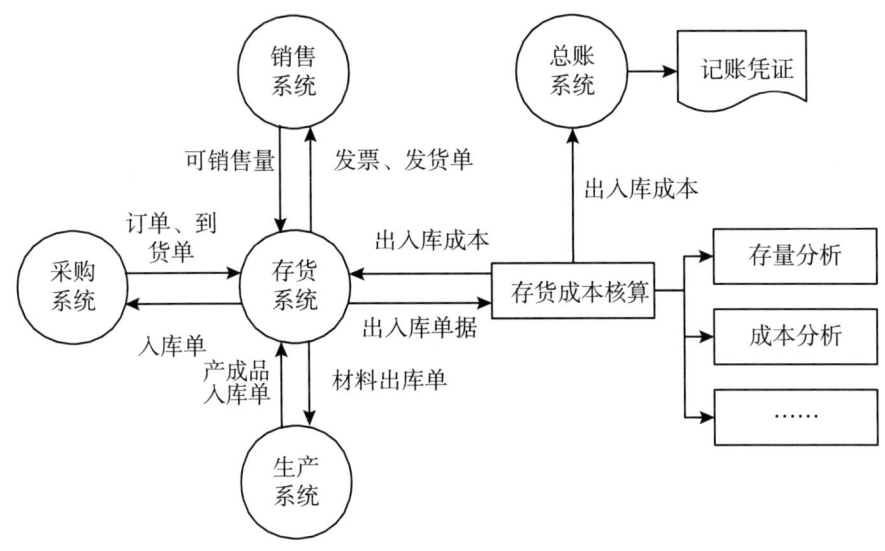

图 10-5 存货管理流程

10.3.3 费用报销

费用报销是企业会计人员工作量最大的业务之一，涉及的员工、事项、单据数量多，工作繁杂琐碎。费用报销关系着企业和员工的"钱袋子"，是影响企业持续经营的重要业务。然而传统费用报销流程复杂冗长，"员工难、财务累、领导烦"，同时无法有效实现费用控制，不利于企业管控，无法满足企业管理需求。

传统企业费用报销一般要经历以下几个环节：费用申请→费用报销单→业务领导审批→部门经理审批→成本会计审批→资金审批付款，费用报销需经多环节流转，报销周期长。发票是报销的依据，发票邮寄、粘贴、报销、录入等工作会花费企业大量的人力、物力，发票造假、单据遗失损坏、手工报账单据填写不规范等都会降低报销效率，造成人、财、物的浪费。大量纸质文件在企业不同部门、不同单位流转，进行手工签字审批，影响工作效率[1]。发票、单据等在财务部门进行票据信息录入，需要大量人力和时间的投入，随着企业规模扩张、业务数量增加、复杂程度提高，财务部门只能靠增加人数来处理堆积的报销业务，增加了企业的运营成本。此外，财务部门会在年初协同各个部门进行预算的编制，之后每个月末再对各项预算的执行情况进行分析，然而由于是每个月末进行分析，而且在费用的报销过程中，缺少对预算符合性的核实，因此造成了费用预算管理的滞后性，使预算管理的效果大打折扣[2]。

智能会计下费用报销引入人脸识别、智能语音、OCR 识别、票据实时认证、商旅对接等新技术手段，通过流程重构，业务自动化处理大幅提高报销业务处理效率。改进人机交互方式，提供移动报销等渠道，员工可实时查看报销进度，提升员工报销体验。突破时间与空间的局限，实现高效精准沟通、及时业务处理和敏捷决策管控。不仅关注企业的内部互联，更加关注企业的外部互联，深度整合电商、商旅、交通、银行、税务局等第三方服

---

[1] 程平，王文怡. 基于 RPA 的财务共享服务中心费用报销优化研究 [J]. 会计之友，2018 (13)：146-151.
[2] 李悦恩，卢炳乾. 财务共享下企业费控问题探讨 [J]. 现代营销（经营版），2020 (12)：230-231.

第10章 智能会计业务流程

务,打通以财务为核心的企业内外生态链。

1. 总体报销流程

智能费用报销总体要经历以下环节,如图10-6所示。

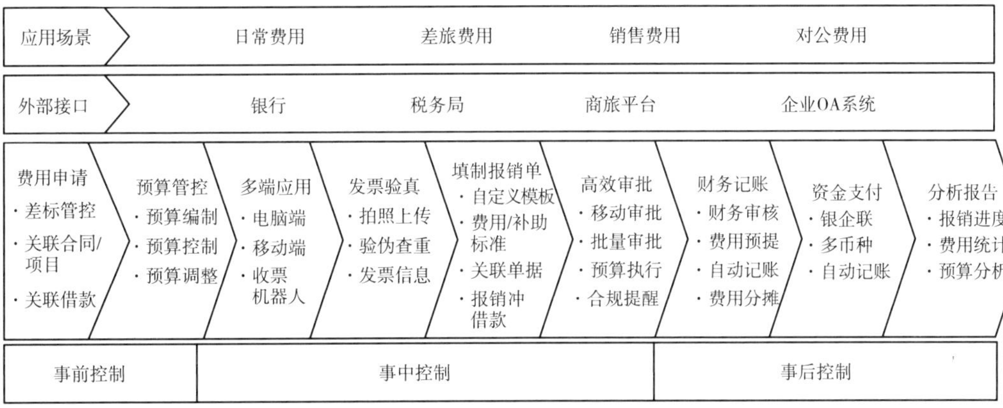

应用场景	日常费用	差旅费用	销售费用	对公费用
外部接口	银行	税务局	商旅平台	企业OA系统

费用申请	预算管控	多端应用	发票验真	填制报销单	高效审批	财务记账	资金支付	分析报告
·差标管控	·预算编制	·电脑端	·拍照上传	·自定义模板	·移动审批	·财务审核	·银企联	·报销进度
·关联合同/项目	·预算控制	·移动端	·验伪查重	·费用/补助标准	·批量审批	·费用预提	·多币种	·费用统计
·关联借款	·预算调整	·收票机器人	·发票信息	·关联单据	·预算执行	·自动记账	·自动记账	·预算分析
				·报销冲借款	·合规提醒	·费用分摊		

| 事前控制 | 事中控制 | 事后控制 |

图10-6 智能报销总体流程

员工在线提交费用申请,并建立起费用申请与合同、票据的关联。运用规则检查、预算控制将企业财务管控前移至业务发生环节,使所有费用支出合理合规,费用报销系统通过强大的规则引擎,自动识别风险费用并给予提醒警告。费用发生后,员工可通过电脑端或移动端进行在线费用报销,借助智能语音、OCR深度识别、票据自动认证等新技术采集上传发票信息,对发票自动查重验真,防止出现虚假发票、重复报销。根据费用申请自动生成或自行填制报销单,利用内置报销标准和预算规则,控制单据类型和报销金额。管理者可以在OA系统中直接看到报销任务提醒,通过邮箱及手机应用实现报销管理的移动办公,消除时间、空间限制,同时在系统中设有合规预警辅助审批,提高了审批效率。强大的财务中台服务,为前台交易提供入账、结算的支持,单据发票等线上传递到智能财务会计平台,由RPA财务机器人自动记账并进行费用分摊。借助银企直联,实现自动、批量转账支付。费用报销系统中记录了公司的每一笔报销及支出,单据内涵盖了业务的多重属性,如部门、人员、项目等。管理人员及财务人员可以根据管理需要从不同的角度分析企业内部管理支出的构成,明细了解各项目、成本中心、产品的费用支出情况,也可以对不同产品、不同项目做费用支出横向对比。在全面了解企业实际的支出成本构成情况的同时,系统内可以从多个角度做成本支出的长期趋势分析、预算执行分析及预警,为企业的管理决策提供有力的数据支持。

2. 差旅费用报销

差旅费用报销是企业费用报销中的重要一部分,也是自动化技术使用最广的流程(见图10-7)。企业内差旅费用报销大致可分为两类:一是员工下单,企业垫付;二是员工垫付,事后报销。分别来看一下两类的处理流程。

智能会计

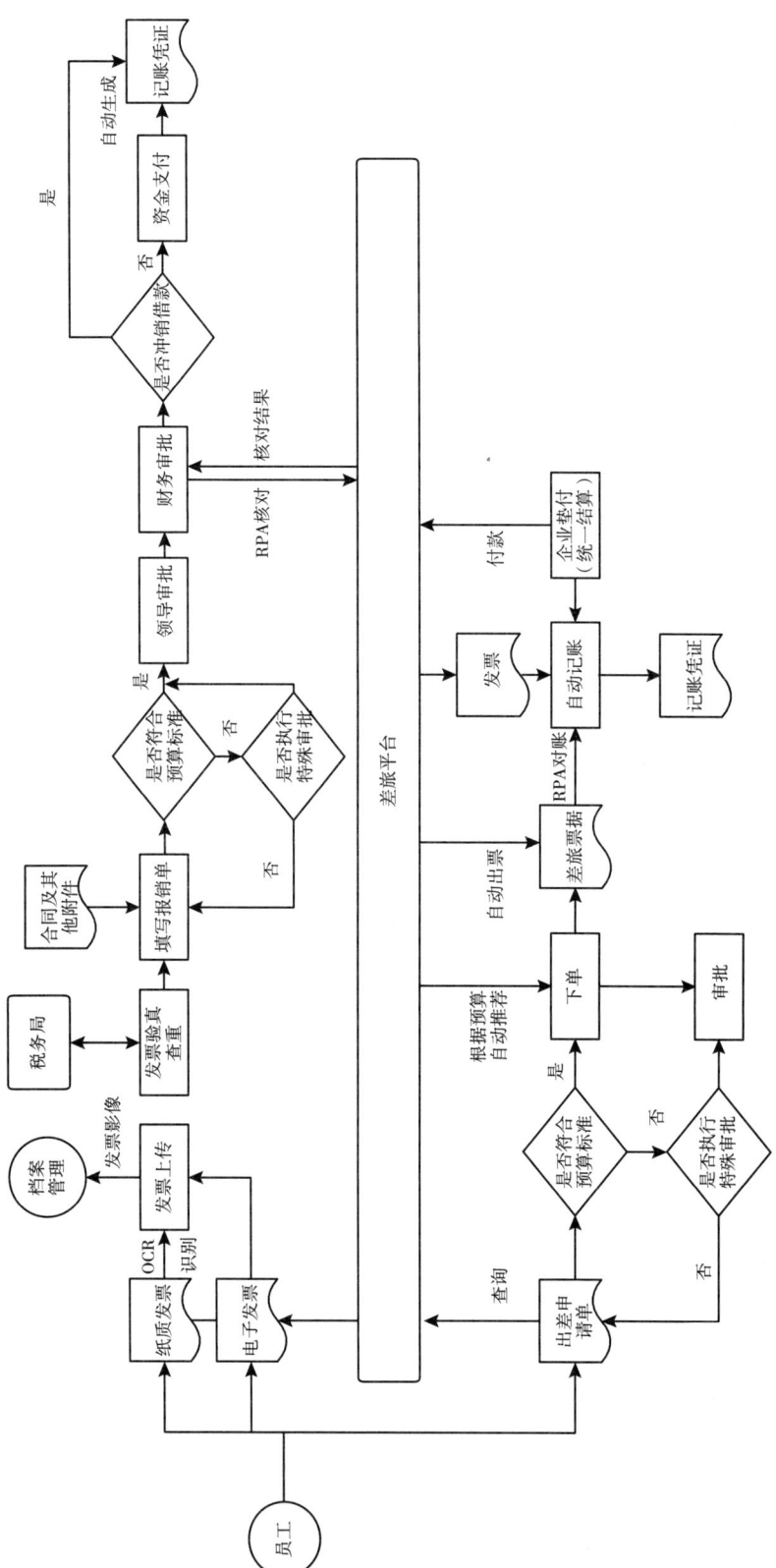

图10-7 差旅费用报销流程

第 10 章 智能会计业务流程

（1）员工下单，企业垫付。企业搭建起差旅平台，通过应用程序接口，接入多个外部商旅服务平台，在此平台上实现自动比价、自动下单、自动对账、自动结算。员工在差旅平台上填写出差申请，系统根据行程的时间、地点、预算等规则，自动为员工推荐最优行程方案，然后在系统内下单。如果存在超出预算的情况，员工可以申请执行特殊审批，待审批过后再下单。平台自动出票，出票成功视为订单完成，企业与供应商统一结算（如按月结算），无须员工垫付。系统自动根据订单记录生成清单，并与供应商对账，对账成功的订单自动记账生成凭证并向供应商申请开票，线上收到发票后进行发票查验、认证等操作。

（2）员工垫付，事后报销。员工将差旅过程中产生的纸质发票，通过 OCR 扫描识别并将发票信息和影像上传到报销系统，如果是电子发票，可通过微信卡包、本地导入方式等进行发票上传。系统识别发票信息并自动对发票进行查重验真，防止发票重复报销或者发票造假。员工可根据之前出差申请单自动生成报销单，也可在系统中填制报销单，支持语音填单和移动端随时填报，报销单中添加发票、合同等附件，建立关联关系，实现业财税融合。报销单执行预算控制和审批环节，实现对差旅费用的监控。在转账支付前，系统自动判断当前业务人员是否还有借款未归还，提醒业务人员在报销时冲抵借款金额。财务人员也可以随时在系统中查看企业整体的借款情况。付款信息被转换为符合网络银行接口标准的文件输出，并导入网络银行系统，完成支付。财务人员在费用报销系统内对已经完成的报销或支出做进一步的成本分摊，然后根据核算规则自动完成记账凭证的转换生成，将业务信息对应到总账系统。通过对费用报销系统和总账系统数据的分析，企业可以分别形成业务口径和财务口径的成本核算数据。

除以上报销流程外，还可根据累积的员工报销数据，对报销人员进行信用评级，根据信用评级进行以后报销业务的处理。如华为的信用审核机制，华为给每个员工建立了初始分为 80 分的诚信档案，以后每报 1 笔无误或有误的费用就加 1 分或减 1 分，最高加到 120 分。这个分值会决定个人费用报销被审计抽查的概率。80~90 分的审计抽查比例为 20%，90 分以上的为 10%，100 分以上的为 5%。80 分以下的全部由审计报销后复核，低于 70 分的全部由财务报销前审核。如果审批有误，审批领导须承担连带赔偿责任，且还有可能停止其 3 年的审批权。如要恢复其权力，则须自费请 2 名注册会计师对其过去 3 年所审批的报销单做审计，并承担不当报销的连带赔偿责任。

通过费用报销系统的实施，企业可以解决手工报销审批难、速度慢的问题，减轻了财务部门工作量，极大地提高了企业内部工作效率，实现了内部管理的电子化、规范化、精细化、透明化，提升了管理水平。同时，系统的实时监控分析功能使各级管理部门可以及时有效地从多方面了解企业的运行情况，及时发现并解决实际问题，保障了成本控制符合前期设定的目标，为企业控制成本规模、提高资源使用效率做出了突出贡献。

10.3.4 薪资管理

员工薪酬是企业运营的重要成本，在企业管理中占据重要地位，然而以往用 HR 系统来人事管理和薪酬核算存在诸多问题，如员工的管理与协同是割裂开来的，每次登陆需要账户和密码来回切换，HR 系统和财务系统的数据相互隔离，所有的数据仅存在各自的系统或者 Excel 表格里。业绩数据和工资表的审批要来回核对、沟通、签字，需要人工确认、跟进进度，部门协同花费时间长。薪酬、个税计算工作量大，耗费大量时间、精力但仍容易出现错误。自新个税政策实施以来，工资个税专项附加扣除的内容有所增加，加大了个税核算的难度。为解决以上问题，企业的薪酬管理系统需要进行智能化升级。

智能化的薪资核算管理系统与 HR 系统相兼容，可以直接从中获取员工信息，并且和钉钉等办公软件全面打通，可以与智能人事考勤等结合计算工资。系统支持灵活的工资项目定义，利用共享数据实现工资核算的自动化，支持核算结果多级审核，大大减轻工资核算工作量，减少核算错误率。系统后台同步更新社保公积金新政策，支持"员工专项附加扣除和其他扣除"，算完薪资根据职工薪酬表自动计算个税并生成社保增减员单、人员信息表、个税报表，并与国税系统打通，在系统内直接操作个税扣除。利用企业 OA 系统或钉钉等办公软件向员工直接发送工资条，既高效又便捷。通过数据查询，可以进行月度、年度薪资回顾，支持决策的自定义报表与预定义报表，各类数据报告、成本分析报表一键呈现，可快速完成组织效能分析、组织员工画像和流动率分析、人力成本分析等，提高企业人才管理效能。具体的薪资管理流程如图 10-8 所示。

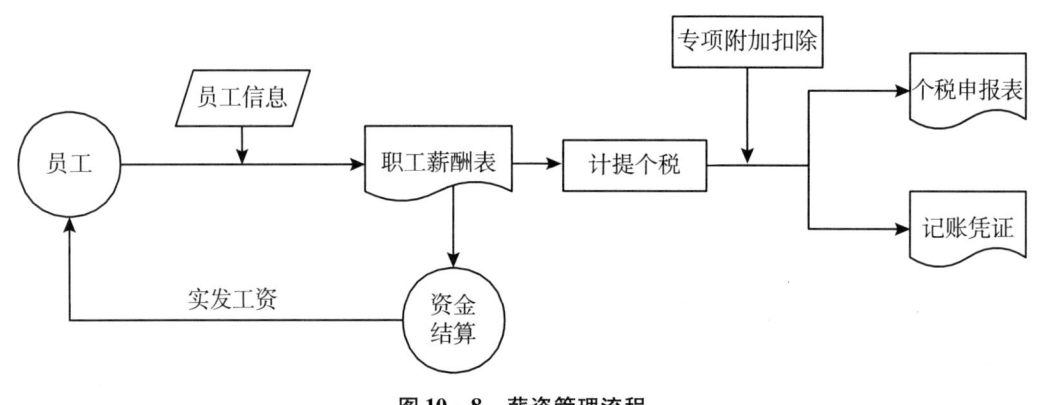

图 10-8 薪资管理流程

10.3.5 税务管理

在全面实施推广"营改增"后，我国现存 18 个税种、上百种地方附加费用。加之"后金税四期"多项举措并进，我国税收征管和涉税风险管理体系正在向互联网化加速变革。而传统税务会计下管理流程不规范、涉税信息共享程度低、税务风险无处不在，企业需要进行税务信息化建设，打造全面、专业、安全的企业票、税数字化管理体系，支撑企业税务管理的转型和重塑。智能会计通过信息化的手段规划税务管理的流程，将涉税相关业务逐步信息化、线上化、数字化。一方面实现自动化、智能化、标准化的处理，降低涉税成本；另一方面建立税务风险预警机制，提高税收风险管理效能。基于大数据、人工智能的智能财税服务，实现票据自动识别、语义解析、自动记账、机器审核、自动对账甚至一键报税等税务管理新模式。税务系统根据具体规则，一次定义，持续、高效地运作，操作简单，极大地提升财税工作的效率，降低人为失误，帮助企业解决手工开票和发票查验效率低、税种管理不够系统化、涉税风险管控力度低等问题，完

第10章 智能会计业务流程

善企业的税务管理职能。

如图10-9所示,智能化税务管理系统通过应用程序接口,对内连接企业ERP、OA、财务系统,打通业务端、财务端、税务端,实现三端异构系统无缝对接,业财税管深度融合;对外与税务查验平台、认证平台、电子税务局等建立联通渠道,实现企业内外部、全流程的税务信息传输与共享。此外,系统从发票服务、税种管理、纳税申报、风控决策几个角度出发,对公司的税务业务进行全面有效的管理,确保企业效率提高、税务合规、风险可控。

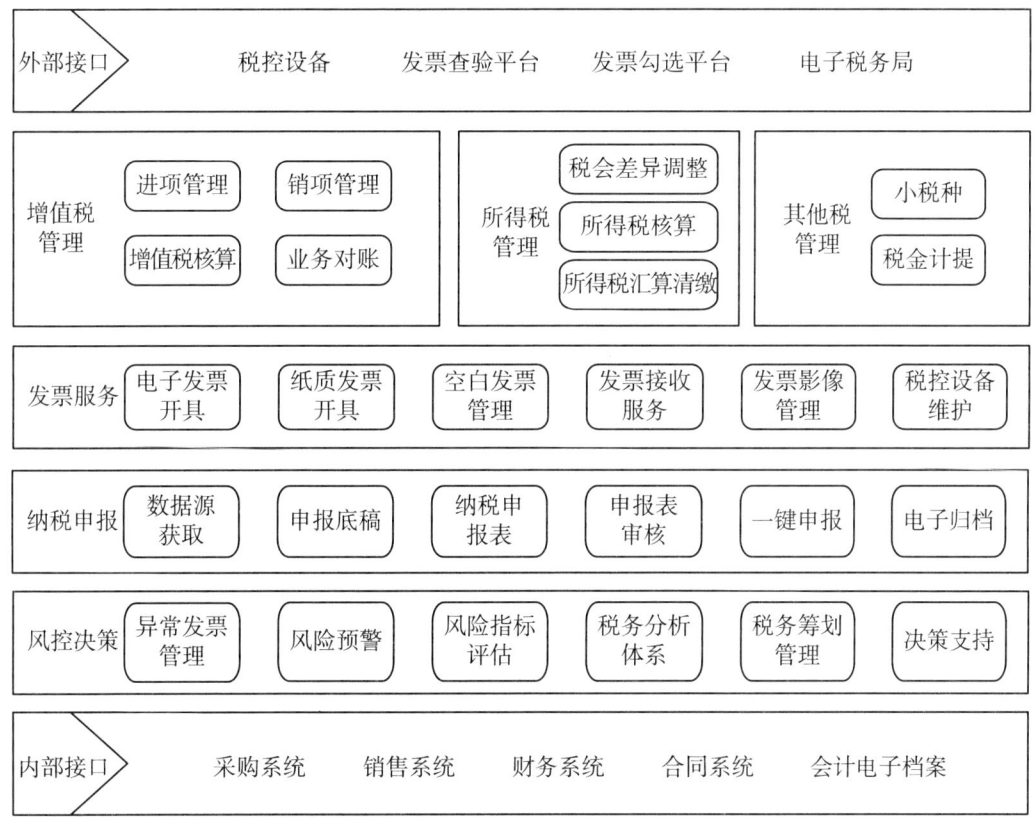

图10-9 税务管理总体框架

税务系统通过进项、销项两方面对企业可能涉及的增值税进行有效管理,提高效率,减少占用财税人员的时间的同时还大幅降低了人工错误率,提高了税务处理的准确性。通过对增值税、企业所得税、其他小税种等的全面管理,企业过去各税种的信息孤岛情况被改善,使企业能够从更全面、更综合的角度管理企业税务。通过平台中发票管理模块,将开票、受票、发票检验、认证流程自动化、电子化。税务系统实时获取税务数据源,对税务数据进行自动加工处理,根据内置规则生成电子纳税申报表,一键申报打通企业到税务局的"最后一公里",把企业的税务流程中人为出错的概率降到最低,并且在极大程度上提高效率。最后在系统内根据税务政策变化实时更新相关处理规则,通过用内置指标对企业涉税业务进行实时监控,自动识别税务风险并进行预警。将税务数据生成的相关规则内

智能会计

嵌于税务系统,让各项税务数据自动生成,并通过合规性控制,最终输出纳税申报报表及税务分析报表,实现事前、事中、事后的有效管控及分析,为企业决策提供依据,将业财税管深度融合落到实处。进销项管理流程如图10-10所示。

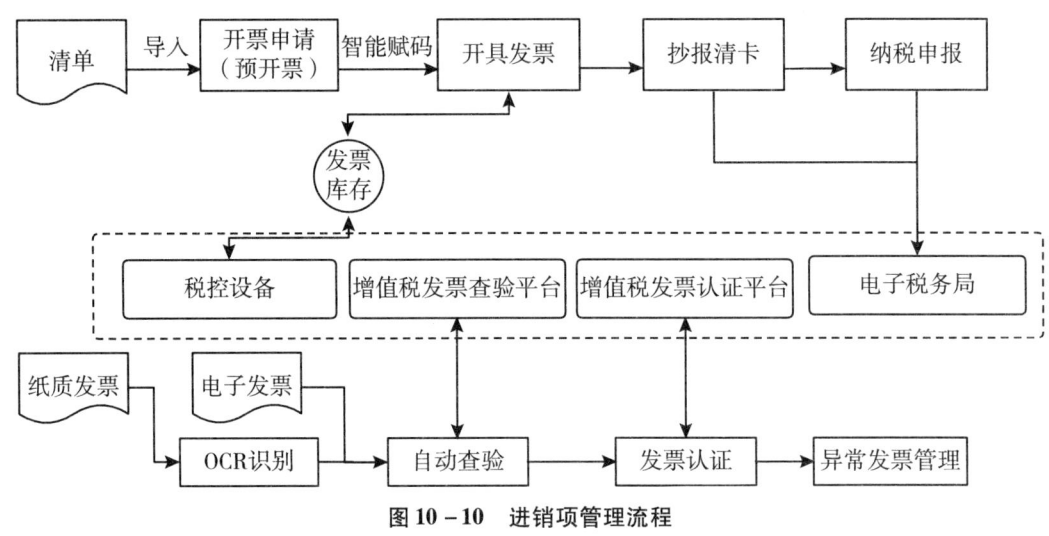

图10-10 进销项管理流程

1. 销项管理

传统税务会计模式下,企业发票领购、分发缺乏有效管控,容易存在缺票风险。企业开具发票所需的相关信息依靠人工录入税控软件,开具后的发票信息依靠人工回写录入ERP系统中,大型企业还需要针对多组织多机构实时统计开票数据,造成开票效率低下,人工错误率高,统计难度大。

而在智能税务管理模式下,系统能实时监控发票库存,开具发票时自动扣减发票库存数量,并在发票数量降低至预警线时自动发出预警,提醒财会人员及时领购发票。在开票环节,税务系统连接企业ERP,根据销售清单直接获取开票信息,无须人工干预,依据提前设定的规则还支持发票单的自动合并与拆分,然后直联税控系统开具发票。其中智能赋码功能可以根据开具发票时票面上的商品自动填写与税务总局核定的税收编码相关联的商品编码,提高发票开具效率。另外,税务系统可连接外部平台通过扫码等多种方式开具电子发票,并以接口、邮箱、短信等形式送达客户。每至月末,系统通过金税盘将上月开具发票数据上传到税务局系统,并将上月的开票数据清空为零,实现自动化抄报清卡。最后,系统可提供已开具发票、销项税额的及时查询,方便企业相关人员统计信息、做好增值税规划。

2. 进项管理

传统税务会计模式下,企业对进项发票没有建立起进项发票池,缺乏统一管控。发票查验工作量大、错误率高,效率低下。在进项发票认证环节企业收到专票后进行勾选认证的条件较多:纸质专票要拿到手、发票已记账或已付款等;实际勾选时要登陆税局勾选平台按照发票号逐一勾选,勾选效率低,占用财务人员大量时间,进项税核对难度大。

第10章 智能会计业务流程

智能化的进项发票管理下，通过OCR技术扫描纸质发票，采集发票的影像文件并自动识别发票信息，对于电子发票可利用RPA技术自动从邮箱中抓取并导入税务系统中。税务系统通过建立企业进项发票池、连接税务局电子底账库，自动对所有进项发票进行验伪查重，查验不通过的自动屏蔽，不允许进入进项发票池。支持对抵扣发票进行智能勾选，条件可以是采购已记账、报销已完成、报销已记账等，根据企业不同情况自由设定，税务系统与国税总局直联对接，并通过增值税专用发票影像文件进行自动认证。对于进项发票较多的企业，增值税专票自动认证极大地降低了人力成本，最大限度地提高了勾选效率。对于存在异常的发票，系统会发送异常发票提醒，通知财务人员及时处理。

3. 纳税申报

企业类纳税申报表种类众多，填报和报表编制工作非常繁杂，财会人员手动重复登录多个主体账号执行操作，整个申报流程耗时费力、易出错，容易造成申报质量下降。对于集团企业而言，各个子公司独立纳税，开票、进项、各税种申报缴纳都要一家一家上报，及时性和准确率难以保障，核对报表占用大量时间。如何解决烦琐的纳税申报流程中人工输入效率低下、易出错的业务难题，是每个企业不得不思考的问题。

智能税务系统在期末利用RPA财务机器人自动登录财务系统和税务系统，按照税务主体批量导出财务数据、增值税认证数据等税务申报的业务数据基础。通过进一步智能分析，系统自主匹配税务相关调整项以及纳税申报表的明细项，自动生成调整计算表，在明细中列示数据来源，并对潜在风险自动提示。财务机器人通过设定好的规则调整税务差异项，借助预置的校验公式进行报表的校验。然后根据计算表一键生成企业所得税申报表，并附以纳税调整事项说明书，税务系统与税务局进行系统对接，以达到纳税申报表提交的自动化。财务机器人根据纳税、缴税信息完成系统内税务分录的编制，自动进行递延所得税资产或负债的计算，完成系统内的入账，并发送邮件提醒相关责任人[①]。

10.3.6 资金管理

资金是企业运行的血液，智能化资金管理是企业实现智能会计中的重要一环。资金管理总体上可分为资金计划、资金结算和资金监控三个模块。资金管理流程如图10-11所示。

资金计划是对企业资金进行统筹规划，合理配置资源，平衡资金需求。通过与预算系统关联，结合企业预算编制资金计划，对资金使用实施事前控制；与应收应付系统、报销系统等关联，进行资金结算，并根据每笔收支记录实时更新资金计划执行情况；制定集团资金调度计划，将资金上划下拨，动态控制首付款。最后分析资金计划执行情况，为企业资金管理提供决策依据。

---

① 陈虎，孙彦丛，郭奕，赵旖旎. 财务机器人——RPA的财务应用 [J]. 财务与会计，2019 (16)：57-62.

智 能 会 计

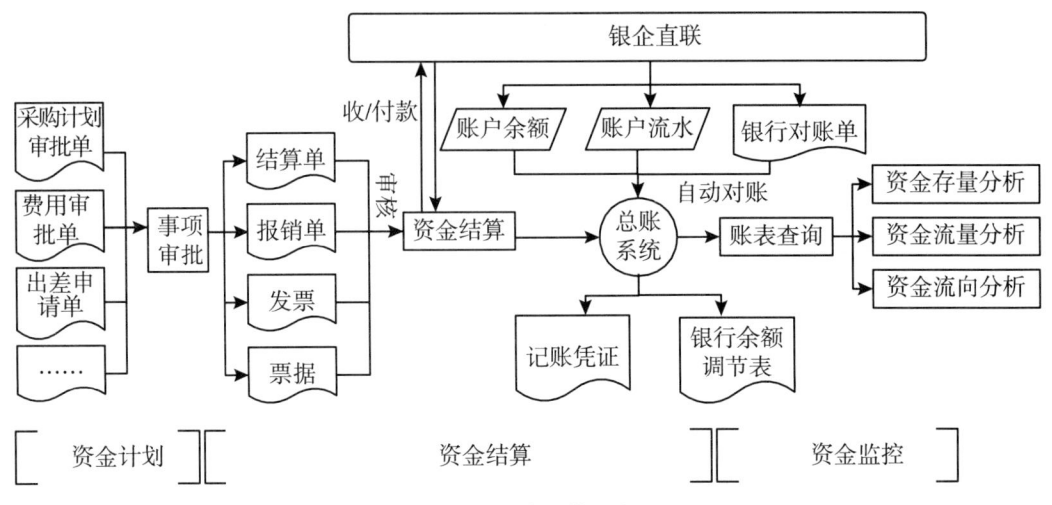

图 10-11 资金管理流程

资金结算是资金管理中最重要的环节，主要处理企业内部资金调拨和企业内外部资金收付结算。在集团内部建立资金总账户，将各成员单位的资金汇集到总账户形成现金池，再根据成员单位的需求拨付资金，根据集团对成员单位资金管理的控制要求，成员单位的分账户可以设立收入账户和支出账户，形成收支两条线的资金管理；或者不区分收入账户与支出账户，形成收支合一的资金管理模式。在资金收付结算方面，最主要的实现方式是银企直联。通过银企直联，智能财务会计平台的内部资金管理直接与银行互联互通，能实时进行单据支付、银行账户余额查询、账户交易明细查询、支付指令状态查询。提高企业付款、收款业务处理的自动化，减轻财务人员的工作强度，准确及时记录企业账务，准确高效率地完成银企对账，控制风险。利用 RPA 技术实现智能化、自动化银企对账也是智能会计下资金结算的重要一环。传统的银企对账，需要按银行、账户逐个进行手工对账。由于一个单位往往存在多个银行账户，每个账户的对账都要重复各操作步骤，导致效率低下，且存在一定的疏漏风险。而智能会计利用银企对账财务机器人替换了原有的人工操作。期末，财务机器人登录网银系统获取银行对账单信息，并登录财务核算系统获取银行存款日记账的账务数据，自动执行对账操作，再将结果记录至银行余额调节表，重复所有的操作至所有账户循环完毕。财务机器人还可以按照定制化需求，导出银行对账单，实现对账单的合并与汇总，并把最终结果按所要求的格式上传至系统中。RPA 技术提供了丰富的对账功能以及未达账项的处理功能，大大减轻了使用者的工作量，提高了对账的准确程度。

在资金监控方面，智能会计利用网络审批、预算控制等手段行使资金监管职能，借助资金信息平台随时了解集团和下属成员单位的总体资金状况，通过资金指标计量及评价系统来为企业决策提供有效依据，比如资金流量、存量分析，资金头寸预测分析、预测执行分析等，为资金管理者提供一目了然的资金管理图景。借助资金预测管理，建立资金预测数学模型，辅助估计最佳现金持有量，有助于控制风险，进行有效的资金战略决策，包括授信和融资管控等。综合授信管理主要用于管理集团各成员单位在结算中心以外各金融机构所获得的授信情况，以及授信额度的使用、释放和剩余情况，以便集团资金管理领导及

第 10 章　智能会计业务流程

时了解全集团的银行授信情况,为集团制定整体的资金调度计划服务。集团融资管控管理主要用于集团对各成员单位在各金融机构融资业务的管控,包括成员单位融资业务的事前申请、成员单位融资业务的汇报,融资业务的偿还情况登记等功能,集团可以通过此系统全面掌控全集团的对外融资情况,控制集团负债规模和负债分布。

10.3.7　报表管理

随着现代技术的飞速发展,消费者的需求日新月异,企业面临的市场不确定性风险也在加剧,想要在激烈的竞争中脱颖而出,管理层必须对企业实施数字化、精细化管理,对环境变化做出迅速反应,及时做出正确决策,才能帮助企业在市场中取得更好的成绩。在这种背景下,可靠、相关、有效的信息是企业有效决策的基础,数据分析为决策提供支撑,而报表则是数据结果的具体呈现。

财务报表是企业某一特定日期财务状况和某一时期经营成果、现金流量的综合呈现。在智能报表管理系统中总账到报表流程中关账、结转分录、关联交易处理、对账、财务报表的出具等工作可借助 RPA 财务机器人完成。在期末,财务机器人自动进行各项关账工作,例如现金盘点、银行对账、销售收入确认、应收账款对账、关联方对账、应付款项对账、存货的确认和暂估等。如发现异常,发送预警报告;如对账无误,则自动进行账务处理。然后财务机器人对账务分录进行记录和结转,并根据相关子公司的交易信息,实现自动关联交易处理。基于账务信息,财务机器人自行完成数据汇总、合并抵销、系统数据导出及处理等工作,自动出具模板化的单体报表。最后根据抵销规则生成合并抵销分录并生成财务报表[1]。财务人员只需要对报表进行审核,极大提高了报表出具效率,帮助财务人员节省大量时间以进行更有价值的工作。

财务报表是投资人常用的企业分析工具,然而其提供的数据反映的是企业过去的财务状况和经营成果,且报表往往只是一个结果的呈现,缺少更深层次的数据挖掘与分析,不能为管理者的决策提供有效支持。因此智能报表管理系统还需为管理层提供基于业务、财务、税务和外部数据的管理报表,借助报表统计和商业智能(business intelligence,BI)分析满足企业从数据收集、数据整合、指标建立、报表统计、决策分析和数据可视化的全部需要。BI 又称商业智慧或商务智能,指用现代数据仓库技术、线上分析处理技术、数据挖掘和数据展现技术进行数据分析以实现商业价值。随着企业数字化转型的不断深入,数据所能发挥的巨大价值已经成为广泛共识,将数据分析的作用完全融入每个业务功能和流程当中,为企业决策提供最即时的数据支撑。智能报表管理系统能有效整合分散在企业内外的各种数据,包括数据库、云端数据和本地存放的文件数据,使用者可以根据需要自定义报表项目进行报表统计,也可以利用内置数据模型实现 BI 分析。系统支持电脑或手机语音实时查询企业数据,包括业绩报表、项目报表、客户报表等,有助于管理层随时了解公司状况。通过联通钉钉或微信,智能报表管理系统为使用者提供多维度、相关性、灵活性的可视化实时数据,实现决策分析的实时动态管理。

从业财税数据中来,到管理决策中去,智能报表管理系统通过数据挖掘和数据分

---

[1] 陈虎,孙彦丛,郭奕,赵旖旎. 财务机器人——RPA 的财务应用[J]. 财务与会计,2019(16):57-62.

析，为企业各层级的战略规划、决策、控制、评价提供了有力支撑，真正实现了数据资产的价值。

10.3.8 电子档案管理

随着企业信息化水平和精细化管理程度的提升，会计档案存储数量激增，企业对会计档案管理的成本效率以及安全性提出更高要求，而在智能会计建设过程中，建设档案管理中心也是关键的一环，实现合同、对账单、发票等会计档案的集中归档。2016年1月1日，《会计档案管理办法》的实施从法律层面肯定了电子会计档案管理的效力；2020年3月，财政部、国家档案局联合发布了《关于规范电子会计凭证报销入账归档的通知》，从此之后，企业的档案管理将从纸质档案为主，转变为电子档案为主了。企业应该按照会计档案业务管理的相关法规，对会计档案的获取、生成、流转、收集、整理、归档、利用、移交等进行全业务流程电子化管理。

1. 电子会计资料收集

根据《会计档案管理办法》中关于电子会计档案的规定，企业从内外部产生或取得的电子会计资料符合相关要求的，可以仅以电子形式归档保存。企业的会计资料包括会计凭证、会计账簿、财务会计报告和其他会计资料。对企业内部生产的会计资料准确、完整、及时地接收和读取，并利用必要的审核、审批等审签程序保证会计资料的真实有效。对从企业外部获取的会计资料，可通过区块链、电子签名等技术手段保障资料的完整性和真实性[1]。此外，智能会计下，企业的业务活动逐步实现线上化、数字化，业务系统与财务系统实现无缝衔接，数据共享，且基于"业务驱动"的流程处理模式，企业的会计电子档案不仅包括财务资料，还包括记录前端业务活动的单据和为财务核算提供支撑的原始单据。与采购、工程等部门合作，在其业务、管理流程中引入影像化模式，通过业务环节单据扫描提升业务管理流程审批效率，利用自动获取业务管理系统数据生成影像化原始凭证，为将来压缩不必要的纸质原始凭证流转和保管打好基础。

2. 电子会计文件归档

制定会计档案数据归档标准，实现会计档案系统归档的规范化和统一化，并预设好规则，在满足一定条件时对会计文件自动回档。利用影像管理系统，将纸质原始凭证电子化和影像化，通过原始凭证条码信息解决原始凭证的成档、检索以及与业务单据、记账凭证之间的匹配问题，借助电子会计档案管理系统和影像子系统管理纸质档案填制、接收、流转、出入库、调阅等工作，借此将业务活动单据、会计档案电子信息和纸质会计档案钩稽对应，使电子会计档案管理系统成为管理全生命周期会计档案的信息平台。

3. 电子会计档案查询

对于电子存档的文件，系统根据指令自动抽取档案中的数据，输出符合国家标准格式

---

[1] 宋吉丽. 会计档案电子化管理的探索与实践 [J]. 办公室业务, 2020 (14): 53-54.

第 10 章 智能会计业务流程

的会计凭证、会计账簿、财务报表等会计资料的 PDF 文件，也可根据需求一并输出与凭证相关的业务单据和原始凭证影像。对于纸质存档的文件，使用者可以直接在系统中查看其影像资料或根据系统中与之相对应的电子文件的编码、条码等信息，实现存档位置快捷查找，并对文件的借出、归还进行详细的记录。电子化会计档案有效解决了传统会计档案地域性、时效性的限制，通过信息化的手段，实现了所需信息共享，打破了地域限制，满足不同部门在同一时间对同一会计档案资料的使用，提高了会计档案的利用效率。

第 11 章 智能会计的账务处理

智能会计的业务流程介绍了如何对会计业务流程进行智能化改造,以及智能会计业务流程在企业的具体应用场景等。本章则主要从账务处理方面展开介绍,如何通过人工智能技术等实现账务处理流程自动化,如何进一步实现会计信息数字化,以及如何更好地管理会计信息数字化所形成的数字资产、实现业财税管一体化。智能会计的账务处理是智能会计实际业务操作中的最基础的环节,为智能税务处理以及智能财务报表打下基础,为风险管控合理预算提供资料。

11.1 账务处理流程自动化

会计流程自动化是指利用信息技术搭建企业财务共享平台,并借助人工智能技术使平台上的财务业务流动在一定程度上实现自动化,比如在费用报销、银行对账等方面,除此之外,人工智能技术还将帮助企业充分利用此过程中获取的数据信息帮助企业进行更好的经营。会计流程自动化可以提升效率和敏捷性,增加客户和员工的满意度,提升安全性,提升风险管控能,让业务更具前瞻性。

11.1.1 财务共享中心

共享经济是人们公平享有社会资源,各自以不同的方式付出和受益,共同获得经济红利。共享经济并不陌生,它存在于我们生活中的方方面面,共享单车、共享充电宝、共享汽车等,这些都让我们的生活更加便利。对于规模化企业集团来说,在企业集团内部的财务管理体系建设中,也应该高度重视财务共享服务模式在优化企业集团财务管理中的重要作用。尤其是当前,在经济发展环境复杂多变化的大形势下,随着企业集团规模不断扩大,生产经营成本不断提升,内部管理效率逐步下降,更加要求企业集团应该充分认识财务共享在企业集团内部管理中的重要作用,积极改进优化企业集团的财务管理体系,通过构建财务共享中心,全面提升企业集团财务管理效率,为增强企业集团的市场竞争力,促进实现企业集团的稳定发展提供良好支撑。①

---

① 杨寅,刘勤,黄虎,刘梅玲. 智能财务共享服务中心运营管理研究 [J]. 会计之友, 2020 (19): 143-147.

第 11 章 智能会计的账务处理

1. 财务共享中心的优势

财务共享中心,主要是大中型的企业集团为了提高财务管理效率,增强对企业集团内部的财务管控能力,通过构建智能财务,以信息系统为依托,以财务会计处理流程优化为基础,将企业集团内部各个分支机构相对较为简单的财务处理和会计核算集中起来,通过财务共享中心进行规范化、标准化、专业化处理的财务管理模式。财务共享中心的优势作用主要体现在以下五个方面。

(1) 财务共享中心可以促进增强企业集团的财务管控能力。通过构建财务共享中心,可以依托财务管理信息系统对企业内部相应的业务活动单位进行合理的层级设置,强化对企业集团内部的各类应收应付款项进行监督,对原始凭证单据进行审核,有效堵塞财务管理方面存在的漏洞环节,全面强化企业的财务管控能力。

(2) 财务共享中心可以促进优化企业的财务业务流程。财务共享中心构建实施以后,能够将企业集团内部大量重复性的各类工作集中起来,进行统一化、标准化的处理,有效简化企业内部的财务运行流程,减少企业集团内部的财务业务步骤,优化财务业务流程,进而促进实现财务运行效率的提升。

(3) 财务共享中心可以强化对企业业务决策的支撑。财务共享中心在企业内部有着较为规范的运行标准,同时对企业集团的组织架构进行了重组,进一步优化了内部的财务布局,释放了财务管理资源,更有利于促进企业集团内部财务管理系统和业务管理系统之间的协调发展,也更方便企业集团的财务部门拓展职能,强化对业务经营决策的支撑,帮助企业进一步实现业财税管一体化。

(4) 财务共享中心可以有效降低企业的财务工作成本。财务共享中心将企业集团内部大量烦琐复杂的财务会计核算业务进行了集中统一,可以减少企业集团内部各个业务部门的财务人员数量,进一步精简财务管理机构框架,有利于促进财务管理成本的降低。

(5) 财务共享中心可以促进提升企业集团的财务价值。财务共享中心不仅改进加强了企业的会计基础核算工作,同时进一步提升了企业集团的会计信息质量以及会计信息披露的及时性,可以对企业集团内部公司以及子公司的财务数据信息进行系统整合,并在企业集团内部建立了完善的监督机制,可以为企业集团的价值创造提供有力的保障。

2. 财务共享中心是智能账务处理的基础

共享服务管理模式的诞生是现代管理模式的一次深度变革,财务共享中心为企业财务管理带来的效益日益凸显,同时财务共享中心也是实行智能账务处理的必经之路和必须基础。近年来,越来越多的大型企业、企业集团逐步建立并成熟运营财务共享服务中心。一方面,在财务共享服务这种新型管理模式的实践中,大量简单重复且易于标准化的财务业务集中到财务共享服务中心统一处理,财务共享服务中心有巨大动力去应用新技术提升组织内的工作质量和运转效率,同时借助财务机器人作为流程节点上提高工作质量、提升工作效率的有力工具。另一方面,财务共享中心有利于企业整个财务部门内部以及财务部门各个业务部门之间的数据共享,在此基础上充分利用企业的数据实现更优的数据分析管理决策等。①

11.1.2 RPA 和机器学习

会计流程自动化离不开 RPA 和机器学习的技术。RPA 也被称为数字化劳动力,是数字化的支持性智能软件,能够完成以往只有人类才能完成的工作,或者成为高强度工作的劳力补充。从功能上来讲,RPA 是一种处理重复性工作和模拟手工操作的程序,可以实现数据检索记录、图像识别与处理、平台上传与下载、数据加工与分析、信息监控与产出这四大功能。而基于大数据的机器学习在财务会计方面可以帮助实现高效识别并提取业务信息,并且改进现有记账凭证转换规则;在企业战略管理层面能够更好地做到风险管控、精准预测,帮助企业更好地决策。RPA 和机器学习的技术在智能化账务处理中所扮演的角色如图 11-1 所示。

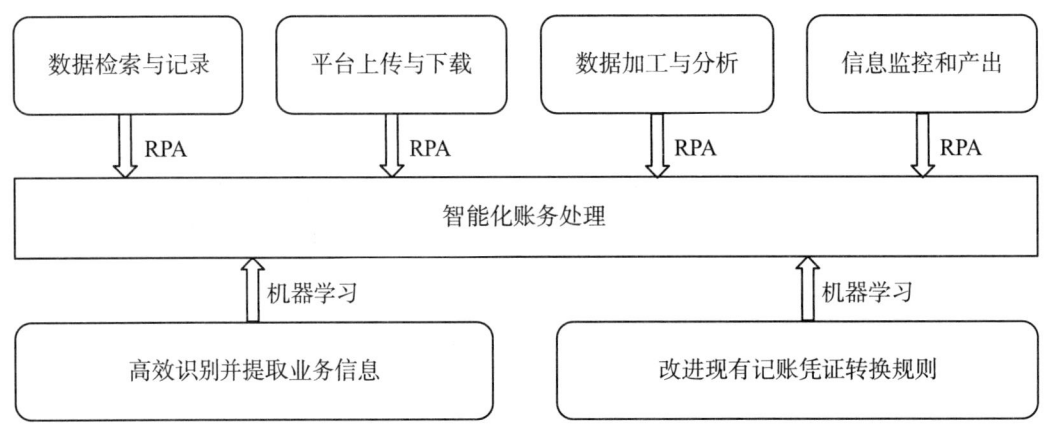

图 11-1 RPA 和机器学习在智能化账务处理中的作用

1. RPA 助力自动化

机器人流程自动化,通过使用用户界面层中的技术,模拟并增强人与计算机交互过程,执行基于一定规则的、可重复任务的软件解决方案。与其他应用程序相比,RPA 的特点主要包括 24 小时机器处理、基于明确规则编写脚本、以系统外挂形式部署操作、模拟用户操作与交互动作。

今天已经有不少企业在办公领域采用 RPA 取代一些重复和烦琐的日常流程,包括财务管理、税务管理、合规管理、数据科技、金融、人力资源等领域。RPA 发展速度快,其推动力在于企业渴望利用技术提升工作效率与质量,降低人工成本,而传统软件系统开发需要选择一种程序语言,如 C++、Python 或者 Java 等,之后程序员需要全面详细、逻辑严谨地从头编辑程序脚本。RPA 不同于传统的软件系统,其大部分是通过直接录制的方式捕捉用户的操作规则,不需要编辑程序。除此之外,与 IT 系统相比,RPA 投资回报周期

---

① 张庆龙. 以数字中台驱动财务共享服务数字化转型 [J]. 财会月刊, 2020 (19): 32-38.

第11章 智能会计的账务处理

短、成本低;与增加人力劳动相比,RPA 为企业降低人工成本、减少出错率。

目前 RPA 的功能开发较为完善,总体来说可以实现以下四大功能。

(1) 数据检索与记录。RPA 可以跨系统进行数据检索、数据迁移以及数据输入。例如,RPA 可通过多个财务系统和报告收集完成财务报告的基本数据整理工作,RPA 通过自动下载每个账户的银行资料单,自动将余额交易的调整输入核心财务系统当中。

(2) 平台上传与下载。RPA 按照预先设定的路径,上传和下载数据,完成数据流的自动接受与输出。例如,RPA 可以通过自动收取邮件,将企业的标准化日记账自动发送到 ERP 系统当中。

(3) 数据加工与分析。包括数据检查、数据筛查、数据计算、数据整理、数据校验。例如,在企业账户对账方面,RPA 可以对账户的异常数据进行验证,做基础研究,自动下载企业详细的月度销售数据,并基于规则计算佣金,根据客户合同和预先批准的价格表进行自动化定价的审查。

(4) 信息监控和产出。RPA 可以基于模拟人类判断,实现工作流分配、标准报告出具、基于明确规则决策、自动信息通知等功能。

RPA 实现这四大功能,主要建立在三部分运作原理的基础上:机器人控制器、业务用户、应用程序。程序开发人员制定详细的指令,并发布到机器人控制器上;机器人控制器给各个机器人分配任务,监视 RPA 活动;业务用户通过控制器检查,并处理异常信息,机器人在虚拟或实体电脑中与各类应用程序进行操作交互。

机器人参考人工在电脑桌面上的操作行为,依据人工操作的规则和行为,模拟人的方式,自动执行一系列特定的工作流程。RPA 是一个软件,可以记录员工的操作行为,包括键盘输入、鼠标移动和点击等记录,操作触发调用 Windows 系统、操作触发调用各类应用程序。RPA 不仅能够记录这些操作,还能将其抽象化,转换成计算机软件能够理解和处理的对象,一般将 RPA 软件记录这些行为操作的方式称为捕获。RPA 软件在捕获到全部鼠标键盘系统应用的操作后,在电脑中依据既定的规则,自动执行这些对象。

2. 机器学习助力智能化[①]

作为人工智能的重要分支之一,机器学习在医疗、金融、电子商务等众多领域应用广泛。与人脑归纳经验获得规律并利用规律预测未来相似,机器学习的过程可分为训练与预测两个阶段,其中训练指的是计算机系统将存储于其中的历史数据通过机器学习算法进行处理后产生某种模型,而预测则指的是在该模型的指导下,输入新的数据之后能够输出相应的结果。机器学习的基本原理如图 11-2 所示。用于训练的数据量越大,训练的次数越多,所得出的模型可能越精确,利用该模型进行预测的结果也可能越有说服力。

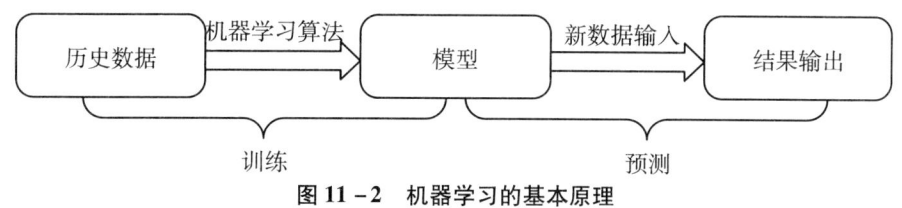

图 11-2 机器学习的基本原理

---

① 何瑛,李嫄爽,于文蕾. 基于机器学习的智能会计引擎研究 [J]. 会计之友,2020 (5):52-58.

智能会计

在各领域发挥重要突破作用的机器学习技术同样能在财务领域有所建树,助力会计智能化。财务会计是会计的主要分支之一,机器学习对财务会计的智能化改造主要围绕记账凭证的生成展开。应用机器学习技术之后,在大量标签化数据的训练之下,可以实现对业务信息进行高效率的准确识别,接下来基于改进后的转换规则生成预制记账凭证并及时向财务系统传递,而进入财务系统后预制记账凭证将成为正式记账凭证并自动完成记账过程。基于机器学习的智能财务会计将在很大程度上解决令财务人员烦恼不已的重复性手工记账问题,给企业的会计核算工作带来质的飞跃,其贡献主要包括以下两个方面。

(1) 高效识别并提取业务信息。智能财务会计的前端与企业的所有业务系统相连,纷繁复杂的业务信息将在应用图像识别与处理、文字识别与处理等技术的基础上转换为结构清晰明了的业务数据。首先,企业可使用影像扫描技术实现纸质原始凭证的电子化或通过网络传输获取电子原始凭证,再借助图像识别与处理技术在业务系统内完成对原始凭证的真伪识别、票面核对和分类工作,继而将这些原始凭证所包含的各项信息转换为固定结构的文字与数据,避免出现遗漏和错误;其次,从业务系统内自动提取生成记账凭证所需的信息,并在文字识别与处理技术的支持下将这些信息进一步转化。

机器学习技术的功效在于利用大量原始凭证的图像和文字提升业务系统与智能财务会计系统对业务信息的识别能力,使财务人员在记账之时不用再基于经验判断手工选择会计科目,从而在最大程度上实现自动化记账,提高记账的效率和准确性。

(2) 改进现有记账凭证转换规则。快速准确地对记账所需的业务信息进行识别和提取之后,智能财务会计要实现的下一项任务是基于一定的规则将这些业务信息转换为具有固定格式的预制记账凭证。转换规则生成的前提是指明预制记账凭证的核心要素——记账日期、应记入的会计科目以及各科目相应的发生额,在传统的财务会计中这项工作的完成往往依赖于财务人员的经验判断和手工操作,重复性高。

然而,应用深度学习的技术之后,智能化账务处理能够事先经过大量标签化业务数据的训练并根据不同的业务类型和业务场景制定相应的转换规则,因此接收到新的业务信息之后将在已有转换规则的指引下迅速生成预制记账凭证。随着用于训练的标签化业务数据量的增大,智能财务会计引擎内嵌的转换规则将处于持续不断的动态调整和优化完善过程中,由此大大增强企业会计核算工作与相关业务的同步性和协同性,为实现业财深度融合提供支撑。

11.1.3 智能化账务处理

智能化账务处理是人工智能技术在账务处理方面的应用,财务机器人是机器人流程自动化以及机器学习智能化在财务领域的具体应用。财务机器人在 RPA 技术、机器学习技术的基础上,针对财务的业务内容和流程特点,以自动化替代财务手工操作,辅助财务人员完成交易量大、重复性高、易于标准化的基础业务,从而优化财务流程,提高业务处理效率和质量,减少财务合规风险,使资源分配在更多的增值业务上,促进财务转型。

1. 智能化账务处理是什么

随着越来越多的厂商相继推出财务机器人,财务机器人在企业层面得到不断推广和应

第 11 章 智能会计的账务处理

用。财务机器人得以广泛应用,主要是基于企业变革的内生驱动因素、RPA 技术与财务业务特点相吻合的客观基础以及财务共享服务中心大量出现为其创造的良好运行环境。

在数字化变革的时代背景下,企业需要从庞大、混杂的数据中高效筛选有效数据并利用数据去创造价值。财务是企业天然的大数据中心,是企业数字化变革的有利切入点,而传统财务工作模式中,数据获取难度大、数据处理效率较低,难以匹配企业经营发展、管理决策过程中的数据需求。财务机器人是企业顺应数字化变革、更好地发挥财务大数据中心作用的有效工具和手段,通过在财务工作中应用人工智能技术,财务工作效率大幅提升、企业数据信息安全可控,保障了企业业务发展和管理决策中的数据需求,为财务变革与转型奠定了数据基础。另外,财务机器人模拟人类操作和基于明确规则的判断,能够将财务人员从简单重复的低附加值工作中解放出来,不但降低了此类工作中投入的人力成本,更使财务人员转型从事更具创造性、更有价值的工作。财务人员不再是简单的记账人员,而是参与到经营和业务之中,从而为财务变革与转型提供组织基础,为企业发展提供有效支撑。

RPA 技术适用于具有清晰定义和重复的确定性过程,即应用于大量既定规则的交易活动。财务是一个强规则领域,在业务流程中存在大量重复的工作需要手工完成,这些工作的业务特点与 RPA 技术的应用条件高度匹配。[1] 同时,在原本耗费大量的人力资源和时间成本且人工操作出错率较高的业务流程中应用财务机器人,能够形成规模经济,最大限度地实现企业财务流程高效运转和财务运行成本降低。机器学习则可以在企业的财务工作中,基于企业的数据不断学习训练获得更优模型,对于高效处理业务简化工作流程具有重大意义。

2. 智能化账务处理的功能

RPA 通过对人类操作的模拟以及对人类判断的模拟,能够实现数据的收集和整理、验证和分析、数据记录、协调和管理、计算和决策、沟通、报告等一系列功能。[2] 机器学习在企业财务中心的大数据不断训练中,可以实现对业务信息进行高效率的准确识别,能够实现自动记账、预测、辅助决策等功能。机器学习和 RPA 技术应用在财务领域,结合一系列认知技术,比如 OCR 技术等能够代替传统财务人工的数字化应用,实现财务流程的自动化,提高财务部门人员配置的合理性和有效性。基于 RPA 技术和深度学习技术的应用特点和功能,财务机器人可以在整个财务数据流中从业务前台到账务处理平台到财务后台分别发挥其功能,实现即数据检索收集、数据输入、自动传输数据、数据再加工、深度学习判断。在业务前台主要是实现数据检索收集、数据输入,通过自动传输数据的功能实现财务数据在各个层级的平台中间的传输,在会计处理平台和财务后台进行数据再加工和深度学习判断。财务机器人在智能化账务处理过程中所能实现的功能如图 11-3 所示。

---

[1] 毛清. RPA 如何驱动企业管理会计转型升级——基于四家企业案例分析的证据 [J]. 管理会计研究,2020,3 (Z1):83-92+134-135.
[2] 陈虎等. 财务机器人——RPA 的财务应用 [M]. 北京:中国财政经济出版社,2018:12.

智能会计

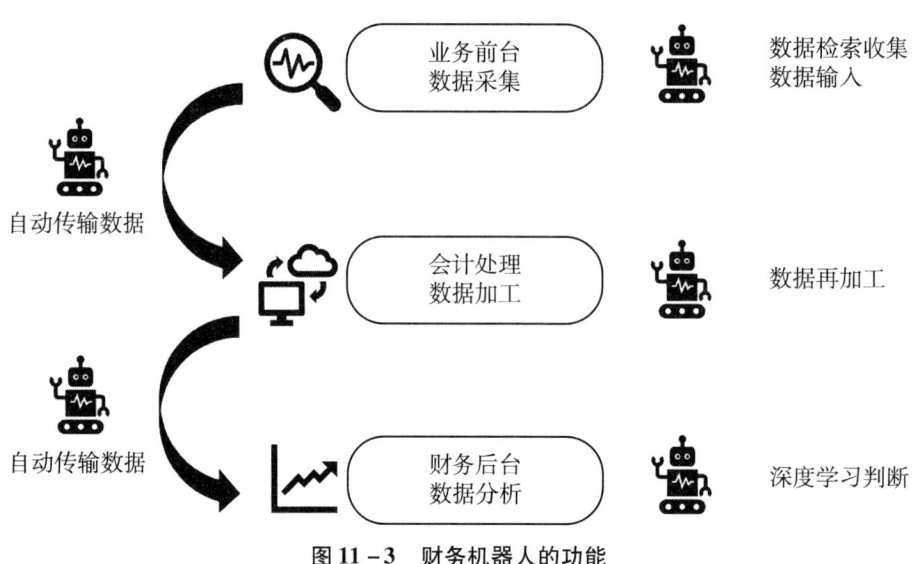

图 11-3　财务机器人的功能

（1）数据检索收集。数据查询与记录是智能化账务处理能实现的最基础的功能，通过记录传统模式下财务人员的手工操作，设置计算机规则进行模拟，从而使财务机器人执行数据检索、整理、归档的动作，如图 11-4 所示。

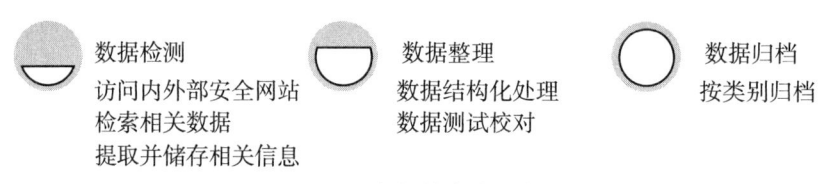

图 11-4　数据检索收集功能

通过预设规则，财务机器人模拟财务人员手工检索操作，自动访问内部和外部安全站点，根据关键字段自动进行数据检索，提取并存储相关信息。相较于用传统的编程方式对数据检索问题的解决，财务机器人对页面元素获取的灵活性更强，在页面存在部分修改的情况下，无须对项目构架进行调整，节约了系统维护成本。

对于从各个不同系统中提取存储的相关信息，财务机器人可统一进行整理，包括逻辑转化和数据迁移，并对数据完整性和准确性进行测试和校对。在跨系统数据迁移过程中，财务机器人不但能够进行原始数据的采集，还能够灵活处理数据逻辑转化，适应数据或流程的变更。除了一对一的系统数据迁移与测试，财务机器人还适用于多个系统之下的数据迁移与测试。相较于传统的系统接口方式对数据迁移问题的解决，财务机器人以外挂形式部署，在用户界面进行操作，不会破坏企业原有的 IT 结构，对于多系统间的数据迁移，系统配适性更强，数据迁移成本更低。

财务机器人按照预设的要求，对检索收集整理的数据进行归档整理。

（2）数据输入。智能化账务处理可以借助 OCR 技术完成一些数据输入。利用 OCR 技术对扫描所得图像进行灰度化、降噪、二值化、字符切分以及归一化等 OCR 识别预处理，在此基础上上对文字图像进行特征提取和降维，从而进行文字分类器设计、训练和实际识

第 11 章 智能会计的账务处理

别。在 OCR 识别后,进一步对分类结果进行优化校正和格式化,最终将提取的图片关键字段信息输出为能够结构化处理的数据,由此解决财务人员手工输入的问题。OCR 技术目前主要应用于对发票信息的识别,财务人员可以从发票信息识别和输入的机械操作中解放出来,转变成财务机器人的管理者。

基于 OCR 技术对图像信息的识别,财务机器人根据预设的规则,模拟人类的判断进行任务处理操作,对识别完成的文字按照预先设置的判断要点、关键信息进行审查和分析,完成从图片到信息的转换与初加工。

(3) 自动传输数据。数据传输包括数据的上传与下载,其核心在于后台对数据流的接收与输出,智能化账务处理能够实现按照预先设计的路径,登录内部、外部系统平台,进行数据的上传与下载操作,完成数据流的自动接收与输出。

不同系统间往往需要进行数据及文件的传递,当系统间数据接口尚未打通,彼此间数据融通存在障碍时,就需要通过平台上传的方式进行数据同步、文件更新。财务机器人模拟人类手工进行系统上传的操作,自动登录多个异构系统,上传指定数据、文件至特定系统/系统模块。例如,财务机器人自动登录客户关系管理系统批量勾选上传客户信息主文件。

基于系统间数据同步、文件本地化存储等需求,财务机器人可自动登录多个异构系统,下载指定数据、文件,并按照预设路径规则进行存储,进一步根据规则进行平台上传或其他处理。例如,财务机器人自动收取并下载邮件、自动下载银行账户清单,创建文件并储存在合适的文件夹。

(4) 数据再加工。基于检索、下载的数据信息,智能化账务处理可实现进一步对数据进行检查、筛选、计算、整理以及基于明确规则的校验和分析。

数据检查是原始数据进一步加工处理的起点,财务机器人对获取数据的准确性、完备性等进行自动化检查,识别异常数据并做出预警。例如,财务机器人对从多口径获取的财务信息、业务信息进行初始数据的检查核对,预警异常数据,进一步基于数据规则进行差异处理。

财务机器人按照预先设置的筛选规则,自动筛选数据,完成或推进数据预处理工作,锁定进一步加工处理的数据范围。例如,财务机器人在涵盖多指标的报表中筛选核心指标以及需要进一步计算处理的基础指标,基于筛选的数据进行数据计算、整理等后续处理。

对于获得的原始结构化数据,财务机器人可按照明确规则自动进行数据计算,从而得到满足个性化管理需求的数据信息。例如,财务机器人基于下载的详细销售数据,按照佣金分配规则进行佣金计算。

财务机器人能够对提取的结构化数据和非结构化数据进行转化和整理,并按照标准模板输出文件,实现从数据收集到数据整理与输出的全流程自动化。例如,财务机器人从不同的财务系统和报告提取、识别数据,并自动进行数据整理。

在预先设置数据映射关系的前提下,财务机器人能够对指定路径获取的批量文件自动进行匹配验证,并对例外事项进行简单调查,对数据错误进行分析和识别。例如,调用财务机器人对核心的财务子系统账户余额进行对账,对未成功对账的案例进行简单的调查,并对账户差异进行分析、生成对账失败报告,进一步创建日记账分录以处理差异;根据客户合同及已批复的价格表,对价格自动审查,对商业折扣自动计算和处理,并在返点系统中输入申报折扣信息，触发折扣账务处理；基于抓取的发票票面信息，自动登录税务局网站进行发票校验，并记录发票验证结果。

(5) 深度学习判断。智能化账务处理还具备深度学习的功能，可以模拟人做出判断，推进财务运行工作的一系列功能，包括自动记账、工作流分配、出具报告、基于明确规则进行决策、自动传达通知等。

财务机器人基于企业财务中心大量数据的不断训练学习，可以快速高效识别相关信息，对应相应的记账规则实现自动记账。

财务机器人可按照预设的工作流程进行工作流分配和交接处理，实现工作流程和批复的自动推进。例如，对于数据校验环节生成的对账失败报告，财务机器人根据预设的对账失败处理流程发邮件至相应人员进行审核与批复。

财务机器人将从内部、外部获取的信息，按照标准的报告模板和数据、文字要求，模拟人类操作整合、输出自然语言的报告。例如，财务机器人出具预测数据与实际数据的对比报告，基于收集和整理的数据自动生成监管报告，按照模板创建标准日记账分录、报告，预填制复杂报告中标准规范的部分。

财务机器人基于规则，通过自动化指令触发，进行分析、预测和决策。例如，用过去的数据和市场的数据进行自动化预测，根据历史的信用记录进行信用审批，按照预先设置的规则自动处理标准的费用支出。

在财务处理流程环节中，对于需要向其他节点财务人员、员工、供应商、客户等推送信息进行通知、跟催的事项，可调用财务机器人进行信息通知，财务机器人识别到涵盖推送信息的关键字段，自动生成信息通知指令，进行信息发送。例如，财务机器人识别到员工借款逾期未还的信息，自动向员工发送逾期提醒邮件；在付款环节，支付指令发送后，使用财务机器人代替人工定期打开银行界面查询付款状态，并即时发送报告邮件。

3. 智能化账务处理应用案例

智能化账务处理在企业中多种场景都可以适配应用，比如帮助企业实现报销流程自动化、采购付款流程自动化、销售收款流程自动化、银行对账自动化、税务处理自动化、报表合并自动化。[①] 这些账务处理占据了企业日常经营中会计处理的绝大部分精力，而如果进行智能化账务处理，实现自动化之后可以帮助企业节省大量人力物力，有助于企业更加高效地进行账务处理财务分析，从而更好地进行经营管理。[②]

(1) 报销流程自动化。公司每年有大量增值税发票需要处理，发票的票种繁多，传统的财务报销人工审核方式效率低、质量不稳定。而且公司为了加强合规控制，往往会设置相对复杂严密的报销流程，单据发起人需要耐心填报各种单据信息，财务人员更要细心地悉数复核。繁杂的报销流程，不仅影响员工日常工作，而且时常由于其重复性和机械性导致低效率。

而智能化账务处理借助财务机器人在财务报销中的应用可以解决报销过程中的这些痛点，助力公司打通业务流程，提升业务效率。

财务报销中财务机器人的工作流程：

---

① 魏佳思. 基于 RPA 的企业智能财务共享中心建设问题研究 [J]. 中州大学学报, 2020, 37 (4): 42-46.
② 张卉. 智能时代财务机器人在实践工作中的应用 [J]. 市场观察, 2020 (9): 48.

第 11 章　智能会计的账务处理

①登录报销系统，查询需要审批的报销单。
②选择报销单，下载发票附件。
③从图像中识别发票信息，将识别到的税票信息输入税务局平台中自动进行发票查验。
④基于人工智能数据分析核对报销凭证，追加审批意见和附件。
⑤通过或者驳回报销单。

全天待命的财务机器人能够自动检查待审批的报销单，提取其中的发票图像，完成发票识别、真伪校验、信息输入，并自动生成自然语言的审批意见，发邮件反馈给申请人和财务人员。相应地，通过票据影像化、结构化、数据化，企业对费用的内审管控也可在线高效便捷完成。

（2）采购付款流程自动化。不论在哪个企业，发票到付款流程都非常关键，而且具备较高的风险。发票到付款流程涉及许多人工对账和团队之间的沟通工作，在这个手动流程中，企业需要花费大量时间来梳理发票、核对发票与订单的一致性，并处理付款事宜。

公司采购部门可以通过财务机器人的应用，自动执行发票与采购订单的核对流程，提高利益相关者的价值、效率和生产力。

采购到付款中财务机器人的工作流程：
①登录采购系统，查询采购订单信息和采购发票结算信息。
②对比核对采购订单信息和采购发票结算信息。
③从图像中识别发票信息，将识别到的税票信息输入税务局平台中自动进行发票查验。
④查询合同按照合同规定设定付款时间提交付款申请，追加审批意见和附件。
⑤向上级传递审核。
⑥上级审核通过后，出纳制作付款 Excel 表。
⑦财务机器人登录网银，按照付款表提交付款。
⑧反馈执行情况，查询银行付款情况。
⑨付款成功之后完成入账。

公司可以根据与供应商之间的协议，设置付款等级，根据合同协议，财务机器人可以设定付款时间提交付款申请。公司可以利用财务机器人完成大量重复性任务，自动执行发票与订单的核对流程，从而节约时间和精力，提高处理质量，并规避风险、加强管控力度。

（3）销售收款流程自动化。开票流程自动化。在开票过程中，财务人员需要收集并识别符合开票标准的销售单类型，再根据客户需求选择特定金额的销售单经过发票管理系统完成开票操作。为了提高财务部门人员配置的合理性和有效性，企业基于以下标准，设计相应的程序，运用智能化账务处理优化了财务开票流程。

①负责开票人员整理需要开票的资料。
②财务机器人识别需要开票的资料。
③财务机器人把识别到的信息输入开票系统完成开票。

在销售环节中，有的收款发生在开发票之前，有的收款则发生在开票之后，如果开票之后的收款，则需要及时关注回款情况，需要财务人员耗费大量精力时时关注。智能化账务处理可以改善这一情况。

①财务机器人登录网银系统查询进账情况。

②在规定时限内查询到进账的完成入账操作。

③根据相关合同时限要求以及公司对每个客户的等级设置，对规定时限未付款的客户触发催款提醒。

④催款提醒以邮件形式发送给相应客户。

⑤催款提醒同时也上报给该款项相应负责人，以便采取进一步措施。

（4）银行对账自动化。随着企业业务规模的不断增加、交易数据量不断攀升，其银行账户和账单的管理也日益复杂。对企业而言，银企对账可以保证企业资金安全性，规范企业会计核算。通过银企对账，企业可以逐项核对发生的业务，核对余额和明细，及时发现和防止贪污、挪用公款以及账户被非法使用等违规违法行为的发生，确保资金安全使用；通过银企对账，还可以增强企业会计核算的准确性，加强资金的使用与管理，有效地防止坏账发生，防范商务活动中的不法行为，保障企业财务运作的安全进行，提高资金营运效益。因此，如何提高银行对账单处理的效率和正确率已成为企业财务人员及管理层关注的重点问题。

银企对账需要按银行、按账户逐个进行，一个单位存在多个银行账户，每个账户的对账都要重复各操作步骤，导致下载数据/文件耗时过长；人工对账需要大量时间、效率低下；人工对账存在一定疏漏风险。

①财务机器人自动登录网银系统获取银行对账单信息。

②财务机器人自动登录财务核算系统获取财务数据。

③财务机器人执行对账操作，生成记录到余额调节表。

④重复上述步骤，直到所有账户循环完毕。

实施自动化之后，机器人可以按照定制化需求，导出银行对账单，并且可以实现对账单的合并与汇总，并把最终结果按要求的格式上传到系统中。

银企对账自动化可以降低重复劳动，银企对账工作属于规范性重复工作，引入财务机器人可大大降低人力成本，释放人力至具有更高附加值的工作中。提升流程运行效率和质量，由财务机器人直接登录网银系统。抓取信息进行对账工作，并生成余额调节表提高银企对账的效率和质量。提高银企对账效率后，企业的应收、应付等资金循环周期都将变短，客户及员工的满意度得到提高。银企对账财务机器人的应用还会大幅降低人工风险及对企业造成损失的概率。

（5）税务处理自动化。对于纳税主体较多的集团型企业，由于纳税申报的数据来源不同，如来自财务信息系统、开票软件或其他台账等，手工操作量极大，但当存在较多纳税主体需要编制报表时，数据准确性无法保障，人工处理部分的工作占比过高，数据处理、报表编制效率不高。企业税务申报流程痛点可归为：申报数量大，财务共享中心集中处理集团各分子公司税务申报业务，数量庞大；纳税主体多，集团型企业纳税主体多，财务共享中心纳税申报人员需要频繁切换各税务平台进行申报；人为操作风险高，手工操作量大，数据准确性难以保障，存在人为操作风险；工作内容枯燥，重复性操作。

智能化账务处理纳税申报可以被分为四大子过程：数据准备、数据申报、账务化处理和成果输出，如图11-5所示。

第 11 章 智能会计的账务处理

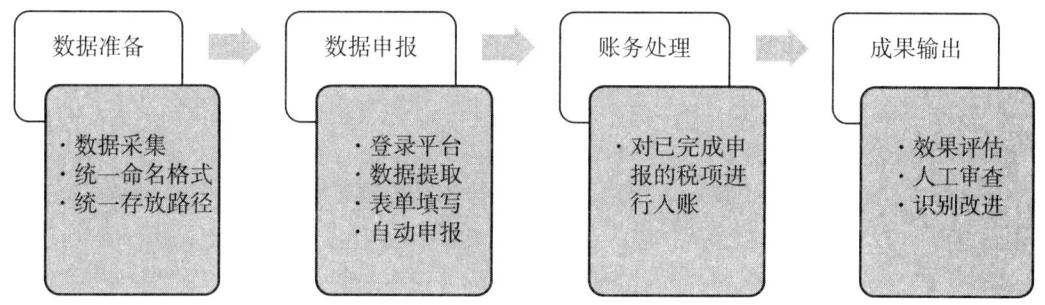

图 11-5 智能化账务处理纳税申报

数据准备过程主要是指与本地数据如税务主体信息、开票信息、财务信息等信息的交互；而数据申报指的是与税局系统的交互，如登录、数据填写、提交等动作；账务处理过程则是纳税、缴税的账务化反映；成果输出包括效果评估、人工审查及识别改进。

①数据准备主要包括以下内容。

第一，利用 RPA 工具，通过脚本的预定义，期末机器人自动登录账务系统，比如试算平衡表、固定资产子账目等，国税系统按照税务主体批量导出财务数据、增值税认证数据等税务申报的业务数据。

第二，机器人自动获取事先维护好的企业基础信息用以生成纳税申报表底稿。

第三，对于需要调整的税务差异、会计差异、进项税数据差异、固定资产进项税抵扣差异、预缴税金等自动通过设定好的规则进行调整，借助预置的校验公式进行报表的校验，如财务科目与税务科目的数字校验等。

第四，机器人将处理好的数据放到统一的文件夹、统一命名格式、统一存放路径，由人工进行审查或干预。

②数据申报主要包括以下内容。

第一，对于核对审查无误的数据，执行脚本由机器人按照公司主体自动登录税务申报系统。

第二，执行纳税申报底稿的读取。

第三，表单填写，自动导入底稿相关数据。

第四，自动申报，执行纳税申报表提交，完成纳税申报，并将相应的信息保存在本地。

③账务处理主要包括以下内容。

第一，税务分录的编制与自动输入：根据纳税、缴税信息完成系统内税务分录的编制。

第二，计算递延所得税并完成分录的编制与输入：对于涉及递延所得税的，自动进行递延所得税资产或负债的计算并完成系统内的入账。

④成果输出。对财务机器人纳税申报的效果进行评估，某些易错点由人工进行审查，将识别出的待优化节点进行优化。

实施纳税申报自动化可以降低集团型企业办税负担，实现优质管控；保障税务数据的准确性，避免税务风险；释放税务人员的精力，提提升个人价值。

（6）合并报表自动化。对于大型企业来说，一份集合各子公司及分支机构的合并财务报表的诞生通常不会那么容易。从最开始的数据催收、查阅汇率、科目余额汇总、合并抵销，到最后的财务报告生成，以及核对校验等，这些反复的操作对许多财务从业者来说或许都是一个枯燥却又不失其必要性的过程。

传统财务会计部编制合并财务报表的时候需要每月从各子公司催收获取该月报表,经过手工汇总及合并抵销处理,编制完成该月的集团合并财务报告。而财务机器人的应用可以使这一工作得到极大改善。

①财务机器人从系统中导出所需数据,并根据规则完成汇率数据和当月境内外合并数据的处理和计算,计算出期末余额并对结果进行检查。

②财务机器人实时监控收件箱,收集各子公司报送的月报文件并发出催收提醒。

③对子公司报送数据进行汇总,并根据抵销规则生成合并抵销分录。

④财务机器人根据生成的数据,形成当月财务报告。

在合并报表流程上财务机器人的应用,使报表数据能够自动汇总和合并抵销,实现了财务报表的全自动生成,极大地缩短了财务报告的生成周期。此外,财务机器人还可以及时发现并响应异常情况,降低人力成本,员工可以把工作重心转移到具有更高附加值的工作上。

4. 智能化账务处理的优势与局限性

智能化账务处理拥有众多优势,同时也存在一部分局限性,如图11-6所示。但是总体来说瑕不掩瑜,优势远多于其局限性,而且其局限性可以通过一些方法和措施尽量避免或尽可能优化改进。

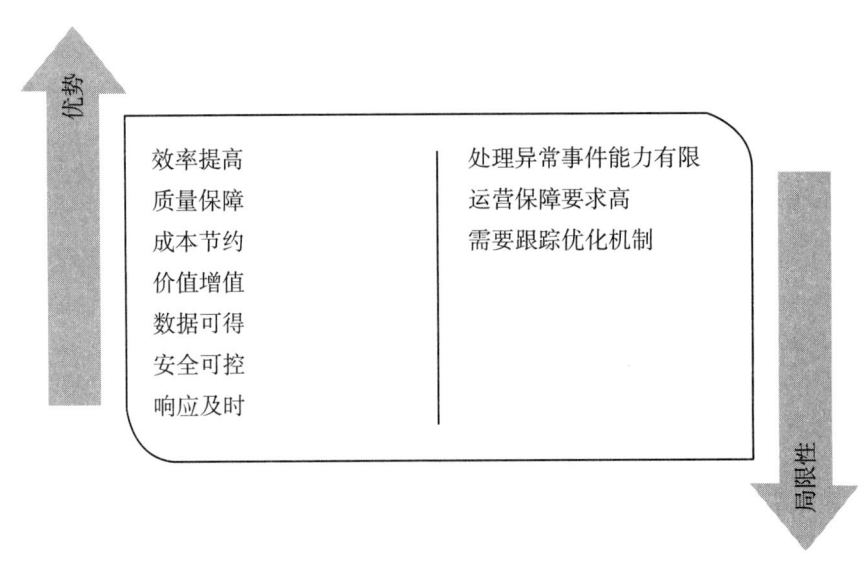

图11-6 智能化账务处理的优势及局限性

(1) 智能化账务处理的优势。智能化账务处理的主要优势有效率提高、质量保障、成本节约、价值增值、数据可得、安全可控、响应及时等。

①效率提高。传统人工操作模式是在有限的工作时间里进行,而且手工操作的速度较低,受复杂的人为因素影响。财务机器人可以全天候工作,而且工作容忍度高,峰值处理能力强,整体操作过程都是根据固定规则执行,不受人为因素干预。除此以外,在信息系

第11章 智能会计的账务处理

统升级的过程中,人工操作需要花费时间消除旧习惯去适应新的系统,但财务机器人作为虚拟劳动力只需要重新修改程序即可,减少了系统升级过程中的消耗成本。财务机器人完成流程的速度明显快于人类。根据机器人流程自动化学会数据,机器人昼夜不停地工作,通常可以承担 2~5 人的工作量。

②质量保障。传统的财务模式下,人工操作容易导致较高的出错率,而财务机器人操作的正确率接近 100%,极大地保障了财务工作质量。而且财务机器人的运作是基于规则化的流程和任务,这在一定程度上消除了输出不一致性。明确的规则也使操作无差别化,避免了人为主观因素。除此以外,自动化处理的每一步操作都具有可追溯性,这使系统错误可以被精准地发现,一旦出现问题,将更容易被解决。

③成本节约。一个全职的员工一天工作 8 个小时,但是一个机器人可以全天 24 小时无休工作,所以说"一个机器人相当于 3 个全职员工"。传统财务模式下,大量简单重复的工作往往需要投入较高的人力资源去处理,人员占用需要付出薪酬、福利、津贴等成本,而财务机器人上线后,企业将大幅度减少此类人力成本的投入。根据机器人流程自动化学会数据,RPA 可以节约成本 25%~50%。创建和维护机器人的平均成本仅为承担相同工作的全职员工的 1/3。

④价值增值。传统财务模式下,财务部门会投入一半以上的精力在基础交易处理中,但是基础交易处理工作却不能为企业带来更多的价值创造,而且重复、枯燥的基础交易处理工作不利于财务人员个人能力的发挥。财务机器人的应用能够改变传统财务部门的人员结构,释放大量的基础交易处理人员转型去做高附加值的财务工作,财务人员积极性能得到有效调动,实现财务对业务的有力支撑以及财务部门的价值增值。

⑤数据可得。在财务机器人运行过程中,能够对每一个机器行为对应标签和元数据,企业能够根据对应标签和元数据随时调取财务数据,从而根据这些财务数据更好地筹划项目预算安排,乃至预测公司未来的发展。

⑥安全可控。财务机器人按照固定的规则执行脚本,不侵入原有的信息系统,财务机器人的一切操作能够通过控制器进行追踪,工作路径能够随时调阅,业务故障能够及时发现,财务机器人的运行始终处于安全可控的状态,能够保障信息系统和企业数据的安全。此外,财务机器人自动执行业务流程,减少了人工干预的因素,在一定程度上降低了人为操纵的风险。

⑦响应及时。虽然财务机器人是根据固定的脚本执行规则,但是工作量和工作时间可以无限延长、随需而变,及时响应业务需求。当业务数量级发生变化时,只需要进行简单的机器人配置操作即可增加或者减少财务机器人的部署数量。此外,财务机器人的工作收缩能力强,可以随时加速、减速以匹配业务量峰值和谷值的需求,适应不同的业务变化速度,业务响应更加及时。

(2)智能化账务处理的局限性。应用财务机器人为企业带来了众多收益,其应用场所和实施范围得以不断拓展,但是,我们也必须正视财务机器人目前仍存在一些局限性。

①处理异常事件能力有限。由于财务机器人是基于固定规则进行操作的,即使有机器学习的能力加持,但是当业务场景发生较大变化时,财务机器人很难判断与规则不符的情况,处理异常事件。这就需要配备专门的人员监督财务机器人运行的过程,避免出现财务机器人无法处理的异常事件,一旦出现异常事件,就需要人工操作进行干预,这在一定程

度上限制了财务机器人的应用。

②运营保障要求高。虽然财务机器人不改变企业原有信息系统,但是其有效运营对系统平台的稳定性有一定要求。当企业软件升级或切换系统平台时,财务机器人可能无法正常运作或迅速恢复运作,需要投入一定的时间成本和开发成本,进行财务机器人的重新部署和优化。同时,财务机器人日常运营的维护,需要企业财务人员对计算机知识有一定了解,对人员素质提出了更高的要求。

③需要跟踪优化机制。流程固定、规则明确的流程特点,为财务机器人的应用提供了可能性。但企业的流程不是一成不变的,当进行业务流程优化时,就要对财务机器人进行重新部署和设计。为了保障财务机器人正常、有序地运行,快速、高质量地响应业务需求变化,企业需要针对财务机器人设计完整、详细的跟踪优化机制。

11.2 会计信息数字化

一个完整的会计流程贯穿整个业务过程,并在此基础上进一步延伸。企业可能发生采购、销售、员工报销等一系列业务,业务发生就伴随着数据的产生,这便是数据的源头。业务发生数据产生,由数据采集平台进行数据采集。采集到的数据在会计处理平台中进行进一步加工,包括自动记账,以及一些简单的指标计算分析,比如简单的绩效管理、信用管理、质量管理。经过加工之后的会计信息在财务后台形成财务报表、电子会计档案等。最后实现真正的财务信息共享,为业务过程提供数据参考,为管理决策提供信息支持。① 如图 11-7 所示。

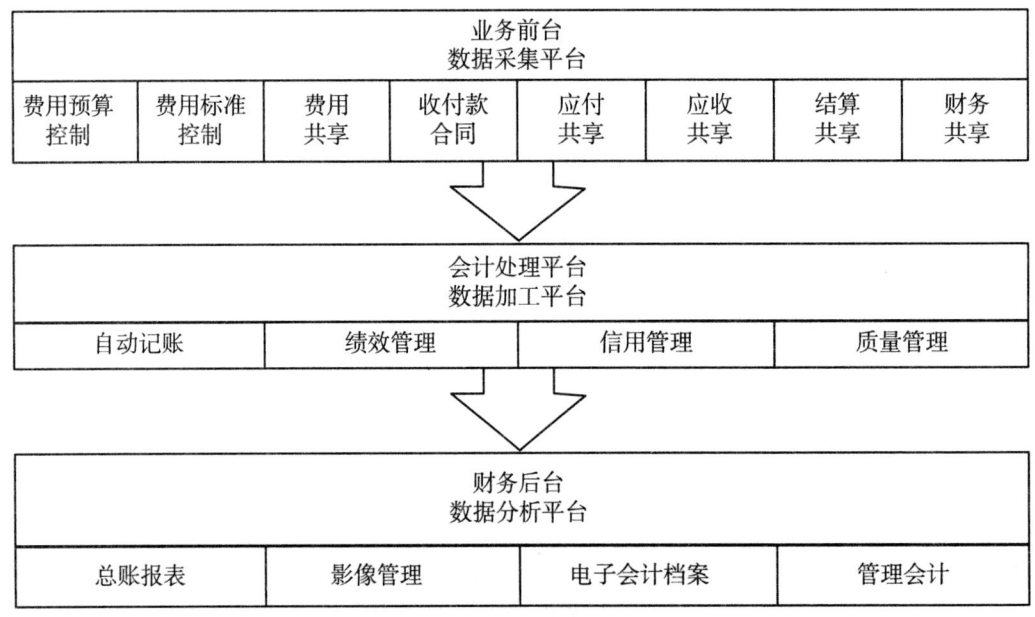

图 11-7 会计信息数字化

---

① 付蓉洁. 大数据时代的数字化转型 如何实现数据的安全使用 [J]. 互联网经济, 2020 (Z1): 58-63.

第 11 章 智能会计的账务处理

11.2.1 财务共享数字化

财务共享服务数字化转型是企业财务数字化转型的起点,其目标主要是利用数字技术,通过连接、共生、协同、平台等理念,针对来自企业内外部的大量、完整、多类型、异构的数据,运用数据采集、数据加工、数据挖掘、算法、模型等方法进行数据的加工与管理,释放数据价值,进行数据可视化展示,推动企业数据中心的建设以带动整个财务数字化转型,充分发挥管理会计的信息决策功能。

财务共享服务的数字化转型强调通过技术的应用来实现效率提升、信息系统整合以及数据服务能力提升等。从信息系统整合的角度来看,财务共享服务的数字化转型体现为财务共享服务中心与 ERP 系统的有效对接。在此过程中自然要发挥财务的服务职能,真正深入业务过程、熟悉管理流程,为业务过程提供数据参考,为管理决策提供信息支持。要将财务共享服务中心视作企业的大数据中心,至少是管理会计的数据决策中心。

11.2.2 资产管理数字化

在账务处理过程中记录了大量信息,比如固定资产的折旧使用情况、无形资产的摊销情况等。将这些信息进行规整,将资产数据化、可视化从而实现资产管理数字化。资产管理对企业来说非常重要,特别是在一些资产密集型行业。它直接关系到生产和服务的连续性、产品和服务的质量成本、人员安全和环境影响,甚至决定着企业的生存。现代企业资产的种类和数量在不断增加和变化,科学技术也在不断进步。然而,大多数企业仍然使用传统的资产管理方法,导致了效率、稳定性和安全性的低下。

随着资产管理环境和业务流程的快速发展,数字化资产管理是必然的。资产管理数字化可以实现:①企业对资产预算、计划、采购、台账、使用、维保、缺陷、安全、租赁、报废处置以及备品备件等全生命周期管理。②支持资产运行状态自动监测及数据分析,通过状态数据采集,并根据监测技术标准,自动分析确定资产需要进行保养、维修还是润滑等维保措施,开创了以消缺管理为源头智能驱动维修、保养、润滑管理的新模式。③在线地图的实时查询应用以及二维码的存储将资产管理可视化。④结合多元化的 KPI 图形展示,为用户提供科学、智能的资产管理监管平台,实现资产高效的监管、科学评估及正确的分析。

11.2.3 会计档案数字化

电子会计档案是通过数字设备及环境形成,依赖计算机和网络阅读、处理、传输和以数码形式存储于磁带、磁盘、光盘等载体的,具有保存和利用价值并归档的会计数据、元数据、读取平台等会计材料。主要有电子报表、电子账簿、电子凭证、会计软件及操作说明和其他一些如银行对账单等电子会计资料。它是反映和记录一个单位经济发展的重要依据和史料。[①]

会计电子档案具有高效的共享性。电子会计档案信息是数字化的，其传递速度快，建档归档流程方便高效。通过规范组织流程、业务活动、归档格式、管理流程、保管方案等，实现利用数据库集中管理和共享，可方便快捷地不受时间和空间的限制实现会计信息的查阅利用，也可以促进电子会计档案的深度挖掘开发，相关人员还可通过网络对电子会计档案信息进行分析，建立决策数据模型和决策方案，充分发挥会计档案在经济建设中的重要作用。

会计档案数字化意味着电子会计资料归档时可以仅归档电子的，而无须输出纸质载体归档。会计档案数字化有利于降低会计档案管理成本、优化会计核算流程，同时也符合国家一向倡导的科学、绿色发展要求。及时规范电子会计凭证的报销入账归档是会计工作和档案工作适应电子商务、电子政务发展的需要，对于规范单位基础会计工作，推行电子文件电子化单套制归档，实现会计凭证报销入账归档全流程电子化等均具有重要意义。

同时，电子会计档案信息是数字化的，其安全性要求高。[②] 电子会计档案是由计算机会计核算系统生成的电子数据，这些数字信息的处理、保存、利用等对软硬件系统环境的依赖性很强，而且电子会计数据容易被破坏、修改后不留痕迹、难恢复，其所处网络环境安全隐患多。要针对电子会计档案数字化管理特征、不同的财务软件、不同的电子会计档案版本，分析电子会计档案管理中存在的安全隐患，采取有效管理措施确保电子会计档案的安全和凭证作用。

会计档案电算化应当满足以下要求。

（1）接收的电子会计凭证经查验合法、真实。

（2）电子会计凭证的传输、存储安全、可靠，结合区块链技术实现操作留痕，任何对电子会计凭证的篡改能够及时被发现。

（3）使用的会计核算系统能够准确、完整、有效接收和读取电子会计凭证及其元数据，能够按照国家统一的会计制度完成会计核算业务，能够按照国家档案行政管理部门规定格式输出电子会计凭证及其元数据，设定了经办、审核、审批等必要的审签程序，且能有效防止电子会计凭证重复入账。

（4）电子会计凭证的归档及管理符合《会计档案管理办法》等要求。

做到会计档案的电子化管理，业务留痕、防篡改、防抵赖。按照会计档案管理要求，实现纸质档案和电子档案的数字化、电子化处理，构建完整的电子会计档案管理体系，为各类档案提供统一的采集、管理查询、加载及展现的平台，同时推动原始凭证的无纸化建设，实现电子凭证的自动化处理。

11.3 数据资产化

企业在运营过程中可以产生大量数据，这些数据可以为企业所用，充分发挥其功能帮助企业进行高效高质量运营与管理。在企业搭建起来的财务共享平台上，这些数据可以进

---

① 构建安全可信的会计档案全流程数字化管理系统 [J]. 中国总会计师，2020（6）：16-17.
② 蒋韬，邱志鹏. 电子会计档案管理的难点及对策研究 [J]. 兰台世界，2020（3）：77-79.

第11章 智能会计的账务处理

行顺畅的流通，不存在各种壁垒，更加有利于数据的充分利用。同时不仅仅是企业内部的数据，在企业的经营过程中供应链与上下游可以搭建起相应的信息链，实现外部数据也可以为企业所用。而在此基础上，智能财务系统再加以人工智能技术加持，助力企业对数据资产的充分高效利用。

11.3.1 数据就是资产

大数据蕴藏着丰富的信息和价值，如何运用好大数据，发挥数据资产的价值，这是大数据时期的商业挑战。已经有非常多学者在讨论将数据确认为真实记录在账面上的资产。而这里所讨论的数据资产，是企业内部产生的数据，比如企业采购的产生的采购数据、形成的供应者画像，或者企业销售过程中产生的销售数据、形成的销售者画像等。财务中心贯穿整个企业所有业务活动，财务中心几乎囊括了企业各种活动的全部相关信息数据。而这些全部的信息总和呈现出了一个企业的基础画像，如图11-8所示。针对这些反映出来的信息，我们可以对企业自身有一个更好更客观的认识，从而更好地实现业财税管一体化，帮助企业更好地发展。

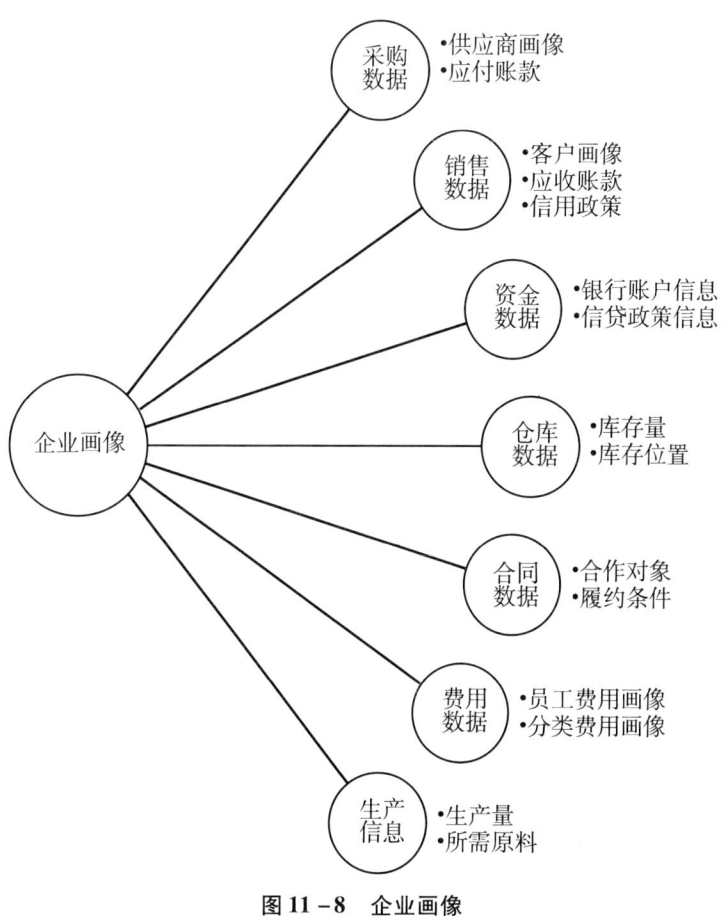

图11-8 企业画像

智 能 会 计

11.3.2 数据资产的应用

企业在财务共享平台的基础上加以人工智能技术实现智能化,在这个过程中产生的大量数据形成的企业自身画像都可以反过来被企业所用。企业可以通过自行分析或者借助智能财务机器人分析自身的采购数据、销售数据、资金数据、仓库数据、合同数据、费用书、生产信息等,帮助企业进行更智慧智能的采购、制定更优的费用计划、信用政策,甚至帮助企业更好地进行融资。

1. 智慧采购

在智能财务系统中,系统所涵盖的资金数据可以提供企业目前的资金状况,生产车间的信息可以提供车间目前的生产状况所需材料情况,供应商画像可以提供供应商供货信息,企业可以自行或者借助智能财务机器人根据这些信息进行分析,提供出所有的可选方案以及推荐最智能的采购方案。

企业根据生产车间的实际生产情况,分析企业所需要的原材料,以及需要的时间等;再分析供应者画像,分析供应商的地理位置、销售价格、付款政策。比如当需求比较紧急的时候,则更多地考虑离企业更近的供应商。同时还要结合企业的资金的情况,比如当企业资金周转比较宽松的时候,则可以选择给出的现金折扣更大的供应商,最后选择最合适的供应商进行采购。如图 11-9 所示。

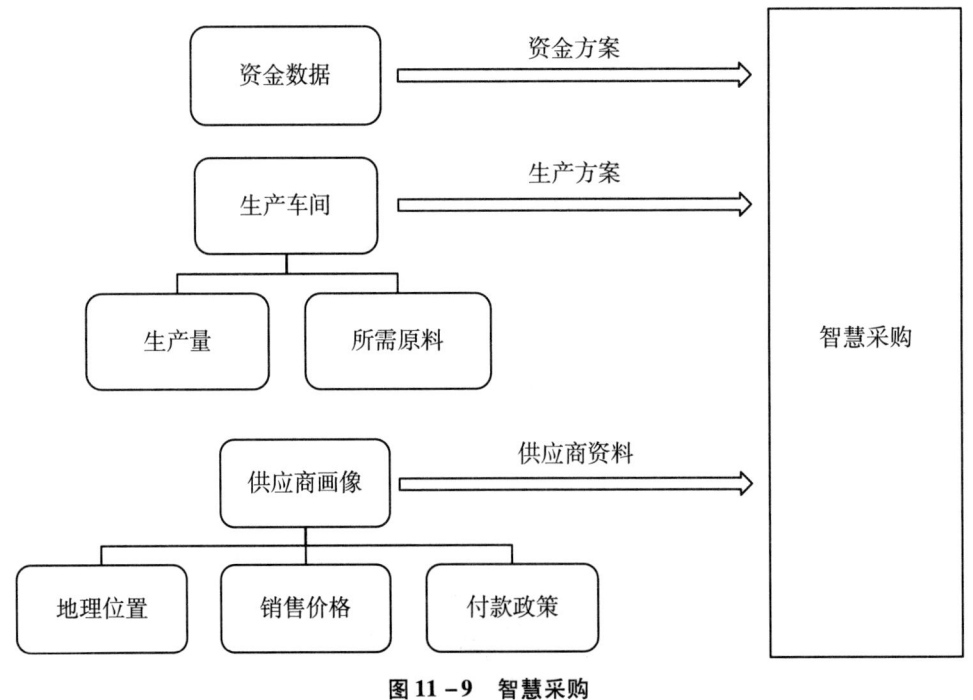

图 11-9 智慧采购

第11章 智能会计的账务处理

2. 智慧费用计划

员工在企业财务系统中留下的费用记录、消费记录等经过大数据分析,可以分析得到一个员工的费用画像。同时企业整体的费用按类甚至明细分别统计分析,得到企业的整体费用画像,进行纵向横向比较,则可以找到企业下一步压降费用的着力点。

企业可以借助智能财务系统对员工个人费用画像进行分析,分析每个员工的费用产生总额,以及各个类型费用的发生情况,并横向在各个员工之间进行比较,由此针对每个员工的费用发生情况进行评价,以便于日后指导对每个员工的费用进行审核报销时的审核层级和审核要求。对于费用发生明显较少的员工审核等级可以更低一些,对于费用发生明显较多的员工则需要重点关注。同时,对于总体费用产生情况进行分析控制,不仅与以前年度进行比较分析,还可以与同行业同规模的企业进行比较,从而更好地做出费用总预算与各类明细预算,并针对费用超支的部分采取一定措施来压制成本、控制费用。

3. 智慧信用政策

企业在与客户交易过程中的数据,比如与客户交易的次数、交易金额、对方的信用等级、回款速度、受信用政策影响的程度,以及客户目前的动态、当前的经营状况与业内评价等,都可以收集起来,并在智能财务系统中进行充分的汇总运算,得到每个客户的客户画像。

此外,企业仓库和财务系统充分互动,仓库的储存情况及时反馈到财务共享平台。财务共享平台可以作为总体的调度中心,更好地指导安排生产与销售。

由此,企业可以借助智能财务系统对客户画像进行分析,分析客户的回款速度、信用等级以及客户对信用政策的敏感度,划分客户优先等级,并对每个客户制定特定的销售信用政策。同时也考虑企业的仓储情况,在出现仓储过剩的情况时,可以适当放宽信用政策以促进销售,而在仓储不足的情况下,收紧信用政策,优先销售给评分等级更高的客户。

4. 智慧融资

企业要发展必然离不开充分的资金支持,而如果企业一旦陷入急需资金的时候往往已经陷入财务危机,很难再筹集到所需资金。因此在资金方面,未雨绸缪对于企业来说非常重要。利用智能财务系统,企业可以广泛收集各个银行的贷款放贷政策,同时也根据公司自身发展战略目标规划制定相应的融资预算。

企业根据自身情况,比如企业在税务平台的信用等级,以及自身的战略布局资金需求等等,同时分析结合各个银行的贷款放款条件,分析企业可以选择的贷款融资方式方法。同时还可以分析企业为了满足银行的贷款条件,可以在哪些方面做出哪些相应的努力。

第 12 章 智能会计的税务处理

税务处理作为企业的重要工作内容之一，与业务系统、财务系统息息相关。目前的税务处理工作中，企业虽然掌握着生产经营的全部信息[①]，但也始终难以摆脱税务困境的漩涡：一方面，随着经济形式的不断发展，税源特点迭代更新[②]，认定数额、界定管辖地等矛盾在企业和税务机关之间不断激化，加大了税务处理和监管工作的难度；另一方面，自我国税务会计和财务会计分离以来，税收准则和会计准则各自不断完善，随之而来的是两者之间差异不断、难以协调，既增加了企业的风险和成本，又为税务机关监控违法行为增添了负担。而智能税务平台是智能会计在税务处理方面的一大重要突破。它将企业和税务机关有机结合起来，通过整合分析进项管理、销项管理、其他税务信息管理的输出结果，推动业务系统、财务系统以及税务系统之间的数据流动，提供逆向的控制信息反馈，在提供海量数据的基础上，利用智能税务风险识别、智能税金处理、智能发票开具以及智能税务监控等特色功能解救企业于税务困境之中，成为加快业财税融合、解决税务困境的重要环节之一。

12.1 突破税务困境

税务处理环节中征纳双方的信息不对称，使"信息孤岛"问题愈发严重。而随着知识时代、共享经济时代等新型经济形式的发展，税源在愈加丰富的交易形式中展现了新的特点，其识别难度加速上升。除此之外，财务会计和税务会计两者之间的差异提高了企业的税务风险。智能税务平台提供了追踪"新"税源和协调税会差异的新思路，为企业突破税务困境提供了有效方法。

12.1.1 追踪"新"税源

"大智移云物区环"的迅猛发展为经济发展增添了动力，同时也伴随着更加丰富的税源类型及交易形式。税源表现出的分散化、隐蔽化、数字化以及巨额化等特点，无疑加剧了企业与税务机关之间的信息不对称，为两者的税务处理、税收监管工作带来了巨大的挑战。

---

① 吴希慧. 基于会计信息不对称视角的征纳博弈研究 [J]. 会计之友, 2013 (1): 92-94.
② 董蕾, 王向东. "管数制"税收征管模式创新研究 [J]. 税务研究, 2017 (3): 110-114.

第12章 智能会计的税务处理

1. 分散化的交易主体

互联网技术便捷、高效的特点使其在经济交易领域得到广泛应用，地域问题不再是交易的限制条件，交易主体可以跨越地区、跨越时区进行交易。分散在世界各地的交易主体实际上引发出征税纳税的所属地问题，分散化的交易主体作为纳税主体，其纳税管辖权的界定成了急需解决的重要问题。

2. 隐蔽化的交易对象

隐蔽化主要指交易对象不再局限于实体产品，其载体更加丰富多样。例如，在知识时代，知识产品是主要的交易对象；在共享经济时代，各类资源的使用权就是交易标的。隐蔽化的交易对象存在方式多样，这些交易对象不仅仅代表着各类资源的有效利用，实际上也加大了对课税对象的监控难度。

3. 数字化的交易手段

微信支付、支付宝、云闪付等支付手段的发展极大拓宽了交易渠道。电子化的支付方式为个人及企业提供便利的同时，也使交易信息的掌控监管工作极难开展。

4. 巨额化的交易总额

地域限制、支付方式等问题的解决极大增加了交易量、提升了交易总额，但从微观角度来看，单笔交易中的支付金额存在极大可能并未达到起征点。这在税收监管上会形成极大的盲区，可能会造成大量的税收流失。

针对分散化、隐蔽化、数字化和巨额化的特征，智能会计相较于传统会计的优势在于其发展基础与税源新特点的产生基础是一致的，即"大智移云物区环"的支持。智能会计在追踪"新"税源的功能上，可以回溯其发展路径，定点发展坐标，对解决管辖权界定矛盾、监控税源走向具有重要意义。

12.1.2 协调税会差异

《企业所得税税前扣除办法》的执行标志着我国财务会计与税务会计正式分离。为顺应全球化发展趋势，我国会计准则对标国际会计准则不断修订，税收政策也不断完善，导致两者差异逐渐拉大。两者从统一再到分离，为实务工作增加了不少难度，到如今如何协调税会差异成了提升实务工作效率的重中之重。接下来以2017年《企业会计准则第14号——收入》为例，对会计收入确认时间与增值税纳税义务时间两者之间进行税会差异分析，总结税会差异对税务工作的重要影响。

智能会计

1. 增值税税会差异分析

2017年7月5日，财政部正式颁布了新修订的《企业会计准则第14号——收入》。在新的收入准则中，会计收入的确认时点以"控制权转移"取代了"风险报酬转移"，按照五步法模型对收入进行确认与计量。2017年的新收入准则实际上统一了各业务收入的确认标准，但在操作难度上，各业务不可同一而论。以销售商品为例，企业可以根据客户是否取得商品所有权判断其控制权是否已经转移，但就提供应税服务而言，其控制权的转移判定存在较大困难，从服务类型来看可以将其分为一次性服务和多次服务。在多样的服务类型下，以客户是否取得服务控制权作为确认收入的依据是无法做出合理的会计估计的。

表12-1统计了在不同销售方式下，会计收入的确认时间及增值税纳税义务时间，并详细分析了各自的税会差异问题。

2. 税会差异的影响

财务会计和税务会计分离的本来目的在于形成会计工作的专业化，但随着时代的发展，两者之间的差异如何有效协调成了企业发展、会计行业发展的头等大事。在实务工作中，税会差异的存在不仅会提高企业的税务风险，还会影响企业的财务审计风险。

（1）税会差异会增加纳税主体税务风险。财务会计和税务会计处理原则上的差异对企业财务人员业务能力和风险识别水平提出了更高的要求。在税务处理的过程中，企业财务人员应当重视细节，避免因错用、漏用相关税务处理原则导致认证、申报等税务环节产生问题，关注税会差异，并按照税收监管法的要求及时申报，避免各类影响纳税问题的产生。

（2）税会差异会增加企业财务审计风险。注册会计师需要按照会计准则、税收政策和审计执业准则等对企业财务报告进行审计，而税会差异如收入确认时点和收入金额计量等则会影响企业的财务报表，审计人员需要认真识别涉税科目，在审计风险较小的情况下得出合理的审计结论，以防出现重大错报和舞弊。

目前税源的新特点、税收准则和会计准则之间的较差协调都会加剧"信息孤岛"问题，随时会成为违法犯罪行为的可乘之机。而智能会计的税务处理除了为企业建立税务大数据平台，兼容会计税务两套准则之外，还能加快企业的业财税融合，使企业数据有序、多向流动，为企业提供逆向的控制信息反馈，在识别和预警智能财务风险、计算和缴纳智能税金、开具和保存智能发票以及全流程税务监控等方面发挥重要作用。

第12章 智能会计的税务处理

表12－1

增值税税会差异分析

销售方式	会计收入确认时间	增值税纳税义务时间	税会差异分析
直接收款	企业应当在客户取得相关商品控制权时点确认收入。在判断客户是否取得控制权时，企业应当考虑下列迹象： (1) 企业就该商品享有现时收款权利，即客户就该商品负有现时付款义务； (2) 企业已将该商品的法定所有权转移给客户，即客户已拥有该商品的法定所有权； (3) 企业已将该商品实物转移给客户，即客户已实物占有该商品； (4) 企业已将该商品所有权上的主要风险和报酬转移给客户，即客户已取得该商品所有权上的主要风险和报酬； (5) 客户已接受该商品； (6) 其他表明客户已取得商品控制权的迹象	销售货物或者应税劳务为收讫销售款或取得索取销售凭据的当天，先开具发票的为开具发票的当天	税法以票据产生时间为纳税义务时间，而会计以商品失去控制权收入确认时点，可能产生税会差异
托收承付和委托收款		发出商品并办理托收手续的当天	税法以发出商品并办理托收手续的当天，但会计在没有取得报酬时，根据谨慎性原则不确认收入
赊销和分期收款		为书面合同约定的收款日期的当天，无书面合同的或者书面合同没有约定收款日期的，为货物发出的当天	(1) 无合同或协议约定情况下，即使商品已发出但客户未收到，税法仍确认纳税义务，但会计上是没有收到商品款的情况不确认收入； (2) 存在超期未付款的情况，税法需要按规定缴纳增值税，但会计上可能不确认收入
预收货款		(1) 为发出货物的当天； (2) 生产销售，生产工期超过12个月的大型机械设备、船舶、飞机等货物，为书面合同收款日期或者书面合同约定的收款日期的当天	超过12个月的销售，在会计上按照履约进度确认收入，但税法按合同约定日期来履行纳税义务
委托代销		为收到代销单位的代销清单或者收到全部或部分货款的当天，未收到代销清单及货款的为发出代销货物满180天的当天	180天内没有实现销售，需要继续代销，就会存在税会差异
视同销售		销售货物或者应税劳务取得索取销售款或先开具发票的为开具发票的当天	本不会产生税会差异，但会因为纳税人延迟纳税导致税务风险

资料来源：霍爽．新收入准则税会差异与风险防范［J］．财会通讯，2020，（9）：97－99＋103．

智能会计

12.2 智能税务风险识别

为企业提供智能税务风险报告是智能会计的个性化功能。智能会计可以实现会计数据及税务数据互通,通过挖掘底层数据,为企业提供智能财务风险报告,提示和引导企业抵御税务风险。

12.2.1 税务风险分析逻辑

合理的税务风险分析逻辑是智能会计为企业提供信息反馈的基础。智能税务风险的分析逻辑主要包括以下两个方面。

(1)根据税收政策和行业特性,科学设立相关阈值及安全区间,对企业数据与标准值进行比较性分析,从数据角度观察企业在相关区间内的所在位置,直观提示企业内部可能存在的税务风险。

(2)根据税种间逻辑,对纳税申报表重点项目数据进行真实性分析,尤其利用各报表列报项目之间的钩稽关系,从可靠性、真实性角度验证企业税务数据的真实性,提示企业税务风险。

12.2.2 比较性分析

比较性分析是税务风险分析的初步阶段,通过将企业各期的数据与行业平均、地区平均以及税收政策标准值等数据进行横向比对,判断企业数据是否在安全区间内,并由此推断企业是否采用相关税收优惠政策及是否存在违规行为,如图12-1所示。

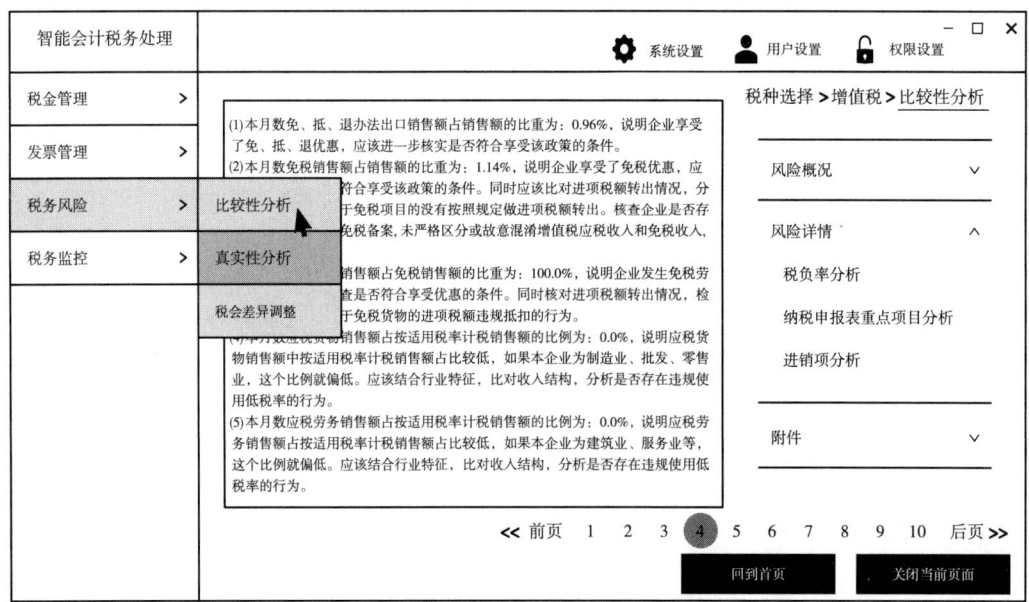

图12-1 智能税务风险比较性分析结果示意

第 12 章 智能会计的税务处理

1. 增值税分析

增值税作为我国的主要税种之一，尤其受到企业和税务机关的特别关注。在增值税的比较性分析方面，主要从税负高低、是否享受税收优惠政策和进销项发票核实等方面进行风险预警。通过销售额比重推断企业是否享受免抵退政策，由此决定是否需要进一步核实是否符合税收优惠条件、比对进项税额转出情况以及是否按规定进行减免税备案等，同时结合行业特征，检查企业是否存在偷税漏税、违规使用低税率以及违规抵扣行为等。

（1）税负率分析。税负率分析主要包括企业本月增值税税负率及其与行业税负率之差、本年累计增值税税负率及其与行业税负率之差、各期增值税平均税负率及其与行业税负率之差、本月增值税税负率与增值税平均税负率之差等。通过各类数据横向比较，提示企业是否存在税负过高过低、多抵进项税额少计收入、隐藏收入多列成本等行为。

（2）纳税申报表重点项目分析。纳税申报表主要重点项目包括免抵退办法出口销售额占销售额比重、免税销售额占销售额比重、免税劳务销售额及免税货物销售额占免税销售额的比重、应税货物销售额占按适用税率计税销售额的比例、应税劳务销售额占按适用税率计税销售额的比例等。通过计算各比重比例，从侧面检验企业是否享受免、抵、退优惠，判断是否需要进一步核实是否符合享受该政策的条件，并比对进项税额转出情况，分析是否存在购进用于免税项目的没有按照规定做进项税额转出或违规抵扣。更进一步地核查企业是否存在未按规定进行减免税备案、未严格区分或故意混淆增值税应税收入和免税收入、少缴增值税等，结合行业特征，比对收入结构，分析是否存在违规使用低税率的行为等。

（3）进销项分析。进销项分析主要通过发票中存在的风险，检查企业同期进项税额与销项税额差距，根据抵扣凭证分析是否存在接受虚开发票或隐藏收入的行为，从根源解决认证抵扣技术难以识别购销差距的问题。通过分析主要客户在省外或省外同一购买方集中度高低、是否存在顶格购进或虚开发票的风险、发票作废风险以及失控发票风险等进行风险提示，具体包括：省外同一购买方金额和份数集中度高低、顶格购进或开具发票金额和份数、按照发票的限额金额开具发票总份数和总金额、进项和销项发票作废风险、失控发票风险等。

2. 企业所得税分析

（1）税负率分析。税负率分析主要包括企业所得税各期平均税负率、营业利润企业所得税各期平均税负率、主营业务利润所得税各期平均税负率等。根据各税负率高低及安全区间，推断是否存在被查风险，提示企业检查纳税调增项目明细情况。

（2）纳税申报表重点项目分析。企业所得税纳税申报表重点项目要与各明细表配合分析，重点关注企业所得税纳税申报表主表中营业收入及营业成本、营业外收入与营业外支出、境外所得及境外所得抵免所得税额、抵扣应纳税所得额等，结合收入明细表、支出明细表、所得减免优惠明细表、境外所得税收抵免明细表等表格进行严格比对，判断企业是否享受了企业所得税优惠政策、是否涉及境外所得等。

（3）收入成本费用变动及对比。收入成本费用变动及对比主要利用企业所得税纳税申报表主表，挖掘企业近三年营业收入、营业成本、期间费用、投资收益等详细数据，与各明细表进行比对的同时形成季度、年度变化曲线，分析企业收入结构及趋势、成本结构及趋势、费用占比及变动等数据，提示企业是否存在隐藏收入、虚列成本的违规行为。

12.2.3 真实性分析

企业税务数据的真实性分析主要是利用资产负债表、利润表、企业所得税申报表和增值税申报表相关数据比对分析，对资产负债表货币资金数据、各类应收数据、存货数据等资产数据以及流动负债数据、非流动负债数据，利润表营业收入数据、营业成本数据、期间费用数据及利润表净利润数据的真实性进行数据真实性以及钩稽关系的分析，由此推断企业是否涉及隐瞒数据及数据造假的行为。

1. 利润表数据真实性分析

利润表数据真实性分析主要包括利润表营业收入数据、营业成本数据、销售费用数据、管理费用数据、财务费用数据、营业利润数据、营业外收入数据、营业外支出数据、利润总额数据、净利润数据等。

2. 资产负债表数据真实性分析

资产负债表数据真实性分析主要包括资产负债表货币资金数据、应收票据数据、应收账款数据、预付账款数据、其他应收款数据、存货数据、固定资产数据、无形资产数据、资产总计数据、流动负债合计数据、非流动负债合计数据、应付票据数据、应付账款数据、应付职工薪酬数据、其他应付款数据、长期应付款数据、专项应付款数据、预计负债数据、非流动负债数据等。

12.2.4 税会差异调整

税会差异可能会使企业陷入税务风险及财务风险，因此税会差异调整也是智能税务风险识别的重要部分。以增值税纳税义务时间与会计上确认收入时间的税会差异为例，智能会计可以通过自动化流程识别企业税会差异并提出相应的调整建议，实现企业税会差异风险最小化。

1. 时点确认

自动校验存货发出明细账，识别企业先开票后发货和先发货后开票销售行为，尤其关注客户签收情况，严格遵循"控制权转移"原则，准确把握控制权转移时点。

2. 销售方式识别

识别预收款销售、分期收款销售、赊销、现销、托收承付销售、委托代销、折扣销售、售后回购及融资销售等销售方式，这是计量销售收入和计缴增值税税金的基本依据。在确定销售方式的基础上，根据税会差异产生可能性的大小逐步识别是否存在错报、漏报。

第 12 章　智能会计的税务处理

3. 调整手段

采取直接调增企业所得税的季度或年度申报表等手段，将企业在财务会计上未确认收入但需要计缴企业所得税收入的发货情况进行汇总，并纳入税务会计核算跟踪明细账。在智能税务平台的支持下，自动持续追踪税会差异并采取相应预警手段进行提示。

12.3　智能税金处理

传统税务流程中，纳税人需要在抄税后手工填写繁杂的各类申报表，填写完成后到税务局大厅进行报税，如此年复一年。而智能税金处理则将整个过程转移至线上，纳税人只需要登录电子税务局进行电子申报表的填写后一键报税，并通过网上银行等支付方式进行缴税，抄税报税流程大幅简化。除此之外，智能税金处理还可以实现出口退税智能化、智能税务筹划，通过整合海量税收政策及优惠政策，实现企业经营活动与各类政策自动对标，为企业享受税收优惠提供重要途径。

12.3.1　批量申报，快捷缴纳

在智能会计时代，抄税报税都可以在线上完成。如抄税环节，企业利用税控盘可以随时上传单据凭证及账目，企业的每一笔交易都可以得到完整的记录，在智能税务平台形成的数据库支持随时调用。在报税环节，电子税务局的发展则是利国利民的一大进步，企业在电子税务局可以进行批量申报、一键报税，税务机关则可以通过电子税务局进行海量数据认证比对，极大地解放了人力资源。在纳税申报方面，企业可以按税种、按所属时期甚至按供应商或客户等多种类目进行筛选分类，快速选中需要进行纳税申报的经济活动，实现一键申报，如图 12-2 所示；在税款缴纳方面，多家网上银行可以实现接入智能会计税务模块缴纳窗口，纳税人只需要进行用户身份验证即可进行缴纳，真正实现了"足不出户"。

12.3.2　出口退税智能化

我国推行出口退税政策的目的在于给予出口企业税收优惠，从而增加出口商品的市场竞争力，但在实务操作中对出口企业"两单一票"即出口核销单、出口报关单和出口发票的处理还存在一定问题。如企业获得"两单一票"等资料存在滞后期，申报数据逐条录入耗费时间较长且准确率不高，严重拖后了企业退税申报进度。除此之外，大型企业申报出口退税还面临着工作繁重、效率低下的问题，主要是由于目前仍需手工清分退税发票，逐一匹配出口报关单和对应的进项发票等相关附件，以及对于因品名、单位、数量等不一致、换汇成本超出合理范围等附件疑点进行手工调整和修正的工作。同时，税务机关在分级别审核单据时，并不具备退税审核系统权限，不能实现在全国范围内聚集数据并统一纳入全国税收征管体系中。

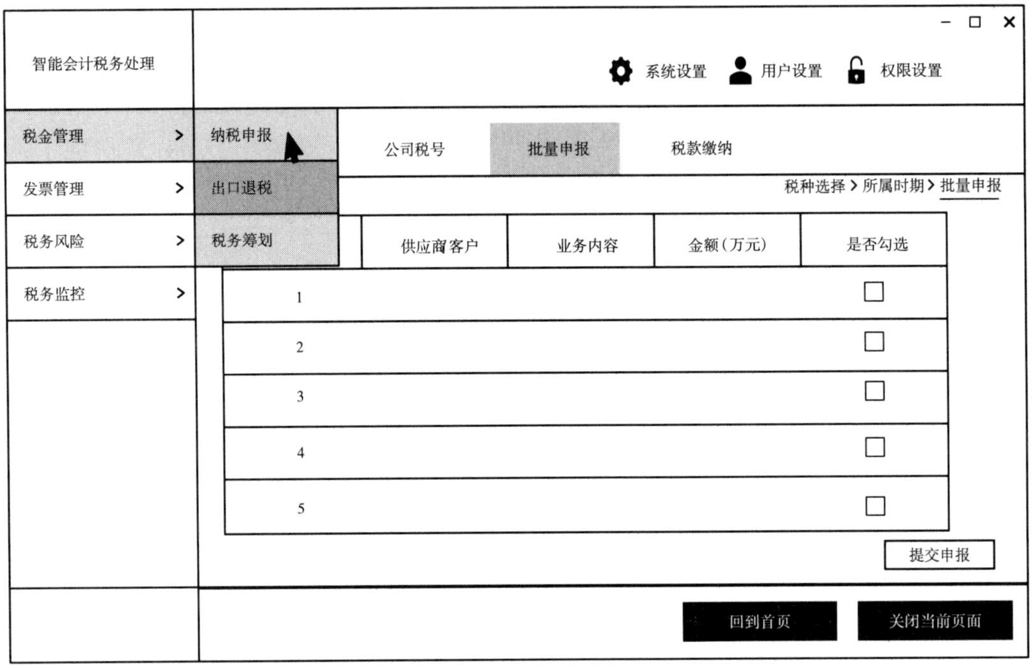

智能会计

图 12-2　智能税金批量申报示意

面对如此繁重的出口退税工作，智能税金处理的优势逐步显现①。

1. 申报即取得

在退税申报当天，企业便可以用出口申报数据采集出口预录入单数据，并根据本企业提供的出口商品名称、数量等开具进项发票，确保关单、发票商品信息一致性。

2. 一键查询

在出口退税智能化支持下，数据查询可以实现不受纸质发票邮寄影响，即随时都能在智能税务平台查询、浏览全票面数据。

3. 同步更新

智能税务平台可以实时掌握企业已结关报关单的情况并进行下载、打印和存档，无须通过其他部门传递。

4. 智能配单

与人工逐一匹配不同，智能税务平台可以实现智能匹配报关单和发票数据，并生成退税关联数据，对配单数据进行校验和检查，实现退税申报数据与出口单证智能化比对。

---

① 外贸企业危中寻机谋发展税务部门快速退税添动力 [EB/OL]. http：//www.chinatax.gov.cn/chinatax/n810219/n810744/c101510/c101535/c5154255/content.html.

第 12 章　智能会计的税务处理

5. 批量确认

对于已经配单检验的进项发票,可放心批量勾选进行确认签名。

6. 一键报送

智能税务平台可以对接全国出口退税系统,将配单好的进项明细和出口明细免录入一键报送至单一窗口。

12.3.3　智能税务筹划

我国的税收法律制度主要由纳税人、课税对象、税目、税率、纳税环节、纳税期限、减税免税、法律责任等要素构成。在税收实践中其流程为:确定纳税人—确定课税对象—确定税基—确定适用税率—税收管理[1]。在各个税收环节中,纳税人、税基、税率等构成要素在各类规定上的差异及弹性,使其产生了一定的税务筹划空间。而税务筹划作为一种节税活动,广泛影响着企业的经营活动和投资战略[2]。在传统的税务筹划中,企业需要寻求专业税务筹划代理公司的帮助。而这类第三方中介机构仅通过交流和资料填写等方式对企业基本情况进行了解,极易产生信息漏洞。在智能会计时代,企业的每一笔税金都可以被完整、真实地记录下来,智能税务筹划可以在业财税融合平台提取企业基本信息(如组织形式、员工信息)、经营状况、财务情况(如资产、收入支出)、风险偏好以及历史纳税信息等,在税收政策库的支持下定制一套动态化、常态化的企业税务筹划方案。

智能税务筹划给企业提供了动态化、常态化的选择,企业可以定制不同时期下、不同需求下的税务筹划策略。智能税务筹划的基本环节可以分为需求定位、信息抓取以及方案匹配,一般以需求定位为起点,抓取相关信息进行处理再结合税收政策系统库进行方案设计,如图 12-3 所示。但该流程并不止于单次、单向进行:一方面,税收政策库、企业业财税信息的变动会影响最终的方案匹配,智能税务筹划可以提供动态化支持,即在信息临时发生变动的情况下也可以迅速更新税务筹划方案,并进行反向比对,保证税务筹划方案及时与需求和信息匹配;另一方面,智能税务筹划可以为企业提供常态化服务,企业可以随时按月度、季度甚至年度进行税务筹划,并对其进行总结评价、分析差异,逐步调适税务筹划方案与本企业的匹配度。

1. 税收政策库支持

整个智能税务筹划环节的运转离不开税收政策库的支持。税收政策库既是智能税务筹划的基础,也是智能税务筹划的核心。税收政策库包括了组织形式政策、行业政策、区域政策、税收优惠政策等,可以提供从企业设立到企业经营的所有政策支持,为企业选择最优组织形式、调整主营业务结构、选择经营地点等提供动态化、常态化的服务。

---

[1] 齐金勃.论基于税法的税务筹划——动态规划的视野[J].会计之友,2020 (2):54-57.
[2] [美]迈伦·斯科尔斯等.税收与企业战略[M].张雁翎译.北京:中国财政经济出版社,2004:1-4.

智能会计

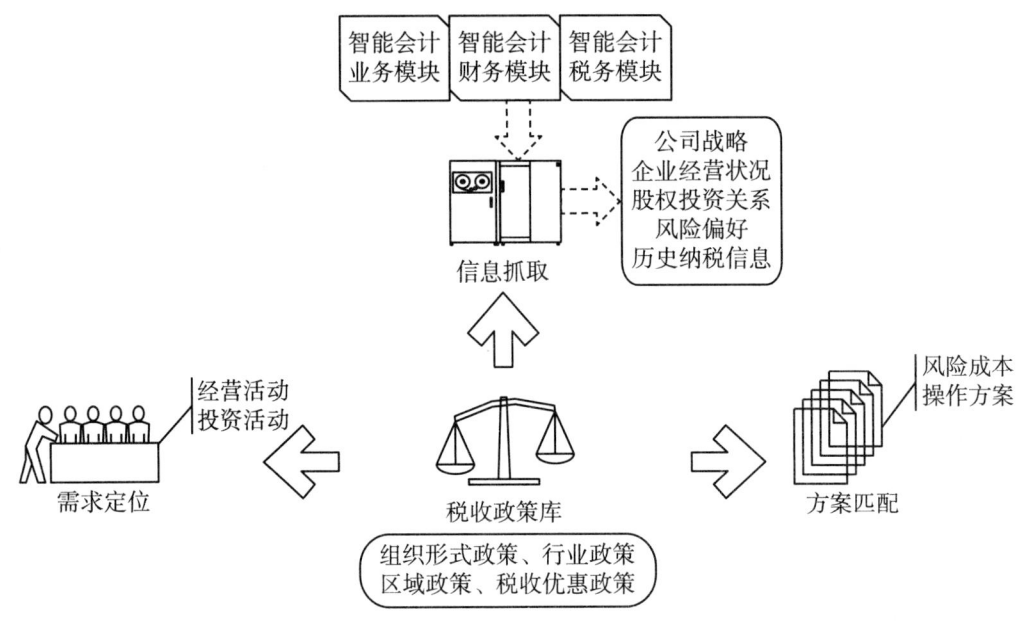

图 12-3　智能税务筹划业务流程

2. 需求定位

税务筹划首先要有明确的目标,企业可以根据自己的需求和条件选择经营活动或投资行为。需求定位是信息抓取和方案匹配环节的基础,影响着整个税务筹划环节的方向。

3. 信息抓取

信息抓取是在需求定位明确的条件下对企业各类信息进行挖掘抓取,这一环节的实现与智能会计业财税融合的强大功能有关。智能会计业务模块、财务模块和税务模块储存的大量信息是进行税务筹划的重要来源,如业务模块可以提供企业股权投资关系信息,财务模块可以了解企业经营状况,税务模块则可以提供包括税种、税率的历史纳税信息等。与传统税务筹划相比,第三方中介机构通过问卷、访谈等方式获取信息的过程实际上存在信息不对称的风险,无法防范企业隐瞒、编造信息的可能性,也无法保证中介机构对信息的消化程度。业财税融合支持下的智能税务筹划则可以随时随地进行数据筛查及更新,挖掘企业底层数据,在保证真实、完整的同时,分析相关信息,清晰相关链接,为进行税务筹划方案匹配奠定稳固的基础。

4. 方案匹配

方案匹配环节是智能税务筹划的最终结果。智能税务筹划方案除了具体操作指导外,还可以提供各方案风险成本分析,为企业进行方案评估、选取最优方案提供支持。

(1) 计量风险成本。智能税务筹划风险成本报告作为各税务筹划方案的辅助报告,其实现依赖于企业的风险偏好,主要用于帮助企业计算包含非税成本在内的税务筹划支出,判断需求目标是否可以顺利实现、智能提示涉税风险等。

(2) 出具操作方案。智能税务筹划操作方案既是智能会计输出的最终结果,也是检验

第12章 智能会计的税务处理

智能税务筹划环节的指标。通过循环往复的核对、更新，智能税务筹划可以实现动态化、常态化的操作方案输出，对企业节省成本、动态管理具有重要意义。以下是智能税务筹划操作方案的几个方向：

①税收洼地。主要是指以税收政策库中的区域政策为支撑，在企业选择入驻税收补贴园区、选择公司注册地时，合法合规地依据税收优惠政策选择税率更低、税收更优惠的地点进行经营活动。

②资本结构。资本结构的确定是企业最重要的问题之一，企业税务筹划的目的在于实现企业价值的最大化，那么确定合适的负债和权益配比也是税务筹划的重要方向。智能税务筹划可以根据行业标准、税收政策规定，形成适配企业的资本结构规划，通过配置证券或股票回购的方法进行税务筹划。

③并购或剥离[①]。企业的组织形式也是重要的税务筹划手段之一，这将依靠税收政策库中的组织形式政策，提示企业可以通过并购或者剥离的手段转换组织形式获得税收福利。

12.4 智能发票开具

区块链技术以其高共识性、高可靠性、不可篡改性、可追溯性等特质迅速成为行业创新的首要选择，例如供应链金融充分利用区块链技术中供应、代理关系的信用传递，形成了应收类融资、预付类融资和存货类融资三种业务模式[②]，使供应链的物流、信息流、价值流实现高度协同，为透视信息传递轨迹、协调多元主体、突破末端"信息孤岛"[③] 提供了可能性。不仅如此，区块链技术还为税收征管工作提供了新思路，以区块链发票为代表的智能发票是智能会计时代的代表性产物之一。其通过块链式数据结构建立分布式账本系统，进行交易数据存储和数据的实时传输，在多方信任、加密传输的条件下成为提高税收征管效率和质量的新载体[④]，推动形成资金流、发票流、合同流和货物流"四流一致"[⑤]，为"互联网+税务"提供了极大应用价值。智能发票开具示意如图12-4所示。

---

① [美]迈伦·斯科尔斯等. 税收与企业战略[M]. 张雁翎译. 北京：中国财政经济出版社，2004：54-58+283-288.
② 朱兴雄，何清素，郭善琪. 区块链技术在供应链金融中的应用[J]. 中国流通经济，2018，32(3)：111-119.
③ 郭菊娥，陈辰. 区块链技术驱动供应链金融发展创新研究[J]. 西安交通大学学报（社会科学版），2020，40(3)：46-54.
④ 程辉. 区块链技术驱动下的税收征管与创新[J]. 财政科学，2019(9)：146-153.
⑤ 金三只是冰山一角？金税四期来了，强大到让企业和会计瑟瑟发抖[EB/OL]. https://www.toutiao.com/i6901111463910359559/?tt_from=weixin_moments&utm_campaign=client_share&wxshare_count=2&timestamp=1610741627&app=news_article&utm_source=weixin_moments&utm_medium=toutiao_android&use_new_style=1&req_id=20210116041347010144120067 3F26EAD7&group_id=6901111463910359559.

智 能 会 计

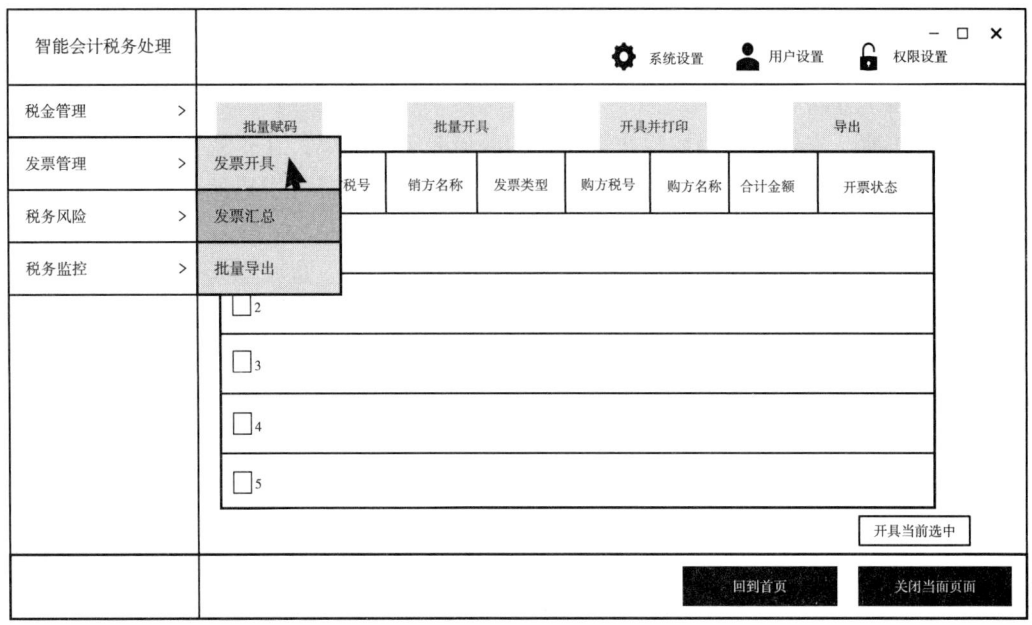

图 12-4 智能发票开具示意

12.4.1 技术原理

区块链技术原理主要由四个层次构成,分别是数据信息层、网络传输层、网络共识层以及智能合约层和应用层[①],如图 12-5 所示。

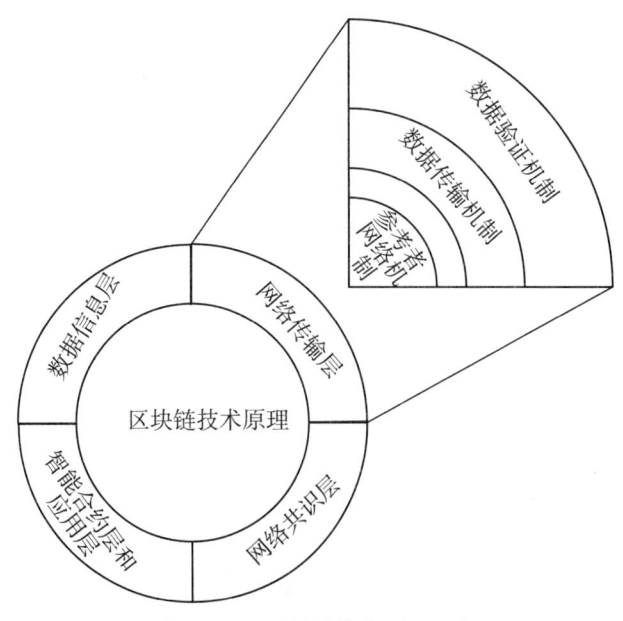

图 12-5 区块链技术原理示意

---

① 钟成,张桂茂. 区块链技术在税务风险管控中的应用前景与挑战分析 [J]. 商业会计, 2018 (19): 126-129.

第 12 章　智能会计的税务处理

1. 数据信息层

数据信息层是指在区块链技术下形成的"块 + 链"的数据库。在区块链技术中，"块"是基本的数据单元，记录经过验证的、发生价值交换的所有信息，包含了整个数据库的历史记录，并通过"链"的方式将所有信息连接在一起，由此形成了区块链数据库。区块链数据库中的数据信息也因此得以查询其流动的历史过程，并可以追溯至原始信息，难以篡改和伪造。数据信息层推动了数据的信息透明，为税务机关提供了强有力的税收征管支持①。数据信息层中"块""链"信息的每次改变都会被及时、准确地记录下来，交易记录永久可靠、不可篡改，在税收征管这类事后管理中最大限度地避免了信息失真问题。

2. 网络传输层

网络传输层则是区块链数据库的运行机制，主要包括三个机制：在参与者之间建立网络机制、数据传输机制以及数据验证机制。这三种网络机制实际上是为确定数据真伪、记录及跟踪交易节点以形成区块链数据库而存在的，在保证数据库实时更新的基础上，进一步确保了数据的真实性及不可篡改性。

（1）在参与者之间建立网络机制。区块链技术参与者在交易过程中，需要将交易信息在全网范围内进行广播，因此需要在参与者之间广泛建立网络机制，这是进行网络传输的基础。

（2）数据传输机制。数据传输需要在开放的网络空间内满足一定程度保护隐私的需求。这意味着区块链技术需要与密码技术进行高度配合，而 Hash 算法和非对称加密技术所构建的加密数字货币体系②，是区块链技术得以广泛运用的重要基础。

①Hash 算法。Hash 算法是利用其将任意长度的输入转换为固定长度的、不可逆的散列值来保证数据正确无误的，原输入的一个微小改变都会导致散列值的巨大变化。在区块链交易中，参与者需要将交易信息 Hash 成消息摘要，并配合非对称加密技术在全网范围内广播，只有能准确解密并计算出相同 Hash 值的交易方才可以认为该笔记录有效并计入账本。

②非对称加密技术。区别于对称加密技术，非对称加密技术需要两个密钥，即公开密钥和私有密钥。公开密钥和私有密钥是一对配合使用的交易密钥，两者之间可以相互解密。在区块链交易过程中，各节点参与者会生成一对独立的公开密钥和私有密钥，密钥是参与者的身份证明。在接收交易信息时，各节点参与者可以利用各自的密钥进行配对解密，这决定了只有拥有相配对密钥的人才可以进行记账或消费。非对称加密技术作为 Hash 算法的重要补充，两者在相互配合中保证了交易信息的公开透明和资金等使用权的私密性。

（3）数据验证机制。工作量证明算法是区块链技术中经常使用的数据验证机制。其工作原理是要求用户进行一种耗时适当的复杂运算，并要求得出的答案能被服务方进行快速验算，由此应用在各节点参与者争夺记账权的重要实践上，确保了服务与资源的高效利

---

① 程辉. 区块链技术驱动下的税收征管与创新 [J]. 财政科学，2019（9）：146 – 153.
② 张文锋，雷珉. 区块链技术在税收管理中的应用 [J]. 湖南税务高等专科学校学报，2018，31（5）：36 – 38 + 45.

用。工作量证明算法实际上是 Hash 算法的逆向使用，在提出具有一定难度系数的散列值之后，要求争夺记账权的各节点计算出符合要求的原始输入，其他节点再对其进行正向验证，最先计算出正确值的节点可以获得记账权。

3. 网络共识层

区块链数据库作为线上的交易场所，交易双方需要在协议条款和权利义务等方面达成共识。而网络共识层实际上就是区块链各节点参与者需要共同维护的记录规则，通过在全网建立互信，可以有效解决双花问题①和拜占庭将军问题②。区块链各节点参与者一旦达成共识，他们就必须维护其形成的记账机制，在达成多方共同认可的满足条件上统一对该记录进行认定，这种机制既解决了参与者之间的信任问题，又确保了交易记录的不可篡改性。

4. 智能合约层和应用层

智能合约层和应用层为区块链提供底层技术支持，主要是各类应用条件的脚本程序、算法和智能合约机制的集合。智能合约的建立使区块链具备了可扩展、可编程的特性，可以实现多场景应用。除此之外，智能合约中还包括了相关规则和安全条款，在交易数据出现异常情况时，系统会在智能合约拟定的预设条件下迅速发现不匹配数据并触发风险提示，对相应数据执行验证手段的同时保护已储存数据不被篡改。

12.4.2 适用条件

智能发票系统是区块链技术在税务管理领域的重要应用，对于提高数据透明度、防止数据篡改、降低数据取得成本具有重要意义，但区块链技术仍处于初步探索阶段，在税务管理中到底哪些情况适合区块链技术，哪些情况更适宜传统管理还需要进一步的思考。有以下需求的企业或单位可以使用区块链技术。

1. 有去中心化需求

急需解决本企业或单位对中介机构的不信任问题，以降低成本、提高效率。例如，在掌握企业涉税信息时，税务机关通常需要依赖交易中心、清算中心和物流中心等的二手数据，这类数据在时效性、真实性等问题上无法得到保证，税务机关急需寻找中心化模式的替代手段。而区块链技术凭借"多中心化"来部分替代"去中心化"，可以在不增加企业负担的基础上，满足税务机关动态管理、控制风险的需求。

2. 追求业务追溯

在开具区块链发票时，需要验证上游的发票信息以保证货物链条的完整性，这种需求

---

① 双花问题，即双重支付问题，是指利用货币的数字特性用"同一笔钱"完成两次或多次支付。在传统金融和货币体系中，货币作为物理实体具有客观唯一存在的属性，因此可以避免双重支付的情况。但在数字货币系统中则需要由可信的第三方管理机构提供保证。

② 拜占庭将军问题（Byzantine failures）是指在点对点通信中，不可能在存在消息丢失的不可靠信道上试图通过消息传递的方式达到一致性的情况。

第 12 章 智能会计的税务处理

在区块链发票中可以得到高度满足。区块链发票实际上以交易双方所签署的合同为中心,对交易标的、交易金额以及交易凭证进行了全方位跟踪识别。与传统发票的单向流转不同,区块链发票的识别可以"逆流而上",对上游发票信息等重要材料进行验证,防止断崖式的信息短缺,避免虚开、对开环开等违法行为的产生。

3. 验证业务规则

区块链技术可以在一定程度上验证企业是否按业务规则进行业务处理。如开具发票时,首先验证纳税人手中是否存有空白发票,并随时与税务机关对发售发票数量、纳税人开具和剩余发票数量以及纳税人接受发票数量等进行配合验证,防止假发票和虚开发票的产生。不仅如此,对税务机关、税收政策相关部门而言,区块链发票还可以成为补充完善现今税务流程、税收政策的重要参考。区块链发票的运营需要一定的规则,但规则往往不是完美适配且一成不变的,在区块链发票运营的过程中,各节点参与者暴露出的问题或缺陷则是推动税收政策发展的重要力量。

区块链发票是改善企业发票开具环节的重大发展,极大地解放了人力资源。但在实务中受制于目前法律法规、技术缺陷等问题,存在以下几种情况的纳税人不予使用区块链发票:

(1) 存在税务风险的纳税人不予使用。
(2) 未按规定刻制发票专用章的纳税人不予使用。
(3) 未启用增值税税种的纳税人不予使用。
(4) 已办理增值税汇总申报的纳税人不予使用。

12.4.3 应用前景

区块链发票引领着税务处理环节新一轮的技术革命,是实现"互联网+税务"的一大进步,为实现税务现代化管理贡献了中坚力量。一方面,区块链发票在很大程度上解决了信任问题,在交织中维系了企业间的信任行为;另一方面,在末端"信息孤岛"问题上为税务机关提供了有效的化解途径,并在此基础上推动了税务机关的转型升级。

1. 实现发票智能化统一管理、核对,评估纳税信用

智能发票开具实现了发票管理系统中自动功能的设置,将各类围绕企业生产、销售、发货、结算等流程的信息自动生成发票数据并同步到区块链当中,形成一个分布式的数据账本,这个账本只增不删的特性保证了交易记录的透明可靠和安全存储。除此之外,纳税人业务系统数据信息、财务系统数据信息和税务系统数据信息,可以实现高度融合,从经营信息到税务信息的转换过程中难以产生虚假信息,省去了对发票数据的生成、验证和鉴别真伪的大量成本。在纳税信用方面,区块链技术成了实时记录纳税人的纳税信用数据和重大税收违法案件数据信息的重要载体,从而提供更海量、更真实的纳税信用数据。而"非对称加密"的手段既可以在限制查询信用记录权限、保护纳税人的隐私方面发挥重要作用,又可以赋予纳税人一定条件下屏蔽不良记录的权利,推动纳税人快速、及时进行纠正纳税违法行为。

2. 推动风险监控管理的智能化、自动化，推进税务公开

区块链技术可以改变企业掌握全部涉税信息的局面。通过区块链技术，税务机关可以直接掌握企业的涉税信息，避免依赖中心化模式下交易中心、清算中心和物流中心等掌握的二手数据，在真正意义上实现去中心化。同时，这种具有高可信度、不可删除或篡改等特点的海量数据，可以直接汇总归纳为纳税人申报信息，省去再次进行评估核查的步骤以有效降低运营成本、提升服务效率。除此之外，区块链技术还可以实时同步税务机关的工作标准与工作流程，此时区块链的所有节点皆可参与到监督其执法过程中来，有利于税务机关进行人员督察及穿透式监督管理，降低税务执法风险。

3. 助推合同流、资金流、发票流和货物流"四流一致"

业财税融合即企业业务流程、财务流程和税务处理流程的有机结合，为实现合同流、资金流、发票流和货物流的"四流一致"进行了有力助推。区块链技术在智能发票开具领域的应用是实现业财税融合目标的一大进步，该应用不仅能判断收款方、开票方和货物销售方或服务提供方是否为同一经济主体（当然也包括付款方、货物采购方或服务接受方是否为同一经济主体），还能以合同流（即买卖双方是否真实发生所签署的经济合同中约定的交易活动）为中心，展开推断货物流（即转移货物或提供服务）、资金流（即款项支付）以及票据流（即开票和凭票入账）的一致情况。"四流一致"是企业运营合规性的保障[1]，对税务机关识别票款不一致、虚开增值税发票等问题具有重要意义。

12.5 智能税务监控

当今市场竞争愈加激烈，如何在税务管控方面领先是智能税务平台需要深入研究的问题。智能税务监控是智能税务平台实现总体调度、实时监控、指挥调整的重要功能，在整个税务处理过程处于领导核心地位。良好的税务监控可以降低企业发票管理及涉税事项账务处理中的风险。

12.5.1 智能税务监控目标

"金税四期"工程的实施标志着税务管理信息化、现代化的进一步发展，同时也意味着企业纳税信息、财务信息以及各类外部信息之间更易于交叉验证，税务风险管理也随着税务信息互通的大背景逐渐由隐性转变为显性[2]。而智能税务监控作为税务风险管理的重要手段，主要发挥其在企业管理中的事前控制作用。

---

[1] 蔡昌，王道庆. 业财法税融合：理论框架与行动指南[J]. 税务研究，2020（12）：122-128.
[2] 季宏宇. "金税三期"工程下高校税务风险分析及管控研究[J]. 纳税，2019，13（7）：39.

第12章 智能会计的税务处理

1. 发展风险咨询

企业在进行采购和销售时,供应商及客户的信用问题关系到合同的签订[①]。而纳税信用则是评估供应商及客户税务风险的重要依据,发展税务风险咨询[②]可以有效挖掘企业合同流、资金流、发票流和货物流的"四流一致"情况,尤其是在智能发票的支持下可以快速实现对上下游链条的数据比对,把控供应商及客户的纳税信用状况,为合同签订提供信用支持。

2. 规范发票制度

发票的开具和保管是税务处理的重要组成,尤其是"营改增"以来,增值税凭票抵扣的原则得到了更加广泛的应用。而智能税务监控可以实现双向验证,既验证纳税人手中的空白发票数量,又与税务机关配合验证已发售发票数量、纳税人已开具和未使用发票数量等,规范企业内部发票开具和保管制度,避免因此降低企业年度信用评级而影响下年发票领用。

3. 完善涉税内控[③]

任何的管理漏洞都有可能引发税务风险,内部控制的完善对涉税事项的处理也具有重要的作用。涉税内控的设置除了能够以科学的审核制度、合理的岗位设置引导规范处理涉税事项之外,还可以提高财务人员专业能力和风险意识,培养涉税内控人才以合理降低税务风险。

12.5.2 智能税务监控手段

以智能税务监控目标为引领,智能税务监控手段主要包括合同签订提示、发票审核校验、核算全流程监管以及税收信息互换,如图12-6所示。

1. 合同签订提示

为了避免因供应商和客户信息不对称问题引起的税务风险和税务支出,合同签订提示是智能税务监控中的首要环节。在该环节中,智能税务监控可以综合考量智能发票、智能税务风险以及智能税务筹划的数据,除了测算合同利润外,提示供应商和客户的税务风险点[④],并充分利用各供应商和客户的税务特征以达到税务筹划的效果。

2. 发票审核校验

目前我国税务监管的主要原则是以票管税,合同流、资金流、发票流和货物流"四流一致"的依据也是通过对各上下游链条的发票进行比对以发现信息不对称而来的,因此发票审核校验是企业相互佐证、合规运营的基本环节。以核验对象划分,发票审核校验主要

[①④] 李卫霞,薛铃琦."金税三期"背景下企业税务风险管理研究[J]. 中国商论,2020(10):153-154.
[②] 辛荣. 对企业集团税务风险根源与管控模式的若干思考[J]. 中国集体经济,2019(36):114-115.
[③] 邓正春. 关于房地产企业税务风险管理的研究[J]. 现代经济信息,2019(16):210.

智 能 会 计

包括三个方面：一是企业内部发票的审核校验，主要针对企业空白发票数量、已开具发票保管等问题；二是企业上下游链条的发票审核检验，目标在于通过发票流的溯源和流向追踪寻找发票流转中的疑点，避免产生不必要的税务支出；三是与税务机关配合，接收税务机关对本企业已发售发票数量、已开具和未使用发票数量以及接受发票数量等信息反馈，保障发票审核校验的真实性。

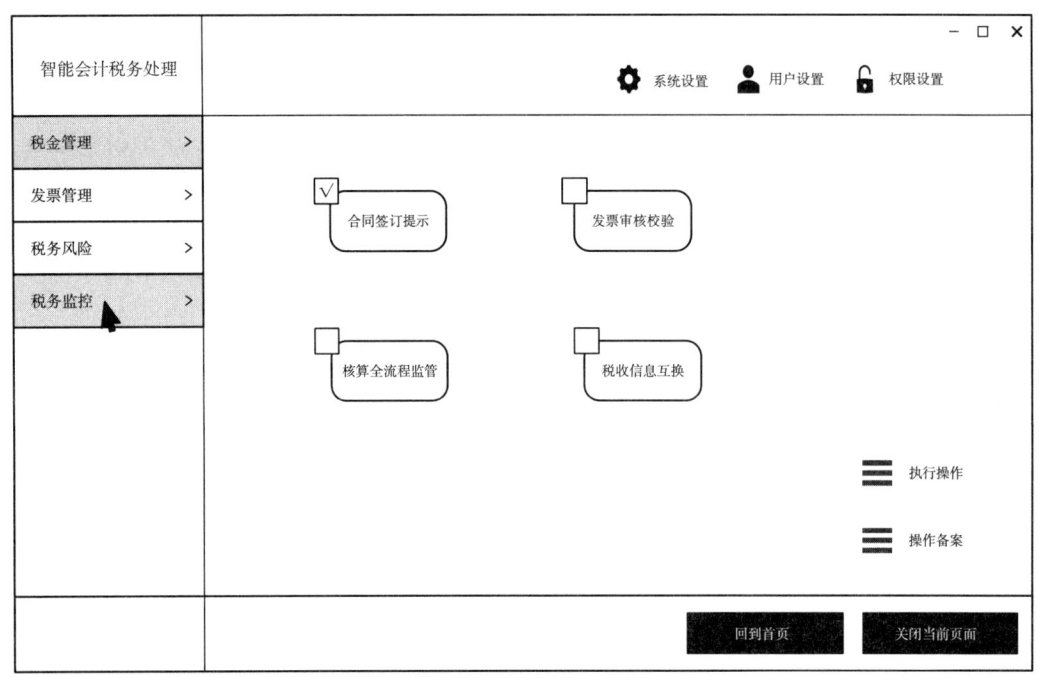

图 12-6　智能税务监控示意

3. 全流程监管核算

企业可以结合自身实际，在遵守税收法规等政策的基础上形成一套个性化全流程监管核算体系，从整体把控企业各项业务的有序流动，推动合同流、资金流、发票流和货物流"四流一致"的局面保持稳定。比如，在会计账目初始设置中提示跨区域涉税证明的开具和注销[1]；在选择分期收款方式发出商品时，企业需要按照销售性质和融资性质两项业务分别建立相应的明细账，在源头方向主动避免税会差异对整体核算的影响；进行业务结算时，确认是否结清全部纳税义务，以免发生纳税义务的逾期或遗漏。

4. 税收信息互换

智能税务监控可以在准确把握自身税务信息的基础上，实现税务机关与企业之间的双向税收信息互换机制[2]。通过该机制，企业可以即时向税务机关寻求帮助并要求其解答疑

---

[1]　倪晓云. 施工企业财务共享模式下的税务管理 [J]. 财会学习, 2020 (11): 208-208+210.
[2]　霍爽. 新收入准则税会差异与风险防范 [J]. 财会通讯, 2020 (9): 97-99+103.

第12章　智能会计的税务处理

惑,避免因税收法规在执行中出现偏差而提高企业纳税风险,为企业合理合法处理涉税事项提供有效支持。除此之外,还可以加强与税务机关的沟通交流,双方共建税会差异应急协调渠道,为提高企业财务人员的财务管理能力和税务风险防范水平增添保障,降低企业错报、偏用税收法规等税务风险的发生概率。

第13章 智能会计报表体系

数字经济时代的平台化企业，正在利用其庞大的三流（用户流、信息流和资金流），积累海量数据，形成公司的强大竞争力。这就带来一个问题，数字经济条件下，传统制造业企业都会被数字化，数字经济时代为企业经营提供了庞大的数据池，而这些数据必须得到有效的处理才能够反映信息，因此，由底层数据做支撑、报告更便利、决策效率更高、满足多样化管理需求的智能财务报告就成了众多企业的新需求。本章主要讲述智能财务报告，分为两部分内容：第一部分介绍了智能会计报告的特点，主要从信息穿透性、底层基础性、报告个性化、即时生成性以及动态完整性五个角度加以分析；第二部分主要介绍智能财务报告的创新内容，分为智能报表会计科目方面相对传统报表的改变、税务报表、共赢增值表以及其他报表四部分，这些报表和会计传统的四表一注（资产负债表、现金流量表、损益表、所有者权益变动表及附注）构成了智能会计特有的报表体系。

13.1 智能会计报表的特点

在大数据和人工智能技术的强力赋能下，会计迎来了历史性的重大发展机遇，智能会计在继承传统会计框架和基本原理的同时，将实现传统会计难以企及的信息整合与信息输出能力。智能会计报告作为智能会计信息输出受众最广、影响力最强的输出形式，相对于传统会计报告，将具备信息穿透性、底层基础性、报告个性化等八项重要特点，以实现智能会计大幅度提升信息分析效率、丰富管理信息含量、提高决策效率，实现深度报告、清晰报告、即时报告。

13.1.1 信息穿透性

信息穿透性是指从数据信息收集的角度来讲，智能会计基于业务、财务、税务和管理的属性构建四维数据模型，以覆盖面极广的最小业务单元体系，层层归集信息，充分发挥信息穿透性特色。

近年来，进入数据爆炸的移动互联网和大数据时代后，成熟企业的会计数据量急剧增长，管理决策对数据的精细化要求程度越来越高。在这一背景下，如何从海量的、繁杂的会计信息中提取多维立体的有效信息，是企业管理决策的制胜法宝，也是会计信息系统在信息时代的新任务。现行的财务报告提供信息是高度浓缩的，无法穿透性查询到资产、存

第13章 智能会计报表体系

货、生产经营活动的现场影像，经营管理者无法对企业的资产价值和经营业绩做出更精准的分析判断。针对传统报表的上述不足，智能会计基于计算机技术和5G的赋能，在信息穿透性方面取得了重大突破。

一方面，管理会计的报告结果具有了确定性。通过非财务指标进行可视化披露，清晰地展现各个层级的评估结果，有助于增强企业不同层级间的信息传递，规划企业战略，控制企业成本，帮助管理层告别以前传统的管理会计分析比较模糊的缺点，从而快速地定位企业利润的增长点和业务的薄弱点，帮助企业从管理走向经营。另一方面，管理会计创新的信息收集框架更有利于不同层级间的信息传递。通过分析企业日常活动中的可视化指标与非可视化指标，将战略、业务、数据治理、数字化转型紧密结合，通过业财融合，增强企业不同层级间的信息传递，从而智能会计新型信息系统大大提升了信息穿透性。

13.1.2 底层基础性

为智能决策提供底层基础，是指从决策的角度来讲，智能会计基于业务、财务、税务和管理的属性构建四维数据模型和新型财务报告架构，能够更全面地掌握动态、系统的底层数据，增强报表使用者对公司的系统性了解，增加信息披露，缓解信息不对称，使决策更扎实可行。智能会计通过实现信息获取系统化和报告体系全面化，为智能决策提供坚实基础。

在信息获取方面，智能财务报告通过向报告使用者提供多层级的动态会计信息，通过建立数据分析指标体系，定制目标公司风险指标，建立起风险管控体系，在业务发生、运营、信息流传递中截取底层数据，真实准确、及时反映，即时向会计信息使用者提供动态、实时的信息，为风险管理和决策提供底层基础。由此，能有效缓解报表使用者与报告主体之间的信息不对称问题，从而成为报表使用者重要的决策依据。

在报告体系方面，智能会计报告为报告使用者推出了更加全面的报告体系。一方面，报表体系更加全面，更符合报表使用者需求（技术基础足够支撑）。智能财务报告推出增加税务报表，四表一注加税务报表交融互动，报表体系更加全面，提供的信息更有说服力，缓解了信息不对称。另一方面，智能会计信息供给范围等价广泛。如社会责任报告、环境成本报告、自然资源审计报告等。

13.1.3 报告个性化

个性化是指智能会计从报告输出角度，基于多维内存计算架构的四维数据模型，高效、灵活组合，个性化定制出满足各类报告使用者的财务报告。

财务报告的用户，主要包括投资人、债权人、财税机关及其他政府部门等外部使用者和企业管理当局、企业职工等内部使用者。不同的用户对财务报表的需求不同，因而对财务报表使用的着眼点不同，财务报表所起的作用也不同。企业现有和潜在的投资者需利用财务报表信息做出合理的投资决策。由于所有权和经营权的分离，投资者不参与企业的经营和管理，他们需要利用报表信息分析评价企业的资产状况、盈利能力、产品的市场竞争能力及其所处行业的发展前景等，以便做出是否投资的决策。债权人需要利用财务报表信息分析和估计贷款的风险和报酬以及企业资产的流动状况、偿债能力和资本结构等为信贷决策寻求科学依据。政府部门对企业的财务报表信息，通过综合、加工、汇总和分析，借以考核国民经济总体运行情况，从中发现存在的问题，从而对宏观经济运行做出准确的决策，为国民经济的宏观调控提供依据，有效地实现社会资源在各部门的合理配置，促进经济的良性循环。企业管理当局借助于财务报表信息，可以评价其经营业绩，从中发现问题、找出差距，以便加强管理、提高经济效益。

不同的报告使用者对信息的需求不同，直接导致其对报告内容的侧重有差异。智能财务报告基于多维内存计算架构的三维数据魔方，高效、灵活组合，为不同的报告使用者提供其所需的财务信息。一方面，定制化财务报告精准地将报表使用者所需要的信息投递给报表使用者，既提高了用户的信息分析效率，也能降低信息分析难度。另一方面，智能报表通过用户自行选择生成报表目录，使用户参与报表生成的过程中来，在一定程度上缓解了报表使用者与报告主体之间的信息不对称。用户根据对不同使用者适用的定制化模板进行个性化编辑，生成的报告往往更符合报表使用者需求。

除定制化报表，智能会计还推出全新的风险预警平台。风险预警平台上，客户基于综合性的指标分析管理平台，定制化的生成符合企业经营管理现状的指标体系，用于从海量、繁杂的数据中，提取对管理决策重要有用的信息，实现经营状况实时反映，进而用于风险预警。

13.1.4 即时生成性

即时生成性，指的是借助人工智能及大数据等技术赋能，实现会计信息的实时收集、实时处理和即时输出。

在信息供给方面，智能会计报告为报告使用者提供可以即时输出的底层数据。现行财务报告往往是延迟公布的，信息的及时性和时效性得不到保证。例如上市公司会计年度报告，大部分上市公司要延迟4个月才会完成并公布，无论是对于外部的投资者和其他利益相关者，还是对于企业的管理者，会计信息长达四个月的延迟，将使会计信息的有用性大打折扣，会计信息作为报表使用者重要的决策依据，将直接对决策产生重大不利影响。智能财务报告在计算机技术和5G的赋能下，通过建立数据分析指标体系，定制目标公司风险指标，建立起风险管控体系，实现了多层级的动态会计信息对报告信息使用者的实时输出，为风险管理和决策提供底层基础，因此能有效缓解报表使用者与报告主体之间的信息不对称问题，从而大大提升报表使用者决策依据的真实性和有用性。

13.1.5 动态完整性

动态完整性指的是借助计算机技术和5G技术赋能，依靠企业的会计信息收集和系统，实现会计信息的输出动态化和输出完整性。

现行的财务报告是纸质的，即使以电子文档的方式发布，也是对纸质报告格式和内容的简单复制，很不方便报表消费者使用和分析。纸质财务报告只能提供固定、静止的

第 13 章　智能会计报表体系

信息，无法提供可变的、动态的信息，无法满足报表消费需求，难以满足财务报告消费市场的需要。管理会计的信息体系动态全面，更能反映经营现状。智能会计基于业务、财务、税务、管理的融合，立足于管理决策提供充分的底层信息的目标，划分出最小业务单元作为信息供给主体，并建立起综合性的指标分析管理平台，用于从海量、繁杂的数据中，提取对管理决策重要有用的信息。在实践中，再根据客户的具体情境，参考目标公司所在的行业专家建议和管理人员建议，定制化建立起符合目标公司需求的数据分析指标体系。目标公司的基础数据就以清晰明了的指标呈现到了报告使用者面前，哪个业务盈利或亏损、哪个部门盈利或亏损变得一目了然，提升了会计信息输出的准确性、完整性。

13.1.6　报表可视性

报表可视性主要指智能财务分析可视化。可视化分析是综合了图形学、数据挖掘和人机交互的新兴交叉学科，将数据用交互式可视化图形的形式直观呈现在分析者面前，可以更加轻松地洞悉数据背后隐藏的信息并将其转化为知识，实现对数据量大、数据结构复杂的数据集的分析和推理。智能财务报表可视化对企业内部的会计信息主要有结果性展示和探索性分析两方面的作用。一方面，以图形形式向报告使用者传达信息，更容易发现报告的重点；另一方面借助强大的运算功能对数据进行趋势分析使异常数据的提取变得更加容易，简化报告使用者信息分析。因此智能财务报告突破了传统财务报告信息平面化的缺陷，提升了报告使用者的信息获取效率和信息获取质量。

13.2　智能财务报告的功能拓展

管理会计在内在特点上区别于传统会计，更加注重上一章节中提到过的诸多特点。因此，在会计报告的功能方面也发生了诸多革命性的拓展。在决策过程中，智能会计报告进一步实现了决策过程的优化；在信息输出方面，智能会计报告实现了使用过程的优化；在会计科目设计方面，智能会计报告顺应时代需求，设置数字资产科目，更清晰地反映新时代资产特征，实现了数据资产化方面的优化。

13.2.1　决策过程优化

智能财务报告以融合业财税管的底层系统为基础，形成了数据驱动的科学财务分析与决策模式，并且提升了财务分析的工作效率与有效性。

在数据收集方面，智能财务报告系统融合了业财税管四方数据，为智能决策奠定了坚实基础。该底层系统主要进行数据收集、清洗、数据挖掘以及存储工作。借助自动数据传输程序以及自然语言处理技术可以快速获取本地数据库中存储的业财信息、审计信息、信用信息等内部决策有用信息，以及在互联网上公开的政府政策信息、税务信息、汇率信息、市场信息、法律信息、宏观经济信息等外部信息。这些海量异构数据被进行数据清洗和数据挖掘,从而形成多维度的决策有用信息,并被分类存储在数据仓库中。数据仓库为新系统的深度学习和财务决策制定奠定了强大的数据基础,同时数据的提前处理和分类汇总也为财务决策制定的及时性提供了保证[①]。

在数据分析和风险管控方面,智能财务报告形成了数据驱动的科学财务分析与决策模式。针对传统财务报告数据管控分析困难等问题,智能财务报告以全面的数据分析与风险管控为中心,实现全方位的财务处理、分析、对标、预测、风险管控,有效提高了数据分析的价值以及决策的科学性。智能财务报告良好地实现了数据的实时交互,解决分析人员处理复杂的数据整理与数据校验过程,为大数据应用管理奠定了良好的基础。通过智能财务报表数据系统可直接生成财务与决策分析门户,通过分析展现模型能综合、准确、快速地了解企业经营情况,实现分析指标逐层钻取、相互穿透,将集团经营数据形象化、直观化、具体化、可视化。智能财务报告的上线,实现了重点指标异常原因分析、重大事项披露、重大风险提示、主要问题分析及管理建议等管理层重点关注内容;同时,也彻底解决了集团及其子公司财务分析难的问题,改变了传统分析报告存在的格式呆板、文字化报表、原因不明、避重就轻、时间滞后、作用不大等弊端[②]。

此外,智能财务报告系统通过作用于提升财务分析效率,也达到了优化决策过程的效果。针对财务人员工作效率低下等问题,财务数据多维度分析与财务分析报告的智能化生成,极大程度上解决了集团财务人员在数据处理和数据财务信息价值挖掘阶段的问题,提高了财务人员工作效率和工作质量。同时,基于财务数据分析得到的数据异动原因有了数据依靠,提高了决策科学性,为集团型企业的风险立体管控提供强有力的支持。

13.2.2 用户使用优化

用户使用优化主要体现在报表可视化和管理用信息丰富化两个方面。

通过实现报表可视化,智能财务报表系统向报告使用者提供了更加简单易读的公司状况相关信息。在这一方面,智能财务报告主要实现了杜邦分析可视化,进而清晰而富有信息交互性地向报告使用者传达了信息,从而实现了用户使用优化。杜邦分析以净资产收益率为核心的财务指标,通过财务指标的内在联系,系统、综合地分析其盈利水平,具有很鲜明的层次结构,是典型的利用财务指标之间的关系对企业财务进行综合分析的方法。杜邦分析法是一种用来评价公司盈利能力和股东权益回报水平,从财务角度评价企业绩效的一种经典方法。其基本思想是将企业净资产收益率逐级分解为多项财务比率乘积,这样有助于深入分析比较企业经营业绩。净资产收益率是一个综合性极强、最具代表性的财务比率,它是杜邦模型的核心。企业经营的一个重要目标就是使所有者财富最大化,净资产收益率正是反映了所有者投入资金的获利能力,可以反映企业筹资、投资、生产等各种经营活动的效率。净资产收益率主要取决于总资产报酬率与权益乘数。总资产报酬率反映了企业生产经营活动的效率;权益乘数反映了企业的筹资情况,即企业资金来源结构[③]。

---

① 李嘉欢. 人工智能下财务决策支持系统的机制与实施路径研究 [D]. 北京:首都经济贸易大学,2019.
② 肖聪. 智能财务决策支持系统构建及应用研究 [D]. 赣州:江西理工大学,2020.
③ 刘宝太. 关于财务报表可视化分析应用的探讨 [J]. 财会学习,2019 (35):28–29.

第13章 智能会计报表体系

同时，智能财务报告也通过实现管理用信息丰富化来达成用户使用优化的效果。一方面，随着商业环境的复杂化，企业更加注重经济活动的全面管理，信息管理更加注重不同管理者的认知特点以及不同经济任务的需求；另一方面，随着资本市场体制机制的逐渐完善、成熟理性的投资者在投资者群体中的比重越来越大，市场对上市公司的信息透明度要求越来越高，而传统财务报告往往更偏重于财务信息的披露，而十分缺乏管理用信息。智能财务报告通过构建包含预算报表、成本分析报表、销售报表、无形资产报表以及共赢增值表等特色报告体系，并作为一种有效的管理工具，都保持一定的弹性以适应复杂的经营环境，实现了管理用信息丰富化[①]。

13.2.3 数据资产化

如今，数字化的浪潮汹涌澎湃，"互联网+流量驱动""大数据+数据启动""人工智能+算法启动""区块链+可信驱动""5G+效率驱动"等数字技术飞速发展，而数字技术的发展促进了数字经济的发展。党的十九届五中全会指出要发展数字经济，推进数字产业化和产业数字化，建立数据资源的产权、交易流通、跨境传输和安全保护等基础制度和标准规范，推动数据资源开发利用。智能会计为了满足数字化时代的要求，对数字资产的报表科目设置更具时代特征，充分反映出项目特征和属性。

1. 数据资产简介

数字经济是以数字化的知识和信息作为关键的生产要素，以数字技术为核心驱动力，以现代信息网络为重要载体，通过数字技术与实体经济的深度融合，不断提高数字化、网络化、智能化的水平，加速重构经济发展与治理模式的新型经济形态。据世界银行统计，2019年全球数字经济规模达到了31.8万亿美元，占GDP的比重达到41.5%，数字经济已被视为撬动全球经济高速发展的新杠杆。

2019年我国数字经济继续呈现增长趋势，数字经济增加值的规模达到了35.8万亿元，占GDP的比重达到36.2%，超过万亿的省份有将近10个，数字经济占GDP的比重超过40%的省份较多，包括北京、上海、广东、江苏、浙江、福建等，北京的数字经济占GDP的比重最高，为52.5%。[②] 从增速来看，贵州、福建数字经济增速较快。从数字经济的行业来看，特别是新冠肺炎疫情以后，教育行业、娱乐行业特别是游戏行业、医疗行业在所有行业里面的数字化增速呈现较高势头。

万物皆数据，一切都可以数字化。在这个时代，随着科技的发展，所有的东西都可以数字化，数字化后就变成各种各样的数据。数字化的一个基本假设就是世界上一切事物都可以量化，人们日常工作生活中的一切事物，本质上都符合数学规律，都可以数字化成为数据。一个生产、分享数据的时代来临了。数字化就是对海量数据进行采样、挖掘、分析、存储和利用，涉及所有的文字、图片、声音、影像、图表等，可以说"处处是沙子，到处是黄金"。数字化的核心价值是用数据还原过去、总结规律、描述现实和规划未来。

---

① 王晓丹. 管理会计报告功能的影响因素研究[D]. 成都：西南财经大学，2014.
② 秦荣生. 数字经济时代数据资产的确认与计量[N]. 经济观察报，2020-12-21.

智能会计

2. 数据资产的特征

数据资产具有数据的一些基本特征，如存在形态无形化、无限性等特点。同时，由于数据是在企业生产经营的过程中产生的，受到产生渠道和应用场景的影响，数据资产会具有边际成本低、物理储存成本和传输成本低、经济利益流入模式多样等特点。

（1）存在形态无形化。数字资产是依托计算机技术，通过一系列程序化项目有机结合，形成没有实物形态的产品，但能够为企业所拥有或控制，预期能够给企业带来经济利益。数字资产是无形的，是以代码的形式存储在磁介质中，但又有别于无形资产，其主要区别在于两个方面：一是持有目的不同，无形资产是在技术等某方面占有优势而增强企业的竞争能力，其带来的收益是间接的，数字资产是通过直接销售获得超额收益；二是独占性和共享性，数字资产的开发和发行具有其独有的先进技术，他人不能同时拥有此种技术，但在使用上又具有共享性，通过共同使用才能体现数字的价值及获得收益。而由于其形态的无形性，导致在使用的过程中产生独特的无形磨损。

（2）边际成本低。数字化产品通过前期研究开发再进行量产，两个阶段的成本支出呈现的结果完全不同。前期由于进行财务、技术、经济等方面的调研和可行性论证以及在产品正式成熟之前所进行的持续开发，投入了大量的人财物，形成了高昂的研发成本。同时为保证其技术的先进性，不被新的技术所淘汰，必然会进行持续的升级或更新换代，这也将形成研发成本的组成部分。但是，一旦产品成型进行量产，由于数字资产复制性极强，其生产过程时间极短，且通过复制而形成批量产品，生产成本几乎可忽略不计。

（3）物理储存成本和传输成本低。由于数字资产依托于计算机技术，技术的日趋成熟和发展，使数字资产具有极大的可压缩性，不需要有形的仓库进行储存，几乎没有仓储成本，从而减少对物理空间的依赖，进而减少物理储存成本。同时，数字资产无须通过磁盘、光盘等作为载体，可直接通过网络传递，实体运输载体成本进一步压缩。

（4）经济利益流入模式多样化。除少数数字商品如在线音乐、在线影视等可在进一步提供服务前收款外，大多数的数字商品采用先试用，再由客户根据体验效果决定是否付款以获取进一步的使用权，甚至基于为了抢占市场份额等其他原因不用付款。

（5）数字资产具有无限性。有形资产的生产和存储由于生产能力和空间的限制，终归是有限的，而数字资产一旦开发成功，通过复制可以形成无数的同样产品，不会受到存储空间的限制。数据具有可复制、可共享、无限增长和供给的品质。数据资产不需要折旧、摊销，它会越用越多。数据资产本身是无限增长的，它每年都在增值，而不是被消耗[①]。

3. 数据资产的确认、计量与报告

2020年4月中共中央国务院印发的《中共中央国务院关于构建更加完善的要素市场化配置体制机制的意见》（以下简称《意见》）将数据作为一种新型生产要素写入文件中，与土地、劳动力、资本、技术等传统要素并列为要素之一。《意见》明确指出，加快培育

---

① 单士辉. 数字经济环境下数字资产的会计核算刍议 [J]. 纳税, 2020, 14 (30): 51-52.

第13章 智能会计报表体系

数据要素市场，推进政府数据开放共享、提升社会数据资源价值、加强数据资源整合和安全保护[①]。中共中央提出推进土地、劳动力、资本、技术、数据等要素市场改革，健全要素市场运行机制，完善要素交易规则和服务体系。数据要进入交易市场，如果没有价格可能就没法交易。因此，把数据纳入生产要素，要进入市场进行交易，就要解决数据资产的确认、计量与报告的相关问题。加快发展数据为核心的数字经济已经是大势所趋，企业在生产经营过程中积累了海量的数据资产，亟待进入会计核算体系，进而涉及相关的税收问题。

从资产的含义来看，什么叫资产？国际会计准则理事会对于什么是资产做出了规定，即"资产是一种有潜力产生经济利益权利的经济资源，是企业由于过去事项而控制的现时经济资源"，在资产定义中有三个最为关键的因素，第一个是企业能"控制"的因素，第二个是"产生经济利益"的因素，第三个是"权利"的因素。由此，我们也可以定义什么是数据资产。数据资产是由于过去事项而控制的现时的数据资源，能够为企业未来有潜力产生经济利益的权利。

作为"资产"的数据有两种特性：其一是能帮助现有产品、服务实现收益的增长；其二是数据本身可以直接产生价值。特别是第一个特性，数据资产为业务赋能，数据能帮助企业改善经营管理、服务，即数据本身在第一种特性的情况下不实际产生价值，但是通过数据作用于现有产品服务，有潜力使其在收益增长、成本降低上有更优的表现。现在全球的数字税主要针对第一种情况，所以全球的数字税的主要依据是销售收入。因为计算比较复杂，所以基本上简单化来按照销售收入来征税。数据与收入有什么关系？因为数据资产为业务赋能，互联网企业销售收入比一般企业要高，其实更合理的做法应该是对净利润征税，可是净利润计算是一个很复杂的过程。第二个特性是数据资产本身产生价值，社会和各个企业可以通过对数据资产的有效管理，即对现有数据资产进行系统分析、深入挖掘、充分利用而不断产生新的数据资产，实现数据资产的不断增值。这就涉及数据资产本身增值的税收问题。

对数据资产的确认，即作为一项资产要确认进入账户体系，会计上是要满足两个条件：一是有权利产生经济利益权利的，该项经济资源归属于企业；二是企业能够依靠的计量经济资源的成本和价值。第一个是拥有和控制，第二个是能够依靠的计量。那数据资产是否符合这个规定，能不能做到？数据资产是属于个人还是企业，这是数据所有权的问题。应该说数据中间流转过程很多，如何能够确认数据的所有权的归属？现在全国人大常委会在制定个人信息保护法草案中，就明确应保护归于个人的信息（数据）。可是现在很多技术手段很难确保数据是谁的，源头难以明确，但如果我们用区块链技术记录数据的流转，就能明确数据的所有者。因此，区块链的广泛应用将会为我们明确数据的所有权，提供很好的技术支撑。企业收集个人的数据，应该给个人支付一定的费用，或者是通过产品的让利方式返还给数据的拥有者。而这些数据本身应该是属于个人的，而不是属于企业的，企业要取得可能要付一定的成本代价，个人同意转让给企业时，企业就拥有这些数据。

对数据资产的计量，这不是问题，在资本市场上，互联网巨头的价值已远高于实体经

---

① 中共中央　国务院关于构建更加完善的要素市场化配置体制机制的意见［EB/OL］．http：//www.gov.cn/zhengce/2020-04/09/content_5500622.htm.

济的企业。从计量的角度来看，现在的数据资产并没有在会计核算体系里。数据资产要进入财务报表体系，有一个所谓初始计量与后续计量的问题。企业拥有的数据资产怎么进入财务报表账户体系中，以及如何对数据资产进行后续计量？企业应当结合业务特点和风险管理的要求，将取得的数据资产的初始确认和后续确认采用以下方法计量，最基本的是三种方法：能够取得成本的就用历史成本法；能够取得市价的就用公允价值计量；无法取得市价，如没有成熟的市场、成熟的数据，也可以按评估计量法。评估计量法对数据资产有三种以上的方法和计量，这里不再赘述。无论是初始计量，还是后续计量的增值，都涉及税收问题，初次进入账户体系，增加资产的价值，是否需要交税？后续计量时，每年评估增值这一部分是否需要交税的问题，这是数据资产计量中涉及的税收问题。

最后是数据资产的报告，在财务报表中的数据资产不会因为使用而损耗，因此在日常核算中不需要折旧或者摊销，不同于现有的实物资产和无形资产，可以在资产负债表里面专门设一个"数据资产"项目，对生产型数据资产、消费型数据资产进行归类，对哪些是自用、哪些是可以出售的进行重新分类。另外，如果账面价值与计税基础不一致，那么就要确认递延所得税资产或者递延所得税负债以反映数据资产增值[①]。

13.3 特色报告体系

由于企业内外了解、分析、考核企业经济效益的要求是多方面的，因此，需要有一整套体系完整的会计报表才能满足要求。企业会计报表分为两大类：一类为向外报送的会计报表，如资产负债表、利润表、现金流量表、利润分配表和资产减值准备明细表；另一类为企业内部管理需要的报表，如可视化报表、共赢增值表、成本报表等。传统财务报告体系只包含第一类报表，而忽视了向外传递管理方面的信息，这是不合理的。因为随着资本市场信息化水平越来越高，各类利益相关者迫切想要了解企业全方位的信息，以减少信息不对称所带来的风险。而智能财务报告体系则对这一问题做出改进，推出可视化报表、税务报表、共赢增值表、成本报表等管理信息模块。

13.3.1 可视化报表

数据可视化是商务智能的重要组成部分，是数据分析结果呈现的必要手段和方法。信息图表是数据可视化工具的重要组件。每一种新型报表工具的出现，都会对信息图表展示的灵活性和智能性功能进行提升。可视化报表能够非常直观地为管理者和决策者提供有效的企业信息，使快速有效的决策成为可能。目前，新型的可视化图表，不仅可以呈现数据库数据，还可以抽取各种数据源，如网页数据、API 和大数据等。报表展示方式的种类也更加丰富，使用户使用更加简单，界面设计也更加友好。

1. 财务报表可视化简介

可视化分析是综合了图形学、数据挖掘和人机交互的新兴交叉学科，将数据用交互式

---

① 秦荣生. 数字经济时代数据资产的确认与计量[N]. 经济观察报，2020-12-21.

第13章 智能会计报表体系

可视化图形的形式直观呈现在分析者面前,可以更加轻松地洞悉数据背后隐藏的信息并将其转化为知识,实现对数据量大、数据结构复杂数据集的分析和推理。

可视化在发展过程中形成了众多参考体系结构模型,其中较经典的是由丹尼尔·维利(Daniel Keim)提出的可视分析学标准流程,通过人机交互将自动和可视分析方法紧密结合。该标准流程从输入数据开始,到最终提炼知识终止[1]。从开始到终止可以通过两个途径来实现,首先是数据映射,其次是数据挖掘。对财务报表可视化可以分为以下步骤:获取、分析、过滤、挖掘、表述、修饰和交互,并阐述步骤之间的相互影响。图形、交互、任务特征是财务报表可视化分析的关键要素,可视化过程的实现涉及图形的选择和交互功能的添加。财务报表良好的可视化效果与图形映射、交互及任务特征三个要素息息相关,可视化作为大数据分析方法的重要方向在财务报表分析领域得到广泛应用。图13-1为帆软报表FineReport的可视化,报表可视化使信息变得直观易读。

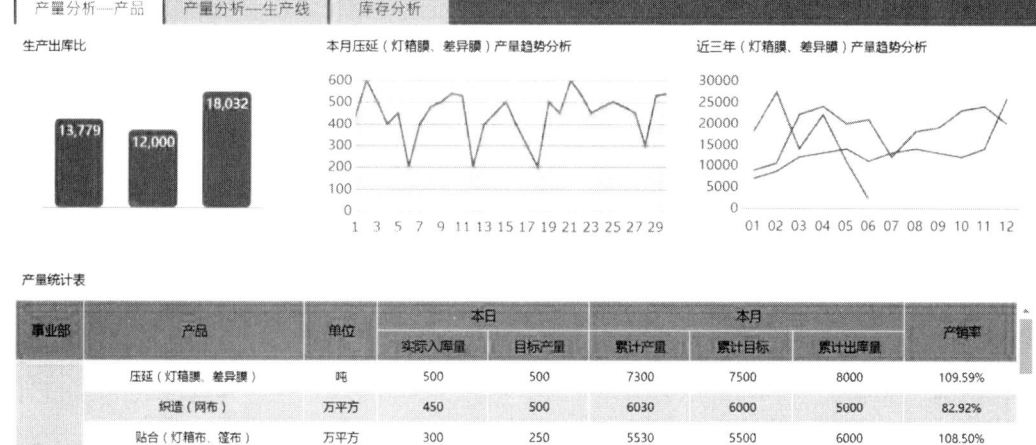

图13-1 可视化报表示例

2. 财务报表可视化分析优势

财务报表可视化分析优势主要体现为大大提升了内部审计的效率。财务报表可视化对内部审计效率提升主要有结果性展示和探索性分析两方面的作用。对于审计数据分析结果的展示,可以把数据分析结果以更加简洁的方式呈现出来,效果更加美观,具有较强的可读性。数据可视化在对被审计数据挖掘探索方面的作用具体表现在两个方面:其一,可视化具有丰富的图形形式,可以根据数据特点选择不同的图形进行数据呈现,利于审计人员整体把握数据特征,明确审计思路,发现审计重点;其二,分析和运算功能强大,尤其是对于数据的趋势分析,使疑点数据的提取更加容易。财务报表作为内部审计重要的数据源之一,审计人员可以通过可视化方法对这些数据进行挖掘探索,通过添加交互等效果可以帮助审计人员"洞察"被审计数据内在的关联性和存在的异常点,从而能够达到快速发现

---

[1] Daniel Keim, Tobias Schreck. Special Issue on Visual Analytics [J]. it – Information Technology, 2015, 57 (1).

财务报表数据中存在问题的目的[①]。

13.3.2 税务报表

传统财务报表的设置,相较于其他报表使用者,更着重于向投资者提供信息,而忽视了管理者,即传统财务报表的管理功能有所欠缺。智能会计针对上述不足,极具针对性和系统性地提出了在四表一注的基础上增添税务报表的设计。智能会计的税务报表模块主要包含两大块:一是城建税、教育费附加、地方教育附加税(费)申报表;二是增值税纳税人申报表,又细分为五个明细表,分别是增值税纳税人申报表(适用于增值税一般纳税人)(见表13-1)、增值税纳税人申报表附表一(本期销售情况明细)、增值税纳税人申报表附表二(本期进项税额明细表)、增值税纳税人申报表附表三(服务、不动产和无形资产扣除项目明细)、增值税纳税人申报表附表四(税额抵减情况表)。税务报表往往是提供相关纳税底层数据,用于支持纳税筹划决策,从而在管理决策中发挥作用。

在表13-2中,税务报表直观而清晰地向报表使用者展示了销售商品的增值税结构,首先将商品按计税方法划分成一般计税方法计税和简易计税方法计税,然后再按照税率做进一步细分,细分完毕后,再按照开票情况向报告使用者展示纳税额。一方面,增值税销售明细表直观地向报告使用者展示出增值税的税额之高及对利润的影响之大,能够引起报表使用者对增值税的关注和重视,从而产生税务筹划的动机,长此以往就能使管理者建立起一种税务筹划的意识。另一方面,通过这张表,管理者可以轻松获悉销售商品的增值税结构,综合商品的市场占有率、市场需求、毛利率等因素,就可以综合判断商品所负担的增值税是否合理,从而对未来的生产经营中产品结构进行调整。企业进行经营活动,其根本目的还是获得利益,而纳税多少对于企业的收益来说会产生直接影响。税务报表通过向管理者提供税务相关信息,成为管理者进行税收筹划的重要基础,通过税务筹划,企业得以在运营中降低财务管理风险,提升企业财务管理水平,作用于财务管理最终目标的实现。因此,税务报表模块是智能会计报表提供管理用信息、由主要向投资者提供信息向兼顾投资者和管理者报表需求的重要体现。

增值税补充申报表紧跟国家税务总局要求,与国家税务总局最新发布的增值税补充申报表内容、格式基本相同,主要介绍了增值税补充申报情况(见表13-3)。补交增值税填写申报表有以下几种情况。

(1)税务稽查案件处理决定补交增值税,填写在申报表中的"纳税检查调整的销售额"栏、"纳税检查应补缴税额"和"本期入库查补税额"栏。

(2)自查补税,即纳税评估,补交的增值税按"税票"备注栏注明情况不同分别处理,如果注明"自查补税"字样,则不用填写到申报表上,如是"分期预缴"字样,则填写在申报表的"分次预缴税额"栏。

---

① 刘宝太. 关于财务报表可视化分析应用的探讨 [J]. 财会学习, 2019 (35): 28-29.

第13章 智能会计报表体系

表13-1

增值税纳税人申报表（适用于增值税一般纳税人）

税款所属日期：
纳税人识别号：
纳税人名称（公章）：
生产经营地址：
开户银行及账号：

填表日期：
所属行业：
法定代表人姓名：
登记注册类型：

金额单位：元（列至角分）
注册地址：
电话号码：

	项目	栏次	一般项目		即征即退项目	
			本月数	本年累计	本月数	本年累计
销售额	（一）按适用税率计税销售额	1				
	其中：应税货物销售额	2				
	应税劳务销售额	3				
	纳税检查调整的销售额	4				
	（二）按简易办法计税销售额	5				
	其中：纳税检查调整的销售额	6				
	（三）免、抵、退办法出口销售额	7				
	（四）免税销售额	8				
	其中：免税货物销售额	9				
	免税劳务销售额	10				
税款计算	销项税额	11				
	进项税额	12				
	上期留抵税额	13				

· 269 ·

续表

项目		栏次	一般项目		即征即退项目	
			本月数	本年累计	本月数	本年累计
税款计算	进项税额转出	14				
	免、抵、退应退税额	15				
	按适用税率计算的纳税检查应补缴税额	16				
	应抵扣税额合计	17＝12＋13－14－15＋16				
	实际抵扣税额	18（如17＜11，则为17，否则为11）				
	应纳税额	19＝11－18				
	期末留抵税额	20＝17－18				
	简易计税办法计算的应纳税额	21				
	按简易计税办法计算的纳税检查应补缴税额	22				
	应纳税额减征额	23				
	应纳税额合计	24＝19＋21－23				
税款缴纳	期初未缴税额（多缴为负数）	25				
	实收出口开具专用缴款书退税额	26				
	本期已缴税额	27＝28＋29＋30＋31				
	①分次预缴税额	28				
	②出口开具专用缴款书预缴税额	29				
	③本期缴纳上期应纳税额	30				

第13章 智能会计报表体系

续表

项目		栏次	一般项目		即征即退项目	
			本月数	本年累计	本月数	本年累计
税款缴纳	④本期纳欠缴税额	31				
	期末未缴税额（多缴为负数）	32=24+25+26-27				
	其中：欠缴税额（≥0）	33=25+26-27				
	本期应补（退）税额	34=24-28-29				
	即征即退货实际退税额	35				
	期初未缴查补税额	36				
	本期入库补税额	37				
	期末未缴查补税额	38=16+22+36-37				
是否代理申报 是否	代理人名称：		代理人地址：			
代理人员身份证件类型：			代理人身份证件号码：			
授权声明	如果你已委托代理人申报，请填写下列资料：为代理一切税务事宜，现授权（地址）为本纳税人的代理申报人，任何与本申报表有关的往来文件，都可寄予此人。		申报人声明	本纳税申报表是根据国家税收法律法规及相关规定填报的，我确定它是真实的、可靠的、完整的。		
	授权人签字：		声明人签字：			

· 271 ·

表 13-2 增值税纳税人申报表附表一（本期销售情况明细）

项目及栏次			开具增值税专用发票		开具其他发票		未开具发票		纳税检查调整		合计			服务、不动产和无形资产扣除项目本期实际扣除金额	扣除后	
			销售额	销项（应纳）税额	销售额	销项（应纳）税额	销售额	销项（应纳）税额	销售额	销项（应纳）税额	销售额	销项（应纳）税额	价税合计		含税（免税）销售额	销项（应纳）税额
			1	2	3	4	5	6	7	8	9=1+3+5+7	10=2+4+6+8	11=9+10	12	13=11-12	14=13÷(100%+税率或征收率)×税率或征收率
一、一般计税方法计税	全部征税项目	1 13%税率的货物及加工修理修配劳务														
		2 13%税率的服务、不动产和无形资产									0	0	—	—	—	—
		3 9%税率的货物及加工修理修配劳务									0	0	0	0	0	0
		4 9%税率的服务、不动产和无形资产									0	0	—	—	—	—
		5 6%税率									0	0	0	0	0	0

第13章 智能会计报表体系

续表

项目及栏次			开具增值税专用发票		开具其他发票		未开具发票		纳税检查调整		合计			服务、不动产和无形资产扣除项目本期实际扣除金额	扣除后	
			销售额	销项(应纳)税额	销售额	销项(应纳)税额	销售额	销项(应纳)税额	销售额	销项(应纳)税额	销售额	销项(应纳)税额	价税合计		含税(免税)销售额	销项(应纳)税额
一、一般计税方法计税	其中：即征即退项目	6 即征即退货物及加工修理修配劳务	1	2	3	4	5	6	7	8	9=1+3+5+7	10=2+4+6+8	11=9+10	12	13=11-12	14=13÷(100%+税率或征收率)×税率或征收率
		7 即征即退服务、不动产和无形资产	—	—	—	—	—	—	—	—	—	—	—	—	—	—
		8														
		6%征收率														
二、简易计税方法计税	全部征税项目	9a 5%征收率的货物及加工修理修配劳务	—	—	—	—	—	—	—	—	0	0	0	—	0	—
		9b 5%征收率的服务、不动产和无形资产	—	—	—	—	—	—	—	—	0	0	0	—	0	—
		10 4%征收率	—	—	—	—	—	—	—	—	0	0	0	—	0	—

智能会计

续表

项目及栏次		开具增值税专用发票		开具其他发票		未开具发票		纳税检查调整		合计			服务、不动产和无形资产扣除项目本期实际扣除金额	扣除后	
		销售额	销项（应纳）税额	销售额	销项（应纳）税额	销售额	销项（应纳）税额	销售额	销项（应纳）税额	销售额	销项（应纳）税额	价税合计		含税（免税）销售额	销项（应纳）税额
二、简易计税方法计税	全部征税项目	3%征收率的货物及加工修理修配劳务	11	1	2	3	4	5	6	7	8	9＝1＋3＋5＋7	10＝2＋4＋6＋8	11＝9＋10	12	13＝11－12	14＝13÷（100%＋税率或征收率）×税率或征收率
		3%征收率的服务、不动产和无形资产	12							—	—	0	0	0	—	—	—
		预征率0.00%	13a							—	—	0	0	0	—	0	0
		预征率0.00%	13b							—	—	0	0	0	—	0	0
		预征率0.00%	13c							—	—	0	0	0	—	0	0
	其中：即征即退项目	即征即退货物及加工修理修配劳务	14	—	—					—	—	0	0	0	—	—	—
		即征即退服务、不动产和无形资产	15	—	—					—	—	0	0	0	—	0	0

第13章 智能会计报表体系

续表

项目及栏次		开具增值税专用发票		开具其他发票		未开具发票		纳税检查调整		合计			服务、不动产和无形资产扣除项目本期实际扣除金额	扣除后	
		销售额	销项(应纳)税额	销售额	销项(应纳)税额	销售额	销项(应纳)税额	销售额	销项(应纳)税额	销售额	销项(应纳)税额	价税合计		含税(免税)销售额	销项(应纳)税额
		1	2	3	4	5	6	7	8	9=1+3+5+7	10=2+4+6+8	11=9+10	12	13=11-12	14=13÷(100%+税率或征收率)×税率或征收率
三、免抵退税	货物及加工修理修配劳务 16	—	—	—	—	—	—	—	—	0	—	—	—	0	—
	服务、不动产和无形资产 17	—	—	—	—	—	—	—	—	0	—	—	—	0	—
四、免税	货物及加工修理修配劳务 18	—	—	—	—	—	—	—	—	0	—	0	—	—	—
	服务、不动产和无形资产 19	—	—	—	—	—	—	—	—	0	—	—	—	0	—

智能会计

表 13-3　　　　　　　　　　　　增值税补充申报表

纳税人识别号：		纳税人名称：		
经营地址：				
法定代表人：		财务负责人：	联系电话：	
办税人员：		评估所属期：	至	
登记行业：	农业机械批发	明细行业：		
编号	数据项	本期	填报说明	
Q0002	银行结算及刷卡收入（元）		通过银行结算或刷卡取得的货款或应税劳务含税收入合计	
Q0021	现金收款收入（元）		以现金形式收取的货款或应税劳务含税收入合计	
Q0022	未收款收入（元）		全部货款和应税劳务收入中除上两项之外的含税收入	
Q0003	现金支出（元）		现金日记账贷方发生额合计	
Q0004	应收账款借方余额（元）		应收账款科目期末借方余额	
Q0038	制造费用借方发生额（元）		制造费用科目借方发生额合计	
Q0606	购进货物用于集体福利及个人消费转出进项税额（元）		本期进项转出税额中属于购进货物用于集体福利及个人消费的部分	
Q0607	应付福利费借方发生额（元）		本期应付福利费科目借方发生额合计	
Q0608	在建工程项目借方发生额（元）		本期在建工程科目借方发生额合计	
Q0054	其他业务收入（元）		本期其他业务收入科目贷方发生额合计	
Q0052	购进运费抵扣税额（元）		本期全部运费中用于购进业务的部分抵扣的进项税额合计	
Q0053	销售运费抵扣税额（元）		本期全部运费中用于销售业务的部分抵扣的进项税额合计	

（纳税人盖章）

13.3.3　共赢增值表

　　冠军之道即是创新之道，海尔连续多年蝉联全球大型家电第一品牌，缔造无数传奇，傲人的成绩背后是海尔集团在战略创新、组织变革与管理创新上的孜孜求索。企业转型，管理创新需要先试先行，海尔的转型发展是和管理会计紧密相关的，并形成了一系列极具

第13章 智能会计报表体系

借鉴意义的实践经验和实用工具,首屈一指的当属海尔转型发展的有效支撑与驱动工具——共赢增值表。

1. 共赢增值表的内容与创新

共赢增值表,顾名思义,包含了共赢和增值两重含义,分别代表收益共赢和价值增值。共赢增值表分别从用户资源、收入(合同收入、合同外收入)、成本、生态各方的增值分享、边际收益、利润六个大类指标来评估验证小微的共创共赢模式(见表13-4)。作为信息治理的创新,共赢增值表的业绩度量是反映经营实质的"用户信息",和传统的财务报表相比,最直接的变化是增加了用户资源、生态、增值的概念,具有鲜明的数字经济特征。共赢增值表和传统的利润表相比,更多地体现了用户资源,以及生态各方的增值分享,在利润方面也区分了硬件利润和生态利润。在传统的利润表中,体现的是股东收益,而没有体现员工对利润的分享,但在共赢增值表中,员工能很好地观察到自己创造了多少价值,能够分享到多少增值,人人成了经营者,由于对分配机制的触及,更容易调动员工的积极性,管理会计的重要性得到显现。

表 13-4　　　　　　　　　　共赢增值表

项目		
1. 用户资源	交互用户(粉丝)	√
	终生价值	√
2. 收入	基础/硬件收入	√
	生态收入	√
3. 成本	硬件成本	√
	列示:边际成本	√
4. 生态各方的增值分享		→0
5. 边际收益(每单位)		↑
6. 利润	硬件利润	√
	生态利润	√

在表13-4中,按利润的形成,首先看小微的用户资源,包括用户量、用户价值,以及最终形成的订单量。从结果导向来说,用户资源不等于用户流量,不是一种流量经济,一闪而过的用户还谈不上资源,只有全流程参与了产品设计、对产品有最佳的用户体验、参与产品迭代升级、最后形成的生态圈用户才是用来衡量的。其次是收入,这是用户共创的收入,包括订单收入和生态收入。订单收入是合同收入,而生态收入的增长,则体现了"小微"从传统销售商品到搭建共创共赢生态平台的转型趋势,生态收入占整体收入比例的增长曲线,可以用来衡量生态平台能否提供互联网解决方案及信息增值额,达到生态圈的共创共赢。最后是增值分享。包括三方面的共享价值:小微价值分享、用户价值分

享、生态圈价值分享，用来衡量生态平台的各方是否都能得利而实现共创共赢。生态各方的增值分享，衡量的价值主体是企业价值变成生态价值。

2. 共赢增值表的驱动逻辑

共赢增值表使企业价值的分析报表走向了指导企业价值提升的管理体系，它是以非财务数据为核心，搭建以企业绩效为基础、关注数据资产的价值、为企业提供更加全面的价值评估体系和更深入的管理洞见。

共赢增值表的核心是将决策权、用人权、薪酬权都给员工，产生了三个方面的颠覆。

（1）企业组织的颠覆。互联网思维之一是用户思维，随着数字经济的到来，组织管理必然要有新的范式产生。海尔的做法是将企业本身变成互联网的一个节点，每一个人身居其中，是网络原住民，企业组织也变成网络化的组织，颠覆了传统的组织层次，方法是去中心化、去中间化，员工不再有传统意义上的领导，用户决定员工的薪酬，也就是员工的"领导"；组织不再设中间管理层，员工以自己为中心，直接与用户接触，自己做自己的顾问，不需要中层管理者来传达。归纳起来就是"三无"：企业无边界、管理无领导、供应链无尺度。

（2）人的定位的颠覆。海尔提出"人是目的而不是工具""人人都是自主经营体""人人都是创客""人人都是CEO"，彻底改变了人在组织中的角色。组织与员工不再是雇佣与被雇佣的关系、股东与员工的关系，而是彼此依赖。进一步讲，不是员工依赖组织，而是组织更依赖员工，员工真正成为组织价值创造的源泉。"人单合一"的本质是强个体崛起下的组织，不仅是平台做大做强，更重要的是让平台里的每个小微做大做强。"人单合一"中的"人"指的是员工，"单"指的是用户的需求，不是专指订单。把员工和用户的需求连在一起，在创造用户价值的同时实现自身的价值，员工的价值不再是由领导来评价，而是由用户来评价。

（3）薪酬的颠覆。传统的薪酬，主要是以人的工作能力和职位来确定，在共赢增值表体系下，海尔不给员工个人定薪酬，而是员工在平台上创造了多少用户价值，就可以分享多少薪酬。员工如果没有创造出用户价值，就得离开"小微"去另谋生路，没有人强迫，也没有人歧视，完全是一场市场洗礼。用户是员工的领导，共赢增值表的使用对象也主要是员工，这也是共赢增值表的以用户资源为首要因素出现的原因。共赢增值表首先看"小微"有没有用户资源，有了用户资源，产品才可以产生价值分享，员工最终取得收益。海尔的共赢增值表要素如图13-2所示。

13.3.4　成本分析报表

企业成本会计工作形成的各种信息，一般要通过编制成本报表向各有关方面进行反馈。企业成本报表主要有生产成本表、主要产品单位成本表、期间费用和制造费用明细表等类别。

第13章 智能会计报表体系

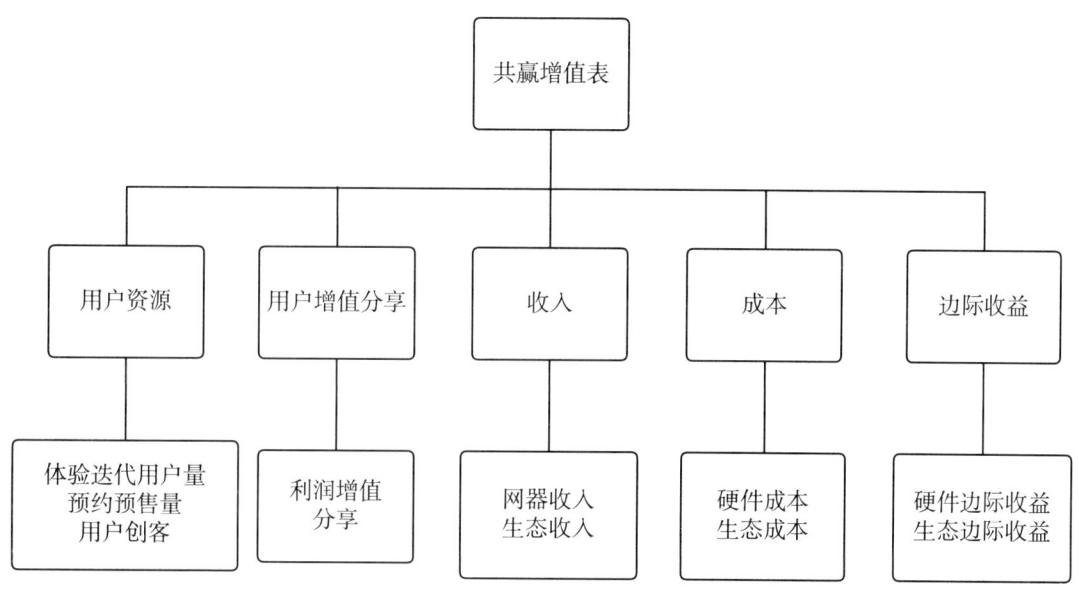

图 13-2 海尔共赢增值表要素

资料来源:依据《海尔人单合一模式辞典》整理。

1. 成本分析报表的概念

会计报表是根据日常会计核算资料归集、加工、汇总而成的一个完整的报告体系,用以反映企业资产、负债和投资人权益的情况,以及一定时期内的经营成果和财务状况变动信息。

成本报表是用以反映企业资金耗费和产品成本构成及其升降变动情况,据以考核成本计划执行结果的会计报表。我们知道,产品成本是反映企业生产经营活动情况的综合性指标,是企业工作质量的一个重要尺度。企业物质消耗、劳动效率、技术水平、生产管理等各方面经营管理的好坏,以及企业外的一些因素(诸如物价、国家经济政策等)的影响,都会直接或间接地体现在产品成本中。产品成本的变动趋势,综合反映了企业为提高经济效益所做的各种努力是否奏效,以及有效程度如何。为了考核企业产品成本计划的执行结果,使成本核算得到的各种资料得到充分有效的利用,企业需要编制成本报表并进行考核、分析,这样才能把握成本变动趋势,找到不断降低产品成本的途径。

2. 成本分析报表的作用

成本报表的作用是向企业职工、各管理部门和企业领导及上级主管部门提供成本信息,用以加强成本管理,促进和挖掘降低成本的潜力。

企业职工通过成本报表资料,可以了解他们为完成成本计划、为企业的增产节约做出了多少贡献,有利于他们总结经验,在保证和提高产品质量的前提下,努力做到增产又节支,为降低产品成本和提供更多的积累做出新的成绩。企业职工通过报表还可以了解到企业成本计划的执行情况,使他们能够监督企业的经济活动,帮助企业各级领导改进工作,从而充分发挥他们管理企业的积极性。

企业的各级管理部门担负着日常成本管理的主要任务。他们需要从成本报表中了解费

智 能 会 计

用预算的执行情况,各成本项目的变动趋势和成本降低任务的完成动态等有关资料,及时找出经营管理上存在的缺陷,以便采取相应的改进措施;管理部门还可以通过对成本报表的分析,明确各部门、各岗位执行成本计划的成绩和责任,总结经验,奖励先进,鞭策后进;各管理部门还可以将成本报表的资料与其他方面的信息联系起来加以综合分析,为企业的经营决策提供及时有效的依据。

企业领导可以利用成本报表资料了解企业成本管理的现状和发展趋势,查明企业执行成本计划的进度,将其作为评定企业工作成绩、考核各部门工作质量的一种依据。此外,成本报表作为本期成本计划完成情况的系统总结,又可以为企业领导和各管理部门编制下期成本计划提供重要依据。主要产品单位成本表如表13-5所示。

表13-5 主要产品单位成本表

20××年12月

产品名称:甲　　　　　　　　　　　　　　　　本月实际产量:300
规格:　　　　　　　　　　　　　　　　　　　本年累计实际产量:3150
计量单位:件

成本项目	历史先进水平	上年实际水平	本年计划	本年实际	本年累计实际平均
直接成本	313	365	343	318	325
直接人工	45	58	55	45	46
制造费用	60	110	96	71	72
产品生产成本	418	533	494	434	443
补充资料:					
1. 成本利润率/(%)					
2. 资金利税率/(%)					
3. 产品销售率/(%)					
4. 净产值率/(%)					
5. 实际利税总额					
6. 职工工资总额					
7. 年末职工人数					
8. 全年平均职工人数					

企业的上级主管部门把成本报表资料和其他会计报表及统计资料等结合起来运用,可以检查企业计划的完成情况,了解企业对国家有关方针、政策的贯彻执行情况,从而有针

第13章 智能会计报表体系

对性地对企业进行指导和监督；企业的上级主管部门还可以将所属同类型企业的成本报表资料进行分析对比，组织企业间的交流，促使各企业成本管理工作的改善。

总之，企业的成本报表是企业各有关部门了解企业成本计划完成情况的主要途径，也是上级主管部门管理企业的一个重要手段①。

13.3.5 其他报表

随着经济的发展，资本市场对上市公司会计信息的透明度要求越来越高，尤其是对管理信息的要求越来越高。因此，智能财务报告的新的报表体系新增了人力资源报表、无形资产报表和销售财务报表，以向报告使用者传达更多的管理用信息和其他重要的经营细节性信息。

1. 人力资源报表

人力资源报表主要包含企业人力资源调整与变动情况、人力成本统计分析和人力资源效率分析几大模块。人力成本统计模块，在横向上将人力成本分为工资性费用和非工资性费用两类，在纵向上分别列支了本月预算、上月实际费用、本月实际费用、预算对比和实际对比，明确清晰地展示了人力成本的构成和预算与实际的差异（见表13-6）。人力资源效率分析模块主要介绍了在不同的时间段内企业的人力成本率，人力资源效率，工资率，人均利润，人工成本利润贡献值，人工成本收入贡献值（见表13-7）。人力资源报表有以下重要作用：第一，人能够提供人力资源的取得成本及效益等会计信息资料，有助于企业更好地管控人力资源，降低其成本费用，提高效益；第二，为企业的管理层提供科学的决策信息，及时发现人力资源管理过程中存在的问题，从而开展适当的管理活动来帮助企业取得更加长远的发展；第三，人力资源的真实价值往往难以量化估计，在一些高新技术企业，人力资本能更直观地反映公司的资源和实力情况，信息使用者对该类企业人力资源信息披露情况更加重视；第四，人力资源会计能充分反映各员工在公司发挥的价值，从而激励员工充分发挥工作的积极性和自身的潜能②。

2. 无形资产报表

无形资产报表一般采用收益法的评估方法对企业的无形资产进行评估（见表13-8）。运用收益法评估无形资产价值是指根据收益预期原理，着眼于持有无形资产的预期未来经济收益并折算成现值之和。针对这一问题，智能财务报表通过详细列支一些重要无形资产预测方法与过程，详细地向企业利益相关者展示出无形资产的相关信息，有助于会计信息使用者掌握企业真实的财务状况和做出科学的投资经营决策。

---

① 刘豆山，王义华. 成本会计 [M]. 武汉：华中科技大学出版社，2012：296-298.
② 蔡蕊蕊，廖国威. 企业人力资源会计的应用研究 [J]. 财会学习，2019 (23)：135+147.

表13-6　人力成本统计分析表

项目	工资性费用											非工资性费用							
	工资总额				补贴			福利费用			社会保险					招聘费用	职工教育费用	住房费用	劳保费用	其他费用
	工资			奖金	通信补贴	住房补贴	交通补贴	伙食补贴	交通补贴	洗理费	降温取暖	企业承担养老	企业承担医疗	企业承担工伤	企业承担失业	企业承担生育	企业承担公积金				
	岗位工资	绩效工资	提成工资	计件工资	加班费																
本月预算																					
上月实际																					
本月实际																					
预算对比																					
实际对比																					
费用小计																					
人工成本总额																					

第13章 智能会计报表体系

表13-7　　　　　　　　　　　　　人力资源效率分析表

项目	2014年7月	2014年8月	2014年9月	2014年10月	2014年11月	2014年12月	备注
人力成本率							
人力资源效率							
工资率							
人均利润							
人均成本利润贡献值							
人力成本收入贡献值							

注：（1）人力成本率＝人力成本总额/销售额×100%；
（2）人力资源效率＝销售额/平均在职人数；
（3）工资率＝工资总额/销售额×100%；
（4）人均利润＝净利润/平均在职人数；
（5）人工成本利润贡献＝净利润/人力成本总额；
（6）人工成本收入贡献＝销售收入/人力成本总额。

表13-8　　　　　　　　　　　无形资产评估之未来收益预测表　　　　　　　　　　单位：万元

序号	项目/年份	年-月	年	年	年	年	年	年
1	一、主营业务收入							
2	减：主营业务成本							
3	主营业务税金及附加							
4	二、主营业务利润							
5	加：其他业务利润							
6	减：营业费用							
7	管理费用							
8	财务费用							
9	三、营业利润							
10	加：投资收益							
11	补贴收入							
12	营业外收入							
13	减：营业外支出							
14	四、利润总额							
15	减：所得税（%）							

智能会计

续表

序号	项目/年份	年-月	年	年	年	年	年
16	五、净利润						
	本年固定资产投资						
	本年流动资产追加						

3. 销售财务报表

销售财务报表主要分析各项销售指标和财务比率，例如毛利、毛利率、交叉比、销进比、盈利能力、周转率、同比、环比等，同时根据海量数据中能够外生预测信息、分析信息等分析数据，从而实现相应的趋势预测及风险评估。富有经验的用户能够利用趋势预测充分调查和发现特定业务绩效背后的详细信息且使用该信息预测远期效果。通过及时交付目标信息，关键相关人士和决策者可以识别潜在的风险，从而进行相应的风险评估[1]。

在经济发展新时期，智能财务报告向我们提供了更多样化的选择。在新的报告体系中，报告使用者既能获取制式报表，还能够根据报告主体的个体特征和使用者个性化需求定制，生成个性化报表；既能沿用传统财务报告中的表达逻辑和原理框架，又能充分利用现有的科学技术，以丰富的数据源为基础，使智能财务报告实现信息穿透性、底层基础性、报告个性化、即时生成性、动态完整性、报告可视性，从而达到决策过程优化、用户使用优化的效果。此外，除上述提到的特色报告外，还有进销存分析报表、预算报表等特色报表，其涉及的分析原理在本书第十四章具体阐述。

---

[1] 沙林彬. 基于商业智能的销售财务报表系统 [D]. 苏州：苏州大学，2018.

第 14 章 智能会计分析与决策

传统财务会计对企业生产经营信息的处理，主要目的是将企业生产经营活动用数字计量确认为可以进行横向、纵向对比分析的财务数据，体现了会计作为信息系统的作用。根据前面章节的分析，伴随着云计算、大数据、物联网、人工智能、区块链等技术的应用，企业生成财务信息的速度、精准度、不可篡改等特性都有了显著的提升和优化，进而提升了企业的财务信息生成效率。但企业财务信息的生成并非财务活动的终点，智能技术应用于会计信息的产生并没有脱离会计的本质，即会计是一个信息系统。而从会计的管理职能角度出发来看，会计既是一种会计信息系统，同时也是企业的一项重要的管理职能，无论通过何种途径生成的会计信息，都需要通过一定的分析和使用作为企业生产、管理、经营方面的决策依据。因此从智能会计的整体结构框架来看，智能会计的功能延伸应最终落脚于使用这些信息进行分析和据此做出决策。对会计信息的分析和使用所形成的财务分析和决策功能，较为集中地体现为企业的财务管理功能。作为信息的使用途径之一，财务活动面向未来，且具有较强的不确定性和不可预见性，历来是财会管理职能当中的难点。本章将依托于前面所构建的智能会计框架体系以及能够形成的各种信息，结合传统财务管理框架，构建基于智能会计信息系统的财务分析模型和决策框架，这种"辅助"决策功能体系可以为企业经营管理人员提供更多有借鉴意义的参考信息。

14.1 智能会计分析与决策体系的基础

财务分析与决策系统作为管理决策系统的一个重要组成部分，是企业实现信息化管理的重要决策基础。它以信息技术为手段，以财务模型和决策体系为工具，综合核算数据和业务数据、内部数据和外部数据、结构化与非结构化数据，为管理者正确决策提供帮助。因此，依托于数据技术的智能会计分析与决策体系可以帮助企业对各种核算数据和业务数据进行分类、整理和加工，将以往无法采集和正确使用的数据转化成能为高层决策者使用的决策支持信息。诚然，智能财务决策系统不会完全取代管理者的实际经验和判断力，而是要改进决策制定的效能，以及在高层决策者的决策过程中提供辅助性的作用。企业经营的多数战略性决策最终应该由管理者来制定。

14.1.1 传统财务分析决策体系向智能财务分析决策体系的演化逻辑

会计职能的发展演化过程体现了使用者对信息完善程度要求的不断提升，更重要的是

智 能 会 计

体现了对其决策辅助功能的需求。这也就决定了会计职业功能必然经历不断从简单向更加复杂进化的路径。在技术进步的条件下,智能会计、智能财务体系能够更加真实地还原经济事物的本质,同时处理更加多样化的、复杂的经营实务,并且能够更加清晰地构建对决策有用的分析模型和决策模型,这充分体现了财务分析体系由简到繁,逐渐到功能复杂化的演化过程。

1. 会计职能发展趋势变化

会计职业本身的发展经历了从劳动过程中的简单计数信息向复杂、多维度、管理支持型信息系统的转变。从最初的会计信息产生来看,单式记账在封建社会时期仍然能够满足人们对经济记录的简单要求,这与经营信息的数量较少和核算过程的相对简单相匹配,同时也体现了生产力和生产关系对等的规律;随着企业的经营过程逐渐复杂化,单式记账已经不再满足经济记录的需要时,复式记账就成了会计核算的基础,这是因为复式记账通过双重确认和钩稽关系能够提供更多的信息和更加严密的会计逻辑,由此,会计实务产生了极大的进步与发展。但是伴随着经济的进一步发展,各个行业和各种规模的企业生产、经营、决策过程呈现了几大发展趋势。

(1) 经营业务复杂化程度提升。伴随着跨国交易的产生以及会计准则的修订,会计业务出现了越来越复杂的趋势,这使通过人工方式产生会计信息的速度和效率在持续下降,人工处理已经无法满足会计信息产生的需求。

(2) 需要进行会计处理业务的数量剧增。随着企业的规模扩大和交易对象的增多,企业的各类交易数量都在迅速上升,越来越多的交易数量使传统的会计信息产生模式对经济业务的处理形成了很大的桎梏。

(3) 竞争的加剧对决策效率提出了更高的要求。世界经济形势和国家宏观经济、产业、财政政策的调整呈现频率提升的趋势,这导致了企业的决策伴随着各类交易和事项的变化出现很大的改变,这需要企业进行动态化的决策以及随时决策。

(4) 集团化发展使企业的规模扩大。企业规模的增大源自企业不断增加的投资、并购等活动,这势必增加整个集团的协同财务管理、会计信息生成的难度,在信息、企业间经营和财务关系复杂化的前提下,企业的管理活动和经营决策就需要考虑更多的因素,可能导致风险的因素也日趋增加,这增加了传统财务分析决策体系的不适应性。

基于上述会计和财务发展趋势,以基础财务数据获取、简单的量化财务分析体系和质性财务决策框架为基础的财务体系会越来越难以满足企业经营和发展的需要。这也体现了需要进行智能化财务分析和决策的必要性。

2. 传统财务分析与决策体系的问题

传统财务分析决策体系主要依托于基础财务分析工具和会计信息,这些财务分析的工具主要是通过传统财务指标和财务模型对相关数据进行分析,其存在以下问题需要解决,而这些问题通过智能会计可以提高效率。

(1) 传统财务分析决策指标体系有较强主观性和滞后性。在传统财务决策体系中,指标体系的构建往往根据财会人员或者企业管理人员主观制定选取来进行确定,具有很强的主观性,而且选取指标往往是和企业要实现的目的具有很强的关联性,这种主观性的选择

第14章 智能会计分析与决策

会使财务分析成为一种验证性的分析而非探索性的分析。此外,由于财务实践和理论探索相脱节,财务领域对于投融资和企业治理等问题的讨论在实际经营中的应用具有较大的滞后性,需要应用这些成果丰富和完善企业的财务分析和决策体系。

(2) 传统财务分析使用的数据为汇总性数据,数据来源匮乏。根据目前的财务分析体系和财务决策体系,企业的汇总性数据生成的财务报表是财务分析、决策过程中最常使用的报表,是一种静态数据的集合,而财务分析当中很多维度的分析应该基于动态维度的数据,这在传统财务分析使用集合性数据的基础上是难以实现的。因此,企业在生产、经营过程中产生的广泛数据,以及可以通过这些数据的挖掘形成的分析都无法在传统财务分析体系下实现。

(3) 传统财务分析难以进行实时反馈。传统财务分析体系基于财报数据进行分析,而财报的编制具有时段性,最小区间以自然月为间隔,受制于信息生成机制的限制,产生汇总性财务数据频率越高,财务活动所消耗的成本越大。因此在没有明确财务报表的情况下无法进行分析,并且缺乏实时的反馈机制,而在企业决策实务增加、缺乏决策依据的背景下,企业管理者需要更多的动态性数据,这就对财务分析决策体系的实时反馈性提出了更高的要求。

14.1.2 智能财务决策分析体系的原则

区别于传统财务分析决策系统,智能财务决策体系依靠智能会计技术体系生成动态化数据,并且在更加智能化的应用层面展开财务决策的相关分析,其过程遵循下列原则。

1. 智能化原则

智能化原则意味着财务决策要降低人在基础财务活动中的作用,依靠各种数据处理和获取技术使企业汇集海量的财务数据,同时依托实时分析提高数据处理的效率。人工智能在数据挖掘、机器学习等领域的高效率运行,在会计信息生成、处理、决策等方面可以更好地提高处理数据的能力和速度,从而使决策过程体现出智能化、降低人为主观意识的特点。大数据的技术可以依据海量会计信息进行分析,依托其可以同时处理不同类型的数据、低密度的特点,可以改变以往会计分析当中集成化的分析忽略掉的细节,通过数据挖掘对零散数据进行处理和分析,提高数据的利用效率,程平[①]提出基于云计算的大数据技术可以在数据层将企业的业务影像相关的结构化数据、半结构化数据和非结构化数据经过ETL数据抽取、转换加载,借助大数据技术规范化处理,形成以主题为分类的影响管理数据仓库,从而方便在应用层面进行影像的采集、识别、浏览查询、数据模式化的输入输出、相关应用的终端显示等。而区块链技术则可以通过数据层、网络层、安全层、共识层、业务层和应用层的建设和统一,引入智能合约,通过标准化流程,并打破原有的层级结构,改变层层授权的方法,通过网络来维护一个共同的账本,使信息能够在各个单位之间充分共享又保证业务的真实性和可信性。因此,诸如此类技术的应用使智能会计的发展具有了智能化的技术基础。

---

① 程平,崔纳牟倩. 大数据下基于云会计的财务共享中心影像管理 [J]. 会计之友,2016 (20):129-132.

2. 及时化原则

传统会计功能的展开，尤其是在集团公司内部层级繁多、上下信息沟通不畅的情况下，会显现出信息传输效率低、决策速度慢等特点，并且由于层级当中主体较多，无法清晰地界定信息传递关系，并且由于传统会计处理过程具有时间先后顺序，往往很多财务功能的实现都需要依靠会计信息的周期性产生。例如往往在一个会计循环周期结束后，财务决策部门所需要的财务成果等相关数据才能够进行汇总，而在财务信息生成过程中，受制于每一笔业务的时间节点不同，没有走完处理流程的数据将成为无效数据，无法发挥作用，并且在会计信息的处理过程中，由于涉及了非常多的网络节点和主体，这就使信息的层级获取和各个主体对信息的需求之间产生了矛盾。智能财务决策系统强调及时决策的特点，借助于各类智能化手段，在财务全流程当中实时掌握数据的动向，并且分析能够发挥每一个阶段的财务数据的作用，利用智能决策辅助系统将各个时点的数据进行抽取、汇总并且分析形成决策依据，这样可以解决财务决策总是滞后于会计信息生成的问题。在各个大型企业建立财务共享中心的功能来看，共享思维在会计信息处理当中的应用是实现智能财务和智能会计的基础。共享理论体系中提出共享具有全要素、全时空、全开放、低投入高产出、低成本与高收益的特征，在资源配置方面，能够使碎片化的交易瞬时实现，并且激活存量资源形成规模效应，优化资源匹配，形成超效率市场，对于智能会计依托于智能数据技术在传递信息和共享信息上形成了理论支撑，尤其是会计信息在企业内部各个使用主体之间的传递和共享。

3. 业财税管融合原则

财务决策需要结合实际业务的开展，传统财务决策的过程由于存在滞后性，使财务体系与实际业务相脱节，而智能财务分析与决策功能的实现更加需要企业推行业财融合的观念，将业务流程、会计核算流程和管理流程进行有机融合，建立基于业务驱动的财务一体化信息处理流程，使财务数据和业务数据融为一体，最大限度地实现数据共享，实时掌控经营状况。业财融合原则对于智能财务决策功能的实现来说具有两方面作用。

首先，基于智能财务共享平台，企业可以通过电子化交易系统实现与供应商、客户之间的无缝连接以及打通企业内部各种业务和会计信息流的通道，借助发票电子化打通税务数据与交易的关联，回归交易管理为核心的企业运营本质，重构传统财务处理流程，实现对员工日常消费以及大宗原材料采购的在线下单、支付，企业统一对账结算，实现了交易透明化、流程自动化、数据真实化。在智能财务平台体系下，大量不增值的审核、结账环节都经由系统自动化实时完成，财务人员只需事前做好管理控制、做好预算、设置好流程即可，可以从烦琐重复的劳动中解脱出来，聚焦在管理分析、风险监控识别等工作上。

其次，基于前面所分析的及时性原则，业财融合将企业开展销售、生产、费用处理、税务处理、财务决策分析等各个流程的数据相贯通，使一个数据在产生的全流程中被即时跟踪，并且可以在每一步处理过程中自动对应到相应的决策体系中，依托于智能财务决策模块，并且由智能财务决策系统根据可动态调整的财务决策模型自动抽取、汇总各类数据，并且可以做到企业内生要素和外部环境因素相互结合，从而提高决策效率。

因此，由业务为基础的理念也进一步体现了智能财务决策体系的数据巨量化、收集实

第14章 智能会计分析与决策

时化的特点,并且实现了对每一个具体业务的跟踪。

4. 动态性原则

智能财务分析和决策体系需要提供动态性信息。这种动态性是基于收集信息的动态性、分析过程的动态性和生成决策建议的动态性决定的。

首先,信息的收集是动态性的、实时的。由于在整个财务体系中,在智能技术的作用下,所有财务会计信息都可以随时生成和收集,因此,这个过程是动态性的。其次,信息的分析过程是动态性的。传统财务分析体系基于期间报表进行相关财务指标的形成,而随着信息收集的实时性和处理能力的增强,分析过程也可以基于实时收集的数据随时进行分析,并且可以尽可能地细化分析的过程。最后,生成决策建议的过程是动态性的。通过即时收集、实时生成的财务信息和各类财务指标以及动态调整的阈值体系,就可以通过人工智能的自我学习功能实时抽取数据组成企业决策需要的各类报告并提供初步的决策支持信息,以便管理者进行进一步高阶段的分析和决策。

14.1.3 构建智能财务分析决策体系的优势

基于前面所述,构建智能财务分析决策是在应用智能会计技术高效率地生成会计信息的基础上,基于信息对企业的生产进行决策,这个过程与企业经营战略的制定也有着密不可分的关系,智能财务决策体系的优势具有以下几个层面。

1. 决策流程优化

通过对会计信息的处理和基础财务信息的分析,财务决策主要对企业的投资活动、筹资活动、经营效率提升、利益获得和分配等问题进行决策。这个决策的过程是考虑了企业经营管理和财会信息等问题之后的人为过程,而智能会计在决策过程中起到了有效的辅助作用,可以更好地提高决策的效率。这主要体现在决策流程的优化方面。

智能会计辅助下的财务分析体系可以通过设定智能财务分析模块来实现会计系统的当中数据的传输。通过财务信息的共享,各个子公司、分公司和母公司之间可以实时地传输数据,处于结构洞位置的分公司可以即时汇总数据,并且这些数据可以输入通过机器学习不断优化的适合本企业的财务体系中;通过机器学习不断修正的财务模型能够即时地传输出各项财务决策的动态信息;通过动态信息的变化,管理者可以发现财务决策对应的信息的动态变化,并且应该根据软件的集成和数据的挖掘体现这些动态信息对于决策的调整作用。

智能财务决策不仅应该进行历史信息的汇总和模型信息的输出,更应该能够根据已经获得的信息进行未来的模拟推演,从而从风险控制的角度分析企业的财务活动。例如企业的投资方案,在对投资方案的考虑中,最难以把握的部分往往是投资方案的不确定性。通过机器学习和智能迭代,决策支持模型可以实现自我更新,帮助企业构建智能化的决策模型。

财务决策的流程优化还体现在决策的过程与会计信息的实时收集相结合。财务决策的制定往往具有先发性和非动态性,在决策过后难以进行修改,而会计信息的产生是不断进

智能会计

行的。借助数据技术,企业随时可以积累大量的数据,这些数据就可以和企业已经进行的决策相结合,适时调整决策模型中的参数,同时也可以在模型中引入动态的政策变动影响,优化财务决策体系的外部适应性,这将进一步提升企业的管理弹性带来的价值,增加企业进行财务管理活动带来的优势。

2. 降低成本,优化财务人员结构

借助于智能会计的技术体系,会计处理的过程下沉,突出表现为会计基础信息的生成依靠机器解决,人力的作用更多地集中于监督、决策和决策过程之后的反馈。这就大量地节省了处理凭证、编制分录等过去需要人工操作的会计流程。考虑整个会计循环的过程,从业务的跟踪、订单的生成、相关凭证的扫描、识别到输入计算机系统可以几乎实现无人化操作,并且依靠软件生成的凭证、会计分录的出错概率大大下降,从数据收集、归纳、汇总到形成传统意义上的财务报表,整个流程都可以在计算机的辅助下实时快速地进行。这方面人员的成本将被计算机软件等技术资本所取代,通过技术的协助提高了会计初级处理的速度。此外,计算机的辅助决策功能将能够根据提前设定好的财务模型做出基础分析,大大降低了财务分析人员的初级工作量。同时,依据设计好的功能模块从财务数据库中自动抽取可用数据并经过计算生成模块指标,可以帮助管理者更好地判断企业经营过程中的各项活动是否处在可控范围内,而这个过程因为完全是由软件控制,因此不再需要等到会计期末而是可以生成连续、动态性的指标图形,可以依靠经验阈值判断业务执行效率。基于上述分析,智能会计体系下企业在财务领域的成本将更加具有价值,体现在加大了技术、软件等技术资本的投入,并且提高了对于财务分析人员的要求,在节约初级财务人员劳动力成本的同时,实现了整体财务人员的升级。

3. 运行流程优化效率提高

智能会计的运行流程在智能数据处理技术的前提下得到了进一步的强化和深化,伴随OCR、移动通信、云计算和大数据等技术的成熟,在会计信息的识别方面,越来越多的基础性工作已经可以通过机器自动进行识别,通过手持式设备以及物联网等技术的应用,实际交易和生产过程中的流程已经可以通过传感器等进行收集,并且经由智能机器人的自我学习和自我完善功能,不断实现信息的输入。例如德勤等会计师事务所通过与基拉系统(Kira systems)等数据处理公司的合作,使用认知计算技术开展审计工作,智能机器人的引入使财务工作中高度重复的手工作业流程、录入工作都实现了自动。而与此同时,基于物联网和大数据技术可以实现更多的交易和生产流程的自动监控。例如在商品采购、销售、售后处理、生产原料储存、领用等各个环节,都可以通过较为精密的传感器来实现相关信息的采集、处理、储存,并且借由区块链技术实现数据的共享,降低数据被篡改的可能性。智能财务需要借助于智能机器和人类财务专家共同组成的人机一体化智能管理系统,因此位于底层的智能感知系统、网络通信系统、数据管理系统和通用智能引擎是必不可少的。智能感知系统利用条码、RFID、传感器、OCR等技术,客观地感知企业内部经营活动和外部环境,自动地完成数据的搜集工作;网络系统则通过物联网、互联网、移动互联网,以及卫星通信网络等实现数据的传递和共享;数据管理系统则用于存储企业智能管理所需的元数据、业财管交易处理数据,以及规则库、方法库、模型库、知识图谱等,

第 14 章 智能会计分析与决策

在数据仓库和数据挖掘等 BI 组件的支持下,为应用层的数据智能处理提供基础;智能引擎系统则通过公共的智能部件(核算引擎、流程引擎、推理引擎等),满足应用层各种智能处理的需要。

而伴随着全自动化的会计信息搜集流程,基于云计算、云存储和高速互联网络等实现的数据传输,能够降低以往集团会计信息中心化的问题,过度中心化会使各个分公司、子公司高度依赖集团财务部门的工作,增加集团财务部门的决策压力,也增加了集团总部财务部门的工作压力,伴随着各个分公司代替总公司成为结构洞占位者,更多的决策单元出现,数据的传输会呈现更高的效率。

在数据处理处理过程中,智能化阶段则更注重企业各类信息处理的效率、效益和智能化的程度,如利用物联网、RPA 和机器学习、专家系统等技术实现财务处理的全流程自动化,以降低成本、提高效率、减少差错(孙逸、董志强,2017);基于神经网络、规则引擎、数据挖掘等技术自动实现财务预测、决策的深度支持(王海林,2017),以提升其科学性和实时性,这一阶段再造的不仅是流程和组织,还会在更高层面上对企业管理模式和管理理念进行再造。

通过智能财务系统的数据生成,可以在数据收集、分析方面节省大量的时间,同时,由于产出决策的动态调整性,效率得到了极大的提升。

14.2 智能财务分析和决策支持库建立

在智能财务决策和分析体系构建的过程中,其所需要的基础数据是零散和无序的,并且需要进行大量的人工处理。因此,需要建立基础数据库和子决策库,来为财务分析和决策模型体系的构建建立真正的底层数据库。

14.2.1 财务决策基础数据来源的动态调整

根据目前会计准则的各项修正来看,会计信息的可比性和公允性一直是会计准则改变的方向,未来的会计仍然需要有准则来进行约束,但是这种约束的机制将可能因为智能技术的不断迭代而出现新的改变。而会计准则所规范的账务处理方面,会出现一系列变化。这些变化体现在收入确认、金融工具的使用分析和价值计量以及会计调整、或有事项确定等模糊领域。换言之,会计准则体系与企业经营实务之间相互影响所产生的双向修订能够使财务决策的基础数据趋于丰富。例如在收入确认领域,履约义务的确认使企业在收入确认的过程中可以依托智能会计工具,更加合理地划分合同履行阶段,并且根据不同的履约义务更加合理地确定收入的确认进程,也能够为企业的经营提供更加具有科学性的财务数据;再如在投资决策领域,对于金融工具的会计准则修正体现了近年来金融工具给企业带来的风险,实体企业的金融化已经成为威胁实体经济发展的一个问题。因此,如何对金融工具的使用和由金融工具带来的问题进行监督和分析,也是会计职能的体现。智能会计利用其较强的运算功能,以及对于信息的搜集,较为准确地确定金融工具的使用效率和定价,从而提升金融工具的作用。同时,作为信息的汇总,可以帮助决策者确定金融工具的适用范围。而在会计调整、或有事项等模糊领域，由于会计信息的计量并非完全客观公正地体现信息本身的价值，很多问题仍然没有解决，但是从企业经营信息列报的角度和信息使用者的使用角度，会计系统仍然是向外传输企业信息的重要渠道。因此，对于传统会计计量下的会计调整、或有事项等较为难以确认的事项，依然可以使用大数据来通过碎片化数据、海量数据的分析，确定相关的处理是否符合经济实质，是否有利于决策者的决策，这些过程都可以更为精准地执行，并且能够对企业形成有用的参考。

上述分析实际上说明了对于会计信息的生成和处理方面，高端信息技术的介入已经使信息能够得到更高效的传输和更高质量的分析，数据挖掘需要依托于数据的富集。因此，智能会计业务流程的改造和在账务处理过程中的新的变化，一定是基于新的数据技术富集数据、分析数据的基础上，再处理数据，然后据此指导会计确认计量业务的更优化开展，而进一步搜集更多的数据。在这个过程中，软件也可以通过主动学习功能不断自我修正，更进一步优化会计准则，这就有可能会为会计准则的改进提供更加具有意义和更加可靠的修改建议。

14.2.2 智能财务模型的决策库构建

智能财务决策系统功能的实现需要依托海量数据以及数据分析形成的基础决策单元，这些数据和单元将在应用过程中被各种财务分析模型和报表模块所调用，因此，这些决策单元的构建对于实现智能财务分析和决策来说至关重要。基于前面分析的智能财务决策使用的数据来源，依托于大数据技术收集的数据将会通过机器识别和初步处理自动进入决策库中匹配、存储，并且可以根据各种预设的模型生成决策子依据。智能财务决策要实现的功能是动态性和智能化，因此，有别于传统财务分析系统依靠月季年财务报表数据进行的各类指标的分析的静态财务分析，智能财务分析的体系中除了应该大量收集企业本身的数据外，还应该关注两个来源的数据，即市场竞争数据和宏观环境数据。基于此，本部分构建三个决策库体系，以借此形成后续对企业各类实际需要的分析。

1. 企业内部财务指标决策库

基于智能会计的财务分析体系需要构建一个内部数据库来提供决策支持体系。所谓内部财务指标决策库，主要是从企业自身经营、管理出发，所有的能够从企业内部提取的财务数据。这些指标的提取决定了传统财务分析在智能财务时代的实现具有更加高速、智能化的体现。内部财务指标包括企业各类资产、负债指标的实时增减变动，企业所有者权益指标的变动，企业的收入获得指标，企业的具体成本核算指标，各类税费的指标。这些指标构成了所有财务分析和财务决策的基础，并且这些数据形成的财务指标可以通过计算机自动抽取实时生成，无须等待年度或者会计期末，而在企业经营过程中随时取得。基础内部决策数据主要包括以下几个部分。

（1）基础资产负债权益数据。企业的现金水平的实时变化以及各集团内部母子公司的银行存款的变化可以刻画企业的现金状况，并且对企业的可用资金状况进行实时的跟踪；企业的各类流动资产展示了企业短期的财务资源占用，每一项存货、应收款项、应收票据、短期债权投资都会带有其自身的财务信息；企业固定资产的跟踪、价值减损情况都可

第14章 智能会计分析与决策

以即时体现,从而分析企业的资产保值率;企业的金融资产投资涉及目前国家提出的避免脱实向虚问题,可以根据交易的金融资产品种、是否有套期保值需要、每个持有金融品种的持有风险变化、收益的获取、获得利润水平、对主业利润的冲击等都可以获得数据;对无形资产的分析在下面的分析中展开。负债体现了一个企业的债务性融资,短期债务及其比重,债务成本,长期债务指标以及与所有者权益形成的资本结构信息,权益信息当中的不断变化。

(2) 成本、损益类数据。在企业的经营活动开展过程中,对于损益类数据的关注是各类财务指标和分析模型的共通之处。这是由于企业可持续性的利益来源基础就是企业的经营活动取得的收益,而这个收益的准确衡量一直是会计计量领域不断探讨的话题。由于收入确认和成本计量的复杂性,在传统财务体系中,出现了多种人为界定的方法来反映企业的收入和成本,并且借由实物和理论不断互动式地推进而出现准则的修正和更加复杂业务的出现,究其原因在于传统财务体系按照会计分期汇报、非现金流动问题以及生产过程复杂等因素造成。而经过前面的分析,智能会计技术的应用使企业能够更加"真实"地获取数据,因此,在收入确认和成本核算量大的关键领域也将会积累更多真实数据,并且作为财务决策的基础数据。

①在收入确认领域。收入的确认是企业最重要的会计活动,也是企业利润的最主要来源,往往也是企业在原有的准则基础上计量新的会计准则,将建造合同的思路融入了收入确认的过程中,实际上体现了在收入确认的过程中不确定性造成的影响。履约义务的引入实际上让收入的确认变得更加复杂,而且对于不同的业务来说,履约义务的确认本身就需要根据实际的履约情况进行判断,人为的判断就会在信息存在孤岛的情况下造成履约义务完成阶段的判断失误,或者造成计量的失误。而对于智能会计来说,基于大数据技术的处理,可以对类似履约义务的界定进行更为准确的判断,并且降低人为判断的主观性,提高在存在阶段性确认收入的会计业务中的确认精度。同时对于企业存在大量收入的情况下,借助于大数据的收集、处理和分析,可以将商品折扣、维护服务成本、客户反馈等信息和会计信息进行匹配,并通过大数据的分析功能为营销策略的制定和产品改进提供更多的支持。此外,收入的确认也是企业在进行投资决策的过程中,对新产品进行销售收入预测的基础数据,因此获得这部分数据将对企业在未来收益评估及企业投资评价中起到动态支撑作用。

②在成本计量和控制领域。成本的计量和控制既是会计核算的基础也是会计核算的难点,由于生产过程中对于成本的消耗具有不可完全预测性,因此,物料的损耗、生产效率等在传统会计模式下,只能通过总体数据分析成本的控制水平。而借助于物联网、传感器等的介入,成本控制可以得到进一步升级,对于库存成本的消耗可以更加精确地进行计量而突破传统会计计量过程中无法实时监控的问题,做到每一项存货的成本都可精确计量和控制,这些任务都完全可以由软件和相关的辅助工具实现。成本可以按照采购、生产、流通过程分为采购成本、生产成本、仓储成本、销售成本等,这一流程的运行将会对存货的价值、主要销售成本产生巨大的影响。同时,结合成本的性态分析企业变动成本与固定成本之间的关系也将会对企业的经营杠杆产生较大的影响。因此,在智能财务技术框架体系下,成本的核算及相关数据的取得将突破传统财务领域遗留的问题,具体可以用图14-1来表示。

智 能 会 计

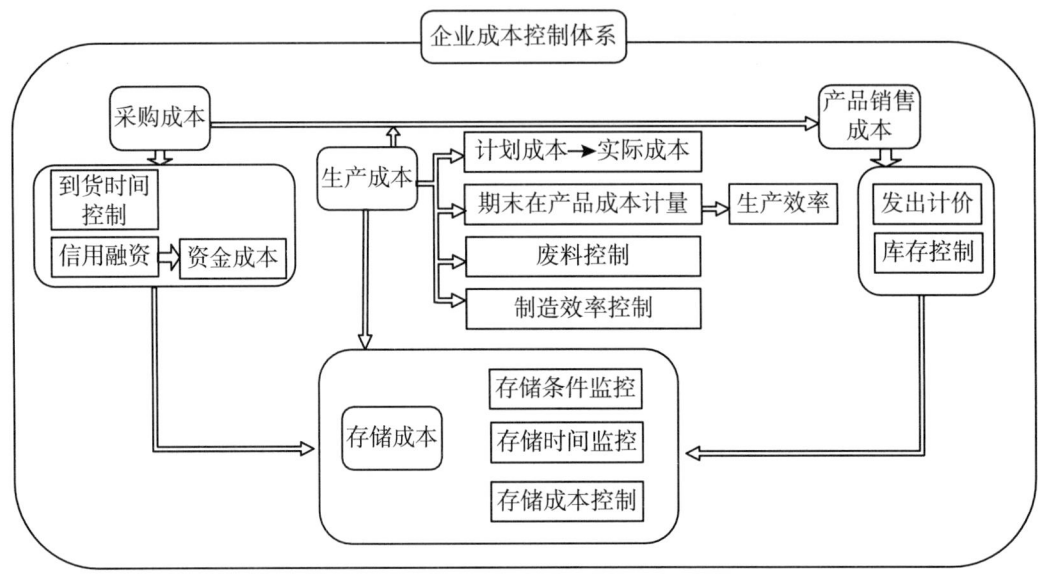

图 14 - 1 智能财务决策成本管控体系

成本损益类指标除了能够提供基础的会计科目信息之外,所有的制造构成都可以对成本进行细节刻画,具体参照图 14 - 1 所示的成本结构。此外,在智能会计时代,由于技术的发展和基础财务数据获得的难度下降,传统财务无法考虑的问题可以进行梳理。

(3) 人力资源资产数据。人力资源作为企业经营不可或缺的资本,其价值在传统财务核算当中无法体现,主要是因为传统财务体系当中无法对人所提供的价值进行分析,而人本身的价值只能通过企业所赋予的工资水平进行衡量,因此,往往采用职工薪酬来衡量人力资源价值,使用用工成本来代替价值的衡量标准,这显然是不合逻辑的,人力资源的价值首先与其为企业所提供的价值相关联,并且能够伴随着员工培训、自我充电等有所提升,而且这些将导致企业的员工出现升职或者降职的现象。因此总体来说,人力资源的价值是一个与员工个人多种因素相关的,并且受到多种外部因素影响的综合指标,这在以往财务数据综合计量的前提下无法获取足够的数据进行分析,而在智能财务体系下,每个员工的工作情况都可以被记录,并且可以量化每个人所产生的贡献,包括对于企业生产率的提高、技术水平的提升、管理水平的提升等贡献,而这些共享将导致企业整体生产、销售能力的上升,所产生的边际效应是可以获取的。因此,设定模型将企业当中每个人员的边际贡献、自我学习、企业培训等要素都作为变量输入,就可以评价每个员工对企业创造的价值,这也符合资产价值的定义,这些数据都可以从基础财务指标当中抽取。

(4) 真实无形资产数据。企业拥有的能够给企业带来超额收益的真实无形资产也是在传统财务领域当中无法进行精细核算的因素。尽管目前的会计准则规定了无形资产的评价标准,以及企业研发生成无形资产的准则,但是无形资产的投入具有多元化,后果具有不确定性的特征,正是这种不确定性使无形资产所创造的价值无法完整地体现在企业的价值体系中。同时,研发投入的过程取决于企业的研发部门和研发人员,无法详细区分研发过程中的成本结构也是无形资产在评估过程中无法准确估值的重要原因。基于上述论述,无形资产价值的获取应该考虑前期投入和后期经济后果的产生双重因素,从而更加科学合理

第14章 智能会计分析与决策

地解决企业无形资产定价的问题。在智能财务核算体系下，企业在研发过程中的投入成本可以精确地确定论证、实验、测试、小规模市场化等各个阶段的成本，并且根据成本动因区分哪些成本是直接归属于研发过程的。作为前期投入，这些决定了无形资产产生的基础，而基于资产的定义，未来的经济收益才能决定企业资产本身的价值。因此，可以通过对新技术生成以后新产品的收入、超额收益的获取来判断企业能够因为某一项无形资产或者某一个无形资产组的投入产生了多少价值的增益，从而判断企业无形资产的价值，这些都可以通过模型对过去数据的模拟而得到，这将会大大提升无形资产估值的准确性。综上所述，基础财务指标库体现为图14-2的内部财务数据库模型。

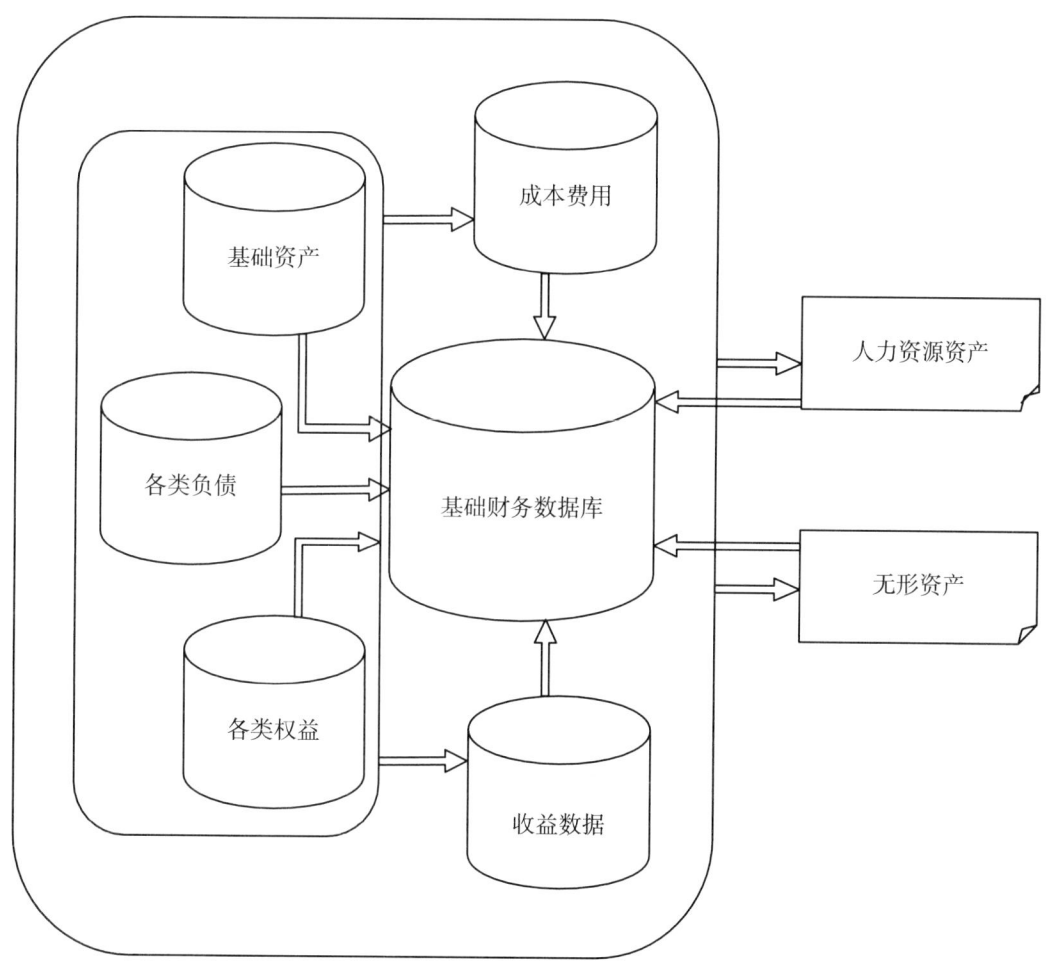

图14-2 企业基础财务数据库模型

2. 基于集团共享及企业间数据共享的市场竞争财务数据决策库

不同于传统财务决策过程，智能财务决策在关注企业的内部财务指标之外，应该基于财务共享的理念关注集团内部其他子公司的财务数据，以及能够获得的其他企业的财务数据。基于获得数据的难易程度，两种数据的详细程度是不同的。但是，这两种数据来源可以构建企业的市场竞争财务决策库。

智能会计

(1) 集团内部的共享财务数据库。从企业集团化发展的演化历程来看，企业内部财务共享是企业集团财务管理发展的趋势，财务共享可以通过集团内部各个子公司和集团母公司之间形成共享财务数据库，实时共享财务数据来实现。目前财务共享中心主要是由集团管控，是企业集中式管理模式在财务管理上的应用，其目的在于通过一种有效的运作模式来解决大型集团公司财务职能建设中的重复投入和效率低下的弊端。"财务共享服务"(financial shared service，FSS) 最初源于一个很简单的想法：将集团内各分公司的某些事务性功能（如会计账务处理、员工工资福利处理等）集中处理，以达到规模效应，降低运作成本。智能财务决策过程中构建市场竞争财务数据库使用到的企业内部共享数据并非建立在集团管控的基础上，而是新型赋权式管理，每个企业通过财务智能化系统实时收集财务信息，信息通过扁平化的共享体系在各个公司的财务决策系统内部共享，每个公司都可以在一定的授权范围内使用其他公司的财务数据，而母公司保留对所有子公司财务数据的使用权，这样每个公司在进行投融资决策的过程中，就可以根据抽取的集团内部所有同类型数据判断生产、投资、融资等活动。

①在生产活动中，企业处于集团产业链上的不同位置可以根据产业链上下游企业供货、生产和销售的进度来对自己的生产进度进行调整，同时根据成本信息确定定价及其他配套成本，更加完整地将自身的生产流程整合到整个集团的生产过程中。

②在企业融资过程中，集团财务共享的基础作用可以使集团母公司了解各个子公司的资金流转情况和资金留存状况，从而对全集团进行融资的集成化决策，但是母公司与子公司之间存在资源配置的关系，各子公司作为独立经营的个体应该根据自己所在地区、产业政策的支持，甚至海外汇率、税收等问题确定融资策略，财务数据的共享能够使每一个子公司动态性地了解企业内部可以动用的资金资源，并且结合自身对资金的使用和资金成本的确定来进行融资配置。

③在投资活动过程中，子公司的投资决策要依托于集团公司整体可获得的资源以及企业内部同类型投资活动的经营效率，从而为自身的财务决策提供更多的支持。

(2) 其他企业的财务数据。企业在进行决策的过程中，往往需要参照其他企业的财务决策或者数据模型，这部分数据可以通过购买或者网络数据获取的方法来获得更多的其他企业的数据，将这部分数据库作为企业进行决策的参考依据。

结合前面的分析，企业市场竞争决策数据库的结构如图 14-3 所示。

3. 宏观经济环境决策库

该决策库重点关注企业外部宏观经济环境当中的各种外生变量及其对企业产生的作用，依据各类企业实际经营活动和相关学术研究的成果积累以及各国家宏观经济政策和重大经济事件对企业产生的影响，即事件发生或者环境改变是对企业产生的影响，在决策模型需要时自动调用相关的数据，即可模拟可能生成的结果，从而将外部环境的变化带来的影响嵌入决策模型中，使智能决策过程保持动态性。

宏观经济环境决策库主要关注以下经济事件的变化，以便结合企业的生产过程提出预警。

第14章 智能会计分析与决策

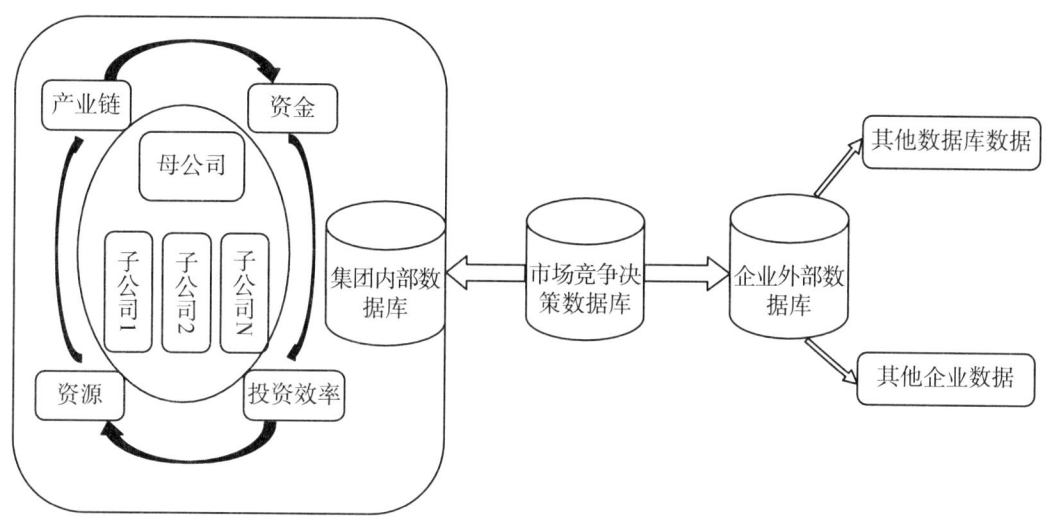

图 14-3 企业市场竞争决策数据库结构

（1）重大经济政策变化。如重大产业政策调整、金融行业货币政策的变化等，都有可能使企业外部的竞争环境、融资环境发生变化，每一次发生类似事件的时候都应该收集对各个企业产生的影响，从而为未来类似的政策变化进行数据积累。

（2）重大突发事件的影响。如大的自然灾害、社会群体性事件的发生对同类别经济体所产生的影响，以及相应的应对策略。

（3）重要的企业外部竞争环境的变化。如国内外竞争环境的变化和主要竞争对手所产生的新技术等带来的影响，这一系列的影响都能够使企业面临较大的变革，从而影响企业的未来应对策略。

综上所述，上面三个系统能够抽取不同层次的数据和内容，根据企业设定的不同情境下和不同决策类别的模型，可以自动向模型中填充数据，从而为企业提供决策指引。

14.3 智能会计财务分析决策模型及诊断报告体系构建

企业的财务分析更多地关注历史信息以及由历史信息反映出来的企业在各个维度的能力，而会计信息的更高应用场景为基于基础会计信息所做出的财务决策，这里的财务决策就与企业的财务管理活动息息相关，因为企业需要依靠企业的财务活动决定企业的资源配置，提高配置效率。

14.3.1 基于企业财务数据共享的分析模型

这些模块包括但不限于企业偿债能力分析模块、企业周转能力分析模块、企业盈利能力分析模块、企业成长性指标分析模块（企业成长性的自动输出）。企业综合分析功能，基于大数据、区块链、物联网等信息收集、生成、获取会计信息（会计信息的生成是分析的基础），通过分析实现企业多个功能的分析。

智能会计

1. 基础财务分析模块

（1）企业偿债能力分析模块。企业偿债能力分析模块是基于企业的收益情况来展开的，基于数据的收集，企业可以即时地分析收入的付现、应收款项的质量、现金流的变化等信息，不仅借助于短期和长期的偿债能力指标，更可以结合收入的产生密度和变现质量，即企业的收入产生的高峰时期在何时，收入的变现是否会受到时间、宏观政策等的影响，从而在引入外生变量的条件下，将内生变量和外生变量相结合，分析收入、存货价值、债权人信用水平等内容。同时对于流动负债还可以分析企业自身的信用状况和短期负债的可获得性，从而综合上述分析来确认企业的短期偿债能力。

（2）周转能力分析模块。周转能力的分析来自资产的使用效率，基于传统的财务数据分析来看，企业的收入质量将对周转能力的分析带来极大的提升，而基于数据收集获得的收入详细数据，将会呈现一种动态的周转能力。

（3）企业盈利能力分析模块。企业的盈利能力的分析来自企业的盈利水平，盈利水平往往取决于企业的实际经营和会计政策，因此在盈利能力分析的过程中，常常会出现盈余管理等问题，并且可能会使管理者难以发现盈利能力的真实问题存在。根据智能会计的数据挖掘，对于企业的利润质量进行分析，可以更好地发现企业通过收入实现利润过程中存在的问题，而同时借由软件所实现的盈利能力分析可以体现企业的真实盈利能力。

（4）综合性分析体系。这是智能财务的一个重要功能，一般对于企业来说，企业的财务活动的诊断需要聘请专业的咨询公司出具报告，并且报告往往具有一定的滞后性，而随着智能会计对信息收集和上述分析的开展，企业会在适合自身经营特征、行业的情况下拥有一套动态输出企业各方面能力的系统，通过各种软件分析工具接口到各种实时获得的会计数据，并通过软件呈现给不同的管理者，就可以实现综合分析的即时获取，并且还可以根据决策者的需要设置决策模型，从而自动呈现模拟的决策结果，实现决策的智能化。

（5）动态杜邦分析体系。杜邦财务分析体系是传统财务领域一个重要的财务指标分解、分析的指标系统，该系统将企业的盈利水平的衡量指标 ROE 层层拆解，在指标层面分解为资产周转水平（总资产周转率）、销售利润水平（销售净利率）、权益乘数（资本结构），从企业的运营效率、盈利水平和财务结构等方面全面地衡量企业的财务能力。此外，每一个指标还可以进一步分解为单一指标，例如净利润可以分解为收入减除费用，从而将总的判断企业盈利、成长能力的指标落实到单个会计要素层面，分析单个会计要素的变动对企业整体盈利能力可能出现的影响。到目前为止，这仍是企业管理层分析企业财务能力的一个较为成熟的指标分析体系。依托智能会计技术，杜邦分析体系可以实现动态化和智能化，并且可以实现可视化的企业能力变化，为管理者提供一个变化中的财务分析视角。

2. 专题性财务分析模块

基础财务分析模块可以对应基础财务指标分析，并且在已有的传统财务分析框架下对企业的各种基本能力进行分析，针对性相对较弱。而在企业经营决策的过程中，有一些经营活动和决策内容是对企业整体产生深远影响的，因此，在基础财务数据和财务指标的结合下，通过对下列财务决策过程进行智能分析，可以得到企业决策的重要依据。

第14章 智能会计分析与决策

（1）企业销售模块的智能财务分析体系。从一个企业的运营来看，销售收入的获取是企业所有能够产生的经济利益的来源，贯穿了企业整个生产经营活动。因此，从销售维度入手能够将企业经营过程中大多数的数据进行整合，对企业在收入获取、成本核算控制、财务资源配合等各方面进行全面诊断，并且可以在此过程中设置多个风险控制点，从而更加有效地促进企业销售行为的实现。具体来说，销售分析方案及实现主要从构建销售指标体系，确定分析方法、分析路径及内容等方面入手。

（2）梳理销售实现流程，有针对性地构建模型体系。梳理销售流程的主要思路是"以业务为主线，以单位为主体"。以业务为主线是指关键指标必须反映集团销售财务主要特征，通过对关键指标的解读揭示集团销售财务活动的规律，反映当前销售财务存在的深层次问题；以单位为主体是指不同组织层级的管理层对业务的关注点往往不同，关键指标应能反映不同管理层的管控要求。据此，在梳理业务流程的过程中，应首先根据企业的生产销售流程构建企业的价值创造过程以及资源支持计划，针对全生产经营流程展开指标选取工作，应结合前面构建的企业智能财务决策库中的成本数据，从原材料、存货等的购入、储存等成本控制，人员投入，机器设备在生产过程中的投入情况入手，分析在整个生产中，不同成本的配置比例。

首先，半成品的成本归集。企业在进行生产过程中，半成品是产品生产的中间过程，同时也是进行存货价值核算以及成本控制的重要中间环节，传统成本核算半成品的方法往往会使用品种法、批次法和平行结转分步法。这都将在当期所有的成本发生之后根据一批次的产品的物料、人员和制造费用的归集后形成，这就使所有的成本平均化，无法反映生产过程中的动态控制性。智能会计体系可以在生产产品的成本归集过程中做到以下改进：①在对产品成本进行归集的过程中，动态地记录每一个单项成本伴随着生产过程的推进而产生的消耗。②存货、原材料等的发出成本记录将更加精确而不是借助会计处理原则进行估计。③每件产品可以呈现为单个数据逐项累加的记录条，同时引入采用六西格玛管理的思路对单个成本和成本总和进行动态控制，即当记录过程中单项成本或者汇总成本数据值明显偏离成本控制阈值并出现小概率事件时，说明产品成本的控制出现了问题，可以及时对物料投放或者生产流程进行管控，且上述过程由于计算机技术的应用可以做到低成本的即时控制，而非随机抽查，降低了可能出现的成本控制风险。通过上述控制，在解决半成品成本归集难、多数依靠经验估计的成本归集过程中，可以显著提高控制效率。

其次，产成品成本控制。产成品成本控制可以从全过程进行控制，这时产品的生产过程完成需要完整记录产品的成本，并且将机器设备的折旧、车间管理人员的费用等进行统一分配。可以采取动态分配的方法，监控机器设备的磨损情况和运行情况，并且合理给出机器设备的折旧损耗。同时可以按照之前给出的人力资本资产的定价方法来确定合理的人力资源价值投入，即更加合理地确定人员创造的价值，而不是单纯依靠确定职工工资来确定人工成本投入。将这些成本汇总得到产成品成本，并且进行产成品成本的动态控制。

再次，原材料、半成品、产成品、库存商品等的时效性分析。结合存货价值分析，从产品生产的流程到最终形成库存商品，进行全过程仓储状态的考核，从成本数据库中抽取相应的仓储数据，对储存时间、条件以及所导致的价值变化进行考核，为真实、实时记录存货跌价准备奠定基础。

最后，销售过程及采购成本的分析。产品的销售过程可以体现为产品的出库到各分销

智 能 会 计

渠道以及各批次产品的定价、销售折让、销售密度、销售周期、应收款项的回收、客户信用等数据，这些数据都可以通过实时跟踪反馈到企业的销售决策模型中，分别呈现产品最终通过销售所实现的收入水平，以及销售实现的速度，通过这些数据的呈现，可以很明确地分析消费者或者分销渠道对于产品的需求强度，以及销售的速度，从而为下一步产品的调整和研发方向的改进提供数据。此外，采购成本对短期资金的动态需求涉及采购过程中信用融资的问题，可以借助智能化的采购信用数据分析来对采购过程应付账款和应付票据等短期负债进行分析和流程控制，提高短期负债和短期资产的匹配，同时降低企业因短期负债偿还不及时而可能出现的短期商业信用受损的危害。

（3）根据分析的目的选择合适的分析方法。在对企业销售财务分析关键指标进行梳理后，根据管理层不同的分析目的，一般涉及数量分析、对比分析、趋势分析和结构分析等方法。数量分析是指对指标在特定期间的实际成果进行分析，如实际金额等；对比分析是对选定的主题进行对照分析，如实际数与预算数的比较；趋势分析一般以时间为基线，分析指标的变化趋势；结构分析是对某一指标按不同的分类标准分析各组成部分的比重。

根据上述分析，销售模块的智能财务分析体系结构如图14-4所示。

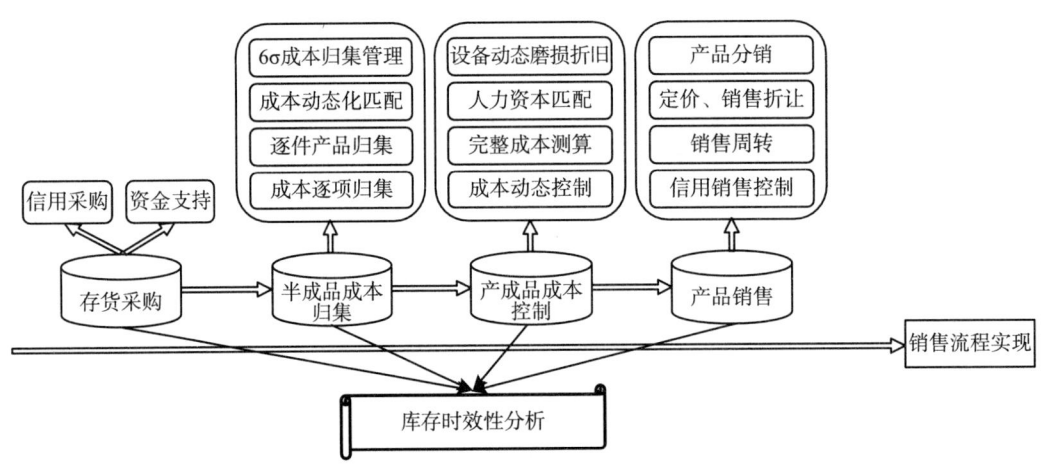

图14-4 销售模块的智能财务分析体系

（4）固定资产投资、研发投资及金融资产投资分析体系。企业的固定资产投资、无形资产投资和金融资产投资多数都属于长期投资，对于企业发展来说具有战略导向性，并且整个过程涉及了企业的资本结构、财务风险、企业未来发展潜力等多种因素，是企业重要的财务决策。

①固定资产投资分析体系。固定资产投资代表了企业的基础经营生产能力和未来生产力扩张需求，表现为厂房、设备等大型资产的投资，同时也包含了企业一般办公设备等劳动物资的投资。而传统财务体系对于固定资产的投资分析主要集中在固定资产的增加、减少、减值测试和折旧的计算方面，这些因素受到会计准则的重大影响，并且可能因为不同企业对会计政策的选择而出现多种结果。而对于固定资产投资的分析应着重考虑资产获取的现金流压力、资产保值性以及固定资产的技术先进性等问题。

首先，固定资产投资的增加需要考虑战略匹配性和资金匹配问题。固定资产投资耗用

第14章 智能会计分析与决策

的资金数量较大，且使用周期长，因此战略匹配性要求较高，因此需要着重判断企业在固定资产投资方面是否和企业的投资项目相匹配，这需要结合项目投资所产生的协同效应以及整体项目收益的产生来进行判断。由于从财务角度分析，固定资产投资属于固定成本支出，造成初期现金流出剧增；而从会计角度来考虑，较大的固定成本支出会造成后期经营杠杆上升。因此，需要结合产品的市场接受程度、销售开展来判断固定成本的弥补，而项目经营的优劣又会影响企业的动态资金成本，因此，这部分需要综合考虑项目销售产品的市场、价格、边际成本和资金成本等要素。

其次，固定资产投资需要考虑成本性态与利润、税收的关联关系。从成本性态角度来看，固定成本的产生会增加未来需要弥补的成本数量，而同时由于经营杠杆的作用，会放大销量变化产生的影响，对利润进而对税收产生影响，因此需要关注固定资产投资的增量的分摊与由此导致的利润变化和税收变化，从而决定后续固定资产投资过程中需要再次增加的投资量和投资进度。

②研发投资分析。研发投资分析需要对企业的技术研发流程当中所有的资金支出项目及产生的相关影响进分析。研发投资的整个流程涉及以下几方面的指标

首先，研发支出的确定。主要包括研发人员的支出，研发材料的支出等，由于研发过程的不确定性，因此在研发支出的确定过程中的关键问题在于如何界定属于研发过程的所有支出项目。在这个过程中可以采用研发流程控制软件等，将研发过程中所有的材料采购、使用、人员费用等通过控制软件进行采集并且进行清晰的归集。

其次，研发进度控制。根据会计准则的要求，研发流程最困难的是如何确定研究和开发阶段的划分，由于研究阶段的支出将全部费用化，因此如何界定研发的阶段划分将会影响企业利润的多少以及资产的多少。根据技术开发进度中的技术期限进展将相关的成本进行归集之后并且确定技术是否已经可以进入开发时期判断是否费用化或者资本化。

最后，研发资本化的数量和分摊。技术研发投入的资金当中除了费用化之外，其余的将作为资本化进行资本性投入，生成无形资产，无形资产将会成为企业资产的组成部分。传统会计准则规定下，企业内部形成的无形资产将较难形成可以摊销的无形资产，因此无法进行后续的费用化。因此需要结合研发的成果对后续收入形成作用，与相关的固定资产投资配合相结合来判断经济效益产生的多少，这样就可以判断所有资本化无形资产的寿命和分摊年限，从而判断成本的产生。

③金融资产投资分析。金融资产投资是企业的一个重要的投资领域，能够给企业带来投资收益的同时又会冲击企业的实体投资，因此，需要进行双向控制和管理。

首先，金融投资类别和产生利润的指标控制。短期投资性金融资产主要以短期投机为目的持有交易性金融资产、债券投资工具和衍生金融工具，将会给企业带来较大的利润不确定性，并且由于部分交易品种可能带来较大的利润冲击，需要对交易性金融品种的实时浮动收益进行监控，通过软件实现逐日盯市的收益核算，并且结合企业的内控制度，对所有的交易品种和浮动收益进行核算和分析，设置止损线，合理控制投机行为带来的风险；长期金融工具，如债券投资等能够带来稳定的收益，需要监控持有债权方的信用变化情况以判断可能出现的违约，债券违约将意味着未来现金收入的下降，因此对于债券发行企业信用的判断可以帮助企业判断是否应该及时处置持有至到期的投资品种；计入其他综合收益的金融品种虽然不会影响利润水平，但是由于金融品种之间的可转换性，需要控制不同

金融品种之间的转换条件和损益的结算。

其次,考虑战略性,对长期股权投资结合商誉、利润、其他综合收益等指标进行综合考虑。长期股权投资属于对于其他公司的权益性投资,根据是否控制进行区分,并且区分成本法和权益法计量后续收益,同时长期股权投资由于其高商誉的减值问题,可能会造成集团公司出现较大的亏损。因此,需要结合控股子公司、持有股份公司的经营状况进行综合考虑,预警可能出现的大幅度商誉减值情况出现,同时向管理者报告战略性合作进行的程度。

综上所述,较大的投资项目会给企业带来较大的影响,其较大的现金流出对企业的资金造成了较大的压力,而其直接或者间接地影响企业的利润,可能会造成企业经营和财务风险爆发,从而在很大程度上影响企业的市场表现,这需要综合各种投资的影响指标设置分析和预警体系,因此构建投资分析模块体系如图14-5所示。

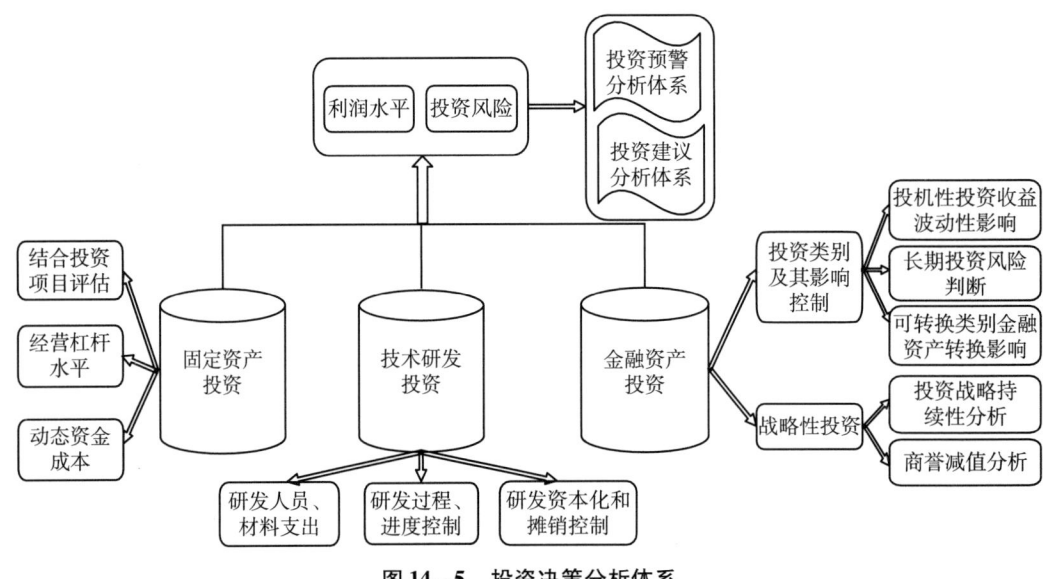

图14-5 投资决策分析体系

④营运资金分析体系。营运资金是企业周转所需资金和资金来源的综合考量,将企业所涉及的流动资产和负债等要素都包含在内,是一个综合性的财务体系。在传统财务分析框架下利用杜邦财务分析体系的原理,建立一个营运资金的财务分析体系,对企业多方面的财务状况进行分析和评价(见图14-6)。但是在营运资金包含的流动资产中,有流动性高的现金资源、周转性较高的存货,以及能够决定企业拓展销售和资金回收的应收款项,这些要素都决定了企业需要通过一定的投入来获取周转的资本,企业能够实现生产、销售,最基本的来源于对流动资产的投资;而与之相对应,企业通过短期负债、应付款项的形成,获得短期债务融资,这也决定了企业的短期信用水平。可以发现,营运资金等于流动资产与流动负债的差值,决定了企业在流动性获取方面所需要的资金支持,这部分资金对于企业的短期稳定性至关重要,如果企业不能保证足够的短期周转资金供给,将会使企业在盈利的状况下因资金断链而出现破产。每一个资产、负债项目发生的实时变动都会影响营运资金的数值。值得注意的是,常规分析是无法将资产负债质量与营运资金的分析

第14章 智能会计分析与决策

相结合的，因此，在智能会计分析框架内，可以从两个层面相结合分析企业的流动项目。

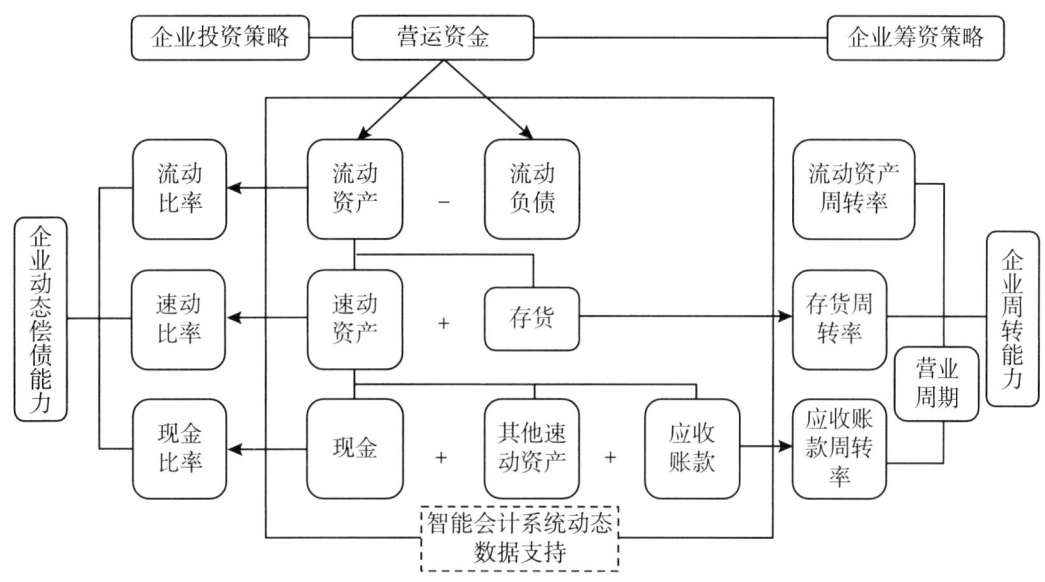

图 14-6 营运资金的财务分析体系

首先，净营运资金及其质量分析。所有的资产项目都需要与资产质量分析相结合进行拓展，具体来说：对于流动资产而言，存货项目需要分析其时限性和可能的价值亏损，从而分析存货价值的变化，应收项目需对应每一个信用主体的信用状况，将应收款项的回收可能性，以及对应的坏账损失结合到应收项目的分析中；而对流动负债的分析，需要考虑自身资金的充足率以及对潜在资金成本的归还。因此，营运资金的动态分析，既能够得到额外的资金占用水平，又能够得到当前组成营运资金部分的质量。

其次，周转能力的动态分析。企业的存货、应收账款、应付账款等都需要分析其周转速度，借助智能会计体系的动态信息收集，可以实时分析各种周转能力的变化，并且根据变化生成变化趋势，可以结合不同类别成本、收入的产生分析原材料消耗、库存商品周转的水平（可以具体到每一种存货的周转水平分析），以判断存货的消耗及盈利水平，可以分析应付款项和应收款项的周转能力，并借此做出各类指标的动态输出和预警。

最后，偿债能力的动态分析。常规分析企业偿债能力的指标中，基于时间段数据的流动资产对流动负债的补偿，是营运资金的反向应用，但是流动资产的价值往往会发生较大变化。

⑤资本结构及财务风险分析体系。根据资本结构理论及其推论，在非完全理性假设下，企业的资本结构会影响企业的价值。不论将资本结构作为信号、控制权的调节或者在负债带来的收益和影响的权衡中，不同企业都会拥有适合自己的资本结构，而非统一的负债权益比例。因此，对于企业来说，资本结构决策对于企业能够提升自身价值具有很大的影响。①② 根据传统财务理论，资本结构具有以下特点：

---

① 王晓亮，邓可斌. 董事会性别断裂带与资本结构决策效率提升 [J]. 经济管理, 2020 (11).
② 戴雨晴，韩磊. 管理层权力制衡强度、投资驱动与资本结构 [J]. 现代财经, 2020, 40 (9): 32-46.

第一，资本结构与企业价值具有非线性关系。根据考虑破产成本和代理成本的资本结构理论，企业增加负债并非总是能够增加企业价值，当考虑到企业经营中财务风险的积累和可能出现的违约情况，负债带来的潜在威胁就会超过税盾利益，从而使企业价值下降。因此，企业存在最优资本结构点，即企业的资金来源组成存在一个最优的比例关系，使企业能够达到价值最大。

第二，最优资本结构的异质性。由于企业所处行业不同，不同行业具有不同的财务风险耐受性，因此，虽然由理论推导得知企业拥有最优资本结构点，但实际上，最优资本结构点在不同企业之间存在差异，并且较难寻找。

第三，企业调整资本结构具有战略性。由于引入股权资本会引发股东之间的冲突，从而激化代理问题，而债务融资可能会面临较大的融资约束，因此，企业在进行融资的过程中，对于获取债权融资或者股权融资需要结合企业的治理结构和大股东之间的利益进行战略性权衡。

因此，资本结构以及其带来的财务风险是企业在进行财务战略分析时的重要问题。故在企业资本结构的决策中，需要综合考虑企业的业务特征、市场竞争能力、财务风险承受能力、成长性和企业的管理者特质等内部因素[1][2]，同时还需要考虑宏观经济环境和行业环境变化等外部因素的影响。因此，借助智能财务分析体系，可以参照学术研究成果构建资本结构因素影响模型，来动态抽取数据，同时判断资本结构的调整给企业带来的影响。因此，应该从两个方面构建资本结构调整模型，并且动态输入数据。[3]

$$Lev = \alpha + \sum \beta_i FinFactors + \sum \gamma_i MagCha + \delta Com + \epsilon Growth + \theta Risk + \mu Gov \quad (14-1)$$

$$Lev_{i,t} = \gamma[\alpha + \sum \beta_i FinFactors + \sum \gamma_i MagCha + \delta Com + \epsilon Growth + \theta Risk + \mu Gov] + (1-\gamma)Lev_{i,t-1} \quad (14-2)$$

式（14-1）所示模型用来分析资本结构的影响因素对资本结构产生的影响，借以回归分析得到最优资本结构[4]，而式（14-2）表示了资本结构的调整速度，由字母 γ 表示。

$$ROA/ROE/TobinQ/Shareprice = \alpha + \beta_1 Lev + \sum Controls + \varepsilon \quad (14-3)$$

通过式（14-3），将各类指标输入企业各种绩效的影响模型中，由资本结构作为主要变量，就可以在前述模型对资本结构的调整中分析资本结构的变化及变化速度对企业各个维度的财务绩效产出所造成的影响。

基于智能财务的动态性，上述分析可以不断地进行，并且可以结合企业的实际发展和业绩的变化修正模型的结果，并对模型进行重新调整，做到动态性地输出资本结构优化值和调整方向，从而为企业决策者进行资本结构调整的决策提供依据。

---

[1] 陆正飞，辛宇. 上市公司资本结构主要影响因素之实证研究 [J]. 会计研究，1998（8）：3-5.
[2] 姜付秀，屈耀辉，陆正飞，李焰. 产品市场竞争与资本结构动态调整 [J]. 经济研究，2008（4）：99-110.
[3] FinFactors 代表智能财务动态分析得到的企业经营能力数据，包括偿债能力、周转能力、盈利能力等；MagCha 代表企业管理者特质，包括管理者人口资源背景特质、社会属性特质等；Com 代表企业竞争能力；Growth 代表企业成长性，可用 TobinQ、综合性指标进行替代；Risk 代表企业财务风险承受能力；Gov 代表了企业的治理变量，例如大股东持股比例、股权制衡性、管理层权力等。
[4] 廉永辉，黎梦瑶. 企业金融化与资本结构调整速度 [J]. 财经科学，2020（8）：1-12.

第14章 智能会计分析与决策

14.3.2 智能财务决策的自动生成诊断报告系统

根据前面分析实时生成的智能财务信息及相关分析决策体系,智能财务决策最终的目的是为管理层提供高质量的决策依据,而最终的管理决策是由人做出的,因此,智能财务体系可以根据预先设定好的模型进行前置性分析,同时给出风险诊断建议,并且在机器学习和人工智能的作用下,可以不断地进行自我修正已达到更好的效果。财务管理的智能化研究和应用远远落后于商业银行、金融投资和会计审计,这是由于在财务管理活动中,财务数据的分析、评价、比较、识别、诊断、管理和决策涉及了更加多元化和更加复杂的分类、认知和判断,这就导致了一个财务问题可能会有多个解,而一个解可以有多个认知和判断,其技术实现难度较大。基于大数据的可获得性,构建智能财务机器人分析与诊断机器人,其核心在于智能财务分析与诊断系统和报告编写系统,因此,借助这种思维,本章针对前面提到的财务决策和分析模块提出诊断模型,最终形成判断企业成长性的综合报告,以达到智能财务决策的最终目的。

1. 经营性质量诊断模型

企业的经营能力以及获利能力是企业的所有经济利益的来源,因此,对其经营性的评价主要从利润产生能力维度进行分析。根据前述分析,企业经营过程中对收入和成本的确认是企业衡量经营成果的关键,结合新收入准则的确认,企业应该在不同的履约义务点确认收入。而与此同时,不同收入获得时,企业所产生的成本需要准确衡量,通过数据技术直接调用企业经营及营运资金等数据库的数据,形成的实时诊断数据应该包含的指标如图14-7所示。

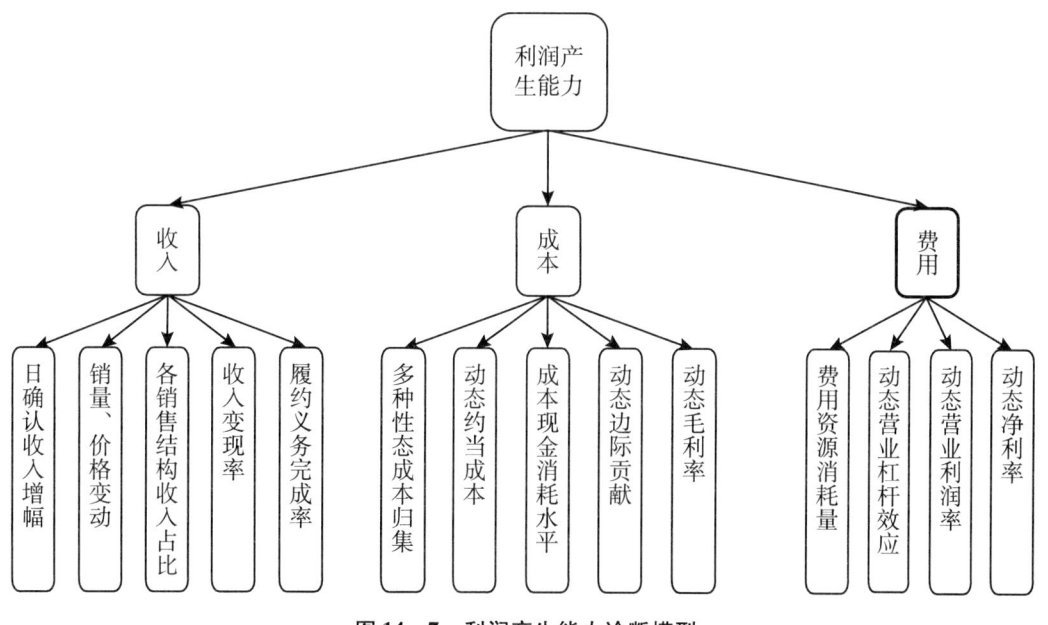

图14-7 利润产生能力诊断模型

智能会计

上述诊断模型中,修正了以往对于经营能力中利润产生能力评价的滞后性,由于实时抽取数据,使月度指标可以做到动态输出,并且可以根据收入和成本、费用的对比实时分析收入中成本费用的占比,提高经营决策和成本控制决策的准确程度。同时,可以利用下列公式进行多期数据的回归分析,得到最优的利润产生能力范围,并且直接从软件中得到调整的方案。

$$Profitability = \sum \alpha_i Income_i + \sum \beta_i Cost_i + \sum \gamma_i Suspend_i + \varepsilon \qquad (14-4)$$

式(14-4)对不同的收入指标、成本指标和费用指标进行回归分析,在分析过程中,借助计算机取数,可以实现机器快速、动态获得结果。得到的结果可以建立企业盈利能力对各个指标的相关关系,这些数字将会动态性地分析出各类利润产生能力的影响大小,并且借助机器学习调整企业经营战略和战术的方案,最终形成智能报告。

2. 财务投资、投资组合及风险诊断模型

投资活动是企业主要的非流动资金使用目的,企业的大型投资活动往往和企业长期发展战略相联系。企业的财务投资活动主要包含了一般性的固定资产投资、直接技术投资和技术研发投入、金融资产投资、企业并购活动产生的投资,以及包含了企业各种新兴投资,如环保方面的支出等。根据投资活动的过程体现出来的特征,投资活动具有周期长、不确定性高、潜在收益大等特点,并且由于其较高的不确定性,极有可能给企业带来潜在的损失,因此作为智能财务决策的重点领域,企业的财务投资活动诊断体系也是智能诊断体系中的重要组成部分。

结合投资的特点,在投资活动智能诊断模型的构建中,需要监控的问题主要有以下几点。

(1)项目未来收益的变化趋势。各种类型的项目投资在初期进行投资预算评估过程中都会借助于传统的价值评估工具,如NPV、IRR等,但是受限于未来数据可获得性差,因此往往需要根据历史数据推演未来的收益水平,这就导致了偏差的产生。智能投资诊断模块借助前面构建的经营数据库取值销售收入、成本费用等数据,同时从投资分析数据库中取值,对项目进行过程中各种固定性投资进行追踪,从而可以动态性地确定项目的现金流变化,并且根据变化的趋势进行滚动式的未来现金流预测。

(2)项目风险的动态分析。项目投资评估过程中,需要对项目的风险进行动态分析,包括企业的债权收益率和权益收益率水平,通过动态匹配企业的信用水平对应的债权成本、资本市场风险收益与企业股东权益以及资本结构的变化带来的对综合资本成本的影响,动态性地调整项目评估的折现因子。

(3)投资组合的风险分析。在进行风险资产投资的过程中,对于风险资产的选择以构建投资组合往往是一个较为复杂的过程,需要判断每一个投资品种的成长性、风险性和财务绩效,使用机器学习和财经数据库取值,可以帮助企业构建投资组合动态调整模型,分析投资组合的期望收益和风险水平,帮助企业较为稳健地进行风险投资(吴世农,2020)。

综上所述,投资诊断模型所涉及的内容较多,可以构建模型体系来进行报告框架构建,如图14-8所示。

第 14 章 智能会计分析与决策

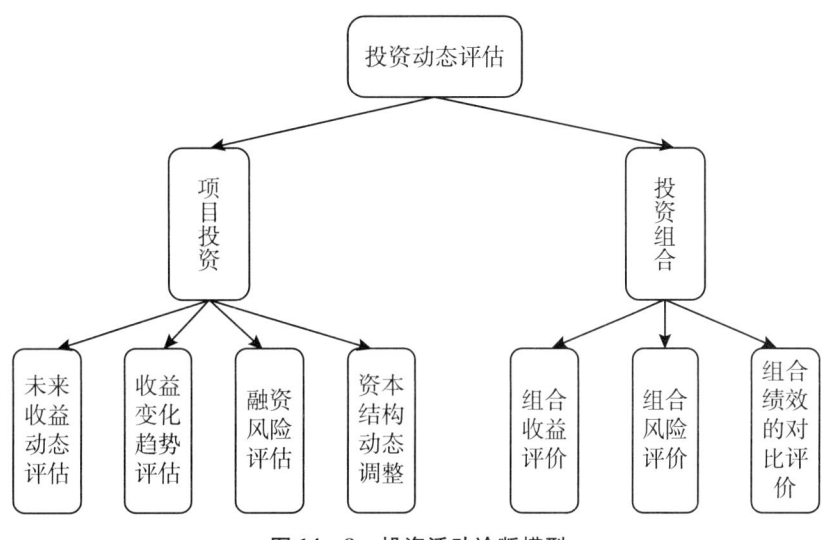

图 14-8 投资活动诊断模型

3. 流动性诊断模型

企业经营过程中需要实时衡量自身偿债能力，偿债能力的大小取决于企业的流动性水平。很多企业由于现金周转问题出现了"蓝字"破产的问题，说明对于企业的财务决策来看，实时监控流动性资源的数量和匹配到期债务具有十分重要的意义，因此诊断模型应该结合经营性数据库、企业债务数据及融资情况数据等进行综合判断。因此，本节定义的流动性诊断模型主要从这三个方面展开指标的确定。

（1）资产变现及抵押价值检测指标体系。流动性的重要来源在于企业能够快速获得现金偿还到期债务的能力，因此，需要考虑现金存量和现金的可获得性。首先从现金流动的角度上来看，应设置现金存量监控、日平均现金消耗量、大额现金消耗量及其所占比重、短期流动性金融资产公允价值变动及收回时限长短、应收账款额度及到期日监控、应收账款信用质量动态监控、存货市场价格监控、存货市场需求量监控，上述指标分析都能够直接输出流动资产的变现能力和资金的获取能力。此外，非流动资产虽然不属于可即时变现的资产，但是固定资产等具有可抵押能力，通过抵押可以获得短期融资，因此，可以设置固定资产抵押价值变化监控的指标来反映短期资金的获取。

（2）企业债务指标。负债及其资金成本是企业面临流动性问题过程中直接需要考虑的要素。流动负债组成成分复杂，并且涉及了银行信用、商业信用、内部信用和政策信用等多种体系，需要对这些因素进行综合考虑。而长期负债由于还本的时间较长，因此更多的是对利息等融资成本的考虑。综合上述分析来看，应该从各类负债具体制定监控指标来衡量流动性风险诊断。具体来说，应考虑短期银行贷款的到期期限及额度变化（用以衡量即将到期的负债梯队）、应付账款和应付票据的到期期限以及可能通过提前还款获得的收益（应付款项的管理较为复杂，涉及了多个供应商，借助大数据的收集和分析，可以实时对各类商业信用进行分析）、内部应付职工薪酬等内部资金的支付需要（内部负债也属于超短期的融资来源，但同时也需要企业付出实际的资金进行支付，对企业形成较大的现金压力）、应付税款动态分析（与内部负债类似，属于刚性负债，但是可以与纳税风险智能分析相结合，分析可抵扣、可递延的纳税，同时动态规避违反税法的风险）。

（3）融资指标。流动性风险的规避和诊断需要将资金偿还与资金的获取相匹配，可以根据上述指标选取其中能够带来资金的指标与资金刚性需求的指标借助大数据分析进行动态匹配，并且确定偿还优先级，确定企业的短期融资需求，并且将这个融资需求与企业的融资战略相结合，确定企业是否需要进行长期融资来满足这些需求，如果通过短期负债融资则需要将其匹配进未来负债需要偿还资金中进行动态管理。

因此基于上述分析，可以将这些指标进行动态管理、阈值管理，并且通过机器学习进行流动性预警的优化，结合企业的特点，自动优化阈值。其模型如图14-9所示。

4. 企业整体成长性及建议报告

在综合了上述分析之后，应该根据不同指标通过AHP和专家打分法进行指标的层析分析，并且确定各层指标的权重，这个权重可以通过自动匹配不同专家及动态打分进行动态调整，并且根据权重得到企业整体需要预警的财务分析过程及参考不同企业的处理方法形成初步的财务分析报告，该报告可以供管理者进行进一步财务分析和决策使用。而借助于软件技术实现的动态分析和报告实时输出的优点，在于企业管理者可以通过监控系统以及预警系统即时掌握企业的财务动向，并且将流动性风险、投资风险等企业重要的传统财务分析中滞后且不可控的影响要素进行前置，并且通过动态数据的获取为未来财务决策提供更加可靠的数据，进而提高财务决策的效率。

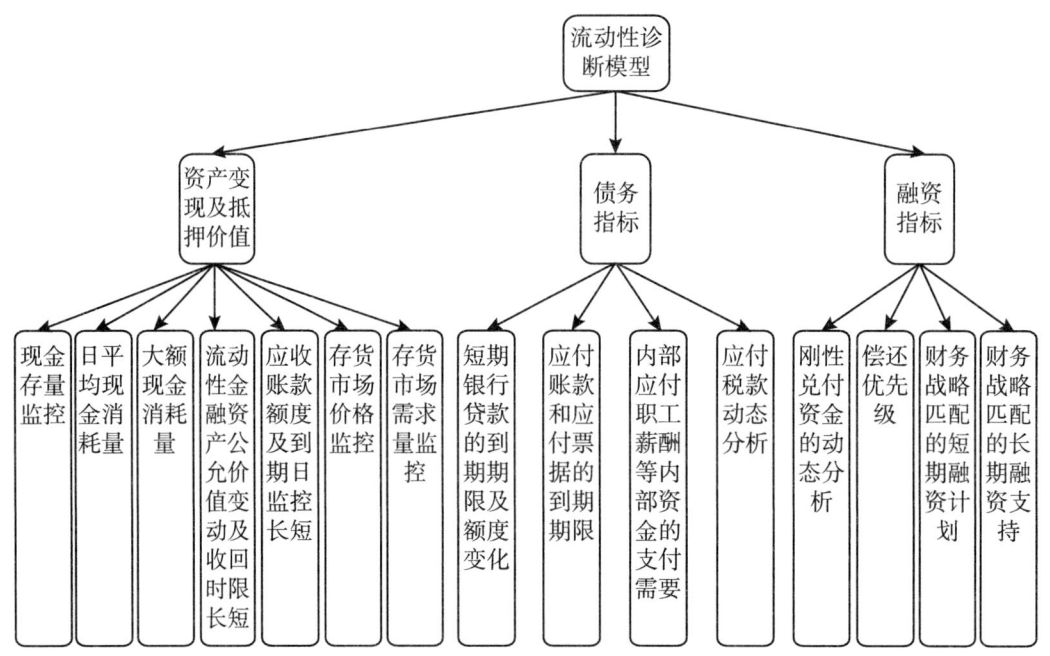

图14-9 流动性诊断模型

第14章 智能会计分析与决策

14.3.3 基于智能会计决策分析模型的智能风控体系构建

随着经济环境的复杂化和信息化水平的提高，企业对财务危机预警和诊断的有效性和智能化也越来越受到重视。从19世纪30年代开始，国外学者就开始了关于财务危机预警方法的研究，寻找财务指标与财务危机之间的关系，早期著名的研究有1966年比弗（Beaver）的单变量分析法、1968年阿尔特曼（Altman）的多元判别分析法以及1980年奥尔森（Ohlson）的逻辑回归法Logit模型。随着人工智能、数据挖掘和机器学习等技术的进步，以及现代企业信息化发展中对财务信息获取的实时性和智能性需求，一些学者开始借助智能方法对企业财务危机进行预警，比如人工神经网络、支持向量机等。塔姆（Tam）于1991年首先采用人工神经网络模型进行了财务预警研究。随后越来越多的学者认识到人工神经网络的优点，利用该方法进行财务和经济预警研究，学者们最常用的模型是BP神经网络模型。人工神经网络方法是模拟生物神经系统的智能化方法，不受数据类型及其分布等前提假设的限制，且能够处理非线性数据，分类效果好，容错能力强，被越来越多的研究者使用，而且与其他方法的结合也使其应用更加广泛。但人工神经网络缺乏有力的理论证明，无法用一种合适的网络拓扑结构直观地来表达各个变量之间的关系，且运行过程是一种暗箱操作，网络结构的确定也具有一定的盲目性，并容易产生过度拟合的问题。随着一些概率近似变换方法的出现，贝叶斯技术，特别是贝叶斯概率模型开始被用于解决大规模不确定性问题。贝叶斯网络建立在贝叶斯理论之上，具有稳固的数学理论基础，解决了人工智能用于不确定性推理的难题。它由表示因果关系的网络结构和所有节点的条件概率表组成，提供了严谨地量化风险和清晰地沟通结果的方法，将历史数据和专家判断结合起来进行推理，对不完整数据进行预测，能够进行正向知识推理，并且可以进行诊断推理和支持推理。因此，贝叶斯网络模型不仅兼具统计方法和人工神经网络方法的优势，而且在一定程度上能够克服它们的缺点。基于贝叶斯网络的优点，可以通过与企业信息功能相结合的便利来实现自适应性地选取合适指标分析企业的财务风险，从而使企业的财务风险更加动态可控。

第15章 智能会计的预算和控制

在"大智移云物区环"等信息技术支撑和现代管理需求驱动的双重作用下,企业会计正经历着从初级会计信息化向会计智能化的华丽转身。正是有了技术支撑下丰富的数据流动、信息共享,企业内部不再是一个个相互割裂的孤岛。业务模块、财务模块以及税务模块各个系统间的沟通与支持为促进现代化企业的管理革新、实现真正的业财税管一体化提供了先决条件。如果说分析与决策是"管"的理论内核,那么预算与控制便是重要的外化成果。

全面预算管理是推动现代企业发展的重要管理系统,将组织内的所有关键问题进行了全方位、全过程的串联。智能化预算管理与全面预算管理在思想上一脉相承,同时将技术、理论的革新与原有系统相融合,实现现代企业业财税管一体化内核与外化的更迭。为打破过去传统预算管理信息不完全、执行不充分的桎梏,本章从智能会计全面预算的目标、基本关系与逻辑框架进行梳理,塑造智能化预算管理的系统架构并探究未来发展方向。

15.1 智能会计的全面预算

全面预算管理是企业通过预算对内部各部门、各单位的各种财务及非财务资源进行分配、评价、控制和管理,以便有效率地组织和协调企业的各类经营活动,完成既定的经营目标,其本质上是一种有效的控制工具。从设计上来看,全面预算管理可被应用于保障企业战略目标的分期实现,并能够实施对企业的全面控制。但传统的预算管理与其说是一个难得的管理会计工具,倒不如说是这种管理思想的雏形。直到当前,大数据时代已经到来这一共识的建立,哈佛大学社会学教授加里·金(Gary King)[①] 认为这是一场革命,庞大的数据资源使各个领域开始了量化进程,企业的日常决策将日益基于数据和分析而做出。智能化情境下,为进一步发挥全面预算的全面性、全程性,真正实现预算在现代企业管理中的重要作用创造了条件。

15.1.1 智能化全面预算的目标

如今,物联网、云计算以及大数据等一大波"互联网+"时代新型信息化技术的不断

---

① 何乐."提纯"大数据 驱动发现与决策——哈佛大学加里·金教授谈大数据[J]. 群众,2017(8):56-57.

第15章　智能会计的预算和控制

涌现,"大智移云物区环"技术的运用极大地改变了企业的经营方式,为企业财务共享服务中心功能的发挥提供了强有力的技术支持,使之在大型企业中的应用范围进一步扩大。自2000年以来,我国众多大企业集团率先实行了变革(中兴、华为、海尔、平安、长虹等),传统的财务管理模式逐渐被财务共享的服务模式所取代。根据《财富》杂志的相关调研,目前世界500强企业中,90%以上已经开始实施或计划实施财务共享服务模式。

财务共享是企业智能会计的先行者(杨宇华,2020)。2018年,世界经济论坛和德勤公司共同发布报告《金融服务的新规则——认识人工智能如何变革金融系统》,指出人工智能正从根本上改变金融服务的基本规则。在实践领域,RPA、OCR等技术的运用越来越广泛,企业借助数据挖掘、人工智能等技术运用构建智能财务会计共享平台,推进了业务与财务的智能深度融合。贾小强等(2020)在《财务共享的智能化升级——业财税一体化的深度融合》一书中总结道,以"共享"为核心的财务业务的集中处理和流程优化只是财务共享发展的第一个阶段;第二个阶段的核心是以"互联"为核心的业财税一体化;而第三个阶段则会是以"智能"为核心的时代,通过在各个应用场景深度融合大数据、人工智能、内存计算等技术,实现业财税管深度一体化的数字企业管理及决策平台。张庆龙(2020)提出数据中台为中间连接点的观点划分了财务共享服务与真正意义上的智能财务。技术的运用已经为今天的财务会计工作做好了充足的数据准备,我们所面向的将会是更加智能化,数据反哺业务的真正智能会计时代。上述理论和实践的充实为财务共享的新发展,即本书所提到的智能会计提供了实现基础,企业预算工作也在快速转变进入智能化时代[①],全面预算管理的思想更加得到认可。全面预算管理的核心在于目标管理,目标串联起了事前、事中、事后的各个预算管理环节。与传统预算管理相比,在智能时代,全面预算管理将更具科学性和发展性,更好实现目标管理,满足预算目标即为智能化预算管理的双重目标。企业可通过以下革新更好实现预算目标。

1. 业务财务的深度融合

全面预算管理是企业合理配置资源的重要方法,同时也是服务于企业战略目标和经营活动的重要价值工具。随着技术与市场环境的变化,企业之间的业务关系也变得更加复杂,对企业的经营管理水平提出了更高的要求。在传统模式下,企业预算的编制仅能通过对特定业务板块的历史数据分析得出,编制的依据合理性存在不足。此外,从整个系统的角度来说,即便除掉预算编制环节的制定依据不足、目标死板问题后,预算实施与控制的有效性、可视性仍旧较差,因而传统的预算管理方法逐渐显露出诸多弊端。全面预算管理实施效果的实现必须建立在严密的控制和业财融合基础上,否则不能满足现代企业对相应经营管理方法提出的规模性、准确性,而业财税管同一的理念、数据互联可以增强预算管理的灵活性与准确性,有助于管理的实现。

2. 技术驱动"三算合一"

企业"三算合一",即预算、核算、结算的统一是实现价值和创造价值的基础和前提。在会计智能理念、技术与平台日趋成熟的情况下,企业的全面预算管理活动可以与企业经

---

① 刘勤,杨寅. 改革开放40年的中国会计信息化:回顾与展望[J]. 会计研究,2019(2):26–34.

营、绩效及员工考核密切相连。信息共享与数字化的发展提高了数据资源的可得性与即时性,不仅有望于改进基于企业内部历史信息的单一资源渠道和获得效率,更能通过预算执行过程中会计活动的自动核算和业务活动的自动控制与监督实现智能化的全面预算管理过程。[①]"三算合一"是智能化预算管理的点睛之笔,真正覆盖了企业从预算编制到最终结算完成的生产经营活动的全过程,促进了预算工具的更广泛应用以及应用有效性。

3. 制度助力保障战略地位

除了全面预算管理思想不断发展深化的"内功"外,2016年12月,财政部提出的《管理会计应用指引(征求意见稿)》也对24个管理会计工具提供了政策引导,其中就包含了以预算管理为核心的全面预算管理、滚动预算管理等。2017年,在党的十九大与习近平新时代中国特色社会主义思想引领下,财政部先后印发了22项管理会计应用指引以满足服务新时代实体经济的需要,其中不乏战略管理、预算管理、绩效管理与管理会计信息系统等内容。预算指引的需求呼之欲出,相对应地,现代企业预算管理的战略地位得到再一次提升。

15.1.2 智能化全面预算职能与方法革新

新信息技术的应用,使业务财务的深度融合、多维度的数据共享、大数据的纵深分析等功能一一得以实现。与传统预算相比,智能化的全面预算体系需要从问题出发,满足以下改进的原则,进行方法革新,进一步改善传统预算编制依据单一和执行困难等不足。

1. 职能实现

从实践出发,传统模式下的预算管理在部分职能实现方面还存在诸多不足,现代企业发展又为企业预算执行与控制提出了新的要求。针对智能化全面预算的职能需求是什么?如何化解以上两方面的冲突?智能化全面预算可能实现的改进与创新有以下几点。

(1)化解传统预算决策与控制功能的内在冲突。

从预算机理上来看,传统预算管理过程中预算控制与预算决策功能的矛盾较为突出。由于总部和基层的信息不对称和目标不协调,上下结合的预算编制往往很难实现,往往存在不同取舍导致的问题。过度强调预算的控制与评价考核往往会导致两种问题:一是编制环节中由于编制主体的本位主义思想出现的"预算松弛",基层业务人员往往会故意歪曲预算目标以便降低完成难度;二是执行环节中基层人员消极怠工,采取"期末用尽预算"或"业绩宽余"行为。以上两种人为控制行为均会影响到预算的目标,进而影响企业的经营决策效率。然而,过度强调决策与预测又会引起预算目标偏离实际或经营风险增大。[②]对此,将预算体系和固有原则进行革新必不可少,应当将预算的重点放在企业成功的关键业务流程上并强调其作用,缩减预算周期实现适时预算,简化审批程序,这样的对策思路更加灵活,更符合战略落地的需要。

(2)贯彻强化预算管理的预测导向。贯彻智能化预算的核心是强化预测。传统管理过

---

① 唐勇,胡先伟.共享服务模式下企业财务数字化转型探讨[J].会计之友,2019(8):122-125.
② 蔡剑辉.预算的职能冲突与协调对策研究[J].会计研究,2009(12):55-59+96.

第15章 智能会计的预算和控制

程下,预算的编制更多地依赖过去的经验和历史数据情况,智能化预算管理强调的未来立场,不仅是依照和比对今天的成本效益,而是强调根据未来的可能情况进行管理,提升预算的整体效率。对预算编制可能实现的突破体现为两方面:一是将业务系统和财务系统中的历史数据、公司环境内外的相关大数据自动采集到预算表单上,节省预算编制的人工负担和工作量,提升数据采集效率和数据采集质量,并且使采集的历史数据可追溯;二是依据采集的数据和预测模型,自动预测预算编制表单上的预算数和预测数,经预算责任中心确认或调整确认能有效减少预算过程中的博弈行为,提升预算编制的准确性(刘梅玲,2019)。

(3)实现预算执行的全程化控制。重编制、轻执行是传统预算体系的弊病之一,单纯强调绩效导向的调节手段又不可避免地导致了目标僵化等问题的出现。在智能化体系下,预算编制及预算绩效管理将成为一项系统工程,除了从预算到结算环节的覆盖,企业在这个流程中还可以通过实时获取实际预算收支、项目执行情况等信息,实现预算目标的动态调整,完善预算编制,实现实时监管,从而防止预算绩效管理的目标固化,减少预算绩效管理的"形式工程"。打破对于各个部门和业务割裂式的绩效管理,建立运行具有普适性的整体、全面预算绩效管理体系。

2. 方法革新

智能化实现了海量数据共享与采集、分析,有益于各类企业的预算管理活动。对于大型集团公司而言,财务共享进展到高级阶段,企业绝大多数的业务系统已经尽可能集中到同一业务平台和数据中台上,大量的业务活动产生大量实时信息,各个层级的企业部门在编制预算时不仅可以使用被压缩、处理后的财务数据集,还可以充分利用反映企业业务情况的实际过程数据,也就是企业内部的信息系统中获取的"大数据",提高预算的准确性和可信性。通过与SaaS、PaaS、LaaS等技术相结合的模式设计,中小企业通过外包服务也可享受与财税一体化相类似的预算管理云平台的效用。在上述基础上主动收集和筛选富有价值的企业外部环境中的"大数据",集成核算数据、资产数据、资金数据、成本数据、非财务业务数据以及外部数据,为数据建模、汇总分析提供全面系统的信息来源,实现具体智能化预算管理环节的全面方法、程序的新呈现。

15.1.3 智能化全面预算管理基本框架

智能化全面预算与传统预算一脉相承,但又在诸多方面表现出新的发展和生长点。例如,得益于业财税管多系统互联和信息共享,企业的各个业务环节不再割裂,财务业务数据更加融合等。因此,智能会计下全面预算中的基本关系、框架体系需要进行重新构建。基于基本关系的梳理,本书将所有关联系统及运行纳入逻辑之中,进而对智能化全面预算起始环节中涉及的新思想、新程序、新方法进行归纳。

1. 智能化全面预算基本体系设计

在现实冲击下,全新的、与现代企业管理相适配的智能化预算体系建设已然迫在眉睫。在呈现整体框架之前,由点及面的梳理必不可少。为整体体系的搭建提供思路与支撑,本节将遵循含义理解—逻辑关系梳理—基本体系框架呈现的顺序展开详细阐述。

智 能 会 计

(1) 对预算管理问题的再理解。

委托代理理论思想对预算管理有着深远的影响,预算管理在一定程度上可以视为一种委托代理关系。希尔兹(Shields)认为委托人与代理人之间的信息对称性是预算制定成功的关键[1]。博弈的双方,即企业管理层与预算管理部门、预算管理部门与业务部门均可能存在信息不对称(刘凌冰等,2016)。传统观点下的"预算松弛"就是这种信息不对称导致的产物。因此,背靠企业大数据和信息共享,智能化全面预算升级首要解决的就是信息不对称问题。

要想实现全面预算管理的智能化,既要背靠大数据和各项辅助技术工具,也要进行管理会计理念的自我革新,建立体系的内核。云会计概念是新兴的会计技术革新的表述之一,以云计算为依托的会计信息化模式将软件、硬件设备融合运用于现代会计信息系统之中,为企业的经营管理决策提供可靠的数据信息。[2] 在预算管理领域,借助云会计、大数据等亦可对企业的预算编制、预算流程等进行再造与升级,通过科学的调整使管理更加精细,执行更加可靠。充分发挥预算管理的决策与内部控制两大职能,促进企业向全员共享化、过程化的精细管理方向转型。

大数据和云会计的应用提升了全面预算在编制环节的精准化、科学化水平,但由于数据的不完全性仍然存在,环境的复杂性和人员的不确定性仍会对预算执行的实际过程产生影响,因此需要引入预算的反馈与动态调整。基于传统观点和现实需求,智能化预算管理应以构筑各责任单位共同参与的集成系统作为基本法则,针对战略方向与经营计划问题,与战略和业务执行进行预评估与预警。依托智能会计构建起数据中台,通过设计广泛系统接口实现包括但不限于以下数据交互需要,提升预算管理效果:预算编制环节的输入与输出、预算调整的自动化、预算执行过程中的监控和各个业务部门间协调整改、预算绩效管理。

(2) 智能化全面预算逻辑关系梳理。

在理解智能化全面预算基本概念后,智能化全面预算搭建的整体逻辑关系仍待进一步拆解,为此,拟从外部关联和内部循环两个角度阐述智能化全面预算建立的逻辑关系。

首先,预算通过数据信息的循环关联与业务、财务、税务等系统建立链条相关关系。智能会计强调立足价值创造与价值链,建立预算信息管理系统与业财税系统的广泛接口。在智能会计的体系框架下,预算管理将企业内部的所有运营单元、关键流程融为一体,得以实现企业数据信息的实时共享并能保证数据取得的真实性和实时性。智能化全面预算与其他模块的关联归根结底由三类数据串联起来,通过数据流动使各个部门及系统之间彼此关联,从而在企业内部、外部关联方各个信息系统实现数据资源共享,消除了集团内部、部门之间的"信息孤岛"。三类数据包括:一是以收入、成本、利润等为代表的财务会计数据;二是以生产、研发、销售渠道相关的业务数据;三是企业内外部与微、宏观竞争环境相关的相关性大数据。依托企业价值链建造的数据流路径,一方面强调了信息的关联性,有助于在目标分解、预算编制和指标设定时进行关联对比,将各类财务数据和非财务

---

[1] Shields M D, Young S M. Antecedents and Consequences of Participative Budgeting: Evidence on the Effects of Asymmetrical Information [J]. Journal of Management Accounting Research, 1993 (15): 265 – 290.

[2] 程平,何雪峰."云会计"在中小企业会计信息化中的应用 [J]. 重庆理工大学学报(社会科学版),2011,25 (1): 55 – 59.

第 15 章 智能会计的预算和控制

数据整合为一个集体便于各责任中心的协同工作;另一方面,可以实时监控预算执行过程中的实际数变化和异常之处,提高各责任中心数据交换的时效性并及时调整协调,灵活应对企业内外部环境发生的变化,保障预算执行与预算目标的一致性。

其次,智能化全面预算通过自身体系的循环和可逆关系满足流程标准化和动态掌控的需要。全面预算系统支持集中预算目标分解和业务中运用的多种方式,既可以自下而上、自上而下,更可以上下结合,这也是企业业务流程标准化的体现;企业的全面预算管理活动更是一种动态的、可调整的预算,这是由企业所处的市场环境千变万化所导致的,一成不变的全面预算无法满足企业财务管理的要求。在智能化体系下进行预算编制及预算绩效管理,可通过实时获取实际预算收支、项目执行情况等信息,动态调整、完善原有预算编制的同时实现运行中的实时监管,从而防止预算管理的目标固化,减少预算绩效管理的"形式工程"。打破对于各个部门和业务割裂式的绩效管理,建立运行具有普适性的全面预算绩效管理体系。

(3) 智能化全面预算管理的基本体系框架。

整体而言,智能会计下的全面预算管理与企业总体发展战略相配套、与业务的关系日益紧密,对于滚动预算、快速反应能力的要求日益提升。基于此,集权、指令式的预算编制方法和僵化的执行方式被摒弃。为防止"一刀切"、各责任中心与二级单位"各自为政"的现象,预算管理的整个实施流程中将特别强调各个系统间的数据交互,主要涉及四个层面,即预算管理系统、业务系统、决策支持系统和相关业务子系统,具体如图 15-1 所示。

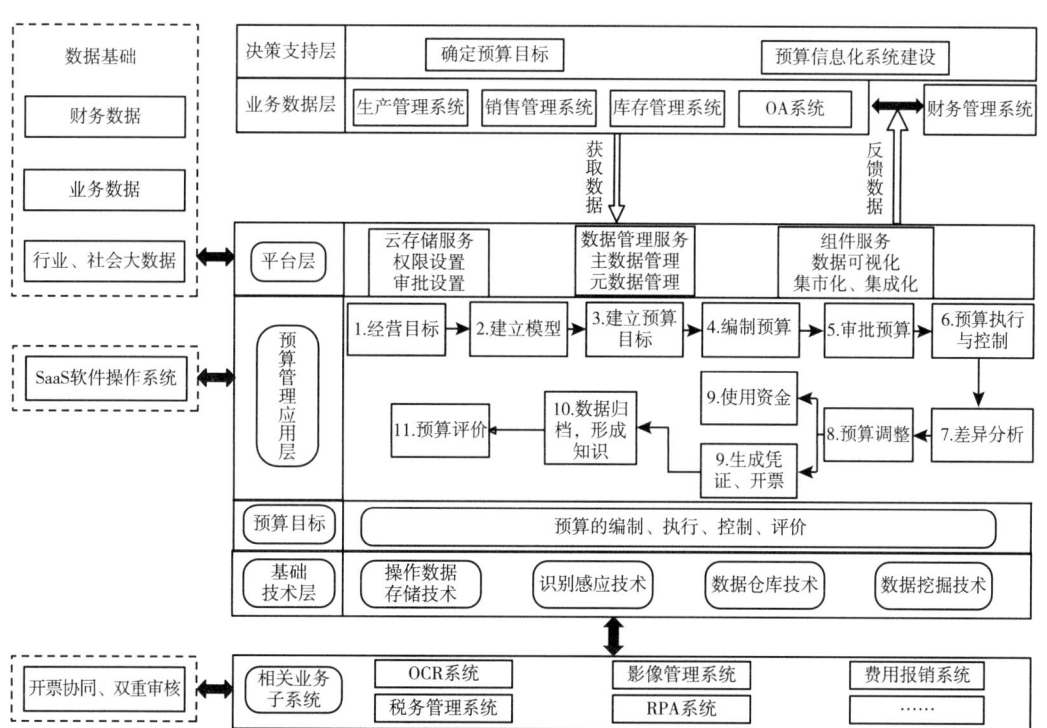

图 15-1 智能化全面预算管理的基本体系框架

资料来源:刘婷婷,王新利. 中小企业预算管理云平台构建 [J]. 财会通讯, 2020 (18): 168-171.

智能会计

大数据云会计环境下的智能化全面预算管理体系架构具体包括以下五个部分：决策支持层、业务数据层、平台层、预算管理应用层和技术基础层及其下的相关支持子系统。具体的实施路径包括：第一步，企业经营决策层确定本年度计划和预算目标，进行预算信息化体系建设；第二步，通过体系架构的软件应用层将全面预算编制、执行、控制与绩效考核等业务大数据实现标准化；第三步，利用体系架构的平台层建立全面预算云存储服务器以及集合业务部门预算管理职能的应用服务平台；第四步，依托体系架构的硬件基础技术层，建立数据挖掘及分析处理的服务器集群；第五步，最终实现整个体系架构的联动运行。

2. 数据中台指导下的交叉预算思想

预算管理作为企业量化管理的工具，数据的重要性不言而喻。在研发、供应、生产、销售一体化的企业中，企业在每一环节都积累了大量的财务数据和业务数据。为了串联业务，解决效率和内部信息不对称的问题，企业构建了财务共享中心和平台的概念。更进一步地，对数据分析和指导性预测的更高要求催生了实现数据汇总和筛选、场景化分析和计算的数据中台。

数据中台的建设处于企业数字化平台的核心。数据中台是基于企业级互联网和大数据打造的数字化创新平台，通过连接与整合将企业内部割裂的数据进行汇聚、治理、建模和分析，实现数据资产化助力企业业务数据化，数据驱动业务的实现（张庆龙等，2020）。韩向东、屈涛（2020）认为通过数据中台可将管理会计环节中基于历史数据的分析转向基于未来的数据预判，为企业增值赋能。通过对数字中台理论和实践的分析可看出，数据中台并不是一项技术，而是一整套架构和数据解决方案。在张庆龙的定义下，数据中台是企业财务数字化转型和智能财务实现的中间连接点，通过对财务数据、业务数据、基础数据、上下游数据以及影像图片数据统一口径处理和智能分析形成数据资产，挖掘数据对不同端口、业务需求提供数据支持服务。数据中台架构如图15-2所示。

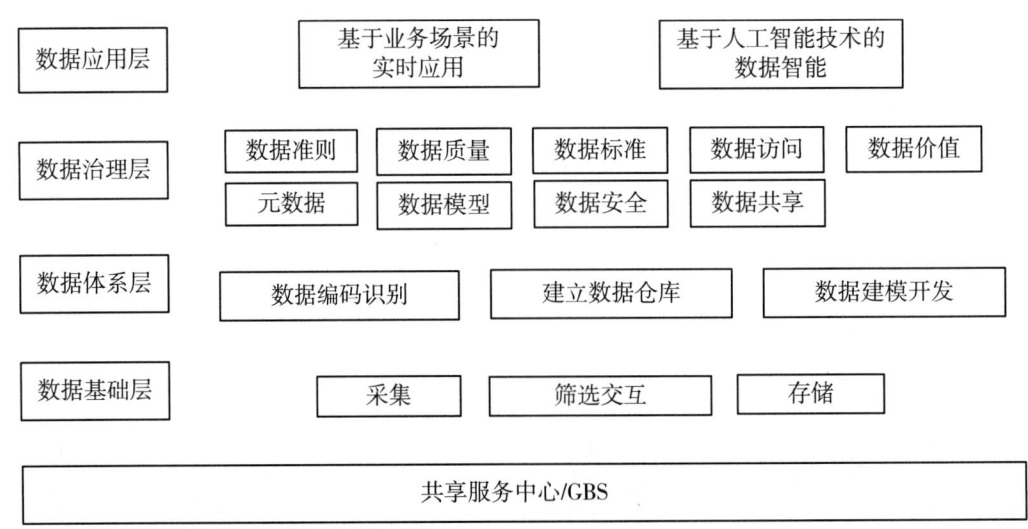

图 15-2 数据中台架构

资料来源：张庆龙. 以数字中台驱动财务共享服务数字化转型 [J]. 财会月刊, 2020 (19): 32-38.

第15章 智能会计的预算和控制

基于数据中台架构的企业管理平台,通过在前后台之间增加了一层系统(即数据中台),将企业信息化架构由不同平台下分散式系统集群变革为部署在同一平台下基于业务的应用系统集群。随着数据作为企业核心资产的价值被广泛接受,数据的收集也是企业在尝试建立数字化平台是最基础直观的反应。随着数据的不断涌入,在数据原本存放的介质中重复利用数据、连接数据变得更加必要,从而催生了数据体系的建立,基于数据进行连接、合作与共享。然而,企业单纯建立数据仓库是没有价值的,由业务端提出问题发起分析,即基于业务场景进行数据分析才是让企业变得更加数据驱动,丰富数据分析能力的价值输出机制。

在预算管理与控制领域,数据中台的应用可以与"交互控制"的管理思想有益结合。"交互控制"的概念最早在1995年西蒙斯(Simons)在《控制杠杆:管理者如何使用创新型的控制系统驱动战略变革》中提出,交互控制系统被定义为"追踪战略的不确定性并触发新的学习活动以对不断变化的环境做出适应性调整"。同时,西蒙斯认为企业的预算可以用于交互控制,同一控制工具不同的运用方式显著影响到控制效果和组织绩效(Simons,2000)。而交互控制系统是一个重视预测与变化的系统,用于追踪当前战略的不确定性,帮助管理者持续关注不断变化发展的问题与机会信息,进行适时调整。数据中台在基本架构上可分为数据基础层、数据体系层、数据治理层和数据应用层,它既是实现交互控制的有效工具,也是数字化时代交互控制思想运用的体现。以预算管理活动的环节为节点,在数据中台为依托下的智能化预算交互控制环节及其要点如表15-1所示。

表15-1　　　　　　　　数据中台架构与预算管理的交互控制要点

预算环节	一级数据中台架构	二级数据中台架构	交互控制要点
预算编制	数据采集层	数据采集	历史数据采集方法
	数据体系层	数据建模开发	信息接口和未来数据预测方法选择
	数据治理层	数据模型	
		数据共享	编制数据共享程度
预算执行	数据治理层	数据访问	审批控制、标准控制、流程控制、权限控制
		数据共享	
	数据应用层	基于业务场景的实时应用	场景化应用并将实时数据融入企业具体业务中
预算调整	数据治理层	数据价值	方案、执行质量
		数据共享	实时收集与调整

预算编制环节的交互主要体现在数据的输入输出上,输入既来自历史数据收集,也来自对未来数据的预测,共享程度影响其对数据获取和利用的程度。输出的预算方案具体表现为不同组织不同维度的预算编制表单。

生产经营预算和成本、费用预算是企业预算编制的基础。在智能会计的框架下,各类财务与非财务历史数据的采集范围更广,可利用程度更高。同时,由于业务大数据与系统间信息接口的互联互通,预算编制的起点可以沿着业务链条继续向上游推进至单个项目和合同环节。预算目标由此可以设立为部门和项目(合同)两个层面,根据历史数据和合作情况进行合同的预估。同时,合同预算又可按收入和支出合同的性质进行分类,分别为企业就收入预算和费用预算所做决策提供数据基础。

交互预算控制使预算回顾成为组织学习和战略再评估的关键流程,不仅如此,放弃了预算的诊断功能和僵硬的考评在一定程度上减少预算过程中的"讨价还价""预算宽余"等管理者行为问题。

3. 业务驱动与上下结合的预算编制程序

一个完整的企业计划体系通常包括战略规划、经营计划和预算三个部分。从理论上来说,企业预算与战略的逻辑关系是预算要服从并"追随战略",但并不是所有企业战略都能"创造价值"。在当前 VUCA(易变性、不确定性、复杂性和模糊性)的环境下,企业预算系统必须把战略目标、经营规划、关键成功因素和财务价值分析整合在一起,对企业战略规划进行"价值甄别"或者"价值预评估"。① 而大数据和其他信息技术的应用为构建一套评价战略方针与指标的价值增值体系,确保或增强预算对战略的"预评估"能力奠定了良好的基础,即前面提到的预测导向功能。

全面预算管理的重点在于业务预算。经营者在从事业务的同时,必然关注业务的财务表现以观测从事业务的经营效果,业务和财务的共同目的是企业价值创造。② 结合企业价值驱动的战略,业务目标的分解细化,业务与预算的紧密联系既是有据可依,也是大势所趋。高质量的预算必须以商业模式、业务活动为支持,构造营利模式,从而建立预算模型。在集团企业的不同子公司、一般企业的不同业务板块之间,盈利模式的选择不同将导致资源配置存在较大差异。因此,要根据业务的不同适时调整资源和财务投资的投入。

上述需求和实现可行性共同决定了智能化预算编制程序的选择。企业的预算程序主要有自上而下式、自下而上式以及上下结合式三种类型,后者兼具了前两者的优点。具体而言,企业应选择自下而上,再自上而下的预算目标确定程序。

在大数据、云会计的推动下,企业内部的"信息孤岛"正在逐渐得到串联,信息沟通的加强有利于对不同的预算项目、预算方案以及各预算间的钩稽关系等进行优化或重构,减少不产生价值的冗杂环节,并行提高流程的运行效率,并将最佳实践范例上传至云平台。先自下而上,可以使决策层充分了解企业实际的内部信息,以及多层次的外部大数据,由此形成的市场预测可避免管理者脱离实际程度的恶化;再自上而下,充分考虑了战略目标的年度任务要求,并对自下而上时难以避免的"牛鞭效应"进行修正。通过企业治理层的战略部署到企业组织的战略部署到企业组织层面的流程规划,实现预算编制"自上而下"的推进和模式推广。以财务部门为主导,与业务部门紧密结合编制的预算方案经由审批上报等环节,最终由治理层批准实施,这就实现了"自下而上,再自上而下"的流程闭环。③ 高纳德咨询公司发现企业大多是"自下而上"地部署数据仓库。

---

① 汤谷良,高晨. 新经济环境下企业预算管理如何超越"追随战略"[J]. 财务与会计, 2019(10): 7-12.
② 汤谷良,夏怡斐. 企业"业财融合"的理论框架与实操要领[J]. 财务研究, 2018(2): 3-9.
③ 程平,范珂. 大数据时代基于云会计的集团企业全面预算管理[J]. 会计之友, 2015(18): 110-113.

第15章 智能会计的预算和控制

在前面的框架体系中，业务系统是培养数据驱动思维、获得数据分析的能力源泉，因而必须强调从业务端开始做数据收集工作，进而促进技术端相应数据分析能力的加强。以企业价值创造为总目标，公开、逐级分解目标，有效避免了预算编制环节的信息不对称和"讨价还价"的现象。

4. 滚动预算、情景分析及量化模拟方法

为保持预算的灵活性和适应性，企业往往倾向于持续计划和滚动预算的预算方法。实践中，外部环境的快速变化使得企业不能仅靠年度计划甚至季度计划来应对，月度滚动或更短时间间隔的滚动是大势所趋。滚动模式的周期甚至可以进一步精确到周乃至到天，智能会计系统的实时信息反映与共享为这一目标的实现打下了充足的基础，然而，更加理想化滚动预算的实现必须依靠模型与技术的优化与支持。

情景分析主要包括两方面的内容：一是为尽可能地消弭外部不确定性的环境因素的客观影响，在预算目标测算中开展多场景分析，模拟多个预算版本，测算出多套数据作为决策的依据；二是追踪和预测动态商业环境带来的风险和机遇，根据新的业务情景重新审视战略，根据预测期间发现的风险和机会触发"假设"分析和情景规划，并随之快速调整、分配资本支出和运营活动所需资源，建立新的绩效目标，以尽快获得竞争优势。基于一组关键变量，模拟多种可能的场景解决方案对高层择优决策，具有重大意义。量化模拟是对以上二者的补充和总结，核心是将与预算指标相关联的各种基本要素与业务结果间的彼此关联进行量化描述。预算管理信息系统必须以建模的方法去解决预算目标的测算、产销衔接、滚动预测等目标。

量化方法的基础是数据挖掘，进阶是数据的利用，大致可遵从源头数据收集—数据挖掘—前端应用的整体顺序，如图15-3所示。

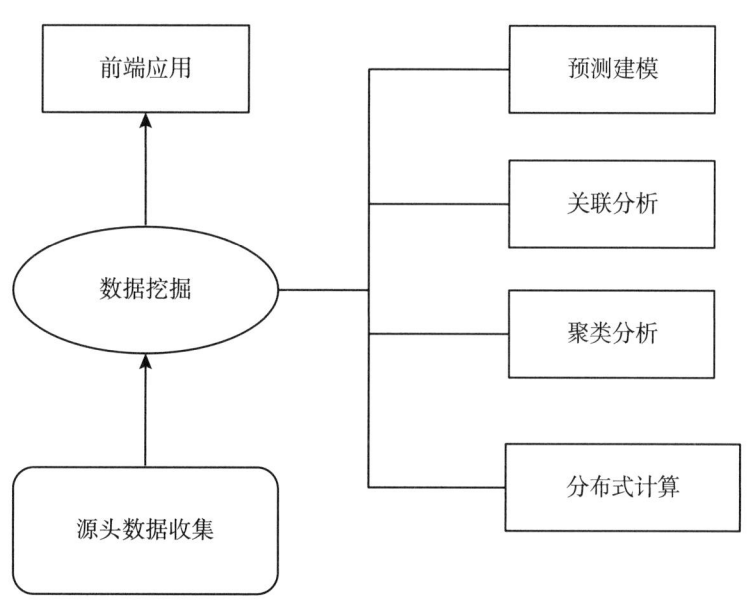

图15-3 智能化预算量化方法基本步骤

5. 智能预算报表与全面预算方案的呈现

报表和方案的呈现逐渐趋向于自动化。预算编制自动化有两方面的含义：一是将业务系统和财务系统中的历史数据自动采集到预算表单上，节省预算编制的人工负担和工作量，提升数据采集效率和数据采集质量，使所采集的历史数据可追溯；二是依据自动采集的历史数据和预测模型，自动预测预算编制表单上的预算数和预测数，再经预算责任中心确认或调整确认，减少预算过程中的博弈行为，提升预算编制的准确性（刘梅玲，2019）。

在本阶段使用预算管理平台，但此阶段编制表单中的若干数据，由系统基于历史数据和各种预测模型自动生成，再由预算责任中心如实调整和实时查询数据，为各个层级的使用者提供多维度、相关性和灵活性的可视化实时数据，实现业务执行和预算钩稽之间的实时动态管理。

6. 预算评价的简化与发散

由于适应变化的市场环境的客观需求和智能会计模型化的数据支持，智能化预算方案可实时调整和滚动生成，业绩目标也以滚动计划方法为主，因此在固定期间内的业绩目标并非是完全固定不变的。预决算数据的临时增减也可以迅速纳入预算管理系统环节，发现问题所在并及时调整方案缩小差距。

在滚动预算、实时监控的共享环境下，传统结果导向下绩效考核的评估性和激励性均已大大下降。在这种情况下，预算的固有的评价职能的权重可以相应下调，参照交互控制的处理方式，数据中台上各个"系统接口"间的平等交流和讨论评价的现实意义大大提升。这种情况下，预算执行的评价以及后续的绩效考核可划分为结果性的和过程性的两大单元：前者依然保留针对成果和预算差异的分析，后者则强调主观评价、调整和意外事项的处理等传统意义上的表外因素。总体上，智能化体系下的评价侧重于对现行经营计划、业绩预设的质疑和进一步的调整，根本目标是实现预算管理的"指导性"。

15.2 智能化全面预算管理

与传统预算相比，智能化全面预算最大的突破莫过于管理功能和战略地位的提升。在智能化技术和思想的渗透下，预算作为组织规划工具的作用进一步得到发挥。在智能会计体系建设下，现代企业预算管理工作的重点将逐渐由预算编制的前端向执行控制与评价的管理核心转移，实现对企业健康发展的战略保障、经营控制和目标导航功能。本节主要强调智能化全面预算在管理方面的体现和未来变化。

15.2.1 智能预算执行控制

预算编制完成后，传统的预算实施过程中的管控和监督按照作用时点不同可分为事前控制、事中控制以及事后控制三个方面。智能会计体系下的预算控制具有明显的交互控制特征：①预算的编制、执行和反馈是滚动进行并实时产生的，要求各部门、各层级管理者

第15章 智能会计的预算和控制

频繁关注并及时调整。②智能会计系统具有"学习"的功能，定期根据数据和执行预算前提进行持续改进，并认为这是适应环境的"合理、积极"行为。③业绩目标的固定不变性受到冲击，因此预算执行结果与业绩预设对比的评价性、惩罚性功能下降，预算回顾的主要目的是发现问题、解决问题，而非评价业绩、奖惩或者"末位淘汰"。业绩评价和绩效考核基于真实导向的主观指标而非财务指标，通过频繁的交互沟通来具体设定。

基于事后控制的弱化，本节的智能化预算控制属于狭义，侧重于事前和事中控制环节。智能会计系统下交互预算控制的要点主要有以下三项。

1. 审批与权限控制

数据资源是企业的核心资产，预算控制过程的严格授权审批是保障安全的要点。权限控制规定了包含审批事项及内容、预算的范围及期限以及触发时点等权利内容。授权审批主要依赖智能会计环境下审批流程的标准化，实现对审批环节三大要点的控制：一是与预算体系和管理决策层级进行交互，对审批中可能存在的节点风险进行风险分级及控制，形成预算负责人、高级管理人员、申请部门负责人三方的责任共担体系，对于可疑或超出限额的支出系统将无法录入并进行报警，只有通过预算调整并经过审批后方可完成录入操作；二是避免越权审批、重复审批等非常规操作的出现，通过统一数据控制中心对各项任务进行分配和监控，实现预算管理、费用管理、合同业务管理及信息的一体化共享；三是实现审批流程和透明化查询和追踪以及审批权限开放和特定转移，减少在不必要审批环节的滞留，保证审批程序的高效运行。

2. 标准控制（限额控制）

限额控制在很大程度上取决于资金预算管理的能力。将不同区域、不同部门、不同项目的资金支出、银企对账统一在同一体系后，需要格外注意两个控制时点的要求：一是在事前对资金支出进行预算；二是在事中同多种核算系统相互关联。即在获取实际资金数据的同时，系统将预算指标与实时业务、财务数据进行对比，对资金的流向、用途以及使用额度进行分析，对疑点进行预警，对正常变动要进行实时多层级反馈和及时预算调整。

3. 流程控制

好的预算控制需要得到整个系统各项活动、流程的协同支持。预算编制环节需要财务与非财务部门的通力数据接口共享，核算系统直接反映预算执行情况，流程审批环节需要实现自动控制预算，报销系统又直接控制预算的过程等。因此，本书认为，智能化预算管理的起点始于与企业的上游进行合同立项。将预算控制深入业务流程，将业务合同分解并按照预算项目对其执行进行管理和核算。具体而言，结合合同管理系统，依照企业实际开展的业务需求和总的预算额度进行详细分配，同时按照实际业绩达成情况和月度、季度预算进行成本控制。一方面对于支出合同按照项目预算或当期预算进行拨款；另一方面对于收入、支出合同中的部门、员工层面支出以合同预算为限额，根据企业实际业务情况进行费用控制，流程上与费用报销及审批相类似。

15.2.2 智能预算调整和评价的简化优化

由于适应变化的市场环境的客观需求和智能会计模型化的数据支持,预算方案是实时调整和滚动生成的,业绩目标也以滚动计划方法为主,因此在固定期间内的业绩目标并非是完全固定不变的。因此,进行预算调整的时间节点同之前相比具有更大的随意性和可重复性,预算计划的调整既可以视作预算执行监控与预算考核之间的中间环节,也可以包含在滚动的预算编制和执行过程中。尽管智能化的预算编制更加精准了,但不确定性因素和人的主观影响仍不能完全免除,预决算数据的临时增减也可以迅速纳入预算管理系统环节,发现问题所在并及时调整方案缩小差距。当预算额度出现大量盈余或不足时,系统可以通过对相关数据的追踪对责任人和业务事由进行及时定位。同时,借助该体系进行调整也可有效减少传统模式下调整随意性、界限不明等问题。

在滚动预算、实时监控的共享环境下,传统僵硬的绩效考核的评估性和激励性均已大大下降。在这种情况下,预算的固有的评价职能的权重可以相应下调,企业各责任中心和个人的绩效考核数据应参照交互控制的处理方式,由数据中台上各个"系统接口"间的平等交流和讨论产生。此意义下智能化体系下的评价侧重于对现行经营计划、业绩预设的质疑和进一步的调整,这些流程不是"命令式"的,而是"指导性"的。

15.2.3 预算的管理会计技术工具与系统实现

智能化全面预算的理念来源于一些管理会计思想的延伸和优化,属于管理会计思想领域的技术工具,主要包含以下四个方面。

1. 交互式预算

交互控制打破了传统观念的定义,将控制由对某一目标或规则的"遵守""合规"或"固定的控制"等拓展到行为驱动过程[①],成为组织学习和适应的重要手段。基于此,交互预算解决了企业预算过程中"约束"和"适应性"两个相互矛盾的问题,通过编制、执行和控制、评价与调整多个控制要点中的交流与合作,合理促进了预算管理的可用性和科学调整,将智能化预算评价的目标由诊断转向了交互下组织绩效的提升与价值创造。

2. 滚动预算

滚动预算是一种不间断的、预算期始终保持为一个固定期间的预算编制方法(Ekholm & Wallin,2000)。滚动预算的优势在于能够保持预算的连续性、动态性和环境适应性,智能化预算技术及方法的应用使企业能真正实现这一目标更近了一步。

3. 平衡计分卡

绩效管理相关预算甚至包含于企业预算管理末端评价环节,平衡计分卡是常见的绩效

---

① Langfield – Smith. A Review of Quantitative Research in Management Control Systems and Strategy. Handbook of Management Accounting Research, Vol (2). Elsevier Press. 2006.

第15章 智能会计的预算和控制

管理工具,为企业从四个维度设计了一套综合的、战略导向的目标体系。从绩效考核的视角来说,平衡计分卡结合智能化预算管理后其成效至少跨越了三个阶段:一是平衡计分卡本身的提出,改变优化了与财务绩效为中心的传统考评体系;二是智能会计架构将平衡计分卡的业务、客户、学习与成长维度的数据获取变得更加科学化和透明化;三是在将考核指标与预算编制指标统一后,企业战略和全面预算管理的落地的操作性将变得更强。

4. 真实导向的预算评价

基于委托代理关系的观点,如果预算评价环节管理者仅关注经营是否能完成预算目标以及业绩的超额完成情况,那么在参与预算的过程中,预算的执行者有动机制造预算松弛,破坏其战略功能及激励作用。[①] 本书所提出的智能化预算管理的整体架构至少从两个方面对以上不足进行了优化。一方面,预算编制环节的上下结合程序和交互控制操作大大压缩了人为制造预算松弛的空间;另一方面,预算执行环节的滚动调整、目标评价环节的灵活性和企业绩效导向从根本上修正了固定、僵化的评价观念,对执行过程中调整、突发情况处理数据的保留大大降低传统预算评价与激励的偏差。

15.2.4 智能化预算管理系统架构

分析全面预算管理必须明确全面预算管理的逻辑流程,主要包括了预算的制定、执行、评价和调整等核心内容。为实现预算编制的正确性、执行的有效性和考核的科学可行性,则必须深入分析智能预算编制、执行与调整的管理全流程。基于前面的分析,本书结合智能会计全面预算的基本框架、涉及环节与工具,对预算管理的全过程流程进行了详细阐述,并基于此静态过程梳理搭建了实践中循环运行机制的基本思路。

1. 预算管理全过程流程

根据预算管理的基本业务流程与智能预算体系下的有关关系、程序,本书将智能化背景下的全面预算管理过程细分为九大流程:战略目标与经营计划拟定、建立预算模型、建立预算目标、全面预算编制预审批、生成关联预算与限额、预算执行与控制、预算调整、预算执行以及考核与评级。从图15-4中可以看出,要完成预算的编制工作,首先必须明确企业各项计划和任务,了解企业的年度计划、中期发展计划和远期的战略规划,预算是为了确保企业经营计划的顺利完成而进行的资源配置。预算执行如何,资源配置的效率如何,依赖于预算的落地和评价复盘。因此,全面预算管理上启战略,下接分析与评价,是促进战略执行和落地的有效管理工具,公司战略构成了全面预算管理的逻辑起点。依据战略目标和具体经营计划,智能预算在正式编制前还可通过建立选择预算模型、预测与分解目标步骤使预算编制更加准确。编制时采用交互预算的思维、上下结合的编制程序以及滚动预算、场景分析等量化方法,自动生成限额和各层级预算表单,应用于预算的执行与控制环节。此外,在预算调整、分析和评价考核方面也有了新的拓展。

---

① 汤谷良,高晨. 预算激励契约的失灵与校正 [C]. 新经济环境下的会计与财务问题研讨会论文集. 厦门:厦门大学会计发展研究中心/会计系,2002:22-30.

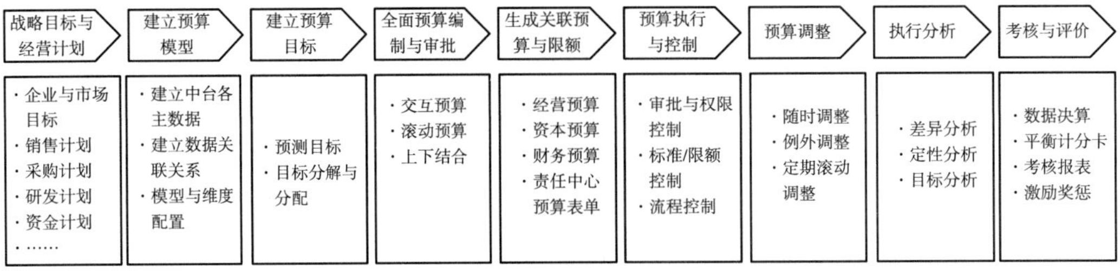

智能会计

战略目标与经营计划	建立预算模型	建立预算目标	全面预算编制与审批	生成关联预算与限额	预算执行与控制	预算调整	执行分析	考核与评价
·企业与市场目标 ·销售计划 ·采购计划 ·研发计划 ·资金计划 ……	·建立中台各主数据 ·建立数据关联关系 ·模型与维度配置	·预测目标 ·目标分解与分配	·交互预算 ·滚动预算 ·上下结合	·经营预算 ·资本预算 ·财务预算 ·责任中心预算表单	·审批与权限控制 ·标准/限额控制 ·流程控制	·随时调整 ·例外调整 ·定期滚动调整	·差异分析 ·定性分析 ·目标分析	·数据决算 ·平衡计分卡 ·考核报表 ·激励奖惩

图 15-4 全面预算管理过程流程

智能会计下的全面预算管理仍是一个处在发展变化中的概念，基于此的学术探究和科学实践双头并举。本书拟以中铁置业集团有限公司（以下简称"中铁置业"）和中国烟草总公司云南省公司（以下简称"中烟云南"）为例分别说明当前实践中全面预算编制与审批环节、执行与控制环节的具体做法。

【案例1】

中铁置业的交互预算编制

根据中铁置业的实际情况，绘制的预算编制环节数据输入来源情况如图15-5所示。预算编制环节的数据交互主要涉及了三种交互方式。第一，和战略目标与经营计划相关联。如中铁置业进行长期规划的关键数据指标直接来自企业期间发展的关键文件——《中铁集团十二五规划》。作为一家地产企业，项目周期指标是中铁置业预算预测的核心内容之一，中铁置业同样通过工程造价获取项目预算数和目标成本，通过工程项目总进度计划获取全周期进度数。同时，这种既从长期总体规划又从项目进度计划及底层工程造价获取输入数据的方式也体现了上下结合的编制程序。第二，从相关信息系统中获取历史数据，包含财务与非财务（如业务）数据。如从财务和业务系统中获取历史实际数，从本公司预算管理系统中获取上年预算数、下级公司上报数，从上级公司预算管理系统获取下达指标数等。第三，从公司内外部大数据环境中获取预算相关数据，如企业内外部竞争环境、投资者期望、管理者期望等。

对数据输入来源进行分析，可提炼出预算编制环节三大核心数据交互要点。一是历史数据采集方式。历史数据包含上一年度、历史年度的实际财务业务数据，项目全周期内历史数等，此类数据既为编制本期预算提供了对比参考，也可用来预测未来数据。中铁置业将上一年度数据划分为上年前十月、上年后两月的分类法分别印证了以上两大功能，也形成了滚动预算的雏形。二是未来数据预测方法。图15-5解释了用于预测的主要数据来源，而预测方法涉及的数据开发集成、数据价值分析、数据建模分析等则是需要在数据中台架构支撑下需考虑的另一交互要点。三是编制数据共享程度。数据共享一般包括同级部门间和上下级之间两个层级，内容涵盖了中铁置业内部业财系统的信息互联、下级公司的数据上报以及上级公司指标下达等内容。

中铁置业预算编制的数据来源和数据交互要点运行方式局部或全面地印证了智能会计下预算编制的思想和实践演进，也为未来预算编制的方法积累、趋势判断积累了经验。

第15章 智能会计的预算和控制

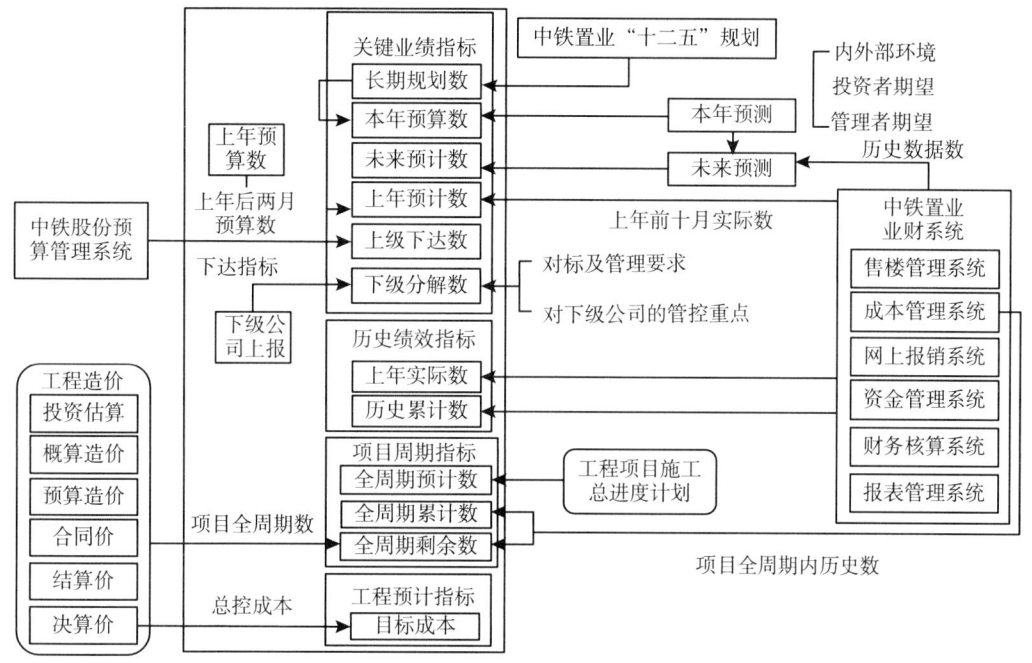

图 15-5 中铁置业预算编制的数据输入来源

资料来源：刘梅玲. 数据交互视角预算编制发展探讨 [J]. 财会通讯, 2019 (19): 114-117.

【案例 2】

中烟云南的预算执行与控制

中烟云南是实务界智能会计的实践者之一，总体呈现智能财务会计共享相关系统和信息流向的集成，串联前后台的各类业务，传递各主要系统和周边系统信息。从企业整体智能会计建设出发，中烟云南将多维度智能化系统的集成作为集团实现智能会计的建设重点。系统集成则通过集成要点、集成目标以及集成对智能会计建设逻辑（业务驱动财务、管理规范业务、数据驱动管理）的支持来实现。

通过观察，集成要点与智能预算的执行与控制的作用节点高度相关，具有环节上和功能上的一致性。其中，业务端预算控制自动化、资金支付入口点增加、与影像系统集成、与流程平台集成一级审批代办集成均属于前面提到的执行控制环节的三类交互要点的核心内容。目前，中烟云南共有 7 类 11 个系统的集成需求（见表 15-2），所有关键业务管理系统都实现了核算自动化的对接以及审批待办的集成。此外，物流管理平台、采购管理系统、基础设施建设管理系统、报销管理系统已经实现了完成预算编制自动化对接、预算批复数反馈对接、业务端预算控制自动化对接以及预算执行数自动归集等内容。以上信息显示出了中烟云南智能会计集成下各业务系统在预算管理节点上的实现与互联，也表明了集团公司通过在各个预算节点控制业务流程的可行性，具有较高的参考意义。

中烟云南在智能会计平台的建设过程中，优化企业现有的业务管理模式和业务运营方式，调整各级单位和部门现有的财务管理权责，较好地呼应了前面对于审批和权限控制节点的严格控制、关键流程控制与智能预算执行接入等设想。而对于目前仍未能完成集成的

智 能 会 计

与流程平台、影像系统形成关联的环节可作为未来工作的重点。

表 15-2　　　　　　　中烟云南智能会计相关系统集成需求

业务系统类别	业务系统名称	核算自动化	预算编制自动化	预算批复数反馈	业务端预算控制自动化	预算执行数自动归集	资金支付入口点增加	与影像系统集成	与流程平台集成	审批代办集成
烟叶生产经营管理相关系统	烟叶收购系统	√	×	×	×	×	×	×	×	√
	烟叶供应链管理系统	√	×	×	×	×	×	√	×	√
	生产管理系统	√	×	×	×	×	×	×	×	√
	风险/灾害管理系统	√	×	×	×	×	×	×	×	√
卷烟经营管理相关系统	营销系统	√	×	×	×	×	×	×	×	√
	物流平台	√	×	×	×/√	√	√	√	√	√
采购管理相关系统	采购管理系统	√	×	×	×	×	×	×	×	√
项目管理相关系统	基础设施建设管理系统	√	√	√	√	√	√	√	√	√
资产管理相关系统	物资管理系统	√	×	×	×	×	×	×	×	√
商旅报销管理相关系统	报销管理系统	√	√	√	√	√	√	√	√	√
人力资源管理相关系统	人力资源管理系统	√	×	×	×	×	√	√	×	√
……										

资料来源：刘梅玲，黄虎，刘凯，沙光前. 智能财务建设之智能财务会计共享平台设计 [J]. 会计之友，2020（15）：142-146.

2. 以月度滚动为基准的预算循环

在过去，年度预算是企业编制预算计划的基本形式，伴随着市场节奏越来越快，长期的、定点滚动的弱点已经愈发明显，倘若企业预算本身不准确或以年度为单位，预算数字就会逐渐与实际经营状况脱钩。从这一点上看，与经营实际情况结合更紧密的定长滚动预算应该成为未来企业预算的主要形式。在这套体系里，企业可以适当弱化年度预算的角色，充分强调滚动预算的作用，重点建立一套滚动预算体系来指导企业的日常业务经营（见图 15-6）。

第 15 章 智能会计的预算和控制

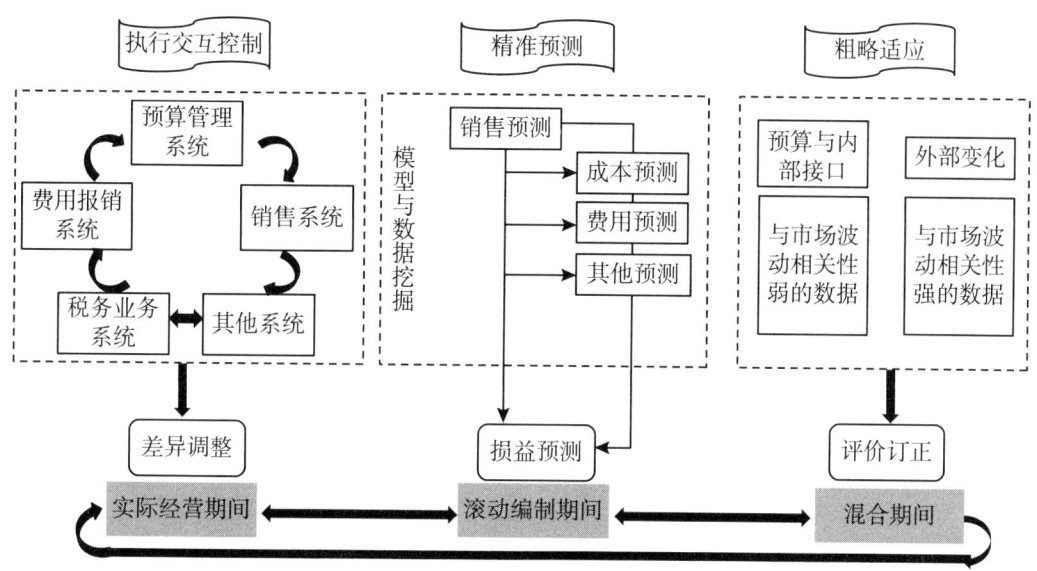

图 15-6 以月度滚动为基准的预算循环

资料来源：元年科技．"别人家"的滚动预算模型是如何搭建的？[EB/OL]．https：//www．yuanian．com/gz/yngd/ysgl/1026．html．

将合同管理信息系统等业务信息接入滚动预算系统，不仅仅可以使预算的数据更准确可靠，同时通过滚动预算模型直接反映的损益情况又可以反馈到业务决策中，决策层可以根据反映的损益情况和市场信息，更好地做下一步的经营决策。在一个定长预算执行到下一次滚动预算开始前，企业可以根据执行情况和市场变化进行即时和下期预算的调整。根据抓大放小、抓近放远的原则，形成了历史（真实数据）+近期（精确预测）+远期（粗略未来预测计划）的三段式管理，持续进行循环滚动。该模型的实践需要明确至少两个关键点：一是关于数据来源，必须依靠于智能化预算管理框架下各个信息系统和数据中台的建立使用；二是预算期间的尺度方面，需要综合考虑信息供应和实际需求。案例1中，中铁置业给出的答案是在年度内进行拆分，区别历史参考期间和预测期间；更普遍的一个观点是随着数据中台的建立，信息流动的加快，预算定长可以实现按季度、月度为单位进行度量，甚至更理想化的情景下，该定长仍可进一步压缩。

15.3 全面预算执行与控制模块

预算执行是预算管理工作将预算转化为现实的中心环节，与企业的业务实现、收支平衡直接挂钩，影响到企业目标的实现。因而，执行过程中的自我控制是企业预算乃至整个管理工作的重中之重。从现代企业管理的各个生产经营模块来看，费用报销尤其是个人费用报销是违规操作的"高发地"，向来是企业监督贪腐问题和进行成本控制的重点地带；生产销售是企业的基本业务，是每个企业的生存命脉。本书特此选取以上两个环节作为执行与控制的重点模块展开叙述智能预算所起到的关键性作用。此外，本书同时注意到关于预算以及企业管理的一些边际发展，思考了其对现实的指导意义。

智 能 会 计

15.3.1 智能报销：全过程费用预算管理

承接前面流程控制的思想，企业内部的费用报销无外乎以合同、项目为基础的预先设定报销和以部门、个人为单位的申请报销两类。由于方式的不同，报销费用管理业务流程在智能化预算体系中有以下两种可供选择的路径：

第一，基于合同的报销。借助智能化预算管理体系乃至整个智能会计平台，打通销项系统与进项系统之间的壁垒，实现了进项销项一键勾选抵销以及与资金管理、预算管理系统的关联。系统不仅能自动录入发票并生成凭证，与税务局网站完成"开票协同"。此外，系统中能够实现直接保存电子发票，系统根据发票的税号可在开票后实现后台中的自动上传，审核自动完成。开具该发票的事项一来可以通过合同管理系统进行预先审核，二来也可在具体的预算管理流程中开放责任人权限进行人员复验，以最少的人力成本保证费用报销与预算控制、监督的双轨并行。基于合同的智能报销预算流程如图 15-7 所示。

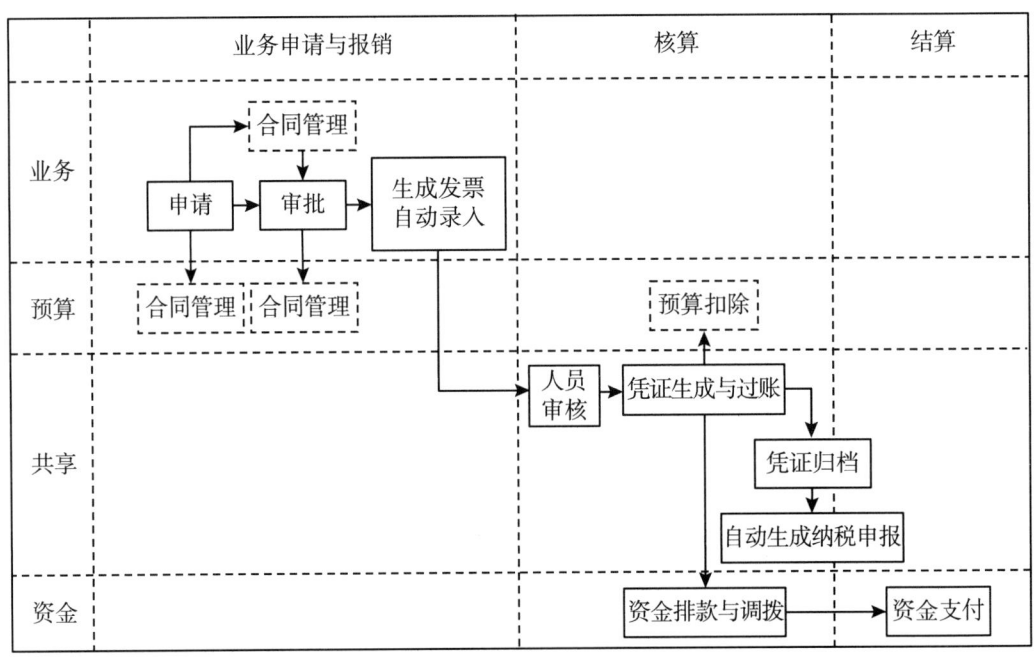

图 15-7 基于合同的智能报销预算流程

第二，基于申请的报销。根据系统中预先设定的项目、部门、客户、人员等划分依据，员工可以自行提出申请并通过影像管理 OCR 系统将纸质票据上传平台。数据处理上，由系统统一汇入核算系统进行账务与税务处理；审核上，系统将根据预先建立的相关部门和人员数据库在报销时进行判定，同时按照重要性原则在共享平台上由核算、业务责任人员进行事项审核，必要时对变动后的预算计划做出评判和人工调整。基于申请的智能报销预算流程如图 15-8 所示。

第15章 智能会计的预算和控制

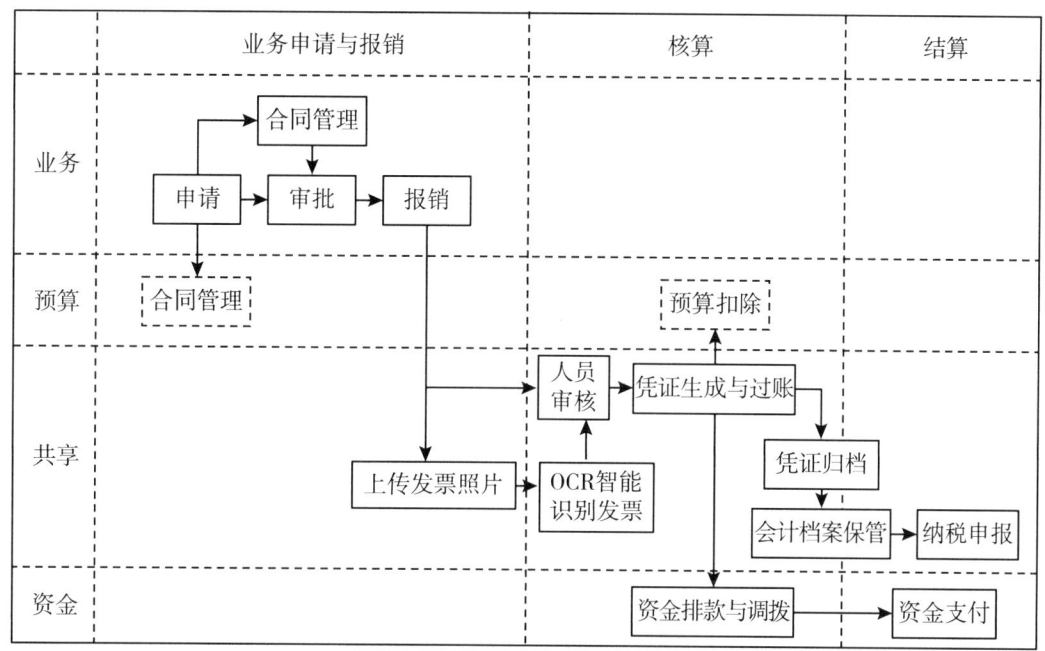

图15-8 基于申请的智能报销预算流程

在费用报销中,票据实物流传流程减少,削弱了对人工的依赖性,上传报销单据扫描影像后便可进行相关业务的操作处理,信息传递更加准确和便捷,降低了业务和票据处理间的耦合,企业成本得到有效的控制。此外,随着智能化平台端口的不断拓展,企业与外部银行、商旅机构的互动和相互开放能进一步简化资金支付等其他报销流程。

费用报销是预算执行控制的重要构成。费用报销的事前申请和事后报销两种机制透明化了费用管理的透明程度并简化了费用统计,融合了资金管理、财务核算、业务连贯和合同管理等多个环节,通过事前申请的预算编制环节、资金借贷中的预算占用和释放过程以及事后报销中的预算调整,全过程的预算管理实现了串联,相互之间形成良好支持和均衡关系(见图15-9)。

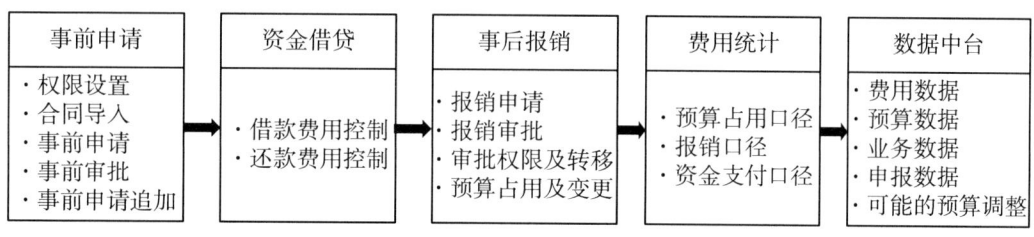

图15-9 费用报销的全过程预算管理

15.3.2 生产销售:基于供应链的生产预算计划

随着企业竞争升级,战略视角下整个供应链的竞争正在逐渐占据市场主导。而供应链的流程载体也为预算管理等管理会计工具发挥作用提供了平台和思维逻辑。大数据和智能

智能会计

化工具的应用逐渐加深了供应链的协同性产生的成本、产品等竞争优势对企业绩效的深刻影响。整体改进本节暂且不表,仅以供应链思维下企业业务流程为主线,融合预算计划与供应商、企业内部生产和客户三端进行管理实践,考虑其对控制成本、提高生产和配送可靠性以及业绩分析考察的提升效应,如图15-10所示。

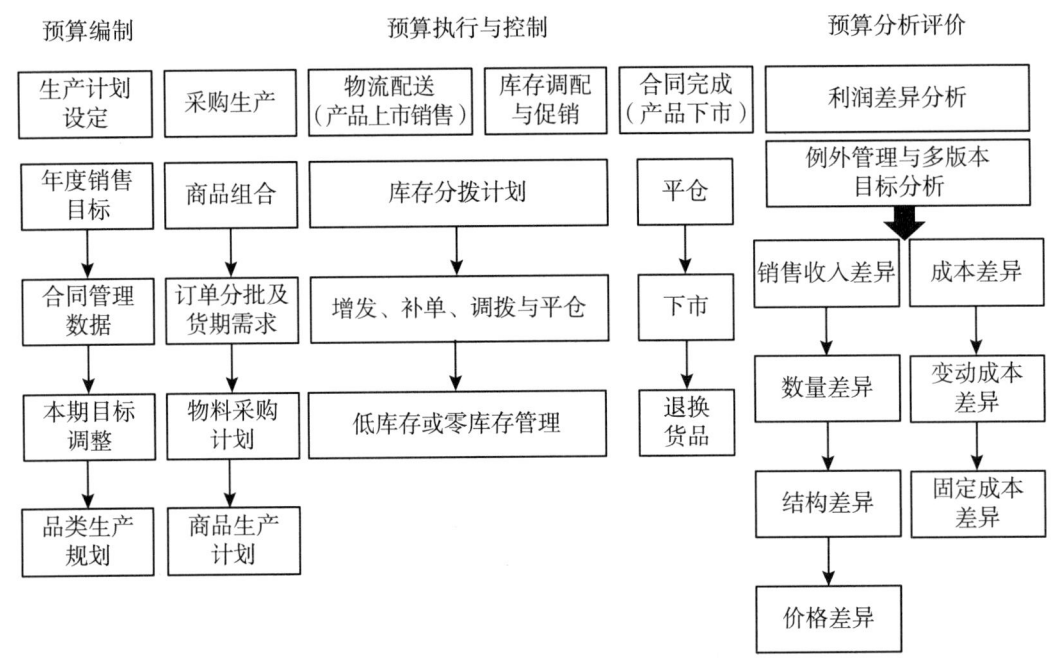

图 15-10 基于供应链的生产预算执行流程

生产计划设定是企业生产经营活动的起点,这一环节既受主观企业战略目标的控制,又依赖于客观历史数据分析、直观合同、客户等管理数据的调节影响,销售计划、预测损益表等基本预算编制成果在本环节形成,对物料采购计划和商品生产计划等具体预算方案进行补充和上下循环调整后下发至各责任中心。采购生产、物流配送和库存调配环节是预算管理下实现成本最优、利润最优的主要流程。具体执行过程中重点关注两点:一是库存分拨的整体协同,通过各层级数据交互沟通实现内部原料、半成品、仓储资源最大化利用;二是产品调配、合同执行过程中的库存控制和例外管理。既要保证通过精准预算控制及时、准确地满足生产物流,控制最小化内部储存成本,又要根据市场信息和内部环节差异进行实时调整,规划例外管理余地保障物流、信息流和资金流的不间断。

智能化预算对产品生产管理最大的改进在于事中和事后的差异分析与评价。"三流合一"的供应链流程基础和"三算统一"的智能预算管理不仅能对特定区间内业绩目标与利润情况进行更为详尽、真实的分析,除去客观环境变化和固定业绩目标的影响,保留多个预算体系与真实业务数据进行对比;并能将评价对象以合同或客户为单位进行进一步细分;将结果的对比进行分解,考虑销售数量、品种结构、价格变动等收入指标带来的影响以及固定成本、变动成本等单项成本指标带来的影响,将业绩责任进一步下沉到各个具体责任中心及单个事项、负责人员。

第15章 智能会计的预算和控制

15.3.3 应用拓展：以智能化预算作为实现管理的基础

智能化预算管理作为一项充满发展潜力的管理会计工具，可能会在现代企业管理中占据更为主要的战略地位，应当作为一抹底色去支持企业管理活动的各项环节。此外，预算作为一项单一管理工具，与其他工具、管理思想的融合与协调十分必要，在这里主要考虑管理会计工具内部的协同、企业范围内人为因素的考量以及供应链视角下预算能否构建企业边界之外的更长作用链条。

1. 以预算为基础归集决策有用信息

一切管理会计工具的目的本质都是为企业管理活动过程提供全过程的、有用的决策信息。一方面，管理活动的每个环节都要为决策提供基础信息；另一方面，各环节的管理活动也都需要信息作为支持。

企业内部管理活动有着不同的类型和单元，从层级来看，管理活动又分为战略层、中间层、经营层等多个层次。因此，要为每个管理主体、每个环节的管理活动的决策提供信息，将需要一个纵横交织的决策信息体系。在智能会计的技术架构下，业务数据和财务数据的挖掘将变得更加简单和全面，而预算管理的主线将是管理活动和信息融合最好的实现途径。[①]

预算管理串联起了企业管理活动的全过程，企业任何一个环节的决策和资金流动都可依靠预算体系进行控制。从呈现方式看，预算具有较强的整合协同能力，可以有效整合业务、财务等信息体系并形成沟通，用于横向、纵向的多维比较。此外，预算表格和报告可以成为管理会计所提供的决策有用信息的直观呈现形式。在决策层设定本期目标与预算后，随着业务和管理活动的推进，预算执行与控制对整个企业具有指导性和修正性的作用。一方面，按照管理活动过程，系统通过交互可提供基于因果关系的预算制定、预算执行差异与控制以及个性化的预算评价；另一方面，也可以按照管理活动主体预算评价与考核的分部报告体系以实现更理想化的绩效考核与激励。在管理活动环节和管理主体所串联起的两个部分中，最为重要的是要按实际经营状况形成因果关系链，并进一步发展形成预算调整报告、目标变更原因报告体系以及多维度、多版本的对比结果和预算评价结论，以此支持相应的决策结论并为下一期预算提供参考和决策支持。

2. 供应链、管理会计思想下智能预算的拓展

预算管理可作为串联企业管理活动全过程的流程主线，以预算管理为起点的管理活动延伸至少要考虑以下三个方面：

第一，结合不同的管理工具。基于权变理论和需求导向产生的管理会计工具整合能够克服单个工具的不足，形成更为完整的以企业整体为主体的管理体系，利于企业适应内外部环境的变化，最终落地于提高企业绩效。例如，作业成本法的引进使成本分析的责任主体更加明确，经济增加值作为业绩评价指标后，部门之间的博弈得以减轻。结合本节所定

[①] 屈涛. 以预算为基础 构建管理会计信息体系——访北京工商大学副校长、教授、博士生导师谢志华 [J]. 管理会计研究，2018，1 (2)：10-13.

义的智能预算的主要特征和权威文献表述，智能预算管理仍可进行功能拓展的包括三个方面：一是以浮动的预算目标、平衡计分卡、目标成本等为标准生成内部管理报告，加深与内控的关联；二是实施较为严格的预算承诺制度等主观评估和沟通，开展对上下级间的预算沟通以及业绩沟通会议，强调人的影响；三是实施以"红绿灯"制度为载体的财务预警机制、税务预警机制，实现税务、财务、业务的三方面协同。

第二，"人"的因素影响下预算的其他变体。在数据渠道和权限开放的条件下，参与式预算成为可能；在实时数据监督情况下，预算调整和目标僵化的问题得到有效解决。同理，以顾客价值为战略中心的超越预算思想、管理者预算目标承诺同样可以被借鉴和融合到智能化预算管理体系中。通过考察企业战略规划活动的特征与预算目标承诺的关系，从整体战略管理角度进行思考，识别绩效指标因果联系等影响预算目标承诺的因素，进一步探究并构建更加完善的企业管理体系。

第三，与供应链进行结合。在预算管理逐渐走到台前的同时，强调企业以供应链展开竞争的思想也逐渐涌现，随着市场和平台化的流行，供应链已然成为企业跨越组织边界的优势渠道。关于预算管理的关系上，奥普和弗雷泽（Hope & Fraser，2001）提出了供应链管理和"超越预算"的整合框架，通过减少组织管理中一味强调预算导致的盈余操纵、预算宽松等问题，促进持续改进；潘飞（2004）也提出在供应链的基础上整合预算、作业管理等实现价值优化的控制框架。

智能预算管理可以实现以合同为起点的业务流程贯通，贯穿于企业内部供应链流程中，而供应链也为预算管理等工具提供了更为广阔的平台。以往学术界与业界主要关注于供应链上的一个或多个节点的企业，缺乏从流程的角度去考察单个企业预算管理对供应链上企业绩效的影响和协同作用，本书认为应以供应链为载体，探究预算管理下的上下游竞合关系。一个可行的思路是在供应链上游企业制定和执行预算时，考虑以供应链金融的形式解决下游零售商资金不足的问题。赵瑞等（2020）对大型企业和中小企业在面对预算约束及市场不确定性的环境下的决策进行了优化研究。

第16章 智能会计重点领域应用

本章分别介绍智能会计在中小企业融资、供应链金融、高新技术企业、智能制造、银行不良资产管理和发票区块链六个领域中的应用。针对六部分内容中所面临的问题，分析如何利用智能会计来解决相关的问题以及具体的应用情况，有助于了解智能会计在我国的发展程度，助力智能会计更高水平的发展。

智能会计在大数据、人工智能、移动互联网、云计算、物联网、区块链和环境体验等高新技术的支撑下，融合了共享经济理论、财务共享理论、大数据理论、云计算理论、区块链理论和人工智能理论六大理论基础，实现了业务、财务、税务和管理的一体化发展。智能会计在此基础上，形成了包含数据采集、数据集成与存储、数据分析应用以及信息呈现的智能会计系统总体框架。本章介绍的六大领域是智能会计基本原理的应用化体现，智能会计首先通过对数据的有效采集，将杂乱无章的数据变为企业的资产，形成底层的数据来源；其次在信息技术的支撑之下，智能会计实现了数据的互联互通，解决了"信息孤岛"问题，同时存储于数据库中的数据也能保证数据的实时性和完整性；再次智能会计下通过数据分析将企业的业务数据转化为财务数据并以此为基础提供分析报告，满足不同信息使用者的需求；最后再以特定的形式将获得的信息予以展示。

智能会计在重点领域的应用以上述基本原理为基础，将原理与实践相结合，在此基础上拓展并延伸了相关的应用形式，实现了智能会计的有效利用。未来，智能会计需要以此为起点，实现多领域多形式的应用，解决不同领域中面临的问题，真正发挥出智能会计的优势。

16.1 中小企业融资

无论是发达国家还是发展中国家，中小企业在企业数量、吸纳就业、缴纳税金、科技创新、外贸出口等多方面发挥着重要的支柱作用。促进中小企业进一步发展壮大，对于我国稳就业、保增长的目标实现提供了一个强有力的支撑。促进中小企业发展也是关系到社会稳定和民生的重大战略任务，是保持国民经济稳定较快发展的重要基石。中小企业也是市场经济中最活跃的群体，是科技创新的主力军。中小企业能否茁壮成长直接关系到我国可持续发展能力和在全球价值链中的地位。

16.1.1 中小企业的内涵

中小企业是指相对于大企业而言，经营规模中等及中等以下的企业。出于不同国家和地区的经济发展水平不一致的原因，中小企业在不同的国家有着不同的定义。我国学者在《中国企业管理百科全书》（1984年版）中提出：中小企业指生产规模较小的企业，即劳动力、劳动手段和劳动对象集中程度较低的企业。

中小企业具备以下四个特征：其一，对市场变化反应灵活，发挥了"小而活""小而专"的优势。由于中小企业自身人、财、物资源相对于大企业有限，既无法经营多种业务来分散风险也无法在某一产品上形成规模效应，因此将有限的资源投入被大企业忽略的细分产品，以求在市场上站稳脚跟。以小补大、以专补缺、专精灵活是中小企业的发展之路。其二，行业齐全、点多面广，但是提高经济效益任务艰巨。大企业往往难以满足小批量的个性化需求，而当下的消费品生产已经从单一化、大批量转向了多样化、小批量，虽然中小企业作为个体生产效率较低、经营品种单一，但由于其群体量大、分布广、贴近市场、机制灵活的优势有利于当下的消费需求。其三，中小型企业是中国成长最迅速的科技创新力量，由于现代科技在产品发展方向和工业技术装备上有两方面的趋势，一方面是朝着集中化、大型化的方向发展；另一方面是向着分散化、小型化的方向发展。而产品分散化、小型化的生产模式为中小企业发展提供有利条件，目前许多中小企业的创始人往往是大企业和研究所的科技人员或者大学教授等。其四，中小企业抵御经营风险能力差、融资能力薄弱。综上所述，可以看出中小企业在我国经济发展中扮演着"弱位强势"的角色，所谓"弱位"是指中小企业因为自身经营规模小、人财物资源有限等原因造成了在与大企业竞争时始终处于弱势地位的群体，"强势"是指中小企业在社会发展、地区经济中具有特殊战略地位的重要性。

16.1.2 中小企业融资现状

我国中小企业融资现状有以下几个特征：其一，中小企业融资以内源融资为主，也就是指中小企业主要通过关系人借贷和企业自筹这两种形式。其中关系人借贷的利率一般都高于同期贷款利率。其二，银行贷款是中小型企业最主要的外部融资渠道，但是银行对中小企业主要提供流动资金，很少提供长期的信贷。其三，中小企业普遍缺少长期稳定可持续的资金来源。

造成我国中小企业融资难、融资贵的原因可以剖析为以下两点：首先，银企之间信息不对称，企业的财务状况不透明导致投资者获取的信息不充分，企业陷入了信用危机，企业在向银行贷款的过程中容易产生"逆向选择"与"道德风险"，企业会隐瞒关于还款能力的不利信息而银行也无法获取贷款后实际的资金运用情况，银企之间的信息不对称也使银行陷入两难的境地。因此银行的贷款对象主要为集体与国有企业，出于安全性的考虑，中小企业融资贷款条件严苛。当然，目前银行中间业务发展单一，在技术支持、管理咨询、代客理财等服务水平上与中小型需求相较落后。其次，中小企业自身融资能力不足也是原因之一，中小型企业规模小、企业资金积累薄弱，发展方向模糊盲目，会计信息透明

第16章　智能会计重点领域应用

度不足等多方面的影响使其抵御资金流动风险的能力较差，而且中小企业没有客观的信用体系导致其自身财务约束力较弱，经常改变融资资金用途。

智能会计借助高新技术，将业财税管数据做到与外部机构互联互通，将从根本上缓解银企之间信息不对称的情况，加强中小企业信息透明度，提高企业财务约束力，培育良好的数据生态，改善中小企业融资难、融资的现状。

16.1.3　智能会计在中小企业融资中的应用

虽然中小企业拥有国家、地方政府的扶持以及金融机构的融资支持，但是大部分中小企业依然存在财务管理意识淡薄、水平不高等问题。而融资管理作为财务管理的重要环节，对企业后续的投资管理、利润分配等起着非常关键的作用，在智能会计时代借助高新技术的力量，融入业财税管融合的理念必将重新构建企业融资管理的模式来提高融资决策的效率，智能会计将从数据资源共享、智能融资风险控制两个维度来提升中小企业融资管理效率。

1. 数据资源共享

大数据技术作为智能会计的底层技术之一，将从精准预测资金需求量、智能匹配融资方案、有效控制融资成本这三个方面改善企业融资管理决策。

首先，预测资金需求量是企业融资管理的基础环节，传统会计由于对数据搜集、处理、分析手段的技术限制，在采用销售百分比法时对企业未来的销售额预测不够精准，但是在智能会计平台下，企业可以实时获取与预测资金需求相关的各类业财税管数据，利用大数据技术清洗、转化、分析的功能将采集到的结构化、半结构化、非结构化的数据转换为销售、盈利等信息，让企业资金需求预测更加精准可靠。其次，智能会计平台可以为中小企业智能地选择融资方案，中小企业可以将本企业的融资方案上传到智能会计平台，结合企业偿债能力、发展能力、运营能力、盈利能力与行业进行对标，通过 BI 商业智能系统对中小企业的融资方案进行智能化评估，推荐最优融资对象。并且中小企业在初创阶段运营重心在市场开拓等工作上，较少关注国家以及地方政府的扶持政策，而智能会计平台可以与国税局、银行等进行互联互通，相比于传统会计可以更加合理地优化融资方案。最后，智能会计平台将从降低资本成本、优化资本结构两个方面来有效控制融资成本。其一，企业的资本成本包括筹资费和用资费，传统会计下的计算模型包括考虑货币时间价值的现金流折现模型和不考虑货币时间价值的一般模型，而由于数据分析技术的限制，股权未来现金流量等数据的测算大部分依赖会计人员的主观判断，影响到了计算企业资本成本的准确性。而在智能会计平台，采集国家财税政策、资本市场信息、企业自身业财税管数据等，通过大数据清洗、筛选、分析，精准测算未来现金流，智能化调整融资方式的占比来控制企业资本成本，从而使企业综合资本成本更加低廉。其二，智能会计平台通过采集企业信息、市场信息等结构化、半结构化、非结构化的数据来精准预测息税前利润、每股收益以及折现率等指标来优化资本结构。

2. 智能化融资风险控制

智能会计平台将基于大数据风控的视角，对中小企业融资风险进行分析与控制。传统会计下的融资风险管理获取真实数据时效低、成本高、范围窄，金融机构在评估中小企业信用时更加关注企业抵押品价值等量化的财务数据，然而这些数据在财务报表编制过程中容易出现失真的情况，但是在智能会计下，利用大数据技术可以实现对企业资信能力的跟踪分析，利用大数据模型可以对企业违约风险、还款能力进行准确的评估，缓解企业与金融机构之间信息不对称的问题。此外企业可以在智能会计平台上收集各类交易数据、社交数据等碎片化的信息进而全面深度掌握企业运营状况，将预警机制与融资后资金风险监控结合业财税管数据，为金融机构、监管机构等提供智能化贷后风险管理，如果出现影响企业信用的行为，智能会计平台将自动对企业发出预警提示，企业在日常经营活动中利用智能会计平台提供的业财税管数据可以实时监控企业融资方案中的资金使用情况，在使用资金即将超出方案总额时发出预警，来帮助企业合理使用资金，增强企业对融资资金的风险控制能力。同时智能会计平台建立融资风险应对数据库，利用人工智能技术建立起融资风险应对体系和融资风险应对知识库，在企业经营过程中，智能会计平台根据融资风险类别和应对措施变化实时更新知识库，从而当风险预警发生时可以自动映射到融资风险体系，并根据知识库及时准确地找到相应的融资风险应对措施，实现融资风险的智能化决策处理。

16.2 供应链金融

在我国经济转型的重要时期，发展供应链金融显得十分重要，目前来看主要有三个原因。其一，迎合了规避金融危机的需要，由于我国银行资金流向实体经济的渠道堵塞，巨大的资金游离于实体经济之外空转，虚拟经济泛滥，蕴含了巨大的金融风险。供应链金融打破金融与实体的隔离，在支持实体经济发展的同时防范了各项风险，对于规避金融危机意义巨大。其二，有效改善民营中小企业融资难、融资贵等问题。供应链金融从企业供、产、销等各个环节整体出发，较好地克服了信息不对称的问题，在保证银行利益的前提下，改善了中小企业融资难、融资贵等现状。其三，其是我国从贸易大国转向贸易强国的需要，由于我国金融在国际贸易中的作用不强，因此我国目前是世界第一贸易大国而不是贸易强国。发展供应链金融，构建环球供应链金融体系来克服国际贸易中的贸易壁垒，实现贸易自由化，并进一步优化升级我国在国际贸易价值链中的地位与结构。

16.2.1 供应链金融的内涵

20世纪80年代，世界级企业巨头为了寻求成本最小化而产生的全球性业务外包，生产的分工模式从企业内转向企业间，企业间的分工模式使行业内的世界级企业巨头专注于自身最具有优势的领域，其他环节通过业务外包由外围的中小企业承担，利用比较优势降低整个产品链的生产成本。基于分工模式的改变导致整个产品链的管理更加复杂，因此一种新的生产管理模式便应运而生，也就是供应链管理。所谓供应链管理是核心企业通过对信息流、资金流、物流的控制来对整个生产过程进行协调。其中资金流是供应链得以循环维持的最关键因素，由于赊销模式是供应链中主要交易模式，该模式通过延缓核心企业付

第16章 智能会计重点领域应用

款模式,将资金压力推向了上下游的中小微企业,由于这些中小微企业属于高风险的贷款人,其迫切的资金需求无法得以满足从而整个供应链财务成本上升。因此如何做到资金流的有序衔接正是供应链管理面临的困难,目前这一困境已经影响到了供应链管理模式的整体成本。供应链金融的发展正是适应了解决这一困境的需要,由金融机构、第三方物流和供应链上下游企业等充分发挥各自的优势,为供应链中弱势地位的中小企业提供融资服务,促进供应链核心企业及上下游企业"产—供—销"链条的稳固和流转畅通。供应链金融是针对中小企业量身定做的一种融资模式,将单个企业的风险管理转化为整个供应链的风险管理,改变了原先银行独立考察单个企业信用的思维模式,而是围绕"1"家核心企业,全方位地为链条上的"N"个企业提供融资服务。供应链金融模式在一定程度上缓解了因企业自身的性质所带来的融资限制。

16.2.2 供应链金融存在的问题

我国供应链金融存在的问题包括:第一,供应链企业之间的数据共享不充分,存在广泛的数据鸿沟,缺乏必要的连接;第二,供应链金融对上游2级到n级的供应商融资需求难以被满足,导致在多级供应商模式下,供应链上的中小企业融资难、融资贵的问题未能有效解决;第三,传统供应链金融以核心企业为依托,为部分信用资质"不达标"的中小型企业提供金融服务,商业银行等金融机构对供应链金融的风险把控其实是核心企业对整个供应链系统的风险把控,而核心企业作为单一的"记账人",存在较大的潜在道德风险,将导致供应链金融体系极不稳定;第四,贷后管理存在很高的人力成本,如果只依靠人力管理,势必将导致供应链体系运行效率低下,不仅会增加商业银行的操作成本,同时还将提升融资企业的融资成本。

财务作为供应链管理中资金链的重要数据信息来源,一直受制于可用数据、算力、算法等多方面的发展因素,AI一直未能对会计工作产生实质性的变革,而在大数据、区块链、云计算、物联网、5G等新一代信息技术和第四次工业革命的推动下,过去制约AI发展的因素已有了重大突破,在智能会计时代,其自主感知、学习、决策、执行、控制、适应的特点必将作用于企业资金融通、供应链金融模式的完善。

16.2.3 智能会计在供应链金融中的应用

智能会计以高新技术为支撑,以业财税管深度融合为核心,以智慧决策、精准迭代为变革的特征与传统供应链金融呈现的技术孤岛、数据孤岛、信息不对称等发展瓶颈完美契合。如何将智能会计与供应链金融融合构建智慧供应链金融生态,使金融能够真正服务于供应链来提高资金的利用效率是我们这节主要研究的问题。接下来主要从供应链金融主体数据共享、风险管控这两个方面来介绍智能会计对供应链金融的影响。

1. **实现数据共享**

相比于传统供应链金融,核心企业在协调供应链信息流、物流、资金流、商流方面具有强势地位,而供应链上下游企业与核心企业商业联系紧密度有差异,使供应链成员信息

智 能 会 计

不对称、核心企业信用无法有效传递。利用云计算技术,搭建与金融机构、物流企业、监管机构信息共享的智能会计体系,借助区块链技术将商流、物流、资金流、信息流优化上链,真正达到四流合一:通过验证商业活动的主体必须真实、合法,合同不能是虚假合同,交易必须是发生的实质交易,来确保交易资源真实可靠、贸易行为真实。利用区块链中的对点传输以及分布式账本功能,供应链各相关主体形成稳固可靠的业务联系,将树枝状的信息单向传输模式转变为网络化的信息共享模式,并且确保了智能会计体系的安全性。而网络化的信息共享模式将供应链成员之间的信息空洞进行技术性的修补,极大地改善了供应链成员之间信息地位不对等、过分依赖核心企业的情况,真实来源信息共享、信息业务透明化。进而消除供应链上信息不对称、核心企业信用无法有效传递的问题。

2. 实现智能化管控风险

在区块链实现基础数据信息真实、各主体数据共享的条件下,智能会计借助大数据深度挖掘、精确预测需求、可转化成评判指标的三大优势,建立信用风控模型合理评估企业的信用。大大降低融资企业信用风险,具体应用步骤如下:首先进行原始数据的挖掘和整理,相比于传统会计专注于交易结构化数据,在大数据背景下出现了更多的信息维度。例如,企业水电数据、企业高管人员数据、相关企业信息数据等,而这些数据并不兼容于传统会计体系,这时智能会计就体现出其在数据挖掘方面的优势,采用互联网计算机数据学习预测模型和智能化集成策略对供应链金融信贷申请人的业财税管数据进行收集与整理。其次利用数据可转化成评判指标的特性,将大数据采集到的杂乱无章的数据进行合并与转换,找到数据之间的规律形成大型的测量指标。例如信用诈骗情况、长期和短期内的信用风险承担能力等。最后将每个指标输入不同的信用评估模块,整合形成最终的信用分数,基于这个原理也可以类生出如欺诈模型、身份验证模型、资产预付能力模型、还款能力和意愿模型以及整体资产稳定性模型等。依托智能会计体系,有效简化贸易和融资环节,降低交易成本和信用风险,提高融资效率。

智能化管控物流风险也是构建智慧供应链金融生态的必要条件之一,在传统供应链金融生态下的物流风险主要是因为银行无法及时察觉并积极应对诸如抽逃货物、重复质押等恶意抵押权利实现的行为。动产融资业务中,银行通常委托物流管理公司来对抵/质押物进行监管,如果监管方出现管理不善或道德风险,很难保证抵/质押物的数量、质量,带来很大的风险隐患。借助物联网技术尤其是传感器技术的发展,智能会计平台可以在产品的生产、流通、仓储、交易过程中实现全流程、全方位监控,出入库自动登记并锁定仓单。未经授权的操作直接触发预警系统,同时通报业务各相关方移动设备,通过物联网技术金融机构可以直接监控物流、信息流和资金流,实现实时监管抵/质押物的位置、状态及权益归属,降低操作风险和物流监管风险,从而解决动产抵/质押难题。此外,智能会计平台在缓解物流监管风险的过程中也降低了供应链金融成本。引入物联网技术,智能会计平台对企业资金动态监管并建立庞大的信息数据库,改变了商业银行通过委托方式对企业动产和不动产的监督管理成本高昂的现状。

总体来讲,智能会计体系通过业财税管深度融合的理念、高新技术支撑的力量将作用传统供应链金融生态升级为智慧供应链金融生态。其升级路径是:金融机构、物流企业、监管机构之间对企业业财税管数据进行网络化的共享,依托区块链技术对供应链交易信息

第16章 智能会计重点领域应用

真实性和安全性的强化，完成了供应链金融基础数据的建设。智能会计体系解决了传统供应链金融参与者之间的技术孤岛与信息孤岛问题，缓解了供应链成员与成员之间、供应链成员与金融机构之间信息不对称的矛盾。提升了核心企业信用传递的效率与广度，确保了供应链上交易信息的真实以及链上数据的安全性等，为智慧供应链金融生态的风险管控提供了全面真实的信息数据库。借助大数据技术，将上述产生的信息数据库进行全面而深入的挖掘，产生智慧的信用评估模型，不仅有效缓解了供应链金融融资模式的信用风险，更使基于信用的在线放款模式成为可能，大大提高了供应链上下游企业的融资效率。与此同时，智能会计平台借助物联网技术可以全流程、全方位地监控抵质押物有效降低了传统供应链金融下商业银行面对地抽逃货物、重复质押等恶意抵押权利实现的物流监管风险，以及改变以往委托物流管理企业监管的方式，大大降低了供应链金融的监管成本。

16.3 银行不良资产管理

银行的不良资产率经历了几个阶段的变化，但自 2012 年开始，我国的不良资产额和不良资产率均持续攀升。如何做好银行的不良资产管理成为现在亟待解决的问题。通过挖掘银行内部导致不良资产产生的因素，发现银行存在信息不对称程度高、自动化和数字化水平低等问题，而信息技术正是解决这些问题的关键。在如今在信息化水平高度发展的背景之下，银行要将智能会计应用于银行的不良资产管理当中，应用大数据、人工智能等高新技术，实现对银行贷前调查、贷中审批和贷后管理的全流程数字化管理，降低银行的不良资产比重，提高银行应对风险的能力。

16.3.1 我国银行不良资产的发展过程

随着中国银行业的发展改革以及中国经济的起伏，中国银行业的不良资产率也一直变化。大概从 1984 年开始，我国银行的不良资产大幅产生。这是因为在经济体制改革的初期，国有企业所需资金不再由政府拨付，而是由银行投入，1990 年的不良资产率在 10%~15%。1998 年以前，由于市场经济的蓬勃发展，银行的信贷政策十分宽松，至 1997 年，根据银行系统的相关统计数据显示，不良资产率达到了 20%~30%。为了控制银行不良资产率的持续攀升，确保银行的健康发展，在 1998 年，四大资产管理公司成立。其旨在剥离国有四大银行的不良资产，降低银行的不良资产率和不良资产额。银行的不良资产在经过几次大剥离后，至 2008 年，据国家统计局相关统计数据显示，商业银行的不良资产已经降到 2% 左右，在 2012 年，大部分的商业银行不良资产率降至 1%。但是自 2012 年起，银行的不良资产率呈现小幅度的攀升，至 2014 年，随着国内经济结构的调整，银行的不良资产余额和不良资产率呈现"双升"态势。此外，从银行的五级分类贷款中可以看出，关注类贷款的急剧上升也给银行不良资产带来压力，若经济形势恶化，借款人还本付息的能力便受到影响，该关注类贷款便会转化为银行的不良资产。

因此，在近几年银行不良资产持续上升的背景之下，银行需要关注不良资产产生的原因并对其进行管理，以降低不良资产余额和不良资产率。

智能会计

16.3.2 银行不良资产产生的原因

我国不良资产的产生是由多种因素共同作用的结果,本节主要从银行内部因素来进行分析,从贷前、贷中和贷后三个角度分别介绍银行不良资产产生的原因。

银行对于贷前调查主要存在信息不对称的问题,这是由于时间成本等原因,无法对客户的财务信息和非财务信息实现有效的掌握,数据来源不充分使信息无法充分整合,难以掌握企业整体的财务信息和经营状况;同时对于流程复杂的特殊行业,由于客户经理自身的业务能力存在欠缺,客户经理难以在短时间内准确把握客户流程,因此单纯依靠人工的判断,具有较大的主观性,难以有效认知公司的真实信息。在贷中审批方面,当前主要依靠人工审批,不仅审批效率低,而且审批人员知识储备有限,不具备审查需要掌握的多方信息,如银行政策、行业变化和相关政策新闻等信息。并且审批人员可能由于自身的专业性和业绩压力等原因,对不满足要求的客户通过审核,使贷款风险变高,不良资产产生的概率增大。针对银行贷后管理方面,现缺乏对客户财务数据和非财务数据变化的动态性监控,无法随时了解客户信息的实时变化情况,阻碍了银行对客户风险变化的有效识别。即使建立了监控系统,其监控的频率也不足,对客户数据的变动缺乏有效的认知。此外银行未建立智能化预警系统,客户信用风险一旦发生变化,无法及时发现并做出处理。

上述多种因素加之外部因素的共同作用,使银行的不良资产比例逐年上升,银行需明确其产生的原因,应用现代信息技术,将智能会计应用到银行的不良资产管理中。

16.3.3 智能会计在银行不良资产管理的应用

在信息技术快速发展的背景之下,银行不良资产管理需要依托现代信息技术,在大规模数据的支撑之下,进行贷前调查、贷中审批和贷后管理的自动化处理。通过大数据等现代技术,降低了银行和客户之间的信息不对称,以便对客户有更加精准的认知。下面就分别从贷前、贷中和贷后三个方面来分别介绍智能会计的具体应用。

1. 智能化贷前管理

在贷前调查方面,智能会计实现贷前调查的智能化采集录入,依托大数据技术,建立起银行内部的大数据管理平台,通过多种渠道搜集外部公开信息,银行不仅整合了客户的定期报告,还能够及时获取企业上游供应商和下游销售客户的信息,通过大数据实时掌握上下游的采购和销售情况,对变化的信息进行有效辨识。同时银行还与政府机构、司法机构和监管机构实现数据的交互联网,从多方面充分了解授信客户的各项情况,解决由于信息不对称而引起的不良资产增加的情况。在丰富的数据资源的基础之上,智能会计依靠大数据和人工智能技术,可以对各类指标进行标准化的定义,构建相应的评价模型,从而建立起统一的信用风险评价体系,实现对客户的自动化筛选,帮助银行更加客观地评价客户的资信情况。此外,为保证数据库中数据的质量,还应该加强对数据的质量管理,对数据进行严格的筛查,提高不同来源渠道下数据的质量,从而提高模型分析评价的准确度。最后,标准化的模型也并不是一成不变的,智能会计会根据内外部环境的变化,实现其自身

第16章 智能会计重点领域应用

的不断更新与完善，不断提高客户筛选的精确度，这在一定程度上提高了银行贷前检查的效率，降低了贷前检查的成本，增强了银行抵御风险的能力。

2. 智能化贷中管理

在贷中审批方面，为了解决客户对于贷款审批流程效率的高要求，智能会计建立起以自动审批为主的信贷审批系统，在线上完成贷款审批行为，主要流程均由系统自动处理，特定审核环节再以人工辅助。智能会计在完成贷前的客户筛选之后，通过大数据管理平台获取各类客户信息，不断完善风控评分卡模型的数据信息来源，挖掘数据信息，依托大数据的分析处理技术，对客户的信息流、资金流和物流信息进行分析预测，掌握客户的实时动态的变化，提供客户的精准画像，提前发现客户存在的风险并进行预警处理，真正实现依赖大数据技术化解信用风险。未来，银行要想实现自身的竞争优势，降低不良资产比重，需要通过平台整合的各种信息数据，建立最新的数据分析模式，从而实现贷款的及时审批，获取高质量的客户资源。

3. 智能化贷后管理

在贷后管理方面，智能会计建立起不良资产的风险监测系统，通过建立自动化的预警系统，替代了人工的监测方式，提升了监控的效率，有效降低了不良资产的比重。自动化的预警系统包括：第一，建立起不良资产的日常监测的指标体系，通过将数据模型嵌入信贷的整个流程中，可以对可能发生风险的贷款及时做出分析评估，实现对风险的事前监控，有效把握贷款所处状态。第二，建立客户风险的预警系统，基于银行建立的大数据管理平台所获取的信息，在整合了内外部数据的基础之上，通过分析客户风险的变化规律，来归纳出风险的演变路径，制定相应的预警目标，从而研发出预警模型。模型的建立需要数据的支撑，在对数据进行筛选清洗之后，对模型进行校验，从而能够更加精确地明确客户风险变化，提升自身的管控力度。第三，加入规则引擎工具，从而实现预警运算的定量和定性化。通过银行内部及外部获取的公开信息，进行数据的处理分析，有利于银行动态地掌握贷款人的信息变更，及时发现贷款存在的风险问题，同时发掘与客户信用相关的信息，进行贷后管理相关工作的跟进。另外，还需要设定相关的专业人员对其进行执行与落实，保证风险经过预警通知后，能够得到妥善的处置。

综上所述，智能会计通过建立大数据管理平台，实现了贷前、贷中以及贷后的全过程管理，降低了银行不良资产比重，提高了银行抵御风险的能力。具体来说，智能会计能够进行贷前的风险识别，实现了客户信息的全方位获取，通过智能化的评价模型筛选出风险较低的客户，客观地评价客户的风险等级，另外智能会计也不断加强数据质量的管理，不断更新和完善评价分析模型，使对客户的信用评级更加准确；对于贷中审批来说，智能会计以庞大的数据量为基础，通过及时掌握客户信用情况的变化，完成自动化的信贷审批流程，从而提高审批的效率，保留住高质量的客户资源。在贷后管理方面，智能会计建立起智能化的预警系统，基于不良资产的日常监测的指标体系，根据每日动态的监控，及时掌握贷后客户信用风险的变化情况，以便对不良资产进行及时处置。总体来说，智能会计降低了银行不良资产比例，提高了银行对于不良资产管理的效率。

智能会计

16.4 高新技术企业

高新技术企业相对于传统企业来说有较大的差别，其主要竞争力为自主知识产权，企业凭借先进的产品以及服务来占领市场。然而，高新技术企业在认定过程中由于认定部门之间存在的问题、认定标准难以客观判断等原因，导致企业转型困难。另外，认定成功后国家对于高新技术企业的优惠政策也难以百分百充分利用，阻碍了高新技术企业的发展。智能会计可以依托信息技术，解决企业在认定前后存在的问题，真正助力传统企业的转型升级。

16.4.1 高新技术企业的内涵

高新技术企业集知识、技术、人才于一体，其需要满足的首要条件是注册成立时间在一年以上、申请认定前一年内未发生过重大事故或违法行为，其次高新技术企业还需要满足拥有核心知识产权并且拥有的技术属于《国家重点支持的高新技术领域》规定的范围，另外企业的创新能力评价达到相应的要求，研发人员、研发费用以及高新技术产品收入都要达到相应的标准。2008年，科技部、财政部和税务总局印发《高新技术企业认定管理办法》，首次对高新技术企业进行了界定，2016年国家对该认定管理办法进行了修订和完善，进一步扩大了高新技术企业的认定范围。高新技术企业相比传统企业来说收益较高，但与之而来的是风险高、投入大。风险主要表现在财务风险、市场风险以及知识产权风险上面，高投入表现为高新技术产品在研发、试验以及推广各个阶段中都需要大量的资金投入，但是由于投入与产出可能并不成正比，当产品投入市场同时得到消费者的认可之后，产品才可以获取高额的利润，进而再体现高收益的特征。

由于高新技术企业是国家促进经济增长、提高创新能力的重要支撑力，因此国家给予高新技术企业相应的优惠政策。通过给予优惠的形式，降低了企业的成本，同时也鼓励了企业加大研发投入力度，促进研发活动的开展。在国家政策的支持之下，高新技术企业的数量逐年上升，高新技术企业的研发人员、营业收入也呈现稳定的上升趋势。

16.4.2 高新技术企业申请认定及政策应用产生的问题

高新技术企业认定管理工作由科技部、财政部和税务总局相关人员组成，在申请认定过程中企业需要满足八大基本条件，转型为高新技术企业后便可享受国家给予的各类优惠政策。然而，由于认定部门之间存在技术等问题，加之认定标准界限的模糊，使企业在向高新技术企业转型过程中存在阻碍。另外，相关数据显示，2019年高新技术企业减免税政策的惠及面为56.2%，尽管较上年提高了0.1个百分点，但是仍可以看出企业转型成功后，对于优惠政策的应用仍存在问题。

首先，高新技术企业认定主管部门是科技、财政和税务部门，在认定过程中，由于三个部门技术、人员以及经费等原因，无法准确一致地判定企业是否符合高新技术企业的

第16章 智能会计重点领域应用

标准,再加之三个部门之间数据共享不充分,降低了认定的效率与效果。其次,在认定过程中,研发费用、科研人员数量以及高新技术产品收入等难以界定清晰,相关内容的确定可能需要依靠人的主观判断,这将导致无法及时合理地预测是否符合高新技术认定的所有条件,阻碍企业完成向高新技术企业的转型,进而导致企业无法享受高新技术企业的相关优惠政策。

企业在认定为高新技术企业后,可以享受国家和地区给予的各类优惠政策,但是优惠政策的应用方面也存在一定的问题。首先,在认定为高新技术企业的初期,由于企业中财会人员的经验不够、专业性不高,对于优惠政策条款的运用不充分,无法最大化地享受国家给予的优惠政策。其次,高新技术企业的税收优惠政策分散于不同的税法和文件中,企业难以系统地掌握相关的优惠政策,无法高效地获取相关的优惠条款。最后,在税收优惠政策的应用上面,比如对于已经认定成高新技术企业的软件行业,其享受增值税的即征即退政策,对其销售的自行开发的软件产品,首先需要按照13%的税率缴纳增值税,对于实际税负超过3%的部分可以享受退税的政策。然而在退税过程中,环节十分复杂并且所需时间较长,不仅占用了大量的资金而且也耗费了时间成本。比如国家对内资研发机构和外资研发中心采购的国产设备全额退还增值税,但是在该政策下享受增值税的退税需要满足的条件众多,政策公告对内资研发机构和外资研发中心做出了相应的条件限制,企业若申请享受该优惠条件需要达到相应的标准要求,多个条件的限制可能对企业申请相应的优惠带来阻碍。

从上述分析可以看出,申请高新技术企业的认定以及政策应用方面还存在一定的问题,企业需要明确问题所在,从而更好地助力企业向高新技术企业的转型及优惠政策的普及。

16.4.3 智能会计在高新技术企业的应用

本节从高新技术企业认定及优惠政策的应用来分别介绍智能会计对高新技术企业的具体影响,分析智能会计如何有效解决认定及政策应用问题。

1. 打破"信息孤岛"

在高新技术企业的认定的主管部门方面,智能会计基于共享经济理念,依靠现代信息技术,使数据能够有效地采集与集成,不仅打破了企业内部各部门之间的传统界限,而且将企业信息与外部连接起来,将企业外部各认定部门的数据障碍打通,解决了"信息孤岛"的问题。基于有效的数据信息,智能会计依靠共享平台,使科技、财政和税务三个认定部门能够及时获取企业信息,并且认定部门之间也能够互相交换所获取的认定内容,实现了企业内部以及外部数据之间的共享与挖掘。同时各认定部门之间信息的及时交流互通能够使其更加全面地把握企业的相关申报内容,降低了认定成本,提高了认定效率。

2. 智能化评估认定标准

关于认定需要满足的八大条件,智能会计可以通过数字形式对认定标准进行定义,依靠大数据技术,读取企业相关信息是否符合标准。同时,在对认定标准进行数字化定义后，系统可以对认定需要满足的条件进行实时的反馈，通过人工智能算法预测企业是否符合高新技术企业的认定标准。若没有达到相应的认定标准，系统也会根据企业目前的情况给予相应的建议，管理层能够根据反馈建议来进行未来的决策，帮助企业找到向高新技术企业转型的方向。例如，在高新技术企业认定过程中，需要满足的条件之一是近三个会计年度研究开发费用的总额占同期销售收入总额的比例要达到5%、4%或者3%，智能会计依靠信息技术，能够对该条件进行及时的判断，若没有满足要求，系统会提供给管理者当前企业已经达到的比例，帮助其了解企业当前的状况与高新技术企业认定标准之间的差距。然而，系统流程化的判定并不意味着完全摒弃人的主观智慧，相反信息技术提供的客观的数据能够充分发挥人的主观判断力，将现代信息技术与人类智慧结合，在智能化生成的数据之下借助人类智慧，从而更好地帮助企业达到高新技术企业的认定标准。

3. 充分应用政策

在高新技术企业优惠政策方面，智能会计运用大数据技术，获取分散于各个税法和文件中的高新技术企业优惠政策，对优惠政策进行分类整合并建立起政策之间的联系，解决了高新技术企业初期财会人员经验不足而无法高效地利用相关政策的问题。同时，智能会计依靠共享平台，可以与政策制定的相关部门实现信息的及时共享，当政策更新变化时，企业可以及时获得最新的信息，助力企业快速实现优惠政策的最大化利用。在优惠政策的具体应用方面，智能会计可以解决政策应用程序复杂、享受优惠所需时间较长等问题。例如，高新技术企业中享受即征即退优惠政策，但其退税过程复杂，所需时间成本较高，可能原因在于税务信息收集过程以及人工审核的效率较低。智能会计平台依靠现代信息技术，将企业信息与税务局对接，高效地采集税务信息，同时设置智能化的审核规则，实现退税过程的自动执行处理。这不仅提高了退税流程的效率和准确度，节省了大量的人力成本，而且将劳动力从重复机械性的工作中释放，使劳动力转移到更加富有创造性的工作之中，实现了劳动力价值的最大化应用。另外，部分优惠政策的应用需要满足的条件众多，智能会计通过与政策制定部门的对接，在智能会计系统内设置自动评判标准，从而可以迅速判断企业是否达到应用优惠政策的标准。若没有达到政策应用的标准，智能会计也能够报告出哪一条件没有符合要求，帮助企业更好地进行未来的规划与决策，以达到优惠政策应用的要求。

综上所述，智能会计对高新技术企业的认定及政策的应用进行了全方位的优化，不仅助力企业向高新技术企业转型，同时也帮助其最大化地应用高新技术企业的优惠政策。具体来说，企业基于共享经济、大数据、人工智能等现代信息技术的融合与应用，首先使各部门之间的数据之间可以共享，解决了认定过程复杂、认定效率低下的问题；其次将认定标准数字化，智能会计平台可以迅速读取企业的相关信息，对于企业是否符合高新技术企业的八大认定标准进行及时的报告反馈，同时对于没有满足的条件也给予相关的反馈建议，帮助传统企业实现向高新技术企业的转型；再次，将分散于各个税法和文件中的优惠政策进行整合，使企业更加全面地掌握可以享受的优惠政策，最大化地利用高新技术企业的政策优势；最后，智能会计解决了优惠政策应用过程中程序复杂、耗时较长等问题，帮助高新技术企业在转型后充分享受政策给予的优惠。

第16章 智能会计重点领域应用

16.5 智能制造

我国制造业大而不强,具体来讲存在以下四个问题:其一,自主创新能力不强,核心技术对外依存度比较高,关键零部件、元器件、材料等大多依赖进口;其二,产品质量问题突出;其三,资源利用效率低;其四,产业结构调整刻不容缓,技术密集型和生产性服务业较弱,具有强国际竞争力的大企业少。然而制造业是国民经济的主体,也是我国经济"创新驱动、转型升级"的主战场。从国内来看,我国经济已从较长时期的高速增长转入中高速增长阶段,转变经济发展方式已经刻不容缓,对于经济发展的主战场提出了紧迫的要求。从国外来看,一方面欧美等发达国家推行"再工业化"战略,以期在技术等方面继续领先优势,抢占高端制造业。另一方面印度、越南等发展中国家以更低的劳动力成本抢占制造业中低端。综上可以看出,我国制造业正面临着前所未有的挑战。

16.5.1 智能制造的内涵

智能制造是指在开发、设计、生产、制造等全产业链环节运用大数据、人工智能、云计算、物联网等技术,将智能化和网络化体现在生产制造的各个环节,实现工业化和信息化的深度融合。

2013年,德国政府提出"工业4.0"计划,并上升为国家战略,其目的是为了提高德国工业的竞争力,在新一轮工业革命中占领先机。2015年,中国政府提出"中国制造2025",并与德国"工业4.0"合作对接,旨在推进实施制造强国的战略目标。在"中国制造2025"中指出"要以两化融合为主线,以智能制造为主攻方向"。随着我国信息技术的广泛发展与应用,工业化和信息化不断融合,智能制造成为实现制造强国的主要途径。

近年来,各地方政府大力推动智能制造的发展并为此颁发了一系列政策措施,政策措施的落地实施指明了智能制造未来的发展方向并形成了明确的政策框架,由此推动了大批智能制造技术及相关研究成果的出现。从2014年起,智能制造行业的市场规模一直呈现递增的趋势。

16.5.2 传统制造业智能化转型存在的问题

传统制造业智能化转型是实现制造业高质量发展的重要途径,然而转型道路上也面临着重重的难题,总结归纳为以下四个问题:其一,企业的认识不到位,缺乏方法论支持,因为智能化不仅是技术的更新,而且是经营理念、战略、运营、组织等全方位的变革。目前多数企业智能化意愿强烈,然而普遍缺乏清晰的战略规划与实现途径,与此同时智能化转型是一项长期而艰巨的任务,需要企业全局的有效协同。其二,数据资产积累薄弱,应用范围较窄。所谓智能化转型就是企业数据资产不断积累并用以数据驱动的过程。然而目前多数企业尚未构建起覆盖全流程、全生命周期、全产业链的数据链。企业的内部数据分散在各个业务系统当中,尤其是过程控制层和底层设备层无法互联互通,出现"数据孤岛"现象。企业外部数据融合度不高，无法及时感知到市场数据的变动，因此企业的需求响应能力也比较迟缓，决策及时性、有用性还有待提高。其三，数字鸿沟明显，产业链协同水平低。多数的中小企业智能化水平低、网络化、自动化基础较弱，尽管有智能化转型的强烈愿望，也受限于其人力、资金等方面的不足。相比于发达国家，我国工业互联网生态建设较缓慢，行业覆盖面、模型组件丰富性等方面较为滞后，产业链间业务协同并不理想，针对用户、制造能力等资源开放程度普遍不高，对于不少中小企业而言，即使参与智能化合作，在安全性等方面也有较大顾虑，这在一定程度上阻碍了资源共享、数据共享、业务协同的效率。

16.5.3 智能会计在智能制造的应用

制造业企业只有实现数据核心驱动作用，将数据在整个企业中流动形成一项资产才能真正实现智能制造目标，下面将从智能会计如何建立智能化的数据库、实现大规模定制、打造用户直连制造（customer-to-manufactuer，C2M）商业生态圈这三个方面来具体阐述智能会计在智能制造领域的应用。

1. 建立智能化数据库

从实现客户敏捷性的角度来讲，企业只有围绕消费者偏好、个性化行为等数据来建立数据库才能精准地预测市场需求变动。由此可以体现出智能会计体系以大数据为技术基础的优势，利用大数据多样化、大容量、速度快等特征，企业利用移动互联网将线上线下融合获得双重数据建立个性化的用户需求数据库。这样企业能够设计更加符合消费者需求的产品、实现对消费者需求及时、精准的动态定位，实现企业产品和服务与消费者需求的价值融合。从供应链上游出发的数据库能够追溯优化产品特性，在初步满足消费者需求的基础上围绕用户体验，智能化的用户需求数据库能够动态定位、实时决策进一步为消费者提供更优质的产品体验价值。

从实现智能生产的角度来讲，在生产设备上配备传感器，实时抓取数据使生产大数据传到智能会计平台进行存储、分析，及时、准确地制定出采购和生产计划。例如，设备生产过程中利用传感器集中监控所有的生产流程，能够发现能耗的异常或峰值情况将这些半结构化的数据存储在智能会计平台进行预算资金、成本管理等分析，提供量化或定性化的决策支持。将传统工厂升级为动态调整的智能网络，实现精细化管理，对有限资源进行最大化使用，从而降低工业和资源的配置成本。具有覆盖面广、精准定位、迅速识别、高速成长的智能化数据库赋予企业动态维持能力、精细化管理能力、实时决策能力，提升企业绩效。

2. 实现大规模定制

大规模定制是一种崭新的生产模式，通过把大规模生产和定制生产这两种生产模式的优势结合起来，在不牺牲企业经济效益的前提下，以几乎每个人都能付得起的价格提供差异化的产品。在实现智能化数据库的基础上，就能实现以数据驱动的大规模定制模式，以客户需求为导向利用现代高新技术对客户的需求做出快速反应，保证迅速生产出高质量定

第 16 章 智能会计重点领域应用

制产品。其基本原理是将外部消费者需求进行数据化后，建立数据节点，企业根据客户需求将生产流程模块化分解，有针对性地将部门所需要的数据指令进行分配，建立起消费者与员工交互的渠道，通过智能会计平台可视化数据的合理应用，员工能够实时掌握产品生产进度，实现高效、协同、智能化的生产，形成以消费者需求数据为节点的流程模式。

以酷特服装制造企业为例：客户在提交订单后，其自主设计的服装数据就会立即通过移动互联网导入智能会计平台，迅速匹配智能数据库，平台对原材料进行自动筛选，分析库存情况，如果库存低于警戒水平将第一时间以数据的形式传递给上游供应商平台，使供应商在规定时间内补货，解决了传统生产模式库存过剩的问题。生产制造流程启动，CAD 迅速设计出最合适的版型并根据客户偏好进行拆解和剪裁。在每块待剪裁的布料上配备一个 RFID 芯片卡，制衣环节根据订单将半成品传送到下一个工位，员工只需刷一下 RFID 芯片卡，机器自动化实现操作指令，最后库房系统自动将产成品汇集到一起，物流商通过数据访问实时掌握产品生产进度，并第一时间执行配送服务。其中的每一道工序、环节都可以在线实时监控，全流程数据驱动，彻底解决了库存、设计、营销、成本、竞争力缺乏等问题。

在大规模生产模式中智能会计平台实现了数据可分割性、可整合性、可视化和流动性四种属性的激活，可分割性体现为将消费者需求分割到不同的业务部门，对流程实现了颠覆性的创新从而提升了企业对市场变化的反应能力。可整合性体现为产成品入库的环节，将分散的数据进行整合。实现产品的自动匹配，大大降低了产品出货分拣的时间成本。可视化是智能会计提升流程管控能力的根本途径，企业通过构建全流程可视化对生产制造流程进行控制，实现柔性管理、敏捷制造、质量管理，释放了数据驱动的效应。在激活可分割性、可整合性、可视化后智能会计打通数据链条，实现员工跨部门协同完成任务，大幅度降低产品返修率，提升员工工作效率。

3. 打造 C2M 商业生态圈

企业需要利用价值网络各成员之间的核心能力互补来共同创造和传递价值，由传统竞争思维来分配价值的模式走向基于竞争合作思维来创造价值。在以用户体验为中心的驱动下，形成以共享用户数据为基础的网络，利用大数据技术提升信息透明度，使整个供应链置于数据生态中，实现价值共创和可持续性发展。企业将自身成功经验总结成数据模式，为其他企业提供转型升级解决方案，依然以酷特为例：酷特通过将改造自身传统工厂生产模式的方法程序化、编码化和普适化，总结集成为 SDE 工程，向其他传统企业输出可以跨界复制的系统方法论，让数据驱动模式服务更多传统制造业企业，帮助传统制造业企业进行柔性化和定制化的改造，实现零库存、高利润、低成本、高周转的运营状态。另外，酷特整合各类资源实现 C2M 商业生态圈，以伙伴企业加盟的形式进行拓展，让加盟厂商免去市场开拓环节，直接享受酷特的供应链资源，进而提升行业的整体效益。

将智能会计平台所集成的生产计划数据、供应商资源、消费者数据、服务商资源、库存信息等进行复制，提升了企业的资源释放能力，使整个产业链上的主体形成战略合作伙伴关系，在供需双方之间搭建直接交互的渠道，打造 C2M 商业生态圈，进一步提升需求响应能力，实现产业链协同化运作。

智能会计

16.6 发票区块链

区块链是一种分布式数据库技术,其发展到今天已经有了形形色色的应用项目。由于区块链技术具有加密、共享、不可篡改等特性,可以看出在电子发票管理方面有着天然的优势,建设区块链电子发票管理的解决方案在提高税收征管水平,增强国家财税治理体系等方面有着十分重要的实践意义。

16.6.1 发票区块链的内涵

电子发票是电子化的记账凭证,记录了详细的交易信息、纳税人的身份识别,由税务局统一发行、以电子信息的方式记录的付款凭证或收据。与传统纸质发票相比,电子发票的推行帮助企业降低了成本,提升了效率;帮助消费者优化生活的便捷性;帮助政府提升了税收征管的水平,促进了社会信用体系的建立。而2018年3月,深圳市税务局着手研发"区块链+电子发票"试点实施方案,借助腾讯公司的技术支持,历经3个月的筹备工作深圳市税务局发布了全国首个"区块链+电子发票"技术方案。2018年7月,深圳被国家税务总局批复成为全国首个区块链电子发票试点城市,开始了"区块链+电子发票"的试点推广工作,2018年8月,国家税务总局开出全国第一张区块链电子发票。到如今,批发零售、酒店餐饮、港口交通、金融保险、互联网服务等多个行业的试点企业都在深圳市税务局的区块链电子发票系统上线。

16.6.2 发票区块链的优势

区块链技术与电子发票管理需求天然吻合。首先,相比于电子发票需要依赖第三方机构来证实交易信息的真实性,区块链电子发票借助去中心化管理的特点,即使不依靠第三方机构的认证甚至是交易双方也不需要建立信任,也能实现各个节点的交易信息透明化。其次,借助区块链哈希函数加密服务、时间戳服务可以实现电子发票中的涉税数据在区块链中不可更改、不可重复、可以追溯。最后,由于区块链电子发票不需要中心化的节点,极大地提升了系统的运作效率。综上可以得出区块链电子发票的主要特征:交易即开票、开票即报销、发票即数据。将线上支付平台、商家订单系统与区块链电子发票系统相结合,在完成支付后根据交易信息自动生成发票。这就实现了"资金流、发票流"的二流合一,并且结合实名制有效解决了发票填写不实、发票开具少开等问题,通过一键报税,将税款足额及时入库。电子发票在记账报销时常常出现一票多报、真假难以验证等问题,区块链电子发票搭建了统一收票平台,从而实现发票从开具到报销的全流程线上监管。由于区块链电子发票在线上的流转数据与实名用户相关联,交易数据、报销入账等数据都可通过区块链技术追溯、查询。

第16章 智能会计重点领域应用

16.6.3 发票区块链对智能会计的影响

在智能会计时代，区块链电子发票的推行将进一步深化智能会计平台在企业、消费者、税务机关之间的应用。下面从发票管理、打破数据孤岛、实现信息管税这三个维度开展区块链电子发票是如何借助智能会计平台实现对税收征管的全面革新。

1. 发票管理

在智能会计时代，区块链电子发票的推行对开票企业意味着无须限量限额审批区块链电子发票，领票时无须验旧供新、清卡抄税，开票时也无须购买任何税控设备和硬件设备，借助移动互联网技术即可实现一键开票，节约了企业的时间成本、人力成本等。对于消费者而言，开票时无须排队申请，区块链电子发票以数据的形式存储在手机中，通过接入智能会计平台可以推送报销进而实现发票流链上全流程闭环，为消费者节省了开具时间、邮寄传输的成本。对于收票企业而言，将发票流引入企业财务系统，可以为企业提供更加权威、便捷的数据源，加强了企业的底层数据建设的同时也降低了企业税务违法的风险和内部审核工作量。从税务管理的角度来讲，区块链电子发票对发票管理制度进行了革新，取消了以往超限量审批、票种核定等步骤，借助区块链技术可追溯、不可篡改的优势，发票数据管理员无法篡改、发票数据永久留痕，有效控制了税务机构的执法风险。实时监控发票流转的全流程状态，设置事前、事中、事后的风险管理机制。在事前管理上，智能化设置准入门槛，智能会计平台进行全面的扫描体检，相关指标不合格则无法通过审核。在事中管理上，设置发票数量和金额的预警值，当数据异常变动会触发智能会计平台的预警，直接发送至税务机关与此同时将高风险的纳税人进行锁票的处理。在事后管理上，将区块链电子发票系统纳入税务机关现有的风险管理体系，依托智能会计大数据分析，重点开展对税收风险识别、推送、分析、应对等工作，增强事后风控。

2. 打破数据孤岛

借助区块链电子发票多方共同参与记账的分部式账本的特点，确保了电子发票源头的真实性，目前深圳市税务局推出的区块链电子发票主要由税务机关和各大服务商作为节点，借助区块链技术去中心化、可追溯、不可篡改的特征将电子数据统一整合，搭建各方的数据链条，打破数据孤岛现象，提升税收征管水平。

3. 实现信息管税

从理论上看，电子发票实现了"电子信息管税"而不是"发票管税"，这是因为税务机关将纸质发票作为税收管理的基础，让原本只有发货和记账两大功能的发票衍生出来第三种功能——税收征管凭据，这是"发票管税"的由来。电子发票的到来使税务机关对发票的依赖性开始减弱，不仅从制度上认可非发票形态，而且从工具使用上也逐渐从纸质转向了电子。这一转化到了运用区块链电子发票的智能会计时代将进一步深化，在区块链电

智能会计

子发票中发票的起始点不再是税务机关,依据区块链技术特点,发票将回归其商业功能。根据"交易即开票"的原则,只要资质符合,企业无须到税务机关领票可直接开具。由于是发票信息而非发票本身在税收征管起主要作用,可以期待在推行区块链电子发票的时代,真正的"信息管税"即将到来。

第17章 智能会计服务与实施保障

每一次信息技术的进步，必然推动着财务系统的变革。以云计算、大数据、物联网、区块链、人工智能等为代表的信息技术的迅猛发展，给会计智能化提供了坚实的技术基础，智能会计也在近年来蓬勃发展起来，改变了企业会计服务的方方面面。但会计智能化变革不仅仅需要技术的支持，还需要来自国家、行业、企业的制度保障，需要与时俱进的人才培养方案，以及人、财、物、制度、设备、环境等方面实施保障措施。面对互联网技术的不断发展，智能会计如何改进和创新以跟上技术发展的步伐，这些都是急需考虑的问题。

17.1 制度保障

2016年，财政部印发的《会计改革与发展"十三五"规划纲要》中针对会计信息化改革提出了提高会计信息标准化程度、制定会计数据交换标准、促进业财信息融合、推动会计工作转型等要求。为保障会计改革和发展任务的顺利完成，政府先后出台多个文件从会计信息化法规体系、会计信息化标准体系、平台建设、会计人员从业规范、人才培养几个方面为尽快实现会计信息化提供了制度保障（见图17-1）。随着会计信息化水平的提高以及近几年大数据、人工智能、物联网、云计算等技术的发展，会计行业发生了由信息化向智能化的变革，本节讨论在新阶段稳步推进会计智能化进程中现有的相关制度，以及从制度层面需要做出的改变。

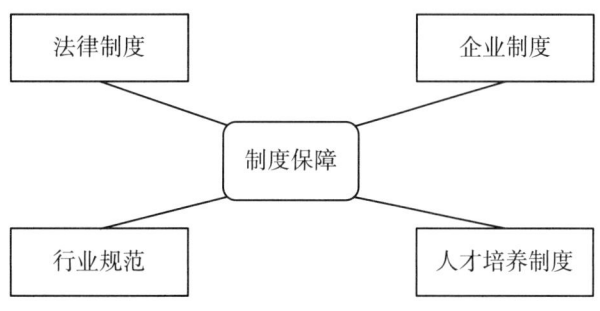

图17-1 智能会计制度保障

智能会计

17.1.1　保证法律制度与时俱进

2019年，为适应会计工作出现的新变化、新要求、新模式、新业态，财政部就《中华人民共和国会计法修订草案（征求意见稿）》公开征求意见。此次修订对会计核算方面增加了对电子凭证及凭证电子影像使用的要求，在会计监督方面明确了财政部门对会计信息化工作是否符合会计法和国家统一的会计制度负有监督责任。

但是，在智能化浪潮下，会计工作还会不断面临新的变化，会计信息的真实性和安全性需要法律制度与时俱进予以保障。例如，会计核算过程中智能感知、RPA、专家系统等技术的应用大幅提高会计信息处理效率的同时，新技术的应用往往伴随不确定和风险，若出现会计资料失真该如何处理及追责，需要从法律层面予以确定，防止出现技术滥用、误用的无序发展局面。

政府部门在保证会计法作为调整我国经济生活中会计关系的法律总规范与时俱进以外，还需要完善一系列有关智能会计的行政法规、技术标准、工作规范及引导制度，才能保证智能会计发展有法可依。

17.1.2　完善技术标准和行业规范

当前有关会计信息化的技术标准性文件主要包括《信息技术会计核算软件数据接口》《关于推进会计师事务所函证数字化相关工作的指导意见》《关于开展可扩展商业报告语言（XBRL）技术规范系列国家标准符合性测试工作的通知》等，已经实现了会计在信息记录、储存、输出方面的标准化；《企业会计信息化工作规范》明确了会计软件和服务在功能设计方面应遵循的原则。

但是，目前针对RPA、人工智能、大数据及专家系统在会计领域的应用提出的技术和工作规范较为笼统，此类规范仍需要在人机职能划分、数据安全、输出信息通用性等方面做出更加明确的规定。

除技术层面外，对于一些新的财务组织模式也应予以规范。当前越来越多的企业追求将更多资源应用于企业核心业务，催生了财务共享服务的财务组织形式，当前财务共享中心系统由于其复杂性和集成性给企业带来一些财务风险，主要集中在稽核、税务、审计、系统稳定性方面，因此对于大型集团尤其大型国企、央企财务共享中心建设应该有相应的规范要求。在稽核方面要保证企业有多重复核岗位防止审批错漏，在税务及审计方面要确保企业与税务机关、审计机构够获取真实有效的凭证和记录。在系统稳定性上，应确保企业使用合适的硬件设施、安全的网络环境以及建立完善的灾备模式等。此外，在一些新技术应用上，也应建立相关规范，例如，基于云计算的财务共享平台。根据互联网数据中心（internet data center, IDC）的调查，74%的云计算用户最为关注云计算的安全问题。为了促进财务共享中心的发展，从制度上要明确相应技术供应商应具有的资质，确保会计信息在云端、管道、客户端三个层次的安全性。综上所述，对于大型集团的财务共享中心建设，应从运营制度和技术标准两个方向入手，以工作规范、行业标准的形式予以规范。

第 17 章 智能会计服务与实施保障

17.1.3 设计合理的企业智能财务制度

在进行财务智能化改革的过程中,企业各财务部门的职能发生改变,虽然原有琐碎、基础性的工作大大减少,更多的人力可以投入到财务风险的把控上,但随之而来的是财务人员对业务把控能力减弱,因此已经不能用传统的管理制度来防范企业财务风险、保证信息安全。此外,改革过程中企业还面临组织结构变动、人员变革及税务法律风险。以上,均需要企业从公司层面做好以下制度安排:

第一,建立完善的组织管理标准。新技术、新模式带来的组织结构重新调整,职能权限的重新划分,容易使部分部门产生抵触,组织结构调整不当还会导致业务流程受阻影响公司效率。企业应重新明确组织结构中角色和职责分配,明确相应流程的绩效管理标准和负责人,建立完善的组织管理标准。

第二,设计标准化且高效的业务流程。财务智能化的重要体现就是业务流程的自动化和精简化,企业应综合考虑业务重要程度、可实现性和低效程度逐步对现有流程进行变革以满足智能化、智能化条件。除了在流程变革完成之初明确相关业务规则,还应建立业务持续优化和改进的办法,这包括 IT 资源分配办法、优化措施风险评估办法等。

第三,建立智能财务平台风险防控制度。首先,智能财务平台建设涉及对原系统的替换或优化,新系统可能面临集成和整合能力不足。其次,智能财务系统可能需要集中处理大量流程和数据,考验系统稳定性和承载力。再次,智能财务系统的建设过程中可能存在权限设置不合理导致信息安全风险。针对以上风险,企业应在系统建设前设定好智能财务系统搭建规范。系统投入运营后建立并不断完善智能平台运营及管理制度,尤其注意数据安全和权限设置。最后,企业应建立一套灾备制度作为最后屏障。

第四,建立税务风险防控制度。智能财务系统的应用,必然使财务工作所需人力减少,但随之而来的是财务人员对业务把控能力减弱,财务人员对业务流程的不熟悉极有可能导致一些税务风险。另外,针对一些采用智能财务共享模式的企业,原有分支单位自行属地纳税转为财务共享中心统一纳税会导致税务稽核沟通难度加大、税收政策反应不及时、无法合理税收筹划等情况。对此,企业应设立税收法规知识库,及时更新各地税务管理相关法规和操作制度,且可以借助专家系统、AI 等技术建立相应税收风险预警制度。

17.1.4 建立分层次的人才培养制度

为应对会计智能化带来的人才需求转变,可分别针对不同层次会计人才建立不同形式的培养制度。会计智能化的发展减少了对传统账房先生式基层会计人员的需求,提高了会计人员就业门槛,而截至 2017 年底,我国累计约有 2000 万会计从业人员,其中具有中、高级职称的不足 200 万人。对于数量庞大的基层会计人员存量,要建立合理的会计人才再教育制度,目标是为基层财务人员建立更为完整的知识体系并掌握新环境下实操技能,引导其向管理会计、业务财务沟通人员、财务信息系统维护人员转型,对于不能适应新形势的会计人员应引导其再就业。具体而言应适当提高《会计专业技术人员继续教育规定》中对累计学习时长要求,强化继续教育规定的落实,规范教育机构、企业培训的形式。

智 能 会 计

根据《国家中长期人才发展规划纲要（2010—2020 年）》，2020 年高、中、初级会计人才比例应达到 10∶40∶50，而目前会计人才分布层次并未完全趋于合理化，中级会计人才作为会计智能化转型的中坚力量明显不足，制度上应着重解决中级会计人员的供给问题。这需要从高校会计专业教育模式、会计职称制度改革入手，着力培养具有信息化思维、国际化视野的管理会计人才、复合型人才，提高中级财务人才供给，减少就业市场供需错配。对于会计高等教育要引导高校适时改变课程设置、培养模式，支持软硬件设施建设。在职称制度改革上一方面要在知识结构和能力框架要求上与时俱进，另一方面要完善专业技术资格相关的各项管理制度并强化考务管理。

会计智能化改革与发展事业需要一批高层次人才发挥引领辐射作用，在制度层面应考虑：第一，体现资源倾斜，在现有人才基础上完善人才发现机制着重培养；第二，放眼未来，从高等教育阶段注重培养学生的未来意识和创新意识。当前我国根据《全国会计领军人才培养工程发展规划》针对企业、行政事业单位、注册会计师、学术界四个领域进行人才选拔与培养，起到了很好的示范作用，未来应继续推进高层次会计人员选拔，在培养过程中根据培养成效的反馈不断改进培养方案、培养模式，为会计专业高等教育改革提供经验借鉴。

17.2　人 才 培 养

随着信息技术的进步，互联网、大数据、云技术、区域链、人工智能与会计的高度融合，催生了智能会计的迅速发展，但会计教育逐步落后于智能会计发展的要求，会计人才传统的知识框架和专业技能迅速被颠覆并替代。因此，继续确立智能时代对于会计人才培养的标准，设计富有特色性、参考性、交叉性的会计人才培养方案，能够为高等学校在时代变迁下提供智能会计人才培养的依据和路径（见图 17-2）。

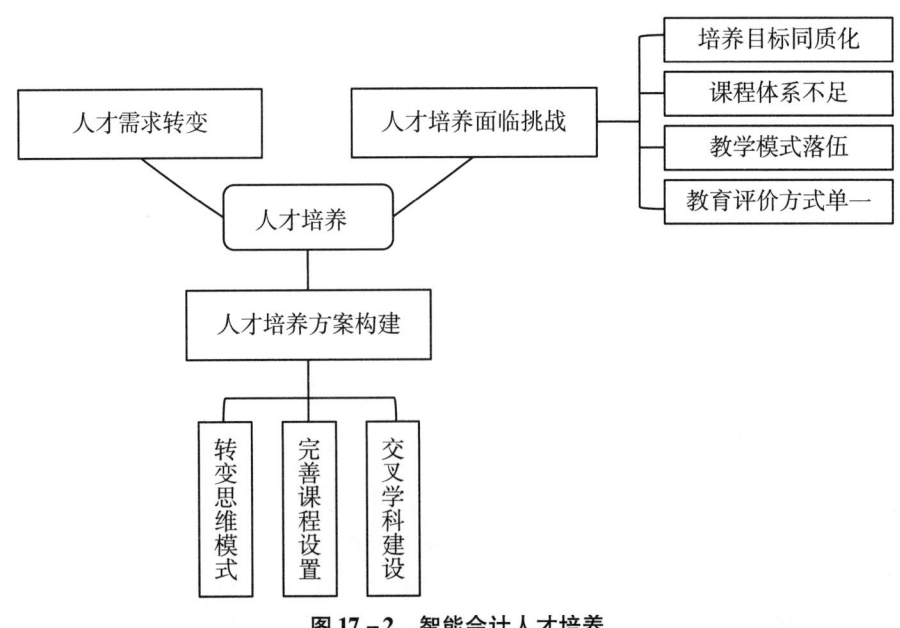

图 17-2　智能会计人才培养

第17章　智能会计服务与实施保障

17.2.1　智能化时代对会计人才需求的转变

会计财务经历了从传统财务到电算化、信息化，再到智能化三个阶段的发展。技术的进步和产业的升级将推动教育变革。自从将大数据、云计算和人工智能引入企业财务之中，就引发了企业财务岗位职业发生两次重要的"跃迁"：第一次是以财务信息记录与核算向战略财务的业务财务一体化跃迁；第二次是从业财融合为基础的财务共享服务向会计数字化赋能的财务云服务跃迁。每一次的跃迁都使会计人才的需求发生一定的转变。

在电算化阶段，并没有改变财务处理的流程和基本组织结构，只是利用计算机软件技术实现了部分处理环节的自动化，由原来纯手工纸质的处理部分地转移到计算机软件中进行。在这一阶段，需要财务人员掌握扎实的专业知识，熟练掌握会计信息归集、记录和报告的流程，突出强调对"票账表钱税"中某一环节的专业性学习。能够在熟练掌握会计专业知识的前提下学习相关财务软件的使用，在工作中逐渐熟练应用。并未对会计人才的信息技术水平提出过高的需求，对于会计人才的培养也是更加关注会计专业知识的学习，辅助以相关财务软件的学习。

在信息化阶段，ERP系统和计算机网络技术的普及推动了业务管理和财务管理的整合，提高了业财信息的处理速度并得以实时共享，财务管理职能的重点从核算转向管理。这一阶段人机交互的重要性进一步提升，因此需要财务人员在掌握扎实财务专业知识的基础上，能够学习和掌握一定统计学分析工具及基本的编程技术，能够运用财务机器人整合出的共享化、集约化的信息实现财务及业务管理流程优化，实现业务和财务的深度融合进而反映企业经营管理相关的信息。因此，在这一阶段，财务人员仅掌握会计专业知识难以应对信息化的挑战，局限于低端财务岗位而难以胜任管理性岗位。迫切需要既掌握财务专业知识又通晓计算机技术的复合型人才。

在智能化阶段，随着大智移物云等技术的成熟，财务管理有了更先进的算法、模型和工具，数据处理汇集的信息更全面，财务管理活动更加自动化，业务、财务及税务之间的信息壁垒被打破。提高信息处理效率效益及智能化程度、从企业价值链和产业链全过程中的海量数据挖掘价值并管控风险是智能化阶段会计人才需要达成的目标。使人的大脑与计算机智慧相结合，不断提升会计工作的能力和作用。这要求财务管理人员全面掌握综合管理学、经济学知识，具备用数据管理、用数据决策、用数据创新的智能化会计思维。因此，在这一阶段，需要会计人才在掌握传统财务知识的基础之上，更加注重对计算机编程技术、数据分析能力的培养。

17.2.2　智能会计时代人才培养面临的挑战

智能化时代对人才需求不断转变，但会计教育仍主要是传统的教育模式，理论学习与实践应用的脱离、教学内容落后以及缺少计算机、人工智能相关课程等一系列的问题，并未跟随社会会计环境及时地完成升级。因此在传统教育模式下培养的会计人才无法满足智能会计时代的需求，主要表现在以下几个方面。

智 能 会 计

1. 人才培养目标同质化严重

在庞大的会计专业学生中，大多以提高财务会计能力为主要目标，仅具有初级专业水平的人才占据了会计从业人员的绝大部分，这导致具备综合财务分析能力的中高水平人才较少。能够掌握较高水平会计知识、管理经济学思维、计算机互联完技术的复合型人才更是少之甚少。人才培养目标的同质化导致了会计人才结构的严重失衡。在智能化会计时代，对于只具有初级会计水平的人才需求不断减少，使所培养的较低水平的会计人才难以找到对应工作，很多人不得不放弃所学专业而转行就业。

2. 课程体系过于单一

传统以财务会计为主的体系仍是课程体系的主流，从初级会计课程到高级会计课程，重复训练学生对于会计信息的确认、计量、记录和报告等基础知识，强化准确运用借贷分录和会计科目等的记忆，尽可能地确保对经营信息用正确的会计语言记录。这些课程主要围绕着会计职称考试、注册会计师考试等来设置，导致主干课程之间相关性较少，拼接化和碎片化的学习难以具有培养综合分析能力的高水平会计人才。并非以市场对会计人才的需求为导向的课程设置，导致学生难以学有所用，他们在学校学习到的技能已逐步被智能化的财务机器人所取代，使会计教育与市场的脱节。同时，很多高校教师都无法同时具备会计专业知识和计算机互联网技术。为了完成教学和科研任务，很多教师根本没有足够的时间和精力学习计算机编程、数据分析技术。导致会计专业教师只讲授会计知识，计算机教师只讲授计算机知识，教师在教学中难以将两个学科进行融会贯通、有机结合。最终导致教学效率较低，不利于智能会计时代复合型人才的培养。

3. 理论与实践脱节

会计学作为一门实践性很强的学科，需要实践教学辅助理论学习才能更好地掌握，智能会计时代对实践教学提出了更高的要求。但目前高校的会计教育仍更偏重于理论知识教学，加之很多高校教师也缺少正式的会计工作经历，课堂主要是对教材知识点的讲解，学生也变得眼高手低，只会"纸上谈兵"。教学模式创新的案例也往往是经典案例的教学，无法与时俱进、融入智能化时代的真实工作场景，教学效果也往往难以达到预期。尽管目前很多高校也为会计专业学生安排了实践实习课程，但这些实践教学常常是流于形式，难以使学生真正学习到实践经验和能力。在就业后，用人单位需要再花费大量时间和成本对新入职的会计人员培训，导致了高校教育工作的浪费。

4. 教育评价方式不健全

现有的教育评价方式仍以试题作业、考试等事后评价为主，这种反馈评价机制进一步强化了单一的知识提供机制。单一的理论知识的学习和专业技能的培训，导致学生难以具有发散创新思维。考试理论知识也难以考查学生解决问题的能力、思辨能力、团队协作能力以及创新能力。为了满足更具综合性、智能化的财务工作环境，企业更关注包括动手能力、创新能力及沟通交流能力等综合素质。这种现行的考试为主的教育评价机制使高校毕业生难以很好地应对动态的职场环境，造成了会计专业毕业生严重过剩，而中高水平会计

第17章 智能会计服务与实施保障

人才紧缺的现象。①

17.2.3 高校智能会计人才培养体系的构建

在智能会计时代，很多传统的财务工作逐渐被智能机器人取代，会计人员越来越不受重视，传统会计学科的培养模式也越来越不适应时代的发展。会计人才供应和需求的不匹配、会计教育面临诸多挑战，关于会计人才的培养受到越来越多的关注。会计教育首先需要转变对人才培养的思维模式，进而对课程设置、交叉学科建设进行变革。

1. 转变培养思维模式

传统培养模式大多以提高财务会计能力为主要目标，这种培养模式产生了会计人才供需不匹配的现状。在智能化时代下，应转变人才培养思维模式，将会计学科的建设融入智能化思维。人工智能技术在软件工程技术的应用发展的基础下迅猛发展，会计学科与人工智能部分属性有着功能上的重叠，因此，制定复合型人才培养模式尤为重要。面对企业对人才目标的阶段性调整，需要从思维模式上来接受人工智能技术，侧重数字化、数据化、信息化、智能化的融合，满足企业对人才标准的要求。

智能会计人才培养应更加注重管理型、分析型人才的培养。会计人才不仅要掌握相关的财务管理专业知识，还必须在了解企业战略发展规划后能做好企业的决策工作，从而实现企业的利润增长。技术分析取代人力是会计学科发展的未来趋势，新时代下对企业财务人员的数据分析能力提出了较高的要求，但仍需要发挥人的主观能动性。因此，会计人员既需要具有扎实的会计知识储备，又懂得在战略视角下搜集获取、分析整理会计信息数据，懂得管理可以依据会计数据对公司和项目发展做出最有利的决策，形成一个完整的循环系统。会计学科在培养层次上需要建立一个长远目标，重视技术管理型、分析型会计人才培养，加强技术管理与教育创新结合。

会计作为实践型的学科，需要理论导师和企业导师进行双向指导。企业导师的参与拓宽了会计学科的专业课程领域，并以一种兼容并蓄的方式涵括了其他实践类内容，拓宽会计领域职能，强化实践性学习。同时，目前高校师资队伍的知识结构可能并不适合智能会计人才的培养，优化师资队伍，需要从两个方面进行融合：一是引入具有人工智能技术的教师；二是现有的年轻教师要学习人工智能方面的技术知识。双方通过项目开发进行有效融合，逐步构建"讲授教学+案例教学+项目研发"的教学方法。

2. 完善课程设置

从高校专业课程的具体设置而言，高校是培养和管理人才的重要阵地，在新时代大力推广计算机互联网技术、分析管理会计服务，需要进一步优化高校课程设置体系。培养智能会计人才，需要开设多元化的课程。我国高校智能会计专业合理的专业课程体系可以分为以下三类：

第一类是专业基础课程。主要有经济学原理、会计学原理、管理学原理、金融学、经

---

① 周守亮，唐大鹏. 智能化时代会计教育的转型与发展[J]. 会计研究，2019（12）：92-94.

济学、统计学、市场营销、高等数学、线性代数、概率论和数理统计等。这些基础课程旨在让学生掌握本学科的基础理论、知识和技能。

第二类是专业核心课程。包括中高级财务会计、财务报告分析、企业战略管理、财务管理、成本管理学、投资学、审计学、税法、管理型信息系统、专业英语等。这些是集中体现本专业特色的核心课程。为使学生具有扎实的会计基础，这部分课程应注重理论与实践相融合。一方面，加强多样化实践课程培训，设置"实践课堂"。另一方面，使用案例教学，增加案例教学的分量。另外，积极鼓励学生参加会计专业的案例大赛等相关赛事，加强学生综合素质的培养与锻炼，提升实践能力，丰富学习内容。

第三类是人工智能相关课程。这类课程主要包括云会计、智能财务共享、基于R语言和Python的大数据与财务决策、大数据审计与金融系统审计、机器学习与财务智能、智能财务分析可视化等技术相关的学科课程，同时，基于智能化技术，增加一些基于项目开发的实践课程以及智能会计教学案例。以同济大学的会计硕士学科为例，其在现有课程基础上增加了大数据审计与审计信息化、管理统计学、会计大数据与财务决策、会计案例研究方法等相关技术课程，紧跟时代浪潮，重视实际案例研究与问题解决方案，从技术层面上创新了会计学科体系设置，试行定制化复合型人才培养模式。

3. 交叉学科建设

技术复合型学科建设应基于人工智能相关技术构成来加以整改与完善。技术复合型人才的教学趋势并不是一蹴而就的，它是多学科的交叉重叠，成熟的会计人才应从众多学科中汲取营养，文理兼修，技术与理论兼备，从而在社会中更有效地解决不同程度、不同范围的问题。越来越多的高校在尝试学科变革，针对会计专业和人工智能的属性特征，可以将会计学科和计算机或者软件工程中特色课程结合在一起。将人工智能技术嵌入至会计学科中，从单一的学术学科变为实践与理论并行的学科，从功能和学科属性上加强学科的应用性，丰富学科的学习内容，课程体系趋向于多样化、智能化。

从目前的高校学科发展来看，清华大学、天津大学、南京大学、南开大学、中国科学院大学等学校相继开设了人工智能学院，在创新学科建设上的基础上借鉴上述高校学院之间的学科融合模式，积极促进会计学科与人工智能技术融合，强化会计领域专业技术人才培养模式，以理论引导技术实践，加速促进会计整体行业能力向新科技领域靠拢，紧跟科技前沿战略。[①]

因此，对于学科交叉，高校可尽快开设与人工智能相关的专业方向和研究方向，如智能会计信息、智能审计、智能财务管理、智能投资、智能银行等交叉学科。

17.3 实施保障措施

企业进行会计智能化改革需要从人、财、物、制度、设备、环境等方面做好保障工作，根据改革进行的不同阶段，需要做好不同层面的保障措施，如图17-3所示。

---

① 徐勤，雷星晖，施骞，邵宏轩，崔鹏楠，许倩倩. 人工智能背景下复合型会计人才培养路径探究[J]. 教育评论，2019（6）：78-82+103.

第17章 智能会计服务与实施保障

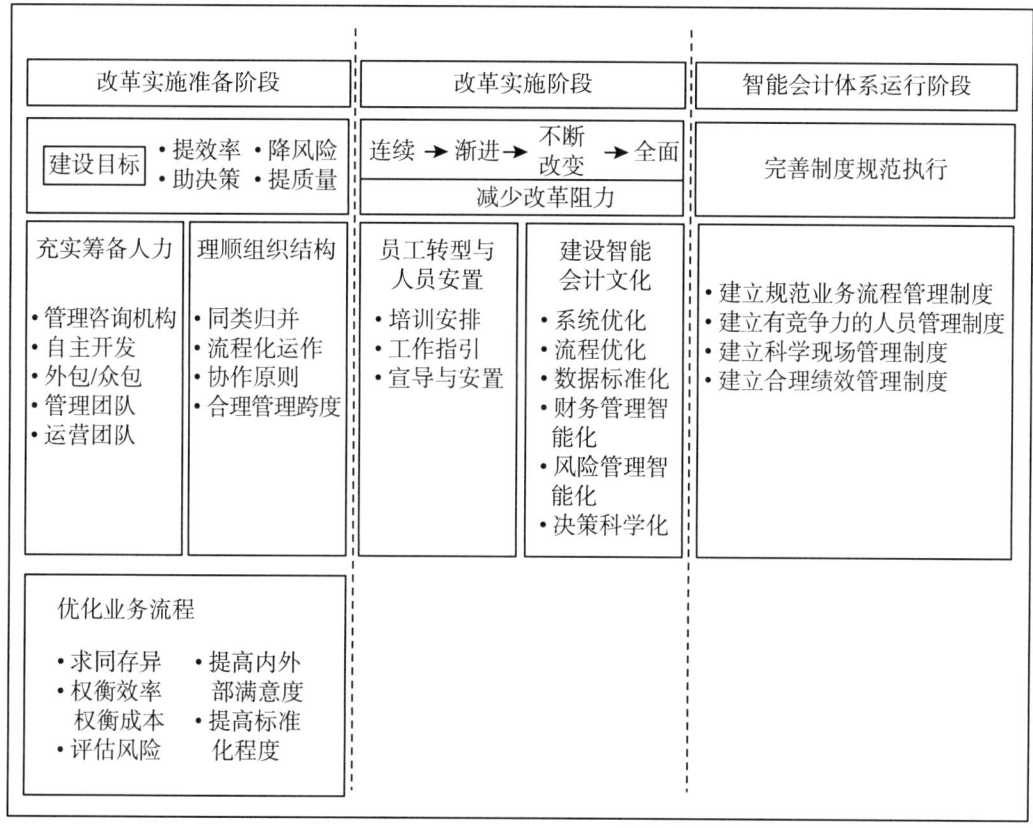

图 17-3 智能会计改革分阶段保障措施

17.3.1 实施准备阶段

企业进行会计智能化改革首先需要结合企业自身信息化程度和业务需求设计,从战略层面确定智能财务体系的构建方式和运营模式,依次做出详细设计建设规划,明确建设目标,这是会计智能化改革顺利实施的根本保障。

1. 明确建设目标

企业进行会计智能化建设的目标往往不是唯一的,不同企业由于业务发展情况和信息化程度不同,其对会计智能化建设的侧重点也不同,即使是同一企业,不同时期的建设目标也存在差异。建设目标的侧重直接决定了企业项目规模、投入、采用技术、建设模式的不同,因此明确企业会计智能化改革的建设重点是实施保障措施的第一步。根据调研,国内企业进行会计智能化改革的目标包括以下几点。

(1) 提高工作效率,降低财务工作成本。
(2) 实现数据标准化,提升会计信息质量。
(3) 加强风险管理,提高内控水平。
(4) 整合业财信息,助力企业决策。

以上目标并非相互孤立,更多是相互辅助、互为条件,但企业会互有侧重。侧重降低

智能会计

成本的企业更重视建设过程中人力成本节约和建设成本间的权衡,但切不可忽视风险,需要注重监督成本投入。也有企业希望通过智能会计建设来实现更高质量的会计信息输出、更高水平的决策,这需要搭建 ERP、财务共享平台、RPA、AI 等平台或技术,企业需要审视自身硬件水平、数据标准化程度、人才结构等条件,安排好相应资金和设备。

2. 优化业务流程

流程优化是公司智能会计制度设计的一部分,运营依靠流程创造价值,所有业务都需要由流程来驱动,组织和人员依靠流程来实现协作。在传统财务模式下产生的数据和信息,很多并不利于智能会计系统的收集和处理,因此对企业业务流程进行优化显得尤为必要,一个高效的流程使企业的业务更加灵活有效,保证更好的质量,降低风险,并降低过程成本。

流程的优化应该服务于企业智能会计建设的建设目标,以建设目标为流程优化目标。优化过程中应注意"求同存异",最大限度地满足同质性业务的需求,同时特殊业务也能纳入处理,这在多元化经营企业中体现得尤为明显。流程设计应考虑四个方面:成本、效率、风险和内外部满意程度。成本需要权衡变动成本、固定成本及资源消耗成本。效率需要从流转时间、队列长度来评估。流程风险评估需要考虑公司风控要求,重要的流程设置监控与复核,明确流程责任人。此外,提升内外部满意程度是智能化建设的应有之义,需要从授权或信息的可获取性、流程简洁性去考虑设计。

在智能会计建设中,流程标准化是优化设计的重要一环,也是智能会计制度设计的关键。为了流程智能化、自动化处理,信息标准化输出的需要,需要标准化的内容很多,包括会计核算方法与口径、财务报告生成方式与口径、操作步骤标准化等。使优化后的流程产生的数据能够被智能财务系统识别、收集和处理,流程的标准化一方面使流程效率、质量得以保障,另一方面更是实现会计智能化的前提。

3. 理顺组织结构

财务的组织结构依赖于建设规划并服务于建设目标,企业的业务流程又为组织结构设计提供了明确依据。比起传统财务组织结构,智能财务体系的组织结构更强调与业务流程、智能平台的契合度,只有理顺组织结构才能最大限度地发挥智能财务平台效能。

根据调研,当前企业设计智能财务体系组织结构一般遵循以下原则。

(1) 同类归并原则。对于同一性质的业务例如税务核算、成本费用核算、往来核算等设立业务小组整合相关业务,保证该业务公司层面的统一性。

(2) 流程化运作原则。组织结构的设计目标是让业务流程更加顺畅、高效地运行,因此以业务流程条线归集业务部门方便落实责任人,有利于智能会计工作风险把控和效率提升。

(3) 协作原则。组织结构设计应该保证各个部门间能最大限度地相互协作,一个部门并非一个业务孤岛或信息孤岛,部门间应可以顺畅高效地保持协作关系。

此外,组织结构的设计还应考虑两点:一是充分估计工作量及工作性质,达到人力的相对均衡;二是设置合理的管理跨度,各部门保持充分沟通。根据以上原则和要点,企业可以根据自身特点理顺适合自己的组织结构。设计难点在于如何把控业务小组专业化程度

第17章 智能会计服务与实施保障

和组织结构链条设计。小组专业集中度越高,该业务标准化程度越高,有利于提高效率,但会导致该业务小组视野局限于本小组工作。例如,费用会计只对费用业务负责,难以协调其他部门工作。设计同类业务归并到统一组织链条中可以一定程度上弥补单个小组专业集中度过高导致的协调能力不足,企业需要根据业务性质合理归集同类业务,设立业务群组,兼顾效率与沟通。

4. 筹备充实人力

智能财务体系建设无论从智能平台搭建、智能平台管理还是智能平台运营都需要从企业从内部和外部筹备充实人力。

智能平台搭建前可以借助管理咨询机构对企业进行智能财务诊断和分析,协助企业制定合理的建设规划,协助企业选择和维护相关软件、硬件和系统方案,帮助企业培养人才。智能平台的搭建工作可以选择自主研发、外包或众包多种模式。自主研发模式需要企业积极推广平台的运用,广泛增加平台作业量,充分测试,自行对平台参与者进行培训和管理。外包模式下需要对供应商规模、分包内容匹配情况、成本、服务质量等多方面进行考察,建立供应商评价机制和资源池。众包模式下需要自身团队对业务需求有明确规划和清晰认识,选择满足需求的众包平台进行任务发布。

一支业务水平出众、管理能力卓越的管理团队和运营团队是推动企业智能会计体系建设的强有力保障。在智能会计体系建立过程中,会改变原有管理人员的管理习惯,从而带来抵触心理。企业需要对会计管理人员和运营人员开展有效培训,适时优化更新管理团队人员构成,建立有效的选拔晋升和淘汰考核机制。

17.3.2 改革实施阶段

企业进行会计智能化改革的进程可以分为连续阶段、渐进阶段、不断改变阶段和全面阶段四个阶段。连续阶段业务流程开始标准化,部分业务流程可以自动化处理,此时公司财务工作没有较大变化;渐进阶段业财一体化趋势显现,大部分业务流程可以由财务机器人、专家系统代理,原有岗位的职责发生较大改变;不断改变阶段体现为业财深度融合,实现信息共享,一般性事务的流程由标准化集中化逐步向智能化过渡,大幅减少了财务人员的需要;在全面实施阶段,不但建立了财务共享中心,财务决策过程也逐步依赖数据挖掘、神经网络、XBRL、智能预警、智能诊断。在改革实施阶段,尤其是渐进阶段到全面实施阶段之间,工作的重点需要放在减少改革阻力上,需要做好人员安置、员工培训及企业文化的建设,保障改革顺利实施。

1. 引导员工转型,做好人员安置

一方面智能财务体系建设涉及对原有组织架构的调整,财务人员可能会调离原有工作岗位,转型至业务财务,分流至其他部门,人员的抽调会导致员工难以适应新的工作内容和工作环节的风险,产生抵触情绪。另一方面,随着业务流程的梳理和不断完善,智能平台中形成可自动执行的规则后,原有财务工作人员可能会被替换,基层中长期从事核算和出纳工作的员工因受自身学习能力和工作经验的影响,部分人员可能会出现转型困难。

智能会计

针对需要转型的和适应新环境的员工，企业应协助财务人员向成本与内部控制型人员、专业财务分析人员、风险管理人员、技术型财务人员、战略管理型财务人员转型。具体而言，应加强各种方式的培训，建立业务财务一体化的指导体系，对各项工作建立标准化的工作指引和手册。

针对转型困难的员工，应予以积极宣导，并及时且充分地了解其工作意愿，尽可能地实现匹配。长期工作在一线从事基础会计工作的员工在单据审核、录入等工作上积累了丰富经验，短期内可借助他们的经验完善业务流程，把控业务风险，在实践中帮助员工转变工作观念。

2. 建设智能会计文化

企业文化建设可以帮助企业管理者自上而下转变管理和工作理念，有效缓解改革过程中遇到的阻力。企业构建智能会计文化应引导管理者和员工从系统优化、流程优化、数据标准化、财务管理智能化、风险管理智能化、决策科学化的角度去思考问题，自发地提出当前业务需要优化的点，哪些业务是烦琐的可以用机器替代的，哪些技术是可以帮助管理者决策的。企业文化的建立首先需要企业在内部明确运营如何创造价值，智能会计建设如何为员工和公司带来价值，让会计智能化理念深入人心。另外，更重要的是企业需要为员工和管理者践行企业文化和价值观提供充分的软硬件环境保障，如IT资源的保障、培训资源的提供、对员工需求的肯定等。随着文化建设的完善，员工对新的工作内容和环境的抵触以及管理者对新的管理模式的抵触会逐渐减弱，并且从长期来看有利于公司智能会计建设长远发展。

17.3.3 智能会计体系运行阶段

在会计智能化改革初步完成后，企业需要制定规范的运作制度，养成良好的运作习惯，并不断保障执行效果。

1. 建立规范业务流程管理制度

企业在进行会计智能化改革过程中需要进行大量流程再造、流程优化工作，以达到降低成本、提升业务处理效率的目的。在完成流程再造与优化后，需要建立业务标准在企业内部统一管理制度、统一审批流程、最大限度地减少特殊化处理，减少主观臆断。

2. 建立有竞争力的人员管理制度

首先，要建立一套行之有效的人才选拔制度。优秀的智能财务人员应该具备多种素质，一方面要具备以资格证书、专业技能、组织协调能力、学习创新能力为支撑的职业化技能。另一方面，应具有诚信、协作、敬业的职业化素养。

其次，员工培训制度既是防范风险、疏解改革压力的重要举措，也是提升员工自身素质的重要办法。企业应针对不同群体员工制定不同的学习目标和差异化的培训。根据培训目的和群体不同，可以分为职前培训与职后培训、管理者培训和一般性培训、岗位培训等。

第17章 智能会计服务与实施保障

最后，建立合理轮岗制度。轮岗机制一有利于缓解智能化改革期间人员配置不足的压力，二有利于在改革中培养复合型人才，三有利于让员工保持新鲜感，提高工作满意度。

3. 建立科学现场管理制度

智能会计平台运行过程中无论人员、设备、环境哪一个环节出现问题均会对平台运行造成困难，小的差错造成的问题刚开始或许并不突出，但随着业务流程的积累，问题可能会变得突出。因此需要采用科学的现场管理制度，对人员、设备、方法、信息、环境进行有效计划、组织、协调和检测。基本内容包括：第一，现场生产环境整洁，硬件设备运作正常无故障；第二，加强系统运营管理，及时清理堆栈的废弃数据，及时优化流程处理速度，保障平台运行流畅性；第三，健全各项规章制度、技术标准、统计台账等；第四，加强现场监督管理，严格按照岗位职责权限操作，严禁代为操作；第五，搞好团队建设和民主管理，提高员工主动性和积极性。

4. 建立合理绩效管理制度

智能会计平台运营过程中需要以改革目标和经营目标为指导，通过对组织和员工的工作成绩进行评价，达到奖优评劣，提升组织和员工绩效的目的。因此公司需要设定科学的组织绩效评价标准和员工绩效评价标准，为员工和管理者提供整改依据和努力方向。

组织绩效的评价应从业务效率、工作量、质量水平、内外部满意度四个方向定量或定性考察，如表17-1所示。

表17-1　　　　　　　　　　　组织绩效评价方式

评价维度	评价指标
业务效率	审批时效、划款时效、归档时效、入账时效等
工作量	流程处理数、单据审批数、核算工作量、参数修改量、划款指令数
质量水平	审批失误率、核算失误率、付款失误率、支付延误率、档案管理水平、被投诉次数
内外部满意度	360度满意度调查

资料来源：王兴山. 数字化转型中的财务共享 [M]. 北京：电子工业出版社，2018：181.

对智能会计平台内员工的绩效评价应根据岗位设置的不同，由上级领导根据组织绩效标准设置个人绩效考核目标，除此以外还应增设工作能力考核，从沟通协调能力、内控与合规意识、业务创新能力等方面进行考评。

智能会计平台运营之初，组织内部需要时间优化和熟悉业务，绩效管理考核标准可以适当放宽，平稳运行后可适当提高标准。

智能会计

17.4 持续改进和创新

在企业的会计部门运用人工智能技术，可以进一步提升会计工作的效率和准确性，给现代的会计工作带来全新的体验。但是，与此同时，人工智能技术和网络信息技术也在不断地发生改变，对于智能会计系统的持续改进和创新也尤为重要。对于智能财务的持续改进，可以从技术、业务模式、智能化程度以及业务深度四个方面进行持续改进。对于智能财务的创新可从构建企业大脑、智能驾驶舱系统和"场景+数据"创新两个方面着手。

17.4.1 智能财务的持续改进

在智能会计发展的进程中，外部环境以及企业内部都将也不断的改进更新。现有信息技术不断更新迭代、企业业务模式不再适合发展需求、智能化程度不断提高及业务深度进一步加深。因此，智能财务应当在智能财务技术、业务模式、智能化程度及业务深度上不断升级。

1. 技术的持续改进

现代信息技术日新月异，较摩尔定律有过之而无不及，包括RPA技术在内的信息技术更新换代的频率越来越高，大数据、智能化、移动互联网、云计算物联网、BI、语音交互、人脸识别等技术均在快速更新迭代，区块链技术、工业互联网也在快速崛起，使之前的一些不可能逐渐变成可能，也促使智能财务持续改进，不断在智能会计系统之上引入新兴互联网技术。基于数据信息的网络化已经实现，物联网也已经成为网络化的主力军。可以看到，今天的商业社会已经实现"无数据不如网，无物体不互联"的深度网络化。这使财务能够基于新的网络环境，在大数据、人工智能等方面展开应用，更加积极地发现和挖掘新的应用场景。数字化技术加速财务物理世界向数字孪生进化，只有持续吸收新知识、学习新方法，才能构建持续竞争力。

2. 业务模式的持续改进

技术的更新和升级会导致原来的业务模式不再满足智能化的要求，业务模式的持续改进将如雨后春笋般不断涌现，业务模式的改进从而导致智能财务的改进。因此，对于业务模式的持续改进，财务人员要关注以下"五新"：新的客户、新的产品、新的商业模式、新的产业方向和新的技术应用。实现线上办公使业务单据实现"零接触"，线上稽核让核算过程"零见面"，线上办税实现信息报送自动化，线上结算实现信息报送自动化，线上归档实现影像档案远程归集。财务由于偏重管控的角色，长期以来以财务—业务单项互动为主，业务被动接受。未来的财务，将赋予业务部门更多的参与机会，通过设计简单化的财务互动模型，让业务部门能够自己动手推演结果，也可以将复杂的财务管理工具简单化、业务化，让业务部门能够做到参与式管理。

第 17 章 智能会计服务与实施保障

3. 智能化程度的持续改进

目前的人工智能属于弱人工智能的阶段，智能化程度还不够高，因此，智能会计所实现的智能化程度更是处于较低水平，仅能处理一些常规化和机械的财务业务，对于非常规事件和异常情况必须人的参与。智能化可以分为两个阶段，初级阶段是规则型智能，高级阶段时学习型智能。规则型智能已经实现了成熟的应用，如基于规则的费用审核、风险控制、业财税一体化模式下的会计规则引擎等。而学习型智能业已经进入了大规模商用前的准备，智能化开始进入高速发展的阶段。而随着人工智能技术的进步，逐渐步入强人工智能阶段，人工智能的程度持续改进，机器人能够处理的财务业务将越来越多，财务例外事项会越来越少，人的参与程度也越低。从单纯的根据审定好的规则进行业务处理，机器人逐渐学会思考，学会主动分析，从单纯的共享财务向更高程度的财务智能化延伸。

4. 业务深度的持续改进

数字经济作为全球经济增长最快的领域，已经成为带动传统产业转型、新兴产业发展、促进就业和经济增长的主导力量。数据将成为企业的核心资产，企业大数据正在加速形成。大数据业务必将对研发、设计、制造、供应链、营销、服务等价值链的各个环节进行创新、优化和提升，并重构企业智慧，推动企业数字化转型成为必然。数字经济的不断发展也对智能财务提出了更高的要求。

企业数字化转型的核心理念是互联、共享、智能，企业数字化转型过程中财务将更多的承担业务管理、价值管理的职责，财务将成为业务的管理顾问和业务伙伴，识别并控制业务和运营中的潜在风险，并向管理层提供前瞻性的决策支持。

17.4.2 智能财务的创新

智能化技术在会计领域如何更好地满足现代企业会计的要求，方便进行应用和管理，这需要相关人员不断地创新。对于智能财务应用，可以从以下三个层面进行创新。

1. 构架企业大脑和智能驾驶舱系统

在新技术的支撑下，产业升维正在进行，一维传统产业在颠覆，二维互联网产业在创新，三维数据产业开始酝酿与诞生。在这个变革中，消费互联网加速转向产业互联网，企业也逐步迈向扁平化、平台化、生态化，企业资源调配从"应用流程驱动"转为"数据驱动"，对企业管理提出了更高要求。通过数字化转型进化企业管理，实现 IT 升维、管理模式变革、业务模式创新，构建智慧企业大脑，推动企业管理更加共享、精准、可视、智能，成为大势所趋。

智能化的核心是人工智能，而人工智能时代所有组织的运转核心是由系统和数据构成的大脑，没有大脑的组织，将成为发展、管理和运营上的低能儿。所谓企业大脑，即基于人工智能、大数据等新 IT 救赎的融合创新，实现智能决策辅助和企业业务自动化，驱动业务系统的智能化升级，构建起企业智能化开放创新平台，实现个性化、定制化、精细化的生产和服务。

智 能 会 计

基于企业大脑，搭建智能"驾驶舱系统"，根据不同使用人群，定制不同的财务数据及业务信息，助力企业决策及运营。实现数据的实时联动，智能分析，并支持明细查询，能够层层穿透，从面到点，到单个凭证、业务、订单、合同，提供全价值产业链的财务管理服务。驾驶舱模型在诸多企业均有实践，图17-4为"智慧渝富"集团的智能会计驾驶舱系统模型。

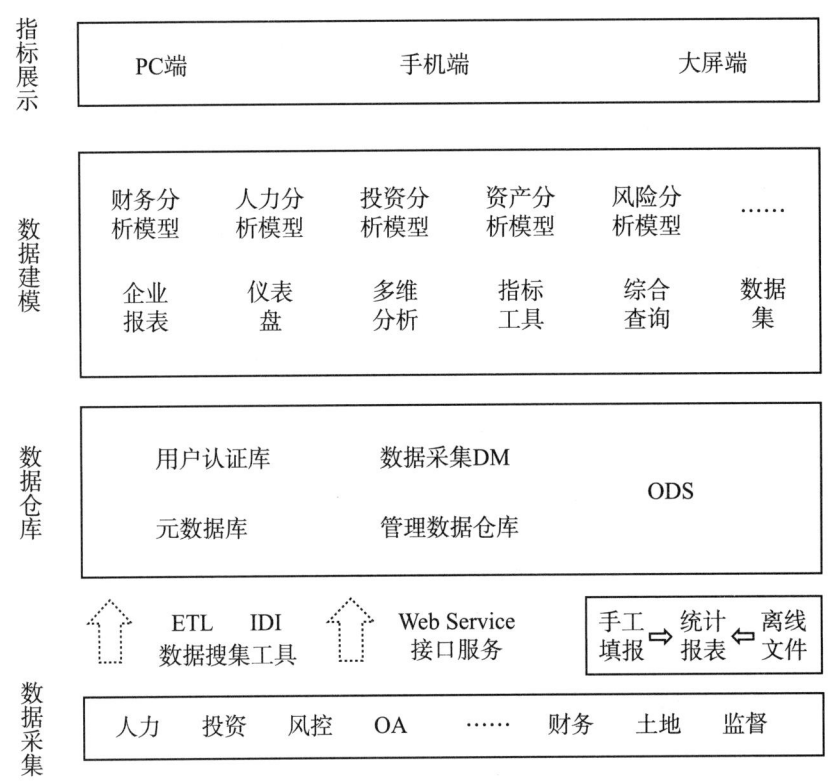

图17-4 "智慧渝富"智能会计驾驶舱系统具体架构

资料来源：何雪锋，薛霞．"大智移云"下管理会计驾驶舱的构建与应用［J］．财会月刊，2019 (24)：100-104．

2. "场景+数据"创新创造企业价值

"RPA+AI"驱动财务创新，"场景+数据"创造无限价值，将大幅提升财务的认知能力、感知能力和执行能力。财务核算、税务管理、资金管理、报表管理、系统管理、财务共享均实现智能化，与业务数据互联互通，所有财务数据基于业务数据自动生成，并基于一套数据进行多维度分析，实现对业务的管控。应用管理会计的创新，能够延伸到业务的各个环节，实现业务管控。利用计算机视觉+财税语义理解以及智能票据柜等提升业务的感知能力，通过进行数据梳理、互联互通、数据汇聚、数据利用，充分挖掘数据价值。并在现有数据基础上搭建业务模型，进行未来预测，指导业务开展。可以分为数据梳理、互联互通、数据汇聚和数据利用四个方面。

（1）数据梳理：建立企业数据资源目录，理清数据家底，制定数据源命名、抽取、转

第17章 智能会计服务与实施保障

换、加载、存储等规范。

（2）互联互通：通过多种方式采集数据，建立统一数据管理平台，管理数据质量、分析数据血缘与影像，实现各系统互联互通。

（3）数据汇聚：建立统一数据资源中心。

（4）数据利用：实现系统间数据共享，通过大数据实现数字决策、信息共享、资源匹配协同。

3. 业财税管一体化智能管理平台

该智能管理平台以云共享、大数据处理、物联网、机器人和自然语言理解、深度学习模型为基础，将人脑智能、人工智能和环境之间相互作用、相互融合，以及企业业务活动、财务活动和其他管理活动深度融合。人机智能系统需要在人机之间合理地进行任务分配。

在该平台下，业财税管人员之间的组织和职能划分将会消失，管理人员处理的是企业的综合信息，所谓的企业管理分工只是信息应用视图的划分，这将极大地提升会计的智能决策水平与效率。

参 考 文 献

[1] 柏思萍. 财务共享应用 [M]. 北京：中国财政经济出版社，2020.

[2] [美] 保尔·霍肯. 未来的经济 [M]. 北京：科学出版社，1985.

[3] 蔡昌，王道庆. 业财法税融合：理论框架与行动指南 [J]. 税务研究，2020 (12).

[4] 蔡恒进，郭震. 供应链金融服务新型框架探讨：区块链+大数据 [J]. 理论探讨，2019 (2).

[5] 蔡剑辉. 预算的职能冲突与协调对策研究 [J]. 会计研究，2009 (12).

[6] 陈虎，孙彦丛，郭奕，赵旖旎. 财务机器人——RPA 的财务应用 [J]. 财务与会计，2019 (16).

[7] 陈婕. 浪潮集团资金管理系统设计与实现 [D]. 济南：山东大学，2016.

[8] 陈瑞华. 国有企业的合规管理问题 [J]. 中国律师，2019 (7).

[9] 陈舒婷. 中国证券公司的合规管理研究 [D]. 广州：广东外语外贸大学，2015.

[10] 陈文静. 财务共享平台下企业业财融合研究 [D]. 开封：河南大学，2020.

[11] 陈潇怡，李颖. 大数据时代企业集团财务共享服务的创建 [J]. 财会月刊，2017 (4).

[12] 陈晓红，寇纲，刘咏梅. 商务智能与数据挖掘 [M]. 北京：高等教育出版社，2018.

[13] 陈晓珊，蔡舒婕. 海尔集团的财务共享服务研究 [J]. 财会研究，2020 (5).

[14] 陈益云. 基于价值链管理会计的会计业务流程再造研究 [J]. 会计之友，2016 (19).

[15] 成畅. 企业集团财务共享服务创新研究——基于海尔集团的管理实践 [J]. 会计之友，2019 (3).

[16] 程辉. 区块链技术驱动下的税收征管与创新 [J]. 财政科学，2019 (9).

[17] 程平，范珂. 大数据时代基于云会计的集团企业全面预算管理 [J]. 会计之友，2015 (18).

[18] 程平，何雪峰. "云会计" 在中小企业会计信息化中的应用 [J]. 重庆理工大学学报（社会科学版），2011，25 (1).

[19] 程平，王文怡. 基于 RPA 的财务共享服务中心费用报销优化研究 [J]. 会计之友，2018 (13).

[20] 达观数据. 智能 RPA 实战 [M]. 北京：机械工业出版社，2020：281-283，294-299.

[21] 戴瑞红. 智能化管理会计信息系统架构研究 [J]. 中国经贸导刊（中），2019

参考文献

(8).

[22] 邓正春. 关于房地产企业税务风险管理的研究 [J]. 现代经济信息, 2019 (16).

[23] 董皓. 智能时代财务管理 [M]. 北京: 电子工业出版社, 2018.

[24] 董蕾, 王向东. "管数制"税收征管模式创新研究 [J]. 税务研究, 2017 (3).

[25] 段小明. 基于物联网技术的会计信息化发展研究 [J]. 教育财会研究, 2016, 27 (2).

[26] 方方. "大数据"趋势下商业银行应对策略研究 [J]. 新金融, 2012 (12).

[27] 丰秋惠, 刘少英. 我国企业融资成本的影响因素及对策分析 [J]. 新金融, 2014 (6).

[28] 冯梅笑. 大数据背景下智能会计信息系统构建与应用 [M]. 北京: 经济管理出版社, 2020.

[29] 冯燕. 企业财务管理目标: 持续发展能力最大化 [J]. 当代财经, 2000 (5).

[30] [美] 弗里兹·马克卢普. 美国的知识生产与分配 [M]. 孙耀群译. 北京: 中国人民大学出版社, 2007.

[31] 傅元略. 智能财务决策: 软计算与机器学习集成 [J]. 财务研究, 2019 (6).

[32] 高晓雨. 二十国集团峰会及其数字经济议题探析 [J]. 中国信息化, 2020 (7).

[33] 葛家澍, 李翔华. 论会计是一个经济信息系统 [J]. 财经研究, 1986 (10).

[34] 耿立超. 大数据平台架构与原型实现: 数据中台建设实战 [M]. 北京: 电子工业出版社, 2020.

[35] 宫述花. 万科集团资金管理模式研究 [D]. 济南: 山东大学, 2013.

[36] 龚思兰, 崔文昌. 5G时代运营商组织架构变革 [J]. 通信企业管理, 2019 (7).

[37] 顾维萍. 浅议电子发票推广中存在的问题及对策 [J]. 信息化建设, 2020 (22).

[38] 郭菊娥, 陈辰. 区块链技术驱动供应链金融发展创新研究 [J]. 西安交通大学学报 (社会科学版), 2020, 40 (3).

[39] 郭奕, 赵旖旎. 财税RPA: 财税智能化转型实战 [M]. 北京: 机械工业出版社, 2020.

[40] [美] 美国商务部. 浮现中的数字经济 (I、II) [M]. 黄奇, 邵波, 袁勤俭译. 南京: 南京大学出版社, 1998.

[41] 韩向东, 屈涛. 基于数据中台的管理会计信息化框架及创新应用 [J]. 管理会计研究, 2020 (Z1).

[42] 韩向东. 构建基于商业智能的管理会计信息系统 [J]. 财务与会计, 2015 (9).

[43] 韩向东. 智能财务"未来"已来 [J]. 新理财, 2017 (12).

[44] 何雪锋, 薛霞. "大智移云"下管理会计驾驶舱的构建与应用 [J]. 财会月刊, 2019 (24).

[45] 洪韵华. 人工智能视域下企业智能财务的体系构建和应用研究 [J]. 中国注册会计师, 2020 (8).

[46] 胡跃飞, 黄少卿. 供应链金融: 背景、创新与概念界定 [J]. 金融研究, 2009 (8).

[47] 黄骏. 对我国共享经济发展的研究 [J] 经营管理者, 2016 (2).

智能会计

[48] 黄葵, 孔藤桥. 关于企业集团组织架构的作用分析 [J]. 智库时代, 2018 (48).

[49] 霍爽. 新收入准则税会差异与风险防范 [J]. 财会通讯, 2020 (9).

[50] 季宏宇. "金税三期"工程下高校税务风险分析及管控研究 [J]. 纳税, 2019, 13 (7).

[51] 贾小强, 郝宇晓, 卢闯. 财务共享的智能化升级——业财税一体化的深度融合 [M]. 北京: 人民邮电出版社, 2020.

[52] 杰瑞·卡普兰. 人工智能时代 [M]. 杭州: 浙江人民出版社, 2015.

[53] 靳新媛, 张雪梅. 结构洞理论下企业集团财务共享中心信息传递机制探究 [J]. 财会月刊, 2020 (17).

[54] 蒯润兴, 赵永华. 高新技术企业申请认定中存在的问题及税收征管建议 [J]. 中国税务, 2016 (10).

[55] 雷亚敏, 杜剑, 黄晓静. 智能资产管理软件的应用现状研究 [J]. 全国流通经济, 2019 (32).

[56] 李光凤. 利用BPR再造财务会计流程 [J]. 商业研究, 2004 (3).

[57] 李嘉欢. 人工智能下财务决策支持系统的机制与实施路径研究 [D]. 北京: 首都经济贸易大学, 2019.

[58] 李嘉明, 乔天宝. 高新技术产业的税收优惠政策分析 [J]. 技术经济, 2016 (2).

[59] 李开复, 王咏刚. 人工智能: 李开复谈AI如何重塑个人、商业与社会的未来图谱 [M]. 北京: 文化发展出版社, 2017.

[60] 李庆. 基于智慧共享模式的集团财务组织架构优化 [J]. 智库时代, 2018 (42).

[61] 李卫霞, 薛铃琦. "金税三期"背景下企业税务风险管理研究 [J]. 中国商论, 2020 (10).

[62] 李新, 朱彧谦. 浅谈信息化时代的企业组织结构变革 [J]. 河北企业, 2020 (10).

[63] 李一硕. 财务共享: 海尔从传统会计向管理会计的跨越 [N]. 中国会计报, 2016-08-12.

[64] 李艺铭, 安晖. 数字经济 [M]. 北京: 人民邮电出版社, 2017.

[65] 李悦恩, 卢炳乾. 财务共享下企业费控问题探讨 [J]. 现代营销 (经营版), 2020 (12).

[66] 《利用区块链促进税收管理现代化的研究》课题组, 张国钧, 李伟, 谢波峰, 李荣辉. 基于区块链的"互联网+税务"创新探索——以深圳市税务局的实践为例 [J]. 税务研究, 2019 (1).

[67] 林辉, 杨旸. 互联网金融及其在中小企业融资中的应用研究 [J]. 华东经济管理, 2016, 30 (2).

[68] 林俐. 中小企业融资偏好与资本结构优化策略 [J]. 四川师范大学学报 (社会科学版), 2013, 40 (4).

[69] 林毅夫, 李永军. 中小金融机构发展与中小企业融资 [J]. 经济研究, 2001 (1).

参考文献

[70] 刘宝太. 关于财务报表可视化分析应用的探讨 [J]. 财会学习, 2019 (35).

[71] 刘朝阳. 区块链技术对会计行业的影响研究 [J]. 财会学习, 2019 (21).

[72] 刘丹琦. 浅析无边界组织及其实践方式 [J]. 中外企业家, 2019 (26).

[73] 刘豆山, 王义华. 成本会计 [M]. 武汉: 华中科技大学出版社, 2012.

[74] 刘韩. 人工智能简史 [M]. 北京: 人民邮电出版社, 2018.

[75] 刘汉文. 业务流程重组理论与会计业务流程重组 [J]. 现代管理科学, 2003 (12).

[76] 刘凌冰, 孙振, 韩向东. 预算沟通: 动因、形式与效果——基于中国企业深度调查的经验证据 [J]. 会计研究, 2016 (7).

[77] 刘梅玲, 黄虎, 刘凯, 沙光前. 智能财务建设之智能财务会计共享平台设计 [J]. 会计之友, 2020 (15).

[78] 刘梅玲, 黄虎, 杨寅, 李文生. 智能财务建设之财务组织规划 [J]. 会计之友, 2020 (17).

[79] 刘梅玲. 数据交互视角预算编制发展探讨 [J]. 财会通讯, 2019 (19).

[80] 刘勤, 杨寅. 改革开放40年的中国会计信息化: 回顾与展望 [J]. 会计研究, 2019 (2).

[81] 刘勤, 杨寅. 智能财务的体系架构、实现路径和应用趋势探讨 [J]. 管理会计研究, 2018, 1 (1).

[82] 刘荣, 崔琳琳. 大数据技术在中小企业信用体系建设中的应用 [J]. 征信, 2015, 33 (4).

[83] 刘睿腾, 廖康. 完善企业应收账款分析和管理的对策 [J]. 时代农机, 2018, 45 (12).

[84] 龙云安, 张健, 艾蓉. 基于区块链技术的供应链金融体系优化研究 [J]. 西南金融, 2019 (1).

[85] 鲁柏祥. 智慧时代企业组织架构趋向扁平化 [J]. 农经, 2019 (5).

[86] 陆建峰. 人工智能: 智能机器人 [M]. 北京: 电子工业出版社, 2020.

[87] 吕劲松. 关于中小企业融资难、融资贵问题的思考 [J]. 金融研究, 2015 (11).

[88] 吕思琦. 互联网时代企业打造平台型组织的思考 [J]. 时代经贸, 2020 (20).

[89] 吕文晶, 陈劲, 刘进. 智能制造与全球价值链升级——海尔COSMOPlat案例研究 [J]. 科研管理, 2019, 40 (4).

[90] [美] 罗宾·蔡斯. 共享经济: 重构未来商业新模式 [M]. 王芮译. 杭州: 浙江人民出版社, 2015.

[91] 马化腾等. 分享经济: 供给侧改革的新经济方案 [M]. 北京: 中信出版社, 2016.

[92] 马俊, 周建波. 国外商业智能创新研究进展与展望 [J]. 哈尔滨商业大学学报 (社会科学版), 2018 (6).

[93] 马文彬. C企业集团财务公司资金管理模式研究 [D]. 北京: 首都经济贸易大学, 2014.

[94] 马喆. 大数据对会计信息质量特征的影响 [J]. 当代会计, 2019 (24).

智能会计

[95] 迈克尔·哈默. 再造：不是自动化改造而是推倒重来 [J]. 知识经济，2004 (4).

[96] [美] 迈伦·斯科尔斯. 税收与企业战略 [M]. 张雁翎译. 北京：中国财政经济出版社，2004.

[97] 毛立鹏. 互联网舆情监控分析系统的设计与实现 [D]. 西安：西安电子科技大学，2014.

[98] 毛清. RPA如何驱动企业管理会计转型升级——基于四家企业案例分析的证据 [J]. 管理会计研究，2020 (3).

[99] [美] 尼古拉斯·尼葛洛庞帝. 数字化生存 [M]. 胡泳，范海燕译. 北京：电子工业出版社，2017.

[100] 倪晓云. 施工企业财务共享模式下的税务管理 [J]. 财会学习，2020 (11).

[101] 潘飞，郭秀娟. 作业预算研究 [J]. 会计研究，2004 (11).

[102] 戚伟欣，杨帆，盛晓莉. 分布式记账与区块链技术对财务会计的影响 [J]. 财务与会计，2019 (19).

[103] 齐金勃. 论基于税法的税务筹划——动态规划的视野 [J]. 会计之友，2020 (2).

[104] 秦荣生. 数字经济时代数据资产的确认与计量 [N]. 经济观察报，2020-12-21.

[105] 邱晖，许淑琴. 大数据在互联网供应链金融风险管理中的应用 [J]. 会计之友，2018 (7).

[106] 屈涛. 以预算为基础构建管理会计信息体系——访北京工商大学副校长、教授、博士生导师谢志华 [J]. 管理会计研究，2018，1 (2).

[107] 人工智能简明知识读本编写组. 人工智能简明知识读本 [M]. 北京：新华出版社，2017.

[108] 任超然. 基于区块链技术的税收征管模型研究 [J]. 税务研究，2018 (11).

[109] 沙林彬. 基于商业智能的销售财务报表系统 [D]. 苏州：苏州大学，2018.

[110] 单士辉. 数字经济环境下数字资产的会计核算刍议 [J]. 纳税，2020，14 (30).

[111] 邵晓峰，黄培清，季建华. 大规模定制生产模式的研究 [J]. 工业工程与管理，2001 (2).

[112] 沈明. 基于RPA的财务共享服务中心应付账款流程优化 [J]. 财经界，2020 (17).

[113] 沈琪皓. 财务共享对企业营运资金管理的影响效应分析 [D]. 南昌：江西师范大学，2020.

[114] 盛斌，张子萌. 全球数据价值链：新分工、新创造与新风险 [J]. 国际商务研究，2020，41 (6).

[115] 石本军. LG公司财务风险管理研究 [D]. 济南：山东财经大学，2016.

[116] 史蒂芬·卢奇，丹尼·科佩克. 人工智能（第2版）[M]. 北京：人民邮电出版社，2020.

参考文献

[117] 史晓娟，杨良．企业资本结构优化研究［J］．商业经济研究，2016（6）．

[118] 宋吉丽．会计档案电子化管理的探索与实践［J］．办公室业务，2020（14）．

[119] 苏华．多边平台的相关市场界定与反垄断执法发展［J］．价格理论与实践，2013（8）．

[120] 孙新波，钱雨，张明超，李金柱．大数据驱动企业供应链敏捷性的实现机理研究［J］．管理世界，2019，35（9）．

[121] 孙玉刚．万达集团资金管理模式研究［D］．成都：西南财经大学，2014．

[122] 汤谷良，高晨．新经济环境下企业预算管理如何超越"追随战略"［J］．财务与会计，2019（10）．

[123] 汤谷良，高晨．预算激励契约的失灵与校正［C］．新经济环境下的会计与财务问题研讨会论文集．厦门：厦门大学会计发展研究中心/会计系，2002．

[124] 汤谷良，夏怡斐．企业"业财融合"的理论框架与实操要领［J］．财务研究，2018（2）．

[125] 唐勇，胡先伟．共享服务模式下企业财务数字化转型探讨［J］．会计之友，2019（8）．

[126] 腾讯研究院．人工智能［M］．北京：中国人民大学出版社，2017．

[127] 田璧．会计目标的发展和演变——兼论"受托责任观"与"决策有用观"［J］．财务与会计，2012（9）．

[128] 田高良，陈虎，郭奕，薛宇婷．基于RPA技术的财务机器人应用研究［J］．财会月刊，2019（18）．

[129] 田高良．财务共享理论与实务［M］．北京：高等教育出版社，2020．

[130] 涂子沛．数据之巅［M］．北京：中信出版集团，2014．

[131] 汪振坤，孟翠湖．财务共享服务中心FSSC体系架构与战略会计实施——基于苏宁集团与中兴通讯的比较研究［J］．商业会计，2018（7）．

[132] 王加灿，苏阳．人工智能与会计模式变革［J］．财会通讯，2017（22）．

[133] 王刚．网络经济时代企业面临的挑战和组织架构管理研究［J］．现代商业，2020（4）．

[134] 王海林．基于融合视角的企业会计信息化思考［J］．会计之友，2017（21）．

[135] 王海涛．神东煤炭集团智能资产管理系统的设计与展望［J］．陕西煤炭，2018，37（2）．

[136] 王会权，谢东方，刘璐．基于大数据思维与方法的网络舆情监控研究［J］．中国广播电视学刊，2019（2）．

[137] 王璟珉，刘常兰，窦晓铭．共享经济理论演进、发展与前沿［J］．经济与管理评论，2018（4）．

[138] 王俊清，陈艳．物联网时代第四张报表驱动企业转型的研究——基于海尔共赢增值表的分析［J］．商业会计，2020（22）．

[139] 王科，杨宗林，袁满．基于机器学习的KQI+KPI一体化管理［J］．信息通信，2019（6）．

[140] 王莉，宋兴祖，陈志宝．大数据与人工智能研究［M］．北京：中国纺织出版

社，2019.

[141] 王良明．云计算通俗讲义（第3版）[M]．北京：电子工业出版社，2019.

[142] 王天捷，张贻琲．基于互联网金融模式的中小企业融资问题研究 [J]．中国市场，2013（45）．

[143] 王晓丹．管理会计报告功能的影响因素研究 [D]．成都：西南财经大学，2014.

[144] 王兴山．数字化转型中的财务共享 [M]．北京：电子工业出版社，2018.

[145] 王言．RPA：流程自动化引领数字劳动力革命 [M]．北京：机械工业出版社，2020.

[146] 王杨．基于战略中心型组织视角的财务架构体系建设研究 [J]．中国乡镇企业会计，2014（2）．

[147] 王苑琢．基于供应商关系视角的营运资金管理模式研究 [D]．青岛：中国海洋大学，2014.

[148] 魏国雄．大数据与银行风险管理 [J]．中国金融，2014（15）．

[149] 吴健超．大数据条件下我国政府网络舆情监控研究 [D]．大连：大连海事大学，2017.

[150] 吴旺盛．论网络时代会计目标下的会计业务流程重组 [J]．会计研究，2000（6）．

[151] 吴玮．我国房地产企业财务风险管理研究 [D]．南昌：江西财经大学，2017.

[152] 吴希慧．基于会计信息不对称视角的征纳博弈研究 [J]．会计之友，2013（1）．

[153] 伍晓云，冯俊萍．区块链技术在会计与内控共享平台的构建研究 [J]．广西职业师范学院学报，2020，32（3）．

[154] 肖聪．智能财务决策支持系统构建及应用研究 [D]．赣州：江西理工大学，2020.

[155] 肖迪．海尔应收账款的管理研究 [D]．昆明：云南大学，2015.

[156] 肖静华，毛蕴诗，谢康．基于互联网及大数据的智能制造体系与中国制造企业转型升级 [J]．产业经济评论，2016（2）．

[157] 辛荣．对企业集团税务风险根源与管控模式的若干思考 [J]．中国集体经济，2019（36）．

[158] 徐夫田，汤荣志，董旸．基于区块链技术的税收信息化研究 [J]．税收经济研究，2018，23（5）．

[159] 徐勤，雷星晖，施骞，邵宏轩，崔鹏楠，许倩倩．人工智能背景下复合型会计人才培养路径探究 [J]．教育评论，2019（6）．

[160] 杨保华，陈昌．区块链原理、设计与应用 [M]．北京：机械工业出版社，2020.

[161] 杨纪琬，阎达五．论"会计管理"[J]．经济理论与经济管理，1982（4）．

[162] 杨燚．基于区块链技术的会计模式浅探 [J]．新会计，2017（9）．

[163] 杨姝．关于财务共享服务研究的文献综述 [J]．财会研究，2020（8）．

[164] 杨寅，刘勤，黄虎．企业财务智能化转型研究：体系架构与路径过程 [J]．会

参 考 文 献

计之友，2020（20）.

［165］杨宇华. 数字经济时代的企业财务管理转型研究［J］. 会计之友，2020（18）.

［166］姚威，智浩，赵琳琳. 人工智能对会计工作的影响与会计职能转变探究［J］. 中国产经，2020（23）.

［167］尹丽波. 人工智能发展报告2019—2020［M］. 北京：电子工业出版社，2020.

［168］于森林. 企业集团营运资金管理模式研究［D］. 青岛：中国海洋大学，2013.

［169］余书标. 建筑企业应收账款分析方法及管理对策［J］. 财经界，2019（34）.

［170］张广，陈翔，朱朝华. 会计信息体系结构的发展［J］. 会计研究，2002（10）.

［171］张鸿. 促进高新技术产业发展的科技税收优惠政策研究［J］. 科学管理研究，2001（4）.

［172］张莉. 资源、资产、资本：数据的价值［N］. 中国计算机报，2019-10-28.

［173］张庆龙，张延彪. 我国财务信息化的发展历程与趋势［J］. 新理财，2020（10）.

［174］张庆龙. 财务共享服务中心的优势及局限性［J］. 中国注册会计师，2017（11）.

［175］张庆龙. 数字经济背景下集团财务组织架构转型趋势分析［J］. 财会月刊，2020（14）.

［176］张庆龙. 下一代财务：数字化与智能化［J］. 财会月刊，2020（10）.

［177］张庆龙. 以数字中台驱动财务共享服务数字化转型［J］. 财会月刊，2020（19）.

［178］张庆胜，刘海法. 基于区块链的电子发票系统研究［J］. 信息安全研究，2017，3（6）.

［179］张文锋，雷珉. 区块链技术在税收管理中的应用［J］. 湖南税务高等专科学校学报，2018，31（5）.

［180］张新红.《关于促进分享经济发展的指导意见》解读：中国分享经济热背后的原因，现状和趋势［J］. 电子政务，2017（8）.

［181］张玉明. 共享经济学［M］. 北京：科学出版社，2017.

［182］张玉明. 云创新理论与应用［M］. 北京：经济科学出版社，2013.

［183］张志辉. 商业银行现金智能清分应用探析［J］. 中国金融电脑，2015（3）.

［184］赵金贝，张波. 宁波"黄金票"案引发的税务稽查与监管思考［J］. 财会月刊，2019（3）.

［185］赵瑞，胡华清，陈丽华. 预算约束下供应链上下游创新融资策略分析［J］. 工业技术经济，2020，39（9）.

［186］赵姗. 深挖工业数据价值打造创新发展新引擎［N］. 中国经济时报，2020-10-27.

［187］赵涛，李永. 基于柔性管理的矩阵式扁平化组织在电力工程企业中的探索与应用［J］. 经营与管理，2017（4）.

［188］郑湛，徐绪松，赵伟，马海超，陈达. 面向互联网时代的组织架构、运行机制、运作模式研究［J］. 管理学报，2019，16（1）.

智能会计

[189] 中国信息通信研究院. 全球数字经济新图景（2020）——大变局下的可持续发展新动能 [R]. 2020.

[190] 中国信息通信研究院. 中国数字经济与就业发展白皮书，2020 [R]. 2020.

[191] 中国信息通信研究院. 中国数字经济与就业发展白皮书，2017 [R]. 2017.

[192] 钟成，张桂茂. 区块链技术在税务风险管控中的应用前景与挑战分析 [J]. 商业会计，2018（19）.

[193] 周刚. 国内商业银行合规管理现存主要问题及应对思路 [J]. 经济师，2016（8）.

[194] 周继述，王雪松. 大数据助推银行全面风险管理 [J]. 中国金融，2013（14）.

[195] 周守亮，唐大鹏. 智能化时代会计教育的转型与发展 [J]. 会计研究，2019（12）.

[196] 朱婧娴. 企业应付账款管理研究 [D]. 秦皇岛：燕山大学，2010.

[197] 朱龙春，刘会福等. RPA智能机器人：实施方法和行业解决方案 [M]. 北京：机械工业出版社，2020.

[198] 朱文海. 扁平化的企业管理组织架构建设分析 [J]. 环渤海经济瞭望，2018（8）.

[199] 朱兴雄，何清素，郭善琪. 区块链技术在供应链金融中的应用 [J]. 中国流通经济，2018，32（3）.

[200] 邹宗峰，佐思琪，张鹏. 大数据环境下的数据质押供应链融资模式研究 [J]. 科技管理研究，2016，36（20）.

[201] Daniel Keim, Tobias Schreck. Special Issue on Visual Analytics [J]. Information Technology, 2015, 57 (1).

[202] Ekholm, B. G, Wallin, J. Is the Annual Budget Really Dead？[J]. European Accounting Review, 2000, 9 (4)：519 – 539.

[203] Felson M, Spaeth J L. Community structure and collaborative consumption：A routine activity approach [J]. American Behavioralscientist, 1978, 21 (4)：614 – 624.

[204] Hope J, Fraser R. Beyond Budgeting：Questions and Answers [C]. Poote：Beyond Budgeting Round Table, 2001：1 – 25.

[205] Langfield – Smith. A Review of Quantitative Research in Management Control Systems and Strategy. Handbook of Management Accounting Research, Vol (2). Elsevier Press. 2006.

[206] Lessig L. Remix：Making Art and Commerce Thrive in the Hybrid Economy [M]. Penguin. New York, 2008.

[207] Marcus Felson, Joe Spaeth, Community Structure and Collaborative Consumption：A Routine Activity Approach [J]. American Behavioral Scientist. 1978 (21)：614 – 624.

[208] Raphael B. The Thinking Computer：Mind Inside Matter [M]. Thinking Computer：Mind inside Matter. W. H. Freeman&Co. 1976.

[209] Rifkin J. The age of access：the new culture of hypercapitalism, where all of life is a paid – for experience [C]. Putnam Publishing Group, 2000.

参 考 文 献

[210] Simons. Performance measurement and control systems for implementing strategy [M]. Prentice Hall: Upper Saddle River, NJ. 2000.

[211] Sternberg R J. In search of the human mind. 2nd ed [M]. New York, NY: Harcourt – Brace, 1994: 395 – 396.